세상이 변해도 배움의 즐거움은 변함없도록

시대는 빠르게 변해도
배움의 즐거움은
변함없어야 하기에

어제의 비상은
남다른 교재부터
결이 다른 콘텐츠
전에 없던 교육 플랫폼까지

변함없는 혁신으로
교육 문화 환경의 새로운 전형을
실현해왔습니다.

비상은 오늘, 다시 한번
새로운 교육 문화 환경을 실현하기 위한
또 하나의 혁신을 시작합니다.

오늘의 내가 어제의 나를 초월하고
오늘의 교육이 어제의 교육을 초월하여
배움의 즐거움을 지속하는 혁신,

바로, 메타인지 기반 완전 학습을.

상상을 실현하는 교육 문화 기업 비상

메타인지 기반 완전 학습
초월을 뜻하는 meta와 생각을 뜻하는 인지가 결합한 메타인지는
자신이 알고 모르는 것을 스스로 구분하고 학습계획을 세우도록 하는
궁극의 학습 능력입니다. 비상의 메타인지 기반 완전 학습 시스템은
잠들어 있는 메타인지를 깨워 공부를 100% 내 것으로 만들도록 합니다.

완자

한국사 2

Structure 구성과 특징

01 개념&자료 학습

이 단원에서 꼭 알아야 하는 핵심 개념을 꼼꼼하게 정리하고, 시험 빈출 자료는 포인트를 확실하게 짚어 주었습니다.

❶ 함께 보면 좋은 확인 문제, 추가 자료, 정리 비법 등을 선생님이 강의하듯 친절하게 정리하였어요.

❷ 학교 시험은 물론 수능에도 출제될 가능성이 높은 자료를 빈출 선택지로 확인해요.

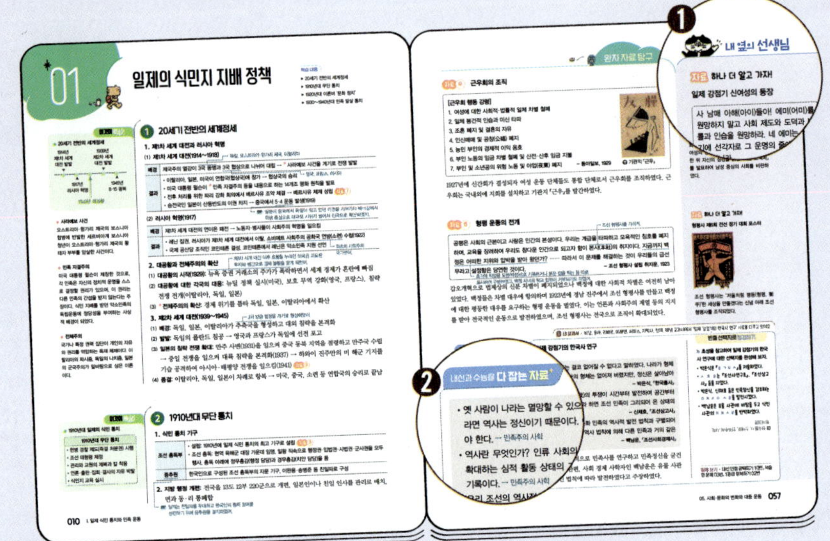

02 내신 문제 풀기

학교 시험에 자주 출제되는 유형의 문제들을 단계별로 풀면서 실력을 향상시킬 수 있습니다.

❶ 빈출 자료는 추가 문제를 풀면서 확실하게 짚고 갈 수 있어요.

❷ 시험에서 비중이 높아진 서술형 문제를 서술형 감잡기, 실전 도전하기로 자신 있게 대비할 수 있어요.

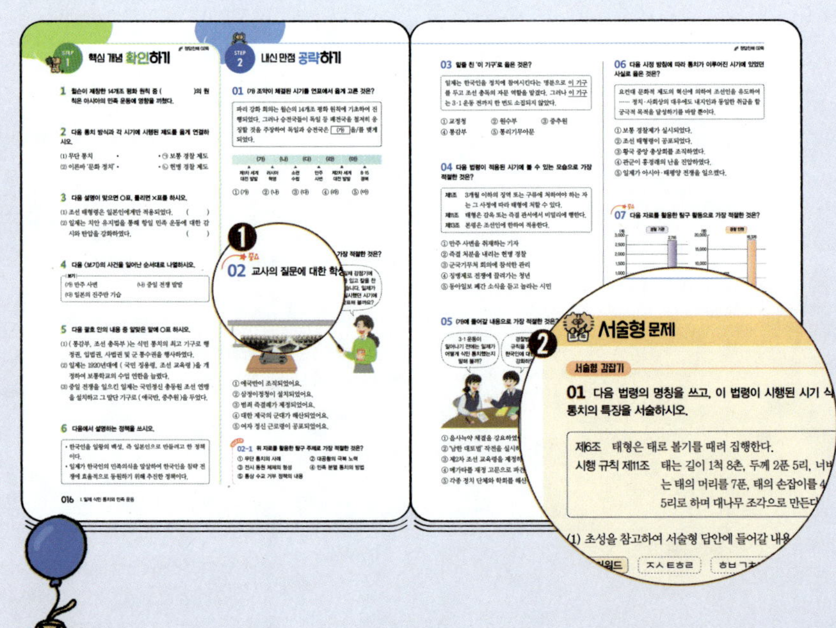

03 고난도&기출 문제 풀기

사고력과 변별력을 요구하는 고난도 문제, 수
능에 출제된 기출 문제를 풀면서 내신뿐만
아니라 수능에도 자신감을 얻을 수 있습니다.

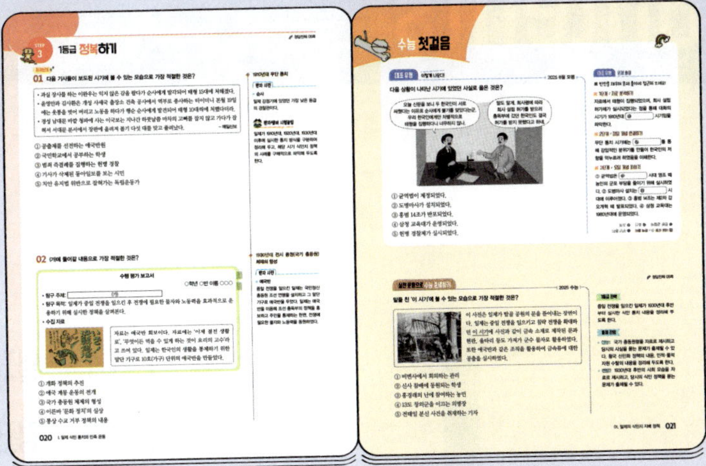

04 대단원 학습 점검하기

대단원의 핵심 내용을 한눈에 정리하고, 통합
형 문제까지 풀어 보면서 대단원 학습을 최
종 점검할 수 있습니다.

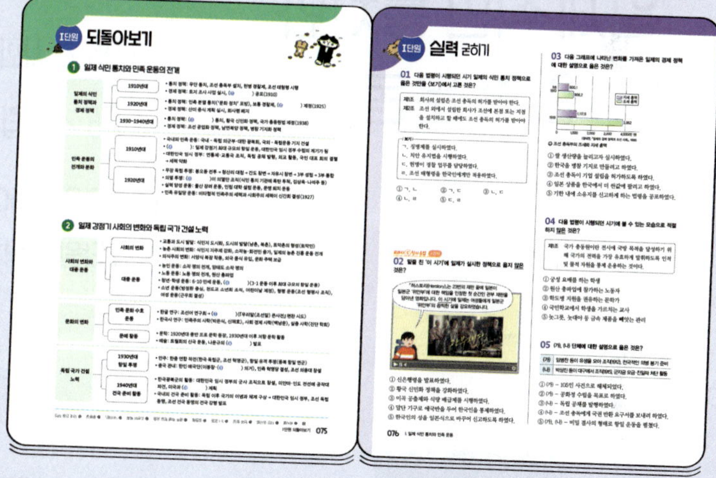

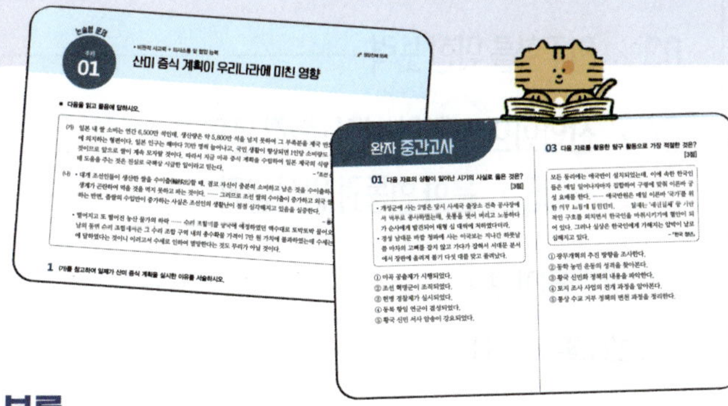

부록

논술형 문제, 중간고사·기말고사 대비 문제를 제공합니다.

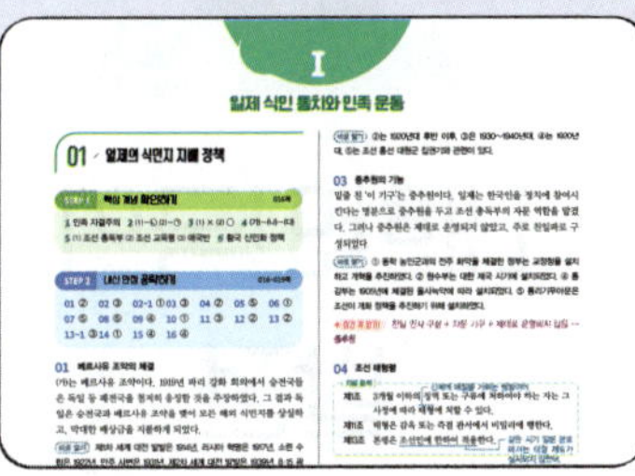

정답친해

정답과 오답 풀이, 자료 분석, 암기 tip,
예시 답안을 제공합니다.

Contents 차례

I

일제 식민 통치와 민족 운동

II

대한민국의 발전

III

오늘날의 대한민국

완자와 내 교과서 비교하기

	단원명	완자	비상교육	동아출판	리베르스쿨	미래엔	씨마스	지학사	천재교과서	해냄에듀	한국 학력 평가원
I. 일제 식민 통치와 민족 운동	01. 일제의 식민지 지배 정책	10~21	8~17	12~14, 16, 19, 52~59	10~23	10~12, 14, 16~19	10~21	11~23	10~19	8, 20~21, 44~47	10~20
	02. 경제 구조의 변화와 경제생활	22~31	18~27	15, 17~19, 54~55	24~31	13, 15, 17~18	22~29	25~31	20~29	9, 22~23, 36~37, 44~49	22~28
	03. 3·1 운동과 대한민국 임시 정부	32~41	28~37	20~29	32~41	20~29	30~35	33~39	30~36	10~19	30~38
	04. 민족 운동의 전개와 분화	42~53	38~47	30~41	42~53	30~45	36~43	40~49	37~47	24~35	39~47, 52~53
	05. 사회·문화의 변화와 대중 운동	54~63	48~61	42~51	54~63	46~55	44~53	51~61	48~62	36~43	50~51, 56~66
	06. 독립 국가 건설 노력	64~74	62~71	32, 60~67	44, 64~71	34, 56~61	42, 54~59	44, 63~67	39~40, 63~68	26, 50~55	44, 68~75
II. 대한민국의 발전	01. 냉전 체제와 대한민국 정부 수립	82~93	76~87	72~87	76~89	66~77	68~83	75~87	76~91	62~73	82~94
	02. 6·25 전쟁과 남북 분단의 고착화	94~103	88~95	88~97	90~97, 114~115	78~85	84~93	89~95, 111	92~99, 115	74~87	96~104

단원명		완자	비상교육	동아출판	리베르스쿨	미래엔	씨마스	지학사	천재교과서	해냄에듀	한국 학력 평가원
II. 대한민국의 발전	03. 민주화를 위한 노력	104~113	96~109	98~111	98~113	86~99	94~107	97~109	100~114	88~94, 96~97, 100~109	106~118
	04. 산업화의 성과와 사회·환경 문제 ~ 05. 문화 변동과 일상생활	114~122	110~123	112~123	116~127	100~109	108~125	111~125	115~128	94~95, 98~99, 101, 110~113	120~133
III. 오늘날의 대한민국	01. 6월 민주 항쟁 이후 민주화 과정	130~137	128~133	128~135	132~141	114~123	134~141, 149	133~139	136~142	120~125, 130~131, 134~137	140~144
	02. 외환 위기의 극복과 사회·문화 변동	138~145	134~141	136~145	142~149	124~131	142~148	141~147	143~148	126~129, 138~141	146~154
	03. 한반도 분단 극복과 동아시아의 평화를 위한 노력	146~154	142~153	146~155	150~161	132~143	150~157	149~157	149~159	96, 112, 124, 132~133, 142~147	155~166

Ⅰ

일제 식민 통치와 민족 운동

01 일제의 식민지 지배 정책

이것이 핵심!

❋ 20세기 전반의 세계정세

1914년	1939년
제1차 세계 대전 발발	제2차 세계 대전 발발

1917년	1945년
러시아 혁명	8·15 광복

1929년 대공황

◆ 사라예보 사건
오스트리아·헝가리 제국의 보스니아 합병에 반발한 세르비아계 보스니아 청년이 오스트리아·헝가리 제국의 황태자 부부를 암살한 사건이다.

◆ 민족 자결주의
미국 대통령 윌슨이 제창한 것으로, 각 민족은 자신의 정치적 운명을 스스로 결정할 권리가 있으며, 이 권리는 다른 민족의 간섭을 받지 않는다는 주장이다. 식민 지배를 받던 약소민족의 독립운동에 정당성을 부여하는 사상적 배경이 되었다.

◆ 전체주의
국가나 특정 권력 집단이 개인의 자유와 권리를 억압하는 독재 체제이다. 이탈리아의 파시즘, 독일의 나치즘, 일본의 군국주의가 밑바탕으로 삼은 이론이다.

---

① 20세기 전반의 세계정세

1. 제1차 세계 대전과 러시아 혁명

(1) 제1차 세계 대전(1914~1918) ┌→ 독일, 오스트리아·헝가리 제국, 이탈리아

배경	제국주의 열강이 3국 동맹과 3국 협상으로 나뉘어 대립 → **◆**사라예보 사건을 계기로 전쟁 발발
결과	• 이탈리아, 일본, 미국이 연합국(협상국)에 참가 → 협상국의 승리 └→ 영국, 프랑스, 러시아 • 미국 대통령 윌슨이 **◆**민족 자결주의 등을 내용으로 하는 14개조 평화 원칙을 발표 • 전후 처리를 위한 파리 강화 회의에서 베르사유 조약 체결 → 베르사유 체제 성립 **자료①** • 승전국인 일본이 산둥반도의 이권 차지 → 중국에서 5·4 운동 발생(1919)

(2) 러시아 혁명(1917)

└→ **왜?** 일본이 중국에서 독일이 갖고 있던 이권을 가져가자 베이징에서 학생 중심으로 대규모 시위가 벌어져 전국으로 확산되었지.

배경	제1차 세계 대전의 연이은 패전 → 노동자·병사들이 사회주의 혁명을 일으킴
결과	• 레닌 집권, 러시아가 제1차 세계 대전에서 이탈, 소비에트 사회주의 공화국 연방(소련) 수립(1922) • 국제 공산당 조직인 코민테른 결성, 코민테른에서 레닌은 약소민족 지원 선언 └→ 최초의 사회주의 국가였어.

2. 대공황과 전체주의의 확산
┌→ 제1차 세계 대전 이후 호황을 누리던 미국은 과도한 투자와 생산으로 경제 불황을 맞게 되었어.

(1) 대공황의 시작(1929): 뉴욕 증권 거래소의 주가가 폭락하면서 세계 경제가 혼란에 빠짐

(2) 대공황에 대한 각국의 대응: 뉴딜 정책 실시(미국), 보호 무역 강화(영국, 프랑스), 침략 전쟁 전개(이탈리아, 독일, 일본)

(3) ◆전체주의의 확산: 경제 위기를 틈타 독일, 일본, 이탈리아에서 확산

3. 제2차 세계 대전(1939~1945)
┌→ 3국 방공 협정을 계기로 형성하였어.

(1) 배경: 독일, 일본, 이탈리아가 추축국을 형성하고 대외 침략을 본격화

(2) 발발: 독일의 폴란드 침공 → 영국과 프랑스가 독일에 선전 포고

(3) 일본의 침략 전쟁 확대: 만주 사변(1931)을 일으켜 중국 동북 지역을 점령하고 만주국 수립 → 중일 전쟁을 일으켜 대륙 침략을 본격화(1937) → 하와이 진주만의 미 해군 기지를 기습 공격하여 아시아·태평양 전쟁을 일으킴(1941) **자료②**

(4) 종결: 이탈리아, 독일, 일본이 차례로 항복 → 미국, 중국, 소련 등 연합국의 승리로 끝남

이것이 핵심!

❋ 1910년대 일제의 식민 통치

1910년대 무단 통치
• 헌병 경찰 제도(즉결 처분권) 시행
• 조선 태형령 제정
• 관리와 교원의 제복과 칼 착용
• 언론·출판·집회·결사의 자유 박탈
• 식민지 교육 실시

---

② 1910년대 무단 통치

1. 식민 통치 기구

조선 총독부	• 설립: 1910년에 일제 식민 통치의 최고 기구로 설립 **자료③** • 조선 총독: 현역 육해군 대장 가운데 임명, 일왕 직속으로 행정권·입법권·사법권·군사권을 모두 행사, 총독 아래에 정무총감(행정 담당)과 경무총감(치안 담당)을 둠
중추원	한국인으로 구성된 조선 총독부의 자문 기구, 이완용·송병준 등 친일파로 구성

2. 지방 행정 개편: 전국을 13도 12부 220군으로 개편, 일본인이나 친일 인사를 관리로 배치, 면과 동·리 통폐합

└→ **왜?** 일제는 친일파를 우대하고 한국인의 정치 참여를 선전하기 위해 중추원을 설치하였어.

자료 ① 베르사유 체제의 성립

민족 자결주의 원칙 ┘

제5조	식민지 주권 문제를 결정할 때, 이와 관련된 주민들의 이익은 앞으로 지위가 결정될 정부의 정당한 권리 주장과 동등하게 중요한 것으로 다룬다는 원칙을 엄격히 준수하여 …… 모든 식민지의 요구에 대해 자유롭고 편견 없이 절대적으로 공평하게 조정한다.
제14조	강대국과 약소국 모두의 정치적 독립과 영토 보전을 상호 간에 보장하기 위해 국가들 간의 일반적인 연합 체제가 특별한 협약하에 형성되어야 한다. → 국제 연맹 창설

– 윌슨의 14개조 평화 원칙 선언

제1차 세계 대전이 끝나고 파리 강화 회의가 열렸다. 파리 강화 회의에서는 미국 대통령 윌슨의 14개조 평화 원칙(비밀 외교의 폐지, 민족 자결주의 원칙, 국제 평화 기구인 국제 연맹의 창설 등 주장)에 따라 회의를 진행하기로 하였지만, 실제로는 승전국의 이익이 우선적으로 고려되었다. 14개조 평화 원칙은 패전국의 식민지에만 적용되었기 때문에 패전국의 식민지였던 폴란드, 헝가리 등은 독립하였지만, 대부분의 아시아·아프리카 국가들은 독립하지 못하였다. 제1차 세계 대전이 끝난 후 형성된 국제 질서를 베르사유 체제라고 한다.

자료 ② 아시아·태평양 전쟁의 전개

↑ 아시아·태평양 전쟁의 전개

1939년 제2차 세계 대전이 시작되자 일본은 대동아 공영권 건설을 내걸고 동남아시아를 침략하며 전쟁을 확대하였다. 이에 미국 등이 경제적 압박을 가하자, 일본은 하와이 진주만의 미 해군 기지를 기습 공격하며 아시아·태평양 전쟁을 일으켰다(1941). 전쟁 초기에 일본이 동남아시아와 남태평양 일대를 점령하였으나, 1942년 미드웨이 해전을 계기로 미국이 전쟁의 승기를 잡았고, 미국의 원자 폭탄 투하로 일본이 무조건 항복하면서 제2차 세계 대전은 연합국의 승리로 끝이 났다.

자료 ③ 조선 총독부

↑ 조선 총독부

조선 총독부는 일제 식민 통치의 최고 기구였다. 통감부 건물을 청사로 사용하다가 행정 조직이 확대되자 경복궁 근정전 앞에 새로운 건물을 지어 1926년에 이전하였다. 조선 총독부 건물은 김영삼 정부 시기인 1995년에 '역사 바로 세우기'의 일환으로 철거되었다.

베르사유 조약

> 119. 독일은 연합국과 그 협력국을 위해 해외의 모든 소유물과 권리를 포기한다.
> 231. 독일은 독일과 그 동맹이 일으킨 전쟁으로 연합국과 그 협력국 정부, 국민이 입은 모든 피해에 대한 책임이 독일과 그 동맹에게 있음을 받아들여야 한다.

파리 강화 회의 이후 독일은 승전국과 베르사유 조약을 맺어 모든 해외 식민지를 잃은 것뿐만 아니라 막대한 배상금을 지불하게 되었다.

비교 해서 살펴볼까?

제1차 세계 대전과 제2차 세계 대전

구분	제1차 세계 대전	제2차 세계 대전
배경	제국주의	전체주의
과정	• 여러 나라 참전 • 막대한 인적·물적 피해	
결과	연합국의 승리	
일본	승전국	패전국
한국에 준 영향	3·1 운동 전개	8·15 광복

문제 로 확인할까?

일본이 하와이 진주만의 미 해군 기지를 기습 공격하며 일으킨 전쟁은?

전쟁 양평태·아시아 답정

문제 로 확인할까?

일제가 국권 피탈 직후 설치한 식민 통치의 최고 기구로 옳은 것은?

① 통감부
② 중추원
③ 조선 총독부
④ 대한민국 임시 정부
⑤ 동양 척식 주식회사

③ 답정

◆ **태형**
태형은 형틀에 팔과 다리를 묶고, 죄인의 볼기를 매로 치는 형벌이다.

◆ **무단 통치 시기의 학교**

↑ 시흥 공립 보통학교 7회 졸업식(1919)
교원이 제복을 입고 칼을 착용하고 있다. 강압적인 무단 통치의 모습이 잘 나타나 있다.

3. 무단 통치 실시

(1) 무단 통치: 1910년대 헌병 경찰 제도를 바탕으로 실시한 강압적인 식민 통치

(2) 내용

> 헌병과 경찰을 통해 독립운동을 탄압할 뿐만 아니라 납세를 강요하고 위생을 단속하는 등 한국인의 일상생활을 감시하고 규제하였어.

헌병 경찰제 실시	• 전국 각지에 경찰 관서와 헌병 기관을 설치하고, 헌병이 경찰 업무를 담당하게 함 • 범죄 즉결례: 헌병과 경찰은 즉결 심판권을 가지고 정식 재판 없이 처벌을 내릴 수 있었으며, 태형을 가할 수 있었음 • 조선 태형령: 한국인에게만 ◆태형 적용 **다잡는자료**
강압적 통치	• ◆관리와 교원도 제복과 칼 착용 → 위압적 분위기 조성 • 언론·출판·집회·결사의 자유 박탈: 한국어 신문 폐간, 역사서와 잡지 출판 규제, 애국 계몽 단체와 학회는 물론 친일 단체도 해산
식민지 교육	• 식민 통치에 순응하는 한국인을 육성하고자 제1차 조선 교육령 공포(1911) • 일본어와 일본 역사를 '국어'와 '국사'로 중시 • 주로 보통 교육과 실업 교육 실시, 한국인에게 대학 교육과 같은 고등 교육의 기회는 거의 주어지지 않음 • 보통학교 수업 연한을 4년으로 일본보다 짧게 함

4. 무단 통치의 결과:
일제는 한국인의 일상생활 전반에 관여해 강압적인 무단 통치를 실시 → 한국인의 기본적 인권 억압, 3·1 운동 발발

이것이 핵심!

✳ **1920년대 일제의 식민 통치**

이른바 '문화 정치'
보통 경찰제 실시, 한글 신문 발행 허용, 지방 자치제 실시, 교육 기회 확대 표방 → 실상은 친일파 육성, 민족 분열

◆ **치안 유지법**
일제가 국가 체제(천황제)나 사유 재산 제도를 부정하는 자를 단속하고자 제정한 법률이다. 이 법을 이용하여 사회주의 운동뿐만 아니라 농민·노동 운동, 항일 민족 운동을 탄압하였다.

◆ **일제의 검열로 기사가 삭제된 신문**

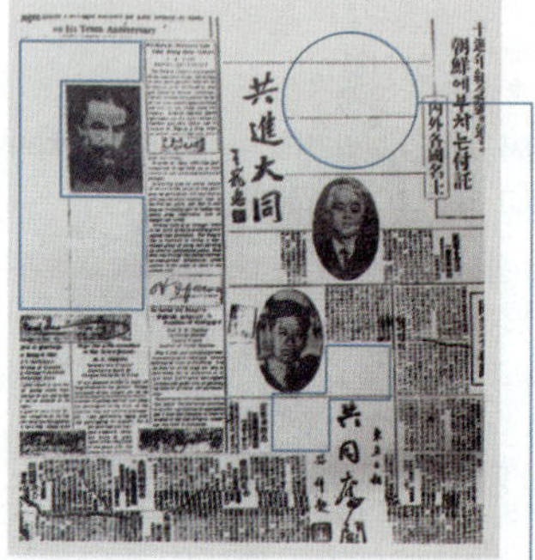

'문화 정치'의 일환으로 조선일보, 동아일보가 간행되었으나 기사 검열로 기사 삭제, 신문 정간이 빈번하였어.

3 1920년대 이른바 '문화 정치'(민족 분열 통치)

1. '문화 정치'로의 전환

> 문관 총독 임명, 한국인 차별 대우 철폐 등의 내용을 담은 시정 방침을 발표하였어.

(1) 배경: 3·1 운동(1919) 이후 일제가 무단 통치의 한계 인식 → 사이토 마코토가 총독으로 부임 → 우리 민족의 문화와 관습을 존중하겠다고 선전하는 시정 방침을 발표하면서 이른바 '문화 정치'를 표방

(2) 목적: 식민 지배에 대한 한국인의 반발 무마, 식민 통치에 협력하는 친일 세력 양성을 통한 민족 분열 도모 **자료④**

2. '문화 정치'의 내용과 실상

구분	표면적 내용	실제 내용
조선 총독	문관도 임명 가능	문관 총독이 임명된 적 없음
경찰 제도	• 헌병 경찰제를 보통 경찰제로 전환 • 조선 태형령 폐지 • 관리와 교원의 제복과 칼 착용 폐지	• 경찰력 강화 **자료⑤** • 고등 경찰제 실시 • ◆치안 유지법 제정(1925) → 독립운동 탄압
언론 정책	언론·출판·집회·결사의 자유 부분 허용 → 한글 신문의 발행 허가(조선일보, 동아일보 등)	신문 검열 강화 → ◆기사 삭제, 신문 압수·정간·폐간 조치
지방 제도	지방 자치제의 실시 → 한국인이 참여하는 도 평의회 설치, 민선 부·면 협의회 구성	평의회와 협의회는 의결권이 없는 자문 기구에 불과, 일본인이나 친일 인사로 구성
교육 정책	제2차 조선 교육령으로 교육 기회의 확대 표방 → 보통학교의 교육 연한 연장(6년), 학교 증설, 대학 설립 허용	학교 수가 여전히 부족, 학비가 비쌈 → 한국인의 취학률 저조

3. '문화 정치'의 영향:
언론·교육·종교 등 각계각층에 친일 세력 육성 → 이광수, 최린 등 일부 지식인들의 자치 운동 → 민족 운동 분열

> └ 독립을 포기하고 일제로부터 자치권을 획득하는 데 주력하자는 운동

📧 **내 교과서** · 비상, 동아, 리베르, 미래엔, 씨마스, 지학사, 천재, 해냄 교과서에서 '조선 태형령' 사료를 다루고 있어요.

내신과 수능을 **다 잡는 자료**⁺   조선 태형령

징역은 죄수를 교도소에 가두고 일정한 강제 노동을 시키는 것을, 구류는 죄수를 일정 기간 동안 교도소에 가둬 자유를 제한하는 형벌을 말해.

제1조	3개월 이하의 징역 또는 구류에 처하여야 하는 자는 그 사정에 따라 태형에 처할 수 있다.
제11조	태형은 감옥 또는 즉결 관서에서 비밀리에 행한다.
제13조	본령은 조선인에 한하여 적용한다.
시행 규칙 제11조	태는 길이 1척 8촌, 두께 2푼 5리, 너비는 태의 머리를 7푼, 태의 손잡이를 4푼 5리로 하며 대나무 조각으로 만든다.

↑ 태형 도구

－『조선 총독부 관보』, 1912. 3. 18.

일제는 무단 통치 시기인 1912년에 조선 태형령을 제정하였다. 이는 일본에서 폐지된 태형을 한국인에게만 차별적으로 적용한 것으로, 일제는 한국인을 위협하고 탄압하는 수단으로 태형을 이용하였다. 조선 태형령은 위압적인 분위기를 고조시켜 일제 식민 통치에 대한 한국인의 반발을 막으려는 것이었다.

빈출 선택지로 점검하기

» 초성을 참고하여 무단 통치 시기 정책에 대한 선택지를 옳게 고쳐 보자.

- 국가 총동원법을 제정하였다.
  → ㅈㅅ ㅌㅎㄹ
- 보통 경찰 제도가 시행되었다.
  → ㅎㅂ ㄱㅊ ㅈㄷ
- 통감부가 최고 권력 기구가 되었다.
  → ㅈㅅ ㅊㄷㅂ
- 한국인에게 주로 고등 교육을 실시하였다.
  → ㅂㅌ ㄱㅇ

📧 조선 태형령, 일본 폐지, 차별 적용, 조선 총독부, 보통 교육

함께 보기 · 내신 만점 공략하기 04번, 서술형 문제 01번

자료 ④ '문화 정치'의 목적

이익을 위해 권력 기관에 생각을 맞춰 자주성 없이 행동하는 것을 말해.

1. 핵심적 친일 인물을 골라 그 인물로 하여금 귀족, 양반, 유생, 부호, 교육가, 종교가에 침투하여 각종 친일 단체를 조직하게 한다.
2. 각종 종교 단체도 중앙 집권화하여 그 최고 지도자에 친일파를 앉히고 고문을 붙여 어용화한다.
3. 친일적인 민간 유지들에게 편의와 원조를 주고, 수재 교육의 이름 아래 많은 친일 지식인을 긴 안목으로 키운다. → 친일파를 양성하려고 하였어.
4. 조선인 부호, 자본가와 일본 자본가 간의 연계를 추진한다. －『조선 민족 운동에 대한 대책』, 1920

1919년에 조선 총독으로 부임한 사이토 마코토는 친일파를 육성하여 우리 민족을 분열시키려는 계획을 세웠다. 이처럼 일제의 '문화 정치'는 친일 세력을 체계적으로 육성하고, 항일 운동을 가혹하게 탄압하는 민족 분열 정책이었다.

문제로 확인할까?

1920년대 일제의 식민지 지배 정책으로 옳은 것만을 〈보기〉에서 고른 것은?

┤보기├
ㄱ. 친일 세력 양성
ㄴ. 치안 유지법 적용
ㄷ. 한글 신문 발행 금지
ㄹ. 문관 출신 조선 총독 임명

① ㄱ, ㄴ ② ㄱ, ㄷ
③ ㄴ, ㄷ ④ ㄴ, ㄹ
⑤ ㄷ, ㄹ

① 📧

자료 ⑤ 보통 경찰제의 실제

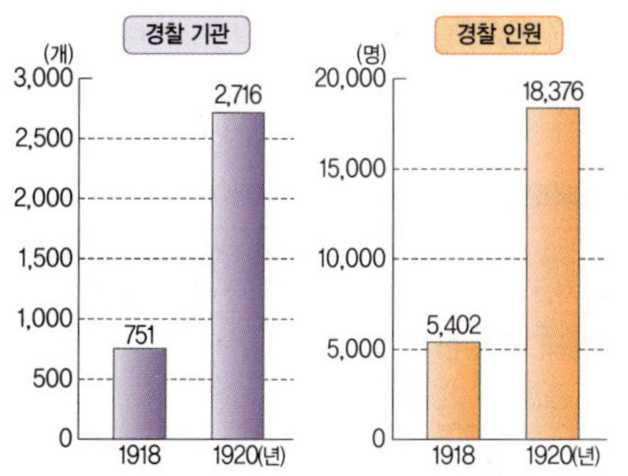

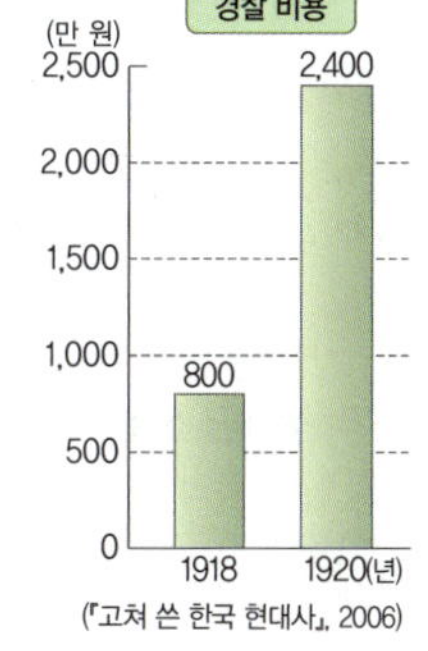

↑ 경찰 제도 강화
└ 그래프의 1918년은 헌병 경찰 제도, 1920년은 보통 경찰 제도가 시행되던 때야.

일제의 '문화 정치'는 기만적이었다. 일제는 헌병 경찰 제도를 폐지하고 보통 경찰제를 실시하였으나 그래프와 같이 실제 경찰 기관과 경찰 인원, 경찰 비용을 3배 이상 늘려 한국인에 대한 탄압과 감시를 강화하였다.

자료 하나 더 알고 가자!

치안 유지법(1925)

제1조	① 국체(천황제)를 변혁하거나 사유 재산 제도를 부인하는 것을 목적으로 결사를 조직하거나 이에 가입한 자는 10년 이하의 징역 또는 금고에 처한다.
제7조	이 법은 시행 구역 외에서 죄를 범한 자에게도 적용한다.

일제는 치안 유지법을 통해 사회주의 운동뿐만 아니라 항일 민족 운동에 대한 감시와 탄압을 더욱 강화하였다.

이것이 핵심!

✳ 일제의 민족 말살 통치

시기	1930~1940년대
배경	만주 사변, 중일 전쟁, 아시아·태평양 전쟁 발발
목적	전쟁에 한국인 동원
내용	황국 신민화 정책, 한국어 교육 금지, 한글 신문 폐간

◆ 내선일체

↑ 내선일체 홍보 엽서

내지(일본)와 조선(한국)이 한몸과 같다는 뜻이다. 1936년 조선 총독으로 부임한 미나미는 내선일체를 강조하면서 황국 신민화 정책을 강화하였다.

◆ 일선동조론

일본인과 한국인이 같은 조상에서 나왔다는 주장이다.

◆ 신사

일본의 신과 조상을 모시는 사당이다. 일제는 전국 각 지역의 중심지에 신사를 세우고, 매월 1일을 애국일로 지정하여 신사에서 참배하도록 강요하였다.

◆ 조선 사상범 예방 구금령

위법 행위가 없어도 독립운동을 할 것이라는 의심만으로 체포가 가능한 법률이다. 일제는 이를 통해 독립운동가들을 재판 없이 구금하고 친일을 강요하였다.

④ 1930~1940년대 민족 말살 통치

1. 민족 말살 통치

(1) **배경:** 만주 사변(1931) 이후 일제의 침략 전쟁 확대

(2) **목적:** 일제가 한국인의 민족의식을 말살하여 전쟁에 동원하고자 함

(3) **황국 신민화 정책의 실시** 자료 ⑥

① 구호: ◆내선일체, ◆일선동조론 등

└→ 매일 아침 일본 궁성을 향해 절을 하게 하였어.

② 내용: 황국 신민 서사 암송 강요(일왕에게 충성 맹세), 궁성 요배 강요, 각지에 조선 신궁을 비롯한 여러 ◆신사를 세우고 참배 강요, 한국인의 성과 이름을 일본식으로 바꾸도록 강요(창씨개명, 1940)

└→ 창씨개명을 거부하면, 자녀를 학교에 보내지 못하게 하고, 식량 배급에서도 제외하였어.

(4) **교육, 언론, 사상 탄압**

교육 통제	• 제3차 조선 교육령(1938), 제4차 조선 교육령(1943) 발표 • 한국어·한국사 과목 폐지, 학교와 관공서에서 한국어 사용 금지, 일본어로 수업 • 소학교의 명칭을 국민학교로 변경(1941) • 수신(도덕) 교과 강화 └→ '황국 신민 학교'라는 뜻을 담고 있어.
언론 탄압	동아일보, 조선일보 등 한글로 된 신문 폐간(1940)
사상 탄압	• 조선 사상범 보호 관찰령, ◆조선 사상범 예방 구금령 제정(1941) → 독립운동에 대한 감시·탄압 강화 • 조선어 학회 사건(1942): 우리말 연구에 힘쓰던 조선어 학회 회원들을 치안 유지법 위반을 구실로 구속함

(5) **친일파 활용:** 일제의 황국 신민화 정책 강화 → 친일 반민족 행위자 증가 → 친일파가 일제의 식민 통치와 침략 전쟁에 적극 부응

2. 전시 동원 체제

(1) **배경:** 일제가 중일 전쟁(1937)을 일으킴 → 국가 총동원법(1938)을 제정하고, 한국에서 본격적으로 인력과 물자 수탈 강화 자료 ⑦

(2) **국민정신 총동원 운동의 전개**

① 목적: 전쟁 수행에 필요한 인적·물적 자원의 효과적 동원

② 내용: 국민정신 총동원 조선 연맹 조직(1938), 연맹의 말단 조직으로 가정을 10호씩 묶은 애국반을 조직 → 일상생활 속 황국 신민화 추구, 주민 감시, 물자 배급

(3) **인적·물적 자원의 수탈**

① 인력 수탈 자료 ⑧

병력 동원	지원병제(1938), 학도 지원병 제도(1943), 징병제(1944) 실시 → 한국인을 전쟁에 강제 동원
노동력 동원	국민 징용령 제정(1939) → 탄광, 철도 건설 현장, 군수 공장 등에 청장년들을 끌고 가 노동 강요
여성 동원	• 여자 정신 근로령 제정(1944) → 수많은 여성을 여자 정신 근로대라는 이름으로 강제 동원하여 군수 공장에서 일하게 함 • 일본군 '위안부' 강제 동원 → 수많은 여성을 전쟁터로 끌고 가 끔찍한 삶 강요

② 물자 수탈

└→ 이 과정에서 친일 반민족 행위자들은 자발적으로 군수 물자를 바치는 등 일제의 침략 전쟁에 적극 협력하였어.

전쟁 물자 확보	• 전쟁 비용 충당 목적 → 각종 세금 신설, 위문 금품과 국방 헌금 강요 • 무기 제조에 필요한 재료 확보 목적 → 각종 금속 공출
군량미 확보	• 산미 증식 계획 재개(1938) → 무리한 할당량을 정해 쌀을 공출 • 식량 배급제 실시

예 절이나 교회의 종, 가정의 놋그릇과 농기구까지 빼앗아 갔어.

자료 6 황국 신민화 정책의 실시

[황국 신민 서사(아동용)]
1. 우리들은 대일본 제국의 신민입니다.
2. 우리들은 마음을 합하여 천황 폐하에게 충의를 다합니다.
3. 우리들은 인고 단련하여 훌륭하고 강한 국민이 되겠습니다.

↑ 조선 신궁

일제는 침략 전쟁을 확대하면서 민족 말살 통치를 실시하였다. 일왕에게 충성을 다짐하는 내용을 담은 황국 신민 서사를 암송하게 하였고, 전국의 읍과 면에 신사를 세웠으며, 조선 신궁을 비롯한 신사에 강제로 참배하게 하였다. 이는 한국인의 민족의식을 말살하여 저항을 잠재우고, 한국인을 침략 전쟁에 효율적으로 동원하려는 것이었다.

자료 7 국가 총동원법

제1조 국가 총동원이란 전시에 국방 목적을 달성하기 위해 국가의 전력을 가장 유효하게 발휘하도록 인적·물적 자원을 통제 운용하는 것을 가리킨다.
제4조 정부는 전시에 국가 총동원상 필요할 때에는 칙령이 정하는 바에 따라 제국 신민을 징용해 총동원 업무에 종사하게 할 수 있다.
제8조 정부는 전시에 국가 총동원상 필요할 때에는 칙령이 정하는 바에 따라 물자의 생산·수리·배급·양도 및 기타의 처분, 사용·소비·소지 및 이동에 관해 필요한 명령을 내릴 수 있다.
  └ 이 법령을 근거로 식량 등을 수탈당하면서 당시 농민들은 궁핍에 시달렸어.
– 「조선 총독부 관보」, 1938. 5. 10.

중일 전쟁을 일으킨 일제는 1938년에 국가 총동원법을 제정하고 이를 한국에도 적용하였다. 이에 따라 일제는 한국을 침략 전쟁에 필요한 인적·물적 자원을 수탈할 수 있는 전시 동원(국가 총동원) 체제로 재편하였다.

자료 8 인적 자원의 수탈

↑ 홋카이도 탄광에 강제 동원된 한국인 노동자들

↑ 전쟁터에 끌려갔던 일본군 '위안부'

국내외 탄광, 토목 공사장, 공장 등에 강제 징용을 당한 한국인은 열악한 조건에서 가혹한 노동에 시달렸다. 일본군 '위안부'로 동원된 여성은 중국과 동남아시아 전선 등에 배치되어 끔찍한 삶을 강요받았다.

---

1. 황국 신민화 정책으로 옳지 않은 것은?

① 신사 참배 강요
② 궁성 요배 강요
③ 일본식 성명 강요
④ 황국 신민 서사 암송 강요
⑤ 민립 대학 설립을 위한 모금 강요

2. 일제가 한국인을 일본인으로 동화시키기 위해 만든 것으로, '일본과 조선이 하나'라는 뜻을 가진 구호는?

답 | 1. ⑤ 2. 내선일체

자료 하나 더 알고 가자!

애국반

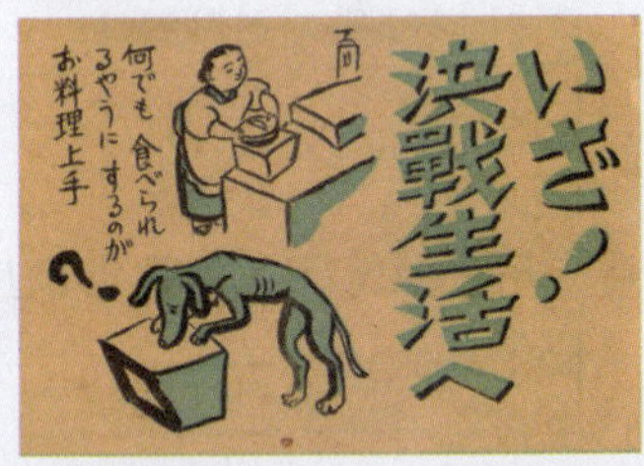
↑ 애국반 회보

일제는 1938년부터 시작된 국민정신 총동원 운동의 말단 조직으로 애국반을 조직하여 한국인을 감시하였다.

정리 비법을 알려 줄게!

1930~1940년대 일제의 인적 자원 수탈

침략 전쟁 동원	지원병제(1938), 학도 지원병 제도(1943), 징병제(1944) 실시
강제 노동 동원	국민 징용령(1939) 실시
여성 동원	일본군 '위안부' 동원, 여자 정신 근로령(1944) 제정

한국인을 강제로 동원하여 노동 및 전쟁 참여 강요

1 윌슨이 제창한 14개조 평화 원칙 중 (　　　　　)의 원칙은 아시아의 민족 운동에 영향을 끼쳤다.

2 다음 통치 방식과 각 시기에 시행된 제도를 옳게 연결하시오.

(1) 무단 통치　　　•　　　　　• ㉠ 보통 경찰 제도
(2) 이른바 '문화 정치' •　　　　　• ㉡ 헌병 경찰 제도

3 다음 설명이 맞으면 ○표, 틀리면 ×표를 하시오.

(1) 조선 태형령은 일본인에게만 적용되었다.　　　　(　　　)
(2) 일제는 치안 유지법을 통해 항일 민족 운동에 대한 감시와 탄압을 강화하였다.　　　　(　　　)

4 다음 〈보기〉의 사건을 일어난 순서대로 나열하시오.

┌ 보기 ├
(가) 만주 사변　　　　　　　(나) 중일 전쟁 발발
(다) 일본의 진주만 기습

5 다음 괄호 안의 내용 중 알맞은 말에 ○표 하시오.

(1) (통감부, 조선 총독부)는 식민 통치의 최고 기구로 행정권, 입법권, 사법권 및 군 통수권을 행사하였다.
(2) 일제는 1920년대에 (국민 징용령, 조선 교육령)을 개정하여 보통학교의 수업 연한을 늘렸다.
(3) 중일 전쟁을 일으킨 일제는 국민정신 총동원 조선 연맹을 설치하고 그 말단 기구로 (애국반, 중추원)을 두었다.

6 다음에서 설명하는 정책을 쓰시오.

• 한국인을 일왕의 백성, 즉 일본인으로 만들려고 한 정책이다.
• 일제가 한국인의 민족의식을 말살하여 한국인을 침략 전쟁에 효율적으로 동원하기 위해 추진한 정책이다.

---

01 (가) 조약이 체결된 시기를 연표에서 옳게 고른 것은?

> 파리 강화 회의는 윌슨의 14개조 평화 원칙에 기초하여 진행되었다. 그러나 승전국들이 독일 등 패전국을 철저히 응징할 것을 주장하여 독일과 승전국은 　(가)　을/를 맺게 되었다.

	(가)		(나)		(다)		(라)		(마)	

▲ 제1차 세계 대전 발발　▲ 러시아 혁명　▲ 소련 수립　▲ 만주 사변　▲ 제2차 세계 대전 발발　▲ 8·15 광복

① (가)　② (나)　③ (다)　④ (라)　⑤ (마)

중요

02 교사의 질문에 대한 학생의 답변으로 가장 적절한 것은?

① 애국반이 조직되었어요.
② 삼정이정청이 설치되었어요.
③ 범죄 즉결례가 제정되었어요.
④ 대한 제국의 군대가 해산되었어요.
⑤ 여자 정신 근로령이 공포되었어요.

하나 더!

02-1 위 자료를 활용한 탐구 주제로 가장 적절한 것은?

① 무단 통치의 사례　　　② 대공황의 극복 노력
③ 전시 동원 체제의 형성　④ 민족 분열 통치의 방법
⑤ 통상 수교 거부 정책의 내용

03 밑줄 친 '이 기구'로 옳은 것은?

> 일제는 한국인을 정치에 참여시킨다는 명분으로 <u>이 기구</u>를 두고 조선 총독의 자문 역할을 맡겼다. 그러나 <u>이 기구</u>는 3·1 운동 전까지 한 번도 소집되지 않았다.

① 교정청 ② 원수부 ③ 중추원
④ 통감부 ⑤ 통리기무아문

04 다음 법령이 적용된 시기에 볼 수 있는 모습으로 가장 적절한 것은?

> 제1조 3개월 이하의 징역 또는 구류에 처하여야 하는 자는 그 사정에 따라 태형에 처할 수 있다.
> 제11조 태형은 감옥 또는 즉결 관서에서 비밀리에 행한다.
> 제13조 본령은 조선인에 한하여 적용한다.

① 만주 사변을 취재하는 기자
② 즉결 처분을 내리는 헌병 경찰
③ 군국기무처 회의에 참석한 관리
④ 징병제로 전쟁에 끌려가는 청년
⑤ 동아일보 폐간 소식을 듣고 놀라는 시민

05 (가)에 들어갈 내용으로 가장 적절한 것은?

① 을사늑약 체결을 강요하였어.
② '남한 대토벌' 작전을 실시하였어.
③ 제2차 조선 교육령을 제정하였지.
④ 메가타를 재정 고문으로 파견하였어.
⑤ 각종 정치 단체와 학회를 해산시켰지.

06 다음 시정 방침에 따라 통치가 이루어진 시기에 있었던 사실로 옳은 것은?

> 요컨대 문화적 제도의 혁신에 의하여 조선인을 유도하여 …… 정치·사회상의 대우에도 내지인과 동일한 취급을 할 궁극적 목적을 달성하기를 바랄 뿐이다.

① 보통 경찰제가 실시되었다.
② 조선 태형령이 공포되었다.
③ 황국 중앙 총상회를 조직하였다.
④ 관군이 홍경래의 난을 진압하였다.
⑤ 일제가 아시아·태평양 전쟁을 일으켰다.

07 ★중요 다음 자료를 활용한 탐구 활동으로 가장 적절한 것은?

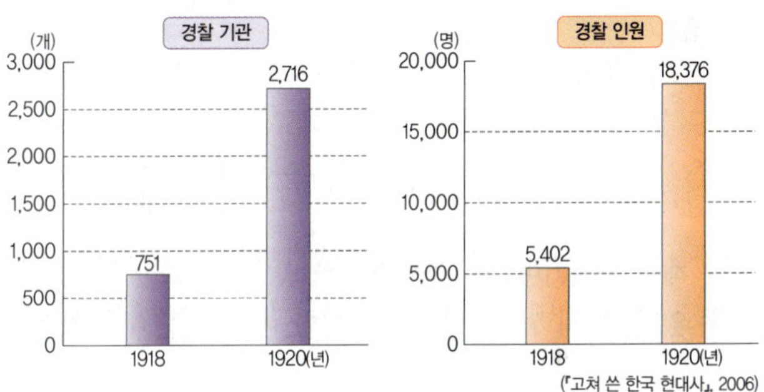

① 화폐 정리 사업의 배경을 분석한다.
② 을미사변이 일어난 원인을 알아본다.
③ 만주국 수립 이후의 변화를 정리한다.
④ 한일 의정서가 체결된 시기를 찾아본다.
⑤ 일제가 실시한 '문화 정치'의 실상을 파악한다.

08 (가)에 들어갈 사례로 가장 적절한 것은?

> • 학습 주제: 일제가 실시한 '문화 정치'의 기만성
> • 사례: ______________(가)______________

① 통감부를 설치하였다.
② 화폐 정리 사업을 실시하였다.
③ 조선일보와 동아일보를 폐간하였다.
④ 이른바 서울 진공 작전을 추진하였다.
⑤ 조선 총독에 문관 출신을 임명하지 않았다.

09 다음 법령이 제정된 시기를 연표에서 옳게 고른 것은?

> 제1조 ① 국체(천황제)를 변혁하거나 사유 재산 제도를 부인하는 것을 목적으로 결사를 조직하거나 이에 가입한 자는 10년 이하의 징역 또는 금고에 처한다.
>
> 제7조 이 법은 시행 구역 외에서 죄를 범한 자에게도 적용한다.

(가)	(나)	(다)	(라)	(마)
강화도 조약 체결	갑신정변	대한 제국 수립	3·1 운동	만주 사변	8·15 광복

① (가) ② (나) ③ (다) ④ (라) ⑤ (마)

10 (가)에 들어갈 내용으로 옳은 것은?

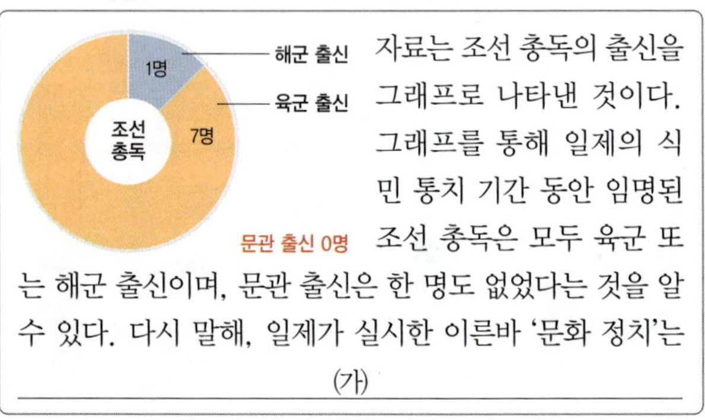

자료는 조선 총독의 출신을 그래프로 나타낸 것이다. 그래프를 통해 일제의 식민 통치 기간 동안 임명된 조선 총독은 모두 육군 또는 해군 출신이며, 문관 출신은 한 명도 없었다는 것을 알 수 있다. 다시 말해, 일제가 실시한 이른바 '문화 정치'는 ______(가)______

① 기만적 민족 분열 통치에 불과하였다.
② 헌병 경찰을 앞세운 군사적 지배였다.
③ 한반도를 병참 기지로 만들기 위한 것이었다.
④ 일왕 숭배 사상을 주입하는 민족 말살 통치였다.
⑤ 한국의 토지를 약탈하려는 목적을 가지고 있었다.

11 다음과 같은 정책이 실시된 시기에 있었던 사실로 옳은 것은?

> 일제는 한국인의 교육 기회를 확대하겠다며 제2차 조선 교육령을 공포하여 보통학교의 교육 연한을 4년에서 6년으로 늘렸다.

① 광혜원 설립   ② 을사의병 발발
③ 조선일보 발행   ④ 원산 학사 설립
⑤ 국채 보상 운동 전개

12 (가)에 들어갈 내용으로 적절한 것은?

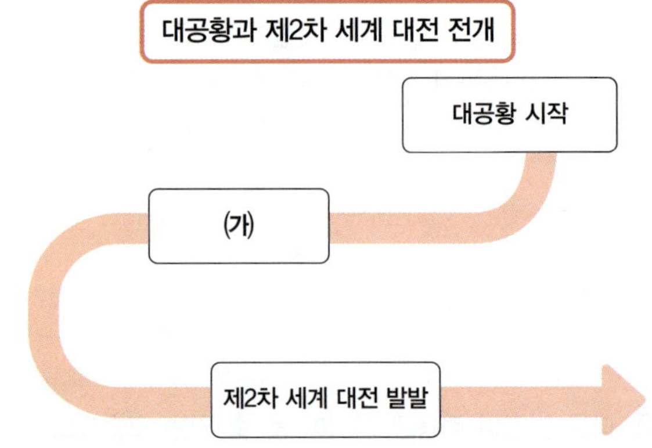

① 소련의 대일전 참전
② 일본의 중국 본토 침략
③ 일본의 진주만 기습 공격
④ 미국의 미드웨이 해전 승리
⑤ 미국이 일본에 원자 폭탄 투하

★중요
13 다음 법령이 적용된 시기에 있었던 사실로 옳은 것은?

> 제1조 국가 총동원이란 전시에 국방 목적을 달성하기 위해 국가의 전력을 가장 유효하게 발휘하도록 인적·물적 자원을 통제 운용하는 것을 말한다.

① 경인선이 개통되었다.
② 징병제를 실시하였다.
③ 신문지법이 만들어졌다.
④ 동양 척식 주식회사가 설립되었다.
⑤ 조청 상민 수륙 무역 장정이 체결되었다.

하나 더!
13-1 위 법령의 제정 이후 볼 수 있는 모습으로 적절하지 <u>않은</u> 것은?

① 전쟁터에 강제로 투입되는 학생
② 공출로 인해 쌀을 빼앗기는 농민
③ 헌병 경찰로부터 태형을 받는 시민
④ 일본군 '위안부'로 강제 동원되는 여성
⑤ 군수 공장에서 강제 노동을 하는 청년

14 다음 정책이 실시된 시기에 행해진 일제의 교육 정책으로 옳지 **않은** 것은?

> • 창씨개명 거부자의 자녀에 대해서는 각급 학교의 입학과 진학을 거부한다.
> • 창씨개명 거부자는 징용 대상자로 우선 지명하고, 식량 배급에서 제외한다.

① 교육 입국 조서를 반포하였다.
② 수신(도덕) 교과를 강화하였다.
③ 한국어 과목을 사실상 폐지하였다.
④ 소학교의 명칭을 국민학교로 바꾸었다.
⑤ 학교에서 일본어로 수업을 진행하였다.

15 일제가 중일 전쟁 이후 침략 전쟁을 확대하면서 제정한 법령으로 옳은 것만을 〈보기〉에서 고른 것은?

> ┤보기├
> ㄱ. 회사령   ㄴ. 국민 징용령
> ㄷ. 치안 유지법   ㄹ. 조선 사상범 예방 구금령

① ㄱ, ㄴ   ② ㄱ, ㄷ   ③ ㄴ, ㄷ
④ ㄴ, ㄹ   ⑤ ㄷ, ㄹ

16 밑줄 친 '이 시기'에 일제가 시행한 정책으로 옳은 것만을 〈보기〉에서 고른 것은?

사진은 일제가 서울 남산에 세운 신사인 조선 신궁이다. 이 시기에 일제는 조선 신궁을 비롯한 신사 참배를 강요하였다.

> ┤보기├
> ㄱ. 태형을 실시하였다.
> ㄴ. 내선일체를 강조하였다.
> ㄷ. 보통 경찰제를 도입하였다.
> ㄹ. 황국 신민 서사 암송을 강요하였다.

① ㄱ, ㄴ   ② ㄱ, ㄷ   ③ ㄴ, ㄷ
④ ㄴ, ㄹ   ⑤ ㄷ, ㄹ

서술형 문제

서술형 감잡기

01 다음 법령의 명칭을 쓰고, 이 법령이 시행된 시기 식민 통치의 특징을 서술하시오.

> 제6조   태형은 태로 볼기를 때려 집행한다.
> 시행 규칙 제11조   태는 길이 1척 8촌, 두께 2푼 5리, 너비는 태의 머리를 7푼, 태의 손잡이를 4푼 5리로 하며 대나무 조각으로 만든다.

(1) 초성을 참고하여 서술형 답안에 들어갈 내용을 써 보자.

답안 키워드   ㅈㅅ ㅌㅎㄹ   ㅎㅂ ㄱㅊㅈ   ㅁㄷ ㅌㅊ

(2) (1)의 내용을 포함하여 서술형 답안을 작성해 보자.

____

실전! 도전하기

02 밑줄 친 ㉠의 명칭을 쓰고, 밑줄 친 ㉡의 기만성을 보여 주는 사례를 **두 가지** 서술하시오.

> 1919년 ㉠ 이 운동이 일어나자 일제는 무단 통치의 한계를 느끼고 식민 통치의 방식을 바꾸었다. 일제는 ㉡ 이른바 '문화 정치'를 내세워 식민 지배에 대한 한국인의 저항을 무마하고자 하였다.

03 다음 맹세가 무엇인지 쓰고, 일제가 이를 활용하여 추진한 정책의 목적을 서술하시오.

> 1. 우리들은 대일본 제국의 신민입니다.
> 2. 우리들은 마음을 합하여 천황 폐하에게 충의를 다합니다.
> 3. 우리들은 인고 단련하여 훌륭하고 강한 국민이 되겠습니다.

STEP 3 1등급 정복하기

최고난도

01 다음 기사들이 보도된 시기에 볼 수 있는 모습으로 가장 적절한 것은?

> • 과실 장사를 하는 이완우는 익지 않은 감을 팔다가 순사에게 발각되어 태형 15대에 처해졌다.
> • 윤영안과 김사환은 개성 사세국 출장소 건축 공사에서 역부로 종사하는 터이더니 본월 19일에는 웃통을 벗어 버리고 노동을 하다가 행순 순사에게 발견되어 태형 10대씩에 처했다더라.
> • 경성 남대문 바깥 청파에 사는 이국보는 지나간 하룻날쯤 마차의 고삐를 잡지 않고 가다가 잡혀서 서대문 분서에서 장판에 올려져 볼기 다섯 대를 맞고 풀려났다.   – 매일신보

① 공출제를 선전하는 애국반원
② 국민학교에서 공부하는 학생
③ 범죄 즉결례를 집행하는 헌병 경찰
④ 기사가 삭제된 동아일보를 보는 시민
⑤ 치안 유지법 위반으로 잡혀가는 독립운동가

02 (가)에 들어갈 내용으로 가장 적절한 것은?

> **수행 평가 보고서**
>
> ○학년 ○반 이름 ○○○
>
> • 탐구 주제: (가)
> • 탐구 목적: 일제가 중일 전쟁을 일으킨 후 전쟁에 필요한 물자와 노동력을 효과적으로 운용하기 위해 실시한 정책을 살펴본다.
> • 수집 자료
>
> 
>
>
> 자료는 애국반 회보이다. 자료에는 '이제 결전 생활로', '무엇이든 먹을 수 있게 하는 것이 요리의 고수'라고 쓰여 있다. 일제는 한국인의 생활을 통제하기 위한 말단 기구로 10호(가구) 단위의 애국반을 만들었다.

① 개화 정책의 추진
② 애국 계몽 운동의 전개
③ 국가 총동원 체제의 형성
④ 이른바 '문화 정치'의 실상
⑤ 통상 수교 거부 정책의 내용

1910년대 무단 통치

완자 사전

■ 순사
일제 강점기에 있었던 가장 낮은 등급의 경찰관이다.

완자쌤의 시험꿀팁
일제가 1910년대, 1920년대, 1930년대 이후에 실시한 통치 방식을 구분하여 정리해 두고, 해당 시기 식민지 정책의 사례를 구체적으로 파악해 두도록 한다.

1930년대 전시 동원(국가 총동원) 체제의 형성

완자 사전

■ 애국반
중일 전쟁을 일으킨 일제는 국민정신 총동원 조선 연맹을 설치하고 그 말단 기구로 애국반을 두었다. 일제는 애국반을 이용해 조선 총독부의 정책을 홍보하고 주민을 통제하는 한편, 전쟁에 필요한 물자와 노동력을 동원하였다.

수능 첫걸음

 이렇게 나온다! ── 2025 6월 모평

다음 상황이 나타난 시기에 있었던 사실로 옳은 것은?

① 균역법이 제정되었다.
② 도병마사가 설치되었다.
③ 홍범 14조가 반포되었다.
④ 삼청 교육대가 운영되었다.
⑤ 헌병 경찰제가 실시되었다.

대표 유형 문제 풀이

※ 빈칸을 채우며 문제 풀이에 접근해 보세요!

◈ 1단계 / 자료 분석하기

자료에서 태형이 집행되었으며, 회사 설립 허가제가 실시되었다는 점을 통해 대화의 시기가 1910년대 ❶ [   ] 시기임을 파악한다.

◈ 2단계 / 정답 개념 연결하기

무단 통치 시기에는 ❷ [   ]를 통해 강압적인 분위기를 만들어 한국인의 저항을 억누르려 하였음을 이해한다.

◈ 3단계 / 오답 개념 피하기

① 균역법은 ❸ [   ] 시대 영조 때 농민의 군포 부담을 줄이기 위해 실시하였다. ② 도병마사 설치는 ❹ [   ] 시대에 이루어졌다. ③ 홍범 14조는 제2차 갑오개혁 때 발표되었다. ④ 삼청 교육대는 1980년대에 운영되었다.

답 ❶ 무단 통치 / ❷ 헌병 경찰 / ❸ 조선 / ❹ 고려

정답친해 05쪽

실전 문항으로 수능 준비하기 ── 2025 수능

밑줄 친 '이 시기'에 볼 수 있는 모습으로 가장 적절한 것은?

이 사진은 일제가 탑골 공원의 문을 뜯어내는 장면이다. 일제는 중일 전쟁을 일으키고 침략 전쟁을 확대하던 이 시기에 사진과 같이 금속 소재로 제작된 문과 현판, 울타리 등도 가져가 군수 물자로 활용하였다. 또한 애국반과 같은 조직을 활용하여 금속류에 대한 공출을 실시하였다.

① 비변사에서 회의하는 관리
② 신사 참배에 동원되는 학생
③ 홍경래의 난에 참여하는 농민
④ 13도 창의군을 이끄는 의병장
⑤ 전태일 분신 사건을 취재하는 기자

1등급 전략

중일 전쟁을 일으킨 일제가 1930년대 후반부터 실시한 식민 통치 내용을 정리해 두도록 한다.

출제 전망

● **전망1** 국가 총동원령을 자료로 제시하고 당시의 사실을 묻는 문제가 출제될 수 있다. 황국 신민화 정책의 내용, 인적·물적 자원 수탈의 내용을 정리해 두도록 한다.
● **전망2** 1930년대 후반의 사회 모습을 자료로 제시하고, 당시의 식민 정책을 묻는 문제가 출제될 수 있다.

02 경제 구조의 변화와 경제생활

▶ 1910년대 토지 조사 사업
▶ 1920년대 산미 증식 계획
▶ 1930~1940년대 병참 기지화 정책과 전시 동원 체제
▶ 국외 이주 동포의 삶

❋ 1910년대 일제의 경제 침탈

토지 조사 사업	총독부 재정 확보 목적, 한국인 토지 약탈
회사령 공포	한국 기업 설립 억제

◆ 간선 철도망과 주요 항만

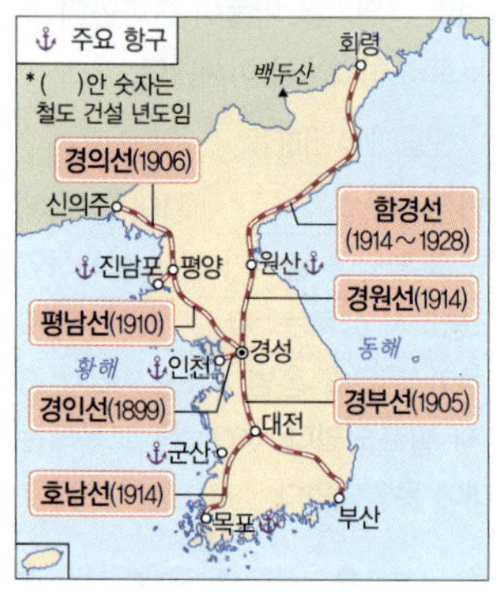

---

1 1910년대 토지 조사 사업과 식민지 경제

1. 토지 조사 사업의 실시(1910~1918) 자료①

명분	지세의 공정한 부과, 근대적 토지 소유권 확립
목적	식민 통치에 필요한 재정 확보, 일본인의 토지 소유와 투자를 쉽게 하고자 함
내용	임시 토지 조사국 설치(1910), 토지 조사령 공포(1912), 신고주의 원칙
결과	• 총독부의 지세 수입 증가, 미신고 토지와 국·공유지 등을 조선 총독부 소유로 편입 → 동양 척식 주식회사나 일본인에 헐값에 판매 • 지주의 소유권만 인정, 농민의 관습적 경작권 부정 → 기한부 계약에 의한 소작농 증가, 살기 어려워진 농민은 화전민이 되거나 만주, 연해주 등지로 이주

└ 토지 소유권자가 정해진 기간 내에 직접 신고하여 소유지를 인정받는 방식으로 진행되었어.

2. 회사령 공포(1910): 회사 설립 시 조선 총독의 허가 필요 → 한국인의 기업 설립 억제, 일본 자본의 한국 진출을 선별적으로 지원 자료②

3. 식민지 경제 수립

조선은행은 조선 은행권이라는 화폐를 발행하고, 조선 식산 은행은 식민지 산업 개발을 위한 자금을 조달하였어.

자원 침탈	어업령(1911), 삼림령(1911), 조선 광업령(1915) 등 발표
금융 침탈	한국은행을 조선은행으로 고침, 조선 식산 은행 설립
교통 시설	철도·도로·항만 건설 → 한국 식량·자원의 일본 이출, 일본 상품의 수입·판매가 쉬워짐

└ 일본에서 한반도와 만주를 연결하는 운송 체계를 만들어 한반도를 효율적으로 수탈할 수 있는 기반을 만들었어.

❋ 1920년대 일제의 경제 침탈

정책	결과
산미 증식 계획	국내 식량 사정 악화, 농민 부담 증가
회사령 폐지	일본 기업의 한국 침투

◆ 수리 조합

수리 시설의 신설, 보수, 관리 등을 위해 만든 조직이다. 지주가 부담하던 수리 시설 건설비와 조합비를 소작농에게 전가하는 일이 많아 농민들은 전국적인 수리 조합 반대 운동을 벌였다.

◆ 신은행령

일본은 1928년 당시 금융 공황을 겪자, 은행의 자본금 최저 한도를 높여서 한국인의 은행 설립을 제한하고, 은행 간 합병을 강제하였다.

---

2 1920년대 산미 증식 계획과 경제 침탈

1. 산미 증식 계획의 실시(1920~1934) 자료③

배경	제1차 세계 대전 중 일본의 급속한 공업화·도시화 → 쌀의 수요 급증으로 쌀 부족 현상 발생 → 부족한 쌀을 한국에서 확보하고자 함
내용	쌀 생산량 확대 노력(농토 개간, 밭을 논으로 변경, 수리 조합을 설치하여 수리 시설 확충, 종자 개량, 비료 사용) → 증산량보다 많은 양의 쌀이 일본으로 이출
결과	• 국내의 식량 사정 악화(한국인의 1인당 쌀 소비량 감소) → 만주에서 잡곡 수입 • 지주는 일본으로 쌀을 판매해 부 축적, 농민은 높은 소작료·지세·쌀 증산 비용 부담 → 화전민·도시 빈민 등으로 전락, 만주·연해주·일본 등으로 이주

└ 예 비료 대금, 수리 조합비, 토지 개량비 등

2. 회사령 폐지

배경	제1차 세계 대전 이후 일본 기업의 자본 축적 → 일본 기업들은 한국의 값싼 자원과 노동력을 활용하고자 하였어.
내용	1920년 회사령 폐지, 회사 설립을 신고제로 전환 → 예 미쓰이, 미쓰비시, 노구치 등
결과	한국인 기업의 설립 증가, 일본 대기업의 한국 본격 진출

3. 식민지 경제 수탈

└ 한국 기업은 대부분 영세한 수준을 벗어나지 못하였고, 일본과의 관세가 폐지되자 큰 타격을 받았어.

관세 폐지	일본 상품의 관세 폐지(1923) → 값싼 일본 상품의 국내 유입 → 한국인 기업에 타격
은행 합병	신은행령을 발표(1928)하여 한국인 소유의 은행 합병 → 금융 분야에서 일본 자본의 지배 강화

자료 ① 토지 조사 사업의 실시

> 토지의 사용 목적에 따라 토지의 종류를 표시하는 것이야.
>
> 제1조 토지의 조사 및 측량은 본령에 의한다.
> 제4조 토지 소유자는 조선 총독이 정하는 기간 내에 주소, 성명 또는 명칭 및 소유지의 소재, 지목, 자번호(땅의 번호), 사표(토지의 동서남북에 위치한 지형지물을 기록한 표시), 등급, 지적, 결 수를 임시 토지 조사 국장에게 신고해야 한다.
>
> – 토지 조사령, 1912. 8. 13.

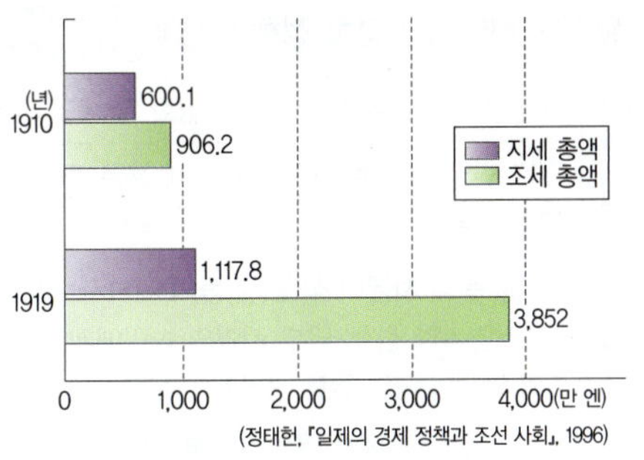

↑ 조선 총독부 지세 수입액의 변화

일제는 1912년에 토지 조사령을 발표하여 토지 조사 사업을 실시하였다. 토지 조사 사업은 토지 소유자가 기한 내에 신고해야 소유권을 인정받는 신고주의 원칙에 따라 진행되었다. 토지 조사 사업을 실시한 결과 지주의 소유권이 인정되었고 이에 따라 조선 총독부의 지세 수입이 늘어났다.

자료 ② 회사령(1910)의 목적과 영향

> 제1조 회사의 설립은 조선 총독의 허가를 받아야 한다.
> 제5조 회사가 본령을 위반하거나 공공질서 및 선량한 풍속에 반하는 행위를 한 때에 조선 총독은 사업의 정지·금지, 지점의 폐쇄 또는 회사의 해산을 명할 수 있다.
>
> – 『조선 총독부 관보』, 1910. 12. 30.
>
> └ 총독이 회사의 설립과 해산에 절대적인 권한을 가졌어.

일제는 1910년에 회사령을 공포하였다. 조선 총독이 허가해야 회사를 설립할 수 있게 함으로써 한국인의 기업 설립을 억제하고 일본 기업의 한국 진출을 선별적으로 지원하고자 한 것이다. 조선 총독은 일본인이 허가를 신청한 것은 거의 다 수용하고, 한국인의 기업 설립은 엄격히 규제하였다. 그 결과 한국의 전기·철도·금융 등은 일본 기업이 장악하였고, 한국인 기업은 작은 규모의 제조업이나 매매업 등에 한정되었다.

자료 ③ 산미 증식 계획의 실시

> 대개 조선인들이 생산한 쌀을 수출하거나 이출할 때 결코 자신들이 충분히 소비하고 남은 것을 수출하는 것이 아니다. 생계가 곤란하여 먹을 것을 먹지 못하고 파는 것이다. …… 반면, 만주산 잡곡의 수입만이 증가하는 사실은 조선인의 생활난이 점점 심각해지고 있음을 실증하는 것이다.
>
> – 동아일보, 1927. 4. 8.

↑ 쌀 생산량과 일본으로의 이출량

일제는 한국에서 쌀을 증산한 후 일본으로 이출하여 자국의 쌀 부족 문제를 해결하고자 산미 증식 계획을 추진하였다. 그 결과 쌀 생산량은 늘어났지만, 일제가 증산된 양보다 훨씬 더 많은 쌀을 일본으로 가져가 한국인의 1인당 쌀 소비량은 감소하게 되었다.

문제로 확인할까?

1910년대 일제의 경제 침탈 정책으로 옳은 것만을 〈보기〉에서 고른 것은?

보기
ㄱ. 회사령 제정
ㄴ. 신은행령 발표
ㄷ. 토지 조사 사업 실시
ㄹ. 산미 증식 계획 실시

① ㄱ, ㄴ 　② ㄱ, ㄷ
③ ㄴ, ㄷ 　④ ㄴ, ㄹ
⑤ ㄷ, ㄹ

② 閏

자료 하나 더 알고 가자!

1910년대 민족별 공업 회사 불입 자본액

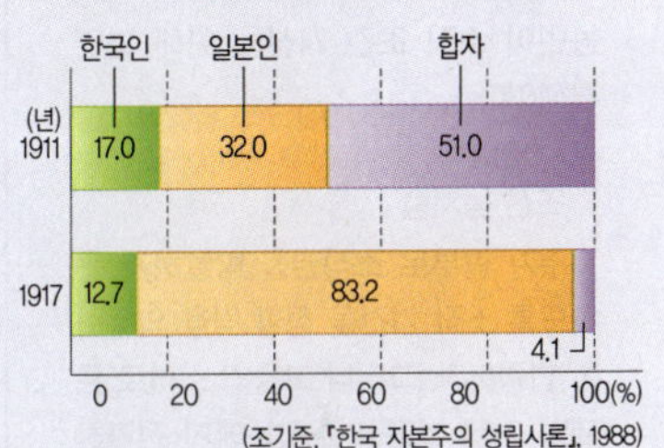

1910년에 회사령이 실시되자, 한국인의 산업 활동은 위축되었다.

정리 비법을 알려 줄게!

산미 증식 계획

목적	일본이 자국의 부족한 식량을 한국에서 보충하고자 함
실행	농지 개간, 수리 시설 개선 등으로 쌀 생산량 증대
결과	한국인의 식량 부족, 한국 농민의 처지 악화

문제로 확인할까?

일제가 일본의 쌀 부족 문제를 해결하기 위해 한국에서 실시한 경제 정책은?

산미 증식 계획 閏

이것이 핵심!

✳ 1930~1940년대 일제의 경제 침탈

식민지 공업화 정책	한국의 노동력과 자원 수탈
병참 기지화 정책	전쟁에 필요한 군수 물자 공급지로 활용, 쌀과 금속 공출

◆ 남면북양 정책

↑ 영화 「북선의 양은 말한다」의 한 장면(1934)

1930년대 조선 총독부가 추진한 정책으로, 농민에게 면화와 양 사육을 강요하였다.

◆ 소작 쟁의

농민이 소작 조건 개선을 위해 벌인 투쟁이다.

◆ 조선 농지령

지주가 함부로 소작권을 박탈하지 못하도록 소작 기간을 정할 것을 의무화한 법령이다. 그러나 고율의 소작료 문제나 지세 부담을 소작농에게 전가하는 문제를 다루지 않은 한계가 있었다.

③ 1930~1940년대 병참 기지화 정책과 전시 동원 체제

1. 일제의 식민지 공업화 정책 자료 ④

1920년대까지는 한반도를 농업 지대로 활용하였지만, 만주를 점령한 이후에는 만주를 농업 지대, 한반도를 공업 지대로 이용하였어.

배경	대공황으로 일본의 경제 위기 심화, 일제의 대륙 침략 및 만주국 수립
목적	일본·한국·만주를 연결하는 경제 블록 조성 → 한국을 기초 공업 지대로 삼고, 한국의 값싼 노동력과 자원 수탈
내용	• 일본 독점 자본이 석탄·철 등의 지하자원이 풍부한 북부 지방에 발전소와 공장 건설 • 남면북양 정책: 남부 지방의 농민에게 면화 재배, 북부 지방의 농민에게 양 사육 강요 → 한국 농촌이 일제의 공업 원료 공급지로 전락

왜? 대공황 이후 보호 무역 확대로 일본 방직업자들이 사용할 공업 원료가 부족해지자 추진되었어.

2. 농촌의 상황

배경	대공황으로 농촌 사회 어려움 가중, 소작 쟁의 확산
목적	농촌 사회를 안정시켜 소작 쟁의 억제, 식민 지배 체제의 안정화
내용	• 농촌 진흥 운동(1932~1940): 근검절약을 통한 농촌의 생활 개선을 내세움 → 가난을 농민의 게으름과 무지 탓으로 돌리고 실질적인 문제는 해결하지 않음 • 조선 농지령(1934): 소작 조건 개선 시도 → 실제 운영 과정에서 지주의 권리 옹호

3. 병참 기지화 정책과 전시 동원 체제

(1) **배경:** 중일 전쟁 발발(1937) 이후 침략 전쟁 확대, 국가 총동원법 제정(1938) → 한반도를 침략 전쟁에 필요한 군수 물자 공급지로 활용

(2) **병참 기지화 정책의 본격 추진:** 군수 산업 관련 화학·금속·기계 공업에 집중 투자 → 소비재 산업 위축, 산업 간 불균형 및 지역에 따른 공업 격차 심화 └ 중화학 공업

(3) **전시 동원 체제 당시의 수탈**

① 경제적 수탈: 각종 세금 신설, 위문 금품과 국방 헌금 모집, 산미 증식 계획 재개

② 공출 시행: 농기구·놋그릇·수저 등 금속 공출로 군수 물자 생산, 미곡 공출제와 식량 배급제 실시 **다잡는 자료**

꼭! 일제는 군량미 확보를 위해 농가마다 공출량을 할당하고 농산물을 헐값에 가져갔어. 높은 소작료는 그대로였기 때문에 농민들의 삶은 더 어려워졌지.

③ 영향: 한국인의 생활고 심화

이것이 핵심!

✳ 국외 이주 동포의 삶

만주	간도 참변 등을 겪음
연해주	중앙아시아 강제 이주를 겪음
일본	관동 대학살로 피해를 입음
미주	하와이 사탕수수 농장 노동에 파견

◆ 관동(간토) 대학살

1923년 관동(간토) 대지진이 일어나자, 한국인이 방화와 살인을 저지른다는 허위 사실이 퍼지면서 많은 재일 한국인이 학살당하였다.

④ 국외 이주 동포의 삶

1. 우리 민족의 국외 이주: 일제 강점기 한국에서 살기 힘들어진 사람들이 만주, 일본, 연해주, 미주 등으로 터전을 옮김

2. 국외 이주 동포의 삶 자료 ⑤

만주	1920년대 간도 참변, 미쓰야 협정 등으로 피해를 입음 → 일제가 만주 사변(1931) 이후 만주 개척을 위해 한국인을 강제 이주시킴 → 중국 정부가 옌볜 조선족 자치주 지정(1952)
연해주	국권 피탈 이후 블라디보스토크를 중심으로 한인촌 형성 → 소련 정부가 연해주 지역의 한국인들을 중앙아시아로 강제 이주시킴(1937), 중앙아시아에 정착한 한국인을 '카레이스키'라고 부름
일본	제1차 세계 대전 이후 한국인 노동자들이 이주함 → 관동 대지진(1923) 당시 많은 동포가 학살당함 (관동 대학살) → 1930년대 이후 일제의 강제 동원으로 끌려옴 └ '고려인'이라는 뜻이야.
미주	1902년 하와이 사탕수수 농장 노동자로 파견됨 → 미주 대한인 국민회(1910), 재미 한족 연합 위원회(1941) 등을 조직하여 독립운동에 힘씀

└ 한국인이 일제에 협력할 것이라는 구실로 연해주에 살던 한국인을 강제로 이주시켰어. 이주 과정에서 수많은 한국인이 추위와 굶주림, 전염병 등으로 희생되었지.

자료 4 일제의 식민지 공업화 정책

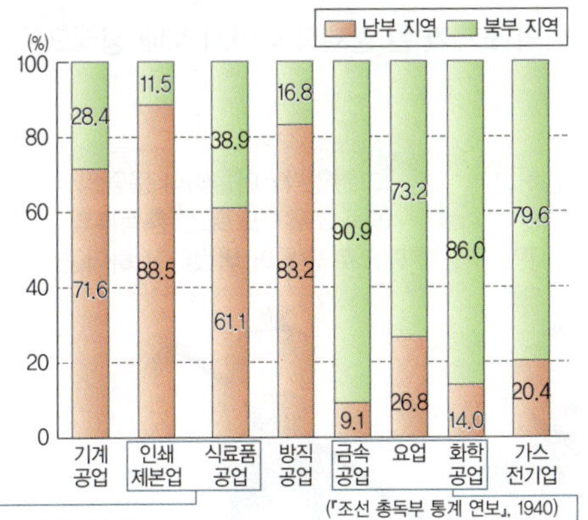

(『조선 총독부 통계 연보』, 1940)

◆ 지역별 공업 생산액(1940)

1930년대 초 만주 점령 이후 일제는 만주를 농업·원료 지대로, 한국을 중화학 공업 지대로 설정하고 조선(식민지) 공업화 정책을 실시하였다. 이에 따라 일본의 독점 자본이 한국에 대거 진출하여 자원이 풍부한 한반도 북부 지방을 중심으로 중화학 공업이 육성되었다. 반면 남부 지방에는 경공업 분야가 발전하였다. 이는 한반도 공업 구조의 지역 불균형을 초래하였다.

경공업 분야로, 노동력이 중요한 산업이야.

자원과 전기 등이 중요한 요소로 사용되는 중화학 공업 분야야.

정리 비법을 알려 줄게!

1910~1930년대 일제의 경제 침탈

1910년대	• 토지 조사 사업 실시 • 회사령 공포
1920년대	• 산미 증식 계획 추진 • 회사령 폐지, 관세 폐지
1930년대	• 남면북양 정책 실시 • 병참 기지화 정책 추진 • 전시 동원 체제 구축(국가 총동원법 제정, 공출 제도 실시 등)

📋 **내 교과서** ▸ 비상, 리베르, 미래엔, 씨마스, 지학사, 천재, 해냄 교과서에서 '공출 제도' 자료를 다루고 있어요.

내신과 수능을 다 잡는 자료 일제의 공출 시행

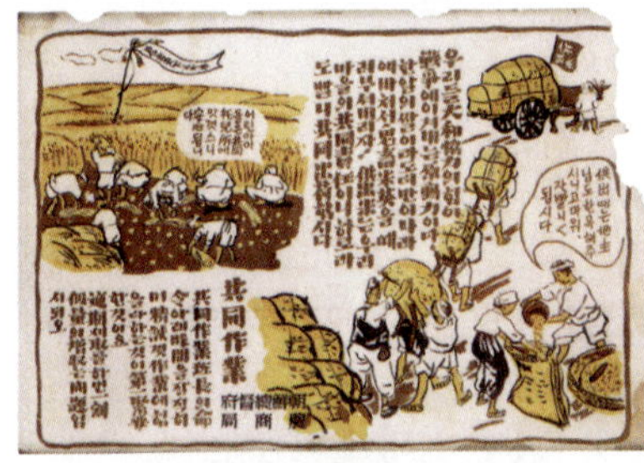

◆ 공동 작업과 공출 장려 포스터

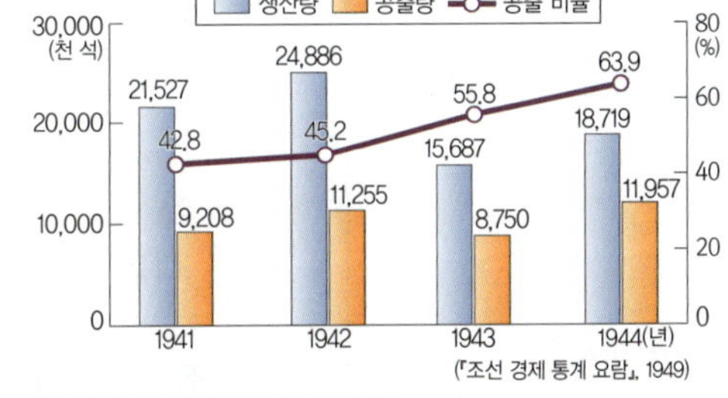

(『조선 경제 통계 요람』, 1949)

◆ 한국 내 쌀 생산량과 공출량

1938년에 일제는 국가 총동원법을 제정하여 한국에서 자원의 수탈을 본격화하였다. 일제는 한국에서 노동력과 병력 등을 동원하였으며, 공출이라는 명목으로 식량과 각종 자원을 수탈하였다. 일제의 미곡 공출 비율은 1941년 약 43%에서 1944년에 약 64%로 크게 증가하였다. 이에 따라 농민들은 식량 부족 현상에 직면하여 굶주림과 일상적 궁핍에 내몰리게 되었다.

빈출 선택지로 점검하기

≫ 초성을 참고하여 1930년대 이후 일제의 경제 침탈에 대한 선택지를 완성해 보자.

• 1934년에 농촌 경제 안정을 구실로 ㅈㅅㄴㅈㄹ을 발표하였다.

• 일본 방직업자에게 원료를 공급하는 ㄴㅁㅂㅇ 정책을 실시하였다.

• 농가마다 목표량을 정해 놓고 강제로 쌀을 내놓게 하는 ㅁㄱㄱㅊㅈ를 시행하였다.

조선 농지령, 남면북양, 미곡 공출제 ㅣ 답정

함께 보기 • 내신 만점 공략하기 11번, 1등급 정복하기 02번

자료 5 국외 이주 동포의 삶

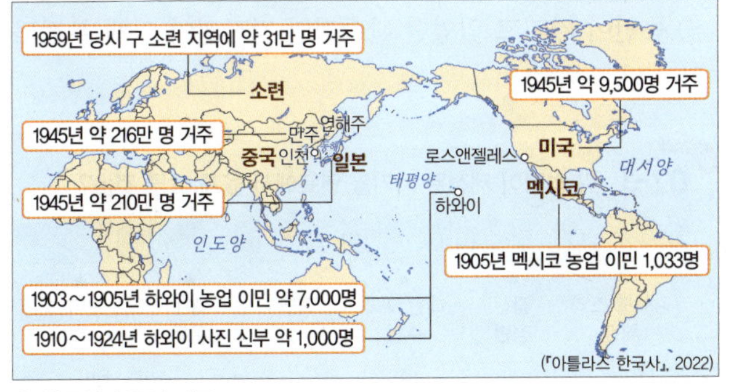

(『아틀라스 한국사』, 2022)

◆ 한국인의 국외 이주

일제의 탄압과 경제적 수탈로 살기 어려워진 사람, 독립을 되찾으려는 사람들이 19세기 후반부터 국외로 많이 이주하였다. 이들은 만주, 연해주, 일본, 미주 등에 정착하였는데, 힘든 삶을 살면서도 독립운동에 힘썼다.

문제로 확인할까?

다음 사건이 일어난 지역으로 옳은 것은?

중앙아시아로 강제 이주 당하는 과정에서 추위와 굶주림, 전염병으로 많은 동포들이 희생되었다.

① 만주　② 일본
③ 멕시코　④ 연해주
⑤ 하와이

④ 답정

1 다음 설명이 맞으면 ○표, 틀리면 ✕표를 하시오.

(1) 1910년대 일제는 어업령을 제정하여 회사를 설립할 때 조선 총독의 허가를 받도록 하였다.　　(　　　)

(2) 1920년대 산미 증식 계획에 필요한 비용이 농민들에게 전가되면서 농민들의 생활이 더욱 어려워졌다. (　　　)

2 다음 〈보기〉의 정책이 추진된 순서대로 나열하시오.

보기
(가) 산미 증식 계획　　　(나) 토지 조사 사업 (다) 식민지 공업화 정책

3 일제는 1920년에 (　　　　　)을 폐지하고 회사 설립을 허가제에서 신고제로 바꾸었다.

4 다음 괄호 안의 내용 중 알맞은 말에 ○표 하시오.

(1) 토지 조사 사업 실시 이후 조선 총독부는 늘어난 국유지를 (대한 천일 은행, 동양 척식 주식회사)에 넘겨주었다.

(2) 급속한 공업화로 일본에서 쌀 부족 문제가 나타나자 일제는 한국에서 (산미 증식 계획, 화폐 정리 사업)을 실시하여 일본의 식량 부족 문제를 해결하고자 하였다.

5 다음에서 설명하는 지역을 〈보기〉에서 골라 기호를 쓰시오.

보기
ㄱ. 만주　　　　ㄴ. 미주　　　　ㄷ. 연해주

(1) 블라디보스토크를 중심으로 한인촌이 형성되었다.　　(　　　)

(2) 일제가 일으킨 간도 참변과 미쓰야 협정 등으로 한국인이 피해를 입었다.　　(　　　)

(3) 한국인들이 하와이 사탕수수 농장 노동자로 파견되면서 이주하기 시작하였다.　　(　　　)

---

01 다음 가상 대화의 소재가 된 일제의 식민지 지배 정책으로 옳은 것은?

① 양전 사업　　　　② 헌병 경찰제
③ 회사령 공포　　　④ 산미 증식 계획
⑤ 토지 조사 사업

☆중요

02 다음 법령이 실시된 결과로 옳지 <u>않은</u> 것은?

제1조　토지의 조사 및 측량은 본령에 의한다. 제4조　토지 소유자는 조선 총독이 정하는 기간 내에 주소, 성명 또는 명칭 및 소유지의 소재, 지목, 자번호(땅의 번호), 사표(토지의 동서남북에 위치한 지형지물을 기록한 표시), 등급, 지적, 결 수를 임시 토지 조사 국장에게 신고해야 한다.

① 지주는 소유권을 보호받았다.
② 농민의 수리 조합비 부담이 증가하였다.
③ 조선 총독부의 지세 수입이 증가하였다.
④ 황실 소유의 토지가 조선 총독부의 소유지가 되었다.
⑤ 농민이 가지고 있었던 관습적인 경작권이 일체 부정되었다.

한번 더!

02-1 위 법령이 제정된 시기를 연표에서 옳게 고른 것은?

(가)	(나)	(다)	(라)	(마)
강화도 조약 체결	갑신 정변	대한 제국 수립	국권 피탈	3·1 운동	만주 사변

① (가)　　② (나)　　③ (다)　　④ (라)　　⑤ (마)

03 다음 법령이 제정된 목적으로 적절한 것만을 〈보기〉에서 고른 것은?

> 제1조   회사의 설립은 조선 총독의 허가를 받아야 한다.
> 제5조   회사가 본령을 위반하거나 공공질서 및 선량한 풍속에 반하는 행위를 한 때에 조선 총독은 사업의 정지·금지, 지점의 폐쇄 또는 회사의 해산을 명할 수 있다.

┤ 보기 ├
ㄱ. 방곡령 실시의 조건을 규정한다.
ㄴ. 한국인의 자본 축적을 차단한다.
ㄷ. 한국에 진출하려는 일본 기업을 선별적으로 지원한다.
ㄹ. 한국의 화폐를 일본 제일 은행에서 발행한 화폐로 교환한다.

① ㄱ, ㄴ　　② ㄱ, ㄷ　　③ ㄴ, ㄷ
④ ㄴ, ㄹ　　⑤ ㄷ, ㄹ

⭐중요
04 (가)에 들어갈 내용으로 옳은 것은?

> 대개 조선인들이 생산한 쌀을 수출하거나 이출할 때 결코 자신들이 충분히 소비하고 남은 것을 수출하는 것이 아니다. 생계가 곤란하여 먹을 것을 먹지 못하고 파는 것이다.
>
> **해설** 자료는 일제가 이 계획을 추진하던 시기 동아일보에 실린 기사의 일부이다. 이 계획으로 지속적으로 많은 양의 쌀이 일본으로 빠져나가면서 ________ (가)

① 삼정의 문란이 지속되었다.
② 한국의 식량 사정이 악화되었다.
③ 경기도 지역에서 대동법이 실시되었다.
④ 환곡을 개혁하려는 사창제가 실시되었다.
⑤ 죽은 사람에게도 군포를 거두는 일이 일어났다.

하나 더!
04-1 위 자료에 나타난 정책을 실시한 배경으로 옳은 것은?
① 회사령 공포　　　　② 모내기법 확대
③ 국채 보상 운동 확산　　④ 조일 통상 장정 체결
⑤ 일본의 공업화로 인한 도시 인구 증가

---

05 다음 그래프를 이용한 탐구 활동으로 가장 적절한 것은?

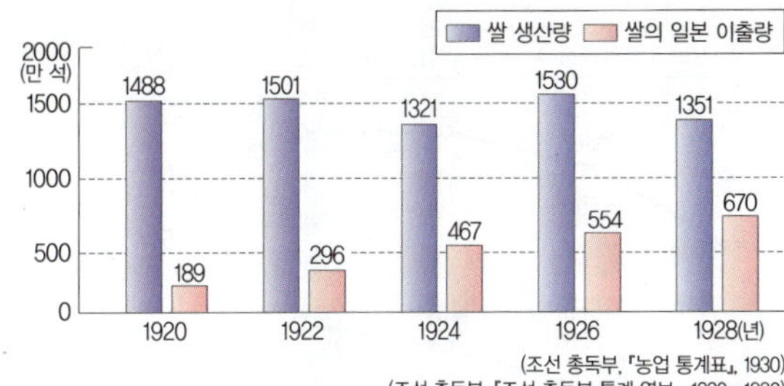

⬆ 쌀 생산량과 일본으로의 이출량

① 방곡령의 주요 내용을 분석한다.
② 회사령 공포의 영향을 알아본다.
③ 산미 증식 계획의 결과를 조사한다.
④ 삼정이정청이 설치된 목적을 파악한다.
⑤ 당백전 발행이 가져온 폐단을 살펴본다.

---

06 다음 시정 방침을 발표한 시기에 있었던 사실로 옳은 것은?

> 1. 핵심적 친일 인물을 골라 그 인물로 하여금 귀족, 양반, 유생, 부호, 교육가, 종교가에 침투하여 각종 친일 단체를 조직하게 한다.
> 2. 각종 종교 단체도 중앙 집권화하여 그 최고 지도자에 친일파를 앉히고 고문을 붙여 어용화한다.
> 3. 친일적인 민간 유지들에게 편의와 원조를 주고, 수재 교육의 이름 아래 많은 친일 지식인을 긴 안목으로 키운다.
> 4. 조선인 부호, 자본가와 일본 자본가 간의 연계를 추진한다.
> 　　　　　　　　　 – 「조선 민족 운동에 대한 대책」

① 토지 조사 사업이 실시되었다.
② 화폐 정리 사업이 시작되었다.
③ 헌병이 경찰 업무를 담당하였다.
④ 한국과 일본 사이의 관세가 폐지되었다.
⑤ 동양 척식 주식회사가 경성에 설립되었다.

07 다음 그래프와 같은 상황이 나타난 배경으로 옳은 것은?

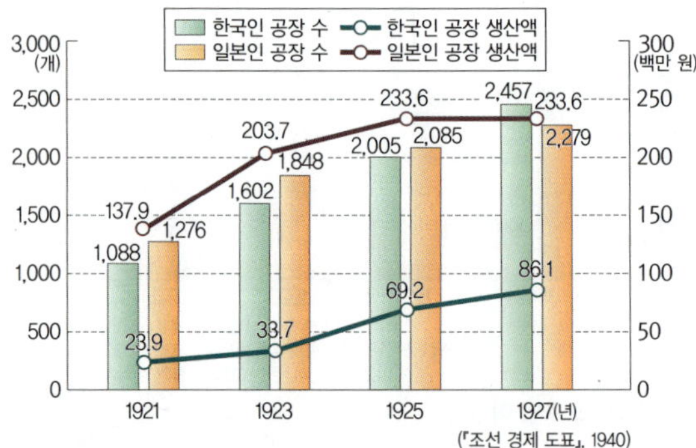

↑ 한국 내 한일 공장 수와 생산액 비교

① 회사령이 제정되었다.
② 청일 전쟁이 발발하였다.
③ 토지 조사령이 발표되었다.
④ 산미 증식 계획이 추진되었다.
⑤ 회사 설립이 신고제로 바뀌었다.

08 (가)에 들어갈 내용으로 옳은 것은?

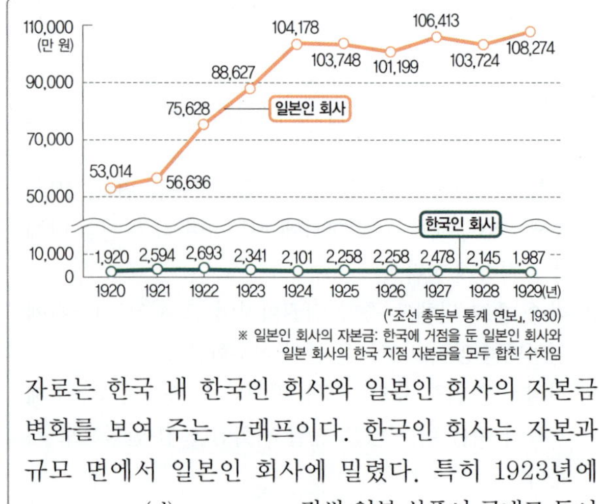

자료는 한국 내 한국인 회사와 일본인 회사의 자본금 변화를 보여 주는 그래프이다. 한국인 회사는 자본과 규모 면에서 일본인 회사에 밀렸다. 특히 1923년에 ______(가)______ 값싼 일본 상품이 국내로 들어오게 되어 한국인 회사는 큰 타격을 입었다.

① 한성은행이 설립되면서
② 조일 무역 규칙이 체결되면서
③ 일본이 경부선 부설권을 얻으면서
④ 일본 상품에 대한 관세가 폐지되면서
⑤ 기업을 세울 때 조선 총독의 허가를 받게 하면서

★중요
09 (가)에 들어갈 정책으로 옳은 것은?

↑ 양털로 옷감을 짜는 모습

일제가 실시한 (가) 정책의 실상을 보여 주는 영상 기록물이 공개되었다. (가) 정책은 남쪽에서는 면화, 북쪽에서는 양을 키워 조선을 일제 제조업의 원자재 공급지로 삼으려 했던 일제의 대표적인 수탈 정책이다. 이 영상에는 호주산 양이 수입되는 과정과 양의 털을 깎아 옷감을 짜는 장면, 한국인들을 동원해 양을 사육하는 장면 등이 담겨 있다.

① 남면북양
② 동도서기
③ 식산흥업
④ 자주독립
⑤ 상권 수호

하나더!
09-1 (가) 정책이 실시된 시기를 연표에서 옳게 고른 것은?

(가)	(나)	(다)	(라)	(마)

강화도 조약 체결	갑신 정변	대한 제국 수립	국권 피탈	만주 사변 발발	8·15 광복

① (가)   ② (나)   ③ (다)   ④ (라)   ⑤ (마)

10 다음 상황이 나타난 배경으로 옳은 것은?

일제는 한국을 대륙 침략에 필요한 물자와 인력을 공급하는 병참 기지로 만들려고 하였다. 공출 제도를 실시하여 놋그릇, 놋대야, 수저, 농기구, 교회와 사찰의 종 등 무기를 만들 수 있는 금속 제품이라면 가리지 않고 빼앗았다.

① 조선 태형령이 시행되었다.
② 치안 유지법이 제정되었다.
③ 국가 총동원법이 시행되었다.
④ 농촌 진흥 운동이 추진되었다.
⑤ 산미 증식 계획이 중단되었다.

11 다음 그래프를 활용한 탐구 주제로 가장 적절한 것은?

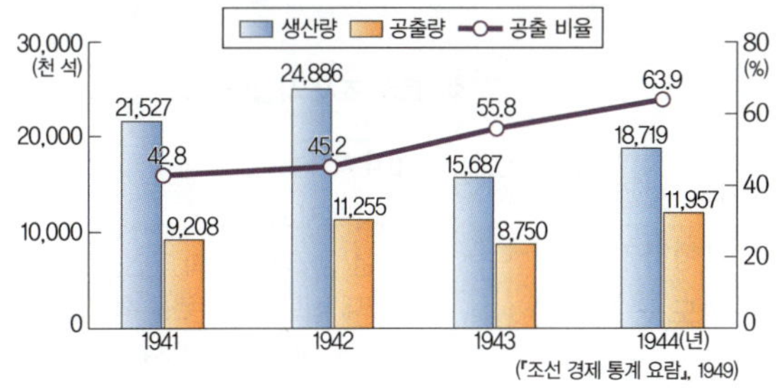

↑ 한국 내 쌀 생산량과 공출량

① 방곡령의 실시 배경
② 일제의 민족 분열 통치
③ 일제의 전시 물자 수탈
④ 일제의 강압적 무단 통치
⑤ 조청 상민 수륙 무역 장정 체결의 결과

12 (가)에 들어갈 내용으로 가장 적절한 것은?

① 삼림령을 공포하였어.
② 조선 식산 은행을 만들었어.
③ 조일 통상 장정을 체결하였지.
④ 금속 제품을 강제로 공출하였어.
⑤ 동양 척식 주식회사를 설립하였지.

13 (가)에 들어갈 지역으로 옳은 것은?

1937년에 소련 당국은 한국인들이 일제에 협력하는 것을 예방한다는 명분을 내세워 ____(가)____ 의 한국인들을 중앙아시아로 강제 이주시켰다.

① 간도   ② 도쿄   ③ 만주
④ 연해주   ⑤ 하와이

서술형 문제

서술형 감잡기

01 다음 법령을 쓰고, 이 법령을 토대로 추진된 사업의 목적을 서술하시오.

> 제4조 토지 소유자는 조선 총독이 정하는 기간 내에 주소, 성명 또는 명칭 및 소유지의 소재, 지목, 자번호(땅의 번호), 사표(토지의 동서남북에 위치한 지형지물을 기록한 표시), 등급, 지적, 결 수를 임시 토지 조사 국장에게 신고해야 한다.

(1) 초성을 참고하여 서술형 답안에 들어갈 내용을 써 보자.

답안 키워드   ㅌㅈ ㅈㅅㄹ   ㅌㅈ ㅈㅅ ㅅㅇ

(2) (1)의 내용을 포함하여 서술형 답안을 작성해 보자.

실전! 도전하기

02 다음 법령을 쓰고, 일제가 이 법령을 공포한 목적을 서술하시오.

> 제1조 회사의 설립은 조선 총독의 허가를 받아야 한다.
> 제2조 조선 외에서 설립한 회사가 조선에 본점 또는 지점을 설치하고자 할 때에도 조선 총독의 허가를 받아야 한다.

03 다음 그래프의 상황을 초래한 일제의 정책과 이 정책의 폐단을 그래프에 기반하여 서술하시오.

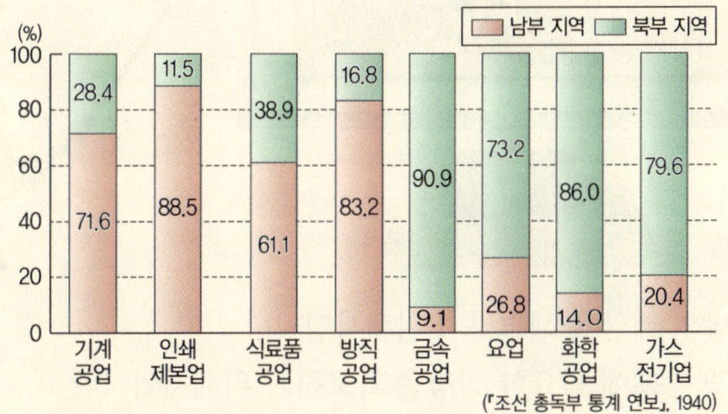

↑ 지역별 공업 생산액(1940)

1등급 정복하기

최고난도

01 (가) 정책이 추진된 시기에 있었던 사실로 옳은 것은?

↑ 토지를 측량하는 모습

사진에는 (가) 에 따라 토지를 측량하는 모습이 담겨 있다. 조선 총독부는 (가) 을/를 시행하기 위해 임시 토지 조사국을 설치하고 토지 조사령도 공포하였다. 조선 총독부는 (가) 정책이 근대적인 토지 소유권을 확립하기 위한 것이라고 선전하였지만, 실제로는 토지세를 안정적으로 확보하여 식민지 통치 자금을 마련하기 위한 것이었다.

① 회사령이 시행되었다.
② 조선 농지령이 공포되었다.
③ 산미 증식 계획이 실시되었다.
④ 화폐 정리 사업이 시작되었다.
⑤ 동양 척식 주식회사가 설립되었다.

02 교사의 질문에 대한 학생의 답변으로 가장 적절한 것은?

① 방납의 폐단을 해결하기 위해서입니다.
② 전쟁 수행에 필요한 식량을 확보하기 위해서입니다.
③ 군수 공장에 한국의 청장년을 동원하기 위해서입니다.
④ 토지 소유권을 증명하는 문서를 발급하기 위해서입니다.
⑤ 농촌 사회를 안정시켜 소작 쟁의를 억제하기 위해서입니다.

 **토지 조사 사업의 실시**

완자 사전

■ 임시 토지 조사국
1910년 일제가 한국의 국권을 강탈한 후 근대적 토지 소유권을 확립한다는 명목으로 설치한 기관이다.

완자쌤의 시험꿀팁

임시 토지 조사국을 설치하고 토지 조사령을 공포하여 시행한 토지 조사 사업이 추진된 시기에 일제가 시행한 식민 통치 정책을 함께 정리해 두도록 한다.

 **일제의 침략 전쟁 확대와 전시 물자 수탈**

완자쌤의 시험꿀팁

일제가 미곡 공출제를 실시한 시기를 파악하고, 같은 시기에 벌어진 인적·물적 수탈 사례와 내용을 정리해 두도록 한다.

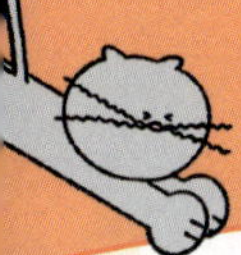

수능 첫걸음

| 2024 9월 모평

밑줄 친 '이 시기'에 있었던 사실로 옳은 것은?

① 균역법이 실시되었다.
② 독서삼품과가 시행되었다.
③ 제물포 조약이 체결되었다.
④ 제너럴셔먼호 사건이 발생하였다.
⑤ 황국 신민 서사 암송이 강요되었다.

※ 빈칸을 채우며 문제 풀이에 접근해 보세요!

1단계 / 자료 분석하기
자료에서 금속류 공출식의 모습, 일제가 중일 전쟁을 일으키고 침략 전쟁을 확대하던 시기라는 내용을 통해 밑줄 친 '이 시기'가 ❶ [____________] 통치 시기임을 파악한다.

2단계 / 정답 개념 연결하기
1930~1940년대에 일제는 한국인의 민족의식을 말살하기 위해 ❷ [____________] 암송을 강요하였다.

3단계 / 오답 개념 피하기
① ❸ [____________] 영조 때 균역법을 실시하였다. ② 독서삼품과 설치는 ❹ [____________] 원성왕 때 이루어졌다. ③은 임오군란의 결과에 해당한다. ④는 1866년의 일이다.

정답 ❶ 민족 말살 ❷ 황국 신민 서사 / ⑤ ❸ 조선 ❹ 신라

정답친해 09쪽

실전 문항으로 수능 준비하기

| 2025 수능

(가) 시기에 있었던 사실로 옳은 것은?

자료는 경복궁에서 열린 '시정(始政) 5년 기념 조선 물산 공진회' 홍보지의 삽화이다. 일제는 한국인을 무력으로 굴복시키고자 헌병 경찰제를 시행하던 [(가)] 시기에 이러한 행사를 열어 식민 통치를 미화하려 하였다. 삽화에서 볼 수 있듯이 일제는 궁궐 내 수많은 전각들을 파괴하고 그 자리에 행사장을 조성함으로써 조선 왕조를 상징하는 공간을 의도적으로 훼손하였다.

① 삼청 교육대가 운영되었다.
② 전민변정도감이 설치되었다.
③ 토지 조사 사업이 실시되었다.
④ 임술 농민 봉기가 발생하였다.
⑤ 지계아문에서 지계가 발급되었다.

1등급 전략

1910년대, 1920년대, 1930년대 이후에 실시된 일제의 식민 통치 내용을 구분하여 정리해 두도록 한다. 시기별로 식민 통치의 특징, 교육 정책, 경제 정책을 연결 짓는 문제가 출제되므로 당시 시대상을 통합적으로 파악해 두면 좋다.

출제 전망

- **전망1** 조선 태형령, 회사령, 토지 조사 사업 등 1910년대에만 실시된 정책이 나타난 자료를 제시하고 무단 통치와 연결 짓는 문제가 출제될 수 있다. 1910년대에만 볼 수 있는 모습을 정리해 두도록 한다.
- **전망2** 무단 통치기에 실시된 식민 통치 정책의 구체적 사례를 찾는 문제가 출제될 수 있다. 헌병 경찰, 조선 태형령, 토지 조사 사업, 회사령 등의 키워드를 정리해 두도록 한다.

03 3·1운동과 대한민국 임시 정부

이것이 핵심!

✳ 1910년대 독립운동

국내	비밀 결사(독립 의군부, 대한 광복회)
국외	독립운동 기지 건설(북간도, 서간도, 연해주, 상하이, 미주)

◆ 복벽주의
복벽은 임금이 다시 왕위에 오르거나 무너진 왕조가 다시 일어난다는 의미로, 복벽주의는 일제로부터 국권을 회복한 뒤 왕정을 다시 세우려는 독립운동 이념이다.

◆ 공화정
국가의 주권이 국민에게 있는 정치 형태로 국민에 의해 선출된 대표가 국가를 통치한다.

① 1910년대 국내외 독립운동

1. 국내 항일 비밀 결사의 활동

'남한 대토벌' 작전으로 국내 의병 활동이 위축되고, 105인 사건으로 신민회가 해체되는 등의 탄압이 있었어.

(1) **배경**: 1910년 국권 피탈 후 일제의 가혹한 탄압 → 국내의 민족 운동 위축

(2) **국내 비밀 결사** — 애국지사와 의병 부대가 만주·연해주로 이동하여 독립운동 기지를 건설하고, 국내에 남은 민족 지도자들은 비밀 결사를 조직하였어.

독립 의군부	고종의 밀명을 받은 임병찬 등이 각지의 유생들을 모아 조직(1912), ◆복벽주의 이념 추구, 전국적 의병 봉기 준비 → 조선 총독부와 일본에 국권 반환 요구서 제출 계획 중 조직이 발각되어 해체
대한 광복회	박상진 등이 대구에서 조직(1915), ◆공화정 수립 추구, 군대식 조직 구축, 무관 학교 설립을 위한 군자금 모금, 친일파 처단 활동 전개, 일제에 조직이 발각되어 해체

2. 국외 독립운동 기지 건설 자료❶

김좌진 등 일부 회원이 만주로 이동하여 항일 투쟁을 지속하였어.

북간도	한인 집단촌(용정촌·명동촌) 형성, 자치 단체인 간민회 조직, 민족 교육 기관인 서전서숙·명동 학교 설립, 대종교 간부들이 무장 독립 단체인 중광단 조직(→ 북로 군정서로 개편)
서간도 (남만주)	신민회가 삼원보에 신한민촌 건설, 경학사 조직(이후 '부민단 → 한족회'로 발전, 서로 군정서 조직), 신흥 강습소 설립(→ 신흥 무관 학교로 발전)
연해주	블라디보스토크에 신한촌 형성, 권업회 조직(권업신문 발행), 대한 광복군 정부 조직(이상설과 이동휘를 정부통령으로 선출, 1914), 전로 한족회 중앙 총회와 한인 사회당 결성
상하이	신규식 등이 동제사 결성(공화 정체의 임시 정부 추구), 김규식·여운형·신규식 등이 신한청년당 결성
미주	대한인 국민회 결성, 하와이에서 박용만이 대조선 국민군단 조직(군사 훈련)

콕 장인환과 전명운의 의거 이후 미국에서 여러 한인 단체의 통합 운동이 활발하게 일어나 대한인 국민회가 설립되었어.

이것이 핵심!

✳ 3·1 운동

배경	레닌의 식민지 지원 선언, 윌슨의 민족 자결주의, 2·8 독립 선언, 고종의 죽음
전개	민족 대표의 독립 선언, 학생과 시민의 만세 시위 → 전국적 확산, 해외 확산
결과	대한민국 임시 정부 수립, 이른바 '문화 정치'로 전환

◆ 제암리 학살 사건
일제가 3·1 운동의 확산을 막고자 제암리의 주민들을 교회 안에 가둔 후, 총을 쏘고 불을 질러 학살한 사건이다.

② 3·1운동의 전개

1. 국제 정세의 변화: 러시아 혁명 이후 레닌이 식민지 민족 해방 운동 지원 선언, 미국 대통령 윌슨이 민족 자결주의 제창

2. 3·1 운동의 배경 → 국내외에서 독립 선언을 준비하였어.

국외	• 신한청년당의 독립 청원서 작성 → 파리 강화 회의에 김규식 파견 • 대한인 국민회의 이승만이 미국 대통령에게 국제 연맹의 위임 통치 청원서 제출 • 만주 지린성에서 민족 지도자 39명이 독립 전쟁을 촉구하는 대한 독립 선언서 발표 • 일본 도쿄의 한국인 유학생들이 2·8 독립 선언 발표 자료❷
국내	일제의 무단 통치와 수탈에 대한 반발, 고종의 죽음으로 반일 감정 고조 → 천도교·기독교·불교계 지도자들과 학생 대표들이 만세 시위 계획

3. 3·1 운동의 전개

예 경성 탑골 공원, 평양, 의주, 원산 등 여러 도시에서 독립 선언과 만세 시위가 전개되었어.

(1) **시작**: 민족 대표의 독립 선언서 낭독, 학생과 시민의 만세 시위 전개 자료❸

(2) **확산**: 전국 주요 도시에서 학생들의 동맹 휴학·상인의 철시·노동자 파업 전개, 농촌 지역으로 확산(시위의 양상이 조직적·무력적으로 변화), 해외로 확산

(3) **일제의 탄압**: 군대와 경찰이 무력으로 진압 → ◆제암리 학살 사건, 유관순의 순국 등

서간도 삼원보를 시작으로 만주, 연해주, 일본, 미국 등에서도 대규모 시위가 확산되었어.

자료 ❶ 1910년대 국외 독립운동 기지

→ 연해주는 동해와 만주 사이에 있는 곳을 가리키는 말이야.

국권 피탈을 전후에 민족 운동가들은 만주와 연해주 등지로 이동하여 독립운동 기지 건설에 나섰다. 만주에서는 신민회 회원들의 주도로 서간도(남만주) 삼원보에 경학사, 신흥 강습소 등이 세워졌으며, 연해주에서는 블라디보스토크의 신한촌에 권업회, 대한 광복군 정부 등이 결성되었다. 상하이에서는 신한청년당을 결성하여 대한민국 임시 정부 수립의 기반을 조성하였다. 미주에서도 이주 한인들이 대한인 국민회, 대조선 국민군단 등을 결성하여 독립운동에 힘을 보태고자 하였다.

자료 ❷ 2·8 독립 선언서(1919)

1. 본 단체는 한일 병합이 우리 민족의 자유의사에서 나온 것이 아니며, 우리 민족의 생존과 발전을 위협하고 동양의 평화를 어지럽히는 원인이 된다는 이유로 독립을 주장한다.
3. 본 단체는 만국 평화 회의의 민족 자결주의를 우리 민족에게도 적용할 것을 청구한다.
4. 앞의 요구가 실현되지 않을 경우, 우리 민족은 일본에 대하여 영원히 혈전(血戰)을 벌일 것을 선언한다.

→ 평화 시위가 아닌 무력 투쟁을 경고하고 있어.

일본에 유학 중이던 한국인 학생들은 조선 청년 독립단을 조직하고, 1919년 2월 8일에 도쿄의 조선 YMCA 강당에서 독립 선언서를 발표하였다. 이들은 파리 강화 회의에서 논의되었던 민족 자결주의에 입각한 한국의 독립을 주장하였다.

자료 ❸ 3·1 독립 선언서(기미 독립 선언서, 1919)

우리들은 지금 우리 조선이 독립한 나라이고 조선 사람이 자주적인 국민이라는 것을 선언하노라. 이러한 사실을 세계 여러 나라에 알려 인류 평등이라고 하는, 사람이라면 마땅히 지켜야 할 도리를 분명히 밝힌다. …… 오늘날 우리가 맡은 임무는 다만 자기의 건설에 있을 뿐이지 결코 남을 파괴하는 데 있지 않다. …… 낡은 사상과 과거 세력에 얽매여 있는 일본 정치가들의 공명심의 희생물이 된 부자연스럽고 불합리한 잘못된 상태를 개선하고 바로잡고자 하는 것이다.

손병희, 이승훈, 한용운을 비롯한 33인의 민족 대표는 우리의 독립 의지를 세계에 알리고자 독립 선언서를 작성하고 발표하였다. 이 선언서에는 대중화·일원화·비폭력 등의 행동 강령이 담겨 있다. 그러나 일제가 평화롭게 시위하는 사람들을 총칼로 진압하고 체포하자, 평화적 만세 시위는 점차 적극적인 무력 투쟁으로 변하였다. 농민들이 중심이 되어 군청, 면사무소, 헌병 경찰 주재소 등 식민 통치 기관을 공격하였고, 수탈에 가담한 일본인 지주들에게 응징을 가하기도 하였다.

◆ **5·4 운동**
파리 강화 회의에서 중국의 요구가 무시되자, 1919년 5월 4일 톈안먼 광장에 대학생들이 모여 일본의 21개조 요구 철폐, 군벌 타도 등을 주장하면서 전개한 반제국주의, 반봉건 운동이다.

3. 3·1 운동의 의의 및 영향

(1) **일제 강점기 최대 규모의 항일 운동**: 신분, 직업, 종교의 구별 없이 모든 계층이 참여한 운동, 한국인의 독립 의지와 열망을 세계에 알림

(2) **대한민국 임시 정부 수립의 계기**: 독립운동을 조직적으로 이끌 통일된 지도부의 필요성 인식

(3) **일제 통치 방식의 변화**: 무단 통치에서 이른바 '문화 정치'로 변경

(4) **항일 운동의 활성화**: 무장 투쟁 활성화, 학생·노동자·농민·여성 운동 등 다양한 민족 운동과 사회 운동 전개

(5) **각국의 민족 운동에 영향**: 중국의 ◆5·4 운동, 약소민족의 반제국주의 운동 등에 영향

이것이 핵심!

✻ 대한민국 임시 정부

수립	각지의 임시 정부가 상하이 대한민국 임시 정부로 통합
활동	연통제·교통국 조직, 독립 공채 발행, 구미 위원부 조직
침체	뚜렷한 성과를 거두지 못하자 국민 대표 회의 개최(1923) → 회의 결렬 후 다수의 독립운동가 이탈

◆ **이룽 양행**

영국 국적의 아일랜드인 조지 쇼가 경영하던 무역상의 대리점이다. 임시 정부는 이곳에 교통국의 안동(단둥) 지부를 설치하여 국내 정보를 수집하거나 군자금을 조달하였다.

◆ **독립 공채**

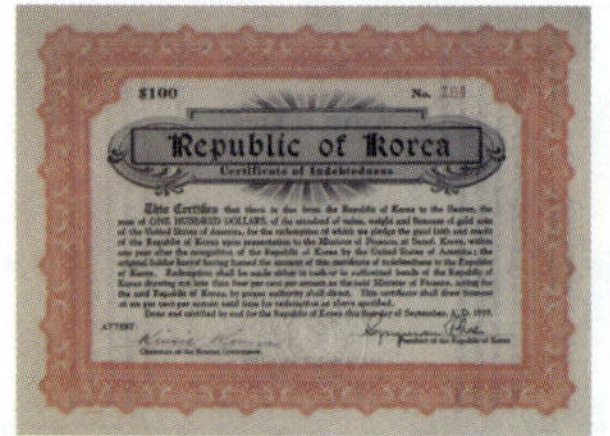

대한민국 임시 정부가 독립운동 자금을 마련하기 위해 발행한 공채이다.

---

③ 대한민국 임시 정부의 수립과 활동

1. 임시 정부의 수립과 통합
┌ 각지의 임시 정부는 모두 국민에게 주권이 있는 민주 공화정을 지향하였어.

수립	연해주에 대한 국민 의회(1919. 3.), 상하이에 대한민국 임시 정부(1919. 4.), 국내에 한성 정부(1919. 4.) 수립 → 세 개의 임시 정부를 통합하여 대한민국 임시 정부 수립(1919. 9, 한성 정부의 정통성 계승, 상하이에 위치) 자료 ④
체제	대통령제(대통령 이승만, 국무총리 이동휘), 국무원(행정)·임시 의정원(입법)·법원(사법) 구성 → 우리 역사상 최초로 삼권 분립에 입각한 민주 공화제 정부 수립 다 잡는 자료

2. 대한민국 임시 정부의 활동

(1) **국내외 연락망 구축**

① **연통제**: 비밀 행정 조직, 정부 문서와 명령 전달·군자금 조달·정보 보고 업무 수행

② **교통국**: 비밀 통신 기관, 정보 수집과 분석·독립운동 자금 모집, ◆이룽 양행에 설치된 만주 안동(단둥) 지부의 활약이 두드러짐

(2) **독립운동 자금 마련**: ◆독립 공채 발행, 독립 의연금 모금

(3) **외교 활동**: 프랑스에 파리 위원부(김규식), 미국에 구미 위원부(이승만) 설치 → 파리 강화 회의, 워싱턴 회의 등에 대표를 파견하여 한국의 독립을 호소

(4) **군사 활동**

① **군무부 설치**: 만주 지역의 독립군 단체(서로 군정서·북로 군정서)를 군무부 산하로 편제

② **직할 부대 편성**: 서간도에 광복군 사령부·광복군 총영 설치, 육군 주만 참의부 편성

(5) **기타**: 독립신문 발행, 한일 관계 사료집 간행

3. 국민 대표 회의와 대한민국 임시 정부의 변화

(1) **국민 대표 회의의 개최(1923)**
┌ 1919년에 이승만 등이 한국을 일본의 지배에서 해방시키고 당분간 국제 연맹의 위임 통치 아래 둘 것을 미국 대통령에게 청원한 일을 말해.

배경	• 1920년대 초 연통제와 교통국 조직이 일제에 발각 • 외교 활동이 뚜렷한 성과를 거두지 못함 → 독립운동 노선을 둘러싸고 외교 독립론(이승만), 무장 투쟁론(이동휘), 실력 양성론(안창호) 등이 갈등 • 이승만의 국제 연맹 위임 통치 청원(1919)을 신채호, 박용만 등 무장 투쟁론자들이 강하게 비판
경과	독립운동의 새로운 방향 모색을 위해 1923년 1월 국민 대표 회의 개최 → 창조파(임시 정부를 해산하고 새로운 정부 수립 주장), 개조파(임시 정부를 존속시키되 개조하자고 주장), 고수파의 대립 자료 ⑤
결과	회의 결렬, 독립운동가 다수가 대한민국 임시 정부에서 이탈 → 임시 정부의 활동 침체

(2) **대한민국 임시 정부의 변화**: 1925년 임시 의정원에서 대통령 이승만 탄핵, 박은식을 대통령으로 추대 → 국무령 중심의 내각 책임제로 헌법 개정

자료 ④ 대한민국 임시 정부의 수립

전로 한족회 중앙 총회를 정부 형태로 개편하여 출범하였어.

↑ 통합된 대한민국 임시 정부

국내 13도 대표가 모여 수립하였어.

3·1 운동을 계기로 국내외 여러 곳에서 임시 정부가 수립되었다. 이들 임시 정부는 곧바로 통합 운동을 시작하였다. 이 과정에서 한국인이 많이 살고 무장 투쟁에 유리한 간도나 연해주에 임시 정부를 두자는 주장이 제기되었으나, 서구 열강의 조계 지역이 많아 외교 활동에 유리하고 일제의 탄압을 피할 수 있는 상하이에 임시 정부를 두기로 결정하였다.

문제로 확인할까?

3·1 운동 이후 독립운동의 구심점이 필요해지자 상하이에서 조직된 단체는?

① 한성 정부
② 대한 광복회
③ 독립 의군부
④ 대한 국민 의회
⑤ 대한민국 임시 정부

⑨ 답

목 내 교과서 · 비상, 동아, 리베르, 미래엔, 씨마스, 지학사, 천재, 해냄 교과서에서 '대한민국 임시 헌법' 사료를 다루고 있어요.

내신과 수능을 다 잡는 자료 | 대한민국 임시 정부

제1조 대한민국은 대한 인민으로 조직함
제2조 대한민국의 주권은 대한 인민 전체에 있음
제4조 대한민국의 인민은 일체 평등함
제5조 대한민국의 입법권은 의정원이, 행정권은 국무원이, 사법권은 법원이 행사함

    – 대한민국 임시 헌법(1919. 9.)

삼권 분립의 원칙을 따랐음을 알 수 있어.

↑ 대한민국 임시 정부 임시 의정원의 신년 축하 기념 사진(1921)

빈출 선택지로 점검하기

≫ 초성을 참고하여 대한민국 임시 정부의 활동에 대한 선택지를 완성해 보자.

• ㅇㅌㅈ를 조직하였다.
• ㄱㅌㄱ을 조직하였다.
• ㄷㄹㄱㅊ를 발행하였다.
• ㄱㅁㅇㅇㅂ를 설치하였다.
• ㅎㅇㄱㄱㅅㄹㅈ을 편찬하였다.

한국광 사료집, 구미위원부, 독립신문, 군대, 연통제 답

대한민국 임시 정부의 입법 기관인 임시 의정원은 1919년 9월 대한민국 임시 헌법을 공포하고, 이에 따라 각료를 선출하였다. 초대 임시 대통령에는 이승만, 국무총리에는 이동휘가 선임되었다.

함께 보기 · 서술형 문제 02번, 1등급 정복하기 02번

자료 ⑤ 국민 대표 회의 당시 창조파와 개조파의 대립

대한민국 임시 정부의 교통국과 연통제 조직이 일제에 의해 와해되었고, 외교 활동이 성과를 거두지 못하자, 신채호, 박용만 등 무장 투쟁론자들이 임시 정부의 개편을 요구하였다. 이에 1923년에 국민 대표 회의가 개최되었으나 개조파와 창조파로 대립하여 결렬되었다.

자료 하나 더 알고 가자!

국민 대표 회의의 선언문(1923)

본 국민 대표 회의는 이천만 민중의 공정한 뜻에 바탕을 둔 국민적 대회합으로 최고의 권위를 지녀 …… 독립을 완성하기를 기도하고 이에 선언하노라. …… 본 대표 등은 국민이 위탁한 사명을 받들어 국민적 대단결에 힘쓰며 독립운동이 나아갈 방향을 확립하여 통일적 기관 아래서 대업을 완성하고자 하노라.

대한민국 임시 정부의 활동이 침체에 빠지자 독립운동의 새로운 방향과 활로를 모색하기 위해 국민 대표 회의가 개최되었다.

STEP 1 핵심 개념 **확인**하기

1 밑줄 친 '이 인물'의 이름을 쓰시오.

> 의병장 출신인 이 인물은 고종의 밀명을 받고 각지의 유생을 모아 독립 의군부를 결성하였다. <u>이 인물</u>은 의병을 일으켜 나라를 되찾고자 하였다.

2 다음 단체와 각 단체가 추구한 목표를 옳게 연결하시오.

(1) 대한 광복회 •　　　　　　　　• ㉠ 고종의 복위
(2) 독립 의군부 •　　　　　　　　• ㉡ 공화정 수립

3 다음 괄호 안의 내용 중 알맞은 말에 ○표 하시오.

(1) (북간도, 서간도)에서 서일 등 대종교 간부들이 무장 독립 단체인 중광단을 조직하였다.
(2) (만주, 연해주)에 건설된 신한촌을 중심으로 권업회라는 자치 단체가 활동하였다.
(3) (상하이, 하와이)에서는 신규식 등이 동제사를 조직하였고, 이들 중 일부는 신한청년당을 결성하였다.

4 다음 설명이 맞으면 ○표, 틀리면 ×표를 하시오.

(1) 3·1 운동은 평화적 만세 시위로 시작되었다. (　　)
(2) 1919년 일본 도쿄에서는 유학생들이 2·8 독립 선언을 발표하였다. (　　)
(3) 일제는 러시아 혁명을 계기로 무단 통치에서 이른바 '문화 정치'로 통치 방식을 바꾸었다. (　　)

5 다음에서 설명하는 단체를 〈보기〉에서 골라 기호를 쓰시오.

> **보기**
> ㄱ. 한성 정부　　　　　　ㄴ. 대한 국민 의회
> ㄷ. 대한민국 임시 정부

(1) 국내에서 13도 대표가 모여 수립하였다. (　　)
(2) 전로 한족회 중앙 총회를 정부 형태로 개편하였다. (　　)
(3) 중국 관내와 만주, 미주, 국내에서 활동하는 독립운동 세력이 결성하였다. (　　)

STEP 2 내신 만점 **공략**하기

01 (가) 단체에 대한 설명으로 옳은 것은?

> 1912년 임병찬 등은 각지의 유생을 모아 　(가)　 을/를 조직하였다. 이들은 복벽주의 이념에 따라 전국적인 의병 봉기를 준비하였다. 그러나 결국 일제에 조직이 발각되어 해체되었다.

① 국권 반환 요구서를 보내려고 계획하였다.
② 일제의 황무지 개간권 요구를 철회시켰다.
③ 권업신문을 발간하여 민족의식을 고취하였다.
④ 관민 공동회를 개최하여 헌의 6조를 결의하였다.
⑤ 서간도에 신흥 강습소를 세워 독립군을 양성하였다.

중요
02 (가)에 들어갈 내용으로 옳은 것은?

> 사료로 학습하는 한국사
>
> 1. 부호의 의연금과 일본인이 불법 징수한 세금을 압수하여 무장을 준비함
> 2. 남북 만주에 사관 학교를 세우고 인재를 키워 사관으로 채용함
>
> **해설** 자료는 이 단체가 내세운 강령의 일부이다. 박상진 등을 중심으로 조직된 이 단체는 독립 전쟁으로 국권을 회복한 뒤 _______________ (가)

① 공화정 형태의 근대 국가를 건설하려 하였다.
② 방곡령을 내려 곡물의 수출을 금지하고자 하였다.
③ 복벽주의 이념에 따라 고종의 복위를 목표로 하였다.
④ 대한 천일 은행을 세워 한국 상인을 지원하려 하였다.
⑤ 대성 학교, 오산 학교 등을 설립하여 민족 교육을 실시하였다.

하나 더!
02-1 위 강령을 내세운 단체로 옳은 것은?

① 신민회　　　　　　　　② 의열단
③ 신한청년당　　　　　　④ 대한 광복회
⑤ 대한민국 임시 정부

03 (가) 지역에 대한 탐구 활동으로 가장 적절한 것은?

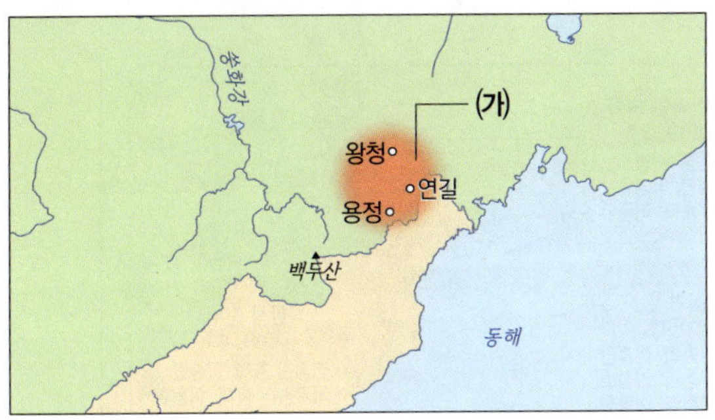

① 명동 학교의 교육 내용을 알아본다.
② 구미 위원부의 외교 활동을 살펴본다.
③ 강화도 조약으로 개항한 항구를 파악한다.
④ 안중근이 의거를 일으킨 장소를 찾아본다.
⑤ 2·8 독립 선언이 발표된 지역을 조사한다.

04 밑줄 친 '이 지역'에서 있었던 사실로 옳은 것만을 〈보기〉에서 고른 것은?

> 1911년 신민회의 이회영, 이상룡 등은 이 지역의 삼원보에서 신흥 강습소를 세워 군사 교육과 민족 교육을 통한 독립군 양성에 주력하였다.

보기
ㄱ. 권업회가 만들어졌다.
ㄴ. 경학사가 조직되었다.
ㄷ. 신한촌이 형성되었다.
ㄹ. 서로 군정서가 활동하였다.

① ㄱ, ㄴ   ② ㄱ, ㄷ   ③ ㄴ, ㄷ
④ ㄴ, ㄹ   ⑤ ㄷ, ㄹ

05 (가)에 해당하는 단체로 옳은 것은?

> 1910년 미주 지역에서는 민족 운동 단체를 통합한 [(가)]이/가 결성되었다. [(가)]은/는 미국 본토, 하와이, 멕시코뿐만 아니라 만주, 시베리아에도 지회를 설치하였다.

① 권업회   ② 부민단
③ 황국 협회   ④ 대한인 국민회
⑤ 대조선 국민군단

06 다음 글과 같은 상황이 전개된 지역을 지도에서 옳게 고른 것은?

> 신한촌을 기반으로 자치 단체인 권업회가 조직되었다. 이후 권업회의 이상설과 이동녕을 정부통령으로 하는 대한 광복군 정부가 수립되었다.

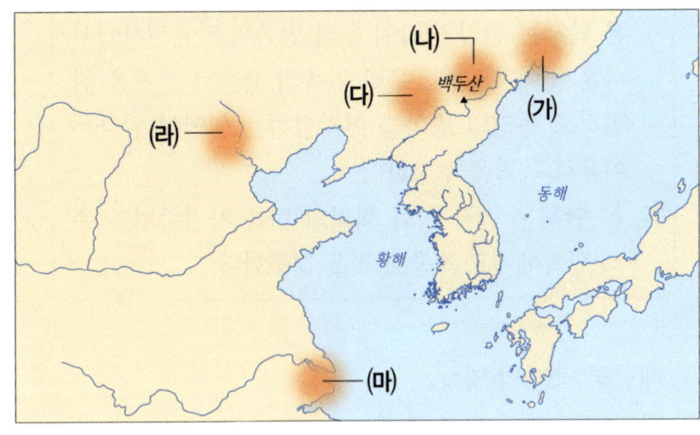

① (가)   ② (나)   ③ (다)   ④ (라)   ⑤ (마)

06-1 위 지도의 각 지역에 대한 설명으로 옳은 것만을 〈보기〉에서 있는 대로 골라 기호를 쓰시오.

보기
ㄱ. (나) 지역은 북간도이다.
ㄴ. (마) 지역에서 신한청년당이 결성되었다.
ㄷ. 대한인 국민회는 (가) 지역을 기반으로 활동하였다.
ㄹ. (라) 지역의 삼원보에 신민회가 신한민촌을 건설하였다.

07 (가), (나)에 해당하는 인물을 옳게 연결한 것은?

> 국내외에서 항일 투쟁이 활발히 전개되는 가운데 국제 정세의 흐름에 변화가 나타났다. 러시아에서 혁명에 성공한 [(가)]은/는 약소민족의 해방 운동을 지원하겠다고 선언하였고, 미국 대통령 [(나)]은/는 민족 자결주의를 제창하였다.

	(가)	(나)
①	레닌	윌슨
②	레닌	스티븐스
③	스탈린	윌슨
④	스탈린	애치슨
⑤	스탈린	스티븐스

08 (가)에 들어갈 내용으로 가장 적절한 것은?

수행 평가 보고서

○학년 ○반 이름 ○○○

- 탐구 주제: (가)
- 수집 자료

1. 본 단체는 한일 병합이 우리 민족의 자유의사에서 나온 것이 아니며, 우리 민족의 생존과 발전을 위협하고 동양의 평화를 어지럽히는 원인이 된다는 이유로 독립을 주장한다.
3. 본 단체는 만국 평화 회의의 민족 자결주의를 우리 민족에게도 적용할 것을 청구한다.

① 대한국 국제의 영향
② 만민 공동회의 토론 주제
③ 신흥 강습소의 교육 내용
④「동양 평화론」의 집필 배경
⑤ 2·8 독립 선언의 내용 분석

09 교사의 질문에 대한 학생의 답변으로 가장 적절한 것은?

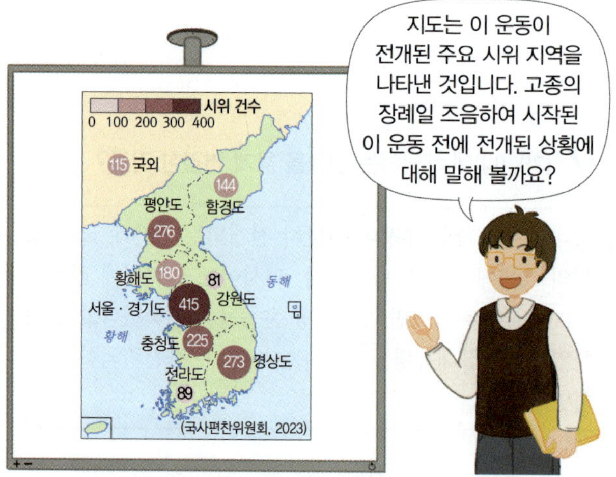

① 중국에서 5·4 운동이 일어났어요.
② 상하이에서 신한청년당이 조직되었어요.
③ 신채호가 국민 대표 회의에 참가하였지요.
④ 제3대 조선 총독으로 사이토가 부임하였어요.
⑤ 박은식이 임시 정부의 대통령으로 추대되었지요.

중요

10 (가) 정부에 대한 설명으로 옳은 것은?

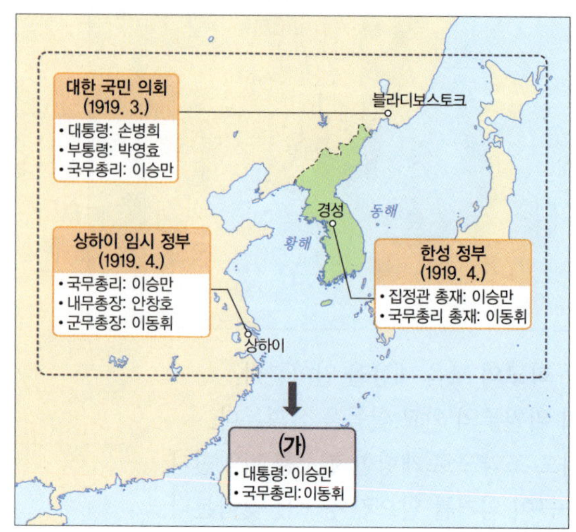

① 한성순보를 발행하였다.
② 홍범 14조를 반포하였다.
③ 105인 사건으로 와해되었다.
④ 조미 수호 통상 조약을 체결하였다.
⑤ 임시 의정원, 국무원, 법원을 두었다.

10-1 (가) 정부가 수립된 시기를 연표에서 옳게 고른 것은?

	(가)	(나)	(다)	(라)	(마)

강화도 조약 체결	갑신 정변	대한 제국 수립	국권 피탈	3·1 운동	만주 사변

① (가) ② (나) ③ (다) ④ (라) ⑤ (마)

11 (가)에 해당하는 조직으로 옳은 것은?

자료는 이륭 양행 건물 사진이다. 이륭 양행은 아일랜드계 영국인 조지 쇼가 중국 안동에 세운 무역 회사이다. 대한민국 임시 정부의 비밀 연락 업무를 맡았던 (가) 은/는 이곳 안동 지부에서 국내 정보를 수집하였다.

① 교통국 ② 궁내부
③ 연통제 ④ 원수부
⑤ 13도 창의군

12 밑줄 친 '이 정부'의 활동으로 옳은 것만을 〈보기〉에서 고른 것은?

자료는 미주 지역에서 발행된 독립 공채이다. 이 정부는 독립운동 자금을 조달하기 위해 채권을 발행하고 그 증서로 독립 공채를 주었다.

┌ 보기 ┐
ㄱ. 독립문을 건립하였다.
ㄴ. 자신회를 조직하였다.
ㄷ. 독립신문을 발행하였다.
ㄹ. 한일 관계 사료집을 편찬하였다.

① ㄱ, ㄴ ② ㄱ, ㄷ ③ ㄴ, ㄷ
④ ㄴ, ㄹ ⑤ ㄷ, ㄹ

13 다음 사건들을 전개된 순서대로 나열한 것은?

(가) 국민 대표 회의가 개최되었다.
(나) 민족 대표들이 태화관에 모여 독립 선언식을 거행하였다.
(다) 대한민국 임시 헌법이 공포되고 이승만이 대통령으로 추대되었다.

① (가) – (나) – (다) ② (가) – (다) – (나)
③ (나) – (가) – (다) ④ (나) – (다) – (가)
⑤ (다) – (가) – (나)

14 밑줄 친 '이 회의' 이후의 변화로 옳은 것은?

대한민국 임시 정부의 활동 방향과 개편 방안을 논의하기 위한 이 회의가 소집되었다. 이 회의는 창조파, 개조파 등이 대립하다가 결국 성과 없이 결렬되었다.

① 대한 광복회가 조직되었다.
② 신흥 강습소가 설립되었다.
③ 헌정 연구회가 만들어졌다.
④ 미국에 구미 위원부가 설치되었다.
⑤ 대한민국 임시 정부 조직이 국무령제로 바뀌었다.

📝 서술형 문제

서술형 감잡기

01 다음 선언문이 발표된 배경과 국내에 준 영향을 서술하시오.

3. 본 단체는 만국 평화 회의의 민족 자결주의를 우리 민족에게도 적용할 것을 청구한다.
4. 앞의 요구가 실현되지 않을 경우, 우리 민족은 일본에 대하여 영원히 혈전(血戰)을 벌일 것을 선언한다.

(1) 초성을 참고하여 서술형 답안에 들어갈 내용을 써 보자.

답안 키워드 | ㅍㄹㅎㅎㅇ | | ㅁㅈㅈㄱㅈㅇ | | 3·1ㅇㄷ |

(2) (1)의 내용을 포함하여 서술형 답안을 작성해 보자.

....

....

실전! 도전하기

02 다음 헌법을 제정한 정부의 명칭을 쓰고, 이 정부가 수립된 지역을 그 이점과 함께 서술하시오.

제2조 대한민국의 주권은 대한 인민 전체에 있음
제5조 대한민국의 입법권은 의정원이, 행정권은 국무원이, 사법권은 법원이 행사함

03 (가), (나) 주장이 대립한 회의의 명칭을 쓰고, (가), (나) 세력의 주장을 비교하여 서술하시오.

(가) 민족적 열망을 바탕으로 출범한 임시 정부는 민족의 대표 기관이다. 그러니 문제가 있다면 조직과 체제를 개선하여 독립운동 단체의 중심 역할을 하도록 만들어야 한다.
(나) 실제 독립운동에 적합하도록 새로운 조직을 만들어야 한다. 국내외 여러 독립운동 기관 중에서 상하이의 임시 정부를 개조하여 그 계통을 이어갈 이유는 없다.

STEP 3 1등급 정복하기

01 (가), (나)에 대한 설명으로 옳지 <u>않은</u> 것은?

> (가) 임병찬 등이 고종의 비밀 지령에 따라 조직한 단체이다. 임병찬은 전국의 의병장을 규합하여 전국적인 의병 항쟁을 추구하였으나, 지도부가 일제에 의해 붙잡히면서 실패로 끝났다.
> (나) 박상진 등이 대구에서 조직한 단체이다. 이들은 군대식 조직을 갖추고 있었고, 군자금을 모아 만주에 무관 학교를 설립하려 하였으며 친일파 처단 활동을 전개하였다.

① (가) – 복벽주의를 표방하였다.
② (가) – 일제에 국권 반환 요구서 발송을 계획하였다.
③ (나) – 105인 사건을 계기로 조직이 와해되었다.
④ (나) – 공화 정체의 근대 국가 수립을 목표로 하였다.
⑤ (가), (나) – 비밀 결사의 형태로 운영되었다.

최고난도

02 (가)의 활동으로 옳지 <u>않은</u> 것은?

[클릭] 사진으로 학습하는 한국사

자료는 ☐(가)☐의 임시 의정원 신년 축하 기념사진이다. 사진에서 이승만, 이동휘, 안창호, 김구 등의 모습을 확인할 수 있다. 1919년 상하이에서 수립된 ☐(가)☐은/는 삼권 분립의 원칙에 따라 입법 기관인 임시 의정원, 사법 기관인 법원, 행정 기관인 국무원으로 구성되었다.

① 독립 공채를 발행하였다.
② 구미 위원부를 설치하였다.
③ 신흥 강습소를 설립하였다.
④ 연통제와 교통국을 운영하였다.
⑤ 한일 관계 사료집을 편찬하였다.

◆ **국내 비밀 결사의 조직**

완자 사전

■ **비밀 결사**
조직, 구성원, 소재지 따위를 겉으로 드러내지 않고 비밀로 하여 공통의 목적을 이루기 위해 만든 단체

◆ **대한민국 임시 정부의 활동**

완자 사전

■ **연통제**
대한민국 임시 정부의 비밀 행정 조직이다. 서울과 간도에 총판을 두고 국내 각지에 독판, 군감, 면감 등을 설치하여 정보 수집, 군자금 조달 등을 담당하였다.

완자쌤의 시험꿀팁

대한민국 임시 정부의 활동은 빈출 주제이다. 3·1 운동 이후 상하이에서 수립된 통합 정부를 파악하고, 이 정부가 독립을 위해 펼쳤던 다양한 활동을 정리해 두어야 한다.

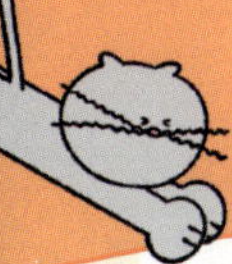
수능 첫걸음

─ 2024 수능 ─

(가)에 들어갈 내용으로 가장 적절한 것은?

① 대한인 국민회의 민족 운동
② 대한 자강회의 국권 수호 운동
③ 대한 광복회의 군자금 모금 운동
④ 조선어 학회의 민족 문화 수호 운동
⑤ 조선 민립 대학 기성회의 실력 양성 운동

※ 빈칸을 채우며 문제 풀이에 접근해 보세요!

1단계 / 자료 분석하기

자료의 대화 내용이 1910년대 국외 민족 운동 단체인 ❶ [ ]가 전개한 민족 운동과 관련된 것임을 파악한다.

2단계 / 정답 개념 연결하기

대한인 국민회가 장인환과 전명운의 의거를 계기로 결성되고, ❷ [ ] 지역 최대 규모의 독립운동 단체임을 연결한다.

3단계 / 오답 개념 피하기

② 대한 자강회는 전국에 ❸ [ ]를 설치하고 월보를 발행하였다. ③ 대한 광복회는 1915년에 조직되었다. ④ 조선어 학회는 『우리말(조선말) 큰사전』 편찬을 시도하였다. ⑤는 민립 대학 설립 운동 등과 관련이 있다.

❸ 지회   ❷ 미주   ❶ 대한인 국민회

📎 정답친해 12쪽

─ 2025 수능 ─

(가) 지역에서 있었던 사실로 옳은 것은?

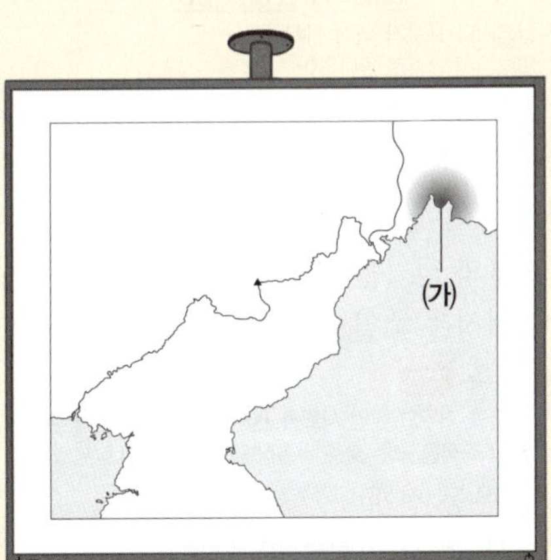

① 권업회가 조직되었다.
② 조선 형평사가 결성되었다.
③ 신흥 강습소가 설립되었다.
④ 청산리 대첩이 전개되었다.
⑤ 윤봉길의 훙커우 공원 의거가 일어났다.

1등급 전략

연해주, 만주와 간도, 중국 본토(상하이), 미주 지역으로 구분하여 지역별로 조직된 한인 자치 단체, 한인 학교, 독립군 등을 연결 짓는 문제가 자주 출제되므로 국외 독립운동 기지를 정리해 두도록 한다. 지도상의 위치도 확인해 두도록 한다.

출제 전망

- **전망1** 삼원보, 경학사, 신흥 강습소(신흥 무관 학교) 등을 제시하고, 서간도(남만주) 지역과 연결 짓는 문제가 출제될 수 있다.
- **전망2** 신한촌, 권업회, 대한 광복군 정부 등을 제시하고, 연해주 지역과 연결 짓는 문제가 출제될 수 있다.

04 민족 운동의 전개와 분화

이것이 핵심!

✻ 1920년대 독립군의 활동과 시련

> 봉오동 전투(1920. 6.),
> 청산리 대첩(1920. 10.)
> ↓
> 간도 참변(1920),
> 자유시 참변(1921)
> ↓
> 3부 성립
> (참의부, 정의부, 신민부)
> ↓
> 미쓰야 협정(1925)
> ↓
> 국민부, 혁신 의회 성립

◆ **홍범도**

포수 출신의 의병으로 활동하였던 홍범도는 국권 피탈 이후 간도로 건너가 독립군 양성에 힘썼으며, 독립군을 이끌며 봉오동 전투, 청산리 대첩 등에서 활약하였다. 이후 연해주에서 활동하던 그는 1937년 스탈린의 강제 이주 정책에 의해 카자흐스탄으로 강제 이주되었다.

◆ **훈춘 사건(1920)**

일제가 만주에 군대를 투입할 구실을 만들기 위해 중국 마적단을 매수하여 훈춘의 일본 영사관과 일본인을 공격하게 한 사건이다.

◆ **민족 유일당 운동**

1920년대 중반 중국의 국민당(민족주의)과 공산당(사회주의)이 군벌과 제국주의 세력을 타도하기 위해 손을 잡는 제1차 국공 합작이 이루어졌다. 그러자 한국인 독립운동가들 사이에서 민족주의 세력과 사회주의 세력이 힘을 모아 하나의 지도 정당을 만들자는 움직임이 일어났는데, 이를 민족 유일당 운동이라고 한다.

① 무장 독립 전쟁의 전개

1. 봉오동 전투와 청산리 대첩 **자료 ①**

> 예 서간도 지역의 서로 군정서와 광복군 사령부, 북간도 지역의 북로 군정서와 대한 독립군 등이 있어.

(1) **배경**: 3·1 운동 이후 조직적인 무장 투쟁의 필요성 인식 → 만주 지역에서 여러 독립군 부대가 항일 무장 투쟁 전개

(2) **봉오동 전투(1920. 6.)**

배경	독립군이 활발하게 국내 진입 작전을 전개함 → 일본군이 독립군의 근거지를 공격함
참가 부대	대한 독립군(◆홍범도), 군무 도독부군(최진동), 국민회군(안무) 등 독립군 연합 부대
전개	일본군을 봉오동으로 유인하여 큰 승리를 거둠

(3) **청산리 대첩(1920. 10.)**

배경	봉오동 전투에서 패한 일본군이 ◆훈춘 사건을 조작하여 대규모 부대를 만주에 파견
참가 부대	북로 군정서군(김좌진), 대한 독립군(홍범도) 등 독립군 연합 부대
전개	일본군과 청산리 일대(백운평, 완루구, 어랑촌, 고동하 등지)에서 10여 차례의 전투를 벌여 크게 승리 (독립 전쟁사에서 가장 큰 성과를 거둔 전투)

2. 독립군의 시련

> 북로 군정서가 대한민국 임시 정부에 보고한 자료에는 일본군 사상자가 1,257명, 독립군 사상자는 150명이었어.

(1) **간도 참변(1920)**: 봉오동 전투, 청산리 대첩에서 패배한 일제가 간도 지역의 한인에 대한 무차별 학살 자행 — 1920년 10월부터 1921년 봄까지 독립군의 근거지를 없애겠다며 어린아이와 부녀자를 비롯한 민간인을 무참히 학살하였어.

(2) **독립군의 이동과 자유시 참변(1921)**

① 독립군의 이동: 청산리 대첩 이후 만주의 독립군이 일본군의 공세를 피해 북만주 미산(밀산)으로 이동 → 러시아의 지원을 기대하고 러시아령 자유시(스보보드니)로 이동

② 자유시 참변: 연해주에서 활동하던 사회주의계 독립군의 합류, 지휘권을 둘러싼 독립군 내부 분쟁 → 러시아 적군이 독립군의 무장 해제 강요 → <u>많은 독립군 희생</u>

3. 독립군의 재정비

> 수많은 독립군이 사살되거나 포로가 되어 러시아 적군에 편입되었고, 일부만이 만주로 돌아왔어.

(1) **3부의 성립 자료 ②**

① 배경: 간도 참변과 자유시 참변으로 약화된 독립군을 재정비하려고 노력함

② 3부 성립: 남만주 지역에 참의부와 정의부, 북만주 지역에 신민부가 조직됨

③ 특징: 민정 조직과 군정 조직을 모두 갖춘 자치 정부의 성격을 띰

(2) **미쓰야 협정(1925. 6.)**: 일제가 만주 군벌과 미쓰야 협정을 체결 → 중국 관리들이 독립운동가를 체포하여 일제에 넘김 → 독립군의 활동 위축 **자료 ③**

> 관할 구역에서 세금을 거두고 한인 사회를 관리하는 민정 조직과 무장 투쟁을 이끄는 군정 조직을 모두 갖춘 사실상 공화주의 자치 정부였어.

4. 3부 통합 운동 **자료 ②**

(1) **배경**: 1920년대 후반 중국 관내에서 ◆민족 유일당 운동 전개

(2) **결과**: 만주에서 3부 통합 운동 전개 → 3부가 국민부, 혁신 의회로 각각 재편

국민부(남만주)	국민부 아래에 조선 혁명당, 조선 혁명군을 결성하여 항일 무장 투쟁 지속
혁신 의회(북만주)	혁신 의회 성립 → 혁신 의회 해체 후 지청천을 중심으로 한국 독립당, 한국 독립군을 결성하여 일제에 맞섬

자료 ① 봉오동 전투와 청산리 대첩

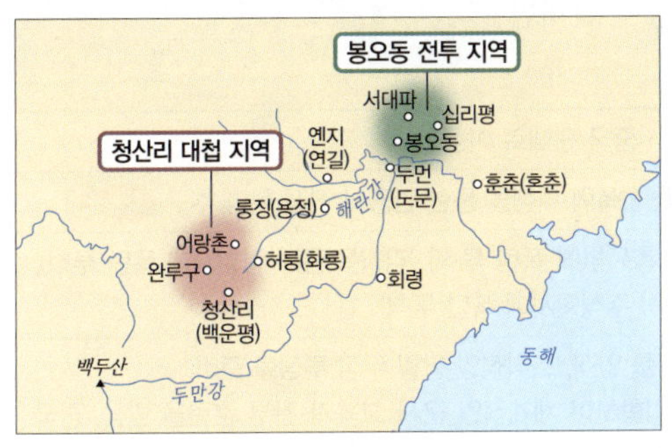

↑ 대한 독립군을 이끈 홍범도

↑ 북로 군정서를 이끈 김좌진

3·1 운동 이후 독립을 쟁취하기 위해 조직적인 무장 투쟁이 필요하다는 인식이 확산되어 만주, 연해주 일대에 여러 독립군 부대가 조직되었다. 이러한 독립군 부대들은 연합하여 봉오동 전투와 청산리 대첩에서 일본군을 상대로 큰 승리를 거두었다.

자료 ② 3부의 성립과 통합

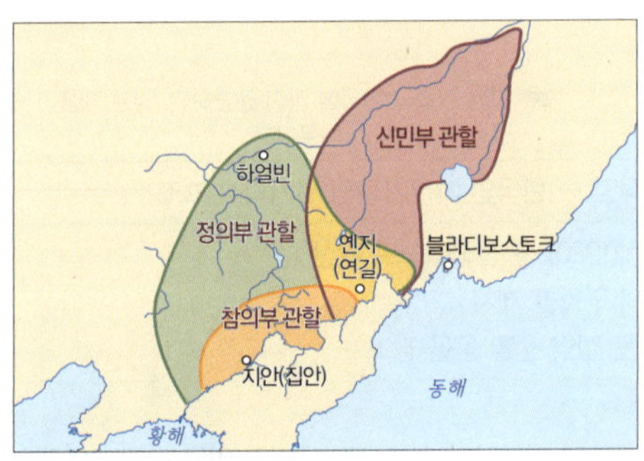

↑ 3부의 관할 지역

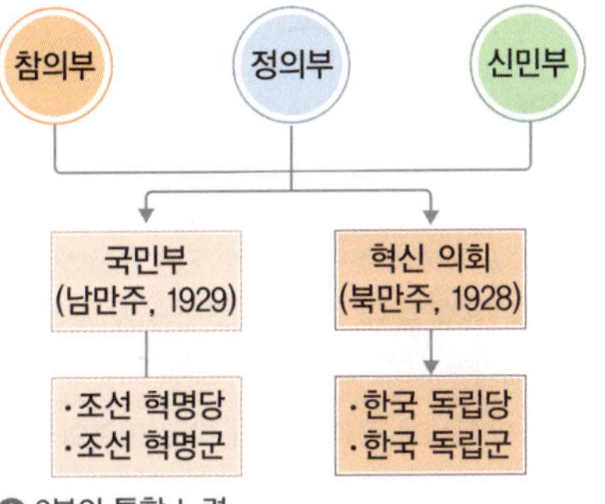

↑ 3부의 통합 노력

자유시 참변 이후 만주로 귀환한 독립군은 흩어진 조직을 정비하기 위해 노력하였고, 그 결과 참의부, 정의부, 신민부 등 3부가 성립되었다. 3부는 1920년대 후반에 보다 효율적인 항일 무장 투쟁을 전개하기 위해 통합 운동을 전개하였다. 그 결과 만주의 항일 무장 단체는 국민부와 혁신 의회로 재편되었다.

자료 ③ 미쓰야 협정

1. 중국 관리는 재중 한국인의 호구를 엄격히 조사하고 연대 책임제로 단속한다.
2. 중국 관리는 각 현에 알려 재류 한국인이 무기를 휴대하고 조선에 침입하는 것을 엄히 금한다. 어긴 자는 체포하여 조선 관리(일제의 군경)에게 인도한다.
3. 불령선인 단체를 해산하고 소유한 총기를 수색하여 몰수하고 무장을 해제한다.
5. 조선 관리가 지명하는 불령단 수령을 체포하여 조선 관리에게 인도한다.

└ 일제에 따르지 않는 한국인을 말해.　　　　— 「한국인 단속 방법에 관한 조선 총독부와 펑톈성 사이의 협정」, 1925

3부의 활동이 활발해지자 1925년 조선 총독부의 경무 국장 미쓰야는 만주 펑톈성의 군벌과 한국인 단속에 관한 협정을 맺었다. 이 협정이 체결된 이후 중국 관리들은 한국인 독립운동가를 체포하여 일제에 넘겨주고 포상금을 받았다. 이에 큰 피해를 입은 독립운동가들은 만주 군벌에 강력히 항의하는 한편, 3부 통합을 추진하여 위기를 극복하고자 하였다.

선교사 스탠리 마틴이 목격한 간도 참변

방화한 지 36시간이 지났는데도 시체 타는 냄새가 났다. 각기 어린애를 업고 자기 가족의 무덤 앞에 앉아 우는 소리가 너무나 처량해 차마 볼 수가 없었다. …… 우리는 돌아다니며 이 참경을 사진 찍다가, 살아남은 할아버지와 며느리가 통곡하면서 잿더미 속에서 …… 아직 타지 않은 것을 줍고 있는 것을 보았다. …… 내가 알고 있는 36개 촌락에서만 140여 명이 학살되었다.
　　　　　— 채근식, 「무장독립운동비사」

일본군은 독립군에 대한 보복으로 간도 지역의 한인들을 학살하였다.

정리 비법을 알려 줄게!

3부의 성립과 통합 운동

3부의 성립
·참의부(압록강 연안 지안 중심)
·정의부(남만주 일대)
·신민부(북만주 일대)

↓

3부 통합의 배경
민족 유일당 운동 전개

↓

3부의 통합
국민부·혁신 의회 성립

문제로 확인할까?

다음 〈보기〉의 사건을 일어난 순서대로 나열한 것은?

┌ 보기 ┐
(가) 미쓰야 협정
(나) 봉오동 전투
(다) 자유시 참변
(라) 청산리 대첩

① (가) – (나) – (다) – (라)
② (가) – (나) – (라) – (다)
③ (나) – (라) – (다) – (가)
④ (라) – (가) – (나) – (다)
⑤ (라) – (가) – (다) – (나)

◆ 의열단원들

일제 감시 대상 카드에 기록된 의열단원들의 모습이다. 김익상을 제외한 6명이 함께 찍은 사진에 일제 경찰이 김익상의 사진을 덧붙여 놓았다.

5. 의열 투쟁

(1) **의열 투쟁의 전개**: 3·1 운동 이후 일제 고위 관리나 친일파 처단, 식민 통치 기관 파괴 등의 방법으로 독립을 달성하려는 의열 투쟁이 전개됨

(2) **◆의열단의 의거**

조직	김원봉 등이 만주에서 비밀 결사로 조직(1919) → 중국 관내로 이동
정신	신채호의 「조선 혁명 선언」을 활동 지침으로 함 → 폭력 투쟁을 통한 민중의 직접 혁명 추구 **자료 ④**
활동	박재혁(부산 경찰서에 폭탄 투척), 김익상(조선 총독부에 폭탄 투척), 김상옥(종로 경찰서에 폭탄 투척), 김지섭(도쿄 궁성에 폭탄 투척), 나석주(동양 척식 주식회사에 폭탄 투척)
변화	• 배경: 1920년대 후반 개인적 의거 활동의 한계를 인식, 조직적인 항일 무장 투쟁을 준비 • 내용: 김원봉과 단원들이 황푸 군관 학교에 입학하여 체계적인 군사 교육과 간부 훈련을 받음, 중국 국민당 정부의 지원을 받아 조선 혁명 간부 학교 설립

(3) **개인 의거**: 강우규가 조선 총독에게 폭탄 투척, 남자현이 조선 총독 암살 계획, 조명하가 타이완에서 일본 왕족 처단

중국 국민당 정부가 군사 간부를 양성하기 위해 만든 군관 학교였어.

※ **일제 강점기 실력 양성 운동**

물산 장려 운동	토산품 애용을 통한 민족 산업 육성
민립 대학 설립 운동	대학 설립을 위한 모금 운동
문맹 퇴치 운동	문자 보급 운동, 브나로드 운동

◆ **경성 제국 대학**

1924년 조선 총독부가 한국 거주 일본인의 고등 교육과 일제에 협력할 친일 지식인의 육성 등을 위해 경성에 개교한 학교이다.

◆ **문맹 퇴치 운동**

조선일보, 동아일보 등 언론 기관을 중심으로 한글을 보급하여 민중을 깨우치고 생활을 개선하고자 하는 운동이다.

◆ 조선일보에서 배포한 문자 보급 교재

동아일보에서 추진한 브나로드 운동을 알리는 포스터

2 실력 양성 운동의 전개

1. 물산 장려 운동 **자료 ⑤**

왜? 일본 기업이 한국에 많이 진출하고, 일본 제품이 값싸게 들어오기 때문이지.

배경	회사령 폐지(1920), 일본 상품에 대한 관세 철폐 움직임 → 한국인 자본가들의 위기의식 고조
전개	• 시작: 평양에서 조만식 등이 조선 물산 장려회 조직(1920) → 전국적으로 확산 • 구호: '내 살림 내 것으로', '조선 사람 조선 것' 등의 구호를 제시 • 활동: 민족 산업의 보호와 육성을 위한 토산품 애용, 절약 생활 등을 강조
결과	• 민중의 폭넓은 공감과 지지 획득, 민족의식 고취 • 토산품 수요 증가로 인한 가격 폭등 → 사회주의자들이 자본가와 일부 상인에게만 이익이 된다며 물산 장려 운동을 비판함, 점차 소비자의 외면을 받아 큰 성과를 거두지 못함

2. 민립 대학 설립 운동 **자료 ⑥**

(1) **배경**: 일제의 식민지 교육(보통 교육, 실업 교육 중심, 고등 교육의 기회 제한)

(2) **전개**: 이상재 등이 조선 민립 대학 기성회 조직 → 한국인의 고등 교육 기관 설립을 위한 모금 운동 전개 → 전국적인 호응, 해외의 한국인도 참여

(3) **결과**: 일제의 방해와 탄압, 1920년대 중반 전국적인 자연재해 등으로 모금 운동이 저조해지면서 운동 중단 → 일제가 ◆경성 제국 대학을 설립(1924)

3. ◆문맹 퇴치 운동

문자 보급 운동은 1929년, 브나로드 운동은 1931년에 시작되었어.

(1) **전개**: 1920년대 후반부터 언론 기관이 중심이 되어 한글 보급·민중 계몽

(2) **문자 보급 운동**: 조선일보가 주도, 『한글 원본』 보급, '아는 것이 힘, 배워야 산다'는 구호 제시

(3) **브나로드 운동**: 동아일보가 주도, 학생들이 참여하여 문맹 퇴치·미신 타파·근검 절약 등을 강조하는 농촌 계몽 활동 전개, '배우자, 가르치자, 다함께 브나로드' 구호 제시

(4) **결과**: 일제는 민족의식을 고취한다는 이유로 문맹 퇴치 운동을 금지함(1935)

4. 실력 양성 운동의 의의와 한계

민족 경제의 자립, 근대 교육 보급, 전근대적 의식과 관습 타파, 신문화 건설 등을 지향하였어.

(1) **의의**: 우리 사회의 근대적 발전 추구, 민족의 실력을 키워 독립의 토대를 마련하고자 함

(2) **한계**: 일제가 허용하는 범위 안에서 전개, 점차 실력 양성만을 강조하는 방향으로 바뀜

자료 ④ 신채호의 「조선 혁명 선언」

> 신채호는 일왕과 조선 총독, 각 관공서의 관리, 일제의 식민 통치 기관에 대한 직접적인 폭력, 암살, 파괴를 해야 한다고 선언하였어.

내정 독립이나 참정권이나 자치를 운동하는 자, 누구이냐? …… 강도 일본을 쫓아내려면 오직 혁명으로만 가능하며, 혁명이 아니고는 강도 일본을 쫓아낼 방법이 없는 바이다. …… 민중은 우리 혁명의 대본영이다. 폭력은 우리 혁명의 유일한 무기이다. 우리는 민중 속으로 가서 민중과 손을 맞잡아 끊임없는 폭력, 암살, 파괴, 폭동으로써 강도 일본의 통치를 타도한다.

― 신채호, 「조선 혁명 선언」

↑ 신채호

「조선 혁명 선언」은 신채호가 의열단의 활동 지침으로 지은 글로, 의열단 선언이라고도 한다. 신채호는 이 글에서 외교론, 자치론, 준비론, 문화 운동론 등을 비판하고, 오직 민중의 직접 혁명에 의해서만 일제를 타도하고 독립을 이룰 수 있다고 주장하였다.

1920년대 의열단의 활동

시기	의거
1920	박재혁, 부산 경찰서에 폭탄 투척
1921	김익상, 조선 총독부에 폭탄 투척
1923	김상옥, 종로 경찰서에 폭탄 투척
1924	김지섭, 일본 궁성에 폭탄 투척
1926	나석주, 동양 척식 주식회사에 폭탄 투척

자료 ⑤ 물산 장려 운동

> 1920년에 평양에서 조선 물산 장려회가 조직된 것을 시작으로 1923년에 서울에서도 조선 물산 장려회가 조직되는등 물산 장려 운동은 전국으로 확산되었어.

[조선 물산 장려회 취지서(서울)]

부자와 가난한 자를 막론하고 우리가 우리의 손에 산업 권리 생활의 제일 조건을 장악하지 아니하면 도저히 우리의 생명·인격·사회의 발전을 기대하지 못할지니 …… 조선 사람은 조선 사람이 지은 것을 사서 쓰고, 조선 사람은 단결하여 그가 쓰는 물건을 스스로 제작하여 공급하기를 목적하노라.

― 『산업계』, 1923. 11.

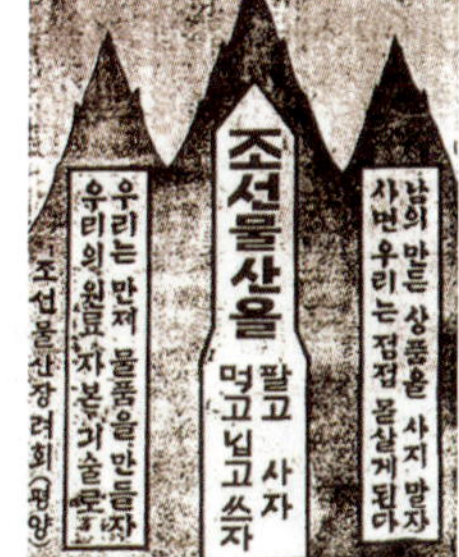

물산 장려 운동 당시의 포스터 ➡

물산 장려 운동은 '내 살림 내 것으로'라는 구호를 내걸고, 민족 산업의 보호와 육성을 위한 토산품 애용, 절약 생활 등을 강조하였다. 물산 장려 운동은 민중의 지지를 받아 전국으로 확산되었다. 그러나 늘어난 수요를 감당할 만큼 생산력이 향상되지 못해 상품 가격만 올려 놓는 경우가 많아서 사회주의자들은 물산 장려 운동을 자본가와 상인의 이익만을 추구하는 이기적 운동이라고 비난하기도 하였다.

1920년대 초 경성 방직 주식회사의 국산품 애용 선전 광고

'우리가 만든 것 우리가 쓰자, 조선 사람 조선 광목, 우리 손으로 맨든(만든) 광목'이라는 문구를 통해 물산 장려 운동 당시의 광고라는 것을 짐작할 수 있다.

자료 ⑥ 민립 대학 설립 운동

> 대학을 설립하려는 이유가 나와 있어.

[조선 민립 대학 기성회 발기 취지서]

우리의 운명을 어떻게 개척할까? 정치냐, 외교냐, 산업이냐? 물론 이와 같은 일이 모두 필요하도다. 그러나 그 기초가 되고 요건이 되며, 가장 급한 일이 되고, 가장 먼저 해결해야 할 필요가 있으며, 가장 힘 있고, 가장 필요한 수단은 교육이 아니면 아니 된다. …… 민중의 보편적인 지식은 보통 교육으로써 가능하지만 심오한 지식과 학문은 고등 교육이 아니면 불가하여, …… 대학의 설립이 아니고는 다른 방도가 없도다.

― 동아일보, 1923. 3. 30.

1920년대에 전개된 민립 대학 설립 운동은 고등 교육을 통한 민족의 실력 양성을 목표로 하였다. 조선 민립 대학 기성회는 한국인의 힘으로 대학을 세우기 위해 모금 운동을 전개하였다. 민립 대학 설립 운동은 전국적으로 큰 호응을 얻고 만주, 미국 등 해외까지 전파되었으나, 계속된 가뭄과 수해, 총독부의 방해 등으로 큰 성과를 거두지는 못하였다.

1. 민립 대학 설립 운동을 전개한 단체로 옳은 것은?

① 동아일보
② 조선일보
③ 혁신 의회
④ 조선 물산 장려회
⑤ 조선 민립 대학 기성회

2. 1924년에 일제가 한국에 사는 일본인의 교육 수요를 충족하고 한국인의 고등 교육에 대한 불만을 잠재우기 위해 경성에 세운 대학은?

답 1. ⑤ 2. 경성 제국 대학

◆ **이광수**
소설가이자 언론인으로 2·8 독립 선언을 주도하였으며, 대한민국 임시 정부에서 독립신문 발간 등에 참여하였다. 그러나 이후 변절하여 친일 반민족 행위를 하였다.

5. 자치 운동과 참정권 운동

(1) **전개**: 1920년대 실력 양성 운동이 구체적 성과를 내지 못하자 ◆이광수, 김성수, 최린 등 일부 타협적 민족주의 세력이 일제의 식민 지배를 인정하고 합법적 정치 운동을 전개하자고 주장 → 자치 운동과 참정권 운동의 전개 **자료 7**
└ 나중에 친일파가 되었어.
└ 일본 의회에 한국인 대표를 보내려는 운동

(2) **한계**: 비타협적 민족주의자와 사회주의자들로부터 비판을 받음 → 민족주의 진영의 분열 초래, 일제의 민족 분열 정책에 이용당함
└ 조선 총독부에 협력하면서 자치 정부 또는 자치 의회를 구성하자는 운동

이것이 핵심!

✱ **신간회의 창립**

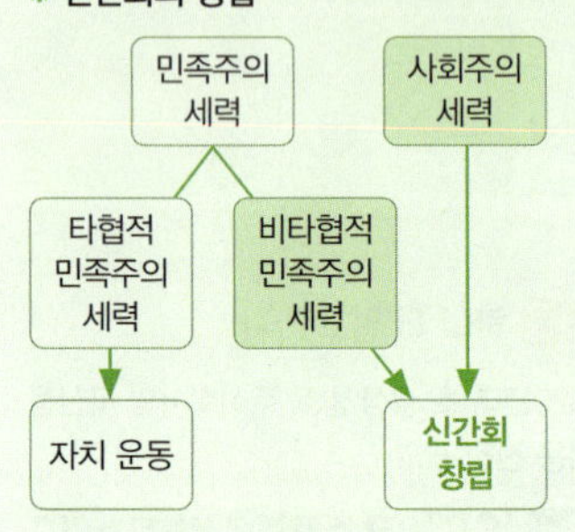

◆ **조선 민흥회(1926)**
조선 민족의 이익을 쟁취하고, 민족적으로 통합하려는 목적으로 비타협적 민족주의 세력과 일부 사회주의 세력이 연대해 만든 단체이다. 이후 신간회에 흡수되었다.

◆ **코민테른**
세계 여러 나라의 공산주의 혁명을 지도하고자 조직된 국제 공산주의 단체이다. 1919년에 창설된 이후 총 7차에 걸친 대회와 결의를 통해 전 세계 사회주의 운동의 방향을 제시하였다.

◆ **해소**
신간회 해소를 주장한 사회주의자들은 한 단체나 조직이 단순히 흩어지는 '해체'와 달리 '해소'는 다른 운동 형태로의 발전을 의미한다고 하였다.

3 민족 유일당 운동의 전개

1. 사회주의 사상의 확산

(1) **도입**: 러시아 혁명 이후 사회주의 사상이 만주, 연해주, 일본에 전파

(2) **확산**: 3·1 운동 이후 국내에 사회주의 사상 유입, 청년·지식인층을 중심으로 확산 → 사회주의 단체 조직(농민·노동자 단체 등), 조선 공산당 결성(1925)

(3) **영향**: 민족 운동 세력이 민족주의 계열과 사회주의 계열로 분화

(4) **일제의 탄압**: 일제가 치안 유지법으로 사회주의 운동 탄압 → 사회주의 세력이 민족주의 세력과의 연대 도모

2. 신간회의 창립과 활동
└ 만주에서 3부 통합 운동이 전개되고, 중국 관내에서 한국 독립 유일당 촉성회가 결성되었어.

(1) **배경**: 국외의 민족 유일당 운동, 일제의 사회주의 운동 탄압, 국내 민족주의 진영의 분열

(2) **계기**: 6·10 만세 운동(1926) 이후 사회주의 세력과 비타협적 민족주의 세력의 연대 모색 → ◆조선 민흥회 결성, 정우회 선언 발표 **자료 8**

(3) **신간회 창립(1927)** **다 잡는 자료** 1927년 신간회의 자매단체로 근우회도 창립되었어. ┐

창립	비타협적 민족주의 세력과 사회주의 세력이 연합하여 창립
조직	• 회장에 이상재, 부회장에 홍명희를 선출 • 서울에 본부를 두고 전국 각지에 지회를 설치함 → 만주, 일본 등 국외로 조직이 확대됨, 약 140개의 지회에 회원 수가 4만 명에 이를 정도로 성장
강령	정치적·경제적 각성 촉진, 민족의 단결 공고화, 기회주의 일체 부인

└ 기회주의란 이해관계에 따라 정치적 신념을 수시로 바꾸는 행태를 말해. 타협적 민족주의 세력을 배격하는 거야.

(4) **활동**

① 전국 순회 강연: 일제 식민 정책 비판, 조선인 본위의 교육·타협적 정치 운동 반대 등을 주장하며 민중 계몽

② 각종 대중 운동 지원: 노동 운동, 농민 운동, 청년 운동, 여성 운동, 형평 운동 등과 연계 → 소작 쟁의, 파업 투쟁, 동맹 휴학 등을 지원

③ 광주 학생 항일 운동 지원: 조사단 파견, 전국적인 항일 운동으로 확대하기 위한 대규모 민중 대회 계획 → 사전에 일본 경찰에게 발각되어 실패

(5) **신간회 해소**

① 배경: 새 집행부가 일제와 타협하려는 움직임을 보임, ◆코민테른의 노선 변화(민족주의 계열과의 협동 전선 해체를 지시)
└ 민족 운동보다 노동자, 농민 중심의 계급 투쟁을 강조하게 되었어.

② 해소: 1931년 전체 대회에서 신간회 ◆해소 결정

(6) **의의**: 일제 강점기 국내 최대 규모의 항일 민족 운동 단체, 민중에게서 절대적인 지지를 받은 합법적 사회 운동 단체, 비타협적 민족주의 세력과 사회주의 세력이 독립운동의 이념과 방법의 차이를 넘어 민족 협동 전선을 결성

자료 7 자치 운동

> **[이광수의 민족적 경륜]**
> 지금의 조선 민족에게는 왜 정치적 생활이 없는가? …… 지금까지 해 온 정치적 운동은 모두 일본을 적대시하는 운동뿐이었다. 이런 종류의 정치 운동은 해외에서나 할 수 있는 일이고, 조선 내에서는 허용되는 범위 내에서 일대 정치적 결사를 조직해야 한다는 것이 우리의 주장이다.
> └ 일제의 식민 지배하에서 자치 의회나 자치 정부를 조직하자는 주장이야.
> – 동아일보, 1924. 1. 3.

이광수, 최린, 김성수 등은 일제의 '문화 정치'에 기대를 걸면서 조선 의회 설립을 염두에 두고 한국인의 자치권과 참정권을 획득하려는 운동을 전개하였다. 일제와 타협하여 한국인의 정치적 권리를 얻으려는 자치 운동은 1930년대 초까지 이어졌다.

자료 8 정우회 선언

비타협적 민족주의 세력과의 연대를 가리켜.

> 우리 정우회는 무의미한 분열을 멈추고 사상 단체들을 통일할 것을 주장합니다. 민족주의적 세력에 대해서는 그 부르주아 민주주의적 성질을 명백하게 인식하는 동시에 우리와 과정적 동맹을 맺을 수 있음을 충분히 인정하여, 그것이 타락한 형태로 나타나지 않는 것을 전제로 해서 적극적으로 제휴해야 합니다. 대중의 개량적인 이익을 위해서도 이전의 소극적인 태도를 버리고 분연히 싸워야 할 것입니다.
> – 조선일보, 1926. 11. 17.

국내의 비타협적 민족주의 세력은 자치 운동을 비판하며 사회주의 세력과의 연대를 도모하였다. 6·10 만세 운동으로 민족적 연대를 경험한 사회주의 세력 역시 정우회 선언(1926)을 발표해 비타협적 민족주의 세력과의 연합을 주장하였다. 정우회 선언은 신간회 결성에 중요한 계기가 되었다.

📧 내 교과서 · 비상, 동아, 리베르, 미래엔, 씨마스, 지학사, 천재, 해냄 교과서에서 '신간회 강령' 사료를 다루고 있어요.

내신과 수능을 **다 잡는 자료** ✦   신간회

> **[신간회 강령]**
> 1. 우리는 정치적, 경제적 각성을 촉진함
> 2. 우리는 단결을 공고히 함
> 3. 우리는 기회주의를 일체 부인함
> └ 타협적 민족주의 세력을 가리켜.
>
> **[코민테른의 노선 변경]**
> 현 발전 단계에서 조선 공산주의 운동의 주요 방침은 프롤레타리아 혁명 운동을 강화하여 …… 민족 혁명 운동에 계급성을 부여하고 그것을 타협적인 개량주의로부터 분리시킴으로써 민족 혁명 운동을 강화하는 것이다.
> – 「12월 테제」, 1928

↑ 신간회 창립 만평
← 신간회 창립
사상 단체 해체

국내에서 전개된 민족 유일당 운동의 결과, 1927년 비타협적 민족주의 세력과 사회주의 세력은 신간회를 창립하였다. 이후 중국에서 제1차 국공 합작이 결렬되고, 코민테른이 민족주의자들과의 협력을 중시하던 방침을 변경하는 등의 이유로 신간회를 해소하자는 주장이 제기되었다. 결국 1931년 5월 전체 대회에서 신간회 해소가 결정되었다.

함께 보기 · 내신 만점 공략하기 14번·15번

1 (가)에 들어갈 지명을 쓰시오.

홍범도의 대한 독립군, 최진동의 군무 도독부군, 안무의 국민회군 등 독립군 부대들이 연합하여 일제의 공격에 대비하였다. 그리고 1920년 6월 독립군 연합 부대가 (가) 일대에서 일본군을 기습하여 크게 승리하였다.

2 다음 괄호 안의 내용 중 알맞은 말에 ○표 하시오.

(1) 봉오동 전투에서 패배한 일제는 독립군을 소탕하기 위해 (훈춘 사건, 105인 사건)을 구실로 대규모 병력을 동원하여 독립군을 공격하였다.

(2) 일제는 청산리 대첩을 전후하여 독립군의 근거지를 없앤다는 구실로 군대를 동원해 (간도, 연해주) 지역의 한인들을 잔인하게 학살하였다.

3 다음 설명이 맞으면 ○표, 틀리면 ×표를 하시오.

(1) 홍범도는 만주에서 의열단을 조직하였다. ( )

(2) 강우규는 타이중에서 일본 육군 대장을 저격하였다. ( )

(3) 의열단원인 김상옥은 종로 경찰서에 폭탄을 투척하는 의열 활동을 전개하였다. ( )

4 다음에서 설명하는 운동을 〈보기〉에서 골라 기호를 쓰시오.

┌ 보기 ┐
ㄱ. 브나로드 운동　　　　ㄴ. 민립 대학 설립 운동

(1) 동아일보가 주도한 농촌 계몽 운동이다. ( )

(2) 한국인의 힘으로 고등 교육 기관을 설립하기 위해 모금 운동을 벌였다. ( )

5 사회주의 계열에서 비타협적 민족주의 세력과의 연대를 주장한 ( ) 선언이 계기가 되어 신간회가 창립되었다.

---

01 다음 인물에 대한 설명으로 옳은 것은?

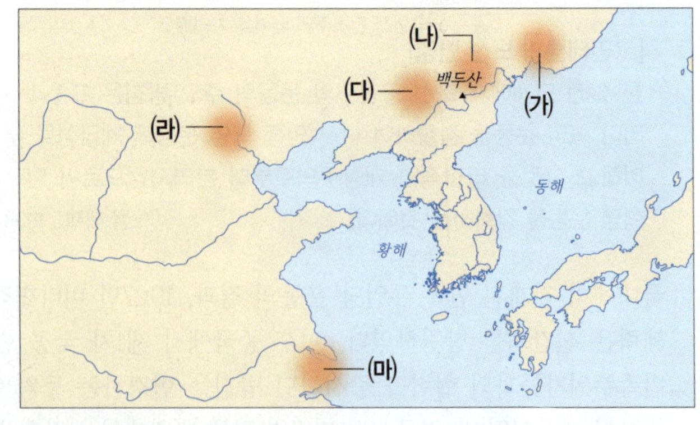

① 대성 학교를 설립하였다.
② 이토 히로부미를 처단하였다.
③ 헤이그에 특사로 파견되었다.
④ 독립 의군부 결성을 주도하였다.
⑤ 봉오동 전투에서 일본군에게 승리하였다.

02 밑줄 친 '큰 승리'가 있었던 지역을 지도에서 옳게 고른 것은?

1920년 독립군 연합 부대는 백운평 전투를 시작으로 어랑촌 전투, 고동하 전투 등 10여 차례의 크고 작은 전투 끝에 일본군으로부터 <u>큰 승리</u>를 거두었다.

① (가)　② (나)　③ (다)　④ (라)　⑤ (마)

---

03 다음 사건이 일어난 시기를 연표에서 옳게 고른 것은?

> 자유시에 모인 독립군이 여러 세력을 통합하는 과정에서 지휘권 분쟁이 일어났다. 이러한 가운데 러시아 적군이 독립군의 무장 해제를 강요하면서 많은 독립군이 희생되었다.

(가)	(나)	(다)	(라)	(마)
국권 피탈	3·1 운동	청산리 대첩	미쓰야 협정	국가 총동원법 제정 / 8·15 광복

① (가)　② (나)　③ (다)　④ (라)　⑤ (마)

중요

04 (가), (나) 시기 사이에 있었던 사실로 옳은 것은?

> (가) 독립군 연합 부대는 청산리 일대에서 벌어진 수차례의 격전 끝에 일본군으로부터 큰 승리를 거두었다.
> (나) 3부의 활동이 활발해지자 일제는 만주 군벌과 미쓰야 협정을 체결하여 독립군을 탄압하였다.

① 의열단이 조직되었다.
② 간도 참변이 일어났다.
③ 105인 사건이 발생하였다.
④ 대한 광복회가 조직되었다.
⑤ 13도 창의군이 결성되었다.

05 (가), (나)에 들어갈 내용으로 옳게 연결한 것은?

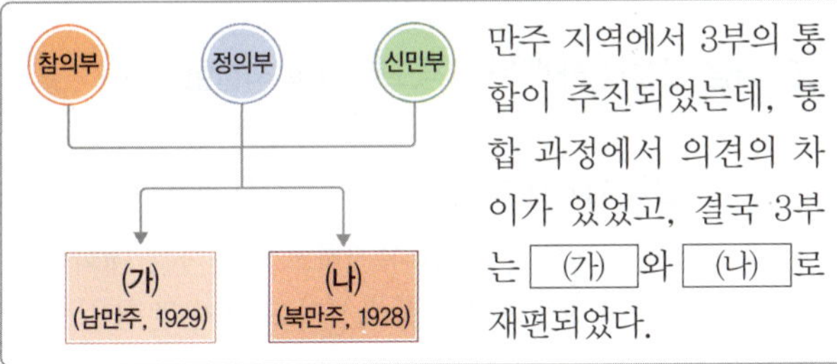

만주 지역에서 3부의 통합이 추진되었는데, 통합 과정에서 의견의 차이가 있었고, 결국 3부는 (가) 와 (나) 로 재편되었다.

	(가)	(나)
①	신민회	혁신 의회
②	국민부	혁신 의회
③	국민부	대한 국민 의회
④	혁신 의회	국민부
⑤	혁신 의회	대한 국민 의회

중요

06 교사의 질문에 대한 학생의 답변으로 가장 적절한 것은?

> 자료는 1919년 만주에서 조직되어 「조선 혁명 선언」을 활동 지침으로 삼은 이 단체가 활동 목표로 밝힌 내용입니다. 이 단체에 대해 말해 볼까요?

파괴 대상	암살 대상
• 조선 총독부 • 동양 척식 주식회사 • 각 경찰서	• 조선 총독 • 군부 수뇌 • 친일파 핵심 인물

① 신흥 강습소를 세웠어요.
② 복벽주의를 추구하였어요.
③ 임시 의정원과 국무원을 두었어요.
④ 김규식을 파리 강화 회의에 파견하였어요.
⑤ 김원봉, 윤세주 등의 주도로 조직되었어요.

하나 더!

06-1 위 자료에 해당하는 단체의 활동으로 옳은 것만을 〈보기〉에서 있는 대로 골라 기호를 쓰시오.

> **보기**
> ㄱ. 김옥균이 개혁 정강을 발표하였다.
> ㄴ. 김좌진이 북로 군정서군을 이끌었다.
> ㄷ. 김익상이 조선 총독부에 폭탄을 투척하였다.
> ㄹ. 나석주가 동양 척식 주식회사에 폭탄을 투척하였다.

07 (가)에 들어갈 내용으로 가장 적절한 것은?

> **한국사 탐구 활동지**
> • 탐구 주제: (가)
> • 수집 자료: 김원봉의 요청으로 신채호가 작성한 글
>
> > 우리는 민중 속으로 가서 민중과 손을 맞잡아 끊임없는 폭력, 암살, 파괴, 폭동으로써 강도 일본의 통치를 타도한다.

① 의열단과 「조선 혁명 선언」
② 3·1 운동과 기미 독립 선언서
③ 도쿄 유학생과 2·8 독립 선언
④ 독립 의군부와 국권 반환 요구서
⑤ 위임 통치 청원서와 국민 대표 회의

08 (가)에 들어갈 내용으로 옳지 <u>않은</u> 것은?

> 3·1 운동 이후 일부 지식인들은 일제로부터 당장 독립하는 것이 현실적으로 어렵다고 판단하였다. 이에 실력을 키워 독립을 준비하자는 실력 양성 운동이 일어났다. 이에 따라 [(가)] 등이 전개되었다.

① 브나로드 운동
② 국채 보상 운동
③ 문자 보급 운동
④ 물산 장려 운동
⑤ 민립 대학 설립 운동

09 밑줄 친 '이 운동'에 대한 설명으로 옳은 것은?

> 자료는 이 운동 당시 만들어진 광고이다. 이 운동의 구호였던 '조선 사람 조선 것'을 활용하고 '조선 사람 조선 광목'이라는 문구를 사용하여 토산품 애용을 홍보하고 있다.

① 대구에서 시작되었다.
② 통감부가 탄압하였다.
③ 전국에 척화비를 세웠다.
④ 대한매일신보가 지원하였다.
⑤ 사회주의 세력이 비판하였다.

10 다음 자료를 활용한 탐구 활동으로 가장 적절한 것은?

> 조선 사람은 조선 사람이 지은 것을 사서 쓰고, 조선 사람은 단결하여 그가 쓰는 물건을 스스로 제작하여 공급하기를 목적하노라.
> – 「산업계」, 1923. 11.

① 회사령의 제정 배경을 파악한다.
② 황국 중앙 총상회의 활동을 조사한다.
③ 조선일보와 동아일보의 역할을 분석한다.
④ 일제의 관세 철폐 움직임의 영향을 알아본다.
⑤ 재정 고문 메가타가 추진한 정책을 살펴본다.

11 다음 자료에 나타난 민족 운동에 대한 설명으로 옳은 것은?

> 우리의 운명을 어떻게 개척할까? 정치냐, 외교냐, 산업이냐? 물론 이와 같은 일이 모두 필요하도다. 그러나 그 기초가 되고 요건이 되며, 가장 급한 일이 되고, 가장 먼저 해결해야 할 필요가 있으며, 가장 힘 있고, 가장 필요한 수단은 교육이 아니면 아니 된다. …… 민중의 보편적인 지식은 보통 교육으로써 가능하지만 심오한 지식과 학문은 고등 교육이 아니면 불가하여, …… 대학의 설립이 아니고는 다른 방도가 없도다.

① 우리 민족 기업의 육성을 목표로 하였다.
② 평양에서 시작되어 전국으로 확산되었다.
③ 1천만 원을 모으는 모금 운동을 전개하였다.
④ 한성 사범 학교가 설립되는 결과를 가져왔다.
⑤ 교조의 억울함을 풀고 포교의 자유를 요구하였다.

11-1 위 자료에 나타난 민족 운동을 주도한 단체로 옳은 것은?

① 권업회
② 헌정 연구회
③ 국채 보상 기성회
④ 조선 물산 장려회
⑤ 조선 민립 대학 기성회

12 다음 연설을 하게 된 배경으로 가장 적절한 것은?

> **경성 제국 대학 초대 총장의 개학식 연설**
> 본 대학과 같이 국가가 설립 유지하고 관리하는 대학에서는 적어도 국가의 기초를 동요시키고 국가 존립을 위태롭게 하는 것과 같은 연구는 허용될 만한 것이 아니다.

① 황국 협회가 조직되었다.
② 관민 공동회가 개최되었다.
③ 상권 수호 운동이 일어났다.
④ 국채 보상 운동이 시작되었다.
⑤ 민립 대학 설립 운동이 전개되었다.

13 (가)에 들어갈 내용으로 옳은 것은?

① 동아일보
② 제국신문
③ 조선일보
④ 황성신문
⑤ 대한매일신보

14 밑줄 친 '이 단체'가 창립된 시기를 연표에서 옳게 고른 것은?

자료는 이 단체가 만들어지는 과정을 묘사한 동아일보의 만평이다. 민족 운동 진영의 연대 분위기 속에 국내에서는 비타협적 민족주의자들과 사회주의자들이 연합하여 이 단체를 창립하였다.

(가)	(나)	(다)	(라)	(마)
국권 피탈	3·1 운동	정우회 선언	만주 사변	국가 총동원법 제정	8·15 광복

① (가) ② (나) ③ (다) ④ (라) ⑤ (마)

★중요 15 다음 강령을 발표한 단체에 대한 설명으로 옳은 것은?

1. 우리는 정치적, 경제적 각성을 촉진함
2. 우리는 단결을 공고히 함
3. 우리는 기회주의를 일체 부인함

① 「여권통문」을 발표하였다.
② 박상진의 주도로 창립되었다.
③ 이광수를 중심으로 자치 운동을 벌였다.
④ 청산리 부근에서 일본군을 크게 격파하였다.
⑤ 광주 학생 항일 운동에 진상 조사단을 파견하였다.

🔍 서술형 문제

01 다음 협정의 명칭을 쓰고, 이 협정이 독립군의 활동에 끼친 영향을 서술하시오.

> 1. 중국 관리는 재중 한국인의 호구를 엄격히 조사하고 연대 책임제로 단속한다.
> 3. 불령선인 단체를 해산하고 소유한 총기를 수색하여 몰수하고 무장을 해제한다.

(1) 초성을 참고하여 서술형 답안에 들어갈 내용을 써 보자.

답안 키워드 ㅁㅆㅇ ㅎㅈ ㅁㅈ

(2) (1)의 내용을 포함하여 서술형 답안을 작성해 보자.

____

02 밑줄 친 '이 운동'의 명칭을 쓰고, 이 운동에 대한 민중과 사회주의 세력의 반응을 각각 서술하시오.

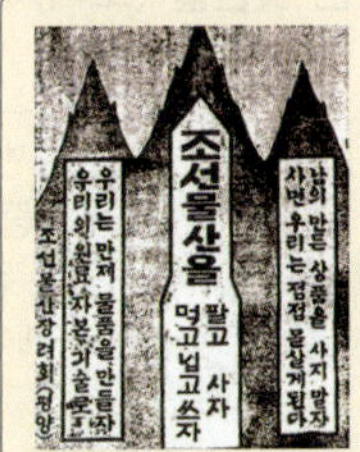

자료는 이 운동을 선전하기 위해 배포한 선전물이다. '조선 물산을 팔고 사자 먹고 입고 쓰자'라는 문구를 통해 이 운동의 성격을 짐작할 수 있다. 주로 토산품 애용, 근검저축, 금주, 금연의 실천을 강조하였다.

03 다음 선언의 명칭을 쓰고, 이 선언의 영향을 서술하시오.

> 민족주의적 세력에 대해서는 그 부르주아 민주주의적 성질을 명백하게 인식하는 동시에 우리와 과정적 동맹을 맺을 수 있음을 충분히 인정하여, 그것이 타락한 형태로 나타나지 않는 것을 전제로 해서 적극적으로 제휴해야 합니다.
> – 조선일보, 1926. 11. 17.

1등급 정복하기

최고난도 ✦

01 (가)에 대한 설명으로 옳은 것은?

인물로 보는 한국사

자료는 일제 감시 대상 카드에 실려 있는 ⃞(가)⃞ 의 단원들 모습이다. 1919년 김원봉 등의 주도로 ⃞(가)⃞ 이/가 결성되었으며, ⃞(가)⃞ 의 단원인 김익상은 1921년 조선 총독부에 폭탄을 던지는 의거 활동을 펼쳤다.

① 만민 공동회를 개최하였다.
② 고종의 복위를 목표로 하였다.
③ 연통제와 교통국을 운영하였다.
④ 오산 학교와 대성 학교를 설립하였다.
⑤「조선 혁명 선언」을 활동 지침으로 삼았다.

02 밑줄 친 '이 단체'에 대한 설명으로 옳은 것만을 〈보기〉에서 고른 것은?

보기

ㄱ. 만주에 신흥 강습소를 설립하였다.
ㄴ. 청산리 일대에서 일본군과 싸워 크게 승리하였다.
ㄷ. 광주 학생 항일 운동에 진상 조사단을 파견하였다.
ㄹ. 기회주의를 일체 부인한다는 내용의 강령을 제시하였다.

① ㄱ, ㄴ   ② ㄱ, ㄷ   ③ ㄴ, ㄷ   ④ ㄴ, ㄹ   ⑤ ㄷ, ㄹ

◆ **의열단의 활동**

완자 사전

■ 교통국
비밀 연락 업무를 맡은 통신 기관이다.

 **완자쌤의 시험꿀팁**

의열 활동을 전개한 개인 및 단체와 그 활약을 구분하여 정리해 두고, 의열 단체들이 어떻게 변해갔는지 파악해 두도록 한다.

◆ **신간회의 활동**

완자 사전

■ 해소
한 단체의 해산이 아니라 다른 운동 형태로 발전하는 것이라는 의미를 담고 있다.

완자쌤의 시험꿀팁

신간회의 창립부터 해소까지의 과정을 정리해 두고, 신간회의 성격과 활동을 구체적으로 파악해 두도록 한다.

수능 첫걸음

── 2023 수능 ──

(가) 단체에 대한 설명으로 옳은 것은?

> • 3월 다나카 기이치 대장이 상하이에 도착하자 [(가)]의 단원인 김익상이 폭탄을 던졌으나 다나카의 생명에는 지장이 없었다. …… 9월 일본에서 열린 재판에서 검사는 김익상에게 사형을 구형하였다.
>
> • 내가 종로 경찰서에 들어섰을 때 "식산 은행에 폭탄을 던지고 동양 척식 주식회사에서 권총을 난사했다고?"라는 말이 들렸다. …… 체포된 범인의 정체를 알고자 일본 경찰이 "네가 [(가)]의 일원인 나석주냐?"라고 물으니, 그는 "그렇다."라고 했다고 한다.

① 이인영을 총대장으로 추대하였다.

② 김규식을 파리 강화 회의에 파견하였다.

③ 임병찬이 고종의 밀명을 받아 조직하였다.

④ 지청천의 지휘하에 쌍성보에서 전투를 벌였다.

⑤ 신채호의 「조선 혁명 선언」을 활동 지침으로 삼았다.

※ 빈칸을 채우며 문제 풀이에 접근해 보세요!

▣ 1단계 / 자료 분석하기

자료에서 김익상과 나석주의 의열 활동이 있었다는 사실을 통해 (가) 단체가 ❶ [   ] 임을 파악한다.

▣ 2단계 / 정답 개념 연결하기

김원봉 등의 주도로 조직된 의열단은 신채호의 ❷ [   ] 을 활동 지침으로 삼았음을 연결한다.

▣ 3단계 / 오답 개념 피하기

① 이인영은 13도 창의군의 총대장으로 추대되었다. ② ❸ [   ] 은 김규식을 파리 강화 회의에 파견하였다. ③ 임병찬 등이 ❹ [   ] 를 조직하였다. ④ 지청천이 이끄는 ❺ [   ] 은 쌍성보 전투에서 승리하였다.

❺ 한국 독립군 ❹ 독립 의군부
❸ 신한 청년당 ❷ 「조선 혁명 선언」
❶ 의열단 탑 제시 풀이 / ⑤ 정답

📖 정답친해 16쪽

── 2024 6월 모평 ──

밑줄 친 '이 단체'에 대한 설명으로 옳은 것은?

① 김원봉의 주도로 결성되었다.

② 교조 신원 운동을 전개하였다.

③ 부마 민주 항쟁에 참여하였다.

④ 오산 학교와 대성 학교를 건립하였다.

⑤ 김규식을 파리 강화 회의에 파견하였다.

1등급 전략

1920년대 의열단의 활동에 대해 정리해 두도록 한다. 의열단의 주요 인물과 의거 내용을 중심으로 파악할 수 있도록 한다.

출제 전망

• **전망1** 신채호의 「조선 혁명 선언」을 제시하고, 의열단이 「조선 혁명 선언」을 지침으로 삼아 활동한 사실에 대해 묻는 문제가 출제될 수 있다.

• **전망2** 일제 강점기 의열 단체인 한인 애국단과 의열단의 자료를 제시하고 각 단체를 비교하는 문제가 출제될 수 있다. 한인 애국단과 의열단의 주요 인물과 의거 활동을 비교하여 정리해 두도록 한다.

05 사회·문화의 변화와 대중 운동

학습 내용
- 일제 강점기 도시와 농촌의 변화
- 다양한 사회 운동의 전개
- 민족 문화 수호 운동과 문예 활동

이것이 핵심!

일제 강점기 도시와 농촌의 변화

도시	식민지 도시화 진행, 도시 빈민층(토막민) 형성
농촌	일제의 토지 조사 사업, 산미 증식 계획 → 농민·노동자의 삶 열악

◆ **농촌 진흥 운동**
대공황(1929) 이후 농촌 경제가 피폐해지고 소작 쟁의가 확산되자, 일제는 춘궁 퇴치, 부채 근절을 목표로 1932년부터 농촌 진흥 운동을 전개하였다.

1 도시와 농촌의 변화

1. 교통과 도시의 발달(식민지 도시화)

(1) **교통 발달:** 한반도에 X 자형 간선 철도망 완성 → 일제의 대륙 침략 전쟁 확대에 활용

→ 일제에 필요에 따라 진행되었고, 일본인과 일부 부유한 한국인만 혜택을 누렸어.

(2) **도시 발달과 도시 빈민 형성:** 도시 인구 증가, 근대적 도시화 진행, 일본인 거주지와 한국인 거주지 분리, 도시 외곽에 도시 빈민층(토막민)이 거주하는 토막촌 형성 자료 1

2. 농촌 사회의 변화: 토지 조사 사업, 산미 증식 계획 실시 → 지주의 대토지 소유 확대(소작농 증가) → 지주의 횡포, 높은 소작료 등으로 농민 몰락 → 일제가 ◆농촌 진흥 운동 추진, 조선 농지령 제정(1934)

→ 소작료 인하, 자영농 육성 등 근본적인 문제를 외면하여 농촌 경제의 어려움을 해결하지는 못하였어.

3. 생활 모습의 변화

의	서양식 복장 보편화(고무신·구두·양복 등 확산, 단발머리 유행), 일제의 의복 생활 통제
식	커피·빵·아이스크림·맥주 등 서양 식품 소비, 중국·일본 음식 대중화
주	도시에 문화 주택 보급, 농촌은 초가집이 대부분

→ 내부에 부엌과 화장실 등을 갖추고 서양식과 일본식을 절충한 당시 최신식 주택이었어.

→ 흰옷 대신 색깔 있는 옷 착용을 강요하고, 중일 전쟁 이후에는 국민복과 몸뻬(일바지) 착용을 강요하였어.

이것이 핵심!

다양한 사회 운동의 전개

농민·노동 운동	생존권 투쟁(1920년대) → 혁명적 조합 중심(1930년대)
학생 운동	6·10 만세 운동, 광주 학생 항일 운동 전개
여성 운동	근우회 조직
소년 운동	천도교 소년회 중심
형평 운동	조선 형평사 조직

◆ **원산 총파업(1929)**

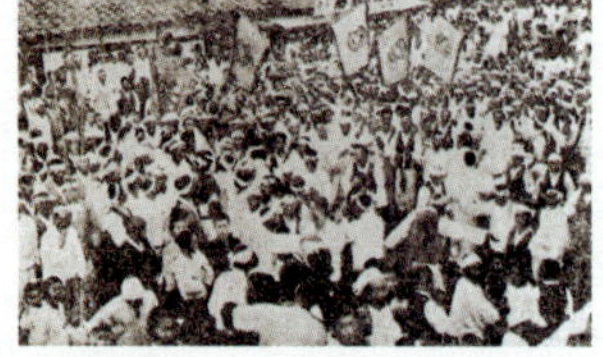

라이징 선 석유 회사에서 일본인 감독이 한국인 노동자를 구타한 사건을 계기로 시작된 노동 쟁의이다. 파업 기간 중 국내는 물론 국외의 노동 단체도 격려와 지지를 보내왔다.

2 다양한 사회 운동

1. 농민 운동과 노동 운동

농민 운동(소작 쟁의)	일제의 식민지 경제 정책으로 농민의 생활고 가중 → 1920년대 소작인 조합·농민 조합 조직, 소작 쟁의 전개(암태도 소작 쟁의 등), 조선 농민 총동맹 결성(1927) → 1930년대 이후 사회주의 혁명을 지향하는 비합법적 농민 조합 결성(→ 계급 해방 운동·항일 투쟁으로 이어짐) 자료 2
노동 운동(노동 쟁의)	회사령 폐지로 노동자 수 증가, 열악한 노동 환경 → 1920년대 노동조합 조직·노동 단체에 참여, 노동 쟁의 전개(◆원산 총파업 등), 조선 노동 총동맹 결성(1927) → 1930년대 이후 사회주의 혁명을 지향하는 비합법적 노동조합 결성(→ 계급 해방 운동·항일 투쟁으로 이어짐)

→ 1930년대 이후 조선 총독부의 탄압으로 합법적인 노동 운동이 어려워졌어.

2. 청년·학생 운동

(1) **청년·학생 운동의 활성화:** 청년 운동(각종 청년회 조직, 강연회·야학 등을 통해 계몽 운동), 학생 운동(독서회 등 조직, 수업 거부·동맹 휴학 등으로 일제에 민족 차별 중지 요구)

(2) **6·10 만세 운동과 광주 학생 항일 운동** 자료 3

→ 오늘날 대한민국 정부는 이 사건이 일어난 11월 3일을 학생 독립운동 기념일로 지정하여 기념하고 있어.

구분	6·10 만세 운동(1926)	광주 학생 항일 운동(1929)
배경	사회주의 세력의 성장, 일제의 수탈과 식민지 교육에 대한 반발, 순종 서거	일제의 민족 차별과 식민지 차별 교육, 학생 운동의 조직화(독서회 등 비밀 결사 조직)
전개	사회주의 계열과 학생 단체, 천도교 세력의 만세 시위 계획 → 사전 발각으로 지도부 체포 → 학생들을 중심으로 순종의 장례일(인산일)에 만세 시위 전개, 시민 가세 → 일제의 탄압	일본 남학생의 한국 여학생 희롱 사건 발생 → 한·일 학생 간 충돌 → 경찰과 교육 당국의 편파적 사건 처리 → 광주 지역 학생들의 대규모 시위 전개 → 신간회의 진상 조사단 파견, 시위의 국내외 확산
의의	민족 협동 전선의 공감대 형성	3·1 운동 이후 전개된 최대 규모의 항일 민족 운동

→ 꼭! 6·10 만세 운동의 영향으로 1927년에 신간회가 결성되었어.

자료 ① 일제 강점기 도시의 생활 모습

→ 오늘날의 충무로야. 일제 강점기 대표적인 일본인 거주지였어.

↑ 경성의 혼마치 일대

↑ 토막집에 거주하는 토막민

→ 토막민들은 도시 외곽에서 둑, 강가, 다리 밑 등지의 공터에 땅을 파고 짚이나 거적 같은 것을 둘러서 살았어.

일제 강점기에 대부분의 도시는 일본인과 한국인의 거주지로 분리되었고, 일본인 거주 지역을 중심으로 근대 문물이 들어오며 도시의 모습도 달라졌다. 경성의 경우 청계천을 기준으로 일본인이 주로 거주하는 남촌과 한국인이 주로 거주하는 북촌으로 생활 공간이 나뉘었다. 한편, 도시의 변두리에는 수많은 빈민(토막민)이 토막집을 짓고 살았다.

자료 ② 일제 강점기의 농민 운동

→ 이 시기에는 일제의 산미 증식 계획으로 농민들의 생활이 갈수록 어려워졌어.

[1920년대 농민의 요구]	[암태도 소작 쟁의]
1. 소작료는 …… 총 수확의 4할 이내로 할 것 2. 지세 및 공과금은 지주가 부담할 것 4. 지주는 소작인에게 무상으로 노동을 시키지 말 것 6. 지주는 …… 소작인을 멸시하지 말 것 　　　　　　　　　　　　　　– 동아일보, 1923	오랫동안 맹렬히 싸워 오던 암태도 소작 문제는 일단락을 마쳤다는데, …… 지주 문재철 씨는 소작인회의 요구인 4할(40%)을 승낙하는 동시에 이천 원을 소작인회에 기부하기로 되었더라.　– 동아일보, 1924

1920년대의 소작 쟁의는 소작료 인하, 소작권 안정, 지세 부담 전가 반대 등을 요구하는 생존권 투쟁의 성격을 띠었다. 암태도 소작 쟁의(1923~1924)에서 농민들은 70% 정도의 소작료를 징수하던 지주 문재철에게 소작료를 40% 정도로 낮춰 줄 것을 요구하였다. 그러나 이러한 요구가 거절되자 1923년에 추수 거부, 소작료 불납 동맹으로 지주에게 맞섰다. 이들은 1년여에 걸친 투쟁 끝에 소작료를 40% 정도로 낮출 수 있었다.

자료 ③ 6·10 만세 운동과 광주 학생 항일 운동

[6·10 만세 운동 당시 격문(1926)]	[광주 학생 항일 운동 당시 격문(1929)]
대한 독립 만세! 대한 독립운동가여 단결하라! 일체의 납세를 거부하자! 일본 물화를 배척하자! 일본인 공장의 직공은 총파업하라! 일본인 지주에게 소작료를 바치지 말자! 교육 용어는 조선어로!	학생, 대중이여 궐기하라! 우리의 슬로건 아래로! 검거된 학생들을 즉시 우리 손으로 탈환하자. 경찰의 교내 침입을 절대 반대한다. 언론·출판·집회·결사·시위의 자유를 획득하자. 조선인 본위의 교육 제도를 확립하라. 식민지적 노예 교육 제도를 철폐하라.

→ 사회주의의 영향을 받아 '소작료 납부 거부' 등을 내세웠어.

3·1 운동 이후 청년과 학생들은 민족 운동을 활발히 전개하였다. 1926년 순종의 장례일에는 학생들을 중심으로 6·10 만세 운동이 일어났고, 1929년에는 한·일 학생 간 충돌을 계기로 광주 지역 학생들이 광주 학생 항일 운동을 벌였다.

자료 하나 더 알고 가자!

일본인과 한국인 거주지 구분

> **남촌은 광명, 북촌은 암흑**
> 경성부 내 길가 조명을 하기 위하여 매년 약 7천 원의 전등 요금을 지불한다. 그 가로등은 대개 혼마치 …… 가로등이 없어도 밝은 곳에 많이 달고, 북촌 어두운 곳에는 짓지 않는다.
> 　　　　　　– 조선일보, 1931. 3. 14.

일제 강점기에 각종 근대 시설은 일본인 거주지인 남촌을 중심으로 도입되었고, 북촌에는 거의 설치되지 않았다.

자료 하나 더 알고 가자!

소작 쟁의 발생 추이

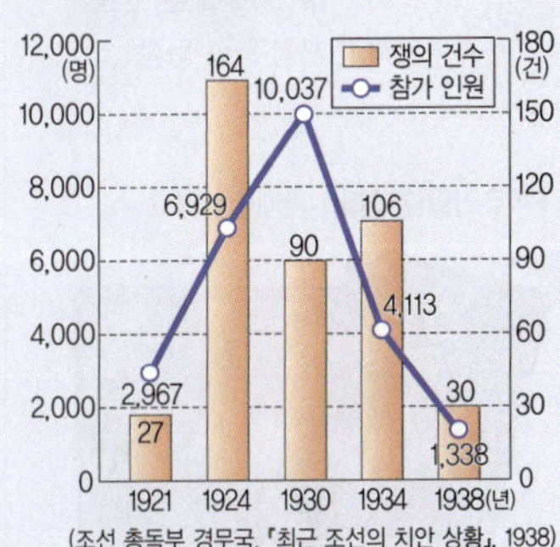

(조선 총독부 경무국, 『최근 조선의 치안 상황』, 1938)

1920년대 후반에는 소작 쟁의 횟수와 참여 농민 수가 크게 늘어났지만, 1930년대에는 일제의 탄압으로 소작 쟁의가 점차 감소하였다.

문제로 확인할까?

광주 학생 항일 운동에 대한 설명으로 옳은 것만을 〈보기〉에서 고른 것은?

┌ 보기 ┐
ㄱ. 순종의 장례일에 일어났다.
ㄴ. 신간회 결성의 배경이 되었다.
ㄷ. 일제의 민족 차별에 반대하였다.
ㄹ. 3·1 운동 이후 전개된 최대 규모의 항일 민족 운동이었다.

① ㄱ, ㄴ　　② ㄱ, ㄷ　　③ ㄴ, ㄷ
④ ㄴ, ㄹ　　⑤ ㄷ, ㄹ

⑨

◆ **근우회**

민족주의 계열과 사회주의 계열로 나누어져 있던 여성 단체가 1927년에 신간회 창립을 계기로 만든 통합 단체이다. 강연회와 토론회 등을 진행하며 계몽 활동을 하였고, 여성 노동자에 대한 차별을 없애기 위해 노력하였다.

3. 여성·소년·형평 운동

당시에는 5월 1일을 어린이날로 정하였어.

여성 운동	• 배경: 3·1 운동 이후 여성이 민족 운동 및 사회 활동에 적극 참여, 신여성 등장 • 전개: 여성계의 민족 협동 전선으로 ◆근우회 조직(1927), 기관지 『근우』 발간 **자료 ④**
소년 운동	방정환이 주도한 천도교 소년회(1921) 중심, '어린이' 용어 사용, 어린이날 제정, 잡지 『어린이』 발행
형평 운동	백정에 대한 사회적 차별 폐지 주장, 경남 진주에서 조선 형평사 조직(1923) **자료 ⑤**

└ 다른 사회 운동 단체와 협력하여 항일 민족 운동을 전개하기도 하였어.

이것이 핵심!

✽ **민족 문화 수호 운동**

한글	조선어 연구회, 조선어 학회의 활동
한국사	민족주의 사학, 사회 경제 사학, 실증 사학 연구
종교	민족의식 고취, 사회사업, 교육 운동 등 전개
교육	사립 학교, 야학, 개량 서당 등에서 교육 활동 전개
문예	영화 「아리랑」 발표, 프로 문학과 저항 문학 등장

◆ **『우리말(조선말) 큰사전』 원고**

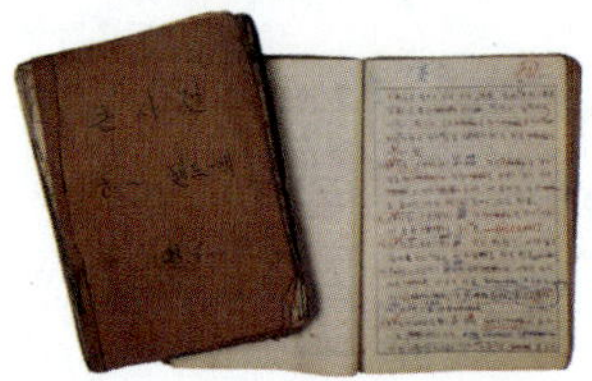

조선어 학회에서 사전을 편찬하려고 작성한 원고이다. 1942년 조선어 학회 사건의 증거물로 일본 경찰에 압수되었다가 광복 이후 서울역 화물 창고에서 발견되었다.

◆ **일제의 식민 사관**

일제는 한국 역사가 외세의 영향을 받아 타율적으로 전개되었고(타율성론), 발전 없이 정체되었으며(정체성론), 한국인은 잘못된 민족성을 가졌기 때문에 당파를 만들어 싸움을 한다(당파성론)고 주장하였다.

◆ **유물 사관**

마르크스의 유물론에 기초한 역사관으로, 역사 발전의 원동력을 정신이 아닌 물질적인 생산력과 생산 관계의 변화로 보았다.

③ 민족 문화 수호 운동과 다양한 문예 활동

1. 한글 연구

꼭 일제가 조선어 학회를 독립운동 단체로 규정하여 이윤재, 최현배 등의 회원들을 대거 검거한 사건이야.

조선어 연구회(1921)	강연회 등을 열어 한글 보급, 한글 기념일인 '가갸날' 제정, 기관지 『한글』 발행
조선어 학회(1931)	조선어 연구회 계승, 한글 보급 운동, 한글 맞춤법 통일안과 표준어·외래어 표기법 제정, 『우리말(조선말) 큰사전』 편찬 시도 → 조선어 학회 사건(1942)으로 강제 해산

2. 한국사 연구 **다 잡는 자료**

배경	일제가 ◆식민 사관(타율성론, 정체성론 등)으로 한국사 왜곡, 조선사 편수회 설치(『조선사』 편찬)
민족주의 사학	• 박은식: 국혼 강조, 『한국통사』·『한국독립운동지혈사』 저술, 일제 침략·한국 독립운동의 역사 정리 • 신채호: 고대사 연구에 주력, 『조선상고사』·『조선사연구초』 등 저술 • 정인보, 안재홍, 문일평 등: 1930년대 조선학 운동 전개
사회 경제 사학	◆유물 사관의 입장에서 한국사 연구, 백남운이 『조선사회경제사』 저술(한국사가 세계사의 보편적인 발전 과정을 걸어왔음을 주장, 식민 사관의 정체성론 반박)
실증 사학	이병도·손진태 등이 한국사를 실증적으로 연구, 진단 학회 조직, 『진단 학보』 발행

└ 한국의 언어, 역사, 문화 등을 연구 대상으로 하여 민족 문화를 수호하고자 한 운동이었어.

3. 종교계의 활동

꼭 적극적인 항일 투쟁을 전개하기 위해 국권 피탈 이후 본부를 만주로 이동하였고, 단군 숭배 사상을 전파하여 민족의식을 고취하였어.

대종교	단군 숭배, 만주에서 중광단 조직(이후 북로 군정서로 개편), 항일 무장 투쟁 전개
천도교	동학 계승, 3·1 운동 주도, 제2의 독립 선언 운동 계획, 잡지 『개벽』·『신여성』 등 발간
천주교	고아원·양로원 운영 등 사회사업 확대, 만주에서 의민단 조직(→ 항일 무장 투쟁 전개)
개신교	교육과 의료 활동, 신사 참배 거부 운동 전개
불교	한용운을 중심으로 사찰령 폐지 운동 전개
원불교	박중빈이 창시, 새 생활 운동(허례허식 폐지, 근검절약, 남녀평등, 미신 타파 등) 전개

└ 일제가 한국 불교를 통제하고 민족정신을 말살하기 위해 1911년에 제정한 법령이야.

4. 교육과 언론

┌ 기존의 서당과 다르게 국어, 역사, 지리, 과학 등의 근대 학문을 가르치며 민족의식을 일깨웠어.

교육	사립 학교·강습소·야학·개량 서당 등에서 민족 교육 실시, 조선 교육회·조선 여자 교육회 조직
언론	3·1 운동 이후 한글 신문 발행 허가 → 일제의 언론 통제 → 1940년 조선일보와 동아일보 폐간

5. 문학과 예술 활동

예 낭만주의·자연주의 문학과 사실주의 문학 발달

문학	• 1910년대: 계몽적 성격의 문학 유행(이광수, 최남선 등) • 1920년대: 3·1 운동 이후 다채로운 문학 활동이 전개됨, 프로 문학 등장(사회주의 사상의 영향) • 1930년대: 순수 문학(식민지 현실 외면), 친일 문학, 저항 문학(심훈·이육사·윤동주 등) 등장
예술	• 연극: 3·1 운동 이후 토월회(1923)의 신극 운동 전개, 1930년대 극예술 연구회가 연극 공연 • 영화: 나운규의 「아리랑」 발표(1926, 나라 잃은 민족의 울분과 설움 표현 → 대중의 큰 호응을 얻음) • 음악: 민족적 정서가 짙은 가곡·동요 등장(「봉선화」, 「반달」), 안익태의 애국가 작곡(1936) • 미술: 한국 전통 회화 계승·발전(안중식 등), 서양화 기법 도입(→ 나혜석·이중섭 등)

자료 ④ 근우회의 조직

[근우회 행동 강령]
1. 여성에 대한 사회적·법률적 일체 차별 철폐
2. 일체 봉건적 인습과 미신 타파
3. 조혼 폐지 및 결혼의 자유
4. 인신매매 및 공창(公娼) 폐지
5. 농민 부인의 경제적 이익 옹호
6. 부인 노동의 임금 차별 철폐 및 산전·산후 임금 지불
7. 부인 및 소년공의 위험 노동 및 야업(夜業) 폐지 　　 — 동아일보, 1929

↑ 기관지 『근우』

1927년에 신간회가 결성되자 여성 운동 단체들도 통합 단체로서 근우회를 조직하였다. 근우회는 국내외에 지회를 설치하고 기관지 『근우』를 발간하였다.

자료 ⑤ 형평 운동의 전개

┌ 조선 형평사를 가리켜.

공평은 사회의 근본이고 사랑은 인간의 본성이다. 우리는 계급을 타파하고 모욕적인 칭호를 폐지하며, 교육을 장려하여 우리도 참다운 인간으로 되고자 함이 본사(本社)의 취지이다. 지금까지 백정은 어떠한 지위와 압박을 받아 왔던가? …… 따라서 이 문제를 해결하는 것이 우리들의 급선무라고 설정함은 당연한 것이다. 　　 — 조선 형평사 설립 취지문, 1923

└ 호적에 직업을 도한(백정)으로 기록하거나 붉은 점을 찍는 등 따로 표시하여 구분하였고, 백정 자녀의 학교 입학이 거부되기도 하였어.

갑오개혁으로 법제상의 신분 차별이 폐지되었으나 백정에 대한 사회적 차별은 여전히 남아 있었다. 백정들은 차별 대우에 항의하며 1923년에 경남 진주에서 조선 형평사를 만들고 백정에 대한 평등한 대우를 요구하는 형평 운동을 벌였다. 이는 언론과 사회주의 계열 등의 지지를 받아 전국적인 운동으로 발전하였으며, 조선 형평사는 전국으로 조직이 확대되었다.

내 교과서 · 비상, 동아, 리베르, 미래엔, 씨마스, 지학사, 천재, 해냄 교과서에서 '일제 강점기의 한국사 연구' 사료를 다루고 있어요.

내신과 수능을 다 잡는 자료 ─ 일제 강점기의 한국사 연구

- 옛 사람이 나라는 멸망할 수 있으나 그 역사는 결코 없어질 수 없다고 말하였다. 나라가 형체라면 역사는 정신이기 때문이다. 이제 우리나라의 형체는 없어져 버렸지만, 정신은 살아남아야 한다. → 민족주의 사학 　　 — 박은식, 『한국통사』
- 역사란 무엇인가? 인류 사회의 아(我)와 비아(非我)의 투쟁이 시간부터 발전하며 공간부터 확대하는 심적 활동 상태의 기록이니 …… 조선사라 하면 조선 민족이 그리되어 온 상태의 기록이다. → 민족주의 사학 　　 — 신채호, 『조선상고사』
- 우리 조선의 역사적 발전의 전 과정은 …… 다른 문화 민족의 역사적 발전 법칙과 구별되어야 하는 독자적인 것이 아니다. 세계사적 일원론적 역사 법칙에 의해 다른 민족과 거의 같은 궤도로 발전 과정을 거쳐 왔다. → 사회 경제 사학 　　 — 백남운, 『조선사회경제사』

박은식, 신채호 등 민족주의 사학자들은 자주적으로 민족사를 연구하고 민족정신을 굳건히 지키면 독립을 이룰 수 있다고 보았다. 한편, 사회 경제 사학자인 백남운은 유물 사관을 수용하여 한국사가 세계사의 보편적인 법칙에 따라 발전하였다고 주장하였다.

자료 하나 더 알고 가자!

일제 강점기 신여성의 등장

사 남매 아해(아이)들아! 에미(어미)를 원망하지 말고 사회 제도와 도덕과 법률과 인습을 원망하라. 네 에미는 과도기에 선각자로 그 운명의 줄에 희생된 자였더니라.
　　 — 나혜석, 「이혼 고백서」, 1934

화가이자 시인, 소설가였던 나혜석은 신여성의 상징적인 존재로서, 남편과 이혼한 뒤 자신의 심경을 밝힌 「이혼 고백서」를 발표하여 남성 중심의 사회를 비판하였다.

자료 하나 더 알고 가자!

형평사 제6회 전선 정기 대회 포스터

조선 형평사는 '저울처럼 평등(형평, 衡平)'한 세상을 만들겠다는 신념 아래 조직되었다.

빈출 선택지로 점검하기

>> 초성을 참고하여 일제 강점기의 한국사 연구에 대한 선택지를 완성해 보자.
- 박은식은 『ㅎ ㄱ ㅌ ㅅ』를 저술하였다.
- ㅅ ㅊ ㅎ는 『조선사연구초』, 『조선상고사』 등을 지었다.
- 박은식, 신채호 등은 민족정신을 강조하는 ㅁ ㅈ ㅈ ㅇ ㅅ ㅎ을 발전시켰다.
- 백남운은 유물 사관에 바탕을 두고 식민 사관의 ㅈ ㅊ ㅅ ㄹ을 반박하였다.

정답 | 한국통사, 신채호, 민족주의 사학, 정체성론

함께 보기 · 내신 만점 공략하기 10번, 서술형 문제 03번, 1등급 정복하기 02번

1 도시 변두리에서 땅을 파거나 나뭇가지 등을 이용해 토막을 짓고 사는 도시 빈민들을 (　　　　　)이라고 불렀다.

2 다음 설명이 맞으면 ○표, 틀리면 ×표를 하시오.

(1) 일제 강점기에는 근대 문물이 유입되면서 구두, 양복, 단발머리 등 서양식 복장이 유행하였다.　　　　(　　　)

(2) 일제 강점기에 경성은 청계천을 기준으로 북촌에는 일본인이, 남촌에는 한국인이 주로 거주하였다.　(　　　)

3 다음에서 설명하는 운동을 쓰시오.

> 일제가 춘궁 퇴치, 부채 근절 등을 목표로 1932년부터 농촌에서 전개한 운동으로, 소작료 인하, 자영농 육성 등 근본적인 문제를 외면한 채 실시되었다.

4 다음에서 설명하는 운동을 〈보기〉에서 골라 기호를 쓰시오.

> **보기**
> ㄱ. 6·10 만세 운동　　　ㄴ. 광주 학생 항일 운동

(1) 민족 협동 전선의 공감대를 형성하는 계기가 되었다.
　　　　　　　　　　　　　　　　　　　　　(　　　)

(2) 3·1 운동 이후 전개된 최대 규모의 항일 민족 운동이다.
　　　　　　　　　　　　　　　　　　　　　(　　　)

5 다음 인물과 각 인물의 저술을 옳게 연결하시오.

(1) 박은식 •　　　　　　　• ㉠ 『한국통사』

(2) 백남운 •　　　　　　　• ㉡ 『조선사연구초』

(3) 신채호 •　　　　　　　• ㉢ 『조선사회경제사』

6 다음 괄호 안의 내용 중 알맞은 말에 ○표 하시오.

(1) (진단 학회, 조선어 연구회)는 잡지 『한글』을 간행하였다.

(2) 박중빈이 창시한 (대종교, 원불교)는 허례허식 폐지와 남녀평등을 주장하였다.

⭐중요
01 다음 자료와 같은 모습을 볼 수 있었던 시기에 대한 설명으로 옳지 <u>않은</u> 것은?

↑ 경성의 혼마치 일대

↑ 토막민의 생활 모습

① 근대 교육을 받은 신여성이 등장하였다.

② 구두와 양복 등 서양식 복장이 보편화되었다.

③ 경작지를 잃은 농민들이 도시 빈민으로 전락하였다.

④ 커피, 빵, 아이스크림, 맥주 등 서양 식품이 소비되었다.

⑤ 최신식 주택인 문화 주택이 생기면서 초가집은 볼 수 없게 되었다.

하나 더!
01-1 위 자료를 활용한 탐구 주제로 가장 적절한 것은?

① 조선 농지령 발표 결과　　② 철도의 부설과 그 영향

③ 식민지 도시화의 양면성　　④ 농촌 진흥 운동 추진 배경

⑤ 일제 강점기 주생활의 변화

02 다음 자료를 보고 나눈 학생의 대화 내용으로 가장 적절한 것은?

> **남촌은 광명, 북촌은 암흑**
>
> 경성부 내 길가 조명을 하기 위하여 매년 약 7천 원의 전등 요금을 지불한다. 그 가로등은 대개 혼마치 …… 가로등이 없어도 밝은 곳에 많이 달고, 북촌 어두운 곳에는 짓지 않는다.
> 　　　　　　　　　　　　　　– 조선일보, 1931. 3. 14.

① 대공황의 영향으로 농촌 경제가 더욱 어려워졌어.

② 한국 농촌이 일본 자본주의에 강하게 예속되었지.

③ 철도의 운행은 근대적 시간관념의 정착을 촉진하였어.

④ 일제 강점기 철도는 각종 물자 수탈을 위한 수단이었지.

⑤ 도시에서는 일본인과 한국인의 거주지가 분리되어 있었어.

---

03 다음 그래프는 소작 쟁의 발생 추이를 나타낸 것이다. (가), (나) 시기에 전개된 농민 운동에 대한 설명으로 옳지 <u>않은</u> 것은?

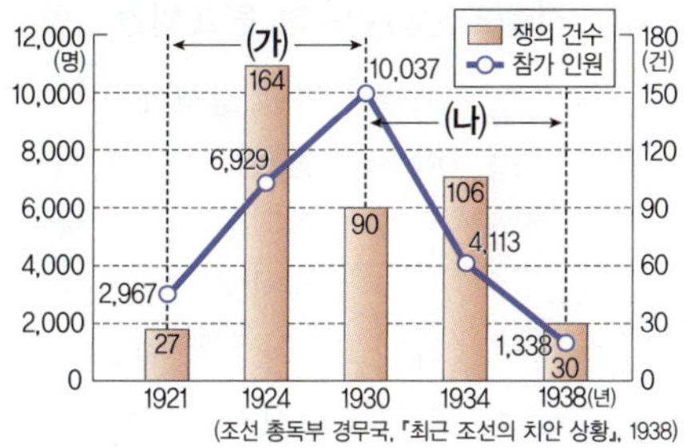

① (가) – 조선 농민 총동맹이 결성되었다.
② (가) – 일제의 산미 증식 계획 등으로 생활이 어려워진 농민들이 일으켰다.
③ (나) – 비합법적인 농민 조합을 중심으로 전개되었다.
④ (나) – 급진적 구호를 내걸고 계급 해방을 요구하였다.
⑤ (나) – 일제의 조선 농지령 제정에 힘입어 건수가 줄어들었다.

중요

04 다음 자료를 활용한 탐구 활동으로 가장 적절한 것은?

사진 속 사건은 원산 인근의 라이징 선 석유 회사에서 일본인 감독이 한국인 노동자를 구타한 사건을 계기로 시작되었다. 일제의 폭압에도 4개월여간 지속되었다.

① 형평 운동의 전개 과정을 살펴본다.
② 6·10 만세 운동을 계획한 세력을 조사한다.
③ 회사령이 산업 구조에 끼친 영향을 분석한다.
④ 노동 쟁의가 활발하게 일어난 배경을 알아본다.
⑤ 비합법적인 농민 조합이 내세운 구호를 찾아본다.

하나 더!

04-1 위 자료의 사건이 일어난 시기를 연표에서 옳게 고른 것은?

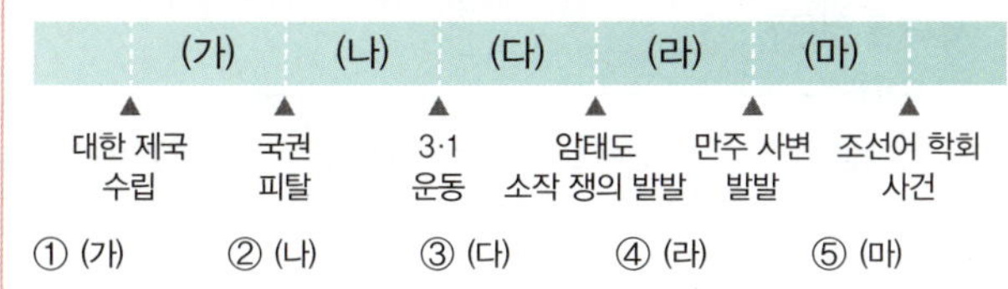

05 밑줄 친 '만세 시위'에 대한 설명으로 옳은 것은?

사진은 순종의 장례일에 사람들이 가득 모여 있는 모습이다. 순종이 서거하자 사회주의와 민족주의 계열, 학생들이 힘을 합쳐 만세 시위를 계획하였다.

① 헌병 경찰의 탄압을 받았다.
② 민족 유일당을 결성하는 배경이 되었다.
③ 신간회의 지원을 받아 전국으로 확대되었다.
④ 대한민국 임시 정부의 수립에 영향을 주었다.
⑤ 탑골 공원에 모여 독립 선언서를 발표하였다.

06 밑줄 친 '민족 운동'에 대한 설명으로 옳은 것은?

① 고종의 인산일을 기해 일어났다.
② 대학의 설립을 목표로 한 전국적인 모금 운동이다.
③ 서울 등 주요 도시에서 시작하여 전국으로 확산되었다.
④ 시위 계획이 사전에 발각되어 학생들의 주도로 전개되었다.
⑤ 한국 학생과 일본 학생이 충돌하였던 사건을 계기로 일어났다.

07 다음 자료와 관련된 사회 운동에 대한 설명으로 옳은 것만을 〈보기〉에서 고른 것은?

> 첫째, 어린이를 재래의 윤리적 압박으로부터 해방하여 그들에 대한 인격적 대우를 허락하게 하라.
> 둘째, 어린이를 재래의 경제적 압박으로부터 해방하여 만 14세 이하의 그들에 대한 무상, 유상 노동을 폐지하게 하라.
> – 동아일보, 1923. 5. 1.

┌ 보기 ┐
ㄱ. 방정환이 주도하였다.
ㄴ. 사찰령이 제정되는 계기가 되었다.
ㄷ. 천도교 소년회가 중심이 되어 추진하였다.
ㄹ. 대한매일신보의 지원을 받아 전국으로 확산되었다.

① ㄱ, ㄴ   ② ㄱ, ㄷ   ③ ㄴ, ㄷ
④ ㄴ, ㄹ   ⑤ ㄷ, ㄹ

08 (가)에 들어갈 내용으로 옳은 것은?

> 1. 여성에 대한 사회적·법률적 일체 차별 철폐
> 3. 조혼 폐지 및 결혼의 자유
> 4. 인신매매 및 공창(公娼) 폐지
> 6. 부인 노동의 임금 차별 철폐 및 산전·산후 임금 지불
>
> 해설 자료는 이 단체가 발표한 행동 강령이다. 1927년에 ______(가)______, 여성 운동 진영도 조선 여자의 공고한 단결과 지위 향상을 목표로 같은 해에 이 단체를 창립하였다.

① 순종이 서거하자   ② 신간회가 결성되자
③ 회사령이 폐지되자   ④ 대성 학교가 설립되자
⑤ 조선 형평사가 창립되자

08-1 위 자료에 나타난 단체의 활동으로 옳은 것은?
① 독립 공채를 발행하였다.
② 어린이날 제정에 앞장섰다.
③ 기관지 『근우』를 발간하였다.
④ 광주 학생 항일 운동을 지원하였다.
⑤ 민립 대학 설립 운동을 전개하였다.

09 (가) 단체에 대한 설명으로 옳은 것은?

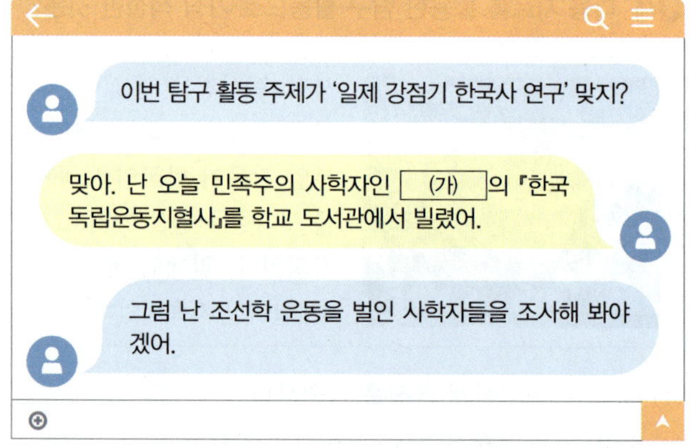

한국사 신문　　　　　1945년 9월 8일

서울역 창고에서 『우리말(조선말) 큰사전』 원고 발견

서울역 화물 창고에서 『우리말(조선말) 큰사전』 원고가 발견되었다. 이것은 (가) 에서 사전을 편찬하려고 작성한 원고로, 1942년 (가) 사건의 증거물로 일본 경찰에게 압수되었던 것이다. 이 원고가 발견되면서 사전 편찬 작업이 재개되었다.

① 태극 서관을 운영하였다.
② 형평 운동을 주도하였다.
③ 『진단 학보』를 발간하였다.
④ 한글 맞춤법 통일안을 제정하였다.
⑤ 국문 연구소를 세워 국어의 이해 체계를 확립하였다.

10 (가) 인물의 활동으로 옳은 것은?

① 국혼 강조   ② 진단 학회 조직
③ 『조선상고사』 저술   ④ 「조선 혁명 선언」 작성
⑤ 『조선사회경제사』 편찬

10-1 위 대화에 나타난 조선학 운동을 벌인 인물만을 〈보기〉에서 고른 것은?

┌ 보기 ┐
ㄱ. 백남운   ㄴ. 신채호   ㄷ. 안재홍   ㄹ. 정인보

① ㄱ, ㄴ   ② ㄱ, ㄷ   ③ ㄴ, ㄷ   ④ ㄴ, ㄹ   ⑤ ㄷ, ㄹ

11 (가)~(마)에 들어갈 내용으로 가장 적절한 것은?

한국사 모둠별 수행 평가

※ 수행 평가 안내: 일제 강점기 종교계의 활동을 주제로 보고서를 작성한 다음, 제목과 함께 게시판에 올려 주세요.

※ 수행 평가 제출

구분	제목	
1모둠	대종교,	(가)
2모둠	천도교,	(나)
3모둠	천주교,	(다)
4모둠	개신교,	(라)
5모둠	원불교,	(마)

① (가) – 의민단을 조직하여 항일 무장 투쟁을 벌이다
② (나) – 소년 운동을 추진하고 『개벽』 등의 잡지를 발간하다
③ (다) – 남녀평등과 허례허식 폐지를 주장하다
④ (라) – 을사5적을 처단하기 위해 자신회를 결성하다
⑤ (마) – 한용운 등을 중심으로 민족 불교 수호 운동을 전개하다

12 다음 영화가 개봉된 시기에 일어난 사실로 옳은 것만을 〈보기〉에서 고른 것은?

- 분류: 한국 고전 영화
- 제목: 「아리랑」
- 감독: 나운규
- 특징: 나라 잃은 민중의 울분과 설움을 그려 내어 대중의 큰 호응을 받음

┤ 보기 ├
ㄱ. 안익태가 애국가를 작곡하였다.
ㄴ. 조선일보 등 한글 신문이 폐간되었다.
ㄷ. 토월회가 결성되면서 신극 운동이 전개되었다.
ㄹ. 사회주의 사상의 영향으로 프로 문학이 등장하였다.

① ㄱ, ㄴ   ② ㄱ, ㄷ   ③ ㄴ, ㄷ
④ ㄴ, ㄹ   ⑤ ㄷ, ㄹ

서술형 문제

서술형 감잡기

01 다음 취지문을 발표한 단체의 명칭을 쓰고, 이 단체의 창립 배경과 활동을 서술하시오.

> 공평은 사회의 근본이고 사랑은 인간의 본성이다. 우리는 계급을 타파하고 모욕적인 칭호를 폐지하며, 교육을 장려하여 우리도 참다운 인간으로 되고자 함이 본사(本社)의 취지이다. …… 따라서 이 문제를 해결하는 것이 우리들의 급선무라고 설정함은 당연한 것이다.

(1) 초성를 참고하여 서술형 답안에 들어갈 내용을 써 보자.

답안 키워드   ㅈㅅ ㅎㅍㅅ   ㅂㅈ   ㅎㅍ ㅇㄷ

(2) (1)의 내용을 포함하여 서술형 답안을 작성해 보자.

실전! 도전하기

02 (가)에 들어갈 내용을 두 가지 서술하시오.

> 소년 운동은 1921년에 방정환을 중심으로 천도교 소년회가 조직되면서 본격적으로 시작되었다. 방정환은 아이들을 인격체로 대하라는 의미에서 '어린이'라는 용어를 사용하였다. 이후 천도교 소년회는 ________ (가) ________

03 다음 책을 저술한 인물을 쓰고, 일제가 주장한 식민 사관에 대한 이 인물의 입장을 서술하시오.

> 우리나라 역사 발전의 전 과정은 …… 이른바 외관의 특수성은 다른 문화 민족의 역사 발전 법칙과 구별해야만 하는 독자적인 것은 아니다. 세계사의 일원론적 역사 법칙을 통하여 다른 모든 민족과 거의 비슷한 발전 과정을 거쳐 온 것이다.
> – 『조선사회경제사』

STEP 3 1등급 정복하기

01 (가), (나)의 격문을 발표한 민족 운동에 대한 설명으로 옳은 것은?

(가) 대한 독립 만세! 대한 독립운동가여 단결하라! 동양 척식 주식회사를 철폐하라! 일체의 납세를 거부하자! 일본 물화를 배척하자! 일본인 공장의 직공은 총파업하라! 일본인 지주에게 소작료를 바치지 말자! 언론·집회·출판의 자유를! 교육 용어는 조선어로!	(나) 학생, 대중이여 궐기하라! 우리의 슬로건 아래로! 검거된 학생들을 즉시 우리 손으로 탈환하자. 경찰의 교내 침입을 절대 반대한다. 언론·출판·집회·결사·시위의 자유를 획득하자. 조선인 본위의 교육 제도를 확립하라. 식민지적 노예 교육 제도를 철폐하라.

① (가) – 일본, 프랑스 등의 노동 단체로부터 격려 전문을 받았다.
② (가) – 민족주의 계열이 주도한 운동으로 사회주의 계열의 비판을 받았다.
③ (나) – 평양에서 시작되어 전국으로 확산되었다.
④ (나) – 신간회가 진상 조사단을 파견하여 지원하였다.
⑤ (나) – 일본인 감독의 한국인 노동자 폭행 사건이 발단이 되었다.

최고난도

02 (가), (나)를 저술한 인물에 대한 설명으로 옳은 것은?

(가) 우리 조선의 역사적 발전의 전 과정은 …… 다른 문화 민족의 역사적 발전 법칙과 구별되어야 하는 독자적인 것이 아니다. 세계사적 일원론적 역사 법칙에 의해 다른 민족과 거의 같은 궤도로 발전 과정을 거쳐 왔다.

(나) 역사란 무엇인가? 인류 사회의 아(我)와 비아(非我)의 투쟁이 시간부터 발전하며 공간부터 확대하는 심적 활동 상태의 기록이니 …… 조선사라 하면 조선 민족이 그리되어 온 상태의 기록이다.

① (가) – 조선학 운동을 주도하였다.
② (가) – 유물 사관에 기초하여 한국사를 연구하였다.
③ (나) – 진단 학회에서 실증적 방법으로 역사를 연구하였다.
④ (나) – 『한국독립운동지혈사』에서 한국 독립운동의 역사를 정리하였다.
⑤ (가), (나) – 조선사 편수회에서 『조선사』 편찬에 참여하였다.

◆ **일제 강점기의 학생 운동**

완자 사전

■ **동양 척식 주식회사**
1908년에 일본이 한국의 경제를 독점·착취하고자 설립한 국책 회사로, 농업 경영과 이민 사업 등 식민지 경영을 목적으로 하였다. 일본이 제2차 세계 대전에서 패전하면서 문을 닫았다.

완자쌤의 시험꿀팁

일제 강점기에 일어난 학생 운동에 대한 문제가 시험에 자주 출제된다. 이 시기에 일어난 대표적인 학생 운동의 배경, 전개 과정을 정리하고, 운동 당시에 발표한 격문의 주요 내용을 비교하여 파악해 둔다.

◆ **일제 강점기의 한국사 연구**

완자 사전

■ **조선사 편수회**
조선 총독부가 식민 통치에 활용하기 위해 설립한 조선 역사 편찬 기구이다. 우리 민족의 역사를 왜곡하고 식민지 지배에 정당성을 부여하기 위한 역사서 편찬을 담당하였다.

완자쌤의 시험꿀팁

일제 강점기에 한국사를 연구한 인물의 활동을 묻는 문제가 시험에 출제된다. 민족주의 사학, 사회 경제 사학 등을 연구한 인물의 대표 저서와 활동을 기억해 두도록 한다.

수능 첫걸음

── 2024 수능 ──

다음 자료를 활용한 탐구 활동으로 가장 적절한 것은?

> 귀영이가 서울 간 지 3년 만에, 한 장의 편지가 그의 아버지께 왔다. "아버지 그만 두소, 백정 노릇 마소."하고 몇 마디 눈물로 섞어 쓴 편지였다. 그것은 귀영이가 고향 학생 친목회에서 '백정의 딸이라'고 쫓겨나던 날 쓴 것이었다. …… 약한 자의 부르짖음, 서러운 이의 목 놓는 울음! 평안치 않은 곳에는 봉화를 든다.
>
> – 「봉화가 켜질 때에」, 『개벽』, 1925

① 도병마사의 기능을 찾아본다.
② 당백전의 발행 계기를 알아본다.
③ 새마을 운동의 성과를 분석한다.
④ 형평 운동의 전개 과정을 살펴본다.
⑤ 5·18 민주화 운동의 영향을 조사한다.

대표 유형 | 문제 풀이

※ 빈칸을 채우며 문제 풀이에 접근해 보세요!

✖ 1단계 / 자료 분석하기

자료에서 백정 노릇, 백정의 딸 등을 통해 **①** [   ]에 대한 차별과 관련이 있음을 알 수 있다.

✖ 2단계 / 정답 개념 연결하기

백정들이 백정에 대한 사회적 차별 철폐를 주장하며 **②** [   ]을 전개하였음을 연결한다.

✖ 3단계 / 오답 개념 피하기

① 도병마사는 **③** [   ]의 회의 기구로, 국방 문제를 논의하였다. ② 당백전은 흥선 대원군의 **④** [   ] 사업 추진 과정에서 발행되었다. ③ 새마을 운동은 박정희 정부 때 농촌 환경을 개선하려고 추진한 운동으로, 1970년부터 시작되었다. ⑤ 5·18 민주화 운동은 1980년의 일이다.

정답 ❶ 백정 ❷ 형평 운동 / ❸ 재신과 추밀 ❹ 경복궁 중건 ❺ 백정에 대한 차별 ❻ 고려 ❼ 형평 운동을 연결

🖉 정답친해 20쪽

── 2022 6월 모평 응용 ──

다음 자료를 활용한 탐구 활동으로 가장 적절한 것은?

> 내가 취직을 하기 위해 경성에 갔습니다. 호적 등본이 필요하다고 하여 발급 받아서 보니, 직업이 '도한(백정)'이라고 쓰여 있기에 차마 그것을 내놓기가 부끄러워 그만두었습니다. …… 아이들을 학교에 보내려면 호적이 필요한데, '도한(백정)'이라는 것이 적혀 있으면 쫓아냅니다.
>
> – ○○일보, 1923. 5.

① 교정도감의 설치 과정을 분석한다.
② 국채 보상 운동의 과정을 정리한다.
③ 조선 형평사의 창립 배경을 살펴본다.
④ 오산 학교와 대성 학교의 설립 목적을 조사한다.
⑤ 방정환 등이 주축이 된 천도교 소년회의 활동을 파악한다.

1등급 전략

일제 강점기에 일어난 학생·소년·형평·여성 운동 등의 다양한 사회 운동을 주요 단체와 주도 세력 등을 구분하여 그 사례와 함께 정리해 두도록 한다.

출제 전망

- **전망1** 조선 형평사 설립 취지문을 자료로 제시하여 해당 단체의 설립 배경과 활동을 묻는 문제가 출제될 수 있다.
- **전망2** 형평 운동이 전개된 시기의 사회 모습을 묻는 문제가 출제될 수 있다.

06 독립 국가 건설 노력

이것이 핵심!

✳ 1930년대 이후 항일 무장 투쟁

1930년대 초
- 한중 연합 작전: 한국 독립군(지청천의 지휘, 북만주), 조선 혁명군(양세봉의 지휘, 남만주)이 전개
- 한인 애국단의 의열 투쟁: 이봉창 의거(도쿄), 윤봉길 의거(상하이)

↓

1930년대 중반 이후
- 동북 항일 연군: 항일 유격 투쟁 전개
- 조선 의용대: 조선 민족 전선 연맹의 군사 조직, 중국군 지원 활동 전개

◆ 동북 항일 연군

사상에 관계없이 모든 반일 세력을 받아들인다는 원칙을 내세우고 동북 인민 혁명군을 확대·개편하여 조직된 부대이다.

◆ 만보산 사건(1931)

1931년 7월 중국 지린성 만보산(완바오산) 지역에서 한국 농민과 중국 농민 사이에 수로 개설 문제로 일어난 충돌이다. 이 사건으로 국내에서 중국인 박해 사건이 일어나 한국과 중국 국민 간의 감정이 크게 악화하였다.

◆ 상하이 사변(1932)

만주 사변 이후 중국의 반일 감정이 고조된 가운데, 상하이에서 중국인과 일본인 사이에 충돌이 일어나자, 이를 구실로 일본군이 상하이를 무력 침략한 사건이다.

◆ 반소탕전

타이항산 지역을 중심으로 전개된 일본군의 팔로군(중국 공산당 군대) 소탕 작전에 맞서 싸운 전투이다.

---

1 1930년대의 항일 무장 투쟁

1. 만주에서의 무장 투쟁 [자료 ①]

> 3부 통합 운동의 결과, 한국 독립당과 조선 혁명당이 수립되었고, 각각 군사 조직으로 한국 독립군과 조선 혁명군을 편성하였지.

(1) **한중 연합 작전**: 일제가 일으킨 만주 사변(1931)으로 중국 내 항일 감정 고조 → 독립군이 중국인 부대와 연합하여 항일 전쟁 전개

한국 독립군 (북만주)	한국 독립당이 편성, 총사령관 지청천, 중국 호로군과 연합, 쌍성보·사도하자·대전자령 전투 등에서 일본군 격퇴 → 이후 일제의 공세 강화로 중국 관내로 이동, 일부는 한국광복군에 참여
조선 혁명군 (남만주)	조선 혁명당이 편성, 총사령관 양세봉, 중국 의용군과 연합, 영릉가·흥경성 전투에서 일본군 격퇴 → 1930년대 후반까지 항일 투쟁 전개, 일부는 동북 항일 연군에 가담

(2) **항일 유격 투쟁**

① 배경: 중국 공산당의 항일 무장 투쟁, 만주의 한국인 사회주의 세력이 항일 유격대 조직

② 전개: 중국 공산당이 만주의 항일 유격대를 통합하여 동북 인민 혁명군 조직(1933) → ◆동북 항일 연군으로 확대·개편(1936), 동북 항일 연군 내의 한인 유격대가 조국 광복회 결성(1936), 국내로 들어와 일제의 통치 기구 파괴(보천보 전투, 1937) → 1930년대 후반 일본군의 대공세로 타격 → 소련의 연해주로 이동

> 동북 항일 연군의 한인 유격대가 함경도 일대의 사회주의와 민족주의 세력까지 통합하여 조직하였어.

2. 중국 관내의 항일 투쟁

(1) **한인 애국단** [자료 ②]

> **왜?** 연통제와 교통국이 일제에 발각되어 와해되었고, 국민 대표 회의의 결렬 등으로 어려움을 겪었어.

결성	대한민국 임시 정부의 활동 위축, ◆만보산 사건 등으로 중국 내 독립운동이 어려워짐 → 임시 정부의 침체를 극복하고 독립운동에 활기를 불어넣고자 김구가 상하이에서 한인 애국단 조직(1931)
활동	• 이봉창 의거: 도쿄에서 일왕이 탄 마차에 폭탄 투척(1932. 1.) • 윤봉길 의거: 상하이 훙커우 공원에서 열린 일왕의 생일 및 ◆상하이 사변 전승 기념식장에 폭탄 투척(1932. 4.) → 중국 국민당이 대한민국 임시 정부를 지원하는 계기가 됨

(2) **민족 통일 전선 형성 노력**

> 중국 국민당을 이끈 장제스는 중국 100만 대군이 하지 못한 일을 한국 용사가 해냈다며 윤봉길을 높이 평가하였어.

① 배경: 일제의 만주 점령 → 독립운동가들이 중국 관내로 이동

② 독립운동 세력의 통합

> 의열단을 중심으로 조선 혁명당, 한국 독립당 등이 참여하였어.

민족 혁명당 (조선 민족 혁명당)	• 민족주의 계열과 사회주의 계열이 만든 중국 관내 최대 규모의 통일 전선 정당(1935) • 김구 등 대한민국 임시 정부 고수파 불참, 김원봉의 의열단 계열이 당을 주도하자 조소앙·지청천 등이 이탈 → 조선 민족 전선 연맹 결성(1937)
한국 광복 운동 단체 연합회	김구가 한국 국민당 조직(1935) → 중일 전쟁 이후 한국 국민당이 조소앙·지청천 등 민족주의 세력과 연합하여 한국 광복 운동 단체 연합회 조직(1937)

(3) **조선 의용대의 활동** [자료 ③]

① 조직: 조선 민족 전선 연맹이 중국 국민당 정부의 지원을 받아 우한(한커우)에서 창설한 중국 관내 최초의 한인 무장 부대(1938)

> **왜?** 중국 국민당이 항일 투쟁에 소극적이었기 때문에, 적극적인 항일 투쟁을 위해 이동하였어.

② 활동: 정보 수집·포로 심문·후방 교란 등 중국군 지원 → 일부는 화북 지방으로 이동하여 조선 의용대 화북 지대 결성, 호가장 전투·◆반소탕전 등에서 큰 전과를 거둠

③ 변천: 조선 의용대 화북 지대는 조선 의용군으로 개편, 화북 지방으로 이동하지 않은 나머지 세력은 김원봉의 지휘 아래 한국광복군에 합류

자료 ① 1930년대 만주 지역의 항일 투쟁

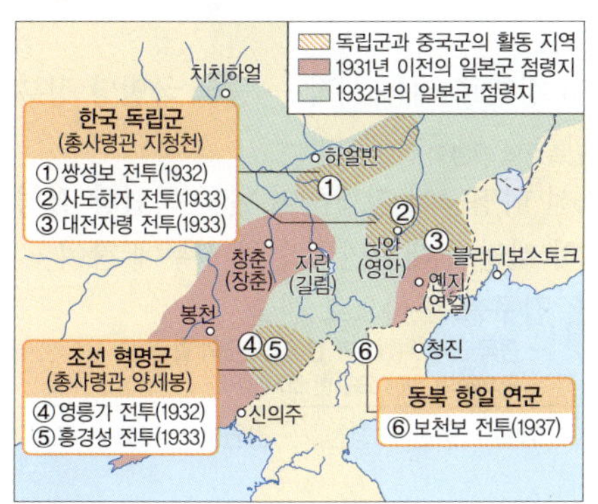

1931년 일제가 만주 사변을 일으키고 이듬해 만주국을 세우면서, 만주는 사실상 일제의 점령 지역이 되었다. 이러한 가운데 한국 독립군과 조선 혁명군은 각각 중국인 부대와 연합하여 항일 투쟁을 전개하였다. 북만주 일대의 한국 독립군은 중국군과 연합하여 쌍성보 전투, 대전자령 전투 등에서, 남만주 일대의 조선 혁명군은 중국군과 함께 영릉가 전투, 흥경성 전투 등에서 일본군에 승리하였다.

자료 하나 더 알고 가자!

한국 독립군과 중국군의 합의문

- 한중 양군은 최악의 상황이 오는 경우에도 장기간 항전할 것을 맹세한다.
- 중동 철도를 경계선으로 서부 전선은 중국이 맡고, 동부 전선은 한국이 맡는다.
- 전시의 후방 전투 훈련은 한국 장교가 맡고, 한국군에 필요한 군수품 등은 중국군이 공급한다.　　－ 1931

1930년대 초 만주 지역의 독립군들은 중국인 부대와 한중 연합 작전을 전개하였다.

자료 ② 한인 애국단의 활동
→ 한인 애국단원은 의거 전에 선서문을 작성하고, 이 선서문을 가슴에 달고 사진을 찍었어.

[이봉창 의사의 선서문]

↑ 이봉창

나는 적성(참된 정성)으로써 조국의 독립과 자유를 회복하기 위하여 한인 애국단의 일원이 되어 적국의 수괴를 도륙하기로 맹서하나이다.
－ 대한민국 13년 12월 선서인 이봉창

[윤봉길 의사의 선서문]

↑ 윤봉길

나는 참된 정성으로써 조국의 독립과 자유를 회복하기 위하여 한인 애국단의 일원이 되어 중국을 침략하는 적의 장교를 도륙하기로 맹세합니다.
－ 대한민국 14년 4월 선서인 윤봉길

김구는 적극적인 의열 투쟁으로 대한민국 임시 정부의 침체를 극복하고 독립운동에 활기를 불어넣고자 한인 애국단을 조직하였다(1931). 한인 애국단원 이봉창은 1932년 1월 일본 도쿄에서 일본 국왕이 타고 가는 마차에 수류탄을 던졌고, 같은 해 4월 윤봉길은 상하이 홍커우 공원에서 열린 일본 국왕의 생일 및 상하이 사변 승리를 축하하는 기념식장에 폭탄을 던져 일본군 장교와 여러 고위 관리를 처단하였다.

자료 하나 더 알고 가자!

윤봉길의 의거 직후 모습(1932)

일제는 상하이 점령 후 훙커우 공원에서 일왕의 생일 및 상하이 점령 기념 축하식을 열었다. 이때 윤봉길이 축하식 단상에 폭탄을 던져 일제 장성과 고관을 살상하였다. 윤봉길은 현장에서 대한 독립 만세를 외치면서 일본 육군 헌병들에게 체포되었다.

자료 ③ 조선 의용대의 활동

↑ 조선 의용대와 조선 의용군의 활동
→ 중국 관내에서 창설된 최초의 한인 무장 부대였어.

조선 민족 혁명당을 중심으로 결성된 조선 민족 전선 연맹은 중국 국민당 정부의 지원을 받아 조선 의용대를 창설하였다. 이후 조선 의용대의 일부가 적극적인 항일 투쟁을 위해 화북 지방으로 이동하여 조선 의용대 화북 지대를 결성하고 호가장 전투 등에서 큰 성과를 거두었다. 화북 지방으로 이동하지 않은 조선 의용대원들은 김원봉의 지휘 아래 1942년 한국 광복군에 합류하였다.

문제로 확인할까?

조선 의용대에 대한 설명으로 옳은 것은?

① 지청천이 이끌었다.
② 중국 의용군과 연합하였다.
③ 동북 항일 연군으로 개편되었다.
④ 중국 관내 최초의 한인 무장 부대였다.
⑤ 보천보 전투에서 일본군을 격파하였다.

⑰ 📖

이것이 핵심!

＊ 국내외의 건국 준비 활동

대한민국 임시 정부	한국광복군 창설(대일 선전 포고, 국내 진공 작전 계획), 삼균주의에 기초한 건국 강령 발표
조선 독립 동맹	조선 의용군 조직, 건국 강령 발표
조선 건국 동맹	국외 세력과의 연계 모색, 건국 강령 발표

◆ 대한민국 임시 정부의 이동 경로

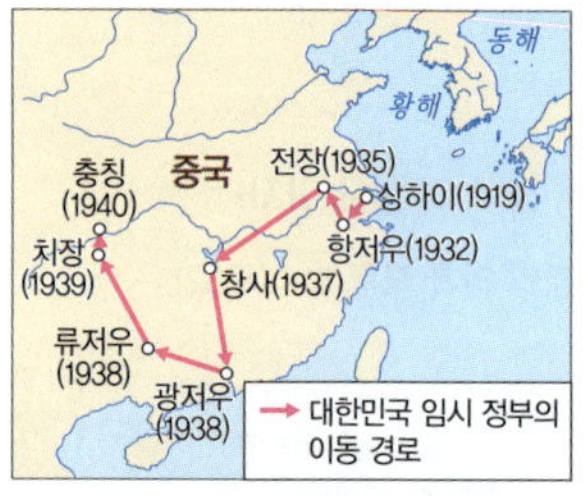

◆ 대한민국 임시 정부의 형태 변화

1919~1925년	대통령제
1925~1927년	국무령 중심의 내각 책임제
1927~1940년	국무 위원 중심의 집단 지도 체제
1940~1944년	주석제
1944~1948년	주석제, 부주석제

◆ 삼균주의

대한민국 임시 정부의 국무 위원인 조소앙이 독립 국가 수립을 위한 기본 정책으로 내세운 사상이다. 정치·경제·교육의 균등을 확립하고, 개인과 개인, 민족과 민족, 국가와 국가 간의 호혜 평등을 실현하여 민주 국가를 건설하려는 이념이다.

◆ 광복 직전 국내외 독립운동 단체

② 건국 준비 활동

1. 대한민국 임시 정부의 재정비

(1) **◆임시 정부의 이동**: 윤봉길 의거 이후 일제의 탄압 강화로 이동 시작 → 중국 국민당 정부를 따라 충칭에 정착(1940. 9.)
└ 민족주의 계열의 정당

(2) **한국 독립당 결성**: 한국 국민당, 한국 독립당, 조선 혁명당이 합당하여 한국 독립당 결성(1940. 5.) → 조선 민족 혁명당과 기타 사회주의 계열도 대한민국 임시 정부에 참여

(3) **주석제 마련**: ◆주석 중심의 단일 지도 체제 마련, 김구를 주석으로 선출

(4) **한국광복군의 창설과 활동** [다 잡는 자료] └ 중국 군사 위원회가 한국광복군의 활동을 규제하기 위해 요구한 조치였어.

창설	1940년에 충칭에서 대한민국 임시 정부의 정규군으로 창설(사령관 지청천) → 김원봉이 이끄는 조선 의용대의 일부가 합류하며 전력 강화(1942)
활동	• 중국 국민당의 재정 지원을 받음, 중국이 「한국광복군 행동 준승 9개 항」 제시 → 중국과의 협상을 통해 대한민국 임시 정부가 한국광복군의 독자적인 작전권 확보(1944) • 아시아·태평양 전쟁 발발 후 대한민국 임시 정부의 대일 선전 포고(1941) → 연합군과 합동 작전 전개, 미얀마·인도 전선에 공작대 파견(포로 심문, 문서 번역, 선전 활동 등 담당) • 국내 진공 작전 계획: 중국에 주둔 중인 미국 전략 정보국(OSS)과 협력하여 특수 훈련을 받고 국내 정진군 편성 → 일제의 항복으로 작전 계획을 실현하지 못함

(5) **대한민국 건국 강령 발표(1941. 11.)**: 조소앙의 ◆삼균주의에 기초, 민주 공화정 수립·보통 선거의 실시·토지와 대기업의 국유화·무상 교육 실시·노동권 보장 등 제시 [자료 ❹]
└ 왜? 삼균주의가 사회주의 사상의 영향을 받았기 때문이야.

2. ◆여러 단체들의 건국 준비 활동

(1) **조선 독립 동맹**

결성	중국 화북 지방에서 한국인 사회주의자를 중심으로 결성(1942), 김두봉을 주석으로 선출
강령 발표	일본 제국주의 타도, 보통 선거에 의한 민주 공화국 수립, 남녀평등권의 확립, 대기업 국유화, 토지 분배, 의무 교육 실시 등 제시 [자료 ❹]
군사 조직	조선 의용대 화북 지대를 조선 의용군으로 개편, 중국 공산당의 팔로군과 함께 대일 항전 전개

(2) **조선 건국 동맹** → 광복 직후 조선 건국 준비 위원회로 개편되었어.

결성	국내에서 여운형을 중심으로 민족주의자와 사회주의자가 단결하여 비밀리에 결성(1944)
강령 발표	일본 제국주의 타도를 위한 대동단결, 민주주의 원칙에 의한 국가 건설 등 제시
활동	전국 10개 도에 지방 조직 설치, 일제의 징용과 징병·군수 물자 수송 방해 등의 활동, 무장 봉기를 위해 국외 독립운동 세력(조선 독립 동맹, 대한민국 임시 정부)과의 연계 모색

(3) **재미 한족 연합 위원회**

결성	미주 지역의 한인 동포들이 결성(1941), 이승만을 중심으로 외교 위원회 설치
활동	독립운동 자금을 모아 대한민국 임시 정부 지원, 한인 국방 경위대 조직, 미 국무부에 대한민국 임시 정부를 승인해 줄 것 요청(→ 받아들여지지 않음) └ 대한민국 임시 정부가 한국광복군의 일원으로 인정하였어.

3. 국제 사회의 한국 문제 논의 [자료 ❺]

카이로 회담(1943. 11.)	미국·영국·중국 참여, 최초로 한국의 독립 문제 논의, 카이로 선언 발표
얄타 회담(1945. 2.)	미국·영국·소련 참여, 독일의 분할 점령, 소련의 대일전 참전 결의, 패전국과 해방국에서 자유선거에 의한 정부 수립 등의 전후 처리 원칙 마련
포츠담 회담(1945. 7.)	미국·영국·중국·소련 참여, 독일 항복 후 전후 처리 문제 논의, 포츠담 선언 발표(일본의 무조건 항복 요구, 한국의 독립 재확인)

└ 소련은 후에 대일 선전 포고를 하고 포츠담 선언에 서명하면서 회담에 참여하였어.

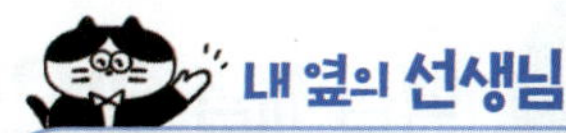

📧 **내 교과서** · 비상, 동아, 미래엔, 천재 교과서에서 '한국광복군의 활동'과 관련된 사료를 다루고 있어요.

내신과 수능을 **다 잡는 자료**　　　한국광복군의 활동

> 일명 '독수리 작전'으로 불렸던 작전이야. 작전을 실행에 옮기기 직전 일제가 연합군에 항복하면서 계획은 실행되지 못하였어.

[한국광복군의 특수 훈련]
나는 목숨을 걸고 탈출하여 …… 충칭으로 가는 6,000리 장정의 길에 나섰고 …… 이범석 장군의 부관이 되어 시안에 있는 제2 지대로 찾아가서 미국 전략 정보국(OSS) 특별 훈련을 받았다. 국내 지하 공작원으로 진입하려고 하던 때에 일제의 패망을 맞이하였다.
> 훈련받은 대원들을 중심으로 국내 정진군을 편성하였어.
　　　　　　　　　　　　　　－ 김준엽, 「장정」

[국내 진공 작전]
왜적이 항복한다 하였다. 이것은 내게 기쁜 소식이라기보다는 하늘이 무너지는 듯한 일이었다. …… 국내의 중요한 곳을 파괴하거나 점령한 뒤에 미국 비행기로 무기를 운반할 계획까지도 미국 육군성과 다 약속이 되었던 것을 한번 해 보지도 못하고 왜적이 항복했으니 …….
　　　　　　　　　　　　　　－ 김구, 「백범일지」

한국광복군은 미국과 협력하여 특수 훈련을 받고 국내 정진군을 편성하는 등 국내 진공 작전을 계획하였으나, 작전 실행 전 일제가 항복하면서 작전은 무산되었다.

빈출 선택지로 점검하기

≫ 초성을 참고하여 한국광복군에 대한 선택지를 완성해 보자.

• ㄷㅎㅁㄱ ㅇㅅ ㅈㅂ의 군사 조직이었다.
• 미국과 협력하여 ㄱㄴ ㅈㄱ ㅈㅊ을 계획하였다.
• ㅈㅅ ㅇㅇㄷ의 일부가 합류하면서 군사력이 크게 강화되었다.

정답　대한민국 임시 정부, 국내 진공 작전, 조선 의용대

함께 보기 · 내신 만점 공략하기 10번

자료 ④ 　국외 독립운동 단체의 건국 강령

[대한민국 임시 정부의 건국 강령(1941)]
2. 삼균 제도를 골자로 한 헌법을 실시하여 정치·경제·교육의 민주적 시설로 실제상 균형을 도모하며, 전국의 토지와 대생산 기관의 국유가 완성되고 전국의 학령 아동 전체가 고급 교육의 무상 교육을 완성한다.
4. 보통 선거에는 만 18세 이상 남녀로 선거권을 행사하되 신앙, 교육, 거주 기간, 사회 출신, 재산과 과거 행동을 분별치 아니한다.

[조선 독립 동맹의 건국 강령(1942)]
1. 전 국민의 보통 선거에 의한 민주 정권을 수립한다.
6. 조선 내 일본 제국주의자의 모든 재산과 토지를 몰수하고, 대규모 기업을 국영화하며, 농민에게 토지를 나누어 준다.

일제가 패망하기 직전 대한민국 임시 정부, 조선 독립 동맹 등은 건국 강령을 발표하여 독립 이후에 세우고자 하는 국가의 모습을 제시하였다.

자료 ⑤ 　국제 사회의 한국 독립 약속

> 미국, 영국, 중국을 가리켜.

• 3대 강국은 한국민의 노예 상태에 유념하여 적절한 시기에 한국이 자유롭고 독립적으로 될 것을 결의한다.
> 한국의 독립을 보장하였어.
　　　　　　　　　　　　　　－ 카이로 선언
• 카이로 선언은 이행될 것이며, 일본의 주권은 혼슈, 홋카이도, 규슈, 시코쿠 및 연합국이 결정할 여러 작은 섬에 국한된다.
　　　　　　　　　　　　　　－ 포츠담 선언

제2차 세계 대전의 승기를 잡은 연합국은 1943년 11월에 카이로 회담을 열어 최초로 한국의 독립을 약속하였다. 독일이 항복한 후 1945년 7월에 열린 포츠담 회담에서는 일본에 무조건 항복을 요구하였고, 카이로 선언에서 결정한 한국의 독립을 재확인하였다.

자료 하나 더 알고 가자!

조선 건국 동맹의 건국 강령(1944)

1. 각인 각파를 대동단결하여 거국일치로 일본 제국주의의 모든 세력을 몰아내고 조선 민족의 자유와 독립을 회복할 것
2. 반추축 제국(연합국)과 협력하여 대일 연합 전선을 형성하고 조선의 완전한 독립을 저해하는 일체 반동 세력을 박멸할 것
3. 건설 부면에서 모든 시행을 민주주의적 원칙에 의거하고, 특히 노동 대중의 해방에 치중할 것

국내에서는 여운형의 주도로 비밀리에 조선 건국 동맹이 결성되어 건국 준비 활동을 하였다.

문제로 확인할까?

다음 〈보기〉의 회담을 개최한 순서대로 나열하시오.

┌ **보기** ─────────
(가) 얄타 회담
(나) 카이로 회담
(다) 포츠담 회담
└────────────

정답　(나) － (다) － (가)

STEP 1 핵심 개념 **확인**하기

1 다음 지역과 각 지역에서 활동한 군대를 옳게 연결하시오.

(1) 남만주 일대 •　　　　　　　• ㉠ 한국 독립군
(2) 북만주 일대 •　　　　　　　• ㉡ 조선 혁명군

2 다음에서 설명하는 인물을 〈보기〉에서 골라 기호를 쓰시오.

┌ 보기 ┐
ㄱ. 김구　　　　　ㄴ. 윤봉길　　　　　ㄷ. 이봉창

(1) 상하이 훙커우 공원에서 의거를 일으켰다.　　　（　　　）
(2) 도쿄에서 일본 국왕이 타고 가는 마차를 향해 폭탄을
　　던졌다.　　　　　　　　　　　　　　　　　　（　　　）
(3) 적극적인 의열 투쟁으로 대한민국 임시 정부에 활기를
　　불어넣고자 한인 애국단을 조직하였다.　　　　（　　　）

3 다음 괄호 안의 내용 중 알맞은 말에 ○표 하시오.

(1) (한국광복군, 한국 독립군)에 조선 의용대 일부가 합
　　류하면서 전력이 크게 강화되었다.
(2) 조선 민족 전선 연맹은 1938년 우한에서 산하 군사 조
　　직인 (조선 의용대, 조선 혁명군)을/를 창설하였다.

4 다음 설명이 맞으면 ○표, 틀리면 ✕표를 하시오.

(1) 조선 건국 동맹은 대일 선전 포고를 하고 연합군과 합
　　동 작전을 펼쳤다.　　　　　　　　　　　　　（　　　）
(2) 조선 독립 동맹은 민주 공화국 수립을 내용으로 하는
　　건국 강령을 발표하였다.　　　　　　　　　　（　　　）

5 대한민국 건국 강령은 한국 독립당의 이념이었던 조소앙의
（　　　　　　　）에 기초하였다.

6 밑줄 친 '회담'의 명칭을 쓰시오.

1943년 미국, 영국, 중국의 대표들은 이집트에서 회담을
열었는데, 이 자리에서 한국의 독립을 최초로 논의하였다.

STEP 2 내신 만점 **공략**하기

01 밑줄 친 '우리 군'에 대한 설명으로 옳은 것은?

대전자령의 양쪽은 우뚝 서 있어 그 절벽은 기어 올라갈
수 없는 험악한 골짜기였다. …… 지청천 장군은 우리 군
500명만 선발대로 하고 중국군 2,000명과 혼성하여 교전
을 맡기로 하였다. …… 중간과 아래에 우리 군 백여 명과
중국군을 배치하여 일본군의 후방이 이 고개의 중간을 넘
었을 때 일시에 공격하기로 하였다.

① 서일을 총재로 삼았다.
② 신흥 강습소를 설립하였다.
③ 봉오동 전투에 참전하였다.
④ 국내 진공 작전을 계획하였다.
⑤ 쌍성보 전투에서 일본군에 승리하였다.

★중요
02 (가) 독립군 부대에 대한 설명으로 옳은 것은?

한국사 인물 카드
• 이름: ○○○
• 생몰 연대: 1896~1934년
• 주요 활동
　– 1929년 국민부가 소속 독립군으로
　　[(가)]을/를 편성하자 제1중대장
　　이 됨
　– 1931년 [(가)]의 총사령관이 됨

① 간도 참변 이후 자유시로 이동하였다.
② 청산리에서 일본군에 대승을 거두었다.
③ 중국 의용군과 연합하여 항일 무장 투쟁을 벌였다.
④ 영국군의 요청으로 미얀마·인도 전선에 투입되었다.
⑤ 한국 독립당의 산하 부대로 북만주 일대에서 활약하였다.

하나 더!
02-1 (가) 독립군 부대가 중국군과 연합 작전을 전개한 배경으로
가장 적절한 것은?

① 자유시 참변이 일어났다.　　② 중일 전쟁이 발발하였다.
③ 국민 대표 회의가 결렬되었다.　④ 일제가 만주 사변을 일으켰다.
⑤ 영국이 거문도를 불법으로 점령하였다.

03 밑줄 친 '이 단체'로 옳은 것은?

① 대한 독립군　② 조국 광복회　③ 조선 의용대
④ 대한인 국민회　⑤ 대한 광복군 정부

★중요

04 (가)에 들어갈 내용으로 가장 적절한 것은?

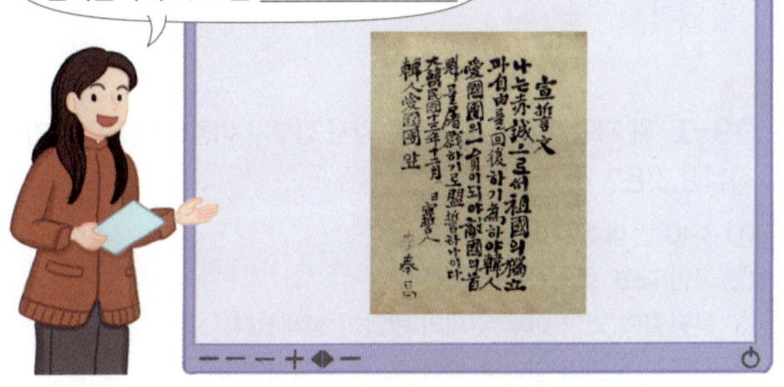

① 한인 애국단을 조직하였답니다.
② 청산리 전투를 승리로 이끌었답니다.
③ 총사령관으로 한국 독립군을 지휘하였답니다.
④ 서울에서 이완용을 습격하여 중상을 입혔답니다.
⑤ 도쿄에서 일본 국왕을 향해 폭탄을 투척하였답니다.

하나 더!

04-1 위 자료의 인물이 속한 단체가 결성된 배경으로 적절한 것만을 〈보기〉에서 고른 것은?

┤보기├
ㄱ. 만보산 사건으로 중국 내의 독립운동이 어려워졌다.
ㄴ. 국민 대표 회의 이후 대한민국 임시 정부의 활동이 위축되었다.
ㄷ. 일제가 중국 신문 기사의 내용을 빌미로 중국 상하이를 침략하였다.
ㄹ. 중국 국민당 정부에서 대한민국 임시 정부를 지원하기로 결정하였다.

① ㄱ, ㄴ　② ㄱ, ㄷ　③ ㄴ, ㄷ　④ ㄴ, ㄹ　⑤ ㄷ, ㄹ

---

05 밑줄 친 '당'에 대한 설명으로 옳은 것은?

> 본 당은 혁명적 수단으로 원수 일본의 침탈 세력을 박멸하여 5천 년 동안 독립자주(獨立自主)해 온 국토와 주권을 회복하고, 정치·경제·교육의 평등을 기초로 한 진정한 민주 공화국을 건설하여 국민 전체의 생활의 평등을 확보하고, 나아가 세계 인류의 평등과 행복을 촉진한다.

① 정우회 선언을 계기로 결성되었다.
② 조선 혁명군을 군사 조직으로 두었다.
③ 여운형 등의 주도로 국내에서 결성하였다.
④ 주석 중심의 단일 지도 체제를 마련하였다.
⑤ 민족주의 계열과 사회주의 계열이 만든 중국 관내 최대의 통일 전선 정당이었다.

---

06 (가)에 들어갈 내용으로 가장 적절한 것은?

탐구 활동 보고서

• 활동 안내: 역사적 사건을 주제로 한 장면을 그리고, 설명 덧붙이기
• 활동 내용
　– 주제: ○○○ 의거
　– 의거 내용: ______(가)______

그림 설명

중국 국민당을 이끈 장제스가 한국 청년이 일으킨 의거를 높이 평가하는 모습을 표현하였다. 이를 계기로 중국 국민당 정부는 대한민국 임시 정부를 본격적으로 지원하였다.

① 하얼빈에서 이토 히로부미를 처단함
② 샌프란시스코에서 외교 고문 스티븐스를 사살함
③ 훙커우 공원에서 폭탄으로 일본군 장교 등을 살상함
④ 중국 호로군과 연합하여 사도하자 전투를 승리로 이끎
⑤ 동양 척식 주식회사와 조선 식산 은행에 폭탄을 투척함

07 다음 지도와 같이 활동한 독립군에 대한 설명으로 옳은 것은?

① 지청천이 총대장이었다.
② 일부 병력이 한국광복군에 합류하였다.
③ 대한민국 임시 정부의 군사 조직이었다.
④ 영릉가 전투에서 일본군과 싸워 크게 승리하였다.
⑤ 미 국무부에 대한민국 임시 정부를 승인해 달라고 요청하였다.

08 (가) 부대에 대한 설명으로 옳은 것은?

자료는 중국 국민당 정부의 지원을 받아 조직된 한인 무장 부대의 창설 기념사진이다. 이 한인 무장 부대의 일부는 화북으로 이동하여 1941년 7월 타이항산에서 (가) 을/를 결성하였다. (가) 은/는 타이항산을 중심으로 활동하면서 호가장 전투, 반소탕전 등에 참전하여 일본군을 상대로 큰 전과를 거두었다.

① 양세봉의 지휘하에 활동하였다.
② 동북 항일 연군을 기반으로 성립되었다.
③ 재미 한족 연합 위원회에서 조직하였다.
④ 군정 조직과 민정 조직을 갖추고 있었다.
⑤ 조선 독립 동맹 산하의 군사 조직으로 개편되었다.

09 다음 지도는 대한민국 임시 정부의 이동 경로를 나타낸 것이다. (가) 지역에서 임시 정부가 전개한 활동으로 옳지 <u>않은</u> 것은?

① 군사 조직으로 한국광복군을 창설하였다.
② 삼균주의를 바탕으로 한 건국 강령을 공포하였다.
③ 김구를 주석으로 하는 단일 지도 체제를 마련하였다.
④ 대일 선전 포고를 하고 연합군과 합동 작전을 벌였다.
⑤ 연통제와 교통국을 통해 국내외 독립운동 세력과 연락하였다.

09-1 위 지도와 같이 대한민국 임시 정부가 이동한 배경으로 가장 적절한 것은?

① 6·10 만세 운동이 일어났다.
② 국민 대표 회의가 결렬되었다.
③ 윤봉길의 의거 이후 일제의 탄압이 심해졌다.
④ 자유시 참변이 일어나 독립군이 희생당하였다.
⑤ 일제가 만주 군벌과 미쓰야 협정을 체결하였다.

10 다음 자료를 활용한 탐구 주제로 가장 적절한 것은?

나는 목숨을 걸고 탈출하여 …… 충칭으로 가는 6,000리 장정의 길에 나섰고 …… 이범석 장군의 부관이 되어 시안에 있는 제2 지대로 찾아가서 미국 전략 정보국(OSS) 특별 훈련을 받았다. 국내 지하 공작원으로 진입하려고 하던 때에 일제의 패망을 맞이하였다.   – 김준엽, 「장정」

① 3부의 성립
② 한국광복군의 활동
③ 민족 혁명당의 결성
④ 한중 연합 작전의 전개
⑤ 조선 의용대의 후방 공작 활동

11 다음 건국 강령에 대한 설명으로 옳은 것만을 〈보기〉에서 고른 것은?

> 2. 삼균 제도를 골자로 한 헌법을 실시하여 정치·경제·교육의 민주적 시설로 실제상 균형을 도모하며, 전국의 토지와 대생산 기관의 국유가 완성되고 전국의 학령 아동 전체가 고급 교육의 무상 교육을 완성한다.
> 4. 보통 선거에는 만 18세 이상 남녀로 선거권을 행사하되 신앙, 교육, 거주 기간, 사회 출신, 재산과 과거 행동을 분별치 아니한다.

┌ 보기 ┐
ㄱ. 대한민국 임시 정부에서 발표하였다.
ㄴ. 조선 건국 동맹의 건국 강령에서 영향을 받았다.
ㄷ. 보통 선거를 통한 민주 공화정 수립을 추구하였다.
ㄹ. 민중의 직접 혁명을 통해 독립을 달성하고자 하였다.

① ㄱ, ㄴ   ② ㄱ, ㄷ   ③ ㄴ, ㄷ
④ ㄴ, ㄹ   ⑤ ㄷ, ㄹ

★중요
12 (가), (나) 선언을 발표한 국제 회담을 옳게 연결한 것은?

> (가) 3대 강국은 한국민의 노예 상태에 유념하여 적절한 시기에 한국이 자유롭고 독립적으로 될 것을 결의한다.
> (나) 카이로 선언은 이행될 것이며, 일본의 주권은 혼슈, 홋카이도, 규슈, 시코쿠 및 연합국이 결정할 여러 작은 섬에 국한된다.

	(가)	(나)
①	얄타 회담	카이로 회담
②	얄타 회담	포츠담 회담
③	카이로 회담	얄타 회담
④	카이로 회담	포츠담 회담
⑤	포츠담 회담	카이로 회담

하나 더!
12-1 (가) 선언을 발표한 회담에 대한 설명으로 옳은 것은?
① 한국의 독립 문제가 최초로 논의되었다.
② 윌슨의 14개조 평화 원칙이 채택되었다.
③ 신한청년당의 김규식이 민족 대표로 파견되었다.
④ 제1차 세계 대전의 전후 처리에 대해 논의하였다.
⑤ 소련이 대일전에 참전할 것을 비밀리에 결의하였다.

서술형 문제

서술형 감잡기

01 밑줄 친 ㉠에 해당하는 독립군 부대들의 활동을 **두 가지** 서술하시오.

> 1931년 일제가 만주 사변을 일으키고 이듬해 만주국을 세우면서, 만주 일대는 사실상 일제의 점령 지역이 되었다. 이에 따라 중국 내 항일 감정이 높아져 일본에 대한 봉기가 일어났다. 이러한 가운데 ㉠ 만주에서 활동하고 있던 독립군은 항일 중국군과 연합하여 무장 투쟁을 전개하였다.

(1) 초성을 참고하여 서술형 답안에 들어갈 내용을 써 보자.

답안 키워드 | ㅎㄱㄷㄹㄱ | | ㅆㅂㅈㅌ | | ㅈㅅㅎㅁㄱ |

(2) (1)의 내용을 포함하여 서술형 답안을 작성해 보자.

____

____

실전! 도전하기

02 밑줄 친 '이 단체'의 명칭을 쓰고, 결성 배경을 서술하시오.

> **선서문**
> 나는 참된 정성으로 조국의 독립과 자유를 위하여 이 단체의 일원이 되어 …… 적의 장교를 도륙하기로 맹세하나이다.　　– 대한민국 14년(1932) 4월 26일 선서인 윤봉길

03 (가)의 명칭을 쓰고, (가)의 활동을 **두 가지** 서술하시오.

> [(가)] **선서문**
> 대한민국 임시 정부는 대한민국 원년(1919)에 정부가 공포한 군사 조직법에 따라 …… 중화민국 영토 내에서 [(가)] 을/를 조직하고 …… 공동의 적인 일본 제국주의자들을 타도하고자 연합군의 일원으로 항전을 계속한다.

01 다음 지도는 1930년대 무장 독립 투쟁을 나타낸 것이다. (가)~(다) 군사 조직에 대한 설명으로 옳은 것은?

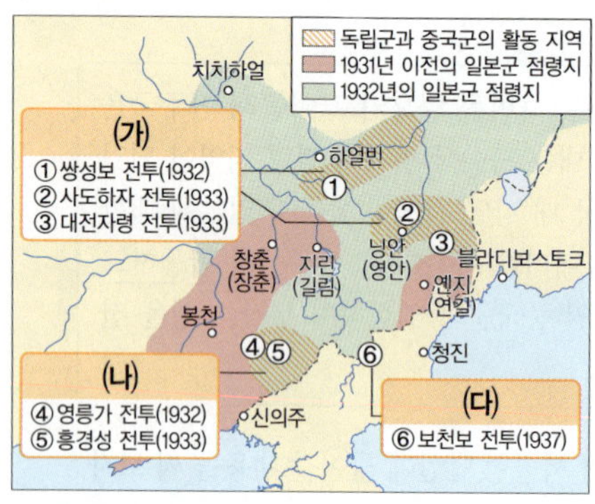

① (가) – 양세봉의 지휘하에 일본군에 항전하였다.
② (가) – 일부가 중국 관내로 이동하여 한국광복군에 참여하였다.
③ (나) – 지청천의 지휘 아래 중국군과 연합하였다.
④ (나) – 동북 인민 혁명군을 확대·개편하여 조직되었다.
⑤ (다) – 중국의 호로군과 연합하여 항일전을 수행하였다.

02 교사의 질문에 대한 학생의 답변으로 가장 적절한 것은?

> **독립운동가 장건상의 증언**
>
> 1932년에 이봉창 의사의 의거와 윤봉길 의사의 의거, 특히 윤 의사의 의거가 있기 전에는 …… 장제스가 임정을 아무것도 아닌 것으로 알고 동전 한 푼 안 도왔습니다. 윤 의사 의거를 보고서야 장제스가 전적으로 돕기 시작했던 것입니다.

① 조선 민족 전선 연맹의 무장 조직으로 결성되었어요.
② 조선 총독부에 국권 반환 요구서를 제출하려 하였지요.
③ 일부 단원들이 황푸 군관 학교에서 군사 훈련을 받았어요.
④ 진상 조사단을 파견하여 광주 학생 항일 운동을 지원하였지요.
⑤ 김구가 대한민국 임시 정부에 활기를 불어넣고자 조직하였어요.

◆ **만주에서의 무장 투쟁**

완자 사전

■ **중국 관내**

'관'은 관문을 의미하고 '관내'는 관문 안쪽이라는 뜻이다. 중국 관내는 중국인들이 오래 전부터 자민족의 영토로 여겼던 만리장성 동쪽 끝 산하이관 이남 지역으로, 중국 본토 지방에 해당한다. 한편, 중국 관외는 중국의 동북 지방인 만주 지역을 뜻한다.

◆ **중국 관내의 항일 투쟁**

완자 사전

■ **장제스**

중국의 군인이자 정치가이다. 중국 국민당의 총사령관으로 항일전에 힘썼으며, 중화민국의 초대 총통에 취임하였으나 중국 공산당과의 전투에 패하여 정부를 타이완으로 옮겼다.

완자쌤의 시험꿀팁

의열단, 한인 애국단 등의 의열 단체 단원들이 전개한 의열 투쟁을 묻는 문제가 시험에 자주 출제된다. 각 단체에 소속된 인물과 그들의 활동 내용을 잘 기억해 두도록 한다.

최고난도

03 (가) 군사 조직을 창설할 당시에 볼 수 있는 모습으로 가장 적절한 것은?

자료는 대한민국 임시 정부가 창설한 ⟨(가)⟩의 총사령부 성립 기념사진이다. 사진 속에 표시된 인물은 오광심, 조순옥, 김정숙, 지복영으로, 이들을 통해 당시 여성도 ⟨(가)⟩의 일원으로 참여하였음을 알 수 있다. 이들은 교육과 훈련을 받고 대원 모집, 선전·첩보 수집, 구호대 활동 등을 하였다.

① 국민 대표 회의에 참석하는 개조파
② 충칭에서 활동하는 한국 독립당 당원
③ 회의에 참석하는 대한민국 임시 정부의 부주석
④ 건국 강령을 발표하는 대한민국 임시 정부의 관리
⑤ 미국 전략 정보국과 특수 훈련을 받는 제2 지대 대원

04 (가), (나) 건국 강령에 대한 설명으로 옳지 <u>않은</u> 것은?

(가) 2. 삼균 제도를 골자로 한 헌법을 실시하여 정치·경제·교육의 민주적 시설로 실제상 균형을 도모하며, 전국의 토지와 대생산 기관의 국유가 완성되고 전국의 학령 아동 전체가 고급 교육의 무상 교육을 완성한다.
　　　6. 대생산 기구의 공구와 수단을 국유로 하고 …… 대규모의 농상 기업과 도시 공업 구역의 공용적 주요 건물과 산업은 국유로 하고 소규모 혹 중등 기업은 사영으로 한다.
(나) 본 동맹은 일본 제국주의의 조선 통치를 전복하고, 독립 자유의 조선 민주 공화국 건립을 목적으로 하여 아래의 제 임무를 규정한다.
　　　1. 전 국민의 보통 선거에 의한 민주 정권을 수립한다.
　　　6. 조선 내 일본 제국주의자의 모든 재산과 토지를 몰수하고, 대규모 기업을 국영화하며, 농민에게 토지를 나누어 준다.

① (가) - 조소앙의 삼균주의에 기초하여 제시되었다.
② (나) - 한국인 사회주의자들을 중심으로 결성된 단체에서 발표하였다.
③ (가), (나) - 일제의 패망 직후에 발표되었다.
④ (가), (나) - 국외 독립운동 단체들이 제시하였다.
⑤ (가), (나) - 민주주의에 입각한 정치 형태를 추구하였다.

◆ **일제 강점기 항일 군사 조직**

완자 사전

■ **오광심**
일제 강점기에 민족 혁명당 부녀부, 한국광복군 총사령부, 임시 정부 군무부 등에서 항일 무장 투쟁을 전개한 여성 독립운동가이다. 조선 혁명군에서 활동하였으며, 한국광복군 기관지 『광복』 간행에도 참여하였다.

완자쌤의 시험꿀팁

대한민국 임시 정부가 충칭에 정착한 이후의 활동은 시험에 자주 출제되는 주제이다. 이 시기 대한민국 임시 정부의 체제 정비, 건국 강령 발표, 정규군 창설 등의 내용을 잘 정리해 두어야 한다.

◆ **국외 건국 준비 활동**

완자 사전

■ **국유(國有)**
나라의 소유

■ **사영(私營)**
개인이 사사로이 사업을 경영함

■ **전복(顚覆)**
사회 체제가 무너지거나 정권 따위를 뒤집어엎음

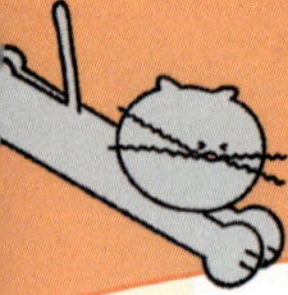

수능 첫걸음

┤ 2025 수능 ├

(가) 군사 조직에 대한 설명으로 옳은 것은?

> • 대한민국 임시 정부는 영국군의 요구에 응하여 [(가)]의 대원 일부를 인도에 파견하였다. 연합국이 이 군대에 공작 임무를 맡긴 것은 1940년 창설 이래 쌓은 훈련의 성과를 인정한 것이다. 조선 민족의 능력을 발휘하여 일본 제국주의를 박멸하는 것은 연합국의 목적인 동시에 우리의 책임이다.
> • 일본군이 인도의 임팔 인근까지 접근하였다. 이에 우리 [(가)] 공작대 대원들은 그들에게 가까이 다가가 일본어로 방송하였으며 선전문을 살포하였다. 또한 대원들은 일본군 문서를 번역하고 포로를 심문하면서 영국군과 함께 작전을 전개하였다.

① 봉오동 전투에 참여하였다.
② 국내 진공 작전을 계획하였다.
③ 양세봉의 지휘하에 활동하였다.
④ 고종의 밀명을 받아 조직되었다.
⑤ 자유시 참변으로 피해를 입었다.

대표 유형 | 문제 풀이

※ 빈칸을 채우며 문제 풀이에 접근해 보세요!

✖ 1단계 / 자료 분석하기
자료에서 영국군의 요구로 인도 파견, 1940년 창설 등을 통해 (가)는 ❶[   ]임을 파악한다.

✖ 2단계 / 정답 개념 연결하기
한국광복군은 미국 전략 정보국과 함께 ❷[   ]을 계획하였음을 연결한다.

✖ 3단계 / 오답 개념 피하기
① 홍범도가 이끄는 대한 독립군 등의 독립군 연합 부대가 봉오동 전투에서 일본군을 격퇴하였다. ③ 남만주 일대에서 양세봉이 이끄는 ❸[   ]이 중국군과 연합 작전을 전개하였다. ④ 임병찬 등이 고종의 밀명을 받아 ❹[   ]를 조직하였다. ⑤ 자유시로 이동한 만주의 독립군 부대들은 자유시 참변으로 피해를 입었다.

정답 대표 유형 ② / 문제 풀이 ❶ 한국광복군 ❷ 국내 진공 작전 ❸ 조선 혁명군 ❹ 독립 의군부

🔖 정답친해 24쪽

┤ 2024 수능 응용 ├

(가) 군대에 대한 설명으로 옳은 것은?

> [(가)]을/를 창설할 때에 "우리의 분산된 역량을 독립군에 집중하여 전면적인 조국 광복 전쟁을 전개한다."는 등의 활동 목표를 세우고, 아울러 그 목표를 달성하기 위하여 노력하였지만, 뜻대로 일이 진행되지 않았다. …… 그러다가 [(가)]은/는 미국 전략 정보국(OSS)과 합작하여 국내 진공 계획을 수립하게 된 것이기 때문에, 이는 우리 독립운동사에 있어서 획기적인 전환이라 할 수 있을 것이다. 이 역사적인 계획 실천의 첫 역군이 되고자 우리는 이곳에 온 것이다.

① 쌍성보 전투에서 승리하였다.
② 서울 진공 작전을 전개하였다.
③ 미얀마·인도 전선에 투입되었다.
④ 청산리에서 일본군을 격파하였다.
⑤ 중국 공산당의 팔로군과 함께 항일 투쟁을 펼쳤다.

1등급 전략

한국광복군의 활동으로 아시아·태평양 전쟁 참전, 미얀마·인도 전선 파견, 국내 진공 계획 등이 있다는 점을 파악해 두도록 한다.

출제 전망

• **전망1** 한국광복군의 주요 인물을 자료로 제시하여 묻는 문제가 출제될 수 있다. 한국광복군의 사령관 지청천과 조선 의용 대원을 이끌고 한국광복군에 합류한 김원봉을 알아 두도록 한다.

• **전망2** 만주와 중국 관내에서 조직된 군사 조직을 한국광복군과 비교하여 묻는 문제가 출제될 수 있다. 한국 독립군, 조선 혁명군, 조선 의용대, 조선 의용군 등과 한국광복군의 주요 활동을 비교하여 정리해 둔다.

❶ 일제 식민 통치와 민족 운동의 전개

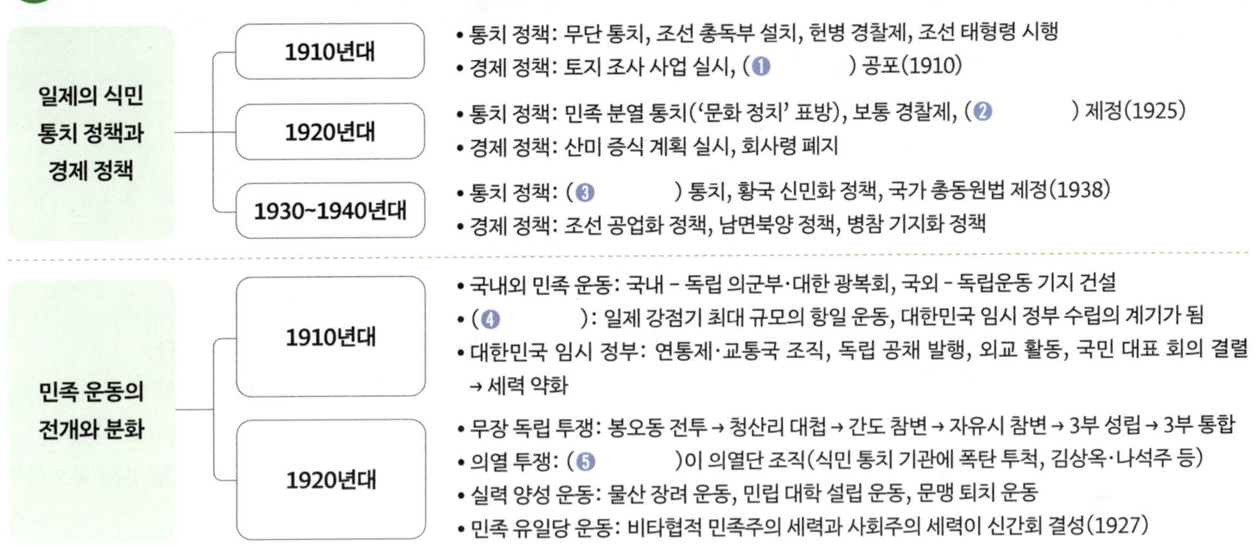

일제의 식민 통치 정책과 경제 정책

1910년대
- 통치 정책: 무단 통치, 조선 총독부 설치, 헌병 경찰제, 조선 태형령 시행
- 경제 정책: 토지 조사 사업 실시, (❶) 공포(1910)

1920년대
- 통치 정책: 민족 분열 통치('문화 정치' 표방), 보통 경찰제, (❷) 제정(1925)
- 경제 정책: 산미 증식 계획 실시, 회사령 폐지

1930~1940년대
- 통치 정책: (❸) 통치, 황국 신민화 정책, 국가 총동원법 제정(1938)
- 경제 정책: 조선 공업화 정책, 남면북양 정책, 병참 기지화 정책

민족 운동의 전개와 분화

1910년대
- 국내외 민족 운동: 국내 – 독립 의군부·대한 광복회, 국외 – 독립운동 기지 건설
- (❹): 일제 강점기 최대 규모의 항일 운동, 대한민국 임시 정부 수립의 계기가 됨
- 대한민국 임시 정부: 연통제·교통국 조직, 독립 공채 발행, 외교 활동, 국민 대표 회의 결렬 → 세력 약화

1920년대
- 무장 독립 투쟁: 봉오동 전투 → 청산리 대첩 → 간도 참변 → 자유시 참변 → 3부 성립 → 3부 통합
- 의열 투쟁: (❺)이 의열단 조직(식민 통치 기관에 폭탄 투척, 김상옥·나석주 등)
- 실력 양성 운동: 물산 장려 운동, 민립 대학 설립 운동, 문맹 퇴치 운동
- 민족 유일당 운동: 비타협적 민족주의 세력과 사회주의 세력이 신간회 결성(1927)

❷ 일제 강점기 사회의 변화와 독립 국가 건설 노력

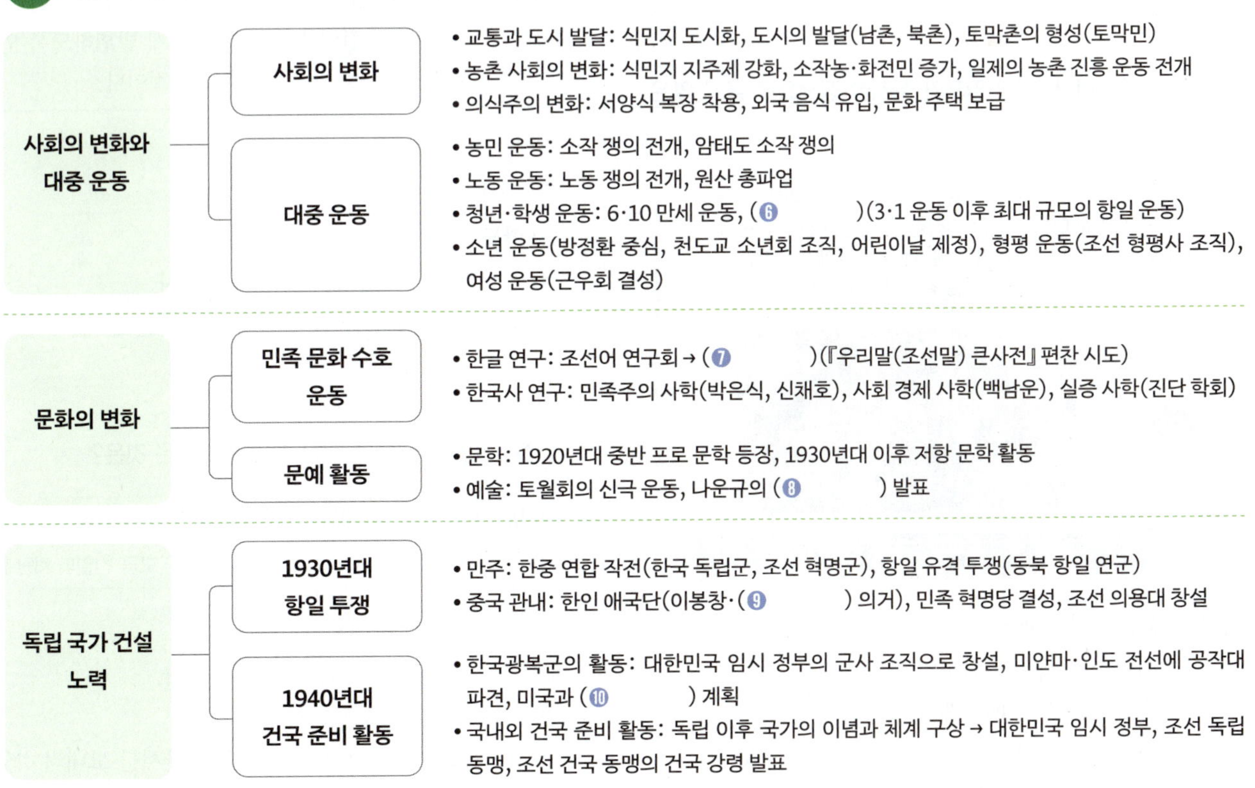

사회의 변화와 대중 운동

사회의 변화
- 교통과 도시 발달: 식민지 도시화, 도시의 발달(남촌, 북촌), 토막촌의 형성(토막민)
- 농촌 사회의 변화: 식민지 지주제 강화, 소작농·화전민 증가, 일제의 농촌 진흥 운동 전개
- 의식주의 변화: 서양식 복장 착용, 외국 음식 유입, 문화 주택 보급

대중 운동
- 농민 운동: 소작 쟁의 전개, 암태도 소작 쟁의
- 노동 운동: 노동 쟁의 전개, 원산 총파업
- 청년·학생 운동: 6·10 만세 운동, (❻)(3·1 운동 이후 최대 규모의 항일 운동)
- 소년 운동(방정환 중심, 천도교 소년회 조직, 어린이날 제정), 형평 운동(조선 형평사 조직), 여성 운동(근우회 결성)

문화의 변화

민족 문화 수호 운동
- 한글 연구: 조선어 연구회 → (❼)(『우리말(조선말) 큰사전』 편찬 시도)
- 한국사 연구: 민족주의 사학(박은식, 신채호), 사회 경제 사학(백남운), 실증 사학(진단 학회)

문예 활동
- 문학: 1920년대 중반 프로 문학 등장, 1930년대 이후 저항 문학 활동
- 예술: 토월회의 신극 운동, 나운규의 (❽) 발표

독립 국가 건설 노력

1930년대 항일 투쟁
- 만주: 한중 연합 작전(한국 독립군, 조선 혁명군), 항일 유격 투쟁(동북 항일 연군)
- 중국 관내: 한인 애국단(이봉창·(❾) 의거), 민족 혁명당 결성, 조선 의용대 창설

1940년대 건국 준비 활동
- 한국광복군의 활동: 대한민국 임시 정부의 군사 조직으로 창설, 미얀마·인도 전선에 공작대 파견, 미국과 (❿) 계획
- 국내외 건국 준비 활동: 독립 이후 국가의 이념과 체계 구상 → 대한민국 임시 정부, 조선 독립 동맹, 조선 건국 동맹의 건국 강령 발표

01 다음 법령이 시행되던 시기 일제의 식민 통치 정책으로 옳은 것만을 〈보기〉에서 고른 것은?

> 제1조 회사의 설립은 조선 총독의 허가를 받아야 한다.
> 제2조 조선 외에서 설립한 회사가 조선에 본점 또는 지점을 설치하고 할 때에도 조선 총독의 허가를 받아야 한다.

보기
ㄱ. 징병제를 실시하였다.
ㄴ. 치안 유지법을 시행하였다.
ㄷ. 헌병이 경찰 업무를 담당하였다.
ㄹ. 조선 태형령을 한국인에게만 적용하였다.

① ㄱ, ㄴ ② ㄱ, ㄷ ③ ㄴ, ㄷ
④ ㄴ, ㄹ ⑤ ㄷ, ㄹ

교과서 창의 융합 #영화

02 밑줄 친 '이 시기'에 일제가 실시한 정책으로 옳지 <u>않은</u> 것은?

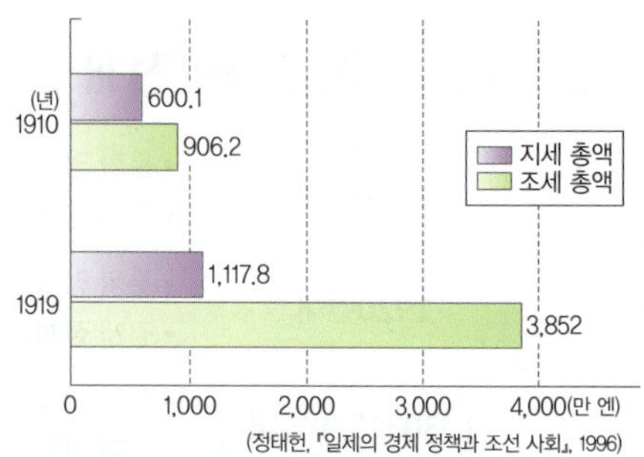

① 신은행령을 발표하였다.
② 황국 신민화 정책을 강화하였다.
③ 미곡 공출제와 식량 배급제를 시행하였다.
④ 말단 기구로 애국반을 두어 한국인을 통제하였다.
⑤ 한국인의 성을 일본식으로 바꾸어 신고하도록 하였다.

03 다음 그래프에 나타난 변화를 가져온 일제의 경제 정책에 대한 설명으로 옳은 것은?

(정태헌, 「일제의 경제 정책과 조선 사회」, 1996)

⬆ 조선 총독부의 조세와 지세 총액

① 쌀 생산량을 늘리고자 실시하였다.
② 한국을 병참 기지로 만들려고 하였다.
③ 조선 총독이 기업 설립을 허가하도록 하였다.
④ 일본 상품을 한국에서 더 싼값에 팔려고 하였다.
⑤ 기한 내에 소유지를 신고하게 하는 법령을 공포하였다.

04 다음 법령이 시행되던 시기에 볼 수 있는 모습으로 적절하지 <u>않은</u> 것은?

> 제1조 국가 총동원이란 전시에 국방 목적을 달성하기 위해 국가의 전력을 가장 유효하게 발휘하도록 인적 및 물적 자원을 통제 운용하는 것이다.

① 궁성 요배를 하는 학생
② 원산 총파업에 참가하는 노동자
③ 학도병 지원을 권유하는 문학가
④ 국민학교에서 학생을 가르치는 교사
⑤ 놋그릇, 놋대야 등 금속 제품을 빼앗는 관리

05 (가), (나) 단체에 대한 설명으로 옳은 것은?

(가)	임병찬 등이 유생을 모아 조직(1912), 전국적인 의병 봉기 준비
(나)	박상진 등이 대구에서 조직(1915), 군자금 모금·친일파 처단 활동

① (가) – 105인 사건으로 해체되었다.
② (가) – 공화정 수립을 목표로 하였다.
③ (나) – 독립 공채를 발행하였다.
④ (나) – 조선 총독에게 국권 반환 요구서를 보내려 하였다.
⑤ (가), (나) – 비밀 결사의 형태로 항일 운동을 펼쳤다.

06 (가)~(다) 지역에서 전개된 독립운동에 대한 설명으로 옳은 것은?

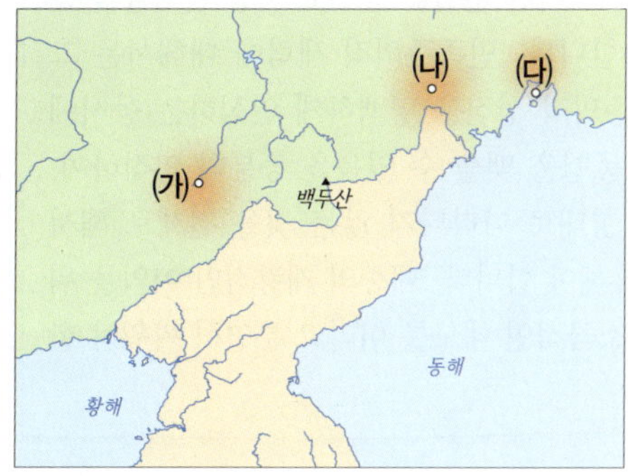

① (가) – 서전서숙과 명동 학교가 세워졌다.
② (가) – 신흥 강습소를 세워 독립군을 양성하였다.
③ (나) – 권업회가 조직되어 기관지를 발행하였다.
④ (나) – 유학생들을 중심으로 2·8 독립 선언서가 발표되었다.
⑤ (다) – 대조선 국민군단이 결성되어 군사 훈련을 실시하였다.

07 (가)에 들어갈 내용으로 적절하지 <u>않은</u> 것은?

다큐멘터리 기획안

1. 제목: 독립 의지를 세계에 널리 알리다.
2. 기획 의도: 일제 강점기에 최대 규모로 일어난 항일 운동의 전개 과정과 의의를 알아본다.
3. 주요 장면
   #1. 태화관에서 독립 선언식을 하는 민족 대표들
   #2. 대한 독립 만세를 외치며 시위를 벌이는 학생과 시민들
   #3. ___________________ (가)

① 동맹 휴학에 참가하는 학생
② 면사무소와 군청을 습격하는 농민
③ 제암리에서 주민을 학살하는 일본군
④ 진상 조사단으로 파견되는 신간회 회원
⑤ 연해주와 미주에서 시위를 벌이는 국외 동포들

08 (가) 단체에 대한 설명으로 옳지 <u>않은</u> 것은?

↑ 이륭 양행 건물

영국 국적의 아일랜드인 조지 쇼가 경영하던 무역상의 대리점이다. ___(가)___ 은/는 이곳에 교통국의 안동(단둥) 지부를 설치하여 국내 정보를 수집하거나 군자금을 조달하였다.

① 우리나라 최초의 민주 공화제 정부였다.
② 외교 활동에 유리한 상하이에 위치하였다.
③ 3·1 운동을 비롯한 국내의 대규모 만세 시위를 계획하였다.
④ 한일 관계 사료집을 간행하여 독립 의식을 높이고자 하였다.
⑤ 미국에 구미 위원부를 설치하여 한국의 독립 문제를 국제 여론화하는 데 힘썼다.

09 다음 논의가 벌어진 회의에서 있었던 사실로 옳은 것만을 〈보기〉에서 고른 것은?

보기

ㄱ. 창조파와 개조파로 나뉘어 대립하였다.
ㄴ. 헌법을 고쳐 대통령제를 국무령제로 전환하였다.
ㄷ. 독립운동의 새로운 길을 찾기 위한 논의가 이루어졌다.
ㄹ. 이승만을 탄핵하고 박은식을 대통령으로 추대하였다.

① ㄱ, ㄴ   ② ㄱ, ㄷ   ③ ㄴ, ㄷ
④ ㄴ, ㄹ   ⑤ ㄷ, ㄹ

10 (가) 단체에 대한 설명으로 옳은 것은?

① 대종교의 일부 신자들이 결성하였다.
② 비밀 행정 조직인 연통제를 운영하였다.
③ 안중근이 만주에서 이토 히로부미를 저격하였다.
④ 강우규가 조선 총독 사이토에게 폭탄을 투척하였다.
⑤ 신채호의 「조선 혁명 선언」을 활동 지침으로 삼았다.

11 밑줄 친 '이 운동'에 대한 설명으로 옳은 것은?

① 이상재와 이승훈 등이 주도하였다.
② '내 살림, 내 것으로'라는 구호를 내걸었다.
③ 어린이를 온전한 인격체로 대우하자고 하였다.
④ 농민들에게 한글을 보급하고 민중을 계몽하였다.
⑤ 한국인의 힘으로 고등 교육 기관을 설립하려고 하였다.

12 다음 주장을 활용한 탐구 활동으로 가장 적절한 것은?

> 우리 정우회는 무의미한 분열을 멈추고 사상 단체들을 통일할 것을 주장합니다. 민족주의적 세력에 대해서는 그 부르주아 민주주의적 성질을 명백하게 인식하는 동시에 우리와 과정적 동맹을 맺을 수 있음을 충분히 인정하여, 그것이 타락한 형태로 나타나지 않는 것을 전제로 해서 적극적으로 제휴해야 합니다. 대중의 개량적인 이익을 위해서도 이전의 소극적인 태도를 버리고 분연히 싸워야 할 것입니다.

① 신간회 창립의 배경을 알아본다.
② 혁명적 노동조합의 결성 과정을 정리한다.
③ 간도 참변이 독립군에게 미친 영향을 분석한다.
④ 일제가 제정한 국가 총동원법의 내용을 찾아본다.
⑤ 일부 사회주의자들이 신간회 해소를 주장한 이유를 파악한다.

[13~14] 다음을 읽고 물음에 답하시오.

> • 검거자를 즉시 우리 손으로 탈환하자.
> • 교내에 경찰권 침입을 절대 반대하자.
> • 조선인 본위의 교육 제도를 확립시켜라.
> • 민족 문화와 사회 과학 연구의 자유를 획득하자.
> • 전국 학생 대표자 회의를 개최하라.

13 위 격문을 발표한 민족 운동이 일어난 시기를 연표에서 옳게 고른 것은?

	(가)	(나)	(다)	(라)	(마)	
국권 피탈		3·1 운동	신간회 창립	윤봉길 의거	한국광복군 창설	8·15 광복

① (가) ② (나) ③ (다) ④ (라) ⑤ (마)

14 위 격문을 발표한 민족 운동에 대한 설명으로 옳은 것은?

① 대한민국 임시 정부 수립의 계기가 되었다.
② 일제의 강압적인 무단 통치에 반발하여 일어났다.
③ 3·1 운동 이후 최대 규모의 항일 민족 운동이었다.
④ 대한매일신보의 후원 속에서 전국으로 확산되었다.
⑤ 민족 유일당을 결성할 수 있는 공감대가 형성되었다.

15 다음 설립 취지문을 발표한 단체에 대한 설명으로 옳은 것은?

> 공평은 사회의 근본이고 사랑은 인간의 본성이다. 우리는 계급을 타파하고 모욕적인 칭호를 폐지하며, 교육을 장려하여 우리도 참다운 인간으로 되고자 함이 본사(本社)의 취지이다. …… 따라서 이 문제를 선결하는 것이 우리들의 급선무라고 설정함은 당연한 것이다.

① 『우리말(조선말) 큰사전』 편찬을 추진하였다.
② 태극 서관을 운영하고 자기 회사를 설립하였다.
③ 광주 학생 항일 운동에 진상 조사단을 파견하였다.
④ 백정에 대한 사회적 편견과 차별 철폐를 요구하였다.
⑤ 여성 교육의 중요성을 강조한 「여권통문」을 발표하였다.

16 (가), (나) 주장을 펼친 인물에 대한 설명으로 옳은 것은?

> (가) 옛 사람이 말하기를 나라는 멸망할 수 있으니 그 역사는 결코 없어질 수 없다고 하였으니, 이는 나라가 형체라면 역사는 정신이기 때문이다. 이제 우리나라의 형체는 없어져 버렸지만, 정신은 살아남아야 할 것이다. 이것이 내가 역사를 쓰는 까닭이다.
>
> (나) 역사란 무엇인가? 인류 사회의 아(我)와 비아(非我)의 투쟁이 시간부터 발전하며 공간부터 확대하는 심적 활동 상태의 기록이니 …… 조선사라 하면 조선 민족이 그리되어 온 상태의 기록이다.

① (가) – 『조선사회경제사』를 저술하였다.
② (가) – 유물 사관의 입장에서 한국사를 연구하였다.
③ (나) – 조선학 운동을 전개하였다.
④ (나) – 역사적 사실을 객관적으로 고증하는 데 전력을 기울였다.
⑤ (가), (나) – 식민 사관의 타율성론을 비판하며 자주적으로 민족사를 연구하였다.

17 밑줄 친 '이 종교'로 옳은 것은?

> **한국사 퀴즈 대본**
>
> \# ○○번입니다.
> 단군을 숭배하는 종교로, 국권 피탈 이후 만주에서 중광단을 결성하여 적극적인 항일 무장 투쟁을 벌였습니다.
> <u>이 종교</u>는 무슨 종교일까요?

① 불교　　② 개신교　　③ 대종교
④ 천도교　　⑤ 천주교

18 (가), (나) 독립군 부대에 대한 설명으로 옳지 <u>않은</u> 것은?

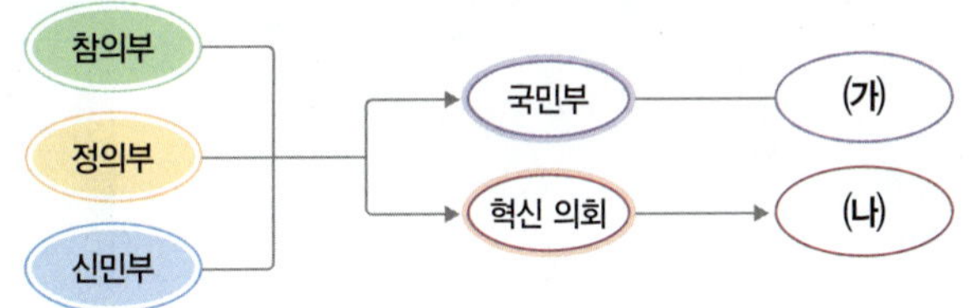

① (가) – 총사령관은 양세봉이었다.
② (가) – 영릉가 전투, 흥경성 전투에서 승리하였다.
③ (나) – 황푸 군관 학교에서 군사 훈련을 받았다.
④ (나) – 일부가 대한민국 임시 정부에 합류하였다.
⑤ (가), (나) – 항일 중국군과 연합하여 무장 투쟁을 벌였다.

19 밑줄 친 '계획'을 준비한 독립군 부대에 대한 설명으로 옳은 것은?

> 왜적이 항복한다 하였다. 이것은 내게 기쁜 소식이라기보다는 하늘이 무너지는 듯한 일이었다. …… 산둥에서 미국 잠수함에 태워 본국으로 들여보내어 국내의 중요한 곳을 파괴하거나 점령한 뒤에 미국 비행기로 무기를 운반할 계획까지도 미국 육군성과 다 약속이 되었던 것을 한번 해 보지도 못하고 왜적이 항복했으니 …….
> — 『백범일지』

① 조선 독립 동맹의 군사 조직이었다.
② 중국 의용군과 연합하여 일본군을 격퇴하였다.
③ 보천보 등지에서 일제의 통치 기구를 파괴하였다.
④ 중국 관내에서 조직된 최초의 한인 무장 부대였다.
⑤ 영국군의 요청에 따라 미얀마·인도 전선에 파견되었다.

Ⅱ

대한민국의 발전

01 냉전 체제와 대한민국 정부 수립

이것이 핵심!

✳ 8·15 광복과 국토의 분단

광복(1945. 8. 15.)
↓
조선 건국 준비 위원회 조직
↓
국토의 분단
38도선을 경계로 남북에서 각각 미군정, 소군정 실시
↓
모스크바 3국 외상 회의 개최
↓
신탁 통치를 둘러싼 좌우 대립 심화

◆ 냉전(Cold War)
직접 무력을 사용하지 않고 외교·경제·군사적으로 대립하는 것으로, 직접 무력을 사용하는 열전(Hot War)과 대비되는 말이다.

◆ 트루먼 독트린(1947)
미국 대통령 트루먼이 발표한 선언이다. 동유럽 지역에서 소련의 지원을 받은 공산 정권이 수립되자, 미국은 공산주의 세력의 팽창을 적극적으로 봉쇄한다는 외교 원칙을 밝혔다.

◆ 마셜 플랜(1947)
미국이 공산주의의 확대를 저지하기 위해 실시한 유럽 경제 원조 계획이다.

◆ 샌프란시스코 강화 조약(1951)

> 1. (b) 연합국은 일본과 그 영해에 대한 일본 국민의 완전한 주권을 인정한다.
> 14. (b) 이 조약에서 별도로 정한 경우를 제외하고 …… 연합국의 청구권을 포기한다.

6·25 전쟁 중 일본은 연합국과 샌프란시스코 강화 조약을 맺어 주권을 회복하였다. 한국은 연합국으로 인정받지 못해 참여하지 못하였다.

❶ 냉전 체제의 형성과 8·15 광복

1. 전후 처리와 냉전 체제의 형성

(1) **제2차 세계 대전의 전후 처리:** 극동 국제 군사 재판(도쿄 재판) 개최, 국제 연합(유엔) 창설(국제 평화 유지 목적, 국제 연합은 국제 분쟁 해결을 위해 무력 사용 가능)

(2) **◆ 냉전 체제의 형성과 대립** **자료 ❶** → 제1차 세계 대전 이후 평화 유지를 위해 설립된 국제 연맹은 무력 제재 수단이 없었지만, 국제 연합은 유엔군을 통한 국제 분쟁 가입이 가능해졌어.

① 냉전의 형성: 미국 중심의 자본주의 진영과 소련 중심의 공산주의 진영 간의 대립

② 자본주의 진영과 공산주의 진영의 대립

자본주의 진영		공산주의 진영
◆트루먼 독트린, 유럽 부흥 계획(◆마셜 플랜) 수립, 북대서양 조약 기구(NATO) 설립	⇔	코민포름(공산당 정보국)·코메콘(경제 상호 원조 회의) 조직, 바르샤바 조약 기구(WTO) 설립

(3) **동아시아의 군사 충돌과 변화**

한국	남북에 이념과 체제가 다른 정권이 들어섬 → 6·25 전쟁 발발(1950)
베트남	북쪽에 공산주의를 내세운 베트남 민주 공화국이 프랑스로부터 독립 → 남쪽에 미국의 지원으로 베트남 공화국이 수립됨 → 남북 간의 대립으로 베트남 전쟁 발발(1960) → 미국이 전쟁에 전면 개입하면서 국제전으로 확대됨(1964)
중국	제2차 국공 내전(국민당과 공산당 사이 내전 발생) → 공산당의 승리 → 중화 인민 공화국 수립 선포(1949)
일본	연합국과 일본 간 ◆샌프란시스코 강화 조약 체결(1951)로 일본이 주권 회복

2. 8·15 광복과 국토의 분단

> 왜? 미국이 일본을 아시아 공산주의 세력의 확대를 막는 반공 거점으로 삼으려고 하였기 때문이야.

(1) **8·15 광복:** 우리 민족의 지속적인 독립운동, 연합국의 독립 약속 → 일본의 무조건 항복, 연합국의 승리 → 광복(1945. 8. 15.)

(2) **조선 건국 준비 위원회(건준)** **자료 ❷** → 꼭! 일본의 항복 선언이 있기 전, 조선 총독부와 치안 유지 및 행정권 이양을 교섭하였어.

결성	광복 직후 조선 건국 동맹을 기반으로 조직, 여운형과 안재홍 중심의 좌우 연합체
활동	전국에 지부 조직, 치안대 설치(질서 유지), 국민 생활 안정 노력(식량과 생활필수품 확보 노력)
해체	조선 공산당 등 좌익 세력이 주도권 장악, 안재홍 등 일부 우익 세력 이탈 → 중앙 조직을 정부 형태로 개편, 각 지부를 인민 위원회로 변경, 조선 인민 공화국 수립 선포(→ 미군정의 불인정) → 해체

(3) **광복 후 남한의 여러 정치 세력:** 우익 세력인 한국 민주당(송진우, 김성수 중심)·독립 촉성 중앙 협의회(이승만 중심)·한국 독립당(김구 중심), 좌익 세력인 조선 공산당(박헌영 중심) 등

> 왜? 38도선 이남에 미군이 진주한다는 소식이 알려지자, 미군과의 협상에서 유리한 입장을 확보하려 하였기 때문이야.

(4) **국토의 분단**

① 미군과 소련군의 한반도 진주: 광복 직전 소련의 북한 지역 진주 → 미국이 소련의 한반도 단독 점령을 막고자 38도선을 기준으로 한반도 분할 점령 제안, 소련의 수락

② 미소 군정 실시: 38도선 이북 지역은 소련군이, 이남 지역은 미군이 점령

미국	군정청 설치, 남한 지역 직접 통치, 조선 인민 공화국 및 대한민국 임시 정부 등을 인정하지 않음, 조선 총독부에서 일하였던 관료와 경찰 기용 **자료 ❸** → 훗날 친일파를 청산하는 데 큰 걸림돌이 되었어.
소련	각 지역의 인민 위원회에 행정권 이양, 북한 지역 간접 통치, 김일성 등 공산주의 세력 지원

> └ 소련에 우호적인 공산주의 정권을 수립하려고 하였어.

자료 ❶ 냉전 체제의 형성과 전개

[트루먼 독트린]
그리스와 튀르키예는 지중해 지역에서 공산주의 침투를 막는 방벽 역할을 하고 있다. 미국 의회가 두 나라에 4억 달러의 차관을 제공하고, 군사 고문을 파견할 수 있도록 승인하기를 바란다. — 1947. 3.

↑ 동아시아와 주변 지역의 냉전

1947년 트루먼 독트린 이후 미국 중심의 자본주의 진영과 소련 중심의 공산주의 진영이 이념과 체제의 우위를 다투는 냉전 체제가 형성되었다. 유럽에서 시작된 냉전은 아시아 지역으로 확산되었고, 동아시아 지역에서는 군사적 충돌이 이어졌다. 제2차 세계 대전이 끝난 뒤 중국에서 제2차 국공 내전이 일어났고, 한국의 6·25 전쟁과 베트남 전쟁이 일어났다.

자료 ❷ 조선 건국 준비 위원회의 활동

- 우리는 완전한 독립 국가 건설을 기함
- 우리는 전 민족의 정치적·경제적·사회적 기본 요구를 실현할 수 있는 민주주의 정권 수립을 기함
- 우리는 일시적 과도기에 있어서 국내 질서를 자주적으로 유지하며 대중 생활의 확보를 기함
  └ 조선 건국 준비 위원회는 무정부 상태를 막기 위해 치안과 행정을 담당하면서 정부의 역할을 대신하고자 하였어.
  — 조선 건국 준비 위원회 강령, 1945. 9.

조선 총독부로부터 치안권을 이양받은 여운형은 광복 직후 안재홍 등과 함께 좌우익을 망라하여 조선 건국 동맹을 중심으로 조선 건국 준비 위원회를 결성하였다. 조선 건국 준비 위원회는 전국 각지에 지부를 두고, 치안대를 설치하여 질서를 유지하고자 하였다. 미군이 9월에 한반도에 진주한다는 소식이 알려지자, 조선 건국 준비 위원회는 미군과의 협상에서 유리한 입장을 확보하기 위해 조선 인민 공화국 수립을 선포하였다.

자료 ❸ 미군정의 정책

미군정은 한국 민주당 등 우익 세력을 활용하여 급격한 변화보다는 현상을 유지하는 정책을 실시하였어.

제1조　북위 38도선 이남의 조선 영토와 인민에 대한 통치의 모든 권한은 당분간 본관의 권한 아래에서 시행한다.
제2조　정부 등 모든 공공 기관에 종사하는 유급 또는 무급 직원과 고용인, 그리고 기타 제반 중요한 사업에 종사하는 자는 별도의 명령이 있을 때까지 종래의 정상 기능과 업무를 수행할 것이며 모든 기록 및 재산을 보호·보존해야 한다.
— 「태평양 미 육군 총사령관 맥아더 사령관 포고령 제1호」, 1945. 9.

미군정은 현상을 유지하여 새로 수립될 정부에 권한을 넘겨주는 데 중점을 두었다. 이에 따라 일제의 식민 통치 기구였던 조선 총독부에서 일한 관료와 경찰을 기용하는 등 기존의 행정 체제를 활용하였다. 미군정은 대한민국 임시 정부를 정식 정부로 인정하지 않았으며, 각 지역의 인민 위원회 등 자치 기구도 인정하지 않았다.

비교 해서 살펴볼까?

자본주의 진영과 공산주의 진영

구분	자본주의 진영	공산주의 진영
경제 원조	유럽 부흥 계획 (마셜 플랜) 수립	코메콘(경제 상호 원조 회의) 조직
군사 기구	북대서양 조약 기구(NATO)	바르샤바 조약 기구(WTO)

문제 로 확인할까?

냉전이 심화되면서 일어난 사건으로 옳은 것만을 〈보기〉에서 있는 대로 골라 기호를 쓰시오.

| 보기 |
ㄱ. 6·25 전쟁　　ㄴ. 베트남 전쟁
ㄷ. 제2차 국공 내전　ㄹ. 제2차 세계 대전

답 ㄷ, ㄱ, ㄴ

자료 하나 더 알고 가자!

조선 건국 준비 위원회가 배포한 전단

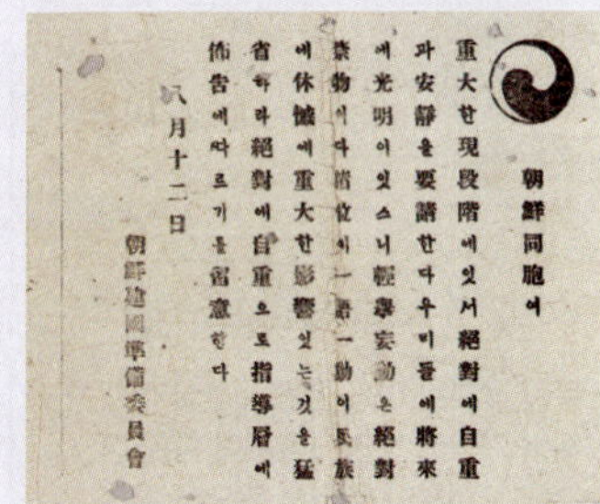

조선 건국 준비 위원회는 치안 유지를 위해 한국인의 자중과 안정을 요청하는 전단지를 배포하였다.

자료 하나 더 알고 가자!

미군과 소련군의 한반도 진주

◆ **신탁 통치**
자치 능력이 부족한 지역을 국제 연합(유엔)의 위임을 받은 국가가 잠정적으로 통치하는 제도이다. 주로 제2차 세계 대전 종전 이후에 실시되었다.

3. 모스크바 3국 외상 회의와 좌우 대립 심화 [다잡는 자료]

(1) 모스크바 3국 외상 회의(1945. 12.)

개최	미국, 영국, 소련의 외무 장관이 소련의 모스크바에서 한반도의 전후 처리 문제 논의
결정 사항	한반도에 민주주의 임시 정부 수립, 미소 공동 위원회 개최, 최고 5년간의 ◆신탁 통치 실시

(2) 국내의 반응: 우익 세력과 좌익 세력의 대립 심화

우익 세력	김구, 이승만, 한국 민주당 등 우익은 신탁 통치 반대 운동(반탁 운동) 전개
좌익 세력	조선 공산당 등 좌익은 처음에 신탁 통치 반대 → 회의 결정 사항을 총체적으로 지지

> 꽥! 모스크바 3국 외상 회의 결정의 본질이 민주주의 임시 정부 수립에 있다고 보고, 이에 대한 총체적 지지로 입장을 바꾸었어.

✻ 통일 정부 수립 노력

좌우 합작 운동	• 여운형과 김규식 중심 • 좌우 합작 위원회 조직 → 좌우 합작 7원칙 발표
남북 협상	• 김구와 김규식 중심 • 단독 정부 수립 반대, 외국 군대 철수 요구
단독 정부 수립 반대 움직임	• 제주 4·3 사건 • 여수·순천 10·19 사건

◆ **이승만의 정읍 발언**

무기 휴회된 미소 공동 위원회가 재개될 기색도 보이지 않으며 통일 정부를 고대하나 여의치 않으니 우리는 남방만이라도 임시 정부 혹은 위원 같은 것을 조직하여 38 이북에서 소련이 철퇴하도록 세계 공론에 호소해야 할 것이니 여러분도 결심해야 할 것이다. – 1946. 6.

제1차 미소 공동 위원회가 무기한 휴회에 들어간 상황에서 이승만은 남한만이라도 임시 정부를 수립해야 한다고 주장하였다.

◆ **제주 4·3 사건의 민간인 피해**
1948년에 발생한 좌익 세력의 무장봉기 이후 1954년까지 7년여간 수많은 제주도민이 희생당하였다. 2000년에 '제주 4·3 사건 진상 규명 및 희생자 명예 회복에 관한 특별법'이 제정되어 정부 차원의 진상 조사가 진행되었고, 그 결과 2003년에 정부는 국가 권력에 의한 대규모 희생이 이루어진 점을 인정하고 제주도민에게 공식 사과하였다.

② 통일 정부 수립을 위한 노력

1. 제1차 미소 공동 위원회와 이승만의 정읍 발언

(1) 제1차 미소 공동 위원회(1946. 3.)

> 왜? 미국은 자국에 우호적인 우익 세력을 포함시키려 하였지만, 소련은 우익 세력을 배제하려고 하였어.

쟁점	민주주의 임시 정부 수립에 관한 협의에 참여할 단체의 범위를 두고 미국과 소련의 의견 대립
주장	미국은 모든 정치 세력의 참여 주장, 소련은 반탁 운동에 참여한 정치 세력 배제 주장
결과	회의 결렬, 무기한 휴회

(2) ◆이승만의 정읍 발언(1946. 6.): 남한만의 단독 정부 수립 주장 → 우익 세력의 지지를 받음

2. 좌우 합작 운동(1946~1947) [자료 ④]

배경	제1차 미소 공동 위원회 결렬, 이승만의 단독 정부 수립 주장
전개	여운형, 김규식 등 중도 세력이 미군정의 지원 아래 좌우 합작 위원회 결성 → 좌우 합작 7원칙 발표
결과	좌우익의 주요 세력이 좌우 합작 7원칙에 반대, 냉전의 심화로 미군정의 지원 철회, 여운형이 암살당함 → 좌우 합작 위원회의 활동 중단 └ 신탁 통치, 토지 개혁, 친일파 처벌 문제에 대해 좌우의 의견 차이가 심하였어.

3. 유엔의 한반도 문제 논의

> 1947년 5월에 개최되었으나 협의 참여 단체 범위에 대해 미국과 소련이 이견을 좁히지 못하여 결국 결렬되었어.

(1) 한반도 문제의 유엔 이관: 제2차 미소 공동 위원회 결렬 → 미국이 한반도 문제를 유엔 총회에 상정 → 유엔 총회에서 인구 비례에 의한 남북한 총선거 실시 결정 → 소련이 유엔 한국 임시 위원단의 입북 거부

> 왜? 소련은 인구 비례에 의한 선거 방식이 인구가 적은 북한에 불리하다고 생각하였어.

(2) 남한 단독 선거 결정: 유엔 소총회에서 선거 가능 지역에서만 총선거 실시 결정(1948. 2.) └ 남한

4. 남북 협상(1948) [자료 ⑤]

전개	김구와 김규식 등이 남북한 정치 지도자 회담(남북 협상) 제안 → 북측의 수용 → 평양에서 남북 연석회의 개최(1948. 4.) → 남북 협상 공동 성명 채택
주요 내용	단독 정부 수립 반대, 외국 군대의 즉시 철수 등
결과	미국과 소련이 합의안 수용 거부, 남북한에 각각 단독 정부 수립, 김구 암살 → 남북 협상 중단

5. 단독 정부 수립을 둘러싼 갈등

> 1948년 5월 10일에 제헌 국회 의원을 선출하고자 실시하기로 결정된 5·10 총선거를 뜻함.

(1) ◆제주 4·3 사건(1948): 제주도에서 3·1절 기념식 후 군중과 경찰 사이의 충돌, 경찰의 발포로 사상자 발생(1947) → 제주도의 좌익 세력이 단독 선거 저지와 단독 정부 수립 반대를 내세우며 무장봉기(1948. 4. 3.) → 군대와 경찰의 무력 진압, 민간인 희생

(2) 여수·순천 10·19 사건(1948): 정부 수립 이후 제주 4·3 사건 잔여 세력 진압 지시 → 여수 주둔 군대 내 좌익 세력이 출동 거부, 여수·순천 점령 → 정부의 무력 진압, 민간인 희생

내 교과서 · 비상, 동아, 리베르, 미래엔, 씨마스, 지학사, 천재, 해냄 교과서에서 '모스크바 3국 외상 회의' 자료를 다루고 있어요.

내신과 수능을 다 잡는 자료 — 모스크바 3국 외상 회의의 결정 사항과 국내 반응

1. 조선을 독립국으로 재건설하고, 민주주의 원칙 위에서 발전하게 하며, 일본이 남긴 잔재들을 청산하기 위해 조선 민주주의 임시 정부를 수립한다. → 한반도에 민주주의 임시 정부 수립
2. 조선 임시 정부를 수립하기 위해 …… 남조선 미군 사령부 대표들과 북조선 소련군 사령부 대표들로 (미소) 공동 위원회를 조직한다. → 미소 공동 위원회 구성
3. 공동 위원회는 …… 5년 이내를 기한으로 하는 조선에 대한 4개국 신탁 통치 협약을 작성하는 것이다. …… 미·소·영·중 정부의 공동 심의를 받아야 한다. → 최고 5년간 신탁 통치 실시

      – 모스크바 3국 외상 회의 결정 사항, 1945. 12.

모스크바 3국 외상 회의의 결정은 독립 국가 수립을 고대하던 한국인의 반발을 불러일으켰다. 김구와 이승만 등 우익 세력은 신탁 통치가 식민 통치와 마찬가지로 한국의 독립을 부인하는 것이라며 신탁 통치 반대 운동에 나섰다. 좌익 세력도 처음에는 신탁 통치에 반대하였지만 이후 모스크바 3국 외상 회의 결정의 본질이 민주주의 임시 정부 수립에 있다고 보고, 회의 결정에 대한 총체적 지지로 입장을 바꾸었다.

빈출 선택지로 점검하기

» 초성을 참고하여 모스크바 3국 외상 회의에 대한 선택지를 완성해 보자.

- 최고 5년간의 ㅅ ㅌ ㅌ·ㅊ를 실시한다는 내용을 결정하였다.
- 결정 사항이 국내에 알려지자 ㅇ ㅇ 세력은 신탁 통치 반대 운동을 전개하였다.
- 한국의 민주주의 임시 정부 수립과 이를 돕기 위한 ㅁ ㅅ ㄱ ㄷ ㅇ ㅇ ㅎ 구성을 결정하였다.

정답 좌측 하단 · 신탁 통치, 우익, 미소 공동 위원회

함께 보기 · 내신 만점 공략하기 06번

자료 ④ 좌우 합작 운동

좌익(친일파의 즉각 청산, 무상 몰수·무상 분배의 토지 개혁 주장)과 우익(친일파 청산에 소극적, 유상 매수·유상 분배의 토지 개혁 주장) 모두에게 비판을 받았어.

1. 모스크바 3국 외상 회의의 결정에 따라 남북의 좌우 합작으로 민주주의 임시 정부를 수립할 것
2. 미소 공동 위원회의 속개를 요청하는 공동 성명을 발표할 것
3. 토지는 몰수, 유조건 몰수, 체감 매상 등으로 농민에게 무상으로 분배하고, 중요 산업을 국유화할 것
4. 친일파, 민족 반역자를 처단할 조례를 제정할 것
5. 정치범을 석방하고 남북, 좌우의 테러를 중지할 것

      – 좌우 합작 7원칙, 1946. 10.

좌우 합작 위원회는 좌익과 우익의 의견을 절충하여 좌우 합작 7원칙을 발표하였다. 주요 내용은 미소 공동 위원회를 재개하여 남북을 망라한 임시 정부를 세우고 유상 매수·무상 분배 방식으로 토지 개혁을 실시하는 것이었다.

문제로 확인할까?

좌우 합작 위원회에 대한 설명으로 옳은 것은?

① 여운형과 김규식 등이 주도하였다.
② 조선 인민 공화국 수립을 선포하였다.
③ 한국 민주당과 조선 공산당이 참여하였다.
④ 삼균주의를 기초로 한 건국 강령을 발표하였다.
⑤ 모스크바 3국 외상 회의의 결정 사항을 이행하기 위해 조직되었다.

① 답

자료 ⑤ 남북 협상의 전개

미국과 소련이 이 합의안을 받아들이지 않고, 남북에서 각각 단독 정부를 수립하는 절차가 진행되면서 남북 협상은 실패로 끝이 났어.

1. 우리 강토에서 외국 군대가 즉시 철거하는 것이 조선 문제를 해결하는 유일한 방법이다.
3. 연석회의에 참가한 모든 정당 사회단체들은 임시 정부를 수립하고 통일적 조선 입법 기관을 선거하여 통일적 민주 정부를 수립해야 한다.
4. 이 성명서에 서명한 모든 정당 사회단체들은 남조선 단독 선거의 결과를 결코 인정하지 않을 것이며 지지하지도 않을 것이다.

      – 남북 협상 공동 성명, 1948. 4.

유엔 소총회에서 남한만의 단독 선거 실시를 결정하자, 김구와 김규식 등은 통일 정부 수립을 위한 남북 협상을 전개하였다. 김구와 김규식, 김일성과 김두봉 등 남북한의 지도자는 평양에 모여 단독 정부 수립 반대, 미소 양군의 철수를 요구하는 결의문을 채택하였다.

자료 하나 더 알고 가자!

김구의 삼천만 동포에게 읍고함(1948. 2.)

한국이 있어야 한국 사람이 있고, 한국 사람이 있고야 민주주의도, 공산주의도, 무슨 단체도 존재할 수 있는 것이다. …… 나는 통일된 조국을 건설하려다가 38도선을 베고 쓰러질지언정 …… 단독 정부를 세우는 데는 협력하지 아니하겠다.

김구는 단독 정부 수립에 반대하며 남북 협상을 추진하였다.

이것이 핵심!

❋ 대한민국 정부 수립 과정

5·10 총선거(1948. 5. 10.)
우리나라 역사상 최초의 민주적인 선거, 제헌 국회 구성

↓

제헌 헌법 공포(1948. 7. 17.)
민주 공화국, 대통령 중심제, 삼권 분립, 국회에서 대통령 선출 등 규정

↓

| 대한민국 정부 수립(1948. 8. 15.) |

◆ 5·10 총선거

만 21세 이상 모든 국민이 보통·평등·직접·비밀 선거의 원칙에 따라 참여한 우리나라 최초의 민주주의 선거이다.

◆ 북한의 토지 개혁(1946. 3.)

5정보를 초과하는 토지를 무상으로 몰수하여 토지가 없거나 적은 농민에게 무상으로 분배하였다.

---

❸ 대한민국 정부 수립

1. 대한민국 정부 수립 과정

> 꼭! 우리나라 헌정 사상 최초의 국회로, 헌법을 제정하기 위해 구성되었기 때문에 제헌 국회라고 해.

◆5·10 총선거 (1948. 5. 10.)	유엔 한국 임시 위원단의 감시 아래 38도선 이남 지역에서 민주적인 총선거 실시(김구·김규식 등 남북 협상파 불참, 좌익 세력의 선거 반대 투쟁) → 제헌 국회 구성(임기 2년) → 국호를 '대한민국'으로 결정, 제헌 헌법 제정
제헌 헌법 공포 (1948. 7. 17.)	대한민국 정부가 대한민국 임시 정부의 법통을 계승한 민주 공화국임을 선언, 삼권 분립과 대통령 중심제 채택, 국회에서 대통령·부통령 선출 규정 **자료⑥**
대한민국 정부 수립	대통령에 이승만, 부통령에 이시영 선출 → 이승만 대통령의 대한민국 정부 수립 선포(1948. 8. 15.) → 유엔 총회가 대한민국 정부를 한반도의 유일한 합법 정부로 승인(1948. 12.)

> 대통령의 임기는 4년이고, 1회에 한하여 중임할 수 있었어.

2. 북한 정권의 수립

(1) **광복 직후의 북한**: 평안남도 건국 준비 위원회 결성(조만식 중심), 각 지역에 인민 위원회 조직 → 소군정 실시(소군정이 인민 위원회에 행정권 이양, 우익 세력 축출, 소군정의 후원을 받으며 김일성 세력 성장)

(2) **북한 정권 수립**

> 노동법·남녀평등권법·산업 국유화법 등을 공포하여 사회주의 경제 기반을 조성하였어.

① 북조선 임시 인민 위원회 수립(1946. 2.): 김일성을 위원장으로 선출, **◆토지 개혁 실시(무상 몰수·무상 분배)**, 중요 산업과 각종 자원의 국유화 → 사회주의 체제의 기초 마련

② 정권 수립 과정: 북조선 인민 위원회 수립(1947) → 헌법 초안 작성, 조선 인민군 창설, 남북 협상 참여 → 총선거 실시(1948. 8.) → 최고 인민 회의 구성(헌법 제정, 김일성을 수상으로 선출, 내각 구성) → 조선 민주주의 인민 공화국 수립 선포(1948. 9. 9.)

> 북한은 표면상 남한의 단독 정부 수립론을 비판하며 남북 협상에 참석하였으나, 남한에 대한민국 정부가 세워지자 곧바로 총선거를 실시하였어.

이것이 핵심!

❋ 제헌 국회의 활동

친일파 청산	반민 특위 설치 → 친일 반민족 행위자 체포 및 조사 → 이승만 정부의 방해로 좌절
농지 개혁	농지 소유를 3정보로 제한, 유상 매수·유상 분배 방식

◆ 반민족 행위 특별 조사 위원회

반민족 행위자를 조사하기 위해 국회에서 구성된 특별 위원회이다. 국회 의원 10명과 조사관으로 구성되었고, 김상덕이 위원장을 맡았다.

◆ 유상 매수·유상 분배 방식

정부는 농가 한 가구당 3정보(약 3만㎡)를 초과하는 농지를 사들인 후 지주에게 농지 매입 대가로 지가 증권을 발급하였다. 농지를 받은 농민들은 매년 평균 수확량의 30%씩을 5년에 걸쳐 분할 상환하도록 하였다.

---

❹ 친일파 청산과 농지 개혁 추진

1. 친일파 청산을 위한 노력

> 반민 특위를 주도하던 일부 국회 의원이 공산당과 내통한다는 구실로 구속되었어.

배경	친일파 청산에 대한 국민의 요구, 미군정의 친일 관료 유지 정책
과정	제헌 국회에서 반민족 행위 처벌법 제정(1948. 9.) → **◆반민족 행위 특별 조사 위원회(반민 특위)** 설치 (1948. 10.) → 친일 반민족 행위자 체포 및 조사 **자료⑦**
위기	반공을 중시하는 이승만 정부의 비협조와 친일 세력의 방해, 국회 프락치 사건(1949), 일부 경찰의 반민 특위 사무실 습격 사태 등으로 반민 특위의 활동 위축
결과	반민족 행위 처벌법 개정(반민족 행위 처벌법 공소 시효 단축, 반민족 행위 범위 축소 등) → 반민 특위 해체(1949. 10.) → 친일파 청산 노력 좌절

2. 농지 개혁

> 농사짓는 사람이 농지를 소유해야 한다는 원칙이다.

(1) **배경**: 광복 당시 농민들 중 절반 이상이 소작농 → 농민들이 경자 유전의 원칙에 따른 토지 개혁 요구, 북한의 토지 개혁 실시 → 미군정의 토지 개혁(1948)

(2) **농지 개혁 실시 자료⑧**

> 일본인 소유의 토지만 소작농과 귀환 동포에게 유상으로 매각하였어.

과정	제헌 국회에서 농지 개혁법 제정(1949. 6.) → 농지 개혁 시행(1950. 3.)
특징	한 가구당 3정보 이상의 농지 소유 금지, **◆유상 매수·유상 분배 방식**
의의	지주·소작제의 소멸, 농민 중심의 농지 소유 확립에 기여
한계	6·25 전쟁 등으로 개혁 지연, 유상 분배에 따른 농민의 경제적 부담

> 농민이 분배받은 농지를 되팔고 다시 소작농이 되기도 하였어.

자료 6 제헌 헌법

'대한'은 대한민국 임시 정부의 정통성과 역사성,
'민국'은 국민 주권 국가가 탄생하였음을 뜻해.

대한민국의 주권이
국민에게 있음을
강조하였어.

제1조	대한민국은 민주 공화국이다.
제2조	대한민국의 주권은 국민에게 있고 모든 권력은 국민으로부터 나온다.
제8조	모든 국민은 법률 앞에 평등이며 성별, 신앙 또는 사회적 신분에 의하여 정치적, 경제적, 사회적 생활의 모든 영역에 있어서 차별을 받지 아니한다.
제16조	모든 국민은 균등하게 교육을 받을 권리가 있다. 적어도 초등 교육은 의무적이며 무상으로 한다.
제29조	모든 국민은 법률의 정하는 바에 의하여 납세의 의무를 진다.
제30조	모든 국민은 법률의 정하는 바에 의하여 국토방위의 의무를 진다.

5·10 총선거로 구성된 제헌 국회는 국호를 '대한민국'으로 정하고, 1948년 7월 17일에 제헌 헌법을 공포하였다. 제헌 헌법은 대한민국이 3·1 운동의 정신을 바탕으로 세워진 대한민국 임시 정부의 법통을 계승한 민주 공화국임을 분명히 하였다. 또한 삼권 분립과 대통령 중심제를 채택하고 국회가 대통령을 선출하도록 하였다.

자료 하나 더 알고 가자!

5·10 총선거 당시 투표에 참여하는 모습

5·10 총선거 투표 당시에는 문맹률이 높아 작대기로 기호를 표시하였어.

문제로 확인할까?

5·10 총선거로 구성된 제헌 국회는 1948년 7월 17일에 (　　　)을 공포하였다.

법헌 헌제 답정

자료 7 반민족 행위 처벌법(1948. 9.)

이 법에 따라 친일 사업가 박흥식, 친일 경찰 노덕술, 민족 지도자였다가 변절한 이광수·최남선 등이 체포되었어.

제1조	일본 정부와 통모하여 한일 합병에 적극 협력한 자, 한국의 주권을 침해하는 조약 또는 문서에 조인한 자와 모의한 자는 사형 또는 무기 징역에 처하고 그 재산과 유산의 전부 혹은 2분의 1 이상을 몰수한다.
제3조	일본 치하 독립운동가나 그 가족을 악의로 살상 박해한 자 또는 이를 지휘한 자는 사형, 무기 또는 5년 이상의 징역에 처하고 그 재산의 전부 혹은 일부를 몰수한다.

광복 이후 친일파를 청산해야 한다는 국민의 요구가 많았다. 제헌 국회는 일제 강점기의 반민족 행위자 처벌 및 재산 몰수 등의 조항이 담긴 반민족 행위 처벌법을 제정하고, 반민족 행위 특별 조사 위원회와 특별 재판부를 구성하였다. 반민 특위는 국민의 성원 속에 1949년 1월부터 본격적인 활동을 실시하여 친일 혐의자를 체포·조사하였다.

자료 하나 더 알고 가자!

반민족 행위자 처벌 실태

취급 건수	682건	영장 발부	408건
기소	221건		
	38건		
재판 종결	• 사형 1건　• 징역 10건 • 무기 징역 1건 • 공민권 정지 18건 • 무죄 6건　• 형 면제 2건		

(특위 관계 기관 연석회의, 1949)

반민족 행위자로 기소된 사람 중 실형을 선고받은 사람은 10여 명에 불과하였다.

자료 8 농지 개혁의 추진

제5조　정부는 다음에 의하여 농지를 취득한다.
2. 다음 농지는 적당한 보상으로 정부가 매수한다.
　(가) 농가가 아닌 자의 농지
　(나) 자경하지 않는 자의 농지
　(다) 본 법 규정의 한도를 초과하는 부분의 농지

　　　　　　　　　　　　– 농지 개혁법, 1949. 6.

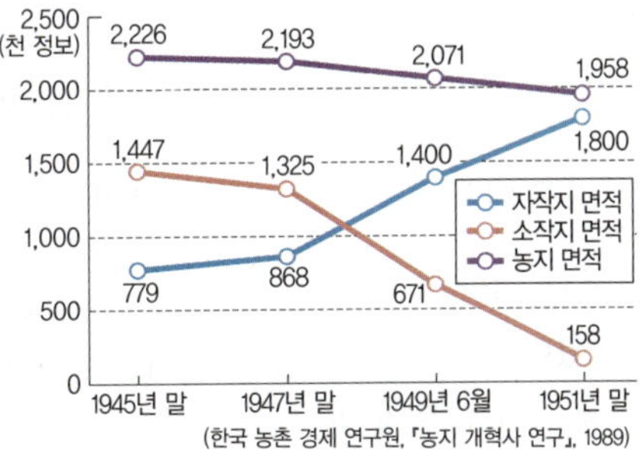

⬆ 농지 개혁 전후 자·소작지 면적

자료 하나 더 알고 가자!

지가 증권

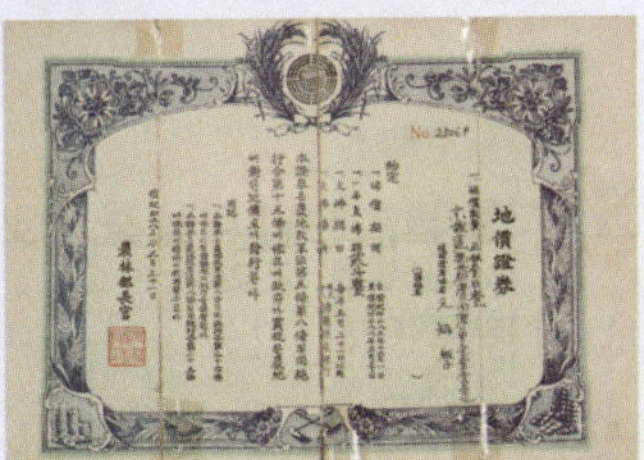

정부는 농민이 소유한 3정보 이상의 농지는 지가 증권을 발행하여 매입하였다. 지가 증권에는 보상 기간, 지급액, 지급 기일, 지급 장소 등이 기재되어 있다.

농지 개혁의 실시로 광복 무렵 전체 농지의 65% 정도를 차지하던 소작지가 1951년에는 8% 정도로 줄어들었고, 대부분의 소작농이 자작농이 되었다.

STEP 1 핵심 개념 **확인**하기

1 광복 직후 여운형은 조선 건국 동맹을 계승하여 안재홍 등과 함께 ( )를 조직하였다.

2 다음 세력과 각 세력의 모스크바 3국 외상 회의에 대한 입장을 옳게 연결하시오.

(1) 좌익 세력 •　　　• ㉠ 신탁 통치 반대 운동 전개
(2) 우익 세력 •　　　• ㉡ 회의 결정에 대한 총체적 지지

3 다음 설명이 맞으면 ○표, 틀리면 ×표를 하시오.

(1) 좌우 합작 7원칙은 좌우익 모두에게 반발을 샀다.
( )
(2) 소련은 군정청을 설치하여 38도선 이북 지역을 직접 통치하였다. ( )
(3) 반민족 행위 특별 조사 위원회의 활동으로 친일파 청산이 철저하게 이루어졌다. ( )
(4) 제2차 세계 대전이 끝난 후 전쟁을 방지하고 국제 평화를 유지하기 위해 국제 연합(유엔)이 창설되었다.
( )

4 다음 〈보기〉의 사건을 일어난 순서대로 나열하시오.

┌ 보기 ┐
(가) 이승만의 정읍 발언
(나) 좌우 합작 7원칙 발표
(다) 모스크바 3국 외상 회의 개최
(라) 제1차 미소 공동 위원회 개최
(마) 유엔에서 남한만의 총선거 결정
└─────┘

5 다음 괄호 안의 내용 중 알맞은 말에 ○표를 하시오.

(1) 남북 분단의 가능성이 높아지자 김구와 김규식 등은 (남북 협상, 좌우 합작 운동)을 추진하였다.
(2) 제헌 헌법은 대한민국 정부가 대한민국 임시 정부의 법통을 계승한 (민주 공화국, 입헌 군주국)임을 밝혔다.
(3) 유엔 총회는 (대한민국 정부, 조선 인민 공화국)을/를 한반도 내에서 유일한 합법 정부로 승인하였다.

STEP 2 내신 만점 **공략**하기

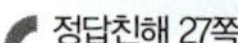

01 다음 주장이 발표된 배경으로 가장 적절한 것은?

┌─────────────────────────────┐
그리스와 튀르키예는 지중해 지역에서 공산주의 침투를 막는 방벽 역할을 하고 있다. 미국 의회가 두 나라에 4억 달러의 차관을 제공하고, 군사 고문을 파견할 수 있도록 승인하기를 바란다. ─ 트루먼 대통령, 1947
└─────────────────────────────┘

① 한국에서 6·25 전쟁이 발발하였다.
② 샌프란시스코 강화 조약이 체결되었다.
③ 미국이 베트남 전쟁에 전면적으로 개입하였다.
④ 제2차 국공 내전에서 중국 공산당이 승리하였다.
⑤ 동유럽 지역에서 소련의 지원을 받은 공산 정권이 수립되었다.

02 다음 내용을 강령으로 하는 단체에 대한 설명으로 옳은 것만을 〈보기〉에서 고른 것은?

┌─────────────────────────────┐
• 우리는 완전한 독립 국가 건설을 기함
• 우리는 전 민족의 정치적·경제적·사회적 기본 요구를 실현할 수 있는 민주주의 정권 수립을 기함
• 우리는 일시적 과도기에 있어서 국내 질서를 자주적으로 유지하며 대중 생활의 확보를 기함
　　　　　　　　　　　　　　　─ 매일신보
└─────────────────────────────┘

┌ 보기 ┐
ㄱ. 좌우 합작 7원칙을 발표하였다.
ㄴ. 북측에 남북 협상을 제안하였다.
ㄷ. 조선 건국 동맹을 바탕으로 조직되었다.
ㄹ. 전국 각지에 지부를 두고 치안대를 설치하였다.
└─────────────────────────────┘

① ㄱ, ㄴ　　　② ㄱ, ㄷ　　　③ ㄴ, ㄷ
④ ㄴ, ㄹ　　　⑤ ㄷ, ㄹ

⭐중요
03 밑줄 친 '회의'에 대한 설명으로 옳은 것만을 〈보기〉에서 고른 것은?

> 카이로, 포츠담 선언과 국제 헌장으로 세계에 공약한 한국의 독립 부여는 금번 회의의 신탁 관리 결의로써 수포로 돌아갔으니 다시 우리 3천만은 영예로운 피로써 자주독립을 획득하지 않으면 아니될 단계에 들어섰다. 동포여! …… 자주독립을 완전히 얻기까지 3천만 전 민족의 최후의 피한 방울까지라도 흘려서 싸우는 항쟁 개시를 선언한다.

| 보기 |
ㄱ. 소련의 대일전 참전을 결정하였다.
ㄴ. 미소 공동 위원회의 구성을 결정하였다.
ㄷ. 미국, 영국, 소련의 외무 장관이 참여하였다.
ㄹ. 카이로 선언에서 결정한 한국의 독립을 재확인하였다.

① ㄱ, ㄴ ② ㄱ, ㄷ ③ ㄴ, ㄷ
④ ㄴ, ㄹ ⑤ ㄷ, ㄹ

하나 더!
03-1 밑줄 친 '회의'의 결정 사항이 알려진 이후 국내에 전개된 상황으로 옳은 것은?
① 대한민국 임시 정부가 수립되었다.
② 일제의 항복으로 한국이 광복을 맞이하였다.
③ 좌익과 우익이 신탁 통치 문제로 대립하였다.
④ 미군정이 대한민국 임시 정부를 인정하지 않았다.
⑤ 여운형이 국내에서 조선 건국 준비 위원회를 조직하였다.

04 (가)에 해당하는 정당으로 옳은 것은?

① 조선 공산당 ② 한국 국민당
③ 한국 독립당 ④ 한국 민주당
⑤ 독립 촉성 중앙 협의회

05 다음 주장이 제기된 시기를 연표에서 옳게 고른 것은?

> 무기 휴회된 미소 공동 위원회가 재개될 기색도 보이지 않으며 통일 정부를 고대하나 여의치 않으니 우리는 남방만이라도 임시 정부 혹은 위원회 같은 것을 조직하여 38 이북에서 소련이 철퇴하도록 세계 공론에 호소해야 할 것이니 여러분도 결심해야 할 것이다.

1945. 8.	1945. 12.	1946. 3.	1947. 5.	1948. 5.	1948. 10.
(가)	(나)	(다)	(라)	(마)	
▲ 8·15 광복	▲ 모스크바 3국 외상 회의	▲ 제1차 미소 공동 위원회 개최	▲ 제2차 미소 공동 위원회 개최	▲ 5·10 총선거	▲ 여수·순천 10·19 사건 발발

① (가) ② (나) ③ (다) ④ (라) ⑤ (마)

⭐중요
06 다음 자료를 활용한 탐구 주제로 가장 적절한 것은?

> 1. 모스크바 3국 외상 회의의 결정에 따라 남북의 좌우 합작으로 민주주의 임시 정부를 수립할 것
> 2. 미소 공동 위원회의 속개를 요청하는 공동 성명을 발표할 것
> 3. 토지는 몰수, 유조건 몰수, 체감 매상 등으로 농민에게 무상으로 분배하고, 중요 산업을 국유화할 것
> 4. 친일파, 민족 반역자를 처단할 조례를 제정할 것
> 5. 정치범을 석방하고 남북, 좌우의 테러를 중지할 것
> – 동아일보, 1946. 10.

① 농지 개혁의 실시
② 좌우 합작 운동의 전개
③ 미소 공동 위원회의 개최
④ 친일파 청산을 위한 노력
⑤ 단독 정부 수립을 둘러싼 갈등

하나 더!
06-1 위 원칙을 발표한 단체에 대한 설명으로 옳은 것은?
① 대한민국 건국 강령을 발표하였다.
② 조선 인민 공화국 수립을 선포하였다.
③ 남한만의 단독 선거 실시를 주장하였다.
④ 통일 정부 수립을 위한 남북 협상을 전개하였다.
⑤ 여운형, 김규식 등 중도 세력을 중심으로 결성되었다.

07 다음 결정이 내려진 이후에 있었던 사실로 옳은 것만을 〈보기〉에서 고른 것은?

> • 유엔 한국 임시 위원단이 한국 전역의 선거 감시를 진행할 것
> • 그것이 불가능하다면 위원단이 접근할 수 있는 한국 내 지역의 선거 감시 진행이 필요하다고 간주함
>
> – 「소총회 결의」 제583호의 A

┌ 보기 ┐
ㄱ. 이승만이 정읍 발언을 발표하였다.
ㄴ. 평양에서 남북 연석회의가 열렸다.
ㄷ. 제2차 미소 공동 위원회가 결렬되었다.
ㄹ. 제주도의 좌익 세력이 무장봉기를 일으켰다.

① ㄱ, ㄴ　　② ㄱ, ㄷ　　③ ㄴ, ㄷ
④ ㄴ, ㄹ　　⑤ ㄷ, ㄹ

08 다음과 같이 주장한 인물에 대한 설명으로 옳은 것은?

> 한국이 있어야 한국 사람이 있고, …… 나는 통일된 조국을 건설하려다가 38도선을 베고 쓰러질지언정 …… 단독 정부를 세우는 데는 협력하지 아니하겠다.

① 신탁 통치 실시를 찬성하였다.
② 좌우 합작 위원회에 참여하였다.
③ 한국 민주당을 중심으로 활동하였다.
④ 김규식과 함께 남북 협상을 추진하였다.
⑤ 조선 건국 준비 위원회의 활동을 주도하였다.

09 밑줄 친 '이 사건'에 대한 설명으로 옳지 않은 것은?

> 이 사건으로 제주도에서 5·10 총선거가 제대로 시행되지 못하였다. 정부 수립 이후에도 저항은 계속되었고, 군과 경찰은 우익 청년단과 함께 대규모 진압 작전을 벌였다.

① 남한만의 단독 정부 수립을 반대하였다.
② 2000년 이 사건에 관한 특별법이 제정되었다.
③ 여수·순천 10·19 사건의 영향을 받아 발생하였다.
④ 2003년 정부는 이 사건과 관련하여 공식 사과하였다.
⑤ 사건의 여파로 일부 선거구에서 선거가 무효 처리되었다.

10 중요 (가)에 들어갈 내용으로 옳지 않은 것은?

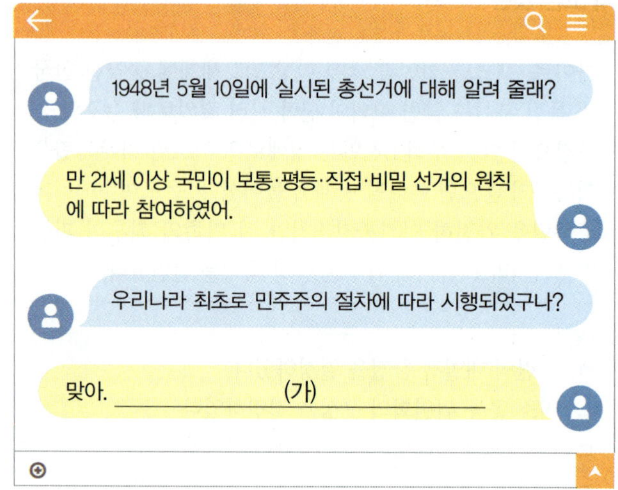

① 제주도는 2개 선거구가 무효 처리되었어.
② 총선거 결과 국회 의원 198명이 선출되었어.
③ 유엔 한국 임시 위원단의 감시 아래 실시되었어.
④ 모스크바 3국 외상 회의 결정에 따라 실시되었어.
⑤ 남북 협상 참가 세력과 좌익 세력은 참여하지 않았어.

10-1 하나 더! 위 총선거 결과 구성된 국회에 대한 설명으로 옳지 않은 것은?

① 제헌 헌법을 제정하였다.
② 좌우 합작 7원칙을 발표하였다.
③ 국호를 '대한민국'으로 정하였다.
④ 이승만을 대통령으로 선출하였다.
⑤ 반민족 행위 특별 조사 위원회를 구성하였다.

11 다음 헌법에 대한 설명으로 옳은 것은?

> 제1조　대한민국은 민주 공화국이다.
> 제2조　대한민국의 주권은 국민에게 있고 모든 권력은 국민으로부터 나온다.
> 제16조　모든 국민은 균등하게 교육을 받을 권리가 있다. 적어도 초등 교육은 의무적이며 무상으로 한다.

① 대통령의 중임에 제한을 두지 않았다.
② 남북 통일 정부 수립에 영향을 주었다.
③ 삼권 분립과 대통령 중심제를 채택하였다.
④ 이 헌법을 제정한 국회의 임기는 4년이었다.
⑤ 대통령은 국민의 직접 투표로 선출하도록 하였다.

12 다음 법령을 읽고 나눈 학생들의 대화 내용으로 적절한 것만을 〈보기〉에서 고른 것은?

> 제1조 일본 정부와 통모하여 한일 합병에 적극 협력한 자, 한국의 주권을 침해하는 조약 또는 문서에 조인한 자와 모의한 자는 사형 또는 무기 징역에 처하고 그 재산과 유산의 전부 혹은 2분의 1 이상을 몰수한다.

┤ 보기 ├
- ㄱ. 경자 유전의 원칙을 실현하고자 제정되었어.
- ㄴ. 이승만 정부는 이 법령을 토대로 한 활동에 비협조적이었지.
- ㄷ. 이 법령을 토대로 반민족 행위 특별 조사 위원회가 활동하였어.
- ㄹ. 이 법령의 시행으로 친일 반민족 행위자를 모두 색출하여 민족정기가 확립되었지.

① ㄱ, ㄴ ② ㄱ, ㄷ ③ ㄴ, ㄷ
④ ㄴ, ㄹ ⑤ ㄷ, ㄹ

13 (가)에 들어갈 내용으로 적절하지 <u>않은</u> 것은?

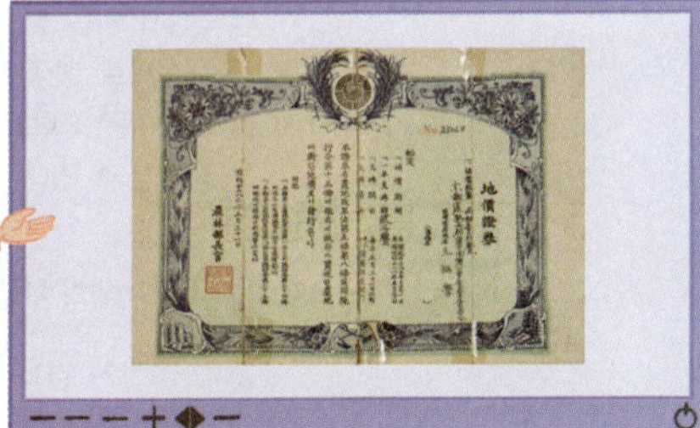

① 유상 매수, 유상 분배의 방식으로 진행되었습니다.
② 지계를 발급하여 토지 소유권을 인정해 주었습니다.
③ 한 가구당 농지 소유 상한을 3정보로 제한하였습니다.
④ 농민 중심의 농지 소유를 확립하는 데 기여하였습니다.
⑤ 6·25 전쟁 등에 의해 한동안 중단되면서 농지 개혁 대상 토지가 감소하였습니다.

서술형 문제

서술형 감잡기

01 다음 사항을 결정한 국제회의의 명칭을 쓰고, 이 회의의 결정 사항에 대한 국내 우익 세력과 좌익 세력의 반응을 각각 서술하시오.

> 1. 조선을 독립국으로 재건설하고, 민주주의 원칙 위에서 발전하게 하며, 일본이 남긴 잔재들을 청산하기 위해 조선 민주주의 임시 정부를 수립한다.
> 2. 조선 임시 정부를 수립하기 위해 …… (미소) 공동 위원회를 조직한다.
> 3. 공동 위원회는 …… 5년 이내를 기한으로 하는 조선에 대한 4개국 신탁 통치 협약을 작성하는 것이다. …… 미·소·영·중 정부의 공동 심의를 받아야 한다.

(1) 초성을 참고하여 서술형 답안에 들어갈 내용을 써 보자.

답안 키워드 ㅁㅅㅋㅂ3ㄱㅇㅅㅎㅇ   ㅅㅌㅌㅊ

(2) (1)의 내용을 포함하여 서술형 답안을 작성해 보자.

____

____

실전! 도전하기

02 밑줄 친 '총선거'를 쓰고, 이 선거가 우리나라 선거사에서 갖는 의의를 서술하시오.

> 1948년 유엔 소총회의 결정에 따라 남한에서 총선거가 실시되었다. 당시에는 문맹자가 많아 후보자는 작대기 개수로 자신의 기호를 알리며 선거 유세를 다녔다.

03 다음과 같이 반민 특위의 실적이 미흡하였던 이유를 <u>세 가지</u> 서술하시오.

> **반민 특위의 실적**
> - 사형 1건
> - 징역 10건
> - 무기 징역 1건
> - 공민권 정지 18건
> - 무죄 6건
> - 형 면제 2건
> 실형을 선고받은 이는 12명에 불과하였고, 사형은 집행되지 않았다. 대부분은 형 집행 정지로 풀려났다.

1등급 정복하기

최고난도

01 (가)에 들어갈 내용으로 적절한 것만을 〈보기〉에서 고른 것은?

광복 직후 통일 정부 수립을 위한 노력

이승만은 정읍에서 단독 정부를 수립하자고 연설함

⬇

(가)

⬇

김구가 단독 정부 수립을 반대하며 '삼천만 동포에게 읍고함'을 발표함

⬇

김구, 김규식 등이 평양에서 열린 남북 연석회의에 참석함

보기

ㄱ. 모스크바 3국 외상 회의에서 한반도 문제를 논의함

ㄴ. 미국과 소련의 의견 대립으로 제1차 미소 공동 위원회가 무기한 휴회에 들어감

ㄷ. 모스크바 3국 외상 회의의 결정 사항을 이행하기 위해 제2차 미소 공동 위원회가 재개됨

ㄹ. 미군정의 지원과 대중적 지지 속에 결성된 좌우 합작 위원회가 좌우 합작 7원칙을 발표함

① ㄱ, ㄴ ② ㄱ, ㄷ ③ ㄴ, ㄷ ④ ㄴ, ㄹ ⑤ ㄷ, ㄹ

02 교사의 질문에 대한 학생의 답변으로 적절한 것만을 〈보기〉에서 고른 것은?

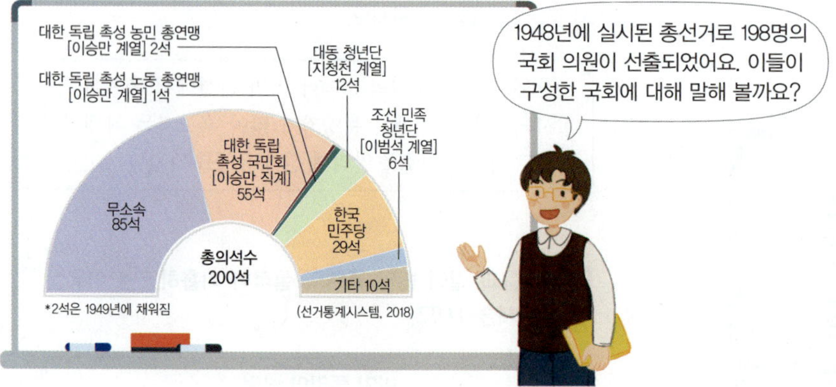

보기

ㄱ. 초대 대통령을 선출하였어요.

ㄴ. 내각 책임제 정부를 구성하였어요.

ㄷ. 반민족 행위 처벌법을 제정하였어요.

ㄹ. 국회 의원의 임기는 약 4년간 유지되었어요.

① ㄱ, ㄴ ② ㄱ, ㄷ ③ ㄴ, ㄷ ④ ㄴ, ㄹ ⑤ ㄷ, ㄹ

◆ **통일 정부 수립 노력**

완자 사전

■ 미소 공동 위원회
한반도의 민주주의 임시 정부 수립을 논의하고자 미국과 소련의 실무자가 모인 회의이다.

 **완자쌤의 시험꿀팁**

8·15 광복부터 대한민국 정부 수립까지 일련의 과정을 묻는 문제가 시험에 자주 출제된다. 대한민국 정부 수립 과정의 주요 사건들을 인과 관계에 유의하여 파악해야 한다.

◆ **5·10 총선거로 구성된 국회**

완자 사전

■ 내각 책임제
국회의 신임에 따라 정부가 성립, 존속하는 정치 제도이다. 18세기 초에 영국에서 처음 성립되었으며, 다수당을 중심으로 행정부가 만들어지기 때문에 국민은 국회를 통해 정부의 시책을 감시할 수 있다.

완자쌤의 시험꿀팁

5·10 총선거 결과 구성된 제헌 국회의 활동을 묻는 문제가 자주 출제된다. 제헌 국회가 제정한 제헌 헌법, 반민족 행위 처벌법, 농지 개혁법 등의 주요 내용을 정리해 두도록 한다.

수능 첫걸음

| 2022 4월 학평 |

밑줄 친 '총선거'로 구성된 국회에 대한 설명으로 옳은 것은?

① 집강소를 설치하였다.
② 헌의 6조를 채택하였다.
③ 교육 입국 조서를 반포하였다.
④ 좌우 합작 7원칙을 발표하였다.
⑤ 반민족 행위 처벌법을 제정하였다.

※ 빈칸을 채우며 문제 풀이에 접근해 보세요!

1단계 / 자료 분석하기

제시된 대화에서 우리 역사상 최초의 보통 선거가 유엔 한국 임시 위원단의 감시하에 실시되었다는 내용을 통해 밑줄 친 '총선거'가 [①] 임을 파악한다.

2단계 / 정답 개념 연결하기

5·10 총선거를 통해 구성된 [②] 국회에서 [③] 을 제정하였음을 연결한다.

3단계 / 오답 개념 피하기

① 집강소는 동학 농민군의 자치 기구로 설치되었다. ② 헌의 6조는 [④] 가 결의하였다. ③ 교육 입국 조서는 제2차 갑오개혁 때 반포되었다. ④ 좌우 합작 7원칙은 [⑤] 가 발표하였다.

답 대표 유형 | ① 5·10 총선거 / ② 제헌 ③ 반민족 행위 처벌법 ④ 관민 공동회 ⑤ 좌우 합작 위원회

🔖 정답친해 30쪽

| 2024 수능 응용 |

(가) 선거에 대한 설명으로 옳은 것은?

이 자료는 유엔 한국 임시 위원단이 참여한 가운데 시행된 우리나라 역사상 최초의 보통 선거인 [(가)] 을/를 홍보한 포스터이다. 이 포스터에는 투표하는 모습과 함께 국민들에게 투표를 독려하는 구호가 실려 있다.

◀ 총선거 실시 포스터

① 제헌 국회 의원을 선출하였다.
② 좌우 합작 위원회가 주도하였다.
③ 아관 파천이 일어나는 원인이 되었다.
④ 조선 태형령이 시행되는 배경이 되었다.
⑤ 신탁 통치 실시와 미소 공동 위원회 구성을 결정하였다.

1등급 전략

5·10 총선거의 실시 배경, 5·10 총선거에 대한 좌우 세력의 반응, 5·10 총선거의 의의와 결과를 모두 파악해야 한다. 특히 5·10 총선거로 구성된 제헌 국회의 활동을 연결하여 정리한다.

출제 전망

- **전망1** 5·10 총선거의 의의를 묻는 문제가 출제될 수 있다.
- **전망2** 5·10 총선거와 관련된 자료를 제시한 후 그 결과 구성된 국회의 활동을 묻는 문제가 출제될 수 있다.

6·25 전쟁과 남북 분단의 고착화

이것이 핵심!

❋ 6·25 전쟁

배경	남북한의 대립, 애치슨 선언
전개	북한의 남침 → 국군·유엔군의 인천 상륙 작전 → 중국군 개입 → 1·4 후퇴 → 정전 협정 체결
영향	이산가족 발생, 산업 시설 파괴, 한미 상호 방위 조약 체결

◆ 애치슨 라인

애치슨 선언에서 발표한 미국의 태평양 방위선으로, 한반도와 타이완이 제외되었다.

① 6·25 전쟁

1. 배경

(1) **한반도의 정세 변화:** 한반도에서 미군과 소련군 철수, 38도선 부근에서 잦은 군사적 충돌, 남한의 국방력 강화, 미국의 ◆애치슨 선언 발표

┌ 국방 경비대를 국군으로 확대·개편하고 한미 상호 방위 협정을 체결하였어.

콕! 1950년 1월에 미국 국무 장관 애치슨이 발표한 선언이야. 미국의 태평양 방위선에서 한국과 타이완 등을 제외한다는 내용을 담고 있지.

(2) **북한의 전쟁 준비:** 소련의 군사적 지원(전차·비행기 등 무기 지원, 북한의 남침 계획 승인), 조선 의용군 등을 인민군에 편입

┌ 북한은 중국의 국공 내전에 참여하였던 3만여 명의 조선 의용군을 편입시켜 군사력을 강화하였어.

2. 전개 과정 다 잡는 자료

북한의 남침과 유엔군의 참전	북한의 기습적 남침(1950. 6. 25.) → 서울 함락 → 국군의 낙동강 유역 후퇴 → 유엔군 참전, 낙동강 방어선 구축
국군과 유엔군의 반격	국군과 유엔군의 인천 상륙 작전(1950. 9. 15.) → 서울 수복 → 국군과 유엔군이 압록강 유역까지 진격
중국군의 참전	북한을 돕고자 중국군 참전(1950. 10. 19.) → 흥남 철수(1950. 12.) → 서울 재함락(1·4 후퇴, 1951. 1.) → 서울 재수복(1951. 3. 14.)
전선의 교착과 정전 협정 체결	38도선 부근에서 공방전 전개 → 소련의 정전 회담 제의 → 정전 협상 진행 → 판문점에서 정전 협정 체결(1953. 7. 27.)

└ 이때 이승만 정부는 정전에 반대하며 일방적으로 반공 포로를 석방하였어.

3. 결과: 인적 피해(수백만 명의 군인과 민간인이 죽거나 다침, 이산가족·전쟁고아 발생), 물적 피해(도로·발전소·철도 등 사회 기반 시설 파괴, 농토 황폐화) 자료①

4. 영향: 남북 간의 적대감 심화, 한미 상호 방위 조약 체결(미군이 남한에 주둔), 남북한에서 독재 체제 강화, 북한에서 중국의 영향력 강화, 일본 경제가 전쟁 특수로 성장

└ 6·25 전쟁 중에 국민 보도 연맹 사건이 발생하는 등 국가에 의해 민간인 학살이 자행되기도 하였어.

이것이 핵심!

❋ 독재 체제 강화와 전후 사회 변화

독재 체제 강화	• 발췌 개헌, 사사오입 개헌 • 진보당 사건, 국가 보안법 개정, 경향신문 폐간
전후 사회 변화	정부의 전후 경제 복구 노력, 여성의 역할 증대, 서구 문화의 유입 등

◆ 사사오입 개헌

헌법을 개정하려면 국회 재적 의원 203명 중 3분의 2(135.333……명) 이상인 136명이 찬성해야 하는데, 투표 결과는 찬성이 135표였다. 자유당은 사사오입(반올림)의 논리를 앞세워 개헌안을 통과시켰다.

② 전후 반공 독재 체제의 강화와 사회 변화

1. 이승만의 장기 집권을 위한 개헌 자료②

정부·여당의 대통령 직선제 및 양원제 개헌안과 야당의 내각 책임제 개헌안 중에 일부를 발췌·절충하여 마련하였기 때문에 발췌 개헌이라고 불러.

(1) **발췌 개헌(1952)**

배경	제2대 국회 의원 선거에서 이승만 정부에 비판적인 사람들이 다수 당선 → 간선제를 통한 이승만의 대통령 재선이 어려워짐
과정	이승만의 자유당 창당, 대통령 직선제 개헌 시도 → 국회의 부결 → 부산 일대에 계엄령 선포, 공포 분위기 조성(직선제 개헌에 반대하는 국회 의원 일부 구속, 경찰 및 군인을 동원하여 국회 포위)
결과	기립 투표로 대통령 직선제 개헌안 통과 → 제2대 대통령 선거에서 이승만 당선

(2) **◆사사오입 개헌(1954)**

┌ 일어서서 찬성과 반대를 표시하는 것을 뜻해.

배경	자유당이 제3대 국회 의원 선거에서 다수당이 됨 → 이승만의 장기 집권 도모
과정	개헌 당시 대통령(이승만)에 한해 연임 횟수 제한을 철폐하는 개헌안을 국회에 제출 → 의결 정족수에서 1표가 모자라 부결 → 사사오입(반올림)의 논리를 내세워 개헌안 통과
결과	제3대 대통령 선거에서 이승만 당선

└ 민주당 후보 장면이 자유당 후보 이기붕을 누르고 부통령에 당선되었어.

내 교과서 · 비상, 동아, 리베르, 미래엔, 씨마스, 지학사, 천재, 해냄 교과서에서 '6·25 전쟁의 전개 과정' 자료를 다루고 있어요.

내신과 수능을 다 잡는 자료 — 6·25 전쟁의 전개 과정

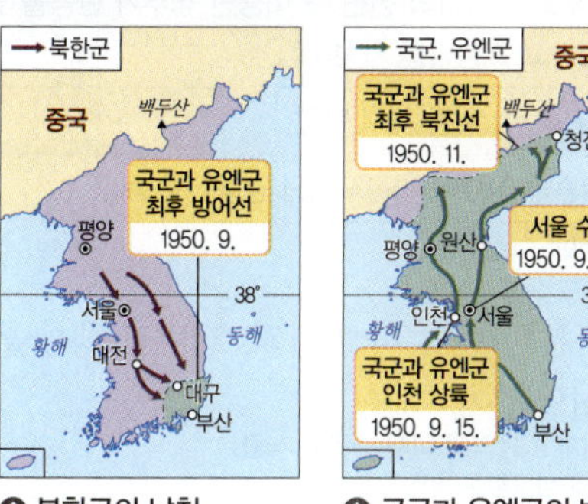

↑ 북한군의 남침

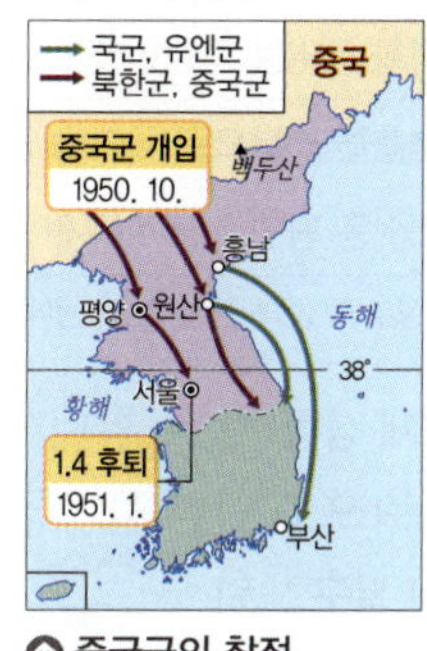

↑ 국군과 유엔군의 반격

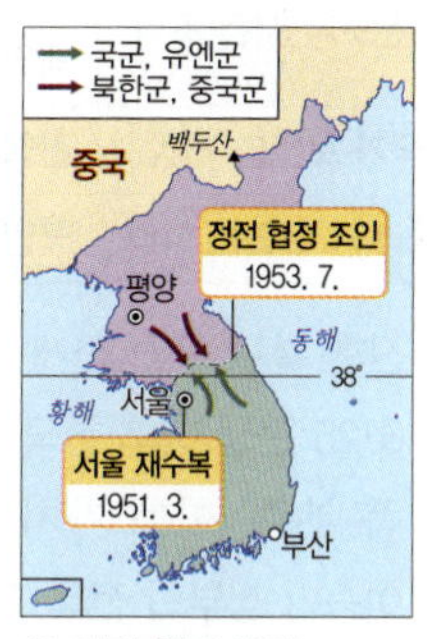

↑ 중국군의 참전

↑ 정전 협정 체결

북한의 전면적인 남침으로 시작된 6·25 전쟁 초기에는 국군이 낙동강 유역까지 밀렸다. 국군은 유엔군과 인천 상륙 작전으로 전세를 뒤집었고, 한때 압록강 유역까지 진출하였으나 중국군의 참전으로 다시 서울을 빼앗겼다. 이후 국군과 유엔군이 서울을 되찾은 후 전선이 교착 상태에 빠지자, 소련의 제의로 1951년 7월부터 정전 협상이 시작되었고, 1953년 7월에 판문점에서 정전 협정이 체결되었다.

빈출 선택지로 점검하기

» 초성을 참고하여 6·25 전쟁의 전개 과정에 대한 선택지를 완성해 보자.

- 북한군은 38도선을 넘어 기습적으로 ㄴㅊ을 하였다.
- ㅇㅊ ㅅㄹ ㅈㅈ으로 국군과 유엔군이 서울을 수복하였다.
- ㅈㄱㄱ의 공세로 국군과 유엔군이 서울을 다시 빼앗겼다.
- 2년여간의 협상 끝에 1953년 7월 판문점에서 ㅈㅈ ㅎㅈ이 체결되었다.

답안 보기 · 남침, 인천 상륙 작전, 중국군, 정전 협정

함께 보기 · 내신 만점 공략하기 02번

자료 1 — 6·25 전쟁의 피해

*전사·사망자 수를 제외한 수는 추정치임

이산가족	전쟁고아
10,000,000명	100,000명

전사·사망자	민간인 사망자
179,221명 • 국군: 138,418명 • 유엔군: 40,803명	1,300,000명

(국방부 군사 편찬 연구소, 「6·25 전쟁 통계 자료집」, 2023)

6·25 전쟁으로 수백만 명의 군인과 민간인이 죽거나 다쳤으며, 수많은 이산가족과 전쟁고아가 생겼다. 전선이 한반도 전역을 오르내리면서 국군과 북한군의 민간인 학살이 일어나 민간인 희생자도 많았다. 농촌이 황폐화되어 식량이 크게 부족해졌고, 산업 시설과 사회 기반 시설이 파괴되었다.

자료 2 — 장기 집권을 위한 개헌

[발췌 개헌안(1952)]

제31조　입법권은 국회가 행한다. 국회는 민의원과 참의원으로써 구성한다.

제53조　대통령과 부통령은 국민의 보통, 평등, 직접, 비밀 투표에 의하여 각각 선거한다.

[사사오입 개헌안(1954)]

제55조 1항　대통령과 부통령의 임기는 4년으로 한다. 단, 재선에 의하여 1차 중임할 수 있다. ……

부칙　이 헌법 공포 당시의 대통령에 대해서는 제55조 1항의 단서의 제한을 적용하지 아니한다.
→ 이승만 대통령을 가리켜.

6·25 전쟁으로 혼란한 정치·사회적 상황을 이용하여 이승만 정부는 연달아 헌법을 바꿔 가며 독재 정치를 강화해 나갔다. 발췌 개헌으로 대통령 직선제를 채택하였으며, 사사오입 개헌으로 개헌 당시의 대통령에 한해 연임 횟수의 제한을 없앴다.

자료 하나 더 알고 가자!

한미 상호 방위 조약(1953. 10.)

> 4조 상호 합의에 의해 미합중국의 육군, 해군과 공군을 대한민국의 영토 내와 그 부근에 배치하는 권리를 대한민국은 허락하고 미합중국은 수락한다.

한미 상호 방위 조약으로 미군이 한국에 계속 주둔하였고, 동아시아에서 미국의 영향력이 한층 강화되었다.

문제로 확인할까?

발췌 개헌에 대한 설명으로 옳은 것만을 〈보기〉에서 고른 것은?

| 보기 |
ㄱ. 제헌 국회에서 제정되었다.
ㄴ. 국회 의원의 임기를 2년으로 정하였다.
ㄷ. 대통령 간선제를 직선제로 바꾸었다.
ㄹ. 계엄령 아래 국회에서 기립 표결로 통과되었다.

① ㄱ, ㄴ　② ㄱ, ㄷ　③ ㄴ, ㄷ
④ ㄴ, ㄹ　⑤ ㄷ, ㄹ

⑤

◆ 진보당 사건의 재심 무죄 판결

> 피고인은 …… 진보당 창당과 관련한 이 사건 재심 대상 판결로 사형이 집행되기에 이르렀는 바, 이 사건 재심에서 피고인에 대한 공소 사실 대부분이 무죄로 밝혀졌으므로 이제 뒤늦게나마 재심 판결로써 그 잘못을 바로잡고 …….
> – 대법원 판결문, 2011. 1. 20.

진보당 사건으로 사형을 당한 조봉암은 2011년에 이루어진 재심에서 무죄 판결을 받았다.

◆ 삼백 산업

흰색인 밀, 사탕수수, 면화 등을 원료로 하는 제분업, 제당업, 면방직 공업 등을 가리킨다. 1950년대에 삼백 산업 등 소비재 산업이 발달한 반면, 생산재 산업은 부진하여 공업 간 불균형이 심화되었다.

◆ 귀속 재산

미군정이 적산(적의 재산)으로 압류한 일본인 소유 재산이다. 정부 수립 이후 이승만 정부에 이관되었다.

◆ 정경 유착

정치인과 기업가 사이에 이루어지는 부도덕한 밀착 관계를 뜻한다. 이승만 정부는 원조 물자와 귀속 재산을 분배하는 과정에서 특정 기업인에게 특혜를 주었는데, 이 과정에서 몇몇 기업이 재벌로 성장하였다.

2. 반공 독재 체제 강화

(1) **배경**: 6·25 전쟁으로 분단 고착화 → 이승만 정부는 반공을 내세워 독재 체제 강화

(2) **이승만 정부의 반공 독재 체제 강화** 자료 ③

제3대 대통령 선거 이후 진보당을 창설하였어.

◆진보당 사건 조작	제3대 대통령 선거에서 무소속 대통령 후보 조봉암의 선전 → 이승만 정부가 반공을 앞세워 평화 통일을 주장한 진보당을 해산하고 조봉암을 사형시킴
국가 보안법 개정	간첩 색출을 명분으로 국가 보안법을 개정하여 비판 세력 탄압
감시 강화·언론 억압	국민반을 동 단위로 조직(주민 동원), 이승만 정부에 비판적이던 경향신문 폐간

└ 정부의 정책 선전, 선거 등에 동원되었어.

3. 전후 복구 사업 전개

(1) **6·25 전쟁 이후 한국 경제 상황**: 농토 황폐화, 대부분의 산업 시설 파괴, 식량과 생활필수품 부족, 화폐 가치 폭락으로 인한 물가 급등, 실업 문제

(2) **이승만 정부의 전후 경제 복구 노력** — 면직물, 설탕, 밀가루 등의 소비재 원료와 식량, 의복, 의약품 등의 생필품을 원조하였어.

내용	• 미국의 경제 원조: 미국의 대규모 원조를 기반으로 복구 산업 추진 → 소비재 중심의 2차 산업 성장 (◆삼백 산업), 철도 및 항만 보수, 시멘트·비료 공장 등 건설 → 일정 부분 경제 회복 자료 ④ • 전후 복구 자금 마련: ◆귀속 재산 민간 매각, 원조 물자 분배 등으로 전후 복구 자금 마련
한계	이승만 정부가 원조 물자를 기업에 분배하는 과정에서 특정 기업에 혜택이 편중되어 ◆정경 유착·독과점 발생, 미국의 값싼 농산물 유입으로 농산물 가격 폭락(→ 농촌 경제 악화)
위기	미국의 경제 불황 → 1950년대 말부터 점차 무상 원조가 유상 원조로 변화 → 경제 성장률 감소

4. 전후 생활 모습의 변화

어려운 여건에서도 많은 사람이 자녀 교육에 힘썼어.

(1) **인구의 도시 집중**: 피란민의 도시 이동 → 날품팔이로 생계 유지, 무허가 판잣집 증가

(2) **교육 기회 확대**: 초등학교 의무 교육제 시행, 중등학교 확대 → 문맹률이 낮아짐

(3) **반공 이념의 강화**: 전후 반공 이념의 강화 → 국민의 기본권 침해

(4) **공동체 의식의 약화**: 전쟁 과정에서 많은 사람이 고향을 떠나면서 대가족 중심의 전통적인 가족 질서와 공동체 의식 약화

예 공산주의자로 처벌받거나 월북한 사람들의 가족은 연좌제로 공무원이 될 수 없었어.

(5) **여성의 역할 증대**: 전쟁으로 많은 남성이 죽거나 다치면서 가정과 사회에서 여성의 책임과 역할 증대

(6) **서구식 대중문화 유입**: 서구식 대중문화가 유입되어 전통적인 가치관과 충돌

└ 전쟁에 참여한 미군 등을 통해 서구식 대중문화가 유입되었어.

이것이 핵심!

✳ 전후 북한의 정치와 경제

정치	전후 반대파 숙청 → 김일성 1인 독재 체제 강화
경제	천리마운동, 경제 개발 5개년 계획, 사회주의 경제 체제 확립

◆ 천리마운동

대중의 노동력을 동원하여 사회주의 경제를 건설하려는 운동이었다. 그러나 기술 혁신과 물질적 보상 등이 뒤따르지 않아 한계에 이르렀다.

③ 전후 북한의 정치와 경제

1. 김일성의 1인 독재 체제 강화

(1) **배경**: 스탈린 사후 소련에서 스탈린 개인숭배에 대한 비판 제기 → 김일성의 권력 독점과 경제 정책에 대한 비판 제기

(2) **전개**: 반대파를 숙청하여 김일성 1인 독재 체제 강화

└ 6·25 전쟁 직후 전쟁 실패의 책임을 물어 박헌영 등 국내 세력을 숙청하였고, 8월 전원 회의 사건(8월 종파 사건)으로 연안파와 소련파를 숙청하였다.

2. 전후 복구 노력과 사회주의 경제 체제 확립 자료 ⑤

(1) **북한의 전후 복구 노력**: 중국과 소련의 무상 원조, 기술 지원 등에 의존 → 전후 복구 3개년 계획 추진, ◆천리마운동 전개(대중의 노동력을 통한 생산성 향상 추구), 경제 개발 5개년 계획(1957~1961) 실시

(2) **사회주의 경제 체제 확립**: 개인 소유의 토지를 협동조합 소유로 전환, 개인 상공업을 생산 협동조합으로 전환 → 개인의 생산 수단 소유 금지

└ 사유 재산 제도를 부정하는 경제 체제야.

자료 ③ 이승만 정부의 반공 체제 강화

→ 언론의 자유 등 국민의 기본권을 침해하는 조항을 담고 있었어.

[국가 보안법(1959)]

제6조　국헌을 위배하여 정부를 참칭하거나 국가를 변란할 목적으로 결사 또는 집단을 구성한 자를 처벌한다.

제22조　헌법상의 기관에 대한 명예를 훼손한 자는 10년 이하의 징역에 처한다.

↑ 조봉암의 재판 모습

제3대 대통령 선거에서 무소속 후보였던 조봉암이 선전하자 이승만 정부는 평화 통일론을 주장하였던 조봉암과 진보당 간부들에게 간첩 혐의를 씌워 이들을 탄압하였다(진보당 사건). 진보당 사건으로 구속된 조봉암은 1959년에 사형당하였다. 또한 간첩 색출을 명분으로 국가 보안법을 개정하여 반대 세력을 탄압하고, 경향신문을 폐간하여 언론을 통제하였다.

자료 ④ 미국의 원조 경제

→ 미국의 원조가 감소하자, 많은 기업이 도산하고 실업률이 상승하였어.

'미국 국민이 기증한 밀로 제분된 밀가루', '팔거나 다른 물건과 바꾸지 말 것'이라고 적혀 있어.

35,000
(만 달러)
30,000
25,000
20,000
15,000
10,000
5,000
0

4,950 (1946)　11,651 (1949)　16,133 (1952)　23,671 (1955)　32,127 (1958)　19,925 (1961년)

(『경제 통계 연보』, 2018)

↑ 미국의 원조 추이

↑ 미국이 원조한 밀가루

6·25 전쟁 이후 한국 경제에 큰 영향을 끼쳤던 것은 미국의 경제 원조였다. 미국에서 대량의 농산물이 들어오면서 식량 문제는 다소 해결되었으나, 국내 농산물 가격이 폭락하여 농가 소득이 크게 줄었다. 또한 미국의 경제 불황으로 1950년대 말부터 원조가 감소하고 무상 원조가 유상 차관으로 바뀌면서 한국 경제가 어려워졌다.

자료 ⑤ 북한의 사회주의 경제 체제 확립

100
(%)
80

○─ 농가 호수 비율
▨ 경지 면적 비율

40

30

10

0

1953　1954　1955　1956　1957　1958(년)

(『북한 개요』, 2004)

↑ 협동조합에 편입된 농가와 경지 비율

└ 경작할 수 있는 토지

6·25 전쟁 이후 북한은 중국과 소련 등 사회주의 국가로부터 물자, 기술 등을 무상으로 지원받았다. 이를 토대로 북한은 전후 복구와 사회주의 경제 건설을 추진하였다. 1956년부터 천리마운동을 전개하였고, 1957년부터 경제 개발 5개년 계획을 추진하여 본격적인 사회주의 경제 건설에 나섰다. 먼저 농업과 상공업의 집단화 작업을 추진하였는데, 농토와 생산 수단은 개인 소유를 허용하지 않고 협동조합이 소유하도록 하는 등의 정책을 실시하여 사회주의 경제 체제를 확립해 나갔다.

내 옆의 선생님

문제로 확인할까?

이승만 정부가 반공 독재 체제를 강화하려고 추진한 정책으로 옳지 않은 것은?

① 경향신문을 폐간하였다.
② 진보당 사건을 일으켰다.
③ 국가 보안법을 개정하였다.
④ 국민반을 동 단위로 조직하였다.
⑤ 한미 상호 방위 조약을 체결하였다.

⑤ 답

자료 하나 더 알고 가자!

미국의 원조에 따른 원면 소비량 변화

120,000
(천 파운드)
100,000
80,000
60,000
40,000
20,000
0

▨ 국내산　▨ 외국산

1955: 국내산 2,210, 외국산 66,408
1956: 국내산 1,723, 외국산 76,905
1957: 국내산 110, 외국산 105,271
1958(년): 국내산 80, 외국산 110,690

(한국개발연구원, 1995)

↑ 원면 소비량

미국의 원조로 값싼 미국산 면화가 대량으로 들어오면서 국내산 면화 사용이 크게 줄어들었다.

자료 하나 더 알고 가자!

천리마운동 포스터

북한은 천리마를 탄 기세로 노동 생산력을 높이자는 천리마운동을 전개하였다.

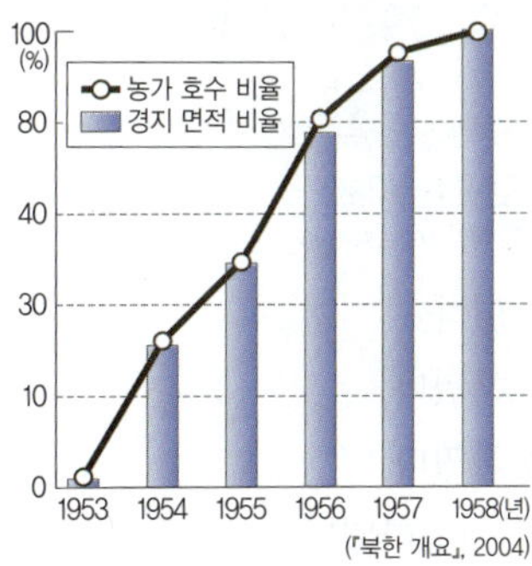
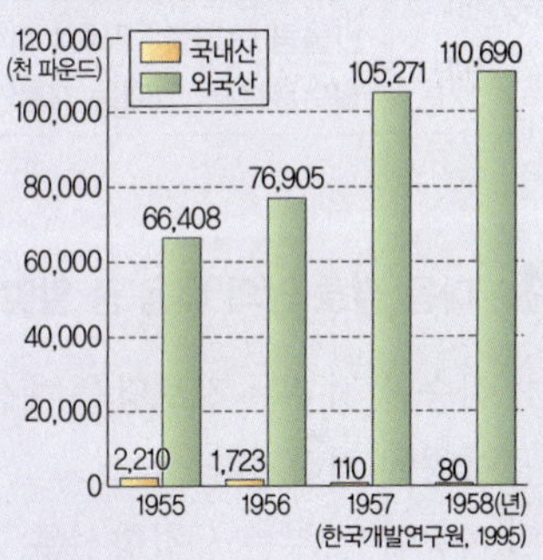

1 다음을 6·25 전쟁 중에 일어난 순서대로 나열하시오.

> (가) 중국군의 참전   (나) 정전 협정 체결
> (다) 북한의 기습 남침   (라) 인천 상륙 작전 전개

2 6·25 전쟁 이후 (   )이 체결되어 주한 미군이 남한 곳곳에 배치되었다.

3 다음은 남한에서 이루어진 개헌안을 정리한 표이다. (가), (나)에 들어갈 개헌의 명칭을 각각 쓰시오.

개헌안	내용
(가)	비상계엄을 선포한 후 대통령 직선제 개헌안 통과
(나)	반올림 논리를 내세워 개헌 당시의 대통령에 한해서 연임 횟수 제한을 없애는 개헌안 통과

4 다음 괄호 안의 내용 중 알맞은 말에 ○표를 하시오.

(1) 이승만 정부는 진보당을 해산하고 (여운형, 조봉암)을 사형에 처하였다.

(2) 이승만 정부는 (경향신문, 조선일보)을/를 폐간하는 등 언론을 통제하였다.

(3) 미국의 국무 장관 (애치슨, 트루먼)은 한국과 타이완이 미국의 태평양 방위선에 포함되지 않는다고 발표하였다.

5 다음 설명이 맞으면 ○표, 틀리면 ×표를 하시오.

(1) 6·25 전쟁 이후 생활 여성의 역할이 축소되었다.

               (   )

(2) 6·25 전쟁 이후 정부는 중등학교를 늘려 교육 기회를 확대하였다.   (   )

(3) 6·25 전쟁 이후 한국은 미국의 경제 원조로 삼백 산업이 발달하였다.   (   )

6 북한은 대중의 노동력 동원을 바탕으로 사회주의 경제를 건설하기 위해 (   )을 실시하였다.

---

01 다음 선언이 발표된 이후 국내의 정치적 상황으로 가장 적절한 것은?

> 이 방위선은 알류샨 열도에서 일본을 거쳐 오키나와, 필리핀 군도로 이어진다. …… 기타 태평양 지역은 …… 군사적 공격으로부터 안전을 보장할 수 없다는 점을 명백히 밝힌다.

① 유엔군이 남한에 처음 파병되었다.
② 북한의 남침으로 6·25 전쟁이 발발하였다.
③ 미국이 군정청을 설치하여 남한 지역을 직접 통치하였다.
④ 이승만이 정읍에서 남한만의 단독 정부 수립을 주장하였다.
⑤ 김구와 김규식이 남북한 정치 지도자들 간 협상을 제안하였다.

★중요
02 다음 지도는 6·25 전쟁의 전개를 나타낸 것이다. (가), (나) 시기 사이에 있었던 사실로 옳은 것은?

(가)   (나)

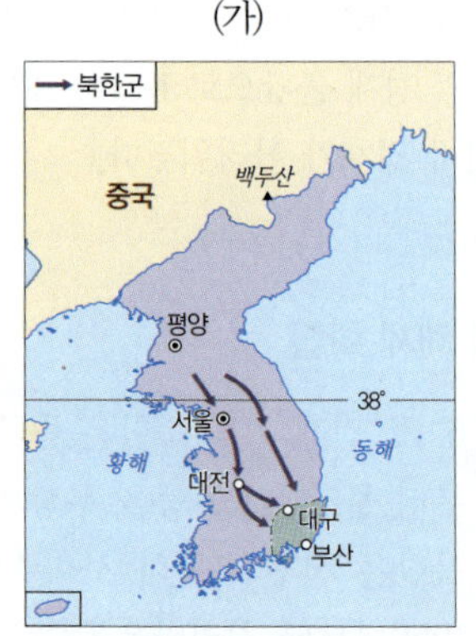

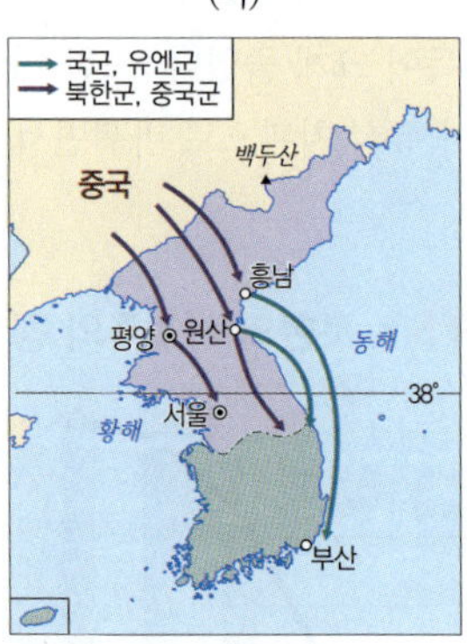

① 소련이 정전 회담을 제안하였다.
② 미국이 애치슨 선언을 발표하였다.
③ 반민족 행위 처벌법을 제정하였다.
④ 이승만 정부가 반공 포로를 석방하였다.
⑤ 국군과 유엔군이 인천 상륙 작전을 감행하였다.

03 밑줄 친 '협정'에 대한 설명으로 옳은 것만을 〈보기〉에서 고른 것은?

사진은 1953년 7월 27일 체결된 협정의 서명 부분이다. 서명에는 유엔군, 북한군, 중국군 사령관이 참여하였다.

┤보기├
ㄱ. 미국의 제안으로 논의가 시작되었다.
ㄴ. 포로 송환 문제로 인해 체결이 지연되었다.
ㄷ. 군사 분계선을 확정하고 비무장 지대를 설정하였다.
ㄹ. 미국의 극동 방위선을 조정한 애치슨 선언에 영향을 주었다.

① ㄱ, ㄴ ② ㄱ, ㄷ ③ ㄴ, ㄷ ④ ㄴ, ㄹ ⑤ ㄷ, ㄹ

04 🔺중요
다음과 같은 인명 피해를 낸 전쟁의 영향으로 옳은 것만을 〈보기〉에서 고른 것은?

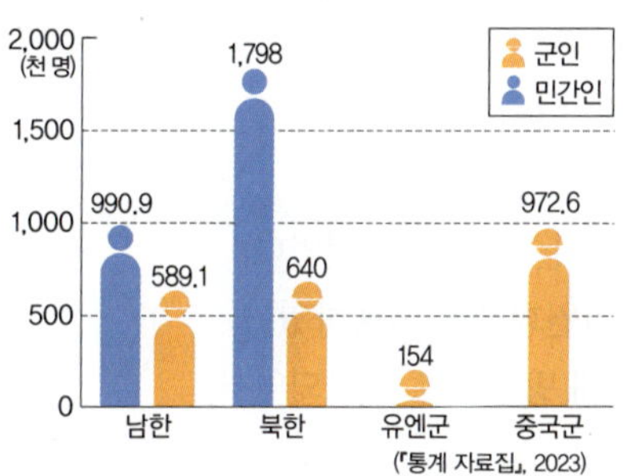

┤보기├
ㄱ. 남한에서 미군이 철수하였다.
ㄴ. 한미 상호 방위 조약이 체결되었다.
ㄷ. 중국의 북한에 대한 영향력이 커졌다.
ㄹ. 조선 의용군이 북한 인민군에 편입되었다.

① ㄱ, ㄴ ② ㄱ, ㄷ ③ ㄴ, ㄷ ④ ㄴ, ㄹ ⑤ ㄷ, ㄹ

04-1 🔴하나 더!
위와 같은 인명 피해를 낸 전쟁 중에 볼 수 있는 모습으로 적절하지 않은 것은?

① 인천 상륙 작전을 지휘하는 맥아더
② 포로 수용소에서 석방되는 반공 포로
③ 정전 협상장에 들어가는 유엔군 사령관
④ 한미 상호 방위 조약 체결 소식을 보도하는 기자
⑤ 흥남항을 통해 대규모 철수를 단행하는 국군과 유엔군

05 이승만 정부의 반공 독재 체제 강화를 주제로 한국사 신문을 만들 때 그 제목으로 적절하지 않은 것은?

① 국가 보안법, 어떻게 개정되나?
② 전격 분석, 진보당이 해산당한 이유
③ 경향신문 폐간에 대한 국민들의 반응은?
④ 동 단위의 국민반에 편성된 주민과의 인터뷰
⑤ 대가족 중심의 공동체 의식은 왜 약화되었나?

06 밑줄 친 '개헌안'에 대한 설명으로 옳은 것은?

이승만 정부는 제2대 국회 의원 선거의 결과 대통령에 재선될 가능성이 낮아지자, 1952년에 개헌안을 토론 없이 기립 투표로 통과시켰다.

① 대통령 직선제를 규정하였다.
② 제헌 국회에서 제정된 헌법이다.
③ 초대 대통령의 연임 횟수에 제한을 두지 않았다.
④ 국회에서 대통령과 부통령을 선출하기로 결정하였다.
⑤ 국회의 의결 정족수에 1명이 모자라 부결이 선언되었다.

07 다음 개헌안에 대한 설명으로 옳은 것은?

제55조 1항	대통령과 부통령의 임기는 4년으로 한다. 단, 재선에 의하여 1차 중임할 수 있다.
부칙	이 헌법 공포 당시의 대통령에 대해서는 제55조 1항의 단서의 제한을 적용하지 아니한다.

① 대통령 직선제를 목표로 하였다.
② 제헌 국회의 의원들이 통과시켰다.
③ 조봉암의 당선을 위해 추진되었다.
④ 사사오입의 논리를 내세워 통과되었다.
⑤ 반민 특위의 활동이 축소되는 계기가 되었다.

08 (가), (나) 시기 사이에 있었던 사실로 옳은 것만을 〈보기〉에서 고른 것은?

> (가) 이승만이 지지 세력을 결집하여 자유당을 창당하였다.
> (나) 민주당 후보 장면이 자유당 후보인 이기붕을 누르고 부통령에 당선되었다.

┤보기├
ㄱ. 국가 보안법을 개정하였다.
ㄴ. 사사오입 개헌안이 통과되었다.
ㄷ. 제2대 국회 의원 선거가 실시되었다.
ㄹ. 이승만이 제2대 대통령으로 당선되었다.

① ㄱ, ㄴ   ② ㄱ, ㄷ   ③ ㄴ, ㄷ
④ ㄴ, ㄹ   ⑤ ㄷ, ㄹ

★ 중요
09 밑줄 친 '그'에 대한 설명으로 옳은 것은?

> 1956년 제3대 대통령 선거에서 이승만은 대통령에 당선되었지만 무소속 대통령 후보였던 그가 유효 표의 30% 가량을 얻으며 돌풍을 일으켰다. 이에 위기를 느낀 이승만 정부는 그가 평화 통일을 주장하고 간첩과 접선하여 정치 자금을 받았다는 혐의를 씌워 사형에 처하였다.

① 진보당을 창당하였다.
② 한국 민주당을 결성하였다.
③ 반민 특위의 위원장을 지냈다.
④ 좌우 합작 7원칙을 발표하였다.
⑤ 조선 건국 준비 위원회를 조직하였다.

하나 더!
09-1 이승만 정부가 위 사건을 일으킨 목적으로 가장 적절한 것은?

① 헌법의 개정
② 독재 체제 강화
③ 반민족 행위자 처벌
④ 남한 단독 정부 수립
⑤ 전후 복구 사업 추진

10 (가)에 들어갈 내용으로 가장 적절한 것은?

> **탐구 활동 계획서**
> 1. 주제: (가)
> 2. 탐구 활동
>   (1) 연안파의 김무정이 숙청된 이유를 조사한다.
>   (2) 소련파의 허가이가 죽은 이유를 알아본다.
>   (3) 박헌영 등 국내파의 숙청 과정을 파악한다.

① 반공 체제의 강화   ② 6·25 전쟁의 배경
③ 천리마운동의 전개   ④ 사회주의 경제 건설 추진
⑤ 김일성의 독재 권력 강화

11 밑줄 친 '이 운동'에 대한 설명으로 옳은 것은?

> **한국사 퀴즈 대본**
> 북한은 1956년부터 하루에 천 리를 달린다는 천리마의 속도로 사회주의 경제를 건설하자는 운동을 전개하였습니다. 이 운동의 명칭은 무엇일까요?

① 농촌의 문맹 퇴치에 기여하였다.
② 대중의 노동력을 강제 동원하였다.
③ '내 살림 내 것으로'라는 구호를 내걸었다.
④ 북조선 임시 인민 위원회에서 시행하였다.
⑤ 무상 몰수·무상 분배 방식으로 실시되었다.

12 밑줄 친 '전후 복구 사업'의 사례로 옳은 것만을 〈보기〉에서 고른 것은?

> 6·25 전쟁으로 한국 경제는 막대한 피해를 입었다. 이에 이승만 정부는 경제 재건을 목표로 전후 복구 사업을 추진하였다.

┤보기├
ㄱ. 농지 개혁법을 제정하였다.
ㄴ. 귀속 재산을 민간에 매각하였다.
ㄷ. 경제 개발 5개년 계획을 추진하였다.
ㄹ. 원조로 들어온 물자를 기업에 배정하였다.

① ㄱ, ㄴ   ② ㄱ, ㄷ   ③ ㄴ, ㄷ
④ ㄴ, ㄹ   ⑤ ㄷ, ㄹ

13 교사의 질문에 대한 학생의 답변으로 적절한 것만을 〈보기〉에서 고른 것은?

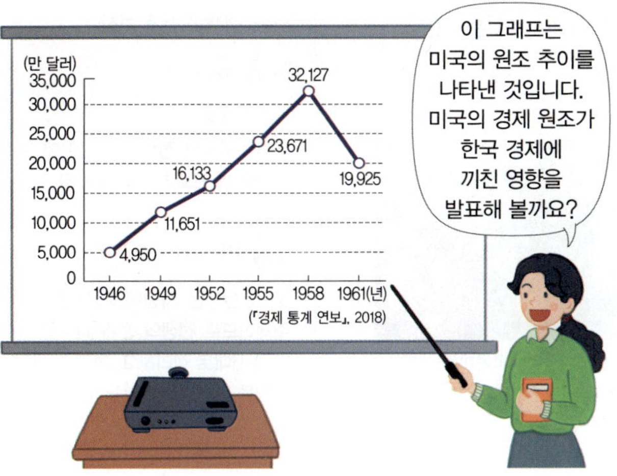

┤보기├
ㄱ. 삼백 산업이 발달하였어요.
ㄴ. 농가 소득이 크게 늘었어요.
ㄷ. 식량 문제가 다소 해결되었어요.
ㄹ. 국내산 면화 사용이 크게 늘었어요.

① ㄱ, ㄴ ② ㄱ, ㄷ ③ ㄴ, ㄷ
④ ㄴ, ㄹ ⑤ ㄷ, ㄹ

14 (가)에 들어갈 내용으로 적절하지 <u>않은</u> 것은?

① 반공 이념이 강화되었어.
② 서구식 대중문화가 유입되었어.
③ 어려운 여건 속에서 문맹률이 높아졌어.
④ 가정과 사회에서 여성의 역할과 책임이 커졌어.
⑤ 전통적인 가족 질서와 공동체 의식이 약화되었어.

서술형 문제

01 다음 개헌안의 명칭을 쓰고, 이 개헌안과 기존 헌법의 차이점을 비교하여 서술하시오.

> 제31조　입법권은 국회가 행한다. 국회는 민의원과 참의원으로써 구성한다.
> 제53조　대통령과 부통령은 국민의 보통, 평등, 직접, 비밀 투표에 의하여 각각 선거한다.　－1952

(1) 초성을 참고하여 서술형 답안에 들어갈 내용을 써 보자.

답안 키워드　ㅂㅊㄱㅎㅇ　ㄷㅌㄹㄱㅅㅈ　ㄷㅌㄹㅈㅅㅈ

(2) (1)의 내용을 포함하여 서술형 답안을 작성해 보자.

____

____

02 다음 조약의 명칭을 쓰고, 이 조약의 체결 결과를 서술하시오.

> 4조　상호 합의에 의해 미합중국의 육군, 해군과 공군을 대한민국의 영토 내와 그 부근에 배치하는 권리를 대한민국은 허락하고 미합중국은 수락한다.

03 다음 포스터와 관련된 운동의 명칭을 쓰고, 이 운동의 목적과 한계를 서술하시오.

1등급 정복하기

01 (가) 전쟁이 전개된 시기에 볼 수 있는 모습으로 적절한 것만을 〈보기〉에서 고른 것은?

(가) 사진전

↑ 서울에 들어온 북한군

↑ 인천 상륙 작전을 지휘하는 맥아더

↑ 중국군의 공세로 피란하는 사람들

┌ 보기 ┐
ㄱ. 수용소에서 석방되는 반공 포로들
ㄴ. 발췌 개헌안 통과 소식을 알리는 기자
ㄷ. 미국의 태평양 방위선을 발표하는 애치슨
ㄹ. 한미 상호 방위 조약을 체결하는 당국자들

① ㄱ, ㄴ   ② ㄱ, ㄷ   ③ ㄴ, ㄷ
④ ㄴ, ㄹ   ⑤ ㄷ, ㄹ

최고난도

02 (가), (나) 헌법에 대한 설명으로 옳지 <u>않은</u> 것은?

(가) 제31조	입법권은 국회가 행한다. 국회는 민의원과 참의원으로 구성한다.	
제53조	대통령과 부통령은 국민의 보통, 평등, 직접, 비밀 투표에 의하여 각각 선거한다.	
(나) 제55조 1항	대통령과 부통령의 임기는 4년으로 한다. 단, 재선에 의하여 1차 중임할 수 있다. 대통령이 궐위된 때에는 부통령이 대통령이 되고 잔임 기간 중 재임한다.	
부칙	이 헌법 공포 당시의 대통령에 대하여는 제55조 1항 단서의 제한을 적용하지 아니한다.	

① (가) – 6·25 전쟁 중에 공포되었다.
② (가) – 사사오입의 논리를 내세워 개헌안을 통과시켰다.
③ (나) – 초대 대통령의 중임 제한을 철폐하였다.
④ (나) – 여당이었던 자유당이 제출하여 통과시켰다.
⑤ (가), (나) – 이승만의 장기 집권을 위해 제정되었다.

◆ 6·25 전쟁의 전개 과정

완자 사전

■ 반공 포로
공산주의에서 전향하여 남한에 남기를 바라는 포로를 가리키는 말

완자쌤의 시험꿀팁

6·25 전쟁은 시험에 자주 출제되는 주제이므로 전쟁의 전개 과정을 일어난 순서대로 정리하고, 전쟁의 배경과 영향을 구분하여 파악해야 한다.

◆ 이승만의 장기 독재

완자 사전

■ 중임(重任)
임기가 끝나거나 임기 중에 개편이 있을 때 거듭 그 자리에 임용함

■ 궐위(闕位)
어떤 직위나 관직 따위가 빔 또는 그런 자리

완자쌤의 시험꿀팁

헌법 조항을 토대로 당시 정세나 정부의 정책을 묻는 문제가 종종 출제된다. 이승만 정부 시기의 발췌 개헌과 사사오입 개헌을 비롯하여 이후에 이루어지는 헌법 개정의 주요 내용 및 개헌의 배경을 확인해 둔다.

수능 첫걸음

| 2021 9월 모평 |

다음 협정으로 중단된 전쟁 중에 있었던 사실로 옳지 <u>않은</u> 것은?

> **제1조 군사 분계선과 비무장 지대**
>
> 제1항 한 개의 군사 분계선을 확정하고 쌍방이 이 선으로부터 각기 2km씩 후퇴함으로써 적대 군대 간에 한 개의 비무장 지대를 설정한다. 한 개의 비무장 지대를 설정하여 이를 완충 지대로 함으로써 적대 행위의 재발을 초래할 수 있는 사건의 발생을 방지한다.
>
> ……
>
> 1953년 7월 27일 10:00시에 한국 판문점에서 영문·한국문·중국문으로 작성한다. 이 3개 국어의 각 협정 본문은 동등한 효력을 가진다.

① 중국군이 참전하였다.
② 조선 건국 동맹이 결성되었다.
③ 인천 상륙 작전이 실시되었다.
④ 국회에서 발췌 개헌안이 통과되었다.
⑤ 국군과 유엔군이 압록강까지 진출하였다.

대표 유형 문제 풀이

※ 빈칸을 채우며 문제 풀이에 접근해 보세요!

▨ 1단계 / 자료 분석하기

자료에서 군사 분계선과 비무장 지대 등을 통해 해당 전쟁이 ❶   (1950~1953)임을 파악한다.

▨ 2단계 / 정답 개념 연결하기

조선 건국 동맹은 ❷   이전인 1944년에 여운형 등이 결성한 단체이다.

▨ 3단계 / 오답 개념 피하기

6·25 전쟁 때 인천 상륙 작전(③)으로 전세를 역전한 국군과 유엔군이 압록강까지 진출(⑤)하자, 중국군이 참전(①)하였다. 한편, 이승만 정부는 1952년 대통령 ❸   를 주요 내용으로 하는 발췌 개헌안을 통과시켰다(④).

| 정답친해 33쪽

| 2020 수능 응용 |

(가)에 들어갈 내용으로 옳은 것은?

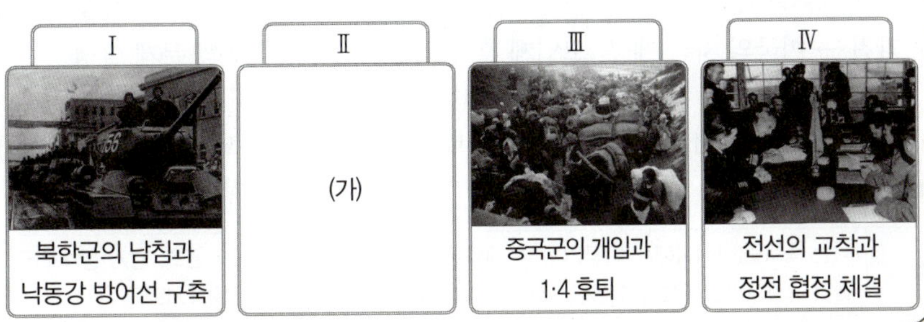

〈수행 평가: 한국사 카드 만들기〉

6·25 전쟁의 전개 과정

3학년 ○반 ○모둠

○ 제작 의도: 6·25 전쟁 중 있었던 주요 사건들을 시간순으로 알아보고 전쟁의 참상과 평화의 소중함을 생각해 본다.

① 여수·순천 10·19 사건 발생
② 인천 상륙 작전과 서울 수복
③ 5·10 총선거와 제헌 국회 구성
④ 운요호 사건과 강화도 조약 체결
⑤ 반민족 행위 특별 조사 위원회 조직

1등급 전략

6·25 전쟁의 전개 과정과 영향을 정리해야 한다. 특히 6·25 전쟁의 지도나 사진 등의 자료와 사료를 전개 과정에 맞게 파악해 두어야 한다.

출제 전망

- **전망1** 6·25 전쟁 과정에서 일어난 주요 사건을 묻는 문제가 출제될 수 있다.
- **전망2** 6·25 전쟁의 배경과 영향을 묻는 문제가 출제될 수 있다.

03 민주화를 위한 노력

이것이 핵심!

✳ 4·19 혁명

배경	이승만의 독재 정치, 3·15 부정 선거
전개	3·15 의거 → 대규모 시위 → 대학교수들의 시국 선언
결과	이승만 대통령 하야(이승만 정부 붕괴)

◆ 3·15 부정 선거

이승만 정부와 자유당이 이기붕을 부통령으로 당선시키기 위해 4할 사전 투표, 대리 투표, 투표함 바꿔치기 등의 부정행위를 대대적으로 저질렀다.

---

① 4·19 혁명과 장면 정부

1. 4·19 혁명(1960) [다 잡는 자료]

배경	이승만 정부의 독재 정치, 경제 침체, ◆3·15 부정 선거
전개	각지에서 부정 선거 규탄 시위 → 마산 시위에서 경찰의 발포로 사상자 발생(3·15 의거) → 김주열의 시신 발견 → 전국으로 시위 확산 → 고려대 학생 피습(4. 18.) → 대규모 시위 전개(4. 19.), 경찰의 무차별 총격, 정부의 비상계엄 선포 → 대학교수들의 시국 선언 발표(4. 25.) → 이승만 대통령의 하야(4. 26.)
의의	학생과 시민의 힘으로 독재 정권을 무너뜨린 민주주의 혁명

> 꼭! 김주열 학생은 경찰이 쏜 최루탄에 맞아 숨졌어. 경찰은 이를 은폐하기 위해 시신을 마산 앞바다에 버렸는데, 이 시신이 며칠 뒤에 발견되면서 시민의 분노가 폭발하였지.

2. 장면 정부

출범	이승만 하야 후 허정 과도 정부 수립 → 헌법 개정(내각 책임제, 양원제 국회) → 장면 정부 출범(1960)
활동	경제 개발 5개년 계획 마련, 국토 건설 사업 추진, 각계각층의 민주화 요구 및 통일 논의 활성화
한계	민주당 내 정치 갈등 심화, 정부가 민주화 요구와 통일 논의에 소극적 대처

> 총선거에서 민주당이 크게 승리하였어. 국회는 윤보선을 대통령으로 선출하였고, 장면이 국무총리로 취임하여 내각을 구성하였어.

> 제주 4·3 사건의 진상 규명과 3·15 부정 선거의 책임자 처벌을 제대로 하지 못하였고, 민주화를 요구하는 시민운동을 억누르기도 하였어.

> 예 남북 학생 회담 지지 집회(1961)

이것이 핵심!

✳ 박정희 정부

성립	5·16 군사 정변으로 정권 장악 → 개헌 후 박정희 대통령 당선
정책	한일 협정 체결, 베트남 파병, 3선 개헌, 유신 체제 수립
붕괴	유신 반대 운동 확산 → 10·26 사태로 붕괴

◆ 브라운 각서(1966)

- 한국에 있는 대한민국 국군의 현대화 계획을 위하여 수년 동안 상당량의 장비를 제공한다.
- 이미 약속한 바 있는 1억 5,000만 달러 차관에 추가하여 차관을 제공한다.

주한 미국 대사 브라운과 한국 외무 장관이 체결한 각서로 베트남 추가 파병에 대한 미국의 지원 내용이 담겨 있다.

---

② 박정희 정부와 유신 체제

1. 5·16 군사 정변(1961. 5. 16.)
> 반공을 국가의 기본 방침으로 내걸었으며, 민정 이양을 약속하였어.

(1) **발생**: 박정희를 중심으로 한 군인 세력이 정변을 일으켜 정권 장악

(2) **군정 실시**: '혁명 공약' 발표, 비상계엄 선포 → 국가 재건 최고 회의를 통해 군정 실시, 중앙정보부 설치
> 정보를 수집하고 비판 세력을 사찰하였어.

(3) **민정 이양**: 헌법 개정(대통령 중심제, 단원제 국회) → 박정희가 대통령에 당선(1963)
> 민주 공화당 후보로 출마하였어.

2. 박정희 정부
> 군사 정부는 비밀리에 민주 공화당을 창당한 후 헌법을 개정하였어.

(1) **한일 국교 정상화**: 정부의 경제 개발 자금 마련 추진 → 학생과 시민의 한일 회담 반대 시위 전개(6·3 시위, 1964) → 정부의 휴교령·계엄령 선포, 시위 진압 → 한일 협정 체결(1965) → 경제 개발 자금 일부 획득, 과거사 문제 미해결 [자료 ❶]
> 예 식민 지배에 대한 사과, 일본군 '위안부'와 원폭 피해자 등에 대한 배상, 독도 문제 등이 제대로 해결되지 못하였어.

(2) **베트남 파병(1964~1973)**: 미국의 베트남 전쟁 파병 요청 → ◆브라운 각서 체결, 베트남에 국군 파견 → 미국의 차관 제공, 고엽제 후유증과 라이따이한 등의 문제 발생
> 한국인과 베트남인 사이의 혼혈인이야.

(3) **3선 개헌**: 대통령의 3회 연임을 허용하는 개헌 추진 → 3선 개헌 반대 운동 → 3선 개헌안이 편법적으로 통과(1969) → 제7대 대통령 선거에서 박정희의 대통령 당선(1971)

3. 유신 체제의 성립 [자료 ❷]
> 꼭! 반공과 경제 성장을 강조하며 정권을 유지하던 박정희 정부에게 불리하게 작용하였지.

배경	닉슨 독트린(아시아에서 미국의 군사 개입 축소) 발표 이후 냉전 체제 완화, 경기 침체로 국민의 불만 고조, 야당의 정치적 성장, 대북 정책 변경(7·4 남북 공동 성명 발표, 1972)
성립	비상계엄 선포와 국회 해산 → 비상 국무 회의가 마련한 헌법 개정안(유신 헌법)을 국민 투표로 확정(10월 유신, 1972) → 통일 주체 국민 회의에서 박정희를 대통령으로 선출
유신 헌법의 내용	대통령 임기 6년, 중임 제한 규정 철폐, 간접 선거로 대통령 선출, 대통령이 입법·사법·행정권 장악(국회 의원 3분의 1 추천권, 국회 해산권, 대법원장과 법관 인사권 등), 긴급 조치권 부여

> 박정희의 영구 집권을 가능하게 하여 독재 체제를 뒷받침하였어.

📖 **내 교과서** · 비상, 동아, 리베르, 미래엔, 씨마스, 지학사, 천재, 해냄 교과서에서 '4·19 혁명' 자료를 다루고 있어요.

내신과 수능을 **다 잡는 자료** ✦   4·19 혁명

→ 4·19 혁명 당시의 시위를 가리켜.

- 시간이 없는 관계로 어머님을 뵙지 못하고 떠납니다. …… 데모에 나간 저를 책하지 마시옵소서. …… 저는 아직 철없는 줄 압니다. 그러나 국가와 민족을 위하는 길이 어떻다는 것을 알고 있습니다.   — 한성여자중학교 진영숙이 어머니께 남긴 편지, 1960. 4. 19.
- 1. 마산, 서울, 기타 각지의 학생 데모는 …… 학생들의 순진한 정의감의 발로이며 부정과 불의에 항거하는 민족정기의 표현이다.
- 5. 3·15 선거는 부정 선거이다. 공명선거에 의하여 정부통령 선거를 다시 시행하라.

  └ 3·15 부정 선거를 규탄하였어.   — 대학교수들의 시국 선언문, 1960. 4. 25.

대학교수들은 '학생들의 숭고한 피에 보답하라.'라고 말하며 시위에 참여하였어.

4·19 혁명 당시 이승만 정부는 계엄령을 선포하고 군대를 동원하였지만, 학생과 시민의 자발적인 참여와 저항을 막을 수 없었다. 대학교수들도 이승만의 퇴진을 요구하였다. 결국 이승만은 대통령직에서 물러난 뒤, 미국으로 망명하였다.

빈출 선택지로 점검하기

» 초성을 참고하여 4·19 혁명에 대한 선택지를 옳게 고쳐 보자.

- 유신 체제를 규탄하는 시위가 일어났다.

  → 3·15 ㅂㅈ ㅅㄱ
- 마산 앞바다에서 어한열의 시신이 발견되었다.

  → ㄱㅈㅇ
- 장면 정부를 시민의 힘으로 무너뜨린 민주주의 혁명이었다.

  → ㅇㅅㅁ

답 3·15 부정 선거, 김주열, 이승만

함께 보기 · 내신 만점 공략하기 01번, 서술형 문제 02번

→ 한일 협정은 한일 기본 조약과 이에 따른 부속 협정을 모두 일컫는 말이야.

자료 ①   한일 협정(한일 기본 조약, 1965)

제1조	양국은 외교 및 영사 관계를 수립하고, 대사급 외교 사절을 지체 없이 교환하며, 합의된 장소에 영사관을 설치한다.
제2조	1910년 8월 22일 및 그 이전에 대한 제국과 일본 제국 간에 체결된 모든 조약 및 협약이 이미 무효임을 확인한다.
제3조	대한민국 정부가 유엔 총회 결의 제195호에 명시된 바와 같이 한반도에서 유일한 합법 정부임을 확인한다.

우리나라는 한국 병합 조약에 따른 식민 지배 자체가 무효라고 해석하고 있고, 일본은 한국 병합 조약은 합법적인 것이지만 제2차 세계 대전에서 일본이 패배하였기 때문에 이것이 무효화되었다고 해석하고 있어.

한일 협정에 따라 한국과 일본은 정식으로 국교를 맺게 되었으며, 한국은 경제 개발 자금을 일부 마련할 수 있었다. 그러나 한일 기본 조약에는 양국의 미래 지향적 관계 설정을 위해 꼭 필요한 일본의 식민 지배에 대한 사죄와 배상에 관한 내용은 담겨 있지 않았다.

자료 하나 더 알고 가자!

재산 및 청구권과 경제 협력에 관한 협정

제1조	일본은 한국에 10년에 걸쳐 무상 3억 달러와 유상 2억 달러(연 이율 3.5%, 7년 거치를 포함하여 20년 상환)를 제공한다.
제2조	양국과 그 국민의 재산·권리 및 이익과 청구권에 관한 문제가 완전히 그리고 최종적으로 해결된 것을 확인한다. — 1965. 12.

박정희 정부는 이 협정을 통해 대일 청구권을 포기하였지만, 2018년 대법원은 일본군 '위안부', 강제 징용 피해자의 개인 청구권은 여전히 유효하다고 판결하였다.

자료 ②   유신 헌법(1972. 12. 27.)

→ 대통령이 입법부(국회)와 사법부(법원)의 인사권을 가지게 되면서 헌법 위에 군림하는 존재가 되었어.

제39조	대통령은 통일 주체 국민 회의에서 토론 없이 무기명 투표로 선거한다.
제40조	통일 주체 국민 회의는 국회 의원 정수의 3분의 1에 해당하는 수를 선거한다.
제53조	대통령은 천재지변 또는 중대한 재정·경제상의 위기에 처하거나, 국가의 안전 보장 또는 공공의 안녕질서가 중대한 위협을 받거나 받을 우려가 있어, 신속한 조치를 할 필요가 있다고 판단할 때에는 내정·외교·국방·경제·재정·사법 등 국정 전반에 걸쳐 필요한 긴급 조치를 할 수 있다. → 대통령의 긴급 조치권을 규정하였어.

유신 헌법의 제정으로 대통령 직선제가 대통령 간선제로 바뀌었다. 통일 주체 국민 회의에서 선출되는 대통령은 임기가 6년이었고, 중임 제한이 없어 종신 집권이 가능하였다. 또한 대통령은 국회 의원 3분의 1의 추천권과 국회 해산권을 행사할 수 있었으며, 대법원장과 법관의 인사권을 부여받아 사법부도 장악하였다. 이로써 삼권 분립은 무력화되었다.

문제로 확인할까?

유신 헌법에 대한 설명으로 옳은 것만을 〈보기〉에서 고른 것은?

보기

ㄱ. 대통령 직선제를 채택하였다.
ㄴ. 내각 책임제를 골자로 하였다.
ㄷ. 대통령 임기를 6년으로 하였다.
ㄹ. 대통령에게 긴급 조치권을 부여하였다.

① ㄱ, ㄴ   ② ㄱ, ㄷ
③ ㄴ, ㄷ   ④ ㄴ, ㄹ
⑤ ㄷ, ㄹ

답 ⑤

◆ YH 무역 사건
1979년 8월에 YH 무역의 부당한 폐업 공고에 항의하며 신민당사에서 농성 중인 여성 노동자들을 박정희 정부가 강제 진압한 사건이다.

◆ 2차 인혁당 사건
중앙정보부가 전국 민주 청년 학생 총연맹(민청학련)의 배후에 북한의 지령에 따라 국가 전복을 노리는 인민 혁명당 재건 위원회가 있다고 주장하며 관련자들을 처벌한 사건이다.

4. 유신 체제의 전개와 붕괴

(1) 유신 체제에 대한 저항과 탄압

저항	헌법 개정 청원 100만인 서명 운동(1973), 천주교 신부들의 천주교 정의 구현 전국 사제단 발족, 기자들의 언론 자주 수호 운동, 3·1 민주 구국 선언(1976), ◆YH 무역 사건에 항의한 김영삼이 국회 의원직에서 제명당한 일을 계기로 부마 민주 항쟁 전개 (자료 3)
탄압	긴급 조치로 시위 탄압, 김대중 납치 사건(1973), ◆2차 인혁당 사건 조작 등

중앙정보부가 유신 반대 운동을 준비하던 김대중을 납치하자, 장준하 등이 개헌을 요구하며 전개한 서명 운동이야.

1979년 10월에 김영삼의 정치적 근거지였던 부산과 마산에서 시민들이 전개한 유신 반대 운동이야.

(2) 유신 체제의 붕괴

위기	1978년 총선거에서 야당이 여당보다 높은 득표율 획득, 제2차 석유 파동으로 경제 침체
붕괴	부마 민주 항쟁 진압을 둘러싸고 정권 내부의 갈등 발생 → 10·26 사태로 유신 정권 붕괴(1979)

박정희 대통령이 중앙정보부장 김재규에게 피살당하였어.

❋ 5·18 민주화 운동과 6월 민주 항쟁

5·18 민주화 운동	광주에서 신군부 퇴진, 계엄령 철회 시위 → 계엄군의 투입 → 시민군 조직 → 계엄군의 진압
6월 민주 항쟁	학생과 시민들의 호헌 철폐, 독재 타도 주장 → 6·29 민주화 선언

◆ 유네스코 세계 기록 유산에 등재된 5·18 민주화 운동 기록물

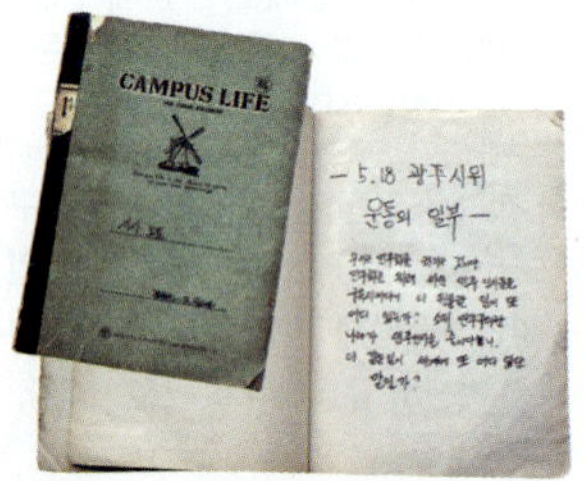
⬆ 5·18 민주화 운동 당시 고등학생의 일기

5·18 민주화 운동 기록물은 한국뿐 아니라 동아시아의 민주화에 기여한 가치를 인정받아 2011년에 유네스코 세계 기록 유산으로 등재되었다.

◆ 박종철 고문치사 사건
1987년 1월 서울 대학교 학생 박종철이 경찰의 고문을 받다가 숨진 사건이다. 경찰은 "책상을 탁 치자 억하고 죽었다."라는 터무니없는 발표를 하여 사건의 진실을 숨기려 하였다.

3 5·18 민주화 운동과 6월 민주 항쟁

1. 신군부의 등장과 서울의 봄

군부 내 사조직인 하나회 중심의 군부 세력으로, 이전의 군부 세력과 구분하여 신군부라는 표현을 사용해.

(1) 12·12 사태(1979): 10·26 사태 이후 통일 주체 국민 회의에서 최규하를 대통령으로 선출 → 전두환, 노태우 등의 신군부 세력이 쿠데타를 일으켜 군사권 장악(계엄령 유지, 헌법 개정 지연, 정치 개입 본격화)

(2) 서울의 봄: 학생과 민주 인사들이 신군부 퇴진·계엄령 철폐·유신 헌법 폐지 등 요구, 지속적인 민주화 운동 전개 → 신군부가 비상계엄을 전국으로 확대(1980. 5. 18.)

2. 5·18 민주화 운동(1980) (자료 4)

배경	신군부의 비상계엄 전국 확대, 모든 정치 활동 금지, 국회 폐쇄, 대학교 휴교령
전개	광주에서 학생들이 비상계엄 확대와 휴교령에 반대하는 시위 전개(5. 18.) → 신군부의 공수 부대 투입, 무자비한 진압 → 학생과 시민들의 대규모 집회 개최(신군부 퇴진, 계엄령 철회 요구) → 계엄군의 발포, 수많은 사상자 발생(5. 21.) → 시민들이 시민군 조직 → 계엄군의 무력 진압(5. 27.)
의의	1980년대 이후 전개된 민주화 운동의 원동력이 됨. ◆아시아 여러 나라의 민주화 운동에 영향

3. 전두환 정부

꼭! 신군부가 탱크와 헬기를 동원하여 시민군을 무자비하게 진압하여 5·18 민주화 운동은 많은 시민의 희생 속에 끝이 났어.

(1) 성립: 신군부의 국가 보위 비상 대책 위원회 설치(국정 장악) → 통일 주체 국민 회의에서 전두환을 대통령으로 선출(1980. 8.) → 헌법 개정(7년 단임의 대통령을 선거인단의 간접 선거로 선출하도록 개정) → 전두환이 다시 제12대 대통령에 당선(1981. 2.)

(2) 강압 정치와 유화 정책

악화된 국제 여론과 국민의 반발을 의식하여 영구 집권이 가능한 유신 헌법의 일부를 고쳤어. 하지만 대통령 간선제는 여전히 유지하였지.

강압 정치	삼청 교육대 운영, 언론 억압(보도 지침 하달), 민주 인사들을 국가 보안법 위반으로 구속
유화 정책	대입 본고사 폐지, 과외 금지, 중고생의 두발 및 교복 자율화, 야간 통행금지 해제, 해외여행 자유화, 프로 스포츠 육성

사회 정화를 명분으로 많은 사람을 삼청 교육대로 끌고 가 군대식 훈련과 노동을 강요하였어. 인권 유린의 대표적인 사례이지.

4. 6월 민주 항쟁(1987) (자료 5)

배경	전두환 정부의 강압적 통치, 부천 경찰서 성 고문 사건(1986)·◆박종철 고문치사 사건(1987) 발생
전개	시민들의 대통령 직선제 개헌 요구 → 4·13 호헌 조치 발표(대통령 직선제 개헌 거부) → 민주 헌법 쟁취 국민운동 본부 결성, 직선제 개헌과 전두환 정권 퇴진 운동 전개, 이한열의 최루탄 피격 사건(6. 9.) → 6·10 국민 대회(호헌 철폐, 독재 타도 주장), 전국적인 민주화 요구 시위 전개
결과	6·29 민주화 선언 발표 → 5년 단임의 대통령 직선제 개헌(1987)

이한열의 최루탄 피격 사건에도 불구하고 민주 정의당은 6월 10일 노태우를 간선제 후보로 지명하는 등 국민의 직선제 개헌 요구를 무시하였어.

자료 ③ 3·1 민주 구국 선언(1976. 3. 1.)

> 우리는 이를 보고만 있을 수 없어 …… 이 나라의 먼 앞길을 내다보면서 '민주 구국 선언'을 선포하는 바이다.
> 1. 이 나라는 민주주의 기반 위에 서야 한다.
> 2. 경제 입국의 구상과 자세가 근본적으로 재검토되어야 한다.
> 3. 민족 통일은 오늘 이 겨레가 짊어진 지상의 과업이다.

└ 박정희 정부가 '경제력은 곧 국력'이라는 좁은 생각을 가지고 모든 것을 희생시키며 경제 발전을 추진하고 있다고 비판하였어.

서울 명동 성당에서 열린 3·1절 기념 미사에서 김대중, 함석헌 등 재야인사들이 유신 체제와 박정희 정부의 경제 발전 논리를 비판하는 3·1 민주 구국 선언을 발표하였다. 이 선언에는 긴급 조치 철폐, 구속 인사 석방, 언론·출판·결사·집회의 자유 보장, 국회의 기능 회복, 사법부의 독립과 함께 박정희 정권의 퇴진 등을 요구하는 내용이 담겨 있다.

자료 ④ 5·18 민주화 운동

> 우리는 왜 총을 들 수밖에 없었는가. …… 계엄 당국은 18일 오후부터 공수 부대를 대량 투입하여 시내 곳곳에서 학생, 젊은이들에게 무차별 살상을 자행하였으니! …… 20일 밤부터 계엄 당국은 발포 명령을 내려 무차별 발포를 시작하였다는 것입니다. …… 협상이 올바른 방향으로 진행되면 즉각 총을 놓겠습니다.
> – 광주 시민 궐기문, 1980. 5. 25.

1980년 5월 18일 전라남도 광주에서 신군부의 비상계엄 확대와 휴교령에 반대하는 시위가 일어났다. 5월 21일 계엄군의 발포로 많은 시민이 희생당하자, 시민들은 경찰서, 예비군 무기고 등에서 무기를 얻어 시민군을 조직하였다. 이후 계엄군은 언론을 통제하여 광주 시민을 폭도로 몰아가는 한편, 광주로 들어가는 교통을 통제하여 광주를 고립시켰다. 이러한 상황에서도 시민들은 치안을 유지하고 시민 수습 대책 위원회를 조직하여 계엄군과 협상하려 하였다. 그러나 신군부는 5월 27일 새벽, 탱크와 헬기를 동원하여 전남 도청의 시민군을 무자비하게 진압하였다.

자료 ⑤ 6월 민주 항쟁과 6·29 민주화 선언

└ 6·10 국민 대회에서 주장하였던 대통령 직선제 개헌 요구를 수용한 거야.

> 첫째, 여야 합의하에 조속히 대통령 직선제 개헌을 하고 새 헌법에 의한 대통령 선거를 통해 1988년 2월 평화적 정부 이양을 실현하도록 하겠습니다. …… 넷째, 인간의 존엄성은 더욱 존중되어야 하며 국민 개개인의 기본적 인권은 최대한 신장되어야 합니다. 다섯째, 언론 자유의 창달을 위해 관련 제도와 관행을 획기적으로 개선해야 합니다.
> – 노태우 대표 특별 선언, 1987

└ 언론의 자유를 보장할 것을 약속하였어.

4·13 호헌 조치가 발표되자, 직선제 개헌과 전두환 정권 퇴진을 요구하는 움직임이 일어났다. 이한열의 최루탄 피격 사건을 계기로 6월 10일에는 전국 주요 도시에서 시민들이 호헌 철폐와 독재 타도를 외치며 시위를 전개하였다. 결국 전두환 정부는 국민의 민주화 요구에 굴복하여 여당 대통령 후보인 노태우를 통해 대통령 직선제 개헌을 주요 내용으로 하는 6·29 민주화 선언을 발표하였다. 이후 5년 단임의 대통령 직선제 개헌이 이루어졌고, 국민이 직접 대통령을 선출하게 되었다. 6월 민주 항쟁은 오랜 독재 정치를 끝내고 평화적 정권 교체의 길을 열었다는 점에서 의의가 있다.

정리 비법을 알려 줄게!

유신 체제의 붕괴

유신 반대 운동
헌법 개정 청원 100만인 서명 운동, 3·1 민주 구국 선언, 부마 민주 항쟁 등

↓

유신 체제 붕괴
부마 민주 항쟁 대응을 두고 정권 내부 갈등 발생 → 10·26 사태(박정희 대통령 피살)

문제로 확인할까?

5·18 민주화 운동에 대한 설명으로 옳은 것은?

① 3·1 민주 구국 선언이 발표되었다.
② 3·15 부정 선거가 원인이 되어 일어났다.
③ 허정 과도 정부가 출범하는 계기가 되었다.
④ 호헌 철폐, 독재 타도 등의 구호를 외쳤다.
⑤ 계엄군의 무력 진압으로 시민들이 희생되었다.

⑤ 冨

자료 하나 더 알고 가자!

4·13 호헌 조치

> 본인은 얼마 남지 않은 촉박한 임기와 현재의 국가적 상황을 종합적으로 판단하여 중대한 결단을 내리지 않으면 안 되게 되었습니다. 이제 본인은 임기 중 개헌이 불가능하다고 판단하고 현행 헌법에 따라 내년 2월 25일 본인의 임기 만료와 더불어 후임자에게 정부를 이양할 것을 천명하는 바입니다.
> – 대통령 특별 담화문, 1987

전두환 대통령은 시민들의 개헌 요구를 무시하고 기존 헌법에 따라 간선제로 대통령을 선출하겠다는 4·13 호헌 조치를 발표하였다.

핵심 개념 **확인**하기

> 정답친해 34쪽

1 다음 설명이 맞으면 ○표, 틀리면 ×표를 하시오.

(1) 이승만 정부는 이기붕을 부통령으로 만들고자 3·15 부정 선거를 자행하였다.   (   )

(2) 4·19 혁명 이후 개정된 헌법에 따라 실시된 제5대 총선에서 자유당이 압승을 거두었다.   (   )

2 (가), (나)에 들어갈 내용을 각각 쓰시오.

> 1961년 5월에 (가) 를 중심으로 한 군인 세력이 정변을 일으켜 정권을 장악하였다. 군사 정변 세력은 반공을 국시로 내걸고 민정 이양을 약속한 (나) 을 발표하고 전국에 비상계엄을 선포하였다.

3 다음 민주화 운동과 각 운동에서 있었던 사실을 옳게 연결하시오.

(1) 4·19 혁명   •   • ㉠ 김주열 사망

(2) 6월 민주 항쟁   •   • ㉡ 시민군 조직

(3) 5·18 민주화 운동 •   • ㉢ 이한열의 최루탄 피격

4 다음 〈보기〉의 사건을 일어난 순서대로 나열하시오.

> **보기**
> (가) 10·26 사태
> (나) 12·12 사태
> (다) 부마 민주 항쟁
> (라) 5·18 민주화 운동

5 다음 괄호 안의 내용 중 알맞은 말에 ○표를 하시오.

(1) 5·18 민주화 운동 이후 신군부는 (통일 주체 국민 회의, 국가 보위 비상 대책 위원회)를 설치하였다.

(2) 노태우는 (4·13 호헌 조치, 6·29 민주화 선언)을/를 발표하여 대통령 직선제 개헌, 언론의 자유 등을 약속하였다.

내신 만점 **공략**하기

01 다음 선언문이 발표된 민주화 운동의 배경으로 가장 적절한 것은?

> 1. 마산, 서울, 기타 각지의 학생 데모는 …… 학생들의 순진한 정의감의 발로이며 부정과 불의에 항거하는 민족 정기의 표현이다.
> 4. 누적된 부패와 부정과 횡포로 민족적 참극과 치욕을 초래한 대통령을 비롯하여 여야 국회 의원 및 대법관들은 그 책임을 지고 물러서라.
>   – 대학교수들의 시국 선언문, 1960. 4. 25.

① 발췌 개헌이 단행되었다.

② 박종철 고문치사 사건이 일어났다.

③ 대통령이 4·13 호헌 조치를 발표하였다.

④ 신군부가 반란을 일으켜 권력을 장악하였다.

⑤ 정부와 자유당이 선거 과정에서 부정을 저질렀다.

중요

02 (가) 민주화 운동에서 있었던 사실로 옳지 <u>않은</u> 것은?

> (가) 은/는 학생과 시민들이 이승만 독재 정권을 무너뜨린 민주주의 혁명으로, 이후 우리나라 민주주의 발전의 중요한 밑거름이 되었다.

① 고려 대학교 학생이 피습을 당하였다.

② 3선 개헌을 반대하는 시위가 전개되었다.

③ 김주열의 시신이 마산 앞바다에서 발견되었다.

④ 정부가 전국 대도시에 비상계엄을 선포하였다.

⑤ 경찰의 무차별 총격으로 많은 사상자가 나왔다.

하나 더!

02-1 (가) 민주화 운동 직후 이루어진 개헌에 대한 설명으로 옳은 것은?

① 허정 과도 정부가 추진하였다.

② 단원제 국회를 주요 내용으로 하였다.

③ 대통령에게 긴급 조치권이 부여되었다.

④ 초대 대통령에 한해 중임 제한을 철폐하였다.

⑤ 부산 일대에 공포 분위기를 조성한 가운데 단행되었다.

03 다음 시정 방침을 세운 정부에 대한 설명으로 옳지 <u>않은</u> 것은?

> • 관료 제도의 합리화와 공무원 재산 등록 및 경찰 중립화를 통한 민주주의 실현
> • (3·15) 부정 선거의 원흉과 발포 책임자, 부정·불법 축재자 처벌
>   – 동아일보, 1960. 10. 1.

① 한일 협정을 체결하였다.
② 지방 자치제를 실시하였다.
③ 5·16 군사 정변으로 붕괴되었다.
④ 민주당의 분열로 정치적 갈등이 심하였다.
⑤ 도로, 교량 건설 등 국토 건설 사업을 추진하였다.

04 밑줄 친 '우리'의 활동으로 옳지 <u>않은</u> 것은?

> 1. 반공을 국시의 제일의(義)로 삼고, 반공 태세를 재정비한다.
> 6. 이와 같은 <u>우리</u>들의 과업이 성취되면 참신하고 양심적인 정치인에게 정권을 이양하고, <u>우리</u>는 본연의 임무로 복귀할 준비를 갖춘다.

① 중앙정보부 설치   ② 민주 공화당 창당
③ 삼청 교육대 운영   ④ 국가 재건 최고 회의 설치
⑤ 대통령 중심제로 헌법 개정

05 한국 정부가 다음 조약을 체결한 목적으로 가장 적절한 것은?

> 제1조   양국은 외교 및 영사 관계를 수립하고, 대사급 외교 사절을 지체 없이 교환하며, 합의된 장소에 영사관을 설치한다.
> 제2조   1910년 8월 22일 및 그 이전에 대한 제국과 일본 제국 간에 체결된 모든 조약 및 협약이 이미 무효임을 확인한다.

① 냉전 체제의 완화
② 6·25 전쟁의 중단
③ 국민의 기본권 제한
④ 경제 개발 자금 획득
⑤ 대통령의 권한 극대화

06 다음 자료의 상황 이후에 실시된 대통령 선거에 대한 설명으로 옳은 것은?

> **한국사 신문**
>
> ### 3선 개헌안, 결국 통과되다
>
> 박정희 정부가 대통령의 3회 연임을 허용하는 개헌을 추진하자, 여당 의원들과 학생들은 개헌을 반대하는 시위를 전개하였다. 그러나 여당 의원들이 국회 본회의장이 아닌 제3별관 특별 위원회 회의실에서 개헌안을 편법으로 통과시켰다.

↑ 3선 개헌 반대 운동

① 장면이 국무총리로 선출되었다.
② 조봉암이 예상보다 많은 득표를 하였다.
③ 박정희가 김대중을 근소한 표차로 이겼다.
④ 전두환이 간접 선거로 대통령에 당선되었다.
⑤ 통일 주체 국민 회의에서 대통령을 선출하였다.

07 다음 외교 정책 발표 이후에 있었던 사실로 옳은 것은?

> 우리의 역할에 관한 한, 우리는 아시아 국가들이 우리에게 깊이 의존하게 해 베트남 전쟁과 같은 분쟁으로 우리를 끌어들이는 그런 종류의 정책은 반드시 버려야 합니다. …… 둘째로 내부 안보의 문제, 군사 방위 문제의 경우, 핵무기와 관련된 강대국의 위협을 제외하고는 미국은 앞으로 아시아 국가들 스스로가 처리하고 또한 그 문제에 책임감을 갖도록 장려하고 기대할 것입니다.
>   – 닉슨 독트린

① 한일 협정이 체결되었다.
② 북한이 남침을 개시하였다.
③ 베트남에 국군이 파견되었다.
④ 5·16 군사 정변이 발생하였다.
⑤ 유신 헌법이 국민 투표로 확정되었다.

08 밑줄 친 '개혁'에 따라 제정된 헌법에 대한 설명으로 옳은 것은?

① 대통령 직선제를 규정하였다.
② 대통령의 3회 연임을 허용하였다.
③ 내각 책임제, 양원제 국회를 골자로 하였다.
④ 대통령이 긴급 조치를 발동할 수 있게 하였다.
⑤ 사사오입(반올림)의 논리를 내세워 통과되었다.

08-1 밑줄 친 '개혁'의 배경으로 가장 적절한 것은?

① 한일 국교가 정상화되었다.
② 국군이 베트남에 대규모로 파병되었다.
③ 대통령이 간선제로 당선될 가능성이 낮아졌다.
④ 장기 집권과 경기 침체로 국민의 불만이 높아졌다.
⑤ 3선 개헌안이 여당 국회 의원의 편법으로 통과되었다.

09 밑줄 친 '우리'의 주장으로 가장 적절한 것은?

> 우리는 이를 보고만 있을 수 없어 …… 이 나라의 먼 앞길을 내다보면서 '민주 구국 선언'을 선포하는 바이다.
> 1. 이 나라는 민주주의 기반 위에 서야 한다.
> 2. 경제 입국의 구상과 자세가 근본적으로 재검토되어야 한다.
> 3. 민족 통일은 오늘 이 겨레가 짊어진 지상의 과업이다.

① 전두환은 퇴진하라!
② 긴급 조치를 철회하라!
③ 부정 선거를 다시 하라!
④ 3선 개헌안 통과를 반대한다!
⑤ 굴욕적인 한일 회담에 저항한다!

10 (가)에 들어갈 내용으로 적절한 것만을 〈보기〉에서 고른 것은?

| 보기 |
ㄱ. 6·3 시위가 벌어졌어.
ㄴ. 부마 민주 항쟁이 일어났어.
ㄷ. 남북 학생 회담 지지 집회가 열렸어.
ㄹ. 헌법 개정 청원 100만인 서명 운동이 큰 호응을 얻었지.

① ㄱ, ㄴ   ② ㄱ, ㄷ   ③ ㄴ, ㄷ
④ ㄴ, ㄹ   ⑤ ㄷ, ㄹ

11 다음 궐기문이 발표된 배경으로 가장 적절한 것은?

> 우리는 왜 총을 들 수밖에 없었는가. …… 정부 당국에서는 17일 야간에 …… 일부 학생과 민주인사, 정치인을 도무지 믿을 수 없는 구실로 불법 연행하였습니다. …… 계엄 당국은 18일 오후부터 공수 부대를 대량 투입하여 시내 곳곳에서 학생, 젊은이들에게 무차별 살상을 자행하였으니! …… 협상이 올바른 방향으로 진행되면 즉각 총을 놓겠습니다.
> – 광주 시민 궐기문

① 신군부가 비상계엄을 전국으로 확대하였다.
② 닉슨 독트린 발표 후 냉전 체제가 완화되었다.
③ 정부가 2차 인혁당 사건 관련자들을 처벌하였다.
④ 부산과 마산 등지에서 유신 체제에 저항하는 시위가 확산되었다.
⑤ 전두환 정부가 대통령 직선제 개헌을 하지 않겠다는 선언을 발표하였다.

12 (가), (나) 시기 사이에 있었던 사실로 옳지 <u>않은</u> 것은?

> (가) 박정희가 중앙정보부장 김재규에게 피살당하면서 유신 체제가 막을 내렸다.
> (나) 선거인단의 간접 선거에 따라 전두환이 제12대 대통령에 당선되었다.

① 김영삼이 의원직에서 제명되었다.
② 최규하가 대통령으로 선출되었다.
③ 12·12 사태로 군부 독재가 들어섰다.
④ 광주에서 5·18 민주화 운동이 전개되었다.
⑤ 국가 보위 비상 대책 위원회가 설치되었다.

13 (가) 정부에 대한 탐구 활동으로 적절하지 <u>않은</u> 것은?

> (가) 정부는 민주화에 대한 국민들의 요구를 잠재우고자 대입 본고사 폐지와 과외 금지, 야간 통행금지 해제, 해외여행 자유화 등의 유화 정책을 실시하였다.

① 보도 지침의 내용을 분석한다.
② 프로 야구의 출범 과정을 조사한다.
③ 국가 재건 최고 회의의 역대 의장을 찾아본다.
④ 국가 보안법 위반으로 구속된 사람들을 알아본다.
⑤ 중고생의 두발 및 교복 자율화의 배경을 파악한다.

14 다음 상황이 나타난 배경으로 적절한 것만을 〈보기〉에서 고른 것은?

> 6월 10일 오후 4시 45분경, 을지로 2가 로터리에서 대학생 5백여 명이 …… '독재 타도', '호헌 철폐' 등의 구호를 외치자, 맞은편에 모여 있던 군중들이 태극기를 흔들며 호응하였다.

보기
ㄱ. YH 무역 사건이 발생하였다.
ㄴ. 정부가 유신 반대 운동을 탄압하였다.
ㄷ. 이한열이 경찰이 쏜 최루탄에 피격당하였다.
ㄹ. 민주 정의당이 노태우를 간선제 후보로 지명하였다.

① ㄱ, ㄴ　　② ㄱ, ㄷ　　③ ㄴ, ㄷ
④ ㄴ, ㄹ　　⑤ ㄷ, ㄹ

서술형 문제

서술형 감잡기

01 다음 헌법에 명시된 대통령의 권한을 <u>세 가지</u> 서술하시오.

> 제39조　대통령은 통일 주체 국민 회의에서 토론 없이 무기명 투표로 선거한다.
> 제40조　통일 주체 국민 회의는 국회 의원 정수의 3분의 1에 해당하는 수를 선거한다.
> 제47조　대통령의 임기는 6년으로 한다.

(1) 초성을 참고하여 서술형 답안에 들어갈 내용을 써 보자.

답안 키워드　[ㅇㅅㅎㅂ]　[ㄱㅎㅎㅅㄱ]　[ㄱㄱㅈㅊㄱ]

(2) (1)의 내용을 포함하여 서술형 답안을 작성해 보자.

실전! 도전하기

02 다음 자료에 나타난 민주화 운동의 의의를 서술하시오.

> 시간이 없는 관계로 어머님을 뵙지 못하고 떠납니다. …… 데모에 나간 저를 책하지 마시옵소서. …… 저는 아직 철없는 줄 압니다. 그러나 국가와 민족을 위하는 길이 어떻다는 것을 알고 있습니다.
> － 한성여자중학교 진영숙이 어머니께 남긴 편지

03 다음 선언의 배경이 된 민주화 운동의 의의를 서술하시오.

> 첫째, 여야 합의하에 조속히 대통령 직선제 개헌을 하고 새 헌법에 의한 대통령 선거를 통해 1988년 2월 평화적 정부 이양을 실현하도록 하겠습니다. …… 넷째, 인간의 존엄성은 더욱 존중되어야 하며 국민 개개인의 기본적 인권은 최대한 신장되어야 합니다. 다섯째, 언론 자유의 창달을 위해 관련 제도와 관행을 획기적으로 개선해야 합니다.

STEP 3 1등급 정복하기

최고난도

01 다음 조치가 발표된 시기를 배경으로 단막극을 만들고자 할 때 등장인물로 가장 적절한 것은?

> **긴급 조치 9호**
>
> 다음 각호의 행위를 금한다.
> 가. 유언비어를 날조, 유포하거나 사실을 왜곡하여 전파하는 행위
> 나. 대한민국 헌법을 부정·반대·왜곡 또는 비방하거나 그 개정 또는 폐지를 주장·청원·선동 또는 선전하는 행위
> 다. 사전 허가를 받았거나 기타 예외적이고 비정치적인 활동을 제외한 학생의 집회·시위 또는 정치 관여 행위
> 라. 이 조치를 공연히 비방하는 행위

① 진보당 사건으로 체포되는 정치인
② 농지 개혁법 제정 소식에 기뻐하는 농민
③ 3·1 민주 구국 선언을 발표하는 재야인사
④ 계엄군에 맞서 시민군을 조직하는 광주 시민
⑤ 굴욕적인 한일 회담에 저항하며 시위하는 학생

◆ **유신 반대 운동**

완자 사전

■ 유언비어(流言蜚語)
아무 근거 없이 널리 퍼진 소문

완자쌤의 시험꿀팁

유신 헌법이 박정희 정부의 장기 독재를 뒷받침하였음을 파악하도록 한다. 또한 유신 헌법을 토대로 성립된 유신 체제에 반대하거나 저항한 운동을 사례 중심으로 정리해 두도록 한다.

02 다음 담화문 발표 이후에 있었던 사실로 옳은 것은?

> 본인은 얼마 남지 않은 촉박한 임기와 현재의 국가적 상황을 종합적으로 판단하여 중대한 결단을 내리지 않으면 안 되게 되었습니다. 이제 본인은 임기 중 개헌이 불가능하다고 판단하고 현행 헌법에 따라 내년 2월 25일 본인의 임기 만료와 더불어 후임자에게 정부를 이양할 것을 천명하는 바입니다.
> — 대통령 특별 담화문

① 3선 개헌 반대 시위가 전개되었다.
② 시민들이 호헌 철폐, 독재 타도를 외치며 시위하였다.
③ 장준하가 헌법 개정 청원 100만인 서명 운동을 주도하였다.
④ 과도 정부가 내각 책임제를 주요 내용으로 하는 개헌을 추진하였다.
⑤ 광주에서 신군부 퇴진과 비상계엄 철회를 요구하는 대규모 집회가 열렸다.

◆ **6월 민주 항쟁**

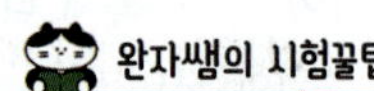

완자쌤의 시험꿀팁

6월 민주 항쟁의 배경, 전개, 결과를 묻는 문제가 자주 출제된다. 6월 민주 항쟁 당시 시민들은 직선제 개헌, 전두환 정권 퇴진 등을 요구하며 시위하였다는 사실을 기억해 두도록 한다.

대표 유형 · 이렇게 나온대!

— 2022 수능 —

다음 개헌의 배경이 된 민주화 운동에 대한 설명으로 옳은 것은?

제3차 개헌 주요 과정

4월
- 이승만 대통령 하야 성명 발표
- 개헌안 기초위원회 구성

5월
- 내각 책임제 개헌안 공청회 개최
- 내각 책임제 개헌안 공고

6월
- 개헌안 국회 본회의 상정
- 개헌안 국회 통과
  (재적 의원 218명 중 208명 찬성)

---

① 4·13 호헌 조치에 저항하였다.
② 유신 헌법의 철폐를 주장하였다.
③ 3·15 부정 선거에 항의하여 일어났다.
④ 전태일의 분신 사건이 계기가 되었다.
⑤ 신군부 세력의 권력 장악에 반대하였다.

대표 유형 · 문제 풀이

※ 빈칸을 채우며 문제 풀이에 접근해 보세요!

✘ 1단계 / 자료 분석하기

자료에서 이승만 하야 성명, 내각 책임제 개헌안 등의 내용을 통해 제3차 개헌이 **❶** 의 결과로 이루어진 개헌임을 파악한다.

✘ 2단계 / 정답 개념 연결하기

❷ 가 4·19 혁명의 배경이었음을 연결한다.

✘ 3단계 / 오답 개념 피하기

①은 6월 민주 항쟁, ②는 헌법 개정 청원 100만인 서명 운동, 3·1 민주 구국 선언 등의 유신 반대 운동과 관련된 내용이다. ④ 전태일의 분신을 계기로 노동 운동이 활성화되었다. ⑤는 **❸** 에 대한 설명이다.

실전 문항으로 수능 준비하기

— 2024 6월 모평 —

✎ 정답친해 37쪽

다음 자료에 대한 탐구 활동으로 가장 적절한 것은?

3·15 부정 선거로 인하여 삼천만 동포의 울분은 절정에 달하고, 청년들이 불법과 불의에 저항하다가 총탄에 쓰러졌다. …… 자유당과 정부는 대통령의 4선을 위하여 후보 등록의 폭력적 방해, 유권자 협박, 3인조 공개 투표, 야당 참관인에 대한 방해, 부정 개표 등의 불법을 자행하였다. 이로 인해 민주 선거 제도는 완전히 파괴되고 말았다. …… 대통령은 3·15 선거의 불법과 무효를 인정하고, 또 12년 동안의 실정에 대해 책임을 지고 물러나야 할 것이다.

---

① 임오군란의 영향을 살펴본다.
② 6·10 만세 운동의 배경을 알아본다.
③ 4·19 혁명의 전개 과정을 조사한다.
④ 제주 4·3 사건의 발발 원인을 파악한다.
⑤ 모스크바 3국 외상 회의에서 결정된 내용을 분석한다.

1등급 전략

4·19 혁명의 배경, 전개 과정, 결과를 날짜별로 정리해 두도록 한다. 아울러 4·19 혁명에 참여한 사람들의 증언, 4·19 혁명과 관련된 문화유산 등을 살펴보도록 한다.

출제 전망

- **전망1** 4·19 혁명의 전개 과정을 묻는 문제가 출제될 수 있다.
- **전망2** 4·19 혁명에 참여한 사람들에 대한 기록물, 문화유산 등을 제시하고, 4·19 혁명의 배경, 전개, 의의를 묻는 문제가 출제될 수 있다.

04~05 산업화의 성과와 사회·환경 문제 ~ 문화 변동과 일상생활

이것이 핵심!

＊ 산업화와 경제 성장

1960 년대	제1, 2차 경제 개발 5개년 계획 추진(경공업 육성)
1970 년대	제3, 4차 경제 개발 5개년 계획 추진(중화학 공업 육성)
1980 년대	3저 호황, 기술 집약적 산업 육성

◆ 8·3 조치

정식 명칭은 '경제의 안정과 성장에 관한 긴급 명령'으로 1972년 8월 3일부터 시행되었다. 기업에서 보유한 모든 사채의 반환을 동결하고 이자율을 대폭 낮추어 기업들의 부채 부담을 덜어 준 조치이다. 이로써 부도 위기에 처한 기업들이 많은 금융 혜택을 받을 수 있었다.

◆ 석유 파동

국제 원유(석유) 가격이 폭등하면서 발생한 세계적 혼란을 가리킨다. 제1차 석유 파동은 아랍 국가들과 이스라엘의 전쟁 때문에 일어났고, 제2차 석유 파동은 이란의 원유 생산 축소와 수출 중단으로 인해 발생하였다.

◆ 3저 호황

1980년대 중반 이후 전 세계적으로 나타난 저유가, 저금리, 저달러 상황을 바탕으로 한국 경제가 누린 호황을 말한다.

◆ 재벌

경제계에서 큰 세력을 가지고 있는 자본가나 집단 또는 혈연으로 구성된 대자본가 집단을 말한다.

1 산업화와 경제 성장

1. 1960~1970년대의 경제 성장 〔다잡는 자료〕

(1) **배경**: 박정희 정부가 장면 정부의 경제 개발 계획을 기초로 경제 개발 5개년 계획 수립, 국가 주도의 경제 개발 추진

왜? 5·16 군사 정변으로 집권한 박정희 정부는 집권의 정당성을 확보하고자 경제 개발을 최우선 과제로 삼았어.

(2) **제1, 2차 경제 개발 5개년 계획(1962~1966, 1967~1971)**

내용	• 기본 방향: 섬유·가발·신발 등 노동 집약적 경공업 육성, 수출 중심의 경제 정책 추진 • 경제 개발: 기간산업 육성(정유, 비료, 시멘트 등), 대규모 산업 단지와 수출 자유 지역 조성, 사회 간접 자본 확충(경부 고속 국도 등 도로 및 항만 건설) • 외국 자본 도입: 한일 국교 정상화, 베트남 파병, 서독 파견 광부와 간호사의 송금
성과	연평균 8%가 넘는 높은 성장률 달성, 수출 규모 20배가량 증가
경제 위기	1960년대 말 세계 경제 침체로 경공업 제품 수출 부진, 기업의 채무 상환 부담 증가 → 부도 위기인 기업에 금융 혜택 제공(◆8·3 조치)

창원(마산) 일대에 수출 자유 지역을 두어 외국의 직접 투자를 늘리고자 하였어.

(3) **제3, 4차 경제 개발 5개년 계획(1972~1976, 1977~1981)**

내용	• 기본 방향: 경공업 중심 경제 성장의 한계 인식 → 수출 주도형 중화학 공업(철강, 기계, 조선, 석유 화학, 비철 금속, 전자 등) 육성 • 경제 개발: 포항 제철소와 울산·거제 등지에 조선소 설립, 공업 단지 조성(창원, 구미, 울산, 여수), 원자력 발전소 건설(부족한 전력 마련 목적) 등
성과	• 산업 구조 변화: 2차 산업의 비중이 1차 산업을 능가 • 공업 구조 변화: 1970년대 말에 중화학 공업 생산액의 비중이 경공업을 추월 • 고도성장 이룩: 수출액 100억 달러를 처음으로 달성(1977), '한강의 기적'이라 불림
경제 위기	• 제1차 ◆석유 파동(1973) → 기업의 중동 건설 사업 진출을 통해 벌어온 외화로 극복 • 제2차 석유 파동(1978), 중화학 공업에 대한 과잉·중복 투자 → 국가 재정 악화, 기업 부담 증가, 경제 성장률 감소, 물가 폭등

1973년에 완공되어 본격적으로 철강을 생산하였어.

경제 불황에 대한 국민들의 불만이 높아졌고, 이는 유신 체제의 위기로 이어졌어.

2. 1980년대의 경제 변화 〔자료 ①〕

(1) **전두환 정부의 경제 정책**: 1980년대 초반 마이너스 경제 성장률 기록 → 중화학 공업에 대한 중복 투자 조정, 부실기업 정리, 민간 부문의 경제 개발 참여 확대

(2) **경제 성장**: ◆3저 호황 → 중화학 공업 중심으로 성장, 기술 집약적 산업(자동차, 반도체 등) 육성 → 연평균 10%가 넘는 경제 성장률 달성, 수출액 300억 달러 돌파, 1인당 국민 소득 5천 달러 달성

관세 및 무역에 관한 일반 협정(GATT)의 다자간 무역 협상으로, 선진 자본주의 국가들이 자유 무역을 촉진하려고 한 거야.

(3) **시장 개방**: 우루과이 라운드 시작(1986) → 정부의 시장과 자본 개방 준비

3. 경제 성장 정책에 따른 문제점

(1) **성장 위주의 경제 정책**: 경제의 대외 의존도 심화, 부의 양극화 현상 대두 〔자료 ②〕

(2) **대기업 육성 정책**: 대기업과 중소기업 간의 격차 심화, ◆재벌 중심의 산업 구조 형성, 정경 유착 현상 심화, 부실기업 증가

(3) **공업 중심의 경제 개발 정책**: 산업·지역 간 불균형 심화, 저임금·저곡가 정책 추진으로 노동자와 농민의 경제적 어려움 심화

왜? 정부가 대규모 산업 시설을 영남 지방에 집중적으로 건설하였기 때문이야.

내신과 수능을 다 잡는 자료⁺

1960~1970년대의 경제 성장

1970년대의 급속한 경제 성장을 '한강의 기적'이라고 해.

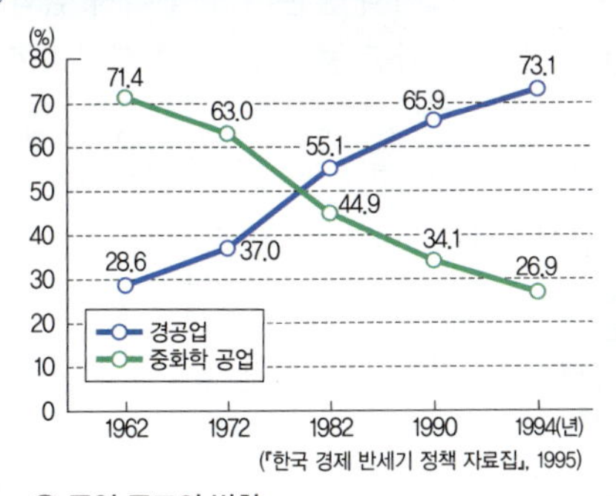

↑ 공업 구조의 변화

↑ 수출 100억 달러 달성 기념 아치

» 초성을 참고하여 1960~1970년대 경제 성장에 대한 선택지를 완성해 보자.

• ㅂㅈㅎ 정부가 경제 개발 5개년 계획을 추진하였다.
• 1960년대에는 노동 집약적 ㄱㄱㅇ을 집중 육성하였다.
• 1970년대 중반 이후 ㅈㅎㅎ ㄱㅇ 생산액 비중이 경공업을 크게 넘어섰다.

박정희 정부, 경공업, 중화학 공업

박정희 정부는 1962년부터 경제 개발 5개년 계획을 실시하였다. 1960년대에는 노동 집약적 경공업을 육성하고 수출을 늘리는 데 힘썼다. 1970년대에는 중화학 공업을 집중 육성하여 1970년대 중반 이후 중화학 공업 생산액의 비중이 경공업을 크게 넘어섰다. 공업 구조의 변화는 급속한 경제 성장으로 이어져 1977년에는 수출액이 100억 달러를 처음 돌파하였고, 1972년에서 1977년까지의 경제 성장률이 연평균 8.9%에 달하였다.

함께 보기 • 내신 만점 공략하기 03번, 1등급 정복하기 01번

자료 ① 1980년대 한국 경제의 변화

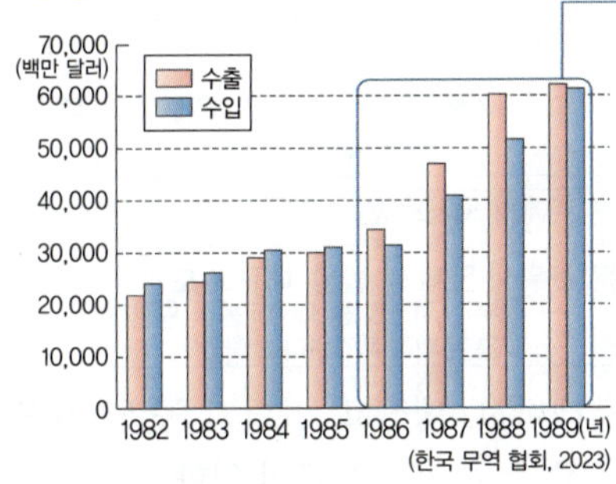

↑ 1980년대의 수출과 수입

수출액이 수입액을 앞서며 무역 수지에서 흑자를 기록하였어.

1980년대 전두환 정부는 경제 안정화를 위해 정부 주도의 성장 정책을 부분 수정하고, 민간 분야의 경제 성장 정책 참여를 확대하였다. 1980년대 중후반에 한국 경제는 3저 호황을 맞이하였다. 국제 유가와 수입 원자재 가격이 큰 폭으로 떨어져 외환을 절약할 수 있었고, 국제 금리도 낮아져 외채 이자 부담이 줄어들었다. 이러한 상황에 힘입어 수출 부진이 해소되었다.

1980년대의 한국 경제 상황에 대한 설명으로 옳은 것은?

① 3저 호황을 맞이하였다.
② 경부 고속 국도를 건설하였다.
③ 석유 파동으로 경제 위기를 겪었다.
④ 경제 개발 5개년 계획이 시작되었다.
⑤ 수출액 100억 달러를 처음 달성하였다.

① 답

자료 ② 경제의 대외 의존도 심화

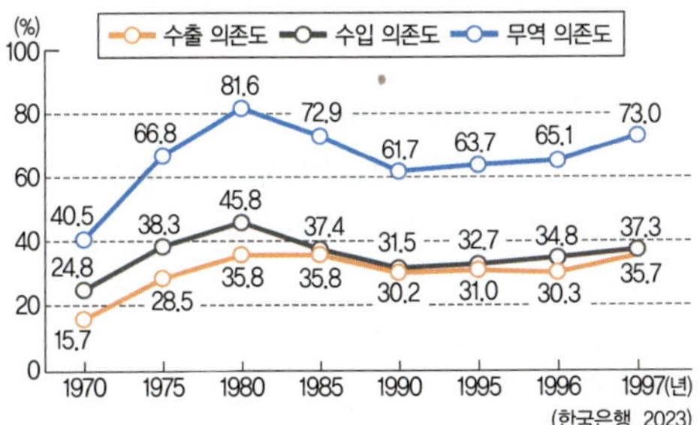

↑ 한국의 무역 의존도 변화

우리나라는 원자재, 시설, 자본, 기술 등이 부족한 상황에서 성장 위주의 경제 개발을 추진하여 외국에 대한 경제 의존도가 높아졌다. 특히 외국 자본을 들여와 경제 성장을 추진하면서 외채가 크게 증가하였다. 이는 국가 경제에 많은 부담을 주었고, 국제 경제 상황에 큰 영향을 받는 경제 구조를 만들었다.

빈부 격차 심화

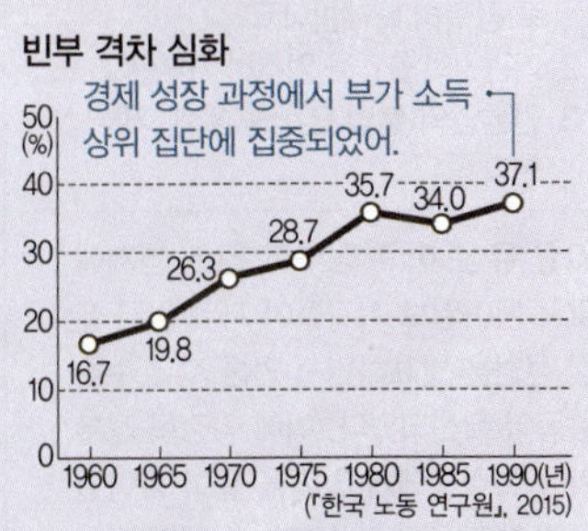

↑ 소득 상위 10% 집단의 소득 비중

이것이 핵심!

＊ 산업화로 나타난 사회·환경 문제

사회 문제	농촌 문제, 노동 문제, 환경 문제 등 발생
해결 노력	새마을 운동, 농민 운동, 노동 운동, 환경 보호 운동 전개 등

◆ 함평 고구마 피해 보상 운동

1976년 전라남도 함평 농협이 고구마를 전량 수매하겠다고 약속하고 이를 이행하지 않자, 함평 농민들이 전개한 피해 보상 운동이다. 함평 농민들은 가톨릭 농민회를 중심으로 3년에 걸쳐 끈질긴 투쟁을 하였고, 결국 피해를 보상받았다(1978).

② 산업화로 나타난 사회·환경 문제

1. 농촌의 변화와 농민 운동

왜? 정부는 노동자의 생계비를 최소화하고자 곡물 가격을 낮게 유지하는 정책을 추진하였어.

(1) **농촌 문제**: 1960년대 이후 정부의 공업화·저곡가 정책 → 도시와 농촌의 소득 격차 심화

(2) **새마을 운동(1970)**: 주택 개량, 하천 정비, 도로와 전기 시설 확충 등 농촌 환경 개선 노력 → 농어촌 근대화에 기여, 유신 체제 유지에 이용

점차 도시와 직장으로 확대되면서 '근면·자조·협동'을 강조하는 국민 의식 개혁으로까지 이어졌어.

(3) **농민 운동**: 1970년대 농민의 권익을 지키려는 ◆함평 고구마 피해 보상 운동 등 전개 → 1980년대 이후 전국 농민 운동 연합 결성, 농수산물 수입 개방 반대 운동 전개

정부가 이중 곡가제를 중지하고 수입 농산물 개방 압력이 이어지는 상황에서 농민들이 결성하였어.

2. 노동 문제와 노동 운동

(1) **노동 문제**: 정부·기업의 저임금 정책 지속 → 노동자들이 저임금·장시간 노동에 시달림

(2) **노동 운동** **자료 ③**

꼭! 전태일 분신 사건은 노동 문제에 대한 사회적 관심을 고조시켰어.

1970년대	전태일 분신 사건(1970), 여성 노동자 중심의 생존권 보장 요구 투쟁(YH 무역 사건)
1980년대	대학 출신 노동자들이 대기업 상대로 노동자 파업 주도, 6월 민주 항쟁 이후 노동조합 활성화

3. 환경 문제

1970년대 중화학 공업의 성장으로 공단에서 수많은 폐기물이 발생하였으며, 중금속 중독으로 노동자들이 공해병이라 불리는 각종 질병에 걸리기도 하였어.

문제	산업화와 도시화로 환경 오염 발생(대기 오염, 소음 공해, 수질 오염 등)
해결 노력	시민 단체의 캠페인, 환경 보전법 제정(1977), 환경청 설치(1980) 등

이것이 핵심!

＊ 산업화에 따른 사회·문화 변화

도시화	도시로 인구 집중 → 도시 문제 발생
교육	교육의 양적 성장, 입시 경쟁과 사교육비 해결을 위한 여러 정책 시행
언론	6월 민주 항쟁 이후 언론의 자유 확대
문화	대중문화의 성장

◆ 자유 언론 실천 선언(1974)

1. 신문, 방송, 잡지에 대한 어떠한 외부 간섭도 우리의 일치된 단결로 강력히 배제한다.
2. 기관원의 출입을 엄격히 거부한다.
3. 언론인의 불법 연행을 일체 거부한다.

10월 유신 이후 정부의 언론 통제에 맞서 동아일보 기자들이 자유 언론 실천 선언을 발표하면서 언론 자유 수호 운동이 확산되었다. 이에 박정희 정부가 광고주들에게 압력을 넣어 동아일보에 백지 광고가 실리는 사태가 벌어졌다(동아일보 백지 광고 사태).

③ 문화와 일상생활의 변화

1. 도시화와 일상생활의 변화

(1) **도시화 현상** **자료 ④**

왜? 도시의 늘어난 일자리를 찾아 젊은이들이 도시로 몰려들었어.

도시화	산업화의 진전으로 제조업과 서비스업 비중 증가 → 농촌에서 도시로 인구 이동
도시 문제	도시 빈민 발생, 무허가 집단 거주 지역 등장, 교통 문제·위생 문제 등 발생, 대규모 도시 개발 과정에서 도시 빈민의 생존권 위협(광주 대단지 사건 등)

정부는 지하철 등 대중교통을 확장해서 교통 문제를 해결하려고 하였어.

(2) **일상생활의 변화**: 도시화, 소득 증가 → 가전제품(텔레비전, 냉장고, 세탁기 등)의 가정 보급, 아파트·연립 주택 건설, 식생활 개선(혼분식 장려, 통일벼 보급의 영향)

2. 교육의 변화: 국가주의 교육 강화(박정희 정부 시기 국민 교육 헌장 제정), 교육의 양적 성장, 입시 경쟁과 사교육비 문제 해결 노력(중학교 무시험 진학 제도(1969) 실시, 고교 평준화 제도(1973) 도입, 과외 전면 금지·대학 졸업 정원제(1981) 시행)

3. 언론 활동의 성장

(1) **정부의 언론 통제**: 이승만 정부(경향신문 폐간 등), 박정희 정부(일부 언론의 폐간, 동아일보 백지 광고 사태 등), 전두환 정부(보도 지침 시달, 언론사 통폐합 등)

(2) **언론의 성장**: ◆자유 언론 실천 선언 발표, 6월 민주 항쟁 이후 언론의 자유 확대 등

전국 언론 노동조합 연맹이 결성되었어.

4. 대중문화의 성장

예 장발, 청바지, 통기타 등

1960년대	라디오가 대중문화 보급에 기여, 노래·영화 등 확산
1970년대	청년 문화 유행, 박정희 정부의 예술·문화 통제 강화 **자료 ⑤**
1980년대	컬러텔레비전 보급, 상업적 프로 스포츠 등장, 민주화 이후 대중문화에 대한 통제 완화

자료 ③ 노동 운동의 전개 ┌ 당시 '1일 8시간 및 1주 48시간 근무, 주 1회 유급 휴일 보장, 13~15세 노동자들은 1일 7시간 근무'를 명시한 근로 기준법이 있었지만, 전혀 지켜지지 않았어.

> 저희들은 근로 기준법의 혜택을 조금도 못 받으며 더구나 2만 명이 넘는 종업원의 90% 이상이 평균 연령 18세의 여성입니다. …… 15세의 어린 시다공들은 1주 98시간의 고된 작업에 시달립니다. …… 1일 15시간의 작업 시간을 1일 10~12시간으로 단축해 주십시오. 1개월 휴일 2일을 늘려서 일요일마다 쉬기를 원합니다. 건강 진단을 정확하게 하여 주십시오. …… 절대로 무리한 요구가 아님을 맹세합니다. 인간으로서 최소한의 요구입니다. — 대통령에게 드리는 글, 1969. 12.

정부는 수출 주도의 경제 정책을 추진하면서 수출품의 가격 경쟁력을 유지하고자 노동자의 권리를 제한하고 저임금 정책을 지속하였다. 이에 따라 노동자들은 열악한 노동 환경에서 저임금과 장시간 노동에 시달렸다. 당시 동대문 평화 시장의 재단사로 일하던 전태일은 노동청을 비롯한 각계에 열악한 노동 환경을 알렸으나, 근로 기준법은 여전히 지켜지지 않았다. 결국 1970년 11월 13일 전태일은 근로 기준법 준수 등 노동 문제 개선을 요구하며 분신자살하였다. 이 사건을 계기로 계기로 지식인, 노동자, 학생들이 노동 문제에 관심을 가지게 되었고 노동 운동이 활성화되었다.

자료 ④ 도시화와 도시 문제

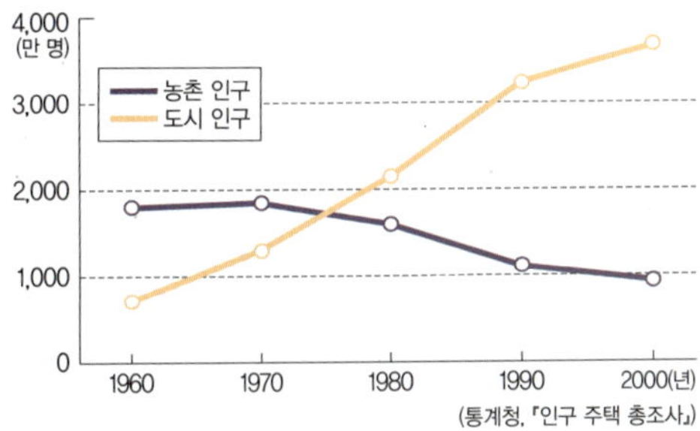

⬆ 도시와 농촌 인구의 변화

산업화가 빠르게 진전되며 농촌의 인구가 일자리를 찾아 도시로 몰려들면서 도시화가 진행되었다. 그러나 도시는 증가한 인구를 수용할 준비가 미흡하여 교통 문제, 위생 문제, 주택난 등 도시 문제가 발생하였고, 도시로 이동한 사람 중 상당수가 도시 빈민이 되어 판자촌, 달동네 등에서 모여 살며 어려운 생활을 이어 갔다.

자료 ⑤ 청년 문화의 확산과 정부의 대중문화 통제 ┌ 박정희 정부는 1973년에 경범죄 처벌법을 개정하여 귀를 덮는 긴 머리를 한 남자와 짧은 치마를 입은 여자를 단속하였어.

⬆ 기차에서 통기타를 치며 노래를 부르는 젊은이들

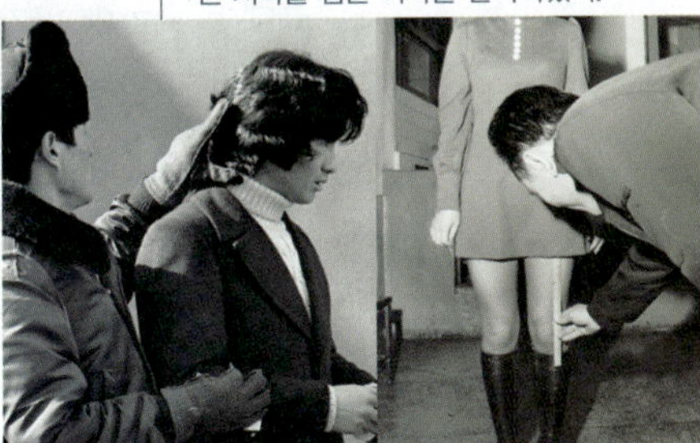
⬆ 장발과 미니스커트 단속

1970년대에는 미국과 유럽의 반전·저항 문화가 유입되어 장발, 청바지, 통기타로 대표되는 청년 문화가 널리 퍼졌다. 박정희 정부는 이러한 유행을 퇴폐풍조라 여기며 장발과 미니스커트 등을 단속하였다. 또한 수많은 금서와 금지곡을 지정하였으며, 방송에서는 반공 의식을 고취하거나 정부 정책을 홍보하는 프로그램을 방영하도록 하였다.

자료 하나 더 알고 가자!

근로 기준법(1961)

제42조	근로 시간은 휴게 시간을 제외하고 1일에 8시간, 1주일에 48시간을 기준으로 한다. 단, 합의에 의하여 1주일에 60시간을 한도로 근로를 할 수 있다.
제45조	사용자는 근로자에 대하여 1주일에 평균 1회 이상의 유급 휴일을 주어야 한다.

근로 기준법은 근로자의 기본적 생활을 보장·향상시키기 위해 임금과 근로 시간 등 근로 조건의 기준을 정한 법이다.

문제로 확인할까?

도시화로 인해 나타난 문제점으로 적절한 것만을 〈보기〉에서 고른 것은?

┌ 보기 ┐
ㄱ. 교통 문제
ㄴ. 국민 소득 감소
ㄷ. 도시 빈민 문제
ㄹ. 대중문화의 통제

① ㄱ, ㄴ   ② ㄱ, ㄷ   ③ ㄴ, ㄷ
④ ㄴ, ㄹ   ⑤ ㄷ, ㄹ

자료 하나 더 알고 가자!

프로 야구 출범(1982)

1982년 3월 프로 야구 개막을 시작으로 상업적 프로 스포츠 시대가 막이 열렸다.

1 우리나라 산업 발전의 과정을 순서대로 나열하시오.

> (가) 반도체 산업 등 기술 집약적 산업 육성
> (나) 의류, 신발, 가발 등 노동 집약적 경공업 육성
> (다) 철강, 화학, 조선 등 수출 주도형 중화학 공업 육성

2 다음 괄호 안의 내용 중 알맞은 말에 ○표를 하시오.

(1) (1970년대, 1990년대)에 한국 경제는 '한강의 기적'이라 불릴 만큼 비약적으로 발전하였다.

(2) 1980년대 중후반 한국 경제는 저유가, 저금리, 저달러의 상황을 배경으로 (3저 호황, 석유 파동)을 맞이하였다.

3 다음 괄호 안에 들어갈 내용을 쓰시오.

(1) (　　　　　)은 기업의 중동 건설 사업 진출로 외화를 벌어들이면서 극복하였다.

(2) 정치권과 경제계가 밀접한 관계를 맺는 (　　　　　)이 발생하면서 부정부패 등 사회 문제가 발생하였다.

4 다음에서 설명하는 농민 운동의 명칭을 쓰시오.

> 1976년 전라남도 함평 농협이 고구마를 전량 수매하겠다고 약속하고 이를 이행하지 않자, 함평 농민들이 전개한 피해 보상 운동이다. 질긴 투쟁 끝에 보상을 받았다.

5 다음에서 설명하는 것을 〈보기〉에서 골라 기호를 쓰시오.

> **보기**
> ㄱ. 청년 문화 　　　ㄴ. 새마을 운동
> ㄷ. 전태일 분신 사건

(1) 1970년대에 장발, 청바지, 통기타 등이 유행하였다. (　　　)

(2) 근로 기준법 준수를 통한 노동 환경 개선을 요구하며 노동자가 자살하였다. (　　　)

(3) 박정희 정부가 1970년부터 농촌의 생활 환경 개선과 소득 증대를 목표로 농촌 근대화를 추진하였다. (　　　)

★중요
01 다음 자료에 나타난 시기의 경제 상황으로 옳은 것만을 〈보기〉에서 고른 것은?

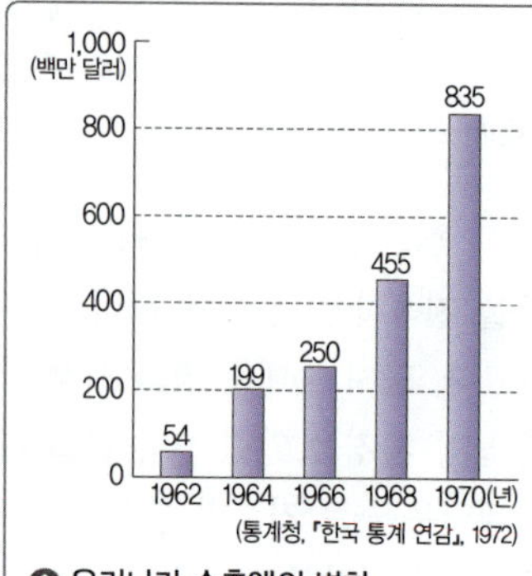

그래프에 나타난 시기에는 섬유, 가발, 신발 등 노동 집약적 경공업을 중심으로 수출을 늘리는 데 집중하였다. 그 결과 연평균 8.9%의 높은 성장률 달성, 수출 규모 20배가량 증가 등의 성과를 이루었다.

> **보기**
> ㄱ. 경부 고속 국도가 건설되었다.
> ㄴ. 제1차 석유 파동으로 위기를 겪었다.
> ㄷ. 수출 중심의 경제 정책이 추진되었다.
> ㄹ. 원조 물자를 가공하는 삼백 산업이 발달하였다.

① ㄱ, ㄴ　　　② ㄱ, ㄷ　　　③ ㄴ, ㄷ
④ ㄴ, ㄹ　　　⑤ ㄷ, ㄹ

02 (가)에 들어갈 내용으로 가장 적절한 것은?

> **한국사 수행 평가**
> • 과제: 박정희 정부 때 경제 개발에 투자된 자금의 조달 방법 조사하기
> • 모둠별 조사 주제
> 　– 1모둠: 베트남 전쟁과 브라운 각서
> 　– 2모둠: 한일 협정과 한일 국교 정상화
> 　– 3모둠: 　　　　(가)　　　　

① 국채 보상 운동
② 금속과 미곡 공출
③ 미국의 무상 원조
④ 일제의 귀속 재산 처분
⑤ 광부와 간호사의 독일 파견

⭐중요
03 다음 자료의 상황이 나타난 배경으로 가장 적절한 것은?

사진은 수출 100억 달러 달성 기념 아치이다. 이 아치는 우리나라가 수출 100억 달러를 달성하는 등 고도성장을 이룩하자 세워진 기념물이다.

① 농지 개혁이 추진되었다.
② 남면북양 정책이 실시되었다.
③ 산미 증식 계획이 실시되었다.
④ 중화학 공업 생산액이 크게 증가하였다.
⑤ 미국의 잉여 생산물이 들어와 국내 농산물 가격이 폭락하였다.

하나 더!
03-1 위의 성과를 거둔 시기를 연표에서 옳게 고른 것은?

(가)	(나)	(다)	(라)	(마)

▲ 4·19 혁명　▲ 제1차 경제 개발 5개년 계획 시작　▲ 한일 협정 체결　▲ 3선 개헌 단행　▲ 유신 헌법 제정　▲ 10·26 사태

① (가)　② (나)　③ (다)　④ (라)　⑤ (마)

04 다음 자료를 활용한 탐구 활동으로 가장 적절한 것은?

국제 원유 가격 상승으로 석유 소비국은 국제 수지 적자를 본 반면에, 산유국은 막대한 자금을 축적할 수 있었다. 이를 바탕으로 중동 산유국에서 건설 붐이 일어나자 국내 기업이 중동 지역에 진출하여 건설 사업에 참여하였다. 이 과정에서 벌어들인 외화 수입은 총 205억 달러에 달했는데, 이는 당시 총 수출액의 약 40%에 해당하였다.

① 제1차 석유 파동 극복 노력을 조사한다.
② 수출액 300억 달러 돌파 과정을 살펴본다.
③ 3저 호황이 한국 경제에 미친 영향을 파악한다.
④ 경제의 대외 의존도가 심화된 이유를 알아본다.
⑤ 무역 수지에서 흑자를 낼 수 있었던 원인을 분석한다.

05 (가)에 들어갈 내용으로 가장 적절한 것은?

① 기술 집약적 산업이 발전하였지.
② 병참 기지화 정책이 추진되었어.
③ 비료, 시멘트 등 기간산업이 집중 육성되었어.
④ 원조를 토대로 소비재 산업이 크게 성장하였지.
⑤ 포항에 제철소를 설치하여 본격적으로 철강을 생산하였어.

06 (가)에 들어갈 내용으로 적절한 것만을 〈보기〉에서 고른 것은?

새마을 운동
1. 배경: 도시와 농촌 간의 소득 격차 확대
2. 전개: 농촌의 생활 환경 개선 추진 → 도시와 직장으로 확대, '근면·자조·협동' 강조
3. 평가: _________________ (가) _________________

보기
ㄱ. 농촌의 인구가 늘어났다.
ㄴ. 농어촌의 근대화에 기여하였다.
ㄷ. 유신 체제 유지에 이용되었다는 비판을 받았다.
ㄹ. 환경 보전법 제정 등 환경 문제 개선에 기여하였다.

① ㄱ, ㄴ　　② ㄱ, ㄷ　　③ ㄴ, ㄷ
④ ㄴ, ㄹ　　⑤ ㄷ, ㄹ

07 다음 글이 쓰인 배경으로 가장 적절한 것은?

저희들은 근로 기준법의 혜택을 조금도 못 받으며 더구나 2만 명이 넘는 종업원의 90% 이상이 평균 연령 18세의 여성입니다. …… 15세의 어린 시다공들은 1주 98시간의 고된 작업에 시달립니다. …… 1일 15시간의 작업 시간을 1일 10~12시간으로 단축해 주십시오. 1개월 휴일 2일을 늘려서 일요일마다 쉬기를 원합니다. 건강 진단을 정확하게 하여 주십시오.
– 전태일의 편지

① 함평 고구마 피해 보상 운동이 일어났다.
② YH 무역 사건 이후 유신 체제가 흔들리기 시작하였다.
③ 정부가 수출 경쟁력을 높이고자 저임금 정책을 추진하였다.
④ 우루과이 라운드에 따라 시장과 자본의 개방이 본격적으로 논의되었다.
⑤ 정부가 보도 지침을 내리고 언론사를 통폐합하는 등 언론을 통제하였다.

08 밑줄 친 '정부' 시기에 있었던 사실로 옳은 것만을 〈보기〉에서 고른 것은?

보기
ㄱ. 금서와 금지곡이 지정되었다.
ㄴ. 컬러텔레비전이 보급되기 시작하였다.
ㄷ. 현실 비판적인 청년 문화가 널리 퍼졌다.
ㄹ. 야구, 축구 등의 프로 스포츠 시대가 열렸다.

① ㄱ, ㄴ   ② ㄱ, ㄷ   ③ ㄴ, ㄷ
④ ㄴ, ㄹ   ⑤ ㄷ, ㄹ

서술형 문제

서술형 감잡기

01 (가) 시기에 수출액이 이전보다 늘어난 배경을 서술하시오.

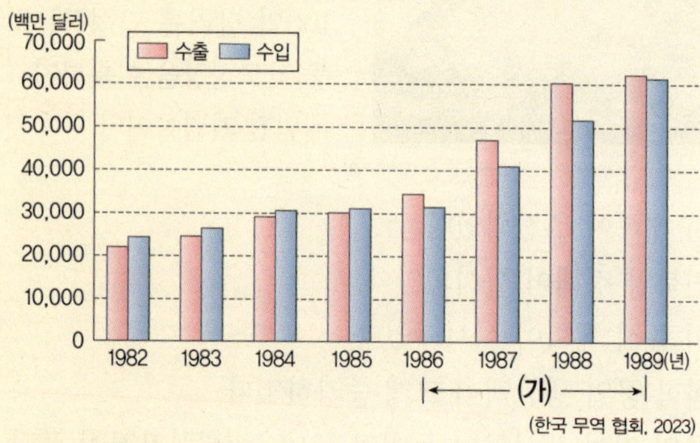

↑ 수출과 수입의 변화

(1) 초성을 참고하여 서술형 답안에 들어갈 내용을 써 보자.

답안 키워드 ㅈㅇㄱ   ㅈㄱㄹ   ㅈㄷㄹ   3ㅈㅎㅎ

(2) (1)의 내용을 포함하여 서술형 답안을 작성해 보자.

실전! 도전하기

02 밑줄 친 '문제'를 세 가지 서술하시오.

1960~1970년대 경제 개발 계획을 추진한 결과 한국 경제는 급속한 성장을 이루었다. 그러나 성장 위주의 경제 성장 과정에서 여러 문제가 나타나기도 하였다.

03 밑줄 친 부분을 해결하기 위한 정부의 정책을 두 가지 서술하시오.

우리나라는 1960~1970년대를 거치며 경제 성장과 인구 증가, 그리고 높은 교육열 등을 바탕으로 교육이 양적으로 크게 성장하였다. 그러나 과도한 교육열은 입시 경쟁, 사교육비 증가 등의 문제를 발생시켰다.

STEP 3 · 1등급 정복하기

최고난도

01 (가)~(다) 시기의 경제 상황으로 옳은 것만을 〈보기〉에서 고른 것은?

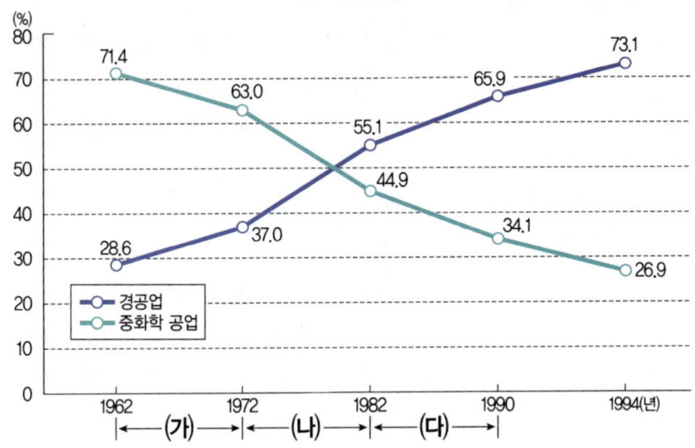

(『한국 경제 반세기 정책 자료집』, 1995)

↑ 공업 비중의 변화

> **보기**
> ㄱ. (가) – 노동 집약적 경공업이 집중 육성되었다.
> ㄴ. (나) – 제2차 석유 파동으로 경제 위기를 겪었다.
> ㄷ. (다) – 수출 100억 달러를 처음으로 달성하였다.
> ㄹ. (가)~(다) – 제분업, 제당업, 면방직 공업 등 이른바 삼백 산업이 발달하였다.

① ㄱ, ㄴ   ② ㄱ, ㄷ   ③ ㄴ, ㄷ

④ ㄴ, ㄹ   ⑤ ㄷ, ㄹ

02 다음 선언이 발표된 배경으로 가장 적절한 것은?

> 1. 신문, 방송, 잡지에 대한 어떠한 외부 간섭도 우리의 일치된 단결로 강력히 배제한다.
> 2. 기관원의 출입을 엄격히 거부한다.
> 3. 언론인의 불법 연행을 일체 거부한다.
> — 자유 언론 실천 선언

① 전국 언론 노동조합 연맹이 조직되었다.
② 정부에 비판적인 경향신문을 폐간하였다.
③ 6월 민주 항쟁 이후 언론 규제가 완화되었다.
④ 정부가 보도 지침을 마련하여 언론을 통제하였다.
⑤ 유신 체제에 비판적인 기자의 활동을 제한하였다.

◆ 한국 공업 비중의 변화

완자쌤의 시험꿀팁

한국 경제의 성장 과정은 1960~1970년대, 1980년대의 경제 상황을 구분해서 파악해 두도록 한다. 특히 1960~1970년대의 경제 상황은 제1, 2차 경제 개발 5개년 계획과 제3, 4차 경제 개발 5개년 계획의 특징을 구분해서 정리해 두도록 한다.

◆ 언론의 활동

완자 사전

■ 기관원
정보 기관에서 일하는 사람을 통속적으로 이르는 말이다.

완자쌤의 시험꿀팁

이승만 정부, 박정희 정부, 전두환 정부의 언론 탄압을 묻는 문제가 자주 출제되고 있다. 역대 정부의 언론 정책을 구분해서 정리해 두도록 한다.

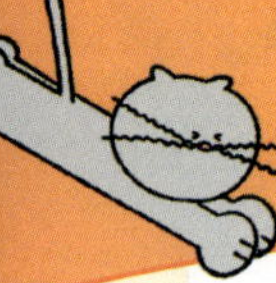

수능 첫걸음

── 2024 9월 모평 ──

(가) 정부 시기에 있었던 사실로 옳은 것은?

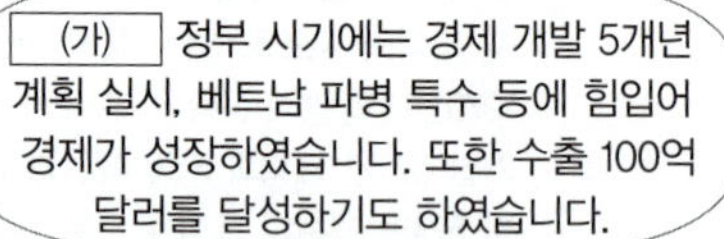

① 지계가 발급되었다.
② 제헌 헌법이 제정되었다.
③ 새마을 운동이 시작되었다.
④ 금융 실명제가 전면 실시되었다.
⑤ 동양 척식 주식회사가 설립되었다.

대표 유형　문제 풀이

※ 빈칸을 채우며 문제 풀이에 접근해 보세요!

❚ 1단계 / 자료 분석하기
자료에서 경제 개발 5개년 계획 실시, 수출 100억 달러 달성, 전태일 분신 사건 등을 통해 (가) 정부가 **❶** 정부임을 파악한다.

❚ 2단계 / 정답 개념 연결하기
도시와 농촌 간의 소득 격차가 커지자 박정희 정부는 **❷** 을 시작하여 농촌 환경을 개선하려고 하였음을 연결한다.

❚ 3단계 / 오답 개념 피하기
①은 대한 제국 시기, ②는 1948년 7월, ④는 김영삼 정부 시기, ⑤는 1908년에 있었던 일이다.

🔖 정답친해 39쪽

── 2022 4월 학평 응용 ──

(가) 정부 시기의 경제 상황으로 옳은 것은?

> **다큐멘터리 제작 기획안**
> - 제목: [(가)] 의 경제 개발 정책과 사회 변화
> - 기획 의도: [(가)] 이/가 실시한 수출 주도형 공업화 정책의 성과와 한계를 조명한다.
> - 편성 내용
>   - 1부: 한강의 기적, 수출 100억 달러를 달성하다
>   - 2부: 농촌 소득 증대를 내세운 새마을 운동을 시작하다
>   - 3부: 열악한 노동 현실을 알리기 위해 전태일이 분신하다

① 국채 보상 운동이 전개되었다.
② 산미 증식 계획이 실시되었다.
③ 브라운 각서 체결로 해외 차관이 도입되었다.
④ 메가타의 주도로 화폐 정리 사업이 시행되었다.
⑤ 한국 경제가 저달러, 저금리, 저유가의 3저 호황을 누렸다.

1등급 전략

박정희 정부의 경제 개발 계획 추진 과정에서 일어난 사건들을 순서대로 파악해 두도록 한다. 또한 박정희 정부 시기 경제 발전의 명과 암을 구분하여 정리하도록 한다.

출제 전망

- **전망1** 경제 개발 정책의 사례를 제시하고, 해당 경제 정책을 실시한 정부의 정책을 묻는 문제가 출제될 수 있다.
- **전망2** 수출 주도형 경제 정책의 추진 과정에서 나타난 한국 경제의 문제점을 묻는 문제가 출제될 수 있다.

Ⅱ단원 되돌아보기

① 냉전 체제와 대한민국 정부 수립

8·15 광복과 대한민국 정부 수립

- 대한민국 정부 수립 과정

8·15 광복 → 모스크바 3국 외상 회의 → 제1차 미소 공동 위원회 결렬 → 이승만의 정읍 발언 → (❶   ) 전개(좌우 합작 7원칙 발표) → 제2차 미소 공동 위원회 결렬 → 남한만의 총선거 실시 결정 → 남북 협상 추진 → 5·10 총선거 → 제헌 헌법 공포 → 대한민국 정부 수립

- 친일파 청산과 농지 개혁

• 친일파 청산을 위한 노력: 반민족 행위 처벌법 제정, (❷   ) 구성
• 농지 개혁: 농지 개혁법 제정 → 유상 매수·유상 분배 방식으로 실시

② 6·25 전쟁과 남북 분단의 고착화

6·25 전쟁과 남북 분단의 고착화

- 6·25 전쟁

북한의 남침 → 낙동강 방어선 구축 → 국군과 유엔군의 (❸   ) 성공 → 압록강 유역까지 진출 → 38도선 부근에서 공방전 전개 → 정전 협정 체결

- 독재 체제의 강화

• 남한: 발췌 개헌과 사사오입 개헌, 진보당 사건, 경향신문 폐간
• 북한: 김일성이 반대 세력 숙청 → 1인 독재 체제 강화, 사회주의 경제 체제 확립

③ 민주화를 위한 노력

민주화를 위한 노력

- 4·19 혁명

이승만 정부의 부정부패, 3·15 부정 선거 → 3·15 의거 → 시위의 전국적 확산 → 대학교수들의 시국 선언 → 이승만 정부 붕괴

- 박정희 정부와 유신 체제

• 5·16 군사 정변: 박정희 중심의 군사 세력이 정권 장악 → 국가 재건 최고 회의를 통한 군정 실시
• 박정희 정부: 한일 협정 체결, 베트남 파병, 3선 개헌 등 추진
• 유신 체제: 10월 유신((❹   ) 제정) → 유신 반대 운동 확산 → 10·26 사태로 붕괴

- 5·18 민주화 운동

12·12 사태, 신군부의 비상계엄 확대 → 광주에서 계엄령 철폐·신군부 퇴진 등을 요구하는 시위 전개 → 계엄군의 발포 → 시민군 조직 → 계엄군의 무력 진압

- 6월 민주 항쟁

박종철 고문치사 사건 → 4·13 호헌 조치 → 대통령 직선제 개헌 요구 시위 전개 → 이한열의 최루탄 피격 → 6·10 국민 대회 → (❺   ) 발표

④ 산업화의 성과와 사회·환경 문제 ~ ⑤ 문화 변동과 일상생활

산업화와 경제 성장

- 1960년대

• 제1, 2차 경제 개발 계획 실시: 섬유, 가발 등 경공업 집중 육성
• 경부 고속 국도 개통, 울산에 대규모 산업 단지 조성

- 1970년대

• 제3, 4차 경제 개발 계획 실시: 철강, 기계 등 중화학 공업 집중 육성
• 수출 100억 달러 달성, 두 차례의 석유 파동 발생

- 1980년대

• 자동차, 반도체 등 기술 집약적 산업 발달
• 저유가, 저금리, 저달러의 (❻   )으로 수출 부진 해소

산업화로 인한 사회·환경 문제

- 농민·노동 운동

• 농민 운동: 박정희 정부의 새마을 운동 추진, 함평 고구마 피해 보상 운동 등 전개
• 노동 운동: 전태일 분신 사건, YH 무역 사건 등

- 환경 운동

산업화·도시화 본격화 → 환경 오염 문제 심화 → 환경 운동 전개

생활 모습의 변화 ── 도시화에 따른 의식주 변화, 교육 기회 확대, 대중문화 발달 등

정답 ❶ 좌우 합작 운동　❷ 반민족 행위 특별 조사 위원회　❸ 인천 상륙 작전　❹ 유신 헌법　❺ 6·29 민주화 선언　❻ 3저 호황

01 (가), (나) 시기 사이에 있었던 사실로 옳지 <u>않은</u> 것은?

> (가) 일제의 패망 직전 조선 총독부와 행정권 이양을 교섭한 여운형은 안재홍 등과 함께 치안 유지와 건국 사업을 주도할 조선 건국 준비 위원회를 조직하였다.
>
> (나) 한반도 통일 정부 수립을 위해 여운형과 김규식 등의 중도 세력은 좌우 합작 운동을 전개하였다. 이들은 중도 세력을 중심으로 정국을 개편하려는 미군정의 지원을 받아 좌우 합작 위원회를 조직하였다.

① 미군이 군정청을 설치하였다.
② 제1차 미소 공동 위원회가 열렸다.
③ 모스크바 3국 외상 회의가 개최되었다.
④ 이승만이 남한 단독 정부 수립을 주장하였다.
⑤ 유엔 소총회에서 남한만의 단독 선거가 결정되었다.

02 다음 성명이 발표된 시기를 연표에서 옳게 고른 것은?

> **남북 협상 공동 성명**
>
> 1. 우리 강토에서 외국 군대가 즉시 철거하는 조선 문제를 해결하는 유일한 방법이다.
> 2. 연석회의에 참가한 모든 정당 사회단체들은 임시 정부를 수립하고 통일적 조선 입법 기관을 선거하여 통일적 민주 정부를 수립해야 한다.
> 3. 이 성명서에 서명한 모든 정당 사회단체들은 남조선 단독 선거의 결과를 결코 인정하지 않을 것이며 지지하지도 않을 것이다.

	(가)	(나)	(다)	(라)	(마)
▲	▲	▲	▲	▲	▲
8·15 광복	모스크바 3국 외상 회의	제1차 미소 공동 위원회 개최	제2차 미소 공동 위원회 결렬	5·10 총선거 실시	6·25 전쟁 발발

① (가)　② (나)　③ (다)　④ (라)　⑤ (마)

03 다음 헌법을 제정한 국회에 대한 설명으로 옳은 것은?

제1조	대한민국은 민주 공화국이다.
제2조	대한민국의 주권은 국민에게 있고 모든 권력은 국민으로부터 나온다.
제16조	모든 국민은 균등하게 교육을 받을 권리가 있다. 적어도 초등 교육은 의무적이며 무상으로 한다.
제29조	모든 국민은 법률의 정하는 바에 의하여 납세의 의무를 진다.
제30조	모든 국민은 법률의 정하는 바에 의하여 국토방위의 의무를 진다.

① 국호를 대한민국으로 정하였다.
② 좌우 합작 7원칙을 발표하였다.
③ 사사오입 개헌안을 통과시켰다.
④ 내각 책임제를 골자로 하는 개헌을 단행하였다.
⑤ 계엄령에 의해 일부 의원들이 간첩 혐의로 구속되었다.

04 교사의 질문에 대한 학생의 답변으로 적절한 것만을 〈보기〉에서 고른 것은?

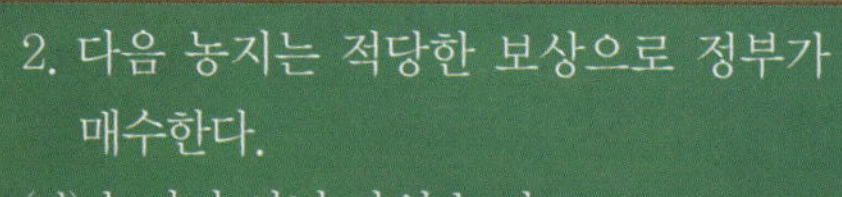

보기
ㄱ. 북한의 토지 개혁에 영향을 주었어요.
ㄴ. 무상 몰수·무상 분배의 방식으로 실시되었어요.
ㄷ. 제헌 국회에서 제정한 법률에 따라 추진되었어요.
ㄹ. 지주들에게 토지 상환금으로 지가 증권을 주었어요.

① ㄱ, ㄴ　② ㄱ, ㄷ　③ ㄴ, ㄷ
④ ㄴ, ㄹ　⑤ ㄷ, ㄹ

05 (가), (나)가 발표된 시기 사이에 볼 수 있는 모습으로 가장 적절한 것은?

> (가) 이 방위선은 알류산 열도에서 일본을 거쳐 오키나와, 필리핀 군도로 이어진다. …… 기타 태평양 지역은 …… 군사적 공격으로부터 안전을 보장할 수 없다는 점을 명백히 밝힌다.
>
> (나) 제1조 1항　한 개의 군사 분계선(휴전선)을 확정하고 쌍방이 이 선으로부터 각기 2㎞씩 후퇴하여 비무장 지대를 설정한다.
>
> 　　제3조 51항　쌍방은 송환을 원하는 전쟁 포로를 포로된 당시 그들이 속한 일방에 직접 송환한다.

① 수도 탈환식에서 연설하는 대통령
② 천리마운동에 동원되는 북한 주민
③ 반민 특위 활동에 참여하는 국회 의원
④ 간첩 혐의로 재판을 받고 있는 조봉암
⑤ 좌우 합작 운동에 참여하고 있는 중도 좌익 인사

06 (가), (나) 개헌에 대한 설명으로 옳은 것은?

사진으로 살펴보는 한국사

(가)	(나)
정부는 부산 일대에 공포 분위기를 조성한 가운데 거수 표결을 통해 대통령 직선제 개헌안을 강제로 통과시켰다.	정부는 초대 대통령에 한해 중임 제한을 없애는 내용의 개헌안을 통과시켰다. 이에 야당 국회 의원들이 크게 반발하였다.

① (가) – 반민 특위 설치를 결의하였다.
② (가) – 6·25 전쟁 이후에 단행되었다.
③ (나) – 사사오입의 논리로 통과되었다.
④ (나) – 한미 상호 방위 조약 체결에 영향을 주었다.
⑤ (가), (나) – 김일성의 독재 체제 강화를 위한 것이었다.

07 밑줄 친 ㉠에 해당하는 사례로 가장 적절한 것은?

> 6·25 전쟁 이후 남한과 북한의 적대감이 더욱 커지면서 분단이 고착화되었다. ㉠ 이러한 상황을 이용하여 남북한의 집권 세력은 독재 체제를 강화하였다.

① 농지 개혁
② 국가 보안법 개정
③ 국회 프락치 사건
④ 여수·순천 10·19 사건
⑤ 조선 인민 공화국 수립 선포

08 밑줄 친 '원조'의 결과로 옳지 <u>않은</u> 것은?

> 이승만 정부는 경제 재건을 목표로 전후 복구 사업을 추진하였다. 한국 경제는 미국의 대규모 원조와 정부의 재정 투입에 힘입어 비교적 빠른 속도로 회복하였다.

① 국내 농산물 가격이 떨어졌다.
② 정경 유착이 발생하기도 하였다.
③ 지주·소작제가 거의 소멸되었다.
④ 삼백 산업 등 소비재 산업이 발달하였다.
⑤ 가파른 인플레이션 현상이 어느 정도 수습되었다.

09 (가)에 들어갈 내용으로 가장 적절한 것은?

> 수업 주제: ＿＿＿＿＿＿ (가) ＿＿＿＿＿＿
>
> 1. 무허가 판잣집 증가
> 2. 초등학교 의무 교육제 시행
> 3. 가정과 사회에서 여성의 역할 확대
> 4. 서구식 대중문화 유입

① 반공 체제의 강화
② 경제 성장 과정의 문제점
③ 6·25 전쟁의 피해와 영향
④ 6·25 전쟁의 피해 복구 노력
⑤ 6·25 전쟁 이후 생활 모습의 변화

10 밑줄 친 '선거'에 대한 설명으로 옳은 것은?

> 3. 선거로 인한 모든 불미스러운 것을 없애게 하기 위하여 이미 이기붕 의장에게 공직에서 완전히 물러나도록 하였다.
> 4. 내가 이미 합의를 준 것이지만 만일 국민이 원한다면 내각 책임제 개헌을 하겠다.

① 민주당이 압승을 거두었다.
② 제헌 국회 의원을 선출하였다.
③ 대통령을 간선제로 뽑도록 하였다.
④ 무소속의 조봉암 후보가 선전하였다.
⑤ 4·19 혁명이 일어나는 배경이 되었다.

11 (가) 정부에 대한 설명으로 옳은 것은?

(가) 정부 시기에는 민간 차원의 다양한 통일 방안이 제시되었다. 그러나 이러한 통일 운동은 5·16 군사 정변으로 중단되고 말았다.

① 농지 개혁을 실시하였다.
② 지방 자치제를 실시하였다.
③ 베트남에 국군을 파병하였다.
④ 국가 재건 최고 회의를 설치하였다.
⑤ 보도 지침을 내려 언론을 통제하였다.

12 (가), (나) 개헌의 내용으로 옳은 것은?

> • (가) 에 따라 실시된 제5대 대통령 선거에서 박정희는 민주 공화당의 후보로 출마하여 당선되었다.
> • (나) 의 결과로 제정된 헌법에 박정희는 통일 주체 국민 회의에서 제8대 대통령으로 선출되었다.

① (가) – 내각 책임제, 양원제 국회
② (가) – 대통령 중심제, 단원제 국회
③ (나) – 대통령의 3회 연임 허용
④ (나) – 대통령의 임기 7년 단임
⑤ (가), (나) – 대통령 간선제 실시

13 (가)에 들어갈 내용으로 적절하지 <u>않은</u> 것은?

영화 제작 기획서

항목	세부 내용
주제	전두환 정부의 수립과 정책
내용	#장면1 • 주요 내용: 전두환이 대통령으로 선출되는 과정 • 구성 방안 ①: 국가 보위 비상 대책 위원회의 활동을 조명한다. • 구성 방안 ②: 대통령 선거인단이었던 인물과 인터뷰를 진행한다. #장면2 • 주요 내용: 전두환 정부의 강압 정치와 유화 정책 • 구성 방안: (가) ※ 유의 사항: 각 시기에 맞는 자료와 사건을 다룬다.

① 삼청 교육대에 다녀온 인물과 인터뷰를 한다.
② 민주화 운동을 진압하였던 인물과 면담을 진행한다.
③ 야간 통행금지 해제로 달라진 사회 모습을 살펴본다.
④ 베트남 파병 이후 등장한 라이따이한 문제를 소개한다.
⑤ 교복 및 두발 자유화 이후의 학교 풍경을 담은 영상을 보여 준다.

14 밑줄 친 '우리'에 대한 설명으로 옳은 것은?

> 4·13 호헌 조치는 무효임을 전 국민의 이름으로 선언한다. 오늘 우리는 전 세계 이목이 주시하는 가운데 40년 독재 정치를 청산하고 희망찬 민주 국가를 건설하기 위한 거보를 전 국민과 함께 내딛는다. 국가의 미래요 소망인 꽃다운 젊은이를 야만적인 고문으로 죽여 놓고 그것도 모자라 뻔뻔스럽게 국민을 속이려 했던 현 정권에게 국민의 분노가 무엇인지를 분명히 보여 주고, 국민적 여망인 개헌을 일방적으로 파기한 4·13 폭거를 철회시키기 위한 민주 장정을 시작한다.

① 유신 철폐를 내세웠다.
② 호헌 철폐, 독재 타도를 외쳤다.
③ 한일 회담을 굴욕적으로 여겼다.
④ 정부통령 선거의 재실시를 주장하였다.
⑤ 비상계엄 해제와 신군부의 퇴진을 요구하였다.

15 밑줄 친 ㉠에 해당하는 사진으로 가장 적절한 것은?

> **한국사 수행 평가**
>
> 1. 주제: 제1, 2차 경제 개발 5개년 계획의 추진
> 2. 기간: 제1차(1962~1966년), 제2차(1967~1971년)
> 3. 내용
>   - 섬유, 신발, 가발 등 경공업 육성
>   - ㉠ 사회 간접 자본 확충 노력

① 
↑ 경부 고속 국도 개통

② 
↑ 포항 제철소 건설

③ 
↑ 중동 건설 사업 진출

④ 
↑ 수출 100억 달러 달성 기념 아치

⑤ 
↑ 국산 자동차 산업 성장 기념우표

16 밑줄 친 '경제 성장 정책'의 추진 결과로 옳은 것은?

> 박정희 정부는 경공업 중심의 경제 성장에 한계를 깨닫고 철강, 기계, 조선, 석유 화학 등 중화학 공업을 집중 육성하는 경제 성장 정책을 적극 추진하였다.

① 기간산업이 집중 육성되었다.
② 한국 경제가 3저 호황을 누리게 되었다.
③ '한강의 기적'이라 불린 경제 성장을 이루었다.
④ 자유 무역을 위한 우루과이 라운드가 시작되었다.
⑤ 자동차, 반도체 산업 등 기술 집약적 산업이 성장하였다.

17 다음 그래프에 나타난 한국 경제의 문제점으로 가장 적절한 것은?

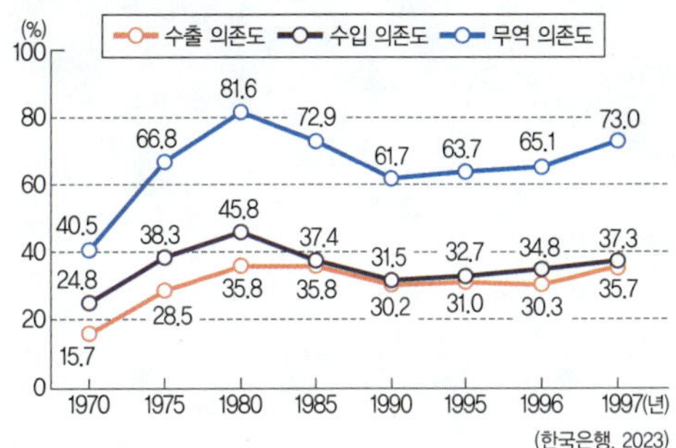

↑ 한국의 무역 의존도 변화

① 내수보다 무역의 비중이 커졌다.
② 부의 양극화 현상이 두드러졌다.
③ 재벌 중심의 산업 구조가 형성되었다.
④ 도시와 농촌 간의 소득 격차가 커졌다.
⑤ 산업 시설의 지역 간 격차가 발생하였다.

18 다음 상황을 개선하기 위한 움직임으로 가장 적절한 것은?

> 수출 주도의 경제 정책 아래, 정부와 기업은 저임금 정책을 지속하였다. 노동자들은 낮은 임금을 받으며 열악한 작업 환경에서 장시간 노동에 시달렸다.

① 광주 대단지 사건이 발생하였다.
② 농산물 수입 개방 반대 운동이 전개되었다.
③ 새마을 운동이 도시와 직장으로 확대되었다.
④ 전태일이 근로 기준법 준수를 외치며 분신하였다.
⑤ 과외를 전면 금지하고 대학 졸업 정원제를 시행하였다.

19 밑줄 친 '정부' 시기에 볼 수 있는 모습으로 적절하지 <u>않은</u> 것은?

> 정부는 국가 안보 우려, 일본풍, 비판적인 가사 등을 이유로 수많은 곡을 금지곡으로 지정하였다.

① 프로 야구를 함께 관람하는 가족
② 통기타를 치며 노래를 부르는 청년들
③ 자유 언론 실천 선언을 발표하는 기자
④ 미니스커트를 입은 사람을 단속하는 경찰
⑤ 국민 교육 헌장 발표를 보도하는 아나운서

오늘날의 대한민국

01

6월 민주 항쟁 이후 민주화 과정

학습 내용
- 6월 민주 항쟁 이후 수립된 각 정부의 정책
- 시민 사회 성장에 따른 시민운동의 활성화

이것이 핵심!

※ 6월 민주 항쟁 이후 정부의 변천

노태우 정부	대통령 직선제로 노태우 대통령 당선
김영삼 정부	문민정부 등장

↓

평화적 정권 교체의 정착

김대중 정부(최초로 선거에 의한 평화적 정권 교체) → 이후 '노무현 정부 → 이명박 정부 → 박근혜 정부 → 문재인 정부' 수립

◆ **3당 합당(1990)**
여소 야대 정국으로 인해 안정적인 국정 운영이 어려워지자, 여당이 김영삼과 김종필이 이끄는 두 야당과 합당하여 민주 자유당을 창당한 사건이다.

◆ **금융 실명제**
금융 거래를 본인의 실제 이름으로 하도록 하는 제도이다. 부정한 자금을 주고받고 숨기는 행위와 탈세를 막아 부정부패 차단에 도움을 주었다.

---

① 민주화의 진전

1. 민주주의의 성장

> 제13대 대통령 선거 당시 야당이 분열하여 여당 후보인 노태우가 36%의 낮은 득표율에도 불구하고 제13대 대통령에 당선되었어.

> 사회주의 국가인 중국, 소련, 동유럽 국가 등과 외교 관계를 맺어 교류를 확대하였어.

노태우 정부 (1988~1993)	여소 야대의 정치 구도 형성(→ 전두환 정부의 비리와 5·18 민주화 운동의 진상을 규명하기 위한 청문회 개최) → ◆3당 합당, 지방 자치제 부분적 실시, 북방 외교 추진
김영삼 정부 (1993~1998)	문민정부 표방, 공직자 윤리법 개정(고위 공직자의 재산 등록 의무화), ◆금융 실명제 실시, 지방 자치제 전면적 실시, '역사 바로 세우기' 진행, 경제 협력 개발 기구(OECD) 가입, 임기 말 외환 위기 발생(1997) **다잡는 자료**

2. 평화적 정권 교체의 정착

> 진실·화해를 위한 과거사 정리 위원회를 두어 반민주적·반인권적 사건들의 진상을 규명하고 역사적 진실을 밝히고자 노력하였어.

김대중 정부 (1998~2003)	정부 수립 이후 최초로 선거에 의한 여야 간 평화적 정권 교체, 제1차 남북 정상 회담 개최(2000), 대통령의 노벨 평화상 수상, 외환 위기 극복, 인사 청문회법 제정, 여성부와 국가 인권 위원회 신설, 과거사 정리 시행(제주 4·3 사건 및 의문사 진상 규명 등)
노무현 정부 (2003~2008)	제2차 남북 정상 회담 개최(2007), 행정 수도 건설과 수도권 소재 주요 공공 기관의 지방 이전 추진, 과거사 정리 시행, 권위주의 청산 노력
이명박 정부 (2008~2013)	여야 간 평화적 정권 교체, 실용주의를 앞세워 자유 무역 협정(FTA) 체결 확대·기업 활동의 규제 완화 추진, 4대강 정비 사업, 서울 G20 정상 회의 개최(2010)
박근혜 정부 (2013~2017)	대한민국 최초의 여성 대통령, 민간인에 의한 국정 농단 의혹 사건으로 정부 수립 이후 최초로 대통령 파면(헌법 재판소의 탄핵 인용 결정)
문재인 정부 (2017~2022)	여야 간 평화적 정권 교체, 복지 정책 강화·지역 발전·남북 평화에 중점을 둔 정책 전개, 코로나 바이러스 감염증 팬데믹 극복을 위한 방역 정책 실시

> 행정 수도 건설 계획은 결국 좌절되었고, 그 대신 행정 중심 복합 도시인 세종시가 건설되었어.

이것이 핵심!

※ 시민 사회의 성장

지방 자치제	김영삼 정부 때 전면 실시
시민운동	노동 운동, 농민 운동, 여성 운동 등 다양한 시민운동 전개

◆ **호주제**
한 집안의 남성 가장을 중심으로 가족 구성원들의 출생, 혼인, 사망 등을 기록하는 제도이다.

◆ **선거 공영제**
국가나 지방 자치 단체가 관리하여 선거 비용의 일부 또는 전부를 부담함으로써 국민의 정치 참여를 보장하는 제도이다.

---

② 시민 사회의 성장

> 국민 개개인에게 골고루 영향을 미치는 대중적 민주주의, 곧 풀뿌리 민주주의를 실현하는 대표적 수단이야.

1. 지방 자치제의 정착
6월 민주 항쟁 이후 개정된 헌법에 지방 자치제 재규정 → 김영삼 정부 때 지방 자치제 전면 실시(1995) **자료 ❶**

2. 시민운동의 성장

> 정부나 기업과 달리 시민들이 자발적으로 모여서 공공의 이익을 위해 활동하는 단체를 말해.

배경	6월 민주 항쟁 이후 제도적 민주주의의 정착 → 비정부 기구(NGO)인 시민 단체의 성장
다양한 시민운동의 전개	• 경제 정의: 경제 정의 실천 시민 연합(경실련), 참여 연대의 활동 • 노동 운동: '노동자 대투쟁' 전개(1987), 노동조합 조직 확대 • 농민 운동: 전국 농민회 총연맹 조직 → 김영삼 정부 시기 농산물 수입 개방 반대 운동 전개 • 환경 운동: 환경 문제 해결 및 지속 가능한 사회 실현을 목표로 다양한 환경 운동 단체 결성 • 여성 운동: 가부장제 철폐, 여성의 사회적 지위 향상, 인권 보호 등을 위해 노력 → 여성부 설치(2001), ◆호주제 폐지(2008) • 인권 운동: 사회적 약자와 소수자의 인권 보호, 분쟁 지역의 난민 보호, 학생 인권 조례 제정

> 경제 정의 실천 시민 연합은 정경 유착 타파를, 참여 연대는 정치·경제 권력의 남용 견제를 위해 노력하였어.

3. 시민의 정치 참여 확대
◆선거 공영제·지방 자치제 등을 통해 시민의 정치 참여 확대 → 총선 연대의 낙선 운동, '촛불 집회'라는 시위 형태 등장, 사회 관계망 서비스(SNS)를 통한 정치적 의사 표현 확대 **자료 ❷**

> 공직 선거에서 출마하기에 부적격한 후보자가 뽑히지 못하도록 벌이는 활동을 말해.

> 예) 2002년 미군 장갑차로 숨진 여중생 추모 집회, 2008년 미국산 쇠고기 수입 반대 집회, 2016년 국정 농단에 대한 진상 규명과 박근혜 대통령 퇴진 요구 집회 등

내 교과서 · 비상, 동아, 리베르, 미래엔, 씨마스, 천재, 해냄 교과서에서 '김영삼 정부의 역사 바로 세우기' 자료를 다루고 있어요.

내신과 수능을 **다 잡는 자료**

김영삼 정부의 '역사 바로 세우기'

↑ 철거되는 옛 조선 총독부 건물

↑ 법정에서 재판을 받는 노태우와 전두환

김영삼 정부는 일제 강점기와 군사 독재의 잔재를 청산하기 위해 '역사 바로 세우기'를 추진하였다. 그 사례로 옛 조선 총독부 건물을 철거하였으며, 12·12 사태와 5·18 민주화 운동을 재평가하여 전두환과 노태우 두 전직 대통령을 구속하고 관련자를 처벌하였다.

빈출 선택지로 점검하기

》 초성을 참고하여 김영삼 정부의 '역사 바로 세우기'에 대한 선택지를 완성해 보자.

- 옛 ㅈㅅㅊㄷㅂ 건물을 철거하였다.
- ㅇㅈ ㄱㅈㄱ와 군사 독재의 잔재를 청산하고자 하였다.
- ㄴㅌㅇ와 전두환 등 12·12 사태와 5·18 민주화 운동 진압 관련자를 처벌하였다.

정답 노태우, 일제 강점기, 조선 총독부

함께 보기 · 내신 만점 공략하기 04번

자료 ① 지방 자치제의 실시

1949	지방 자치법 공포
1952	최초의 지방 의회 의원 선거 실시
1961	5·16 군사 정변으로 중단
1972	유신 헌법에서 통일까지 지방 의회 구성 유보
1987	개정 헌법에 지방 자치제 다시 규정
1991	지방 의회 의원 선거 실시
1995	지방 자치 단체장 및 지방 의회 의원 선거 동시 실시

↑ 6·27 지방 선거의 개표 모습(1995)

1987년 6월 민주 항쟁으로 지방 자치제가 다시 헌법에 규정되었고, 김영삼 정부 시기인 1995년 지방 자치 단체장 선거가 지방 의회 선거와 동시에 치러졌다.

문제로 확인할까?

다음과 같은 일을 추진한 정부로 옳은 것은?

> 지방 자치법을 개정하여 1995년 6월 지방 자치 단체장과 지방 의회 의원을 뽑는 선거를 실시하였다. 34년 만에 지방 자치제를 전면 실시하게 되면서 지방 분권에 입각한 민주주의 실현이 가능해졌다.

① 김대중 정부　　② 김영삼 정부
③ 노태우 정부　　④ 박정희 정부
⑤ 이승만 정부

정답 ②

자료 ② 시민의 정치 참여 확대

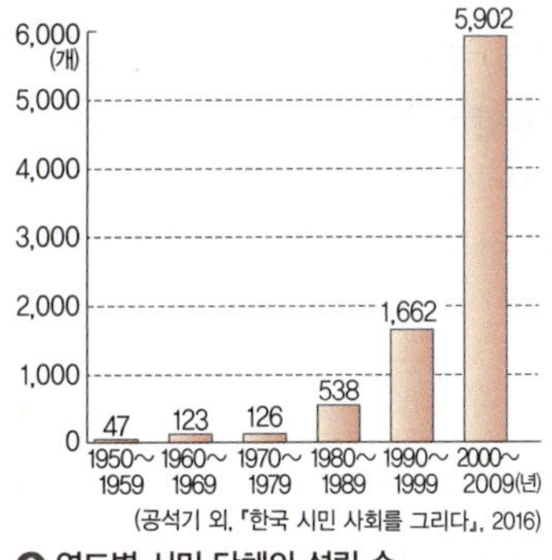
↑ 연도별 시민 단체의 설립 수
(공석기 외, 『한국 시민 사회를 그리다』, 2016)

↑ 촛불 집회의 모습

6월 민주 항쟁 이후 민주화가 진전되면서 시민 단체 수가 크게 증가하였고, 촛불 집회 등 다양한 유형의 시민운동이 등장하였다.

자료 하나 더 알고 가자!

대한민국의 선거 민주주의 지수

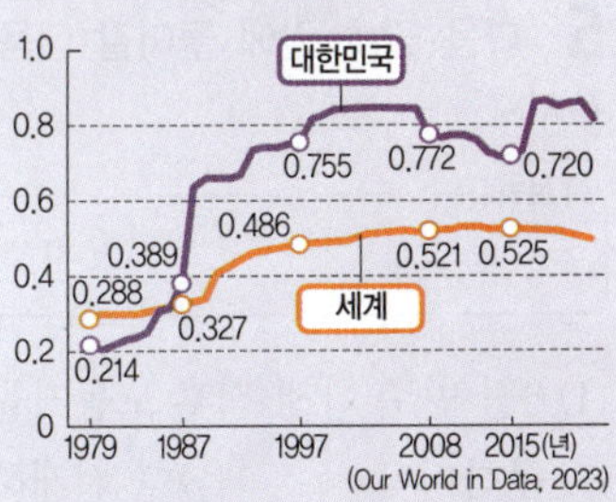

6월 민주 항쟁 이후 우리나라 민주주의가 성장하면서 선거 민주주의 지수가 크게 향상되었다.

핵심 개념 **확인**하기

🔖 정답친해 43쪽

1 다음 괄호 안의 내용 중 알맞은 것을 골라 ○표 하시오.

(1) 제13대 국회 의원 선거 결과, (여대 야소, 여소 야대)의 정국이 형성되었다.

(2) 야당의 (김대중, 김영삼) 후보가 대통령에 당선되면서 최초로 평화적 여야 정권 교체가 이루어졌다.

2 다음 정책과 이를 추진한 정부를 옳게 연결하시오.

(1) 북방 외교 •　　　　　　　• ㉠ 김대중 정부

(2) 여성부 신설 •　　　　　　　• ㉡ 김영삼 정부

(3) 금융 실명제 도입 •　　　　• ㉢ 노태우 정부

3 다음 설명이 맞으면 ○표, 틀리면 ✕표를 하시오.

(1) 이명박 정부 시기에 대한민국은 경제 협력 개발 기구(OECD)에 가입하였다. 　　　　　　　 (　　　)

(2) 김영삼 정부는 '역사 바로 세우기'의 일환으로 전두환, 노태우 등을 처벌하였다. 　　　　　　 (　　　)

4 밑줄 친 '이 제도'의 명칭을 쓰시오.

> 이 제도는 지역 주민이 직접 선출한 지방 자치 단체장과 지방 의회가 해당 지역의 일을 처리하는 제도이다. 우리나라에서는 김영삼 정부 때부터 전면 실시되었다.

5 다음 괄호 안에 들어갈 내용을 〈보기〉에서 골라 기호를 쓰시오.

> **보기**
> ㄱ. 호주제　　　ㄴ. 촛불 집회　　　ㄷ. '노동자 대투쟁'

(1) 6월 민주 항쟁 직후 노동자들은 노동자 처우 개선을 요구하며 (　　　)을/를 전개하였다.

(2) 2000년대 이후 시민들은 (　　　)(이)라는 새로운 방법의 시위로 정치적 의사를 표현하였다.

(3) 2008년에는 (　　　)이/가 폐지되고 가족 관계 법령이 개정되어 여성의 사회적 지위가 향상되었다.

내신 만점 **공략**하기

01 밑줄 친 '선거'에 대한 설명으로 옳은 것은?

① 노태우 정부가 수립되었다.

② 여야 정권 교체가 이루어졌다.

③ 발췌 개헌이 단행되는 배경이 되었다.

④ 군인이 아닌 민간인이 대통령에 당선되었다.

⑤ 유엔 한국 임시 위원단의 감시하에 진행되었다.

⭐중요

02 (가) 정부에 대한 설명으로 옳은 것은?

> 역사 속 오늘
>
> 8월 24일
> **한국과 중국, 국교를 수립하다**
>
> 8월 24일은 한국과 중국이 국교를 수립한 날이다. 한중 수교는 1990년에 수립된 한국과 소련의 국교가 디딤돌이 되었으며, [　(가)　] 정부가 추진한 북방 외교의 대표적인 성과로 평가받는다. 한국과 중국 양국은 수교 이후 현재까지 정치·경제적으로 긴밀하게 교류하고 있다.

① 3선 개헌을 추진하였다.

② 금융 실명제를 시행하였다.

③ '역사 바로 세우기'를 실시하였다.

④ 최초로 남북 정상 회담을 개최하였다.

⑤ 지방 자치제를 부분적으로 실시하였다.

03 다음 담화문 발표의 결과로 옳은 것은?

> 민주 정의당과 통일 민주당, 그리고 신민주 공화당은 여야의 다른 위치에서 그동안 이 나라를 위해 나름대로 최선의 노력을 기울여 왔습니다. 그러나 오늘 우리의 현실은 보다 굳건한 정치 주도 세력과 국민적 역량의 결집을 요구하고 있습니다.

① 긴급 조치가 발동되었다.
② 민주 자유당이 탄생하였다.
③ 3·15 부정 선거가 발생하였다.
④ 4·13 호헌 조치가 발표되었다.
⑤ 내각 책임제를 골자로 하는 개헌이 이루어졌다.

⭐중요 04 밑줄 친 '이 사업'에 대한 설명으로 옳은 것은?

↑ 철거되는 옛 조선 총독부 건물

광복 이후 일제의 잔재인 옛 조선 총독부 건물의 철거를 둘러싼 논쟁이 계속되었다. 그러다가 1994년 정부가 이 사업의 일환으로 조선 총독부 건물 철거를 추진하였다. 건물 철거를 찬성하는 입장은 일제의 잔재를 처리하였다는 점을 높이 평가하였으나, 건물 철거를 반대하는 입장은 총독부 건물 철거가 문화사적 보존 가치를 훼손하는 것이라고 주장하였다.

① 한일 협정 체결을 추진하였다.
② 전두환, 노태우 등을 처벌하였다.
③ 6·29 민주화 선언 발표에 따라 실시되었다.
④ 인혁당 사건 등 의문사의 진상을 조사하였다.
⑤ 진실·화해를 위한 과거사 정리 위원회를 조직하였다.

⭐하나더! 04-1 밑줄 친 '이 사업'을 추진한 정부 시기에 있었던 사실로 옳은 것만을 〈보기〉에서 있는 대로 골라 기호를 쓰시오.

> **보기**
> ㄱ. 북방 외교 추진
> ㄴ. 금융 실명제 시행
> ㄷ. 행정 수도 건설 추진
> ㄹ. 지방 자치제 전면 실시

05 (가)에 들어갈 내용으로 가장 적절한 것은?

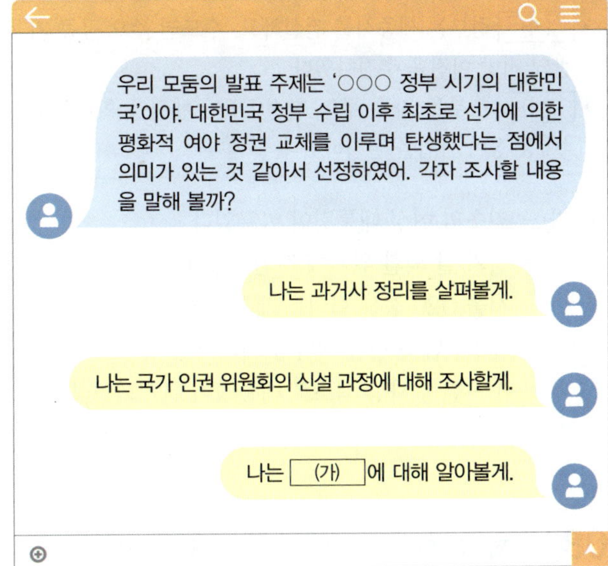

① 3저 호황 속 경기
② 베트남 전쟁 파병
③ 인사 청문회법 제정
④ 유신 헌법 확정 과정
⑤ 부마 민주 항쟁의 의의

⭐중요 06 밑줄 친 '대통령'의 정책으로 옳은 것은?

> **한국사 신문**
>
> ### 한국인 최초 노벨 평화상 수상
>
> 2000년 12월 대통령이 노벨 평화상을 수상하였다. 수상 당시 대통령은 아래의 연설문을 발표하였다.
> "제가 민주화를 위해서 수십 년 동안 투쟁할 때 언제나 부딪힌 반론이 있었습니다. 그것은 아시아에서는 서구식 민주주의가 적합하지 않으며 그러한 뿌리가 없다는 주장이었습니다. 그러나 아시아에는 오히려 서구보다 훨씬 더 이전에 인권 사상이 있었고 민주주의와 상통한 사상의 뿌리가 있었습니다."

① 여성부를 신설하였다.
② 삼청 교육대를 운영하였다.
③ 행정 수도 건설을 추진하였다.
④ 소련, 중국과 외교 관계를 맺었다.
⑤ 국가 재건 최고 회의를 설치하였다.

07 (가), (나) 정부에 대한 설명으로 옳은 것은?

> - (가) 정부는 세종시를 건설하고, 수도권 주요 공공 기관의 지방 이전을 추진하였다.
> - (나) 정부는 자유 무역 협정(FTA) 체결을 확대하고 4대강 정비 사업을 실시하였다.

① (가) – 최초의 여성 대통령이 이끌었다.
② (가) – 임기 말 외환 위기에 직면하였다.
③ (나) – 서울 G20 정상 회의를 개최하였다.
④ (나) – 제2차 남북 정상 회담을 개최하였다.
⑤ (가), (나) – 헌정 사상 최초로 대통령이 탄핵되었다.

08 (가) 제도에 대한 설명으로 옳은 것만을 〈보기〉에서 고른 것은?

> (가) 은/는 일정 지역의 주민이 선출한 기관을 통해서 스스로 그 지방을 통치하도록 하는 제도이다. 민주주의와 지방 분권을 기반으로 하는 행정 형태로, 풀뿌리 민주주의 실현에 기여하고 있다.

보기
ㄱ. 장면 내각 시기에 처음 도입되었다.
ㄴ. 5·16 군사 정변으로 사실상 중단되었다.
ㄷ. 유신 체제 시기에 부분적으로 실시되었다.
ㄹ. 김영삼 정부 시기에 전면적으로 시행되었다.

① ㄱ, ㄴ   ② ㄱ, ㄷ   ③ ㄴ, ㄷ
④ ㄴ, ㄹ   ⑤ ㄷ, ㄹ

09 (가)에 들어갈 내용으로 옳은 것은?

> 6월 민주 항쟁 이후 많은 시민 단체가 조직되었다. 그중 1989년에 설립된 (가) 은/는 급속한 경제 성장 과정에서 생겨난 정경 유착, 불공정한 노사 관계, 부와 소득의 불공정 분배 등의 문제를 타파하기 위한 운동을 전개하였다.

① 노사정 위원회   ② 총선 시민 연대
③ 경제 협력 개발 기구   ④ 통일 주체 국민 회의
⑤ 경제 정의 실천 시민 연합

10 밑줄 친 '정책'의 사례로 옳은 것은?

> 민주화 이후 다양한 분야의 시민운동이 활성화되었다. 그 중에는 여성의 사회적 지위 향상을 위한 여성 운동도 있었다. 여성 운동은 가부장제의 철폐와 성 차별의 타파, 여성의 주체성과 자율성 확보 등을 중심 과제로 삼았다. 이러한 움직임은 여러 정책으로 이어졌다.

① 호주제가 폐지되었다.
② 국가 보안법이 개정되었다.
③ 환경 보전법이 제정되었다.
④ 학생 인권 조례가 제정되었다.
⑤ 고교 평준화 제도가 실시되었다.

11 밑줄 친 ㉠의 사례로 옳은 것만을 〈보기〉에서 고른 것은?

항의나 추모를 목적으로 하는 비폭력 평화 시위의 한 방식이며, 주로 야간에 이루어진다. ㉠ 오늘날 시민들은 촛불 집회를 통해 사회·정치적 의사 표현을 활발하게 하고 있다.

보기
ㄱ. 한일 회담에 반대하였다.
ㄴ. 대통령 직선제 개헌을 요구하였다.
ㄷ. 미국산 쇠고기 수입에 반대하였다.
ㄹ. 국정 농단 사건에 항의하며 정부를 규탄하였다.

① ㄱ, ㄴ   ② ㄱ, ㄷ   ③ ㄴ, ㄷ
④ ㄴ, ㄹ   ⑤ ㄷ, ㄹ

12 다음 그래프와 같은 변화가 일어나게 된 배경으로 적절하지 **않은** 것은?

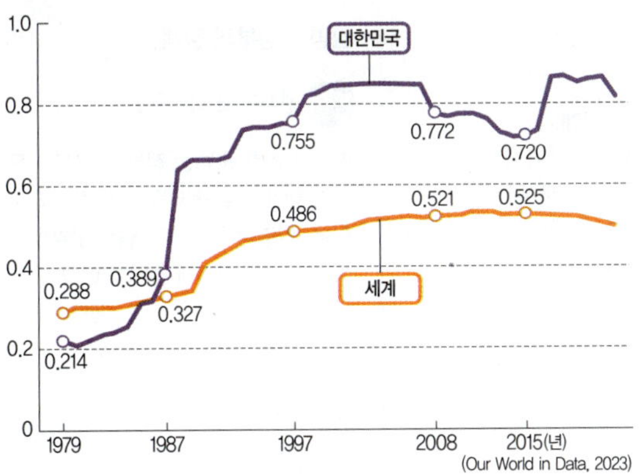

↑ 대한민국의 선거 민주주의 지수

① 선거 공영제가 폐지되었다.
② 지방 자치제가 전면적으로 실시되었다.
③ 6월 민주 항쟁 이후 민주화가 진전되었다.
④ 시민 단체가 다양한 영역에서 사회 문제를 제기하였다.
⑤ 사회 관계망 서비스(SNS)를 통한 정치 참여가 활발해졌다.

13 다음 그래프를 활용한 보고서 주제로 가장 적절한 것은?

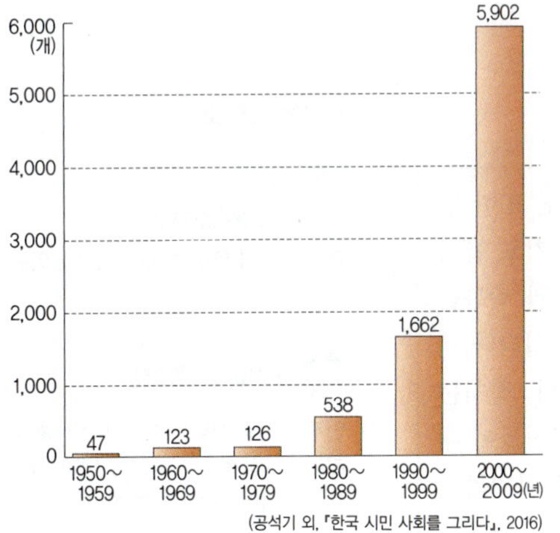

↑ 연도별 시민 단체의 설립 수

① 기업 활동의 규제 완화
② 평화적 여야 정권 교체
③ 남북 평화에 중점을 둔 정책
④ 민주화 이후 시민운동의 성장
⑤ 노동자의 권익 보호를 위한 노력

서술형 문제

서술형 감잡기

01 밑줄 친 ㉠의 사례를 서술하시오.

> 6월 민주 항쟁 이후 민주화가 진행되며 정치뿐만 아니라 사회 전반에서도 민주화 요구가 커졌다. 특히 그동안 저임금 등 열악한 노동 환경에 처해 있던 노동자들은 ㉠ 6월 민주 항쟁 이후 대규모의 노동 운동을 전개하거나 자신들의 목소리를 대변할 수 있는 단체를 조직하였다.

(1) 초성을 참고하여 서술형 답안에 들어갈 내용을 써 보자.

답안 키워드   ㄴㄷㅈ ㄷㅌㅈ   ㄴㄷㅈㅎ

(2) (1)의 내용을 포함하여 서술형 답안을 작성해 보자.

실전! 도전하기

02 다음 자료에 나타난 사건을 쓰고, 해당 사건이 일어난 배경을 서술하시오.

> 당시 집권 여당이었던 민주 정의당 총재 노태우와 야당인 통일 민주당 총재 김영삼, 신민주 공화당 총재 김종필이 연합하여 새로운 거대 여당이 탄생하였다.

03 다음 선언문을 발표한 정부의 명칭을 쓰고, 밑줄 친 ㉠의 사례를 서술하시오.

> 우리가 일시적 고통을 감내하고 진실로 불의와 부도덕을 청산해야만 우리는 다음 세대에게 밝은 미래를 물려줄 수 있습니다. 정치·경제·사회 모든 영역에서 정의와 진실이 살아 숨쉬고 신뢰와 협력이 충만한 공동체를 건설할 수 있을 것입니다. 저는 ㉠ '역사 바로 세우기'는 바로 '제2 건국' 이라는 믿음으로 국민과 더불어 이 시대적 과업을 완수하고자 합니다.

STEP 3 1등급 정복하기

01 밑줄 친 '정부'의 정책으로 옳은 것은?

① 여성부를 신설하였다.
② 3당 합당이 단행되었다.
③ 북방 외교를 전개하였다.
④ 지방 자치제를 전면 실시하였다.
⑤ 의문사 진상 규명을 위해 노력하였다.

최고난도

02 (가), (나) 취임사를 발표한 각 정부에 대한 설명으로 옳은 것은?

(가) 오늘은 이 땅에서 처음으로 민주적 정권 교체가 실현되는 자랑스러운 날입니다. 또한 민주주의와 경제를 동시에 발전시키려는 정부가 마침내 탄생하는 역사적인 날이기도 합니다. 이 정부는 국민의 힘에 의해 이루어진 참된 '국민의 정부'입니다. 모든 영광과 축복을 국민 여러분께 드리면서, 제 몸과 마음을 다 바쳐 봉사할 것을 굳게 다짐하는 바입니다.

(나) 존경하는 국민 여러분, 지난 몇 달 우리는 유례없는 정치적 격변기를 보냈습니다. 정치는 혼란스러웠지만 국민은 위대했습니다. 현직 대통령의 탄핵과 구속 앞에서도 국민들이 대한민국의 앞길을 열어 주셨습니다. 우리 국민들은 좌절하지 않고 오히려 이를 전화위복으로 승화시켜 마침내 오늘 새로운 세상을 열었습니다.

① (가) – 제3차 경제 개발 5개년 계획을 실시하였다.
② (가) – 진실·화해를 위한 과거사 정리 위원회를 설치하였다.
③ (나) – 4대강 정비 사업을 실시하였다.
④ (나) – 국가 인권 위원회를 신설하였다.
⑤ (가), (나) – 선거에 의한 평화적 여야 정권 교체를 이루었다.

◆ **김영삼 정부의 정책**

완자쌤의 시험꿀팁

민주화 이후 출범한 정부의 정책을 묻는 문제가 자주 출제된다. 특히 노태우 정부, 김영삼 정부, 김대중 정부의 정책을 자세히 정리해 두도록 한다.

◆ **평화적 정권 교체의 정착**

완자 사전

■ **전화위복(轉禍爲福)**
불행한 일이 오히려 복이 되어 돌아온다는 뜻

완자쌤의 시험꿀팁

민주화 이후 정부가 출범한 순서를 정리하고, 각 정부 시기에 있었던 사건을 구분하여 파악하도록 한다.

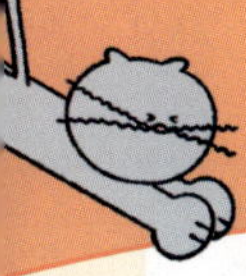 

수능 첫걸음

┤ 2024 수능 ├

다음 연설이 행해진 정부의 경제 정책으로 가장 적절한 것은?

> 저는 대통령에 취임하자마자 저의 재산을 공개했고 앞으로 정치 자금을 한 푼도 받지 않겠다고 선언했던 것입니다. 아울러 정경 유착을 제도적으로 막을 수 있도록 금융 실명제를 단행했습니다. …… 금융 실명제와 부동산 실명제를 통해 마련된 경제 정의의 기반 위에서 1인당 국민 소득 1만 달러, 수출 1천 억 달러 시대를 열었습니다. …… 모든 국민이 갈망해 온 지방 자치제의 완전한 실시로 참여와 자율이 존중되는 본격적인 지방 시대를 열었습니다.

① 지계아문에서 지계를 발급하였다.
② 경부 고속 국도(도로)를 개통하였다.
③ 조청 상민 수륙 무역 장정을 체결하였다.
④ 경제 협력 개발 기구(OECD)에 가입하였다.
⑤ 유상 매입, 유상 분배의 농지 개혁법을 제정하였다.

대표 유형 | 문제 풀이

※ 빈칸을 채우며 문제 풀이에 접근해 보세요!

1단계 / 자료 분석하기

자료에서 대통령이 자신의 재산을 공개하고 금융 실명제를 단행하였다는 내용을 통해 연설을 행한 정부가 ❶ [　　　] 정부임을 파악한다.

2단계 / 정답 개념 연결하기

김영삼 정부가 1996년에 ❷ [　　　]에 가입하였음을 연결한다.

3단계 / 오답 개념 피하기

①은 대한 제국 시기에 있었던 일이다. ② 경부 고속 국도(도로) 개통은 ❸ [　　　] 정부 시기의 사실이다. ③ 조청 상민 수륙 무역 장정은 임오군란 이후 1882년에 체결되었다. ⑤ 유상 매입·유상 분배의 농지 개혁법은 ❹ [　　　] 정부 시기에 제정되었다.

❻ 경제 협력 개발 기구(OECD) ❸ 박정희 ❹ 이승만
답 대표 유형 ④ / ❶ 김영삼 / 정답 개념 ❷

┌ 정답친해 45쪽

실전 문항으로 수능 준비하기

┤ 2023 9월 모평 응용 ├

밑줄 친 '대통령'의 재임 기간에 있었던 사실로 옳은 것은?

> 저는 대통령으로서 금융 실명 거래 및 비밀 보장에 관한 긴급 재정 경제 명령을 발표합니다. …… 이 시간 이후 모든 금융 거래는 실명으로만 이루어집니다. 금융 실명제가 실시되지 않고는 이 땅의 부정부패를 원천적으로 봉쇄할 수가 없습니다. 정치와 경제의 검은 유착을 근원적으로 단절할 수가 없습니다. 금융 실명 거래의 정착이 없이는 이 땅에 진정한 분배 정의를 구현할 수가 없습니다.

① 영선사가 파견되었다.
② 12·12 군사 반란이 일어났다.
③ 내각 책임제 개헌이 이루어졌다.
④ 암태도 소작 쟁의가 발생하였다.
⑤ 고위 공직자의 재산 등록이 의무화되었다.

1등급 전략

김영삼 정부에서 금융 실명제, 지방 자치제 전면 실시, 공직자 윤리법 개정, 경제 협력 개발 기구(OECD) 가입 등의 정책을 실시하였음을 파악한다.

출제 전망

- **전망1** 대통령 담화문을 제시하고 김영삼 정부 시기에 있었던 일을 묻는 문제가 출제될 수 있다.
- **전망2** 김영삼 정부 시기에 있었던 일을 다룬 시각 자료를 제시하고, 김영삼 정부 시기에 있었던 주요 사건을 묻는 문제가 출제될 수 있다.

02 외환 위기의 극복과 사회·문화 변동

이것이 핵심!

❊ 외환 위기

발생	1997년, 외환 보유고 고갈, 기업의 연쇄 부도
극복 노력	국제 통화 기금(IMF)에 구제 금융 요청, 강도 높은 구조 조정, 금 모으기 운동
결과	국제 통화 기금의 지원금 조기 상환

◆ 우루과이 라운드
자유 무역 실현을 위한 각국의 시장 개방 확대를 목적으로 하는 다자간 무역 협상이다. 1993년에 타결되어 1995년부터 발효되었으며, 여기에 근거하여 세계 무역 기구(WTO) 체제가 출범하였다.

◆ 노사정 위원회
1998년에 근로자·사용자·정부를 대표하는 위원으로 구성된 협의체이자 대통령 자문 기구이다.

1 세계화에 따른 한국 경제의 변화

1. 시장 개방과 한국 경제

(1) **세계화**: 1980년대부터 시장 개방 압력 강화 → ◆우루과이 라운드(UR) 타결(1993), 세계 무역 기구(WTO) 체제 출범(1995) → 국제 교역량 증가, 세계 자본 시장 통합, 정보·통신 기술 발달로 세계화 가속화

> 정부는 우루과이 라운드에 참여하면서 국제 금융 자본과 다국적 기업의 국내 진출을 허용하였어.

> 관세 및 무역에 관한 일반 협정(GATT) 체제를 흡수·통합하면서 출범한 국제 기구야. 회원국 간 통상 분쟁 해결, 국가 간 교역 촉진 등의 역할을 하였어.

(2) **김영삼 정부의 신자유주의 정책 실시**: 공기업 민영화, 금융 규제 완화, 시장 개방 확대, 경제 협력 개발 기구(OECD) 가입(1996)

> 정부의 시장 개입을 비판하고 민간 중심의 자유 경제를 옹호하였어.

2. 외환 위기 **다잡는 자료**

> 꾁 시장 개방 과정에서 금융 기업들은 해외에서 단기 외채를 들여와 기업에 빌려주었고, 대기업들은 이를 무분별하게 활용하여 사업을 확장하였다.

발생	대기업의 무분별한 사업 확장, 동남아시아의 외환 위기로 외국 투자자들이 대출 대거 회수 → 외환 보유고 고갈, 기업들의 연쇄 부도 → 국제 통화 기금(IMF)에 구제 금융 요청(1997)
극복	김대중 정부의 구조 조정과 외국 자본 유치(부실기업과 은행의 통폐합, 부실 금융 기관 정상화)·공기업 민영화·◆노사정 위원회 설립(정리 해고제와 근로자 파견제 도입)·국민 기초 생활 보장법 제정, 국민의 금 모으기 운동 전개 → 국제 통화 기금의 지원금 조기 상환(2001)
영향	노동자들의 대량 해직과 비정규직 노동자 증가, 자영업자의 도산으로 중산층 감소, 빈부 격차 심화

> 노동 시장의 유연화를 추구하였어.

3. 2000년대 이후 한국 경제

> 꾁 국가 간의 무역 장벽을 완화시키거나 제거하는 협정이야. 우리나라는 노무현 정부 시기인 2004년에 칠레와 처음으로 자유 무역 협정을 체결하였어.

(1) **2000년대 이후 경제 변화**: 칠레·미국·유럽 연합(EU)·중국 등과 자유 무역 협정(FTA) 체결 → 반도체·전자 산업 등 약진, 정보 기술(IT)에 기반한 첨단 산업 발달

(2) **한국 경제의 과제**: 대외 의존도 심화, 대기업과 중소기업 간 격차 심화, 대기업의 소상공업 진출(→ 서민 상권 위협), 도시와 농촌 및 공업과 농업 간 불균형 심화

> 이러한 성장을 바탕으로 2018년에는 1인당 국민 소득이 처음으로 3만 달러를 넘어섰어.

이것이 핵심!

❊ 우리 사회의 변화

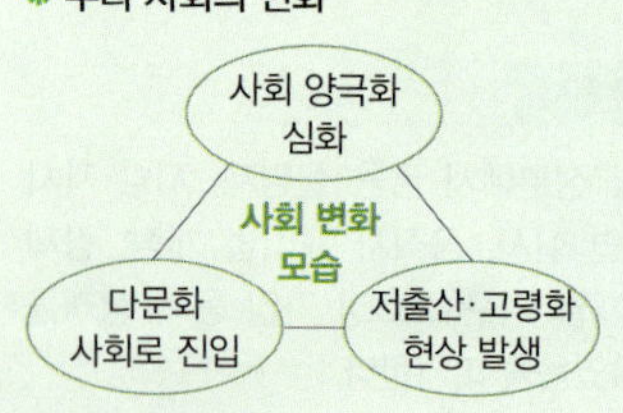

◆ 사회 복지 제도의 확충 과정

1988년	• 국민연금 제도 시행 • 최저 임금제 실시
1995년	• 사회 보장 기본법 제정 • 고용 보험 시행
1999년	국민 기초 생활 보장법 제정
2000년	국민 건강 보험법 시행
2008년	노인 장기 요양 보험 실시

2 한국 사회의 변화

1. 우리 사회의 변화

> 예 다문화 가족 지원법, 재한 외국인 처우 기본법 등

사회 양극화 심화	정규직과 비정규직 및 대기업과 중소기업 간 임금 격차 심화, 도시와 농촌 간의 지역 격차, 소득 격차에 따른 교육 기회의 불평등 문제 발생 등 → ◆정부의 다양한 사회 복지 제도 시행 **자료 ①**
다문화 사회로 변화	세계화 이후 외국인 근로자와 국제결혼 이주민 등 증가 → 노동력 부족 현상 해소에 기여, 의사소통 문제 및 문화적 차이로 인한 갈등 → 다문화 사회를 지원하기 위한 법률 제정
가족 형태와 인구 구조의 변화	• 가족 형태의 변화: 핵가족화, 1인 가구 및 노년층 증가 → 노인층의 질병·빈곤 문제 발생 • 저출산 현상: 결혼과 출산 기피, 비혼 증가 → 출산률 저하 • 고령화 현상: 평균 수명 증가로 노인 인구 비율 상승 → 2018년 고령 사회에 진입 **자료 ②**

> 왜? 청년 실업이 늘고 주거비 및 자녀의 교육비 부담이 커졌어.

2. 한국의 위상 강화

> 한국은 2000년에 만 65세 이상 노인의 인구 비율이 7%를 넘어 고령화 사회에 접어들었고, 2018년에는 14%를 넘기며 고령 사회에 진입하였다.

① **한국 문화의 전파**: 1990년대부터 '한류' 열풍, 2000년 이후 케이팝(K-Pop)이 인기를 끎

② **세계적 규모의 스포츠 경기 개최**: 1988년 서울 올림픽 대회, 2002년 한일 월드컵 대회, 2018년 평창 동계 올림픽 대회 등을 성공적으로 개최함

③ **국제 사회에 공헌**: 유엔 평화 유지 활동(PKO), 한국 국제 협력단(KOICA)의 해외 봉사 파견

> 최근 유튜브, 사회 관계망 서비스(SNS) 등을 통해 한국 문화가 세계로 전파되고 있어.

📋 **내 교과서** · 비상, 동아, 리베르, 미래엔, 씨마스, 지학사, 천재, 해냄 교과서에서 '외환 위기의 발생과 극복 노력' 자료를 다루고 있어요.

내신과 수능을 **다 잡는 자료**

외환 위기의 발생과 극복 노력

┌→ 국제 통화 기금은 부실기업 정리, 시장 개방, 노동 시장 유연화 등 강도 높은 구조 조정을 요구하였어.

[국제 통화 기금(IMF) 지원 요청 발표문(1997)]
최근 한국 경제는 대기업 연쇄 부도에 따른 대외 신인도 하락으로 국제 금융 시장에서 단기 자금 만기 연장의 어려움 등 외화 차입의 곤란으로 일시적인 유동성 부족 사태에 직면하였습니다. …… 정부는 금융 시장의 안정이 확고히 정착되게 하기 위해 …… 국제 통화 기금(IMF) 자금 지원을 요청하기로 하였습니다.

↑ 금 모으기 운동

외환 위기가 발생하자 김영삼 정부는 국제 통화 기금(IMF)에 구제 금융을 요청하였다. 이후 김대중 정부의 노력과 국민들의 금 모으기 운동 등으로 한국은 국제 통화 기금의 지원금을 조기에 상환하였다.

빈출 선택지로 점검하기

》 초성을 참고하여 다음 선택지를 옳게 고쳐 보자.

- 김영삼 정부는 ~~세계 무역 기구~~에 구제 금융을 요청하였다.
  → ㄱ ㅈ ㅌ ㅎ ㄱ ㄱ
- 외환 위기 극복을 위해 국민들은 ~~새마을~~ 운동을 전개하였다.
  → ㄱ ㅁ ㅇ ㄱ
- ~~김영삼~~ 정부가 국제 통화 기금의 자금을 조기에 상환하며 외환 위기를 극복하였다.
  → ㄱ ㄷ ㅈ

국제 통화 기금, 금 모으기, 김대중 정부임

함께 보기 · 내신 만점 공략하기 05·06번

자료 ❶ 사회 양극화의 심화

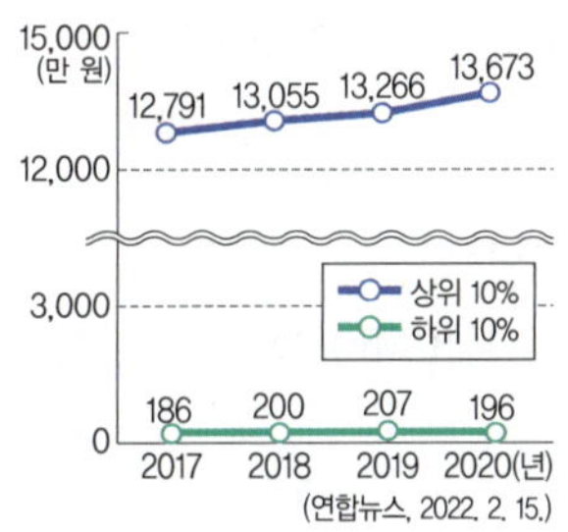
↑ 소득 상하위 10%의 1인당 연평균 통합 소득

외환 위기 이후 사회 전 영역에서 불평등이 커지는 사회 양극화 현상이 나타났다. 정규직과 비정규직, 대기업과 중소기업 간의 임금 차이가 더욱 커지면서 소득 격차가 심화되었다. 소득에 따른 교육비 지출의 격차도 커져 교육 기회의 불평등 문제가 발생하고 있다. 이에 정부는 국민 기초 생활 보장법을 제정하는 등 사회 취약 계층을 위한 다양한 복지 정책을 시행하고 있다. 민간 차원에서도 비정규직 축소, 재벌 규제 강화를 촉구하는 등의 노력을 펼치고 있다.

정리 비법을 알려 줄게!

사회 양극화

배경	외환 위기 이후 실업 증가 → 소득 격차 확대
문제점	소득 불평등, 교육 기회의 불평등과 그에 따른 계층 세습 → 사회 통합 저해
해결 노력	국가 차원에서 사회 취약 계층에 대한 경제적 지원 강화, 민간 차원에서 비정규직 축소 및 재벌 규제 강화 촉구

자료 ❷ 저출산·고령화 현상

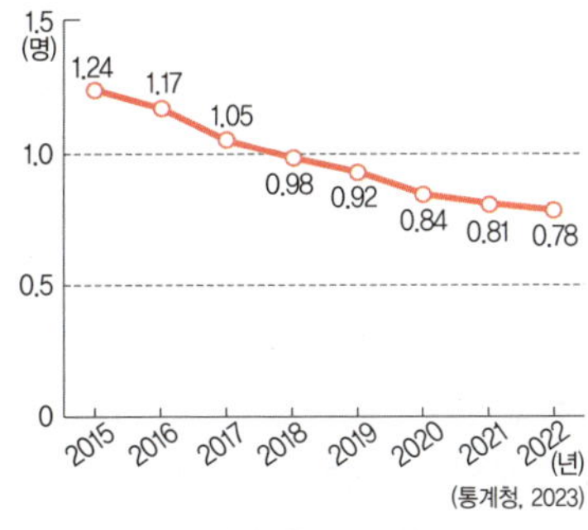
↑ 우리나라의 합계 출산율 추이

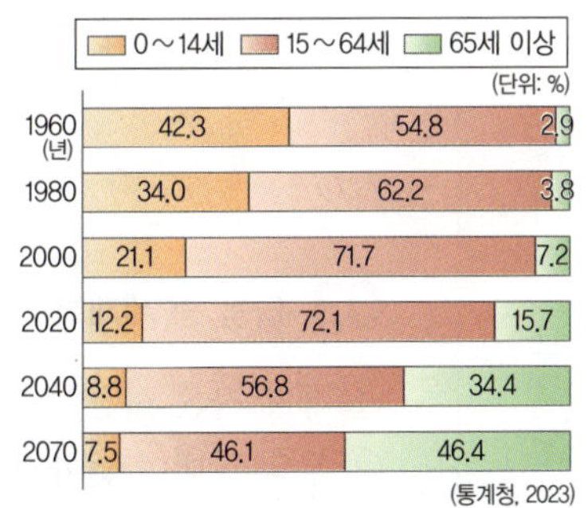
↑ 연령 계층별 인구 구성비 변화 예상

문제로 확인할까?

다음 자료를 활용한 탐구 주제로 가장 적절한 것은?

- 우리나라의 출산율 추이
- 우리나라 인구 구성 비율의 변화
- 연도별 우리나라의 인구 정책 포스터

① 경제적 양극화
② 석유 파동의 영향
③ 외환 위기의 원인
④ 저출산·고령화 현상
⑤ 다문화 사회의 등장 배경

오늘날 우리나라는 출산 기피 현상이 늘어나고, 비혼 인구의 비율이 증가하였다. 그 결과 우리나라 출산율은 세계 최하위 수준으로 떨어졌다. 이와 함께 생활 수준 향상과 의료 기술의 발달로 기대 수명이 높아지면서 고령화 현상도 빠르게 진행되고 있다.

STEP 1 핵심 개념 확인하기

1 다음에서 설명하는 기구를 〈보기〉에서 골라 기호를 쓰시오.

> **보기**
> ㄱ. 세계 무역 기구　　ㄴ. 경제 협력 개발 기구

(1) 세계 무역을 확대하고 회원국 간의 통상 분쟁 등을 해결하고자 1995년에 설립된 국제기구이다. (　　)

(2) 선진국을 중심으로 경제 성장, 개발 도상국 원조, 통상 확대 등을 추구하는 국제기구로, 김영삼 정부 때 가입하였다. (　　)

2 (가) 운동의 명칭을 쓰시오.

> 국민들은 외환 위기를 극복하기 위해 자발적으로 ☐(가)☐ 을 전개하였다. 그 결과 전국 각지에서 수백 톤의 금이 모였으며, 정부는 이를 수출하여 외환 보유고를 크게 늘릴 수 있었다.

3 다음 괄호 안의 내용 중 알맞은 것을 골라 ○표 하시오.

(1) 외환 위기 당시 한국은 (국제 통화 기금, 세계 무역 기구)에 긴급 구제 금융을 요청하였다.

(2) 김영삼 정부는 공기업 민영화, 금융과 기업의 규제 완화 등 (사회주의, 신자유주의) 경제 정책을 펼쳤다.

(3) 한국은 칠레를 시작으로 미국, 유럽 연합(EU) 등과 (자유 무역 협정, 우루과이 라운드)을/를 맺어 무역 시장을 확대하였다.

4 다음 설명이 맞으면 ○표, 틀리면 ×표를 하시오.

(1) 외환 위기 이후 많은 자영업자가 도산하여 중산층의 비중이 감소하였다. (　　)

(2) 노무현 정부는 강도 높은 구조 조정 등을 통해 예상보다 빠르게 외환 위기를 극복하였다. (　　)

5 다음 사회 현상과 그 원인을 옳게 연결하시오.

(1) 다문화 사회　　•　　　•㉠ 결혼과 출산 기피

(2) 저출산·고령화　•　　　•㉡ 외국인 근로자 증가

STEP 2 내신 만점 공략하기

01 (가)에 들어갈 내용으로 옳은 것은?

> 1980년대 이후 미국과 영국 등의 선진국들은 전면적인 시장 개방을 논의하였으며, 자유 무역을 실시하고 시장을 확대하려 하였다. 그 결과 1995년에 ☐(가)☐ 이/가 등장하여 무역의 자유화를 추구하였다.

① 국제 통화 기금(IMF)
② 자유 무역 협정(FTA)
③ 세계 무역 기구(WTO)
④ 경제 협력 개발 기구(OECD)
⑤ 관세 및 무역에 관한 일반 협정(GATT)

중요

02 (가), (나) 시기 사이에 있었던 사실로 옳은 것은?

> (가) 정부가 우루과이 라운드를 타결하여 농산물 시장을 개방하고 외환 거래를 자유화하였다.
> (나) 외환 위기로 인해 국제 통화 기금(IMF)으로부터 구제 금융 지원을 받았다.

① 제2차 석유 파동으로 경제 위기를 맞았다.
② 제1차 경제 개발 5개년 계획을 실시하였다.
③ 칠레와 자유 무역 협정(FTA)을 체결하였다.
④ 경제 협력 개발 기구(OECD)에 가입하였다.
⑤ 농촌 근대화를 목표로 새마을 운동이 시작되었다.

03 다음 중 세계화의 영향으로 적절하지 <u>않은</u> 것은?

① 세계 자본 시장이 통합되었다.
② 무역 장벽이 낮아져 국제 교역량이 증가하였다.
③ 농축산물 시장 개방으로 국내 농가 경제가 활성화되었다.
④ 반도체 수출이 증가하고 우리 기업이 세계로 진출하였다.
⑤ 우리나라가 여러 나라와 자유 무역 협정(FTA)을 체결하였다.

04 밑줄 친 ㉠의 배경으로 가장 적절한 것은?

한국사 신문

한보그룹 파산하다

1997년 1월 재계 자산 순위 14위였던 한보그룹이 파산하였다. 당시 국내 1000대 상장 기업 중 부채 비율이 400%가 넘는 고위험 기업이 340여 곳에 달하는 등 ㉠ 많은 기업이 부도 위기에 시달렸다.

① 기업들이 외채를 무분별하게 활용하였다.
② 미국이 브라운 각서를 한국 정부에 전달하였다.
③ 두 차례 석유 파동으로 경제 위기가 발생하였다.
④ 신은행령이 발표되어 한국인 소유의 은행이 합병되었다.
⑤ 한국 경제가 저유가, 저금리, 저달러의 상황을 맞이하였다.

⭐중요
05 (가) 운동에 대한 설명으로 옳은 것은?

① 보안회의 주도로 전개되었다.
② 국민들이 자발적으로 금을 모았다.
③ 구본신참의 원칙에 따라 진행되었다.
④ '내 살림 내 것으로'라는 구호를 내세웠다.
⑤ 소작료 인하, 소작권 이동 반대 등을 주장하였다.

한나 더!
05-1 (가) 운동이 일어난 배경으로 가장 적절한 것은?
① 대공황이 일어났다.
② 외환 보유고가 고갈되었다.
③ 산미 증식 계획이 실시되었다.
④ 미국에서 세계 금융 위기가 발생하였다.
⑤ 미국의 무상 원조 물자 제공이 감소하였다.

06 (가)에 들어갈 내용으로 가장 적절한 것은?

최근 한국 경제는 대기업 연쇄 부도에 따른 대외 신인도 하락으로 국제 금융 시장에서 단기 자금 만기 연장의 어려움 등 외화 차입의 곤란으로 일시적인 유동성 부족 사태에 직면하게 되었습니다. …… 정부는 금융 시장의 안정이 확고히 정착되게 하기 위해 ___(가)___ 하기로 하였습니다.

① 새마을 운동을 실시
② 신자유주의 경제 정책을 추진
③ 제1차 경제 개발 5개년 계획을 진행
④ 경제 협력 개발 기구(OECD)에 가입
⑤ 국제 통화 기금(IMF)에 자금 지원을 요청

⭐중요
07 다음 상황을 극복하기 위한 정부의 노력으로 옳지 <u>않은</u> 것은?

1997년 동남아시아에서 시작된 외환 및 금융 불안이 한국 경제에도 영향을 미쳐 외국 투자자들이 대출을 대거 회수하였다. 이에 외환 보유고가 고갈되면서 외채에 의존하던 기업들이 연쇄 부도를 맞았다.

① 강도 높은 구조 조정을 시행하였다.
② 울산과 거제에 조선소를 설립하였다.
③ 국민 기초 생활 보장법을 제정하였다.
④ 정리 해고제와 근로자 파견제를 도입하였다.
⑤ 부실기업과 은행을 통폐합하거나 외국에 매각하였다.

한나 더!
07-1 위의 상황이 한국 사회에 미친 영향으로 옳은 것만을 〈보기〉에서 있는 대로 골라 기호를 쓰시오.

보기
ㄱ. 중산층 비율이 감소하였다.
ㄴ. 비정규직 노동자가 늘어났다.
ㄷ. 청년 문화가 크게 유행하였다.
ㄹ. '노동자 대투쟁'이 전개되었다.

08 (가)에 대한 설명으로 옳지 <u>않은</u> 것은?

2004년에 한국과 칠레 사이에 (가) 이/가 체결되었다. 이는 한국의 첫 번째 (가) (이)다. 이를 두고 일부 우려를 표하는 입장도 있지만, 한편으로는 한국의 주력 분야인 공산품의 칠레 수출이 더욱 늘어날 것으로 전망된다.

① 한국의 농산물 경쟁력 강화에 기여하였다.
② 안정적인 해외 시장 확보가 주요 목적이다.
③ 국가 간의 무역 장벽을 낮추기 위한 것이다.
④ 한국에서는 노무현 정부 시기에 처음 체결되었다.
⑤ 상품, 노동, 자본 등의 국제적 이동을 쉽게 만든다.

09 다음 자료에 나타난 시기의 한국 경제에 대한 설명으로 옳은 것만을 〈보기〉에서 고른 것은?

외환 위기 이후 자유 무역이 전 세계적으로 확대되는 가운데 한국 정부는 개방적 통상 정책을 추진하였다. 그 결과 한국에서는 반도체, 자동차, 철강, 석유 화학 등 세계적으로 경쟁력을 가진 산업이 발전하였다.

보기
ㄱ. 3저 호황의 영향으로 수출 부진이 해소되었다.
ㄴ. 1인당 국민 소득이 처음으로 3만 달러를 넘어섰다.
ㄷ. 정보 기술(IT)에 기반을 둔 첨단 산업이 발달하였다.
ㄹ. 중화학 공업의 비중이 처음으로 경공업을 추월하였다.

① ㄱ, ㄴ   ② ㄱ, ㄷ   ③ ㄴ, ㄷ
④ ㄴ, ㄹ   ⑤ ㄷ, ㄹ

10 밑줄 친 '과제'로 옳지 <u>않은</u> 것은?

세계화가 가속화하면서 한국의 무역 규모는 지속적으로 확대되어 세계 경제에서 차지하는 비중이 커졌다. 하지만 그 과정에서 풀어내야 할 여러 <u>과제</u>를 안고 있기도 하다.

① 석유 파동 대응
② 공업 간의 불균형 심화
③ 대외 무역 의존도 증가
④ 도시와 농촌 간의 격차 심화
⑤ 대기업과 중소기업 간 격차 심화

11 다음 그래프를 활용한 탐구 활동으로 가장 적절한 것은?

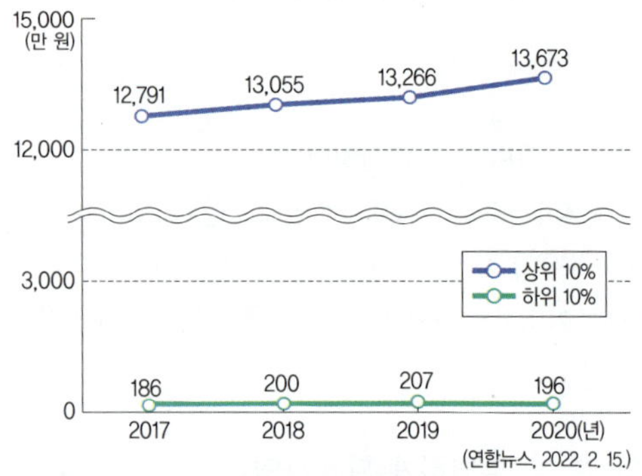

⬆ 소득 상하위 10%의 1인당 연평균 통합 소득

① 삼백 산업 발달의 경제적 효과를 분석한다.
② 환경 보전법 제정으로 나타난 변화를 파악한다.
③ 제3차 경제 개발 5개년 계획의 특징을 정리한다.
④ 사회 양극화의 심화를 드러내는 사례를 살펴본다.
⑤ 새마을 운동이 기업 활동에 끼친 영향을 파악한다.

12 ⭐중요
다음 그래프와 같은 변화가 나타난 배경으로 적절하지 <u>않은</u> 것은?

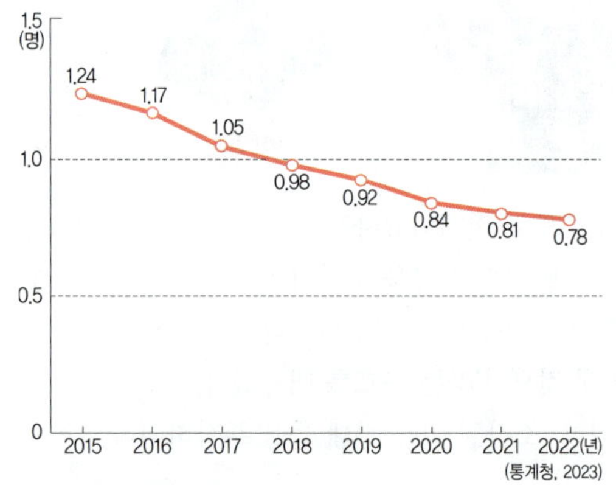

⬆ 우리나라의 합계 출산율 추이

① 주거비 부담이 커졌다.
② 비혼 인구가 증가하였다.
③ 청년 실업률이 상승하였다.
④ 가족에 대한 가치관이 바뀌었다.
⑤ 자녀의 교육비 지출이 감소하였다.

13 (가), (나)에 들어갈 내용으로 적절한 것만을 〈보기〉에서 고른 것은?

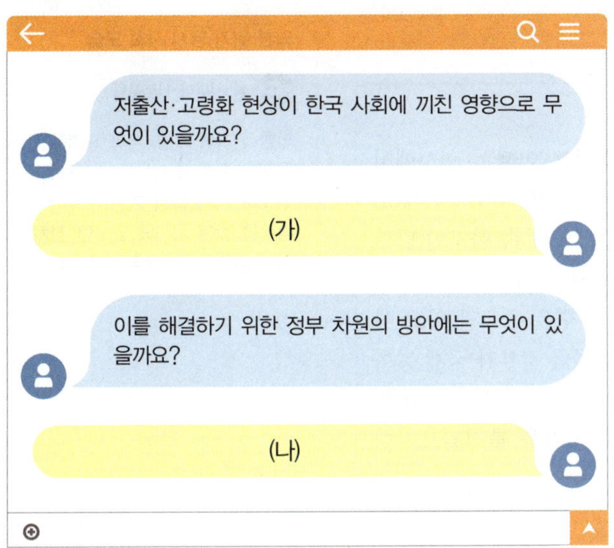

┌ 보기 ┐
ㄱ. (가) – 인구가 앞으로 증가할 전망입니다.
ㄴ. (가) – 청년층이 줄어 노동력 부족 문제가 커졌습니다.
ㄷ. (나) – 8·3 조치를 단행하였습니다.
ㄹ. (나) – 출산, 양육 지원 정책을 강화하였습니다.

① ㄱ, ㄴ   ② ㄱ, ㄷ   ③ ㄴ, ㄷ
④ ㄴ, ㄹ   ⑤ ㄷ, ㄹ

14 밑줄 친 ㉠~㉢에 대한 설명으로 옳지 <u>않은</u> 것은?

┌─────────────────────────────┐
이달의 특강 계획서

1. 주제: 1990년대 이후의 대한민국
2. 개요: 1990년대 이후 민주화의 진전으로 사고와 표현의 자유가 진전되면서 우리나라의 ㉠ 문화 및 예술 분야는 큰 성장을 이루었다. 또한 이 시기 ㉡ 각종 국제 행사를 성공적으로 치르며 국가의 위상을 높였다. 한편으로는 ㉢ 다양한 사회적 문제들이 대두되고 있다.
└─────────────────────────────┘

① ㉠ – 케이팝(K-POP)이 세계적인 인기를 끌었다.
② ㉡ – 한일 월드컵 대회를 개최하였다.
③ ㉡ – 평창 동계 올림픽 대회를 개최하였다.
④ ㉢ – 정규직과 비정규직 간의 소득 격차가 증가하였다.
⑤ ㉢ – 유신 체제에 반대하는 언론에 대한 탄압이 커졌다.

서술형 문제

〔 서술형 감잡기 〕

01 다음 신년사를 발표한 정부의 명칭을 쓰고, 밑줄 친 ㉠에 해당하는 정책을 서술하시오.

┌─────────────────────────────┐
21세기를 눈앞에 두고 세계는 지금 새로운 질서가 펼쳐지고 있습니다. 새해와 더불어 WTO 체제가 출범하며 나라와 나라 사이에, 지역과 지역 사이에 치열한 무한 경쟁이 벌어지는 시대가 온 것입니다. 올해, ㉠ 정부는 물론 모든 국민이 세계화를 본격 추진하는 해가 되어야 할 것입니다.
└─────────────────────────────┘

(1) 초성을 참고하여 서술형 답안에 들어갈 내용을 써 보자.

〔 답안 키워드 〕   ┆ ㄱㅇㅅ ㅈㅂ ┆   ┆ ㅅㅈㅇㅈㅇ ┆

(2) (1)의 내용을 포함하여 서술형 답안을 작성해 보자.

____

____

〔 실전! 도전하기 〕

02 (가) 단체의 명칭을 쓰고, (가) 단체의 활동을 서술하시오.

┌─────────────────────────────┐
김대중 정부는 외환 위기를 극복하기 위해 다양한 정책을 추진하였다. 노동 분야에서는 〔 (가) 〕을/를 설치하여 노동자, 사용자, 정부의 사회적 대화를 통한 외환 위기 극복 방안을 모색하였다.
└─────────────────────────────┘

03 밑줄 친 '어려움'의 주요 내용과 이를 극복하기 위한 정부 차원의 노력을 서술하시오.

┌─────────────────────────────┐
최근 우리 사회는 다양한 대내외적 배경 속에서 결혼 이민자, 외국인 노동자, 북한 이탈 주민 등이 증가하며 다문화 사회로 변화하고 있다. 다문화 사회로의 변화는 한국의 노동 문제를 해결하고 다양한 문화에 대한 이해도를 높이는 데에 긍정적인 영향을 주었다. 하지만 외국인 노동자들은 여러 가지 <u>어려움</u>을 겪기도 하였다.
└─────────────────────────────┘

1등급 정복하기

📎 정답친해 48쪽

최고난도 

01 밑줄 친 '이 시기'에 있었던 사실로 옳은 것은?

노래로 보는 한국사

가끔 아빠도 회사에 가기 싫겠지
엄마 잔소리, 바가지, 돈타령 숨이 막혀
가슴이 아파 무거운 아빠의 얼굴
혹시 내 시험 성적 아닌 건 아닐까
오늘의 뉴스 대낮부터 오락실엔
이 시대의 아빠들이 많다는데
허끝을 쯧쯧 내차시는 엄마와
내 눈치를 살피는 우리 아빠

– 한스밴드, 「오락실」

해설 이 노래에 등장하는 '아빠'는 회사에서 정리 해고된 상태로, 실직을 숨기기 위해 오락실로 출근하던 도중 노래 속 화자인 딸과 마주쳤다. 딸은 아빠의 실직을 모른 채 아빠가 단순히 회사일로 힘든 줄로만 알고 아빠를 위로하고 있다. 한국 정부가 국제 통화 기금의 관리를 받던 이 시기에 발표된 이 노래는 사회적으로 큰 공감을 불러일으키며 인기를 끌었다.

① 제1차 석유 파동이 일어났다.
② YH 무역 사건이 발생하였다.
③ 금융 실명제가 처음 시행되었다.
④ 국민 기초 생활 보장법이 제정되었다.
⑤ 제4차 경제 개발 5개년 계획이 추진되었다.

◆ **외환 위기 당시 사회 모습**

완자쌤의 시험꿀팁

외환 위기의 배경, 극복 노력에 대한 문제가 자추 출제된다. 외환 위기를 겪으며 국제 통화 기금(IMF)의 관리 감독을 받던 시기에 있었던 정치·경제적 상황을 정리해 두도록 한다.

02 다음 자료의 상황이 나타난 시기를 연표에서 옳게 고른 것은?

오늘부터 자동차와 휴대전화 등 칠레로 수출되는 2,450개 품목에 대한 관세가 완전히 철폐되었습니다. 반대로 농산물과 수산물 등 모두 639개 품목에 대한 수입 관세도 철폐됐습니다. 이 밖에 당류와 칠면조고기, 돼지고기 등은 5년에서 7년, 10년에 걸쳐 단계적으로 수입 관세가 철폐되고 칠레도 자동차 부품과 섬유, 의류, 철강 제품 등의 관세를 5년에서 13년에 걸쳐 철폐하게 됩니다. 하지만 쌀과 사과, 배 등은 예외 품목으로 수입 관세가 부과되며, 칠레로 수출되는 냉장고와 세탁기 등도 자유화 대상에서 제외됩니다.

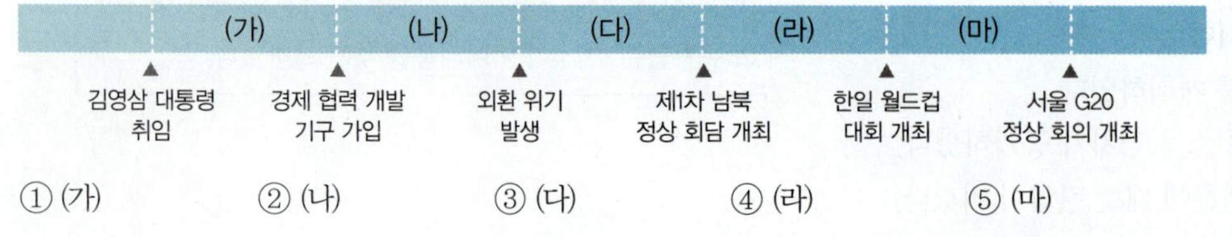

① (가)
② (나)
③ (다)
④ (라)
⑤ (마)

◆ **자유 무역 협정(FTA)의 체결**

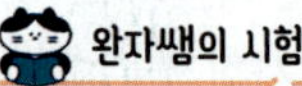
완자 사전

■ **관세**
수출·수입되거나 통과되는 화물에 대하여 부과되는 세금을 말한다.

완자쌤의 시험꿀팁

외환 위기 극복 이후 한국 경제와 사회의 변화 및 발전 과정에서 있었던 중요한 사건들을 일어난 순서대로 정리해 두도록 한다.

수능 첫걸음

다음 자료를 활용한 탐구 주제로 가장 적절한 것은?

> 저는 경제 대국으로 발전해 가는 한국이 '나의 고향'이라는 자부심을 간직하여 왔습니다. 뜻밖에도 고국이 경제 위기에 처했다는 소식을 듣고 크게 놀랐습니다. 어느덧 해가 바뀌면서 '아이엠에프(IMF)' 한파로 꽁꽁 얼어붙었던 고국의 경제 상황이 조금씩 풀려 가고 있다는 보도가 무선 전파를 통하여 이곳 머나먼 만주 땅까지 전해져 오고 있습니다. …… 저는 해외 동포의 일원으로서, 더욱이 조국 독립을 위하여 일제와 용감히 싸우다 순국하신 독립운동가의 후손으로서 고국의 경제 위기에 조그마한 도움이라도 되기를 바라면서 미화 30달러를 보내오니 반가이 받아 주십시오.
>
> – 1998년 1월, 중국 헤이룽장성에서

① 외환 위기의 극복 노력
② 암태도 소작 쟁의의 전개
③ 화폐 정리 사업 실시의 영향
④ 동양 척식 주식회사의 설립 목적
⑤ 제1차 경제 개발 5개년 계획의 추진 배경

대표 유형 | 문제 풀이

※ 빈칸을 채우며 문제 풀이에 접근해 보세요!

■ 1단계 / 자료 분석하기

자료에서 한국이 경제 위기에 처했으며, '아이엠에프(IMF)' 한파를 겪은 내용을 통해 자료의 상황은 한국이 ❶ ＿＿＿＿＿ 의 구제 금융을 받던 시기에 해당함을 알 수 있다.

■ 2단계 / 정답 개념 연결하기

❷ ＿＿＿＿＿ 로 부족해진 외화를 보충하고자 외화 송금이 이루어졌음을 연결한다.

■ 3단계 / 오답 개념 피하기

② 암태도 소작 쟁의는 일제 강점기에 일어난 대표적인 농민 운동이다. ③ 화폐 정리 사업으로 대한 제국의 금융이 일본에 예속되었다. ④ 일본은 한국의 토지를 강탈하고자 동양 척식 주식회사를 세웠다. ⑤ 제1차 경제 개발 5개년 계획은 ❸ ＿＿＿＿ 시기에 추진되었다.

답 ❶ 국제 통화 기금 (IMF) / 풀이 참조 ❷ 외환 위기 ❸ 박정희 정부 시기 / 대표 유형 ① 외환 위기 극복 노력

정답친해 48쪽

실전 문항으로 **수능 준비하기**

밑줄 친 '정부'의 정책으로 옳은 것은?

> 정부는 21일 오후 국제 통화 기금(IMF)에 긴급 구제 금융을 요청하였다. 국제 통화 기금 실사단이 내주 초 내한하여 구체적인 협의에 들어가면 앞으로 한 달 안에 지원 액수·조건·협조 융자금 등이 확정된다. 이에 따라 우리나라는 내년부터 국제 통화 기금의 지도로 경제 정책은 물론 금융·산업 분야에 이르기까지 대대적인 구조 조정이 불가피해졌다.

① 농지 개혁법을 제정하였다.
② 산미 증식 계획을 실시하였다.
③ 화폐 정리 사업을 시행하였다.
④ 신자유주의 경제 정책을 추진하였다.
⑤ 제1차 경제 개발 5개년 계획을 추진하였다.

1등급 전략

외환 위기와 관련된 정부의 여러 정책을 정리해 두도록 한다. 외환 위기는 김영삼 정부 시기에 시작되어 김대중 정부 때 끝났으므로, 두 정부의 경제 정책을 비교해 두는 것도 좋다.

출제 전망

● **전망1** 외환 위기와 관련된 시각 자료를 제시하고, 당시에 있었던 일을 묻는 문제가 출제될 수 있다.
● **전망2** 외환 위기에 대한 자료를 제시하고, 외환 위기가 일어난 시기를 묻는 문제가 출제될 수 있다.

03 한반도 분단 극복과 동아시아의 평화를 위한 노력

이것이 핵심!

❋ 북한의 변화

정치	'김일성 → 김정일 → 김정은' 3대 권력 세습
경제·사회	1960년대 경제 개발 계획 추진 → 경제난 발생 → 북한 주민 이탈 → 1980년대 이후 부분적 경제 개방 추진, 장마당 활성화, 외부 문물 유입, 북한 인권 문제 대두

◆ 주체사상
사상에서의 주체, 경제에서의 자립, 정치에서의 자주, 국방에서의 자위를 내세운 북한의 정치 이론이다. 김일성 유일 지배 체제의 구축, 북한 주민 통제, 반대파 숙청 등에 이용되었다.

◆ 합작 회사 경영법(합영법)
북한이 외국 자본·기술을 도입하고자 제정한 법률로, 이를 통해 외국 자본과의 합작과 투자가 적극 추진되었다.

◆ 고난의 행군
북한은 1990년대의 경제난을 '고난의 행군'이라 부르며, 경제난과 빈곤 문제를 극복하고 김정일에 대한 주민의 충성을 강조하고자 하였다.

① 북한의 변화

1. 권력 세습 체제의 확립

> 1950년대 후반 중국과 소련이 사회주의의 방향을 놓고 대립하자, 이를 계기로 북한은 김일성 유일 지배 체제를 구축하였어.

김일성 체제	1950년대 후반 '주체'를 명분으로 김일성 유일 지배 체제 확립, 우상화 작업 진행 → 1972년 사회주의 헌법 제정(통치 이념으로 ◆주체사상 명문화, 국가 주석제 신설, 김일성의 주석 취임) **자료 ①**
김정일 체제	1994년 김일성 사망 후 김정일의 권력 승계 → 1998년 개헌(국가 주석제 폐지), 국방 위원장 자격으로 김정일의 국정 장악 → 2009년 개헌(선군 정치 강조, 국방 위원장을 최고 지도자로 명시)
김정은 체제	2011년 김정일 사망 후 김정은의 권력 승계(→ 3대 권력 세습 체제 확립) → 집권 초기 핵무기 개발 강행으로 국제적 고립 → 남북 정상 회담, 북미 정상 회담 추진 등 변화 모색

> 군대를 중심으로 정치·경제 등 모든 문제를 해결하겠다는 이념이야.

2. 경제 위기와 극복 노력

경제 개발	1960년대 이후 경제 개발 계획 추진(7개년 계획, 인민 경제 발전 6개년 계획 등)
경제 위기	중국과 소련의 원조 축소, 군사비 증가, 중공업 치중에 따른 소비재 부족, 자립 경제 노선으로 인한 대외 교역의 한계, 사회 기반 시설과 기술 부족 → 1990년대 초반 소련과 동유럽 사회주의 국가들의 몰락, 1990년대 중반 홍수와 가뭄 등 자연재해 발생 → 2000년대 이후로도 경제난 지속, 핵무기 개발에 따른 국제 사회의 경제 제재 강화 **자료 ②**
극복 노력	1980년대부터 부분적 개방 정책 추진: ◆합작 회사 경영법(합영법) 제정(1984), 나진·선봉 경제 무역 지대 설치(1991) → 2000년대 시장 경제 요소의 제한적 도입(7·1 경제 관리 개선 조치 추진, 대외 경제 개방 정책 추진 등)

> **예** 신의주 국제 경제 지대, 개성 공업 지구, 금강산 관광특구 등이 지정되었어.
> 무역 지대 안에서 자유 무역 시장의 개장과 자영업 활동 등이 허용되었어.

3. 사회 모습의 변화

경제생활	집단주의에 기초한 사회주의적 생활 양식 유지 → 경제난과 식량난 심화(◆'고난의 행군'), 북한 이탈 주민의 증가 → 시장 경제의 부분 도입, '장마당' 등장(개인 간 상업 거래 확대)
인권 문제	언론·출판·종교·거주 이전의 자유 제한, 정치범 수용소 운영, 공개 처형 집행 등 북한의 인권 문제가 국제 사회에 대두

> 경제생활의 변화는 북한 주민들의 문화생활에도 영향을 미쳐 1990년대 중반 이후에는 외부 문물의 유입, 한국·미국의 콘텐츠 소비, 디지털 기기의 확산 등의 변화가 나타났어.

이것이 핵심!

❋ 한반도 분단 극복을 위한 노력

박정희 정부	7·4 남북 공동 성명
노태우 정부	남북 기본 합의서 채택
김대중 정부	6·15 남북 공동 선언
노무현 정부	10·4 남북 공동 선언
문재인 정부	한반도의 평화와 번영, 통일을 위한 판문점 선언

② 한반도 분단 극복을 위한 노력

> 6·25 전쟁 직후 남북 간 적대감이 심화하였는데, 이승만 정부는 이를 틈타 반공을 앞세우고 독재 권력을 강화하였어.

1. 남북의 대립: 이승만 정부(북진 통일 주장) → 장면 정부(민간 차원의 통일 운동에 소극적 대응, '선 경제 건설, 후 통일' 주장) → 박정희 정부(반공 정책 실시, '선 건설, 후 통일' 주장 → 1·21 사태, 울진·삼척 무장간첩 침투 사건 등 북한 무력 도발로 남북 갈등 심화)

2. 남북 관계의 개선

(1) **박정희 정부:** 닉슨 독트린 발표(1969) 이후 냉전 완화 → 남북 적십자 회담 개최(1971), 7·4 남북 공동 성명 발표(1972), 남북 조절 위원회 설치 → 북한의 대화 중단 선언 이후 남북한은 각각 유신 헌법과 사회주의 헌법을 공포하며 독재 강화 **자료 ③**

(2) **전두환 정부:** 민족 화합 민주 통일 방안 제시(1982) → 서울에 발생한 수해에 북한이 원조(1984) → 최초로 남북한 이산가족 상봉과 예술 공연단 교환 방문 성사(1985)

> **왜?** 실무자 회담에서 남한은 인구 비례에 의한 총선거를 주장하고 북한은 남북 연방제 통일을 주장하며 서로 대립하였는데, 끝내 접점을 찾지 못하였어.

자료 ① 북한 사회주의 헌법(1972)

제4조	조선 민주주의 인민 공화국은 마르크스·레닌주의를 우리나라의 현실에 창조적으로 적용한 조선 노동당의 주체사상을 자기 활동의 지침으로 삼는다. → 주체사상 명문화
제89조	조선 민주주의 인민 공화국 주석은 국가의 수반이며 국가 주권을 대표한다. ┌ 국가 주석제 신설
제93조	조선 민주주의 인민 공화국 주석은 조선 민주주의 인민 공화국 전반적 무력의 최고 사령관, 국방 위원회 위원장으로 되며 국가의 일체 무력을 지휘 통솔한다. ┌ 주석에게 모든 정치권력이 집중

북한은 1972년에 사회주의 헌법을 제정하여 독재 체제를 강화하였다. 사회주의 헌법에 따라 주체사상이 명문화되어 북한의 공식적인 국가 통치 이념이 되었다. 또한 국가 주석제가 채택되면서 주석에 취임한 김일성에게 정치권력이 집중되었다.

문제로 확인할까?

북한의 사회주의 헌법에 대한 설명으로 옳지 않은 것은?

① 1972년에 제정되었다.
② 주체사상을 처음 제기하였다.
③ 김일성의 정치권력을 절대화하였다.
④ 김일성에 대한 우상화를 강화하였다.
⑤ 김일성이 국가 주석에 오르는 배경이 되었다.

② 🅱

자료 ② 북한의 경제 위기와 극복 노력

> 북한이 외국 자본과의 합작을 처음 공식적으로 법제화한 것이야.

[합작 회사 경영법(합영법, 1984)]	
제1조	조선 민주주의 인민 공화국 합영법은 우리나라와 세계 여러 나라들 사이의 경제·기술 협력과 교류를 확대 발전시키는 데 이바지한다.
제5조	합영 기업은 당사자들이 출자한 재산에 대한 소유권을 가지며 독자적으로 경영 활동을 한다.

↑ 북한 평양 통일거리 시장(2004)

북한은 경제 위기를 극복하고자 1980년대부터 부분적인 경제 개방을 추진하였다. 이에 따라 1984년에 합영법이 제정되어 외국 자본과 기술을 직접 도입할 수 있게 되었다. 그러나 북한의 경제는 1990년대에 사회주의 국가들의 몰락과 자연재해로 악화되었다. 경제난으로 국가의 물품 조달이 어려워지자 기존의 배급 체제가 흔들리고 '장마당'이라고 불리는 시장이 생겨났다. 북한 주민들은 이곳에서 의식주를 해결하였고, 북한은 2003년 장마당을 종합 시장으로 합법화하였다.

자료 하나 더 알고 가자!

7·1 경제 관리 개선 조치(2002)

- 물가 인상: 쌀은 기존 kg당 10~20전에 배급하던 것을 40~50원에 판매, 주택 임대료는 월세로 유료화
- 임금 인상: 직종에 따라 15~20배까지 차등 인상
- 공장·기업소의 자율성 및 성과급 확대: 실리 보장의 원칙 아래 공장과 기업소의 수입에 따라 노동자들의 임금도 변동

7·1 경제 관리 개선 조치는 기업과 공장 경영의 자율성 확대, 수익 분배의 차등화, 배급제 폐지 등을 시행한 조치이다. 이처럼 북한은 2000년대에 시장 경제 요소를 제한적으로 도입하여 경제 위기를 극복하고자 하였다.

자료 ③ 7·4 남북 공동 성명(1972)

> 남북한 정부가 통일의 3대 원칙으로 자주·평화·민족 대단결을 합의하였어.

첫째,	통일은 외세에 의존하거나 외세의 간섭을 받음이 없이 (자주적)으로 해결하여야 한다.
둘째,	통일은 상대방을 반대하는 무력행사에 의거하지 않고 (평화적) 방법으로 실현하여야 한다.
셋째,	사상과 이념, 제도의 차이를 초월하여 우선 하나의 민족으로서 (민족적 대단결)을 도모하여야 한다.

↑ 7·4 남북 공동 성명을 발표하는 모습(1972)

닉슨 독트린 발표 이후 냉전이 완화되자 남북 관계도 개선되었다. 1971년에는 남북 적십자 회담이 개최되어 이산가족 상봉에 대한 논의가 이루어졌다. 뒤이어 1972년에 남과 북은 7·4 남북 공동 성명을 발표하여 자주·평화·민족 대단결의 통일 원칙에 합의하였는데, 이는 이후 남북 대화 및 교류 협력의 기본 원칙이 되었다.

정리 비법을 알려 줄게!

7·4 남북 공동 성명

배경
• 닉슨 독트린 발표(1969)
• 남북 적십자 회담 진행(1971)

↓

7·4 남북 공동 성명 발표(1972)
남북 합의를 통한 통일 3대 원칙 표명

↓

영향과 한계
남북 대화의 기본 원칙 마련, 실무자 회담 성과 미흡, 남북 독재 체제 강화

◆ 소 떼 방북(1998)
1998년에 현대 그룹 명예 회장 정주영은 두 차례에 걸쳐 소 1,001마리를 100대의 트럭에 나누어 싣고 방북하였다. 이를 계기로 금강산 관광 등 남북 경제 협력이 본격화하였다.

◆ 제1차 남북 정상 회담(2000)

2000년에 평양에서 제1차 남북 정상 회담이 개최되어 남한의 김대중 대통령과 북한의 김정일 국방 위원장이 공동 선언에 합의하였다.

3. 남북 교류와 관계 변화

정식 명칭은 '남북 사이의 화해와 불가침 및 교류·협력에 관한 합의서'야.

노태우 정부	북방 외교 추진, 남북 고위급 회담 진행 → 남북한 유엔 동시 가입(1991), 남북 기본 합의서 채택(1991), 한반도 비핵화 공동 선언 채택(1992) **다잡는자료**
김영삼 정부	• 북한의 핵 확산 금지 조약(NPT) 탈퇴(1993) → 남북 관계 악화 • 한민족 공동체 건설을 위한 3단계 통일 방안 제시(1994), 남북 정상 회담 추진(→ 김일성의 사망으로 무산)
김대중 정부	• 대북 화해 협력 정책(햇볕 정책) 추진 → ◆정주영이 소 떼를 이끌고 방북, 금강산 관광 시작(1998) • ◆최초의 남북 정상 회담 개최, 6·15 남북 공동 선언 발표(2000) → 이산가족 상봉, 경의선 철도 복구 등 남북 간 경제·사회·문화 교류 확대 **다잡는자료**
노무현 정부	• 김대중의 대북 정책 계승 → 개성 공단 조성, 남북 철도 연결 사업 진행 • 제2차 남북 정상 회담 개최, '남북 관계 발전과 평화 번영을 위한 선언(10·4 남북 공동 선언)' 발표(2007) → 군사적 적대 관계 종식 약속
이명박 정부	금강산 관광 중단(2008), 북한의 연평도 포격 사건 발생(2010)
박근혜 정부	대북 강경 정책 유지, 개성 공단 사업 중단(2016)
문재인 정부	남북 정상 회담 개최, '한반도의 평화와 번영, 통일을 위한 판문점 선언' 발표(2018)

화해와 협력, 남북 연합, 통일 국가 완성으로 이어지는 3단계 통일 방안이야.

이것이 핵심!

❋ 일본·중국과의 역사 갈등

일본	독도 영유권 주장, 역사 교과서의 역사 왜곡
중국	고조선·고구려·발해의 역사를 중국사에 편입 시도(동북 공정)

◆ 야스쿠니 신사
아시아·태평양 전쟁 A급 전범들의 위패가 보관되어 있는 신사이다.

◆ 동아시아의 영토 갈등

쿠릴 열도 남부의 4개 섬(북방 4도)은 제2차 세계 대전 이후 러시아 영토에 편입되었으나 일본이 해당 도서의 반환을 요구하고 있다. 센카쿠 열도(댜오위다오)는 청일 전쟁 중에 일본이 차지하였는데 제2차 세계 대전 이후 미국이 점령하였다가 일본에 반환되었다. 중국이 이곳의 영유권을 주장하고 있다.

③ 동아시아의 역사 갈등과 해결 노력

1. 일본의 역사 왜곡

(1) 독도 문제

'일본은 한국의 독립을 승인하고 제주도, 거문도 및 울릉도를 포함해 한국에 대한 모든 청구권을 포기한다.'라고 명시되어 있어.

일본의 독도 영유권 주장	러일 전쟁 중 일본이 독도를 자국 영토에 불법으로 편입(시마네현 고시, 1905) → 일본의 독도 영유권 주장, '다케시마의 날' 제정(2005)
독도가 우리 영토인 근거	• 광복 이후 독도에 대한 한국의 영토 주권 회복: 연합국 최고 사령관 각서 제677호와 제1033호 발표(1946), 샌프란시스코 강화 조약 체결(1951), '인접 해양에 대한 주권에 관한 선언(평화선 선언)' 발표(1952) **자료④** • 현재: 국내 독도 경비대(경북 지방 경찰청 소속)의 독도 파견, 우리나라의 주민 거주

일본의 선박과 승무원이 독도의 12해리 이내를 넘어 섬에 접근하면 안 된다고 명시되어 있어.

(2) 일본과의 역사 갈등: 일본 우익 세력의 식민 지배 정당화(◆야스쿠니 신사 참배), 역사 교과서의 역사 왜곡('새로운 역사 교과서를 만드는 모임' 발족, 반인륜적인 전쟁 범죄 은폐·축소), 일본군 '위안부'와 강제 동원 피해자에 대한 사과·배상 거부 등

2. 중국의 동북공정 **자료⑤**

중국 내에 있는 56개 민족의 역사와 중국 영토 안에서 벌어졌던 사실이 모두 중국의 역사라는 논리야.

배경	2000년대 중국의 통일적 다민족 국가론 주장
내용	2002년부터 5년간 중국에서 동북 3성 지역(랴오닝성, 지린성, 헤이룽장성)의 역사·지리 등에 관한 연구(동북공정) 추진 → 고조선·고구려·발해 등의 역사를 중국사에 포함 시도, 역사 교과서와 박물관·유적지 안내문 등에서 한국의 고대사 왜곡

고구려와 발해의 산성까지 만리장성에 포함하는 등 우리 역사를 심각하게 훼손하고 있어.

3. ◆동아시아의 영토 갈등: 러시아와 일본 사이의 쿠릴 열도 남부의 4개 섬(북방 4도) 분쟁, 중국과 일본 사이의 센카쿠 열도(댜오위다오) 분쟁

4. 동아시아의 갈등 해결 노력: 국가 차원의 과거사 문제 인정(일본 관방 장관 고노 요헤이의 일본군 '위안부' 문제 인정), 동아시아 정상 회의 추진, 시민 사회가 일제 강점기 강제 징용 피해자의 보상 문제나 일본군 '위안부' 문제 해결을 위해 노력, 한·중·일 공동 역사 교재 편찬, 동아시아 청소년 역사 체험 캠프 개최 등

내 교과서 · 비상, 동아, 리베르, 미래엔, 씨마스, 지학사, 천재, 해냄 교과서에서 '한반도 분단 극복을 위한 남북한의 노력'에 대한 사료를 다루고 있어요.

내신과 수능을 다 잡는 자료 — 한반도 분단 극복을 위한 남북한의 노력

[남북 기본 합의서(1991)]

제1조   남과 북은 서로 상대방의 체제를 인정하고 존중한다. → 상호 체제에 대한 인정

제4조   남과 북은 상대방을 파괴·전복하려는 일체 행위를 하지 아니한다. → 상호 불가침 합의

제15조 남과 북은 민족 경제의 통일적이며 균형적인 발전과 민족 전체의 복리 향상을 도모하 기 위하여 자원 공동 개발, 합작 투자 등 경제 교류와 협력을 실시한다. → 경제 교류와 협력 추진

[6·15 남북 공동 선언(2000)]

1. 남과 북은 나라의 통일 문제를 그 주인인 우리 민족끼리 서로 힘을 합쳐 자주적으로 해결해 나가기로 하였다.

→ 이후 이산가족 상봉이 이루어지고 경의선 철도가 복구되었어.

3. 남과 북은 올해 8·15에 즈음하여 흩어진 가족, 친척 방문단을 교환하며, 비전향 장기수 문제를 해결하는 등 인도적 문제를 조속히 풀어 나가기로 하였다.

1991년에 채택된 남북 기본 합의서는 남북 정부가 체결한 최초의 공식 합의 문서로, 이를 통해 남북은 상호 체제를 인정하고 불가침을 약속하였다. 2000년에는 평양에서 남북 간 최초의 정상 회담이 개최되었다. 그 결과로 6·15 남북 공동 선언이 발표되어 이산가족 상봉이 이루어지고 남북 간 경제 협력과 사회·문화 교류가 활발히 전개되었다.

빈출 선택지로 점검하기

» 초성을 참고하여 다음 선택지를 완성해 보자.

- ㄴㅌㅇ 정부 시기에 남북 기본 합의서가 채택되었다.
- 남북 기본 합의서를 통해 남북은 상호 ㅂㄱㅊ에 합의하였다.
- 6·15 ㄴㅂㄱㄷㅅㅇ이 2000년 남북 정상 회담의 결과로 발표된 이후에 ㅇㅅㄱㅈㅅㅂ이 이루어졌다.

답 노태우, 불가침, 6·15 남북 공동 선언, 이산가족 상봉

함께 보기 · 내신 만점 공략하기 06번, 서술형 문제 03번

자료 ④ 독도가 우리 영토라는 근거

→ 독도는 지증왕 때 신라에 복속된 이래 우리 고유의 영토였어. 일본이 한국의 국권을 강탈하는 과정에서 불법으로 편입하였지만, 광복 이후 우리는 독도에 대한 영토 주권을 회복하였어.

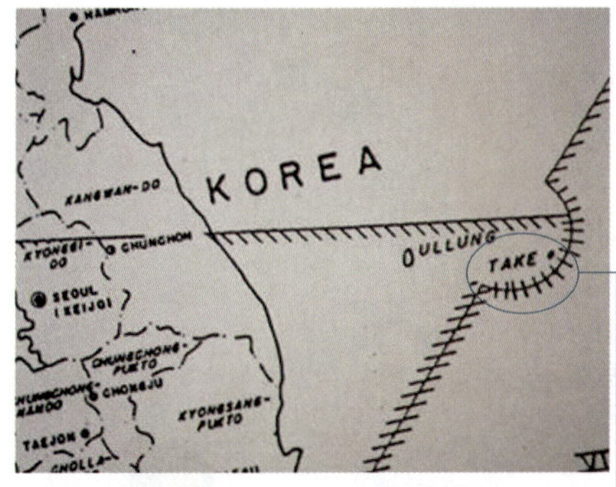

↑ 연합국 최고 사령관 각서(SCAPIN) 제677호 부속 지도
여기에서 'TAKE'는 독도를 뜻해.

제2차 세계 대전 이후 1946년에 발표된 연합국 최고 사령관 각서(SCAPIN) 제677호는 울릉도와 독도를 한국 영토에 포함하였다. 1952년에는 이승만 정부가 '인접 해양에 대한 주권에 관한 선언(평화선 선언)'을 통해 독도 기점 8해리를 영해로 간주하고 이를 침범하는 일본 어선을 단속하였다. 독도는 지리적, 역사적, 국제법적으로 우리의 고유 영토이며 오늘날 실질적으로도 우리나라가 관할하고 있다.

문제로 확인할까?

1. 독도가 우리나라의 땅이라는 근거 자료로 옳지 않은 것은?

① 닉슨 독트린
② 평화선 선언
③ 샌프란시스코 강화 조약
④ 대한 제국 「칙령 제41호」(1900)
⑤ 연합국 최고 사령관 각서 제677호

2. 이승만 정부 시기에 독도가 우리 영토임을 명시한 이른바 '평화선 선언'의 정식 명칭은?

답 1. ① 2. 인접 해양에 대한 주권에 관한 선언

자료 ⑤ 중국의 동북공정

→ 당시 동아시아의 조공·책봉 관계는 정치적·문화적 필요에 따라 맺는 외교 형식에 불과하였는데, 이를 실제 지배 관계로 왜곡하여 발해를 중국의 지방 정권으로 묘사하였어.

동북의 말갈족 속말부가 강대해졌다. 당 현종이 그 수령 대조영을 발해 군왕으로 책봉하였다. 당 주변의 소수 민족이 건립한 정권은 조국(중국)의 변강 지구 개발에 적극적인 공헌을 하였다.

– 「중외 역사 강요(상)」

2000년대 이후 중국은 동북공정을 통해 고조선, 고구려, 발해 등 한국 고대사를 중국 역사에 편입하려 하였다. 동북공정 이후 2019년에 보급된 중국의 역사 교과서 「중외 역사 강요(상)」에는 고구려를 중국의 영토로 표시하거나 수와 고구려의 전쟁을 '정벌'이라는 용어로 설명하고 발해를 중국의 지방 정권으로 묘사하는 등 심각한 역사 왜곡이 포함되었다.

자료 하나 더 알고 가자!

한·중·일 공동 역사 교재 편찬

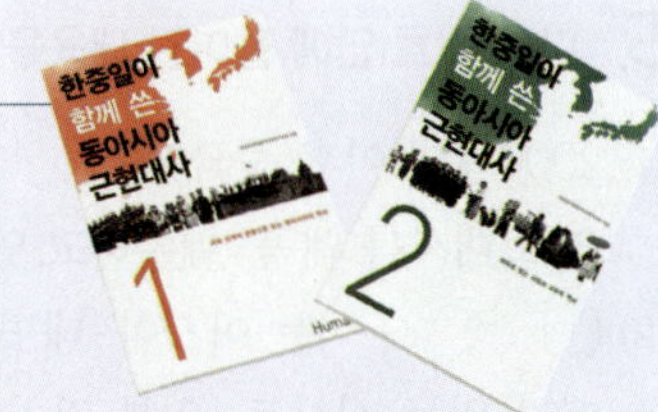

· 한·중·일의 역사 인식 차이를 극복하고자 3국의 시민 사회와 학계가 공동으로 집필하였어.

1 다음 인물과 각 인물의 활동을 옳게 연결하시오.

(1) 김일성 •　　　　　• ㉠ 선군 정치 강조

(2) 김정일 •　　　　　• ㉡ 사회주의 헌법 제정

(3) 김정은 •　　　　　• ㉢ 북미 정상 회담 추진

2 밑줄 친 '이 법'의 명칭을 쓰시오.

> 북한은 부분적으로 개방 정책을 추진하면서 경제난을 극복하고자 하였다. 이에 따라 1984년에는 이 법을 제정하여 외국 자본과의 합작 및 투자를 도모하였다.

3 다음에서 설명하는 내용을 〈보기〉에서 골라 기호를 쓰시오.

> **보기**
> ㄱ. 남북 기본 합의서　　　ㄴ. 7·4 남북 공동 성명
> ㄷ. 6·15 남북 공동 선언

(1) 남북한이 서로의 체제를 인정하고 상호 불가침에 합의하였다. 　　　　　　　(　　)

(2) 남북한이 자주·평화·민족 대단결의 통일 원칙에 합의하였다. 　　　　　　　(　　)

(3) 이산가족 상봉과 남북 간 사회·문화 교류 확대에 영향을 주었다. 　　　　　　　(　　)

4 다음 설명이 맞으면 ○표, 틀리면 ×표를 하시오.

(1) 김대중 정부는 분단 이후 최초의 남북 정상 회담을 성사시켰다. 　　　　　　　(　　)

(2) 센카쿠 열도(댜오위다오)는 청일 전쟁 중에 일본이 차지하였으나, 현재 중국이 지배하고 있다. 　(　　)

5 다음 괄호 안에 들어갈 내용을 쓰시오.

(1) 2000년대 이후 중국은 (　　　　　　)을 진행하여 한국의 고대사를 왜곡·훼손하고 있다.

(2) (　　　　　　)는 아시아·태평양 전쟁 A급 전범들의 위패가 있는 신사로, 일본 정치가가 이곳에 참배하여 역사 갈등을 빚고 있다.

---

01 (가) 헌법에 대한 탐구 활동으로 가장 적절한 것은?

> ▶ 지식 Q&A
>
> (가) 에 대해 알려 주세요.
>
> ▶ 답변하기
>
> 김일성 중심의 독재 체제를 강화하고자 1972년에 제정된 북한의 헌법입니다. 집권 정당인 조선 노동당의 우월적 지위를 명시하였으며, 주체사상을 북한의 공식적인 통치 이념으로 규정하였습니다.

① 북미 정상 회담에 대해 조사한다.

② 4·13 호헌 조치의 내용을 파악한다.

③ 국가 주석제가 신설된 배경을 살펴본다.

④ 대통령 직선제가 시행된 사례를 찾아본다.

⑤ 시장 경제 요소를 제한적으로 도입하게 된 원인을 알아본다.

⭐중요
02 (가) 인물에 대한 설명으로 옳은 것은?

① 선군 정치를 내세웠다.

② 국가 주석에 취임하였다.

③ 사회주의 헌법을 제정하였다.

④ 처음으로 주체사상을 확립하였다.

⑤ 국가 재건 최고 회의를 설치하였다.

03 밑줄 친 '개방 정책'의 사례로 옳은 것만을 〈보기〉에서 고른 것은?

> 북한은 중국과 소련의 경제 원조 축소, 군사비 증가, 중공업 치중에 따른 소비재 산업의 부진, 자립 경제 노선에 따른 대외 교역의 한계 등으로 경제난에 직면하였다. 이에 북한은 부분적으로 개방 정책을 추진하였다.

> **┤보기├**
> ㄱ. 합영법을 제정하였다.
> ㄴ. 천리마운동을 전개하였다.
> ㄷ. 나진·선봉 경제 무역 지대를 설치하였다.
> ㄹ. 무상 몰수·무상 분배의 토지 개혁을 단행하였다.

① ㄱ, ㄴ 　② ㄱ, ㄷ 　③ ㄴ, ㄷ
④ ㄴ, ㄹ 　⑤ ㄷ, ㄹ

04 (가)에 들어갈 학생의 답변으로 가장 적절한 것은?

① 7개년 계획을 추진하였어요.
② '고난의 행군'을 강조하였어요.
③ 사회주의 헌법을 공포하였어요.
④ 7·1 경제 관리 개선 조치를 시행하였어요.
⑤ 핵 확산 금지 조약(NPT)에서 탈퇴하였어요.

05 (가), (나)에 들어갈 내용을 각각 쓰시오.

> 　(가)　 정부 초기에는 '선 건설, 후 통일'을 내세우며 통일 논의에 소극적으로 대응하였으나, 이후 북한과 공동으로 　(나)　 을/를 발표하고 세 가지 통일 원칙에 합의하였다.

06 다음 합의서가 발표된 정부 시기에 있었던 사실로 옳은 것은?

> 제1조　남과 북은 서로 상대방의 체제를 인정하고 존중한다.
> 제4조　남과 북은 상대방을 파괴·전복하려는 일체 행위를 하지 아니한다.
> 제15조　남과 북은 민족 경제의 통일적이며 균형적인 발전과 민족 전체의 복리 향상을 도모하기 위하여 자원 공동 개발, 합작 투자 등 경제 교류와 협력을 실시한다.

① 남북 정상 회담이 개최되었다.
② 남북한이 유엔에 동시 가입하였다.
③ 북한이 연평도 포격 사건을 일으켰다.
④ 정주영이 소 떼를 이끌고 북한을 방문하였다.
⑤ 서울과 평양에서 최초의 이산가족 상봉이 이루어졌다.

★중요 07 밑줄 친 '나'의 통일 정책에 대한 설명으로 옳은 것은?

> 나는 남북 관계를 평화와 협력의 방향으로 돌리기 위해 햇볕 정책을 일관되게 주장했습니다. 그것은 첫째, 북에 의한 적화 통일을 용납하지 않는다. 둘째, 남에 의한 북한의 흡수 통일도 결코 기도하지 않는다. 셋째, 남북은 오로지 평화적으로 공존하고 평화적으로 교류·협력하자는 것이었습니다.

① 북진 통일을 주장하였다.
② 10·4 남북 공동 선언을 발표하였다.
③ 분단 이후 최초의 남북 정상 회담을 개최하였다.
④ 평창 동계 올림픽 대회에 북한 선수단을 초청하였다.
⑤ '한반도의 평화와 번영, 통일을 위한 판문점 선언'을 발표하였다.

하나 더! 07-1 밑줄 친 '나'의 대통령 재임 시기에 발표된 문서로 옳은 것은?

① 남북 기본 합의서　② 7·4 남북 공동 성명
③ 6·15 남북 공동 선언　④ 10·4 남북 공동 선언
⑤ 한반도 비핵화 공동 선언

정답친해 50쪽

08 (가), (나) 지역에 대한 설명으로 옳은 것은?

① (가) – 중국과 일본이 영유권 분쟁을 벌이고 있다.
② (가) – 아시아·태평양 전쟁 이후 미국이 점령하였다.
③ (나) – 평화선 선언의 대상 지역이다.
④ (나) – 청일 전쟁 중에 일본이 차지하였다.
⑤ (가), (나) – 현재 일본이 실효 지배하고 있다.

09 밑줄 친 '잘못된 역사 인식'의 사례로 옳은 것만을 〈보기〉에서 고른 것은?

┌ 보기 ├
ㄱ. 만리장성에 포함된 고구려의 산성
ㄴ. 일본 관방 장관 고노 요헤이의 과거사 언급
ㄷ. '새로운 역사 교과서를 만드는 모임'의 역사 교과서
ㄹ. 연합국 최고 사령관 각서(SCAPIN) 제677호의 부속 지도

① ㄱ, ㄴ   ② ㄱ, ㄷ   ③ ㄴ, ㄷ
④ ㄴ, ㄹ   ⑤ ㄷ, ㄹ

서술형 문제

서술형 감잡기

01 (가) 지역을 쓰고, 밑줄 친 부분에 대한 근거를 두 가지 서술하시오.

> (가) 은/는 우리 땅입니다. …… 일본이 러일 전쟁 중에 전쟁 수행을 목적으로 편입하고 점령했던 땅입니다. …… 지금 일본이 (가) 에 대한 권리를 주장하는 것은 제국주의 침략 전쟁에 의한 점령지 권리, 나아가서는 과거 식민지 영토권을 주장하는 것입니다.
> – 한·일 관계에 대한 대통령 특별 담화문(2006)

(1) 초성을 참고하여 서술형 답안에 들어갈 내용을 써 보자.

답안 키워드   ㄷㄷ   ㅇㅎㄱㅊㄱ ㅅㄹㄱ ㄱㅅ   ㅍㅎㅅㅇ

(2) (1)의 내용을 포함하여 서술형 답안을 작성해 보자.

____

실전! 도전하기

02 다음 성명의 명칭을 쓰고, 여기에서 합의한 통일 원칙을 서술하시오.

> 한국사 신문
>
> **남북, 분단 이후 최초로 통일 원칙에 합의하다**
> 1969년에 미국 대통령이 닉슨 독트린을 선언한 이후 냉전이 완화되자 남북한은 1972년에 (가) 을/를 발표하고 분단 이후 최초로 통일 원칙에 합의하게 되었다.

03 다음 선언문의 명칭을 쓰고, 그 의의와 이후에 전개된 남북 교류의 사례를 서술하시오.

> 1. 남과 북은 나라의 통일 문제를 그 주인인 우리 민족끼리 서로 힘을 합쳐 자주적으로 해결해 나가기로 하였다.
> 4. 남과 북은 올해 8·15 즈음하여 흩어진 가족, 친척 방문단을 교환하며, 비전향 장기수 문제를 해결하는 등 인도적 문제를 조속히 풀어 나가기로 하였다.

STEP 3 1등급 정복하기

01 (가)에 들어갈 내용으로 가장 적절한 것은?

- 물가 인상: 쌀은 기존 kg당 10~20전에 배급하던 것을 40~50원에 판매, 주택 임대료는 월세로 유료화
- 임금 인상: 직종에 따라 15~20배까지 차등 인상
- 공장·기업소의 자율성 및 성과급 확대: 실리 보장의 원칙 아래 공장과 기업소의 수입에 따라 노동자들의 임금도 변동

① 전후 복구 사업을 추진하였습니다.
② 김일성 1인 독재 체제를 강화하였습니다.
③ 시장 경제 요소를 제한적으로 도입하였습니다.
④ 농토와 생산 수단의 개인 소유를 금지하였습니다.
⑤ 외국 자본과의 합작과 투자를 적극 추진하였습니다.

최고난도

02 (가), (나) 연설문이 발표된 시기 사이에 있었던 사실로 옳은 것은?

(가) 오늘 정상 회담은 시간이 아쉬울 만큼, 평화와 공동 번영, 화해 협력 문제에 이르기까지 유익하고 진지한 대화가 이루어졌습니다. …… 지금 개성 공단에서는 만 9천여 명의 남북 근로자들이 함께 땀 흘리고 있습니다. …… 그러나 우리는 여기에서 머물 수는 없습니다. 한 걸음 더 나아가야 합니다.

(나) 존경하는 국민 여러분! 저는 어제 오후 판문점 북측 지역 통일각에서 김정은 국무위원장과 두 번째 남북 정상 회담을 가졌습니다. 지난 4월 27일 판문점 평화의 집에서 첫 회담을 한 후 꼭 한 달 만입니다. 지난 회담에서 우리 두 정상은 필요하다면 언제 어디서든 격식 없이 만나 서로 머리를 맞대고 민족의 중대사를 논의하자고 약속한 바 있습니다.

① 금강산 관광이 시작되었다.
② 남북 조절 위원회가 설치되었다.
③ 연평도 포격 사건이 발생하였다.
④ 6·15 남북 공동 선언이 발표되었다.
⑤ 북한이 핵 확산 금지 조약(NPT)을 탈퇴하였다.

◆ 북한의 경제난 극복 노력

완자쌤의 시험꿀팁

경제난을 극복하고자 북한이 추진한 경제 정책을 시기별로 정리해 두도록 한다. 특히 합영법 제정(1984), 나진·선봉 경제 무역 지대 설치(1991), 7·1 경제 관리 개선 조치 추진(2002) 등은 자주 출제되는 주제이다.

◆ 한반도 분단 극복을 위한 남북의 노력

완자 사전

■ 개성 공단
2000년 6·15 남북 공동 선언 이후 추진된 남북 경제 협력 사업의 하나로, 2004년 12월부터 본격 가동되었으나 2016년에 폐쇄되었다.

■ 평화의 집
판문점의 남측에 있는 석조 건물로, 2018년 4월에 남북 정상 회담장 겸 만찬장으로 사용되었다.

완자쌤의 시험꿀팁

분단 이후 세 차례 진행된 남북 정상 회담의 배경과 내용을 파악해 두도록 한다. 각 선언문을 구분할 수 있는 주요 키워드를 기억해 두면 도움이 된다.

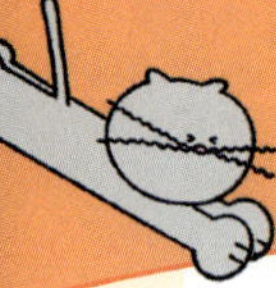

대표 유형 | 이렇게 나온다!

— 2024 수능 —

밑줄 친 '이 성명'이 발표된 시기를 연표에서 옳게 고른 것은?

	(가)	(나)	(다)	(라)	(마)
▲	▲	▲	▲	▲	▲
8·15 광복	6·25 전쟁 발발	5·16 군사 정변	유신 헌법 공포	남북한 유엔 동시 가입	6·15 남북 공동 선언

① (가)　② (나)　③ (다)　④ (라)　⑤ (마)

대표 유형 | 문제 풀이

※ 단계별로 문제 풀이에 접근해 보세요!

❂ 1단계 / 자료 분석하기

남과 북이 자주·평화·민족 대단결의 통일 원칙과 남북 조절 위원회 구성 등에 합의하였다는 자료의 내용으로 밑줄 친 '이 성명'이 1972년에 발표된 **①** 　　　 임을 알 수 있다.

❂ 2단계 / 정답 개념 연결하기

7·4 남북 공동 성명은 **②** 　　　 시기에 발표되었다. 공동 성명 직후 남북은 각각 유신 헌법과 사회주의 헌법을 제정하며 독재 체제를 강화하였다.

❂ 3단계 / 오답 개념 피하기

8·15 광복은 1945년, 6·25 전쟁 발발은 1950년의 사실이다. 남북한 유엔 동시 가입은 **③** 　　　 시기인 1991년에 이루어졌고, 6·15 남북 공동 선언은 **④** 　　　 시기인 2000년에 발표되었다.

📎 정답친해 51쪽

— 2020 6월 모평 —

(가)에 들어갈 내용으로 옳은 것은?

역사의 한 장면: 7·4 남북 공동 성명

↑ 7·4 남북 공동 성명을 발표하는 중앙정보부장

① 개성 공단 조성 합의

② 남북 기본 합의서 채택

③ 미소 공동 위원회 개최 결정

④ 제2차 남북 정상 회담 개최 합의

⑤ 자주·평화·민족 대단결의 통일 원칙 표방

1등급 전략

남북 공동 선언이 이루어진 시기의 정부와 정치 국면을 기억해 두도록 한다. 박정희 정부의 7·4 남북 공동 성명 발표, 노태우 정부의 남북 기본 합의서 채택, 김대중 정부의 6·15 남북 공동 선언 발표 등이 자주 출제된다.

출제 전망

- **전망1** 특정 정부 시기의 남북 관계를 묻는 문제가 출제될 수 있다.
- **전망2** 특정 정부 시기의 정치 국면과 남북 관계를 자료로 제시하고, 연표에서 시기를 고르는 문제가 출제될 수 있다.

① 6월 민주 항쟁 이후 민주화 과정

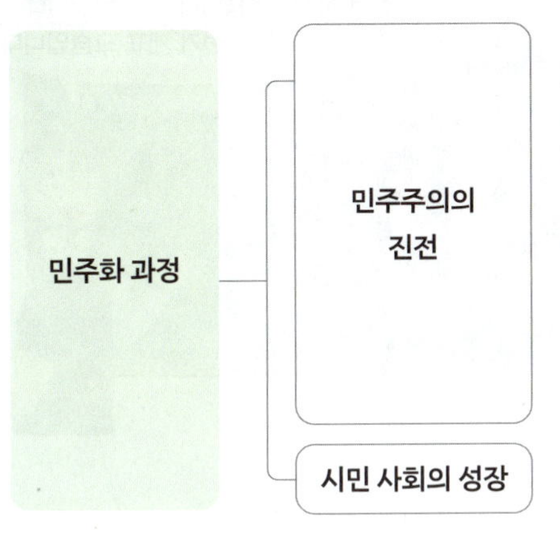

민주화 과정

민주주의의 진전

- 노태우 정부: 여소 야대의 정치 구도 형성 → 3당 합당, (❶) 외교 추진
- 김영삼 정부: (❷) 실시(탈세와 부정부패 방지), 지방 자치제 전면 실시, '역사 바로 세우기' 추진, 경제 협력 개발 기구(OECD), 외환 위기 발생
- (❸) 정부: 선거에 의한 최초의 평화적 여야 정권 교체, 외환 위기 조기 극복, 국가 인권 위원회 설치, 대북 화해 협력 정책(햇볕 정책) 추진
- 노무현 정부: 세종시 건설 및 수도권 소재 주요 공공 기관의 지방 이전 추진, 과거사 정리 사업 진행, 권위주의 청산 노력
- 이명박 정부: 자유 무역 협정(FTA), 서울 G20 정상 회의 개최
- 박근혜 정부: 최초의 여성 대통령, 정부 수립 이후 최초로 대통령 파면
- 문재인 정부: 복지, 지역 발전, 남북 평화에 중점을 둔 정책 표방

시민 사회의 성장

- 6월 민주 항쟁 이후 시민의 정치 참여 확대 → 농민·노동·환경·여성·인권 운동 활성화
- 다양한 방식의 정치 참여: 시민 단체의 증가, 촛불 집회 활성화

② 외환 위기의 극복과 사회·문화 변동

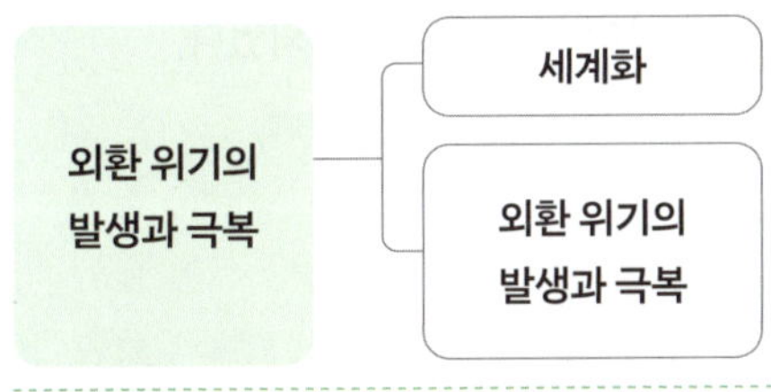

외환 위기의 발생과 극복

세계화

1980년대 시장 개방 압력 강화, 세계 무역 기구(WTO) 출범 → 경제 협력 개발 기구(OECD) 가입, 세계 각국과 자유 무역 협정(FTA) 체결

외환 위기의 발생과 극복

- 발생: 대기업의 무분별한 사업 확장, 국내 부실기업 증가, 동남아시아 외환 위기 → 국내 외환 보유고 고갈, 기업의 연쇄 부도 발생 → 김영삼 정부가 (❹)(IMF)에 구제 금융 요청
- 극복: 국민들의 (❺) 전개, 정부의 구조 조정 단행(정리 해고제·근로자 파견제 도입, 기업 민영화 추진 등) → 국제 통화 기금 지원금 조기 상환(2001)

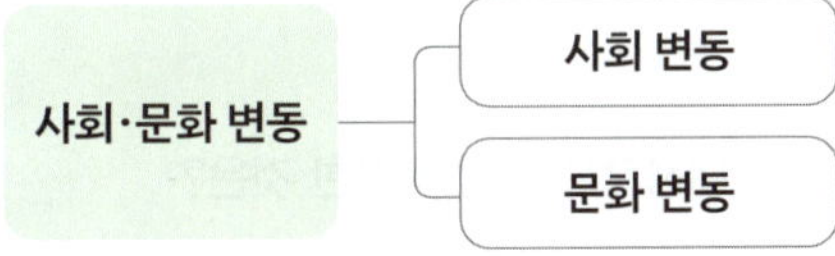

사회·문화 변동

사회 변동

사회 (❻) 심화, 저출산·고령화 현상 심화, 다문화 사회 형성

문화 변동

한국 문화의 전파, 세계적 규모의 스포츠 경기 개최 → 한국의 위상 강화

③ 한반도 분단 극복과 동아시아 평화를 위한 노력

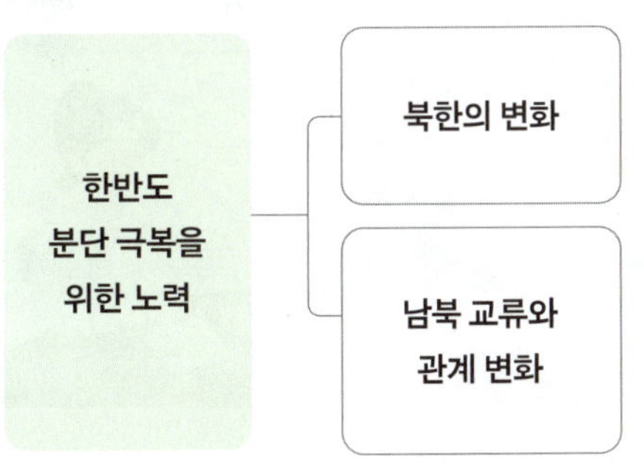

한반도 분단 극복을 위한 노력

북한의 변화

- 정치: 김일성의 (❼) 제정(주체사상의 명문화, 국가 주석제 신설) → 김정일의 선군 정치 강조 → 김정은의 권력 승계로 3대 권력 세습 체계 확립
- 경제난 극복 노력: 부분 개방 추진(합영법 제정, 나진·선봉 경제 무역 지대 설치) → 시장 경제 요소의 제한적 도입(7·1 경제 관리 개선 조치 추진)

남북 교류와 관계 변화

- (❽)(1972): 자주·평화·민족 대단결의 통일 원칙에 합의
- 남북 기본 합의서(1991): 남북한 정부 간 최초의 공식 합의서
- (❾)(2000): 제1차 남북 정상 회담의 결과로 발표
- 10·4 남북 공동 선언(2007): 제2차 남북 정상 회담의 결과로 발표
- '한반도의 평화와 번영, 통일을 위한 판문점 선언'(2018)

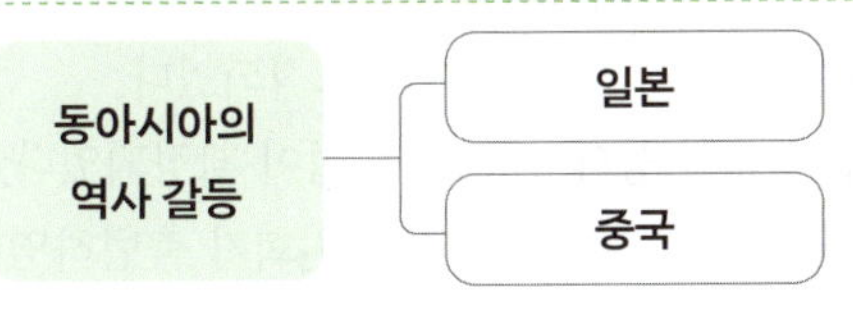

동아시아의 역사 갈등

일본

독도 영유권 주장, 역사 교과서의 역사 왜곡, 야스쿠니 신사 참배, 강제 징용과 일본군 '위안부' 문제에 대한 사과 및 배상 거부

중국

2002년부터 (❿) 추진 → 고조선, 고구려, 발해의 역사를 중국사에 편입 시도

01 밑줄 친 '나'가 대통령으로 재임하던 시기에 있었던 사실로 옳은 것은?

> 나는 고르바초프 대통령의 초청에 따라 대한민국의 국가 원수로는 처음으로 곧 모스크바를 방문하게 됩니다. 한국과 소련은 86년간 단절되었던 관계를 정상화했습니다. 우리 두 나라 관계의 급진전은 소련의 개방과 개혁, 우리의 북방 정책에 따라 한반도와 동북아시아에 있어서도 냉전 체제가 종식되고 새로운 시대가 열리고 있음을 말하는 것입니다.

① 10·26 사태가 발생하였다.
② 광주 대단지 사건이 일어났다.
③ 내각 책임제 개헌이 이루어졌다.
④ 서울 올림픽 대회가 개최되었다.
⑤ 3·1 민주 구국 선언이 발표되었다.

02 밑줄 친 '청문회'의 개최 배경으로 가장 적절한 것은?

① 3당 합당이 이루어졌다.
② 6·3 시위가 발생하였다.
③ 부마 민주 항쟁이 일어났다.
④ 사사오입 개헌이 단행되었다.
⑤ 여소 야대 정치 구도가 형성되었다.

03 (가), (나) 정부에 대한 설명으로 옳은 것은?

① (가) – 3선 개헌을 단행하였다.
② (가) – 10·26 사태로 붕괴되었다.
③ (나) – 노사정 위원회를 설치하였다.
④ (나) – 일본과 월드컵 대회를 공동 개최하였다.
⑤ (가), (나) – 대통령이 직선제로 선출되었다.

04 밑줄 친 ㉠의 내용으로 가장 적절한 것은?

① 국가 보안법이 공포되었다.
② 반민족 행위 특별 조사 위원회가 조직되었다.
③ 5·18 민주화 운동 등에 관한 특별법이 제정되었다.
④ 진실·화해를 위한 과거사 정리 위원회가 출범하였다.
⑤ 제주 4·3 사건 진상 규명을 위한 특별법이 제정되었다.

05 (가)에 들어갈 내용으로 옳은 것은?

▶ 지식 Q&A

대한민국 정부 수립 이후 최초로 선거를 통해 평화적으로 여야의 정권 교체를 이룬 정부에 대해 알려 주세요.

▶ 답변하기

1998년 2월 25일에 출범하여 2003년 2월 24일까지 존속하였습니다. 국제 통화 기금(IMF)의 금융 관리 체제를 조기에 극복하였고, _______________(가)_______________

① 경향신문을 폐간시켰습니다.
② 4대강 정비 사업을 전개하였습니다.
③ 국가 인권 위원회를 신설하였습니다.
④ 6·29 민주화 선언을 발표하였습니다.
⑤ 국가 재건 최고 회의를 구성하였습니다.

06 다음 정책이 추진된 순서대로 나열한 것은?

(가) 호주제 폐지　　　(나) 금융 실명제 도입
(다) 인사 청문회법 제정

① (가) – (나) – (다)
② (나) – (가) – (다)
③ (나) – (다) – (가)
④ (다) – (가) – (나)
⑤ (다) – (나) – (가)

07 (가) 정부 시기에 있었던 사실로 옳은 것은?

역사 다큐멘터리 제작 기획안

- 기획 주제: [(가)] 정부 시기의 대한민국
- 편성 제목
  - 1부: 행정 수도 건설, 지방 분권의 꿈을 꾸다!
  - 2부: 뿌리 깊은 정경 유착의 고리를 끊어라!

① 중앙정보부가 설치되었다.
② 대통령이 노벨 평화상을 수상하였다.
③ 고위 공직자의 재산 등록이 의무화되었다.
④ 평창에서 동계 올림픽 대회가 개최되었다.
⑤ 진실·화해를 위한 과거사 정리 위원회가 출범하였다.

08 밑줄 친 '노동 운동'의 사례로 옳은 것만을 〈보기〉에서 고른 것은?

보기

ㄱ. '노동자 대투쟁'이 전개되었다.
ㄴ. 전태일 분신 사건이 발생하였다.
ㄷ. 전국 민주 노동조합 총연맹이 결성되었다.
ㄹ. YH 무역 여성 노동자들이 야당 당사에서 농성을 벌였다.

① ㄱ, ㄴ　　② ㄱ, ㄷ　　③ ㄴ, ㄷ
④ ㄴ, ㄹ　　⑤ ㄷ, ㄹ

09 밑줄 친 ㉠~㉢에 대한 설명으로 옳지 않은 것은?

① ㉠ – 여성부가 신설되었다.
② ㉠ – 호주제가 폐지되었다.
③ ㉡ – 전국 농민회 총연맹이 조직되었다.
④ ㉡ – 함평 고구마 피해 보상 운동이 전개되었다.
⑤ ㉢ – 다양한 환경 운동 단체가 결성되었다.

10 (가)에 들어갈 내용으로 적절한 것만을 〈보기〉에서 고른 것은?

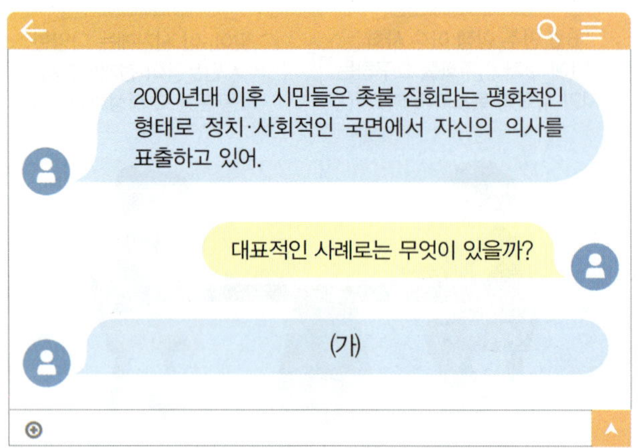

보기

ㄱ. 3·15 부정 선거를 규탄하는 집회가 벌어졌어.
ㄴ. 미국산 쇠고기 수입에 반대하는 시위가 일어났어.
ㄷ. 미군 장갑차 사고로 숨진 여중생을 추모하는 집회가 열렸어.
ㄹ. 학생과 시민들이 이한열을 추모하고 호헌 철폐를 요구하며 시위하였어.

① ㄱ, ㄴ ② ㄱ, ㄷ ③ ㄴ, ㄷ
④ ㄴ, ㄹ ⑤ ㄷ, ㄹ

11 다음 담화문이 발표된 시기를 연표에서 옳게 고른 것은?

우리나라는 프랑스 정부에 가입서를 기탁함으로써 경제 협력 개발 기구(OECD) 회원국이 되었습니다. 나는 경제 협력 개발 기구(OECD) 회원국 대사들과 이 자리에 참석하신 여러분께 이러한 사실을 알리고 온 국민과 함께 이 기쁨을 나누고자 합니다. …… 한국은 수많은 어려움이 있었음에도 시장 경제 체제의 장점을 살리는 경제 개발 전략을 추진하여 왔습니다. 이를 통해 폐허 속에서 한 세대 만에 세계 10위권의 경제 규모를 가진 나라로 성장하였습니다.

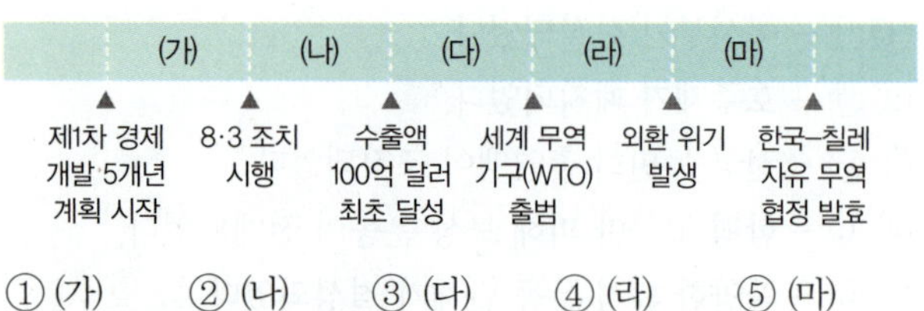

① (가) ② (나) ③ (다) ④ (라) ⑤ (마)

[12~13] 다음을 보고 물음에 답하시오.

12 밑줄 친 ㉠의 배경으로 가장 적절한 것은?

① 회사령이 제정되었다.
② 제1차 석유 파동이 발생하였다.
③ 미국의 원조 물자가 감소하였다.
④ 동남아시아에서 외환 위기가 발생하였다.
⑤ 저유가, 저금리, 저달러 현상이 나타났다.

13 밑줄 친 ㉠ 시기에 있었던 사실로 옳은 것은?

① 새마을 운동이 시작되었다.
② 정리 해고제가 도입되었다.
③ 포항 제철소가 완공되었다.
④ 경부 고속 국도가 건설되었다.
⑤ 귀속 재산 처리법이 제정되었다.

14 다음 연설문을 발표한 정부 시기에 볼 수 있는 모습으로 가장 적절한 것은?

우리는 2010년 세계인들이 주목한 서울 G20 정상 회의를 성공적으로 개최했습니다. 이번 회의는 세계 주요 국가와 국제기구의 정상급 인사들을 비롯하여 모두 1만여 명이 참석한, 우리나라 역사상 최대 규모의 국제회의였습니다.

① 한일 수교에 반대하는 학생
② 정부로부터 지가 증권을 발급받는 농민
③ 미국산 쇠고기 수입 반대 집회에 참가한 시민
④ 대통령을 선출하는 통일 주체 국민 회의 대의원
⑤ 물산 장려 운동을 홍보하는 조선 물산 장려회 회원

15 다음 그래프에 나타난 사회 현상에 대한 설명으로 옳지 <u>않은</u> 것은?

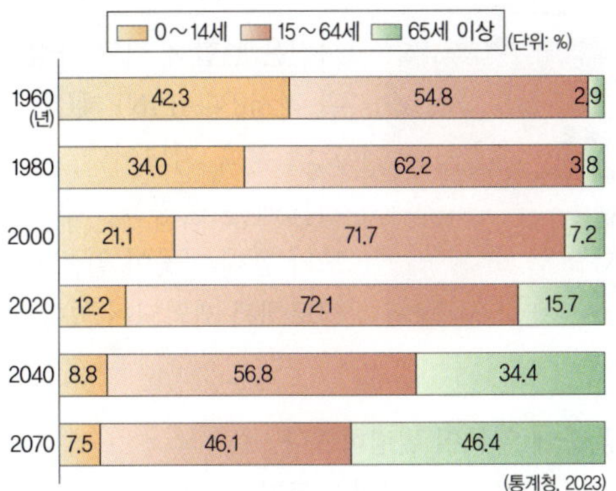

↑ 연령 계층별 인구 구성비 변화 예상

① 총인구가 줄고 유효 노동력도 감소할 전망이다.
② 결혼 및 출산을 기피하는 현상에 영향을 받는다.
③ 노인 빈곤이 심각한 사회 문제로 대두할 것이다.
④ 국제결혼 이주민에 대한 정부의 규제가 필요하다.
⑤ 의료 기술 발전으로 평균 수명이 는 것과 관련이 있다.

16 다음 헌법이 공포된 해에 있었던 사실로 옳은 것만을 〈보기〉에서 고른 것은?

제4조	조선 민주주의 인민 공화국은 마르크스·레닌주의를 우리나라의 현실에 창조적으로 적용한 조선 노동당의 주체사상을 자기 활동의 지침으로 삼는다.
제89조	조선 민주주의 인민 공화국 주석은 국가의 수반이며 국가 주권을 대표한다.
제93조	조선 민주주의 인민 공화국 주석은 조선 민주주의 인민 공화국 전반적 무력의 최고 사령관, 국방 위원회 위원장으로 되며 국가의 일체 무력을 지휘 통솔한다.

┌ 보기 ┐
ㄱ. 유신 헌법이 공포되었다.
ㄴ. 7·4 남북 공동 성명이 발표되었다.
ㄷ. 북조선 인민 위원회가 조직되었다.
ㄹ. 김일성이 사망하고 김정일이 권력을 승계하였다.

① ㄱ, ㄴ   ② ㄱ, ㄷ   ③ ㄴ, ㄷ
④ ㄴ, ㄹ   ⑤ ㄷ, ㄹ

17 밑줄 친 ㉠~㉢에 대한 설명으로 옳은 것은?

북한은 ㉠ 1960년대부터 1980년대 초에 이르기까지 다양한 원인으로 인해 경제난을 겪었다. 이를 극복하기 위해 ㉡ 1980년대부터 1990년대 초에 부분적으로 개방 정책을 추진하였다. 그러나 큰 성과를 내지 못한 채 1990년대에 다시 경제 위기를 겪었고, 이에 북한은 ㉢ 2000년대 이후 시장 경제 요소를 제한적으로 도입하여 변화를 추구하였다.

① ㉠ - 소련의 해체가 주요 배경이 되었다.
② ㉡ - 7·1 경제 관리 개선 조치를 시행하였다.
③ ㉡ - 합작 회사 경영법(합영법)을 제정하였다.
④ ㉢ - 천리마운동을 시작하였다.
⑤ ㉢ - 나진·선봉 경제 무역 지대를 설치하였다.

18 (가) 인물에 대한 설명으로 옳은 것은?

김정일이 사망하자, 그 아들인 ___(가)___ 이/가 20대의 나이로 권력을 승계하였다. 이로써 북한은 3대 권력 세습 체제를 확립하였다. ___(가)___ 이/가 핵무기 개발을 지속하면서 오늘날 북한의 국제적 고립이 더욱 심화하고 있다.

① 삼청 교육대를 운영하였다.
② 북미 정상 회담에 임하였다.
③ 연안파와 소련파를 숙청하였다.
④ 국가 재건 최고 회의를 구성하였다.
⑤ 핵 확산 금지 조약(NPT)을 탈퇴하였다.

19 다음 담화문을 발표한 정부의 통일 정책으로 옳은 것은?

이번의 남북 기본 합의서 타결이 과거의 비극을 완전히 종식시키는 계기가 되기를 기대합니다. …… 불가침 문제만 해도 명시적인 문서나 선언에 그치는 것이 아니라 반드시 지킬 수 있다는 합의가 무엇보다 중요합니다.

① 햇볕 정책을 추진하였다.
② '선 건설, 후 통일'을 내세웠다.
③ 남북한이 유엔에 동시 가입하였다.
④ 남북 이산가족 교환 방문을 최초로 실현하였다.
⑤ 개성 공단을 조성하고 남북 경제 협력을 활성화하였다.

20 밑줄 친 '이 시기'에 있었던 사실로 옳은 것만을 〈보기〉에서 고른 것은?

이 시기에는 금강산 관광이 이루어져 남한에서 195만여 명에 달하는 관광객이 북한의 금강산을 방문하였다. 최대 월평균 5만여 명의 관광객을 유치하기도 하였다.

↑ 금강산을 관람하는 관광객들(2007)

┤보기├
ㄱ. 개성 공단 사업이 중단되었다.
ㄴ. 연평도 포격 사건이 일어났다.
ㄷ. 10·4 남북 공동 선언이 발표되었다.
ㄹ. 최초의 남북 정상 회담이 개최되었다.

① ㄱ, ㄴ　　② ㄱ, ㄷ　　③ ㄴ, ㄷ
④ ㄴ, ㄹ　　⑤ ㄷ, ㄹ

21 (가), (나) 선언문이 발표된 시기 사이에 있었던 사실로 옳은 것은?

(가) 3. 남과 북은 올해 8·15에 즈음하여 흩어진 가족, 친척 방문단을 교환하며, 비전향 장기수 문제를 해결하는 등 인도적 문제를 조속히 풀어 나가기로 하였다.
(나) 2. 남과 북은 한반도에서 첨예한 군사적 긴장 상태를 완화하고 전쟁 위험을 실질적으로 해소하기 위하여 공동으로 노력해 나갈 것이다.
3. 남과 북은 한반도의 항구적이며 공고한 평화 체제 구축을 위하여 적극 협력해 나갈 것이다. 한반도에서 비정상적인 현재의 정전 상태를 종식시키고 확고한 평화 체제를 수립하는 것은 더 이상 미룰 수 없는 역사적 과제이다.

① 북한이 연평도 포격 사건을 일으켰다.
② 한반도 비핵화 공동 선언이 채택되었다.
③ 북한이 청와대를 기습하려고 무장간첩을 보냈다.
④ 자주·평화·민족 대단결의 통일 원칙이 합의되었다.
⑤ 이산가족 상봉과 예술 공연단 교환 방문이 처음 이루어졌다.

22 밑줄 친 '이곳'에 대한 설명으로 옳은 것만을 〈보기〉에서 고른 것은?

사진은 연합국 최고 사령관 각서(SCAPIN) 제677호의 부속 지도이다. 이 지도에는 울릉도, 제주도와 함께 이곳이 일본의 영토에서 제외되어 있다.

┤보기├
ㄱ. 청일 전쟁 중에 일본이 점령하였다.
ㄴ. 제2차 세계 대전 이후 소련의 영토가 되었다.
ㄷ. 이승만 정부가 평화선 선언을 통해 우리의 영토임을 명확히 하였다.
ㄹ. 일본이 시마네현 고시를 통해 불법적으로 자국의 영토에 편입하였다.

① ㄱ, ㄴ　　② ㄱ, ㄷ　　③ ㄴ, ㄷ
④ ㄴ, ㄹ　　⑤ ㄷ, ㄹ

23 밑줄 친 ㉠, ㉡에 관련된 설명으로 옳지 <u>않은</u> 것은?

• 1993년 일본의 고노 요헤이 관방 장관은 일본 정부와 군대가 ㉠ 이 문제에 관여하였음을 인정하였다(고노 담화). 그러나 이후 일본 정치인들은 고노 담화를 부정하고 책임을 회피하고 있다.
• 중국은 2002년부터 ㉡ 동북 3성의 역사, 지리 등을 연구하는 프로젝트를 추진하였다. 프로젝트는 2007년에 공식적으로 종료되었지만, 중국에서는 여전히 관련 서적이 출간되어 우리 역사가 훼손되고 있다.

① ㉠ – 일본 정부에 공식적인 사과를 요구하는 수요시위가 지금도 계속되고 있다.
② ㉠ – 여러 시민 단체가 2000년에 도쿄에서 여성 국제 전범 법정을 주최하여 일본 정부에 유죄를 선고하였다.
③ ㉡ – 고조선, 부여, 고구려, 발해의 역사 등 한국 고대사가 주요 대상에 해당된다.
④ ㉡ – 현재 중국의 영토 안에서 벌어졌던 사실이 모두 중국의 역사라는 논리를 펴고 있다.
⑤ ㉡ – '새로운 역사 교과서를 만드는 모임'이 왜곡된 역사 교과서를 만들어 논란을 빚었다.

완자
학교시험 완벽대비
부록
한국사 2
visang

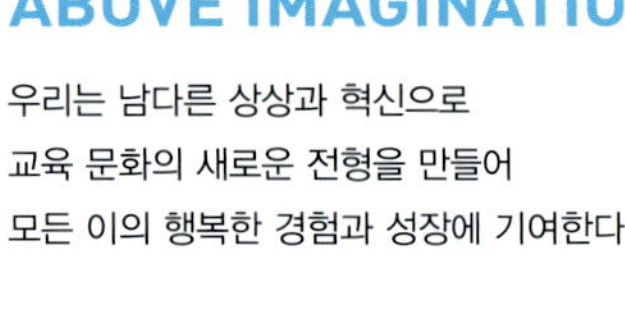

ABOVE IMAGINATION

우리는 남다른 상상과 혁신으로
교육 문화의 새로운 전형을 만들어
모든 이의 행복한 경험과 성장에 기여한다

부록

정답친해 55쪽

▶ 비판적 사고력 + 의사소통 및 협업 능력

산미 증식 계획이 우리나라에 미친 영향

■ 다음을 읽고 물음에 답하시오.

(가) 일본 내 쌀 소비는 연간 6,500만 석인데, 생산량은 약 5,800만 석을 넘지 못하여 그 부족분을 제국 반도 및 외국의 공급에 의지하는 형편이다. 일본 인구는 해마다 70만 명씩 늘어나고, 국민 생활이 향상되면 1인당 소비량도 점차 늘어나게 될 것이므로 앞으로 쌀이 계속 모자랄 것이다. 따라서 지금 미곡 증식 계획을 수립하여 일본 제국의 식량 문제를 해결하는 데 도움을 주는 것은 진실로 국책상 시급한 일이라고 믿는다. — 「조선 산미 증식 계획 요강」

(나) • 대개 조선인들이 생산한 쌀을 수이출(輸移出)할 때, 결코 자신이 충분히 소비하고 남은 것을 수이출하는 것이 아니다. 생계가 곤란하여 먹을 것을 먹지 못하고 파는 것이다. …… 그러므로 조선 쌀의 수이출이 증가하고 외국 쌀의 수입은 감소하는 반면, 좁쌀의 수입만이 증가하는 사실은 조선인의 생활난이 점점 심각해지고 있음을 실증한다. — 동아일보, 1927. 4. 8.

• 떨어지고 또 떨어진 농산 물가의 하락 …… 수리 조합비를 당국에 예정하였던 액수대로 또박또박 물어오고 …… 저 경남의 동면 수리 조합에서는 그 수리 조합 구역 내의 총수확물 가격이 7만 원 가치에 불과하였는데 수세는 실로 11만 원에 달하였다는 것이니 이러고서 수세로 인하여 멸망한다는 것도 무리가 아닐 것이다. — 「신동아」 40호

1 (가)를 참고하여 일제가 산미 증식 계획을 실시한 이유를 서술하시오.

2 (가), (나)를 참고하여 다음의 입장에서 산미 증식 계획을 비판하는 글을 논술하시오.

일제의 식민지 경제 정책은 조선 사회의 수탈을 위한 것으로 우리나라의 경제에 도움이 되지 않았다.

정답친해 55쪽

▶ 비판적 사고력 + 정보 활용 능력

3·1 운동의 의의

■ 다음을 읽고 물음에 답하시오.

(가)

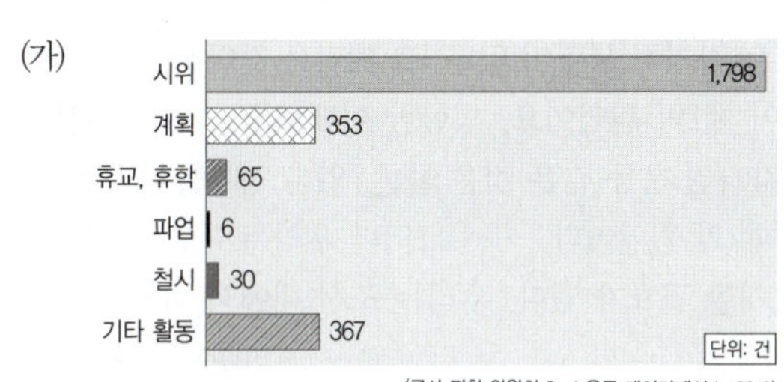

(국사 편찬 위원회 3·1 운동 데이터베이스, 2019)

⬆ 3·1 운동 당시 유형별 사건 수

(이지원, 「3·1 운동」, 『한국사 15』, 1995)

⬆ 3·1 운동 당시 투옥자의 직업 분포

(나) • 3·1 운동 당시 조선의 청년들은 맨주먹으로 적에 항거하여 용감히 투쟁하였다. 조선 민족은 단결하여 자유와 독립을 찾으려고 수없이 죽어 가고, 일본 경찰에게 잡혀가서 모진 고문을 당하면서도 굴하지 않았다. …… 조선에서 학생의 신분으로 막 대학을 나온 젊은 여성과 소녀가 투쟁에서 중요한 역할을 하였다는 것을 듣는다면 너도 틀림없이 깊이 감동할 것이다.

– 인도 네루, 『세계사 편력』

• 이번의 조선의 독립운동은 위대하고 간절하며 비장한 동시에 명료하고 정확한 관념을 갖추었다. 민의를 사용하되 무력을 사용하지 않음으로써 세계 혁명사의 신기원을 열었다. …… 조선인의 활동을 보라. 그들이 무기가 없다고 해서 감히 반항하지도 못하고 주인공의 자격을 포기한 채 제3자가 되었는가? 조선인과 비교하면 우리는 진정으로 부끄러워서 몸을 둘 바를 모르겠다.

– 중국 천두슈가 쓴 『매주 평론』의 보도, 1919. 3. 23.

1 (가)를 통해 알 수 있는 3·1 운동의 성격을 서술하시오.

2 (가), (나)를 참고하여 3·1 운동의 역사적 의의를 논술하시오.

▶ 비판적 사고력 + 문제 해결력 및 의사 결정력

자치 운동, 어떻게 바라볼 것인가?

■ 다음을 읽고 물음에 답하시오.

(가) 조선 민족은 지금 정치적 생활이 없다. …… 왜 지금의 조선 민족에게는 정치적 생활이 없나. 그 대답은 간단하다. 일본이 한국을 병합한 이래로 조선인에게는 모든 정치적 활동을 금지한 것이 제1의 원인이요, 병합한 이래로 조선인은 일본의 통치권을 승인하는 조건 밑에서 하는 모든 정치적 활동, 즉 참정권·자치권 운동 같은 것은 물론, 일본 정부를 상대로 하는 독립운동조차도 원치 아니하는 극렬한 절개 의식이 있었던 것이 제2의 원인이다. …… 그러나 우리는 무슨 방법으로나 조선 내에서 전 민족적인 정치 운동을 하도록 새로운 방면에서 타개할 필요가 있다. 우리는 조선 내에서 허용되는 범위 내에서 일대 정치적 결사를 조직하여야 한다는 것이 우리의 주장이다. — 이광수, 「민족적 경륜」

(나) 우리는 외교론, 준비론 등의 미몽을 버리고 민중 직접 혁명의 수단을 취함을 선언하노라. 조선 민족의 생존을 유지하자면 강도 일본을 쫓아내야 할 것이며, 강도 일본을 쫓아내려면 오직 혁명으로써 할 뿐이니, 혁명이 아니고는 강도 일본을 내쫓을 방법이 없는 바이다. …… 민중은 우리 혁명의 대본영(大本營)이다. 폭력은 우리 혁명의 유일한 무기이다. 우리는 민중 속으로 가서 민중과 손을 맞잡아 끊임없는 폭력, 암살, 파괴, 폭동으로써 강도 일제의 통치를 타도하고, 우리 생활에 불합리한 일체의 제도를 개조하여 인류로써 인류를 압박하지 못하며, 사회로써 사회를 박탈하지 못하는 이상적 조선을 건설할지니라. — 신채호, 「조선 혁명 선언」

1 1920년대 일제의 통치 방식 변화와 관련지어 (가)의 입장에서 자치 운동의 필요성을 서술하시오.

2 (나)의 입장에서 (가)의 주장의 한계를 논술하시오.

▶ 창의적 사고력 + 정보 활용 능력

건국 강령을 통해 본 독립운동 단체의 특징

■ (가)~(다) 강령의 특징을 각각 쓰고, 세 강령이 공통적으로 지향한 정치 체제를 서술하시오.

(가) 2. 삼균 제도를 골자로 한 헌법을 실시하여 정치·경제·교육의 민주적 시설로 실제상 균형을 도모하며, 전국의 토지와 대생산 기관의 국유가 완성되고 전국의 학령 아동 전체가 고급 교육의 무상 교육을 완성한다.
   4. 보통 선거에는 만 18세 이상 남녀로 선거권을 행사하되 신앙, 교육, 거주 기간, 사회 출신, 재산과 과거 행동을 분별치 아니한다.
   6. 대생산 기구의 공구와 수단을 국유로 하고 …… 대규모의 농상 기업과 도시 공업 구역의 공용적 주요 건물과 산업은 국유로 하고 소규모 혹 중등 기업은 사영으로 한다.
   　　　　　　　　　　　　　　　　　　　　　　　　　　　　　　　　　– 대한민국 임시 정부의 건국 강령, 1941

(나) 본 동맹은 일본 제국주의의 조선 통치를 종식시킨 뒤 독립 자유의 조선 민주 공화국 건립을 목적으로 한다. 우리는 아래의 임무를 실현하기 위해 분투할 것이다.
   1. 전 국민의 보통 선거에 의한 민주 정권을 수립한다.
   6. 일본 제국주의자들이 조선에서 소유한 일체의 자산과 토지를 몰수한다. 일본 제국주의와 밀접한 관련이 있는 대기업은 국영으로 삼고, 토지 분배를 실행한다.
   9. 국민의 의무 교육 제도를 실시하고 국가가 교육비를 부담한다.
   　　　　　　　　　　　　　　　　　　　　　　　　　　　　　　　　　– 조선 독립의 건국 강령, 1942

(다) 1. 각인 각파를 대동단결하여 거국일치로 일본 제국주의의 모든 세력을 몰아내고 조선 민족의 자유와 독립을 회복할 일
   2. 반추축 제국(연합국)과 협력하여 대일 연합 전선을 형성하고 조선의 완전한 독립을 저해하는 일체 반동 세력을 박멸할 일
   3. 건설 부면에 있어서 일체 시위를 민주주의적 원칙에 의거하고, 특히 노농 대중의 해방에 치중할 일
   　　　　　　　　　　　　　　　　　　　　　　　　　　　　　　　　　– 조선 건국 동맹의 건국 강령, 1944

▶ 비판적 사고력 + 문제 해결력 및 의사 결정력

친일파 청산, 왜 제대로 이루어지지 않았을까?

■ 다음을 읽고 물음에 답하시오.

> (가) • 1. 북위 38도 이남의 조선 영토와 조선 인민에 대한 통치의 전 권한은 당분간 본관의 권한하에서 시행된다.
>   2. …… 중요한 사업에 종사하는 자는 별도의 명령이 있을 때까지 종래의 정상적인 기능과 의무를 수행하고 모든 기록과 재산을 보존·보호하여야 한다. — 맥아더 포고령 1호
> • 이것(반민법)이 상당한 법안이라 할지라도 전국 치안에 관계될 때에는 임시로 정지하는 것이 마땅한 일이다. 이미 법무부와 법제처에 지시해서 법안을 고쳐 국회에 제출하게 하는 중이니 우선 (반민 특위) 조사 위원들의 과도한 행동을 금지하기로 작정한 것이다. — 반민법에 대한 이승만의 담화, 1949
>
> (나) 제1조(목적) 이 법은 일본 제국주의의 국권 침탈이 시작된 러일 전쟁 개전시부터 1945년 8월 15일까지 일본 제국주의를 위하여 행한 친일 반민족 행위의 진상을 규명하여 역사의 진실과 민족의 정통성을 확인하고 사회 정의 구현에 이바지함을 목적으로 한다. — 일제 강점하 반민족 행위 진상 규명에 관한 특별법, 2012

1 (가)를 토대로 친일파 청산이 제대로 이루어지지 않은 이유를 논술하시오.

2 (나)를 토대로 친일파 청산 노력이 오늘날까지 이어져야 하는 이유를 논술하시오.

▶ 비판적 사고력 + 정보 활용 능력

6·25 전쟁과 민간인 학살

■ **다음을 읽고 물음에 답하시오.**

(가) (경찰) 지서에서 야경꾼이 와 보도 연맹 가입자 모이라고 해. 거기 가면 보도 연맹 탈퇴해 줄 거라고 오라고 해. 우리는 모르고 갔어. 죽을 거라고는 생각도 안 했어. 그런데 모이니깐 우짠 판인지 쏴 죽이는 판이여. …… 경찰이 서 있어 송장 밑에 누워 있다가 해가 어둘 무렵에 밑으로 내려 왔다. 총상을 입어 걷지도 못하고 손으로 땅을 짚으며 궁둥이를 끌면서 갔지.

– 진양군 정촌면의 보도 연맹원 정영식의 구술

(나) 서울을 점령한 북한군은 인민재판으로 지주와 우익 인사 등을 반동분자로 몰아 처형하였고, 전라남도 영광, 충청남도 서천 등지에서 많은 민간인을 학살하였다. 인민재판은 법관이 아닌 사람이 대중 앞에서 실시하는 일종의 공개 재판이며, 반동분자는 사회주의 사상에 반대하는 세력을 말한다.

(다) • 지○대 가족 9명은 전남 영광군 백수읍 대전리 홍곡천에서 지방 좌익 세력에 의해 우익 세력이라는 이유로 …… 마을 사람들과 함께 학살당한 사실이 있습니다.
• 동네를 장악하던 빨치산 부대가 철수할 무렵 당산나무 밑에서 마을 사람들을 모아 놓고 당내 주둔하던 빨치산과 머슴들을 동원해 완장을 차고 동네 지주 및 공무원과 고인들의 가족을 묶어서 …… 죽였습니다.

– 영광 지역 마을 사람들의 증언(진실·화해를 위한 과거사 정리 위원회)

1 (가), (나)를 바탕으로 6·25 전쟁 중 발생한 민간인 학살의 양상을 서술하시오.

2 1950년대 초반의 국제 정세와 (다)를 참고하여 6·25 전쟁과 전쟁 중 발생한 민간인 학살의 배경을 논술하시오.

▶ 비판적 사고력 + 창의적 사고력

주제 **07**

5·18 민주화 운동의 의의

■ 다음을 읽고 물음에 답하시오.

(가) 우리는 왜 총을 들 수밖에 없었는가? 그 대답은 너무 간단합니다. 너무나 무자비한 만행을 더 이상 보고 있을 수만 없어서 너도나도 총을 들고 나섰던 것입니다. …… 정부 당국에서는 18일 오후부터 공수 부대를 대량 투입하여 시내 곳곳에서 학생, 젊은이들에게 무차별 살상을 자행하였으니! …… 너무나 경악스런 또 하나의 사실은 20일 밤부터 계엄 당국은 발포 명령을 내려 무차별 발포를 시작했다는 것입니다. 이 고장을 지키고자 이 자리에 모이신 민주 시민 여러분! 그런 상황에서 우리가 할 수 있는 일은 무엇이겠습니까? 우리가 어떻게 해야겠습니까?
　　– 광주 시민군 궐기문, 1980

(나) 지난 18일 수백 명의 대학생들에 의해 재개된 평화적 시위가 오늘의 엄청난 사태로 확산된 것은 상당수의 타 지역 불순 인물 및 고정 간첩들이 사태를 극한적인 상태로 유도하기 위하여 여러분의 고장에 잠입, 터무니없는 악성 유언비어의 유포와 공공시설 파괴, 방화, 장비 및 재산 약탈 행위 등을 통하여 계획적으로 지역감정을 자극, 선동하고 난동 행위를 선도한 데 기인된 것입니다.
　　– 계엄사령관 이희성 담화문, 1980

1 (가)를 참고하여 1980년에 광주에서 학생과 시민이 무장한 이유를 서술하시오.

2 (가)를 토대로 (나)의 주장을 반박하여 논술하시오.

쟁점 주제 **08**

▶ 비판적 사고력 + 정보 활용 능력

◀ 정답친해 57쪽

빠른 경제 성장, 무엇을 얻고 무엇을 잃었나?

■ 다음을 읽고 물음에 답하시오.

(가) • 넷째, 절망과 기아선상에서 허덕이는 민생고를 시급히 해결하고, 국가 자주 경제 재건에 총력을 경주할 것입니다.

— 박정희 군사 정부의 혁명 공약, 1961

• 한국 경제는 지난 15년 동안 매년 대략 10% 성장을 이루었고, 수출액도 지난 3년 사이에 2배가 되었다. 자신감에 차 있는 한국 경제 관료들은 …… 수출 100억 달러 달성을 확신하고 있다.

— 뉴스위크, 1977

(나) • 저희들은 근로 기준법의 혜택을 조금도 못 받으며 …… 1일 15시간의 작업 시간을 1일 10~12시간으로 단축해 주십시오. 1개월 휴일 2일을 늘려서 일요일마다 쉬기를 원합니다. 건강 진단을 정확하게 하여 주십시오. …… 절대로 무리한 요구가 아님을 맹세합니다. 인간으로서 최소한의 요구입니다.

— 박정희 대통령에게 보낸 전태일의 탄원서, 1969

• 울산 공업 단지 안의 각 공장에서 배출되는 폐수가 바다를 오염시켜 부근 바다의 어종을 기형어로 만들고 있다. …… 공해에 오염된 물고기를 먹을 경우 사람의 뼛속에 수은과 카드뮴 등 중금속이 축적돼 골경화증과 중추신경 장애를 일으키고 기형아를 출산하게 되는 수도 있다는 것이다.

— 매일경제, 1975

1 (가)를 참고하여 박정희 정부 시기 경제 성장의 성과를 서술하시오.

2 (나)를 참고하여 박정희 정부 시기의 경제 정책과 경제 성장의 문제점을 논술하시오.

정답친해 57쪽

▶ 비판적 사고력 + 문제 해결력 및 의사 결정력

조선 총독부 건물 철거를 둘러싼 찬반 논쟁

■ 다음을 읽고 물음에 답하시오.

(가) 일제는 경복궁을 헐고 그 자리에 총독부를 지어 민족사의 맥을 끊음으로써 우리 민족의 자존 의식을 차단하려는 음흉하고도 잔인한 음모를 꾸몄다. …… 이 건물은 우리 민족의 자랑스러운 유적·유물이 아니다. 민족사의 숨결을 짓밟고 우리 민족의 훌륭한 문화유산인 경복궁을 훼손한 대표적인 건물인 것이다. …… 경복궁 복원이 시작되었다. 이번 기회에 총독부 청사를 철거하고 총독의 관저였던 청와대도 말끔히 청산하는 과감한 민족사 복원 사업이 펼쳐지길 바란다.

(나) 근현대의 역사가 담긴 모든 건축물은 그 '건축성' 자체의 의미로 보존되어야 한다. 일단 세워진 건물은 그 건물이 갖고 있는 건축사적 가치 외에도 정치, 사회 또는 문화사적 내용이 더해지기 때문에 보존의 가치가 높아지게 되는 것이다. …… 압박과 설움을 받으며 지낸 일제 치하를 생각하면 일제가 지은 건물을 부수는 일은 당연한 것이라고 볼 수 있다. 그러나 다른 면으로 보면 그것을 헐어버리는 것이 분노를 삭이는 유일한 길인가 생각해 볼 필요가 있다.

1 조선 총독부 건물 철거에 대한 (가), (나) 각 주장의 주요 내용과 그 근거를 서술하시오.

2 (가), (나) 중 자신이 지지하는 주장과 그 근거를 논술하시오.

▶ 문제 해결력 및 의사 결정력 + 의사소통 및 협업 능력

햇볕 정책이 한반도에 끼친 영향

■ **다음을 읽고 물음에 답하시오.**

(가) 햇볕 정책은 한마디로 남북 간 평화 공존과 평화 교류를 통해서 장차의 평화 통일을 준비하자는 것입니다. 무엇보다 한반도에서 다시는 전쟁이 재발하지 않도록 하자는 것입니다. 10년이 걸리든, 20년이 걸리든, 모든 것을 평화적으로 이루어가자는 것입니다. …… 만일에 한반도에서 또다시 전쟁이 일어난다면, 승자도 없고 패자도 없습니다. 민족의 공멸을 초래할 따름입니다. 이러한 전쟁을 막으려면 두 가지 노력을 병행해야 합니다. 첫째는, 당장의 평화를 유지하기 위한 방책으로서 튼튼한 안보 체제를 확고히 하는 것입니다. 둘째는 바로, 전쟁의 원인을 제거함으로써 평화를 항구적으로 만드는 햇볕 정책의 추진입니다. 남북이 화해하고 협력하는 과실이 크고, 그러한 가운데 공동 번영의 길이 열린다면 전쟁의 이유가 없어지는 것입니다.
　　　　　　　　　　　　　　　　　　　　　　　　　　　　　　　　　　　　－ 김대중 대통령의 민주평화통일자문회의 연설, 2001

(나) 북한의 핵 문제 해결을 위한 '6자 회담'의 미국 대표인 크리스토퍼 힐 국무부 차관보가 "한국 정부가 북한의 버릇을 나쁘게 만든다."라고 비판했다. 4차 회담 내내 북한 편을 들어서 북한이 핵무기를 포기하도록 압박하는 국제 사회의 힘을 줄이더니, 회담이 끝나자마자 북한에 대규모 지원을 하겠다고 밝혔기 때문이다. …… 햇볕 정책을 찬성하는 이들은 우리의 지원이 북한 정권의 공격적 태도를 누그러뜨릴 수 있을 것이라 가정한다. 하지만 그동안의 경험은 그런 가정이 틀렸음을 뚜렷하게 증명했다. 북한은 줄곧 대량 살상 무기들을 개발 또는 확충했고 재래식 무기들을 사들여 왔다. 의심할 여지 없이 우리가 지원한 막대한 원조도 북한의 그런 군비 확장을 도왔다.

1 햇볕 정책에 대한 (가), (나) 각 주장의 주요 내용과 그 근거를 서술하시오.

2 (가), (나)를 참고하여 햇볕 정책에 대한 자신의 생각을 논술하시오.

01 다음 자료의 상황이 일어난 시기의 사실로 옳은 것은?
[3점]

- 개성군에 사는 2명은 당시 사세국 출장소 건축 공사장에 서 역부로 종사하였는데, 웃통을 벗어 버리고 노동하다 가 순사에게 발견되어 태형 십 대씩에 처하였다더라.
- 경성 남대문 바깥 청파에 사는 이국보는 지나간 하룻날 쯤 마차의 고삐를 잡지 않고 가다가 잡혀서 서대문 분서 에서 장판에 올려져 볼기 다섯 대를 맞고 풀려났다.

① 미곡 공출제가 시행되었다.
② 조선 혁명군이 조직되었다.
③ 헌병 경찰제가 실시되었다.
④ 동북 항일 연군이 결성되었다.
⑤ 황국 신민 서사 암송이 강요되었다.

02 교사의 질문에 대한 학생의 답변으로 가장 적절한 것은?
[3점]

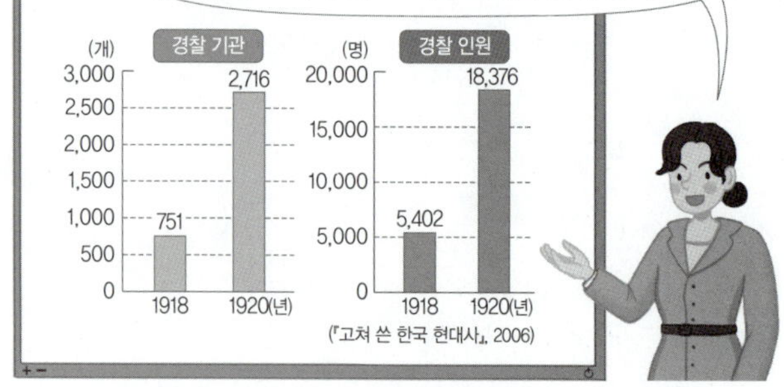

① 통감부가 외교권을 장악하였어요.
② 대한 제국의 군대가 해산되었어요.
③ 일본이 경인선 부설권을 인수하였어요.
④ 헌병 경찰이 즉결 심판을 할 수 있었어요.
⑤ 문관 총독은 단 한 명도 임명되지 않았어요.

03 다음 자료를 활용한 탐구 활동으로 가장 적절한 것은?
[3점]

모든 동리에는 애국반이 설치되었는데, 이에 속한 한국인 들은 매일 일어나자마자 집합하여 구령에 맞춰 이른바 궁 성 요배를 한다. …… 애국반원은 매일 이른바 '국가'를 위 한 의무 노동에 동원된다. …… 일제는 '내선일체' 등 기만 적인 구호를 외치면서 한국인을 마취시키기에 혈안이 되 어 있다. 그러나 실상은 한국인에게 가해지는 압박이 날로 심해지고 있다.
— 『한국 청년』

① 광무개혁의 추진 방향을 조사한다.
② 동학 농민 운동의 성격을 찾아본다.
③ 황국 신민화 정책의 내용을 파악한다.
④ 토지 조사 사업의 전개 과정을 알아본다.
⑤ 통상 수교 거부 정책의 변천 과정을 정리한다.

04 밑줄 친 '이 시기'에 일제가 실시한 정책으로 옳은 것만을 〈보기〉에서 고른 것은?
[4점]

일제는 대륙 침략을 본격화한 이후 새로운 식민 통치 체제 를 마련하려 하였다. 이 시기 일제는 한국인의 민족의식을 억누르고 한국인을 전쟁에 본격적으로 동원하고자 국가 총동원 체제를 형성하였다.

┤보기├
ㄱ. 징병제를 실시하였다.
ㄴ. 경찰범 처벌 규칙을 제정하였다.
ㄷ. 청장년들을 비행장, 군수 공장 등지에 끌고 갔다.
ㄹ. 치안 유지법을 시행하여 항일 민족 운동에 대한 감시 를 강화하였다.

① ㄱ, ㄴ 　　② ㄱ, ㄷ 　　③ ㄴ, ㄷ
④ ㄴ, ㄹ 　　⑤ ㄷ, ㄹ

05 다음 법령이 제정된 배경으로 가장 적절한 것은? [3점]

제1조 국가 총동원이란 전시에 국방 목적을 달성하기 위해 국가의 전력을 가장 유효하게 발휘하도록 인적·물적 자원을 통제 운용하는 것을 말한다.

제4조 …… 제국 신민을 징용해 총동원 업무에 종사하게 할 수 있다.

① 중일 전쟁이 발발하였다.
② 제1차 세계 대전이 일어났다.
③ 러일 전쟁에서 일본이 승기를 잡았다.
④ 대한민국 임시 정부가 충칭에 자리 잡았다.
⑤ 소비에트 사회주의 공화국 연방이 수립되었다.

06 (가) 사업의 영향으로 가장 적절한 것은? [3점]

일제는 1910년부터 1918년까지 (가) 을/를 실시하였다. 이 사업은 식민 통치의 경제적 기반을 마련하고 일본인의 토지 소유를 쉽게 하기 위한 목적으로 시행되었다.

① 국채 보상 운동이 전개되었다.
② 농촌 진흥 운동이 실시되었다.
③ 재정 고문으로 메가타가 파견되었다.
④ 조선 총독부의 지세 수입이 증가하였다.
⑤ 토지 소유권을 입증하는 지계가 발급되었다.

07 (가)에 들어갈 내용으로 옳은 것은? [3점]

1930년대 후반부터 일제는 전쟁에 필요한 물자를 생산하고자 (가) 정책을 본격적으로 실시하였다. 이에 따라 한국의 산업은 군수 산업 위주로 개편되었으며, 소비재 생산은 줄어들었다. 이러한 일제의 정책으로 한국의 산업 간 불균형과 지역에 따른 공업 격차가 심화되었다.

① 남면북양　　② 식산흥업　　③ 자주독립
④ 병참 기지화　　⑤ 통상 수교 거부

08 (가)에 들어갈 내용으로 가장 적절한 것은? [3점]

수행 평가 보고서

• 탐구 주제: ______ (가) ______
• 수집 자료

• 수리 조합이 만들어지기 전보다 적어도 조합비를 내는 만큼 더 수확이 있어야 할 것인데 원래 계획대로 수확이 많아지지 않아 …… 손해가 날 뿐이고 지주의 수입도 적어지고 있다. — 동아일보
• 수리 조합의 조합비는 지주가 부담하는데, 그 일부 혹은 전부를 소작인에게 전가하기 위하여 소작료를 6~7할로 올리는 풍습이 유행하고 있다. …… 이는 수확량의 반을 소작료로 내던 종래의 관습과 다를 뿐만 아니라 …… 소작인의 수입이 종래의 절반보다 적은 이유이다. — 동아일보

① 조일 통상 장정과 방곡령 시행
② 산미 증식 계획 실시와 농민의 삶
③ 화폐 정리 사업과 일본 상인의 대응
④ 열강의 이권 침탈과 용암포 점령 사건
⑤ 조청 상민 수륙 무역 장정과 시전 상인의 위기

09 (가), (나) 단체에 대한 설명으로 옳은 것은? [4점]

• 장인환과 전명운의 의거를 계기로 애국심이 고조되면서 1910년에 안창호, 박용만, 이승만 등은 (가) 을/를 결성하여 미주 지역 한인들의 자치 정부 역할을 하였다.
• 한국인들은 1902년 무렵부터 사탕수수 노동자로 하와이에 이주하기 시작하였다. 이후 하와이에서는 박용만 등이 조직한 (나) 이/가 시가행진을 벌이기도 하였다.

① (가) – 성금을 모아 독립운동을 후원하였다.
② (가) – 독립군을 양성하고자 신흥 강습소를 세웠다.
③ (나) – 서로 군정서를 조직하였다.
④ (나) – 서전서숙을 세워 민족 교육을 실시하였다.
⑤ (가), (나) – 독립 공채를 발행하였다.

10 (가) 단체에 대한 설명으로 옳은 것은? [3점]

① 권업신문을 발간하였다.
② 명동 학교를 설립하였다.
③ 미국에 보빙사를 파견하였다.
④ 서울 진공 작전을 계획하였다.
⑤ 전국적인 의병 봉기를 준비하였다.

11 밑줄 친 '이 운동'의 영향으로 가장 적절한 것은? [3점]

한국사 자료 모음집

GREAT FALLS DAILY TRIBUNE

KOREA DECLARED INDEPENDENT

German Women to Form Militia to Fight Reds

해설 자료는 이 운동과 관련된 기사가 실린 미국의 신문이다. 신문 1면 기사 제목으로 '한국이 독립을 선언하였다'라고 쓰여 있다. 고종의 장례일 즈음에 시작된 이 운동은 평화적 만세 시위를 통해 한국인의 독립 의지를 세계에 알리는 계기가 되었다.

① 을사의병이 일어났다.
② 집강소가 운영되었다.
③ 군국기무처가 설치되었다.
④ 전국에 척화비가 건립되었다.
⑤ 중국의 5·4 운동에 영향을 주었다.

12 밑줄 친 '이 정부'에 대한 설명으로 옳은 것만을 〈보기〉에서 고른 것은? [4점]

┤보기├
ㄱ. 연통제와 교통국을 운영하였다.
ㄴ. 한일 관계 사료집을 편찬하였다.
ㄷ. 오산 학교와 대성 학교를 설립하였다.
ㄹ. 고종의 강제 퇴위 반대 운동을 전개하였다.

① ㄱ, ㄴ   ② ㄱ, ㄷ   ③ ㄴ, ㄷ
④ ㄴ, ㄹ   ⑤ ㄷ, ㄹ

13 밑줄 친 '이 회의'가 일어난 시기를 연표에서 옳게 고른 것은? [3점]

① (가)   ② (나)   ③ (다)   ④ (라)   ⑤ (마)

14 (가) 시기에 있었던 사실로 옳은 것은? [3점]

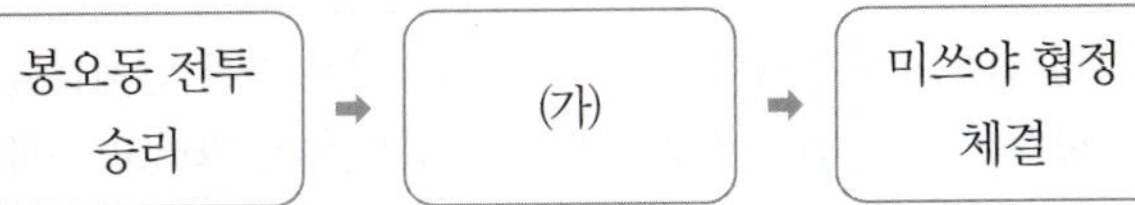

① 3포 왜란이 일어났다.
② 서울 진공 작전이 전개되었다.
③ 청산리 대첩에서 일본군이 패배하였다.
④ 일본이 러시아의 발트 함대를 격파하였다.
⑤ 정족산성에서 양헌수 부대가 전투를 벌였다.

15 밑줄 친 '이 운동'에 대한 설명으로 옳은 것은? [3점]

사진은 이 운동을 추진하기 위해 조직된 단체의 창립 총회 기념사진이다. 이 운동은 한국인의 힘으로 고등 교육 기관을 설립하고자 전개되었다.

① 대한매일신보가 지원하였다.
② 일본에 수신사를 파견하였다.
③ 전국적인 모금 운동을 펼쳤다.
④ 학생과 청년들이 야학을 열었다.
⑤ 이만손 등이 영남 만인소를 올렸다.

16 다음 선언이 발표된 배경으로 가장 적절한 것은? [4점]

우리 정우회는 무의미한 분열을 멈추고 사상 단체들을 통일할 것을 주장합니다. 민족주의적 세력에 대해서는 그 부르주아 민주주의적 성질을 명백하게 인식하는 동시에 우리와 과정적 동맹을 맺을 수 있음을 충분히 인정하여, 그것이 타락한 형태로 나타나지 않는 것을 전제로 해서 적극적으로 제휴해야 합니다.

① 이집트에서 카이로 회담이 열렸다.
② 독일에서 포츠담 선언이 발표되었다.
③ 미국에서 포츠머스 조약이 체결되었다.
④ 중국에서 제1차 국공 합작이 이루어졌다.
⑤ 프랑스에서 노르망디 상륙 작전이 전개되었다.

17 (가)에 들어갈 내용으로 가장 적절한 것은? [3점]

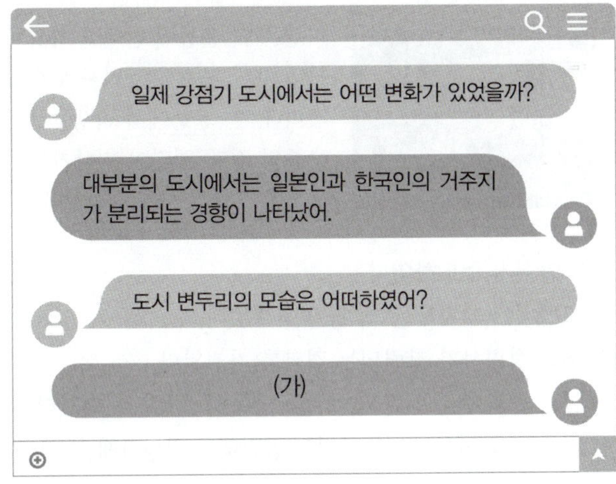

① 책문에서 후시가 열렸어.
② 빈민들이 토막집을 짓고 살았어.
③ 덕수궁 내에 석조전이 착공되었지.
④ 광혜원에서 의료 활동을 전개하였어.
⑤ 왜관을 중심으로 교역이 이루어졌지.

18 다음 자료의 내용을 목표로 전개된 사회 운동에 대한 설명으로 옳은 것은? [3점]

첫째, 어린이를 재래의 윤리적 압박으로부터 해방하여 그들에게 인격적 대우를 허락하게 하라.
둘째, 어린이를 재래의 경제적 압박으로부터 해당하여 만 14세 이하의 그들에 대한 무상, 유상 노동을 폐지하게 하라.
셋째, 어린이들이 고요히 배우고 즐거이 놀기에 족한 각양의 가정 또는 사회적 시설을 행하게 하라.　－동아일보

① 소작 쟁의를 벌였다.
② 방정환 등이 주도하였다.
③ 만민 공동회를 개최하였다.
④ 사찰령 폐지를 주장하였다.
⑤ 대구에서 시작되어 전국으로 확산되었다.

19 밑줄 친 '이 운동'에 대한 설명으로 옳은 것은?   [3점]

사진은 이 운동에 참여한 학생들의 재판을 보도한 기사의 사진이다. 이 운동에서 학생들은 순종의 장례 행렬이 지나가는 곳곳에서 만세 시위를 벌였다.

① 보안회가 주도하였다.
② 교정청이 설치되는 데 영향을 주었다.
③ 조선 형평사가 창립되는 결과를 가져왔다.
④ 탑골 공원에서 독립 선언서를 낭독하면서 전개되었다.
⑤ 민족 협동 전선이 가능하다는 공감대를 형성하게 하였다.

20 (가) 인물에 대한 설명으로 옳은 것은?   [3점]

일제의 한국사 왜곡에 맞서 역사학계에서는 우리 역사를 지키고자 노력하였다. (가) 은/는 고대사를 연구하면서 『조선사연구초』, 『조선상고사』를 저술하여 우리 민족이 가진 고유한 문화와 자주적 역사관을 강조하였다.

① 『조선책략』을 들여왔다.
② 한성순보를 발행하였다.
③ 『조선 혁명 선언』을 지었다.
④ 『시일야방성대곡』을 발표하였다.
⑤ 『한국독립운동지혈사』를 저술하였다.

21 (가) 단체에 대한 설명으로 옳은 것은?   [3점]

김구는 대한민국 임시 정부의 침체를 극복하고자 1931년 상하이에서 (가) 을/를 조직하였다. (가) 의 이봉창은 일본 도쿄에서 일왕이 타고 가는 마차에 폭탄을 던져 일제에 큰 충격을 주었다.

① 독립신문을 발행하였다.
② 조선 의용군으로 개편되었다.
③ 흥경성 전투를 승리로 이끌었다.
④ 조선어 학회 사건으로 해체되었다.
⑤ 상하이 훙커우 공원 의거를 일으켰다.

22 (가) 부대에 대한 설명으로 옳은 것은?   [3점]

중일 전쟁이 일어나자 조선 민족 혁명당은 다른 단체들을 통합하여 조선 민족 전선 연맹을 결성하였다. 그리고 중국 국민당 정부의 지원을 받아 조선 민족 전선 연맹 아래에 (가) 을/를 창설하였다. (가) 은/는 중국 관내에서 결성된 최초의 한국인 무장 단체로 정보 수집, 포로 심문, 후방 교란 등 활동을 하였다.

① 양세봉이 지휘하였다.
② 쌍성보 전투에서 일본군을 물리쳤다.
③ 자유시 참변으로 다수가 희생되었다.
④ 일부 병력이 한국광복군에 합류하였다.
⑤ 일본군이 장악하였던 평양성을 탈환하였다.

23 (가), (나)가 발표된 시기 사이에 있었던 사실로 옳은 것은?   [4점]

(가) 삼균 제도를 골자로 한 헌법을 실시해 정치·경제·교육의 민주적 시설로 실제상 균형을 도모하며, 전국의 토지와 대생산 기관의 국유가 완성되고 전국의 학령 아동 전체가 고급 교육의 무상 교육이 완성되고 보통 선거 제도가 구속 없이 완전히 실시되어 …….
— 대한민국 임시 정부의 건국 강령
(나) 카이로 선언은 이행될 것이며, 일본의 주권은 혼슈, 홋카이도, 규슈, 시코쿠 및 연합국이 결정할 여러 작은 섬에 국한된다.
— 포츠담 선언

① 근우회가 창립되었다.
② 조선 건국 동맹이 결성되었다.
③ 개조파와 창조파가 대립하였다.
④ 조선 민족 전선 연맹이 만들어졌다.
⑤ 한국 광복 운동 단체 연합회가 결성되었다.

24 무단 통치 시기에 제정되었으며, 조선 총독이 기업 설립을 허가하도록 한 법령은? [2점]

25 일제가 1930년대 남부 지방 농민에게는 면화를 재배하게 하고, 북부 지방 농민에게는 양을 기르도록 한 정책은? [2점]

26 박상진 등이 공화정 형태의 근대 국가 수립을 목표로 대구에서 조직한 국내 항일 비밀 결사 단체는? [2점]

27 국민 대표 회의에서 개조파인 (   )은/는 실력 양성론을 독립운동의 노선으로 내세웠다. [2점]

28 (가), (나)에 들어갈 인물을 각각 쓰시오. [2점]

> 의열단원 중 (가) 은/는 조선 총독부에 폭탄을 투척하였고, (나) 은/는 동양 척식 주식회사에 폭탄을 투척하였다.

29 일제 강점기에 전개된 실력 양성 운동에 해당하는 것만을 〈보기〉에서 있는 대로 골라 기호를 쓰시오. [2점]

> ┤보기├
> ㄱ. 농촌 진흥 운동　　　ㄴ. 동학 농민 운동
> ㄷ. 물산 장려 운동　　　ㄹ. 민립 대학 설립 운동

30 일제 강점기에 사회적 차별을 받았던 (   )들은 1923년에 조선 형평사를 창립하고, 형평 운동을 전개하였다. [2점]

31 대한민국 임시 정부가 창설하였고, 국내 진공 작전을 계획한 군대는? [2점]

32 다음을 읽고 물음에 답하시오. [5점]

> 제1조　① 국체(천황제)를 변혁하거나 사유 재산 제도를 부인하는 것을 목적으로 결사를 조직하거나 이에 가입한 자는 10년 이하의 징역 또는 금고에 처한다.
> 제7조　이 법은 이 법의 시행 구역 외에서 죄를 범한 자에게도 적용한다.

(1) 자료의 내용이 담긴 법의 명칭을 쓰시오. (2점)

(2) 일제가 (1)의 법을 식민 통치에 어떻게 이용하였는지 서술하시오. (3점)

33 다음을 읽고 물음에 답하시오. [5점]

> • 검거자를 즉시 우리 손으로 탈환하자.
> • 교내에 경찰권 침입을 절대 반대하자.
> • 조선인 본위의 교육 제도를 확립시켜라.
> • 민족 문화와 사회 과학 연구의 자유를 획득하자.
> • 전국·학생 대표자 회의를 개최하라.
>
> **해설** 자료는 1929년에 있었던 이 운동 당시의 격문이다. 학생들은 일제의 학생 탄압 반대, 한국인 본위의 교육 실시, 집회·결사·출판의 자유 보장 등을 주장하였다.

(1) 밑줄 친 '이 운동'의 명칭을 쓰시오. (2점)

(2) (1)이 지닌 역사적 의의를 서술하시오. (3점)

01 다음 포고령에 따라 수립된 군정에 대한 설명으로 옳은 것만을 〈보기〉에서 고른 것은?　　　　　　[3점]

제1조　북위 38도 이남의 조선 영토와 조선 인민에 대한 통치의 전 권한은 당분간 본관의 권한하에서 시행된다.
제2조　중요한 사업에 종사하는 자는 별도의 명령이 있을 때까지 종래의 정상적인 기능과 의무를 수행하고 모든 기록과 재산을 보존·보호하여야 한다.
　　　　　　　　　－「태평양 미 육군 총사령관 맥아더 포고령」

┤보기├
ㄱ. 한국의 독립을 재확인하였다.
ㄴ. 조선 인민 공화국 수립을 선포하였다.
ㄷ. 대한 민국 임시 정부를 인정하지 않았다.
ㄹ. 조선 총독부의 행정 체제를 그대로 활용하였다.

① ㄱ, ㄴ　　　② ㄱ, ㄷ　　　③ ㄴ, ㄷ
④ ㄴ, ㄹ　　　⑤ ㄷ, ㄹ

02 밑줄 친 '이번 회담'에 대한 설명으로 옳은 것은? [4점]

이번 회담은 세계 민주주의 발전에 또 한 걸음 진보이다. 카이로 선언이 조선 독립을 적당한 시기에 준다는 것인데, 이 적당한 시기라는 것이 이번 회담에서 5년 이내로 규정된 것이다. 이것은 우리가 5년 이내에 통일되고 우리의 발전이 상당한 때에는 단축될 수 있다는 것이다.

① 38도선 설정을 결정하였다.
② 소련의 대일전 참전을 결의하였다.
③ 일본에 무조건 항복을 요구하였다.
④ 미소 공동 위원회를 설치하기로 하였다.
⑤ 임시 정부 구성에 참여할 단체의 범위를 두고 미소가 대립하였다.

03 ㉠~㉤에 대한 설명으로 옳지 <u>않은</u> 것은?　　[3점]

통일 정부 수립을 위한 노력
• 1946. 3. ㉠ 제1차 미소 공동 위원회 개최
• 1946. 6. ㉡ 이승만의 정읍 발언
• 1946. 7. ㉢ 좌우 합작 위원회 결성
• 1948. 2. ㉣ 유엔 소총회 개최
• 1948. 4. ㉤ 남북 협상 추진

① ㉠ – 진전 없이 무기한 휴회에 들어갔다.
② ㉡ – 남한만의 단독 정부 수립을 주장하였다.
③ ㉢ – 김구와 여운형 등이 조직하였다.
④ ㉣ – 남한만의 총선거 실시를 결정하였다.
⑤ ㉤ – 단독 정부 수립 반대 공동 성명을 채택하였다.

04 밑줄 친 '총선거'에 대한 설명으로 옳은 것은?　[4점]

미군정은 1948년 5월 10일 국회 의원을 선출하는 <u>총선거</u>를 실시하였다. 이 총선거는 우리나라 최초의 보통 선거로 민주적인 절차에 따라 실시되었다.

① 좌우익 모두의 반발을 샀다.
② 제헌 국회 의원을 선출하였다.
③ 김구 등 중도계 인사도 참여하였다.
④ 유엔 한국 임시 위원단의 감시 아래 실시되었다.
⑤ 전국의 모든 선거구가 무효 처리 없이 진행되었다.

05 다음 법령의 제정 목적으로 옳은 것은?　　　[3점]

제1조　일본 정부와 통모하여 한일 합병에 적극 협력한 자, 한국의 주권을 침해하는 조약 또는 문서에 조인한 자와 모의한 자는 사형 또는 무기 징역에 처하고 그 재산과 유산의 전부 혹은 2분의 1 이상을 몰수한다.

① 농지 개혁　　　　　② 친일파 청산
③ 반공 체제 강조　　　④ 신탁 통치 반대
⑤ 단독 정부 수립 반대

06 밑줄 친 '이 전쟁' 중에 있었던 사실로 옳지 않은 것은? [3점]

1983년 한국 방송 공사(KBS)는 <u>이 전쟁</u> 발발 33주년과 정전 협정 체결 30주년을 기념하여 이산가족 찾기 특별 생방송을 진행하였다. 전 국민의 관심이 주목된 이 프로그램의 시청률은 53.9%였으며, 당시 10,189명의 이산가족이 만날 수 있었다.

① 1·4 후퇴가 벌어졌다.
② 인천 상륙 작전이 전개되었다.
③ 여수·순천 10·19 사건이 발생하였다.
④ 발췌 개헌안이 기립 투표로 통과되었다.
⑤ 국군과 유엔군이 낙동강 방어선을 구축하였다.

[07~08] 다음을 읽고 물음에 답하시오.

전쟁 이후 이승만 정부는 반공을 앞세워 정권 연장을 꾀하였다. 특히 ㉠ 발췌 개헌과 ㉡ 사사오입 개헌으로 인해 여론이 악화되자 정치적 반대 세력을 탄압하면서 독재 체제를 강화해 갔다.

07 밑줄 친 ㉠, ㉡에 대한 설명으로 옳은 것만을 〈보기〉에서 고른 것은? [4점]

| 보기 |
ㄱ. ㉠ – 국가 보안법을 개정하도록 하였다.
ㄴ. ㉠ – 대통령을 직선제로 뽑도록 하였다.
ㄷ. ㉡ – 토론 없이 기립 투표로 통과되었다.
ㄹ. ㉡ – 개헌 당시 대통령에 한해 중임 제한을 철폐하였다.

① ㄱ, ㄴ   ② ㄱ, ㄷ   ③ ㄴ, ㄷ
④ ㄴ, ㄹ   ⑤ ㄷ, ㄹ

08 윗글의 내용을 뒷받침하는 사건으로 옳은 것은? [3점]

① 조봉암이 사형당하였다.
② 농지 개혁이 실시되었다.
③ 반공 포로를 석방하였다.
④ 8월 종파 사건이 일어났다.
⑤ 반민족 행위 특별 조사 위원회가 해체되었다.

09 (가) 시기에 있었던 사실로 옳은 것만을 〈보기〉에서 고른 것은? [3점]

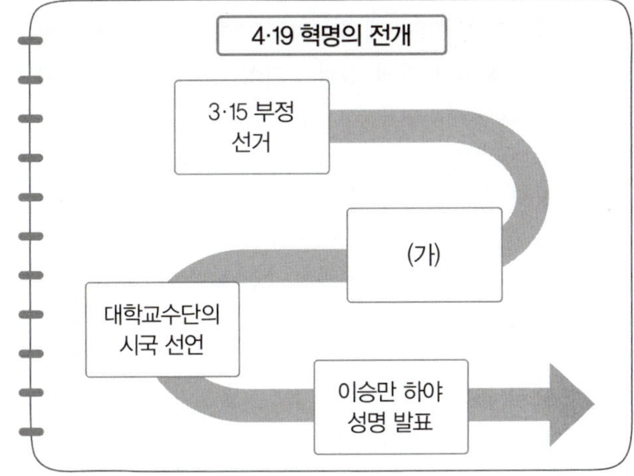

| 보기 |
ㄱ. 6·3 시위가 전개되었다.
ㄴ. 4·13 호헌 조치가 발표되었다.
ㄷ. 실종된 김주열 학생의 시신이 발견되었다.
ㄹ. 고려 대학교 학생들이 정치 폭력배의 습격을 받았다.

① ㄱ, ㄴ   ② ㄱ, ㄷ   ③ ㄴ, ㄷ
④ ㄴ, ㄹ   ⑤ ㄷ, ㄹ

10 다음 각서가 체결된 시기를 연표에서 옳게 고른 것은? [3점]

- 대한민국 국군의 현대화 계획을 위해 상당량의 장비를 제공하며 파병에 따른 경비를 부담한다.
- 베트남 전쟁 보급 물자와 용역, 장비를 대한민국에서 구매하여 각종 사업에 한국을 참여시킨다.
- 한국의 경제 발전을 지원하기 위해 차관을 제공한다.

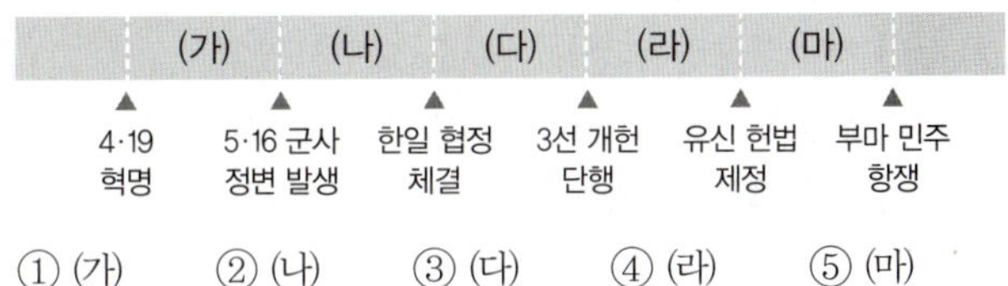

① (가)   ② (나)   ③ (다)   ④ (라)   ⑤ (마)

11 (가), (나) 시기 사이에 있었던 사실로 옳은 것은? [3점]

> (가) 투표는 유신 헌법 제39조의 규정에 따라 토론 없이 무기명으로 투표용지에 후보자 성명을 기입하는 방법으로 진행되었다. 투표 결과는 찬성 2,357표, 반대는 한 표도 없이 무효 2표로 박정희 후보를 제8대 대통령으로 선출하였다.
>
> (나) 대통령 권한 대행 최규하는 유신 헌법에 따라 새 대통령을 선출하고 이후 헌법을 개정하겠다고 밝혔다. 이에 따라 최규하가 통일 주체 국민 회의에서 제10대 대통령에 당선되었다.

① 12·12 사태가 일어났다.
② 3선 개헌안이 통과되었다.
③ 중앙정보부가 설치되었다.
④ 닉슨 독트린이 발표되었다.
⑤ 3·1 민주 구국 선언이 발표되었다.

12 교사의 질문에 대한 학생의 답변으로 가장 적절한 것은? [3점]

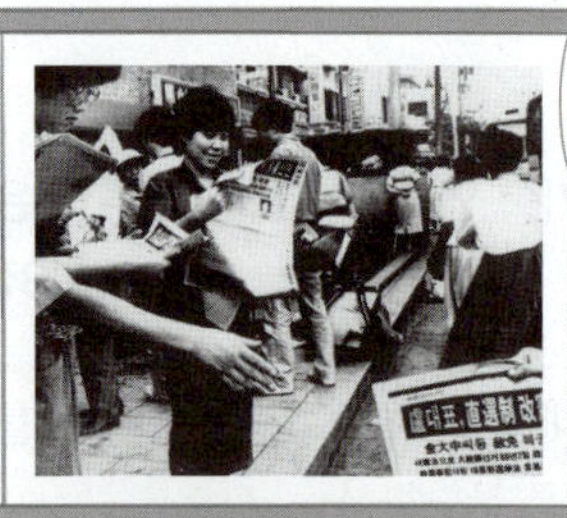

① 대학교수들이 시국 선언문을 발표하였어요.
② 시민들이 대통령 직선제 개헌을 요구하였어요.
③ 시민들이 무기를 획득하여 시민군을 조직하였어요.
④ 헌법 개정 청원 100만인 서명 운동이 전개되었어요.
⑤ 단독 정부 수립에 반대하는 무장 봉기가 일어났어요.

13 밑줄 친 '경제 정책'에 대한 설명으로 옳은 것만을 〈보기〉에서 고른 것은? [4점]

사진은 포항 종합 제철의 준공을 기념하고자 만든 우표이다. 포항 제철소에서 생산한 철강은 세계 시장에서 빠르게 경쟁력을 갖추어 나갔다. 이 우표가 발행된 시기에 우리나라는 중화학 공업을 집중 육성하는 경제 정책을 추진하였다.

┤ 보기 ├

ㄱ. 화학, 비료, 시멘트 등 기간산업을 육성하는 데 주력하였다.
ㄴ. 처음으로 수출액 100억 달러를 돌파하는 등 고도성장에 기여하였다.
ㄷ. 철강, 화학, 비철 금속, 기계, 조선, 전자 등을 전략 업종으로 선정하여 육성하였다.
ㄹ. 시장 개방 압력이 높아지는 가운데 상품과 자본 시장을 개방하며 세계화를 추구하였다.

① ㄱ, ㄴ　　② ㄱ, ㄷ　　③ ㄴ, ㄷ
④ ㄴ, ㄹ　　⑤ ㄷ, ㄹ

14 다음 상황이 나타난 시기의 한국 경제에 대한 설명으로 가장 적절한 것은? [3점]

> 한국사 신문
>
> 미국 달러의 약세 및 원윳값 폭락, 국제 금리 하락 등 이른바 3저 현상은 침체일로에 있던 우리 경제를 일약 호황 국면으로 돌변시켜 놓았다. …… 정부 당국은 올해 우리 경제가 12%의 실질 향상을 이룰 것이라고 전망하고 있다.

① 수출 부진을 해소하였다.
② 정부가 8·3 조치를 단행하였다.
③ 노동 집약적 경공업이 발달하였다.
④ 미국으로부터 무상 원조를 받았다.
⑤ 저임금·저곡가 정책이 추진되었다.

15 밑줄 친 '이 운동'에 대한 설명으로 옳지 <u>않은</u> 것은? [3점]

① 농가 소득 증대에 기여하였다.
② 점차 도시와 직장으로 확대되었다.
③ 농촌의 환경을 개선하려고 추진되었다.
④ 외국 농산물 수입 개방 운동을 전개하였다.
⑤ 유신 체제 유지에 이용되었다는 비판을 받았다.

16 (가) 정부 시기에 있었던 사실로 옳은 것은? [3점]

① 금지곡을 지정하였다.
② 북한과 유엔에 동시 가입하였다.
③ 최초로 남북 정상 회담을 열었다.
④ 공공 기관의 지방 이전을 추진하였다.
⑤ 평창 동계 올림픽 대회를 성공적으로 개최하였다.

17 밑줄 친 '새로운 역사의 장'이 추진된 배경으로 가장 적절한 것은? [3점]

> 민주 정의당 총재 노태우와 오랜 세월 이 땅의 민주주의를 위해 몸 바쳐 온 통일 민주당 총재 김영삼, 그리고 국태민안의 신념을 실천해 온 신민주 공화당 총재 김종필, 우리 세 사람은 민주, 번영, 통일을 이룰 <u>새로운 역사의 장</u>을 열기 위해 오늘 국민 여러분 앞에 섰습니다.

① 여소 야대 국면이 형성되었다.
② '역사 바로 세우기'가 추진되었다.
③ 제1차 남북 정상 회담이 성사되었다.
④ 한국이 소련, 중국과 외교 관계를 맺었다.
⑤ 한국과 칠레가 자유 무역 협정(FTA)을 체결하였다.

18 (가), (나)가 발표된 시기 사이에 있었던 사실로 옳은 것은? [4점]

> (가) 정부 수립 50년 만에 처음 이루어진 여야 간 정권 교체를 여러분과 함께 기뻐하면서 …… 진정한 '국민의 정부'를 탄생시킨 국민 여러분께 찬양과 감사의 말씀을 드리는 바입니다. …… 오늘은 이 땅에서 처음으로 민주적 정권 교체가 실현되는 자랑스러운 날입니다.
>
> (나) 이제 우리 국민이 발 벗고 나서 …… IMF 외환 위기를 완전히 졸업하게 되었습니다. …… 30대 기업 중 절반 이상이 문을 닫거나 해체되거나 주인이 바뀌었습니다. 또 구조 조정의 고통을 겪고 부채 비율을 낮추느라 피나는 노력을 하였습니다.

① 지방 자치제가 전면 실시되었다.
② 세계 무역 기구 체제가 출범하였다.
③ 국민 기초 생활 보장법이 제정되었다.
④ 자유 무역 협정(FTA) 체결이 확대되었다.
⑤ 서울 G20 정상 회의가 성공적으로 개최되었다.

19 다음 신년사를 발표한 정부에 대한 설명으로 옳지 <u>않은</u> 것은? [3점]

> 21세기를 눈앞에 두고 세계는 지금 새로운 질서가 펼쳐지고 있습니다. 새해와 더불어 WTO 체제가 출범하며 나라와 나라 사이에, 지역과 지역 사이에 치열한 무한 경쟁이 벌어지는 시대가 온 것입니다. 올해, 정부는 물론 모든 국민이 세계화를 본격 추진하는 해가 되어야 할 것입니다.

① 금융 실명제를 실시하였다.
② 인사 청문회법을 제정하였다.
③ 조선 총독부 건물을 철거하였다.
④ 지방 자치제를 전면 실시하였다.
⑤ 경제 협력 개발 기구에 가입하였다.

20 (가)에 들어갈 내용으로 적절한 것만을 〈보기〉에서 고른 것은? [3점]

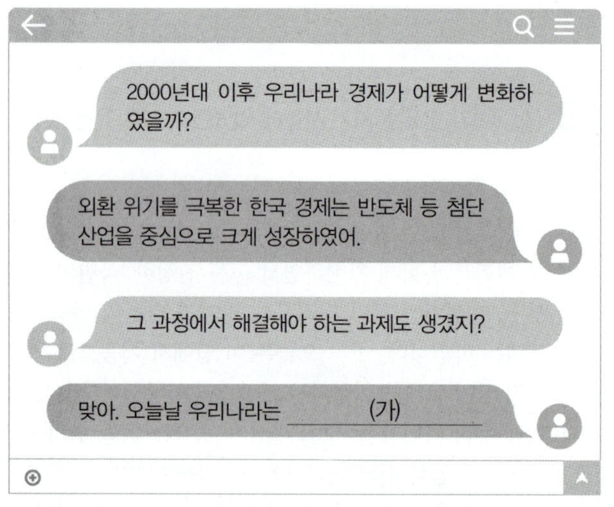

┌ **보기** ┐
ㄱ. 대외 무역 의존도가 낮아졌어.
ㄴ. 사회 계층 간의 격차가 커졌어.
ㄷ. 미국의 원조 중단으로 경제적 어려움이 생겼지.
ㄹ. 외국 농수산물 수입 증가로 농어민이 어려움을 겪고 있어.

① ㄱ, ㄴ   ② ㄱ, ㄷ   ③ ㄴ, ㄷ
④ ㄴ, ㄹ   ⑤ ㄷ, ㄹ

21 다음 정책의 특징으로 옳은 것은? [3점]

> 북한은 합작 회사 경영법(합영법)을 제정하여 외국 자본과의 합작 및 투자를 적극 추진하였다.

① 김정은이 실시하였다.
② 천리마운동에 영향을 주었다.
③ 제1차 7개년 계획의 일환이었다.
④ 사회주의 경제 건설을 확립하려 하였다.
⑤ 부분적으로 개방 정책을 추진하고자 하였다.

22 다음 성명을 발표한 정부 시기의 남북 협력에 대한 설명으로 옳은 것은? [3점]

> 첫째, 통일은 외세에 의존하거나 외세의 간섭을 받음이 없이 자주적으로 해결하여야 한다.
> 둘째, 통일은 상대방을 반대하는 무력행사에 의거하지 않고 평화적 방법으로 실현하여야 한다.
> 셋째, 사상과 이념, 제도의 차이를 초월하여 우선 하나의 민족으로서 민족적 대단결을 도모하여야 한다.

① 금강산 관광이 시작되었다.
② 남북 조절 위원회를 설치하였다.
③ 최초로 이산가족 상봉이 이루어졌다.
④ 제2차 남북 정상 회담이 개최되었다.
⑤ 남북 고위급 회담이 여러 차례 개최되었다.

23 다음 선언문이 발표된 배경으로 가장 적절한 것은? [3점]

> 1. 남과 북은 나라의 통일 문제를 그 주인인 우리 민족끼리 서로 힘을 합쳐 자주적으로 해결해 나가기로 하였다.
> 2. 남과 북은 올해 8·15에 즈음하여 흩어진 가족, 친척 방문단을 교환하며, 비전향 장기수 문제를 해결하는 등 인도적 문제를 조속히 풀어나가기로 하였다.

① 제네바 회담이 개최되었다.
② 정부가 북방 외교를 추진하였다.
③ 정부가 대북 화해 협력 정책을 펼쳤다.
④ 1984년에 북한이 원조 물자를 보내왔다.
⑤ 닉슨 독트린 발표 이후 냉전이 완화되었다.

24 제2차 세계 대전 이후 자본주의 진영과 공산주의 진영이 체제 우위를 경쟁한 국제 질서는? [2점]

25 광복 직후 여운형이 치안 유지와 건국 사업을 주도하고자 안재홍과 함께 만든 단체는? [2점]

26 (가), (나)에 들어갈 인물을 각각 쓰시오. [2점]

> (가) 은/는 정읍 발언을 발표하여 남한만의 단독 정부 수립을 주장하였다. (나) 은/는 김규식과 남북 통일 정부를 수립하고자 남북 협상을 전개하였다.

27 미국 국무 장관이 한국과 타이완이 미국의 태평양 방위선에 포함되지 않는다고 발표한 것은? [2점]

28 유신 반대 운동에 해당하는 것만을 〈보기〉에서 있는 대로 골라 기호를 쓰시오. [2점]

> ┤보기├
> ㄱ. 6·3 시위　　　　ㄴ. 부마 민주 항쟁
> ㄷ. 3선 개헌 반대 운동　　　ㄹ. 3·1 민주 구국 선언

29 평화 시장의 노동자였던 (　　　　)은/는 근로 기준법 준수를 요구하며 분신하였다. [2점]

30 외환 위기를 극복하고자 국민들이 자발적으로 금을 모은 운동은? [2점]

31 중국이 랴오닝성, 지린성, 헤이룽장성의 역사를 연구하여 역사 왜곡을 벌인 활동은? [2점]

32 다음을 읽고 물음에 답하시오. [5점]

> 본인은 얼마 남지 않은 촉박한 임기와 현재의 국가적 상황을 종합적으로 판단하여 중대한 결단을 내리지 않으면 안 되게 되었습니다. 이제 본인은 임기 중 개헌이 불가능하다고 판단하고 현행 헌법에 따라 내년 2월 25일 본인의 임기 만료와 더불어 후임자에게 정부를 이양할 것을 천명하는 바입니다.

(1) 위 조치의 명칭을 쓰시오. (2점)

(2) 위 조치를 배경으로 일어난 민주화 운동의 결과를 서술하시오. (3점)

33 다음을 읽고 물음에 답하시오 [5점]

> 제1조　남과 북은 서로 상대방의 체제를 인정하고 존중한다.
> 제4조　남과 북은 상대방을 파괴·전복하려는 일체 행위를 하지 아니한다.
> 제15조　남과 북은 민족 경제의 통일적이며 균형적인 발전과 민족 전체의 복리 향상을 도모하기 위하여 자원 공동 개발, 합작 투자 등 경제 교류와 협력을 실시한다.

(1) 위 자료의 명칭을 쓰시오. (2점)

(2) 위 자료를 통해 남북한이 합의한 내용을 두 가지 서술하시오. (3점)

완자

정답친해

한국사
2

책 속의 가접 별책 (특허 제 0557442호)

'정답친해'는 본책에서 쉽게 분리할 수 있도록 제작되었으므로
유통 과정에서 분리될 수 있으나 파본이 아닌 정상제품입니다.

ABOVE IMAGINATION

우리는 남다른 상상과 혁신으로
교육 문화의 새로운 전형을 만들어
모든 이의 행복한 경험과 성장에 기여한다

완자

정답친해

한국사 2

일제 식민 통치와 민족 운동

01 / 일제의 식민지 지배 정책

STEP 1 핵심 개념 **확인하기** 016쪽

1 민족 자결주의 **2** (1)-ⓒ (2)-㉠ **3** (1) × (2) ○ **4** (가)-(나)-(다)
5 (1) 조선 총독부 (2) 조선 교육령 (3) 애국반 **6** 황국 신민화 정책

STEP 2 내신 만점 **공략하기** 016~019쪽

01 ② 　 02 ③ 　 02-1 ① 03 ③ 　 04 ② 　 05 ⑤ 　 06 ①
07 ⑤ 　 08 ⑤ 　 09 ④ 　 10 ① 　 11 ③ 　 12 ② 　 13 ②
13-1 ③ 14 ① 　 15 ④ 　 16 ④

01 베르사유 조약의 체결
(가)는 베르사유 조약이다. 1919년 파리 강화 회의에서 승전국들은 독일 등 패전국을 철저히 응징할 것을 주장하였다. 그 결과 독일은 승전국과 베르사유 조약을 맺어 모든 해외 식민지를 상실하고, 막대한 배상금을 지불하게 되었다.

(바로 알기) 제차 세계 대전 발발은 1914년, 러시아 혁명은 1917년, 소련 수립은 1922년, 만주 사변은 1931년, 제2차 세계 대전 발발은 1939년, 8·15 광복은 1945년의 일이다.

◆ **이건 꼭 암기!** 제1차 세계 대전 전후 처리 문제 + 1919년 파리 강화 회의 → **베르사유 조약 체결**

02 1910년대 일제의 무단 통치
자료에서 일제 강점기에 교원들이 제복을 입고 칼을 찼다는 내용과 사진을 통해 1910년대 무단 통치 시기의 모습임을 알 수 있다. 일제는 1912년 범죄 즉결례를 제정하였고, 범죄 즉결례에 따라 헌병 경찰은 경찰범 처벌 규칙과 형법 등의 법률에서 정한 범죄 중 일부를 즉결 심판할 수 있었다.

(바로 알기) ① 애국반은 민족 말살 통치 시기 일제가 10개 정도의 집을 하나의 단위로 만들어 조선 총독부의 정책을 실천하도록 만든 기구였다. ② 삼정이정청은 조선 후기에 설치되었다. ④ 대한 제국의 군대는 1907년에 해산되었다. ⑤ 여자 정신 근로령은 1944년에 공포되었다.

◆ **이건 꼭 암기!** 제복을 입고 칼을 찬 교원 + 범죄 즉결례 → **무단 통치**

02-1 1910년대에 일제는 헌병 경찰 제도를 바탕으로 강압적인 무단 통치를 실시하여 한국인의 저항을 무력화하고자 하였다. 이에 일제는 일반 관리뿐만 아니라 학교 교원들까지도 제복을 입히고 칼을 차게 하여 위압적인 분위기를 조성하였다.

(바로 알기) ②는 1920년대 후반 이후, ③은 1930~1940년대, ④는 1920년대, ⑤는 조선 흥선 대원군 집권기와 관련이 있다.

03 중추원의 기능
밑줄 친 '이 기구'는 중추원이다. 일제는 한국인을 정치에 참여시킨다는 명분으로 중추원을 두고 조선 총독부의 자문 역할을 맡겼다. 그러나 중추원은 제대로 운영되지 않았고, 주로 친일파로 구성되었다.

(바로 알기) ① 동학 농민군과의 전주 화약을 체결한 정부는 교정청을 설치하고 개혁을 추진하였다. ② 원수부는 대한 제국 시기에 설치되었다. ④ 통감부는 1905년에 체결된 을사늑약에 따라 설치되었다. ⑤ 통리기무아문은 조선이 개화 정책을 추진하기 위해 설치하였다.

◆ **이건 꼭 암기!** 친일 인사 구성 + 자문 기구 + 제대로 운영되지 않음 → **중추원**

04 조선 태형령

자료 분석	
제1조	3개월 이하의 징역 또는 구류에 처하여야 하는 자는 그 사정에 따라 태형에 처할 수 있다.
제11조	태형은 감옥 또는 즉결 관서에서 비밀리에 행한다.
제13조	본령은 조선인에 한하여 적용한다.

— 신체에 매질을 가하는 형벌이야.
— 같은 시기 일본 본토에서는 태형 제도가 실시되지 않았어.

자료는 1912년 제정된 조선 태형령의 일부이다. 일제는 조선 태형령을 제정하여 한국인에게만 태형을 적용하였다. 일제는 무단 통치 수단으로 이 법을 활용하였으며, 1919년 3·1 운동 이후 조선 태형령은 폐지되었다. ② 1910년대 헌병 경찰은 정식 재판 없이 즉결 심판권을 행사하여 구류나 벌금 등의 처벌을 내릴 수 있었다.

(바로 알기) ① 만주 사변은 1931년에 발발하였다. ③ 군국기무처는 1894년에 설치되었으며 제1차 갑오개혁을 주도하였다. ④ 일본은 1944년에 징병제를 실시하여 한국인을 침략 전쟁에 동원하였다. ⑤ 1920년에 창간된 동아일보는 1940년에 강제로 폐간되었다.

◆ **이건 꼭 암기!** 1912년 제정 + 한국인에게만 적용 + 태형 → **조선 태형령**

05 1910년대 일제의 식민 통치
3·1 운동이 1919년에 일어난 점과 경찰범 처벌 규칙 등의 내용을 통해 대화의 내용에 해당하는 시기가 1910년대의 무단 통치 시기임을 알 수 있다. 1910년 한국의 국권을 강탈한 일제는 3·1 운동이 일어나기 전인 1910년대에 경찰범 처벌 규칙 등을 제정하여 한국인에 대한 통제를 강화했으며, 각종 정치 단체와 학회 등을 강제 해산하였다. 1919년 3·1 운동이 일어나자 일제는 무단 통치의 한계를 깨닫고 식민 통치 방식을 바꾸었다.

(바로 알기) ① 을사늑약은 1905년에 강제로 체결되었다. ② '남한 대토 벌 작전'은 1909년에 전개되었다. ③ 제2차 조선 교육령은 3·1 운동 이후인 1922년에 제정되었다. ④ 메가타는 러일 전쟁 중에 체결된 제1차 한일 협약 에 따라 1904년에 재정 고문으로 파견되었다.

✦ **이건 꼭 맘기!** 경찰범 처벌 규칙 제정 + 정치 단체와 학회 등 강제 해산 → **1910년대 일제의 식민 통치**

06 이른바 '문화 정치'의 실시 배경

자료는 3·1 운동 발발 이후 새롭게 부임한 조선 총독 사이토 마 코토가 발표한 시정 방침이다. 1919년 3·1 운동이 일어나자 일제 는 강압적인 무단 통치로는 한국을 지배하기 어렵다고 판단하고 식민 통치 방식을 이른바 '문화 정치'로 바꾸게 되었다. '문화 정 치' 시기에 보통 경찰제가 실시되었다.

(바로 알기) ② 조선 태형령은 1912년에 제정되었다. ③ 황국 중앙 총상회는 1898년에 조직되었다. ④ 홍경래의 난은 1811년에 일어났다. ⑤ 아시아·태평 양 전쟁은 1941년에 발발하였다.

✦ **이건 꼭 맘기!** 3·1 운동 발발 + 일제 식민 통치 방식의 변화 → **이른바 '문화 정치'**

07 보통 경찰제

자료는 경찰 기관과 경찰 인원의 수가 1918년과 비교하였을 때 1920년에 약 3배 이상 증가하였음을 보여 주는 그래프이다. 일제 는 1920년대에 한국인을 존중하며 문화적으로 통치하겠다는 이 른바 '문화 정치'를 표방하였다. 이때 헌병 경찰제를 보통 경찰제 로 바꾸었으나, 경찰 기관과 경찰 인원 등을 대폭 늘려 실제로는 한국인에 대한 탄압과 감시를 강화하였다.

(바로 알기) ①, ②, ④는 국권 피탈 이전에 있었던 사실이다. ③ 만주국은 일 제가 1931년에 만주 사변을 일으킨 이듬해(1932년)에 수립되었다.

✦ **이건 꼭 맘기!** 경찰 기관과 경찰 인원 증가 + 한국인에 대한 탄압과 감시 강화 → **보통 경찰제의 실상**

08 '문화 정치'의 기만성

자료의 (가)에는 일제가 1920년대에 추진한 '문화 정치'의 기만성 을 보여 주는 사례가 들어가야 한다. 일제는 3·1 운동을 계기로 통치 방식을 바꾸어 '문화 정치'를 표방하고 문관도 총독에 임명 될 수 있도록 규정을 바꾸었다. 그러나 식민 통치가 끝날 때까지 문관 총독은 단 한 명도 임명되지 않았다.

(바로 알기) ① 통감부는 1905년에 강요된 을사늑약에 따라 설치되었다. ② 1905년에 일본에서 파견한 재정 고문 메가타가 대한 제국의 백동화 등을 일 본 제일 은행권으로 교환하는 화폐 정리 사업을 실시하였다. ③ 조선일보와 동아일보는 1940년에 폐간되었다. ④ 정미의병이 13도 창의군을 결성하고 1908년에 서울 진공 작전을 전개하였다.

✦ **이건 꼭 맘기!** 3·1 운동 + '문화 정치' 표방 + 기만적인 술책 → **'문화 정치'의 기만성**

09 치안 유지법의 제정

| 자료 분석 |

— 사회주의 운동 등이 이에 해당해.

제1조　① 국체(천황제)를 변혁하거나 사유 재산 제도를 부인하 는 것을 목적으로 결사를 조직하거나 이에 가입한 자는 10년 이하의 징역 또는 금고에 처한다.

제7조　이 법은 시행 구역 외에서 죄를 범한 자에게도 적용한다.

중국 등지에서 활동하는 독립운동가들을 탄압하는 데 이용되었어.

자료는 1925년에 제정된 치안 유지법의 일부이다. 치안 유지법은 러시아 혁명 이후 사회주의 사상이 일본과 한국에 빠르게 확산되 는 가운데 이를 저지하기 위해 만들어졌다. 일제는 이 법을 이용 해 사회주의 운동뿐만 아니라 농민·노동자 운동, 항일 민족 운동 을 탄압하였다.

(바로 알기) 강화도 조약 체결은 1876년, 갑신정변은 1884년, 대한 제국 수 립은 1897년, 3·1 운동은 1919년, 만주 사변은 1931년, 8·15 광복은 1945년 의 일이다.

✦ **이건 꼭 맘기!** 1920년대 사회주의 사상 확산 + 독립운동가 탄압 → **치안 유지법 제정(1925)**

10 기만적 '문화 정치'

자료는 조선 총독 중 문관 출신은 한 명도 없음을 보여 주는 그래 프이다. 3·1 운동이 일어난 이후 이른바 '문화 정치'를 내세운 일 제는 현역 육해군 대장뿐만 아니라 문관도 총독에 임명될 수 있 도록 하였다. 그러나 실제로 식민 통치가 끝날 때까지 문관 출신 은 단 한 명도 총독으로 임명되지 않았다. 이러한 내용을 통해 일 제가 실시한 이른바 '문화 정치'는 우리 민족의 불만을 잠재우려 는 기만적 술책에 불과하였다는 점을 알 수 있다.

(바로 알기) ② 헌병 경찰제는 1910년대에 실시되었으며, 3·1 운동 이후 1920년대에 보통 경찰제로 바뀌었다. ③, ④는 1930년대 이후의 일이다. ⑤ 1910년대 일제는 한국의 토지를 약탈하기 위해 토지 조사 사업을 실시하였다.

✦ **이건 꼭 맘기!** 조선 총독에 문관도 임명 가능 + 실제로 문관 출신 총독 은 없었음 → **기만적 '문화 정치'**

11 제2차 조선 교육령

1920년대 일제는 제2차 조선 교육령을 공포해 보통학교의 교육 연한을 4년에서 6년으로 늘릴 수 있게 하고, 보통학교를 증설하 였다. 그러나 여전히 학교 수는 부족했고, 학교 운영에 필요한 비 용은 주민들이 부담해야 했기 때문에 학교 교육을 제대로 받지 못하였다. 이 시기 일제는 언론·출판·집회·결사의 자유를 일부 허용하였다. 조선일보와 동아일보 등 한글 신문이 창간되었지만, 엄격하게 검열해 식민 통치에 비판적이거나 민족의식을 고취하 는 기사를 삭제하고 심한 경우 신문을 정간시키기도 하였다.

(바로 알기) ①, ②, ④, ⑤는 국권 피탈 이전에 있었던 사실이다.

✦ **이건 꼭 맘기!** 1920년대 제정 + 보통학교 교육 연한 6년 → **제2차 조선 교육령**

12 대공황과 제2차 세계 대전의 발발

1929년에 미국의 주식 시장 폭락으로 대공황이 시작되었다. 대공황이 전 세계로 퍼져 나가자, 일본은 대륙 침략으로 식민지를 확대하여 대공황의 위기에서 벗어나고자 하였다. 이를 위해 일본은 1931년에 만주 사변을 일으키고, 1937년에는 중국 본토를 침략하여 중일 전쟁을 일으켰다. 일본을 비롯한 독일, 이탈리아 등 전체주의 국가들의 침략 전쟁이 계속되자 결국 1939년에 유럽에서 제2차 세계 대전이 발발하였다.

(바로 알기) ①, ③, ④, ⑤는 제2차 세계 대전 중에 일어난 사실이다.

✦ **이건 꼭 알기!** 대공황 → 만주 사변 → 중일 전쟁 발발 → 제2차 세계 대전의 발발 → 아시아·태평양 전쟁 발발

13 국가 총동원법의 제정 목적

┌ 자료 분석 ┤ ─── 전쟁에서 승리하는 것을 뜻해.

제1조 국가 총동원이란 전시에 국방 목적을 달성하기 위해 국가의 전력을 가장 유효하게 발휘하도록 인적·물적 자원을 통제 운용하는 것을 말한다.
└── 일제는 인적·물적 자원 수탈을 위해 이 법령을 우리 민족에게도 적용하였어.

자료는 1938년에 제정된 국가 총동원법의 내용이다. 일제는 1937년에 중일 전쟁을 일으킨 후 국가 총동원법을 제정하고 이를 한국에도 적용함으로써 본격적으로 인력과 물자의 수탈을 강화하기 시작하였다. 일제는 국가 총동원법 제정 이후 지원병제(1938), 학도 지원병 제도(1943), 징병제(1944)를 실시하여 한국인을 침략 전쟁에 동원하였다.

(바로 알기) ①은 1899년, ③은 1907년, ④는 1908년, ⑤는 1882년에 있었던 사실이다.

✦ **이건 꼭 알기!** 1938년 제정 + 인적·물적 자원 수탈 → **국가 총동원법**

13-1 일제는 국가 총동원법 제정 이후 한국인을 침략 전쟁에 동원하였다. 1939년에 국민 징용령을 실시하여 광산, 비행장, 군수 공장 등지로 청장년들을 끌고 가 강제 노동을 시켰다. 또한 일제는 젊은 여성들을 전쟁 지역으로 끌고 가 일본군 '위안부'라는 이름으로 끔찍한 삶을 강요하였다. 물자에 대한 수탈도 이루어져 식량과 금속 제품 등을 강제로 공출하였다.

(바로 알기) ③은 1910년대에 볼 수 있는 모습이다.

14 창씨개명

자료는 일제가 한국인에게 일본식 성명 사용(창씨개명)을 강요한 사례이다. 일제는 1930년대 이후 한국인의 민족의식을 말살하고 일왕에 대한 숭배 사상을 주입하는 민족 말살 통치를 실시하였다. 이 시기에 일제는 학교에서 한국어 사용을 금지하고 일본어만 사용하도록 하였으며, 학교 수업에서 한국어 과목이 사실상 폐지되었다. 1941년에는 소학교의 명칭을 국민학교로 바꾸고 황국 신민의 가치관을 주입하는 수신(도덕) 교과를 강화하였다.

(바로 알기) ① 1895년에 고종은 교육이 국력을 증진시키는 일이라는 내용을 담은 교육 입국 조서를 발표하였다.

✦ **이건 꼭 알기!** 한국인의 성과 이름을 일본식으로 바꾸도록 강요 + 거부 시 불이익 → **창씨개명**

15 1930년대 후반 이후 일제의 정책

일제는 1937년에 중일 전쟁을 일으키고 침략 전쟁을 확대하면서 한국인에 대한 수탈을 강화하였다. 1939년에 국민 징용령을 공포하여 한국인의 노동력을 강제로 동원하였다. 또한 1941년에는 한국인의 사상을 통제하기 위하여 독립운동가들을 재판 없이 체포하여 가둘 수 있도록 한 법령인 조선 사상범 예방 구금령을 제정하였다.

(바로 알기) ㄱ. 일제는 1910년에 기업 설립을 조선 총독이 허가하도록 하는 회사령을 공포하였고, 1920년에 이를 폐지하였다. ㄷ. 치안 유지법은 1925년에 제정되었다. 치안 유지법은 일제가 천황 체제나 사유 재산 제도를 부정하는 사상을 단속하기 위해 제정한 법률이다.

✦ **이건 꼭 알기!** 1937년 중일 전쟁 발발 → 수탈 강화(국민 징용령, 1939) → 탄압 강화(조선 사상범 예방 구금령, 1941)

16 황국 신민화 정책

밑줄 친 '이 시기'는 일제가 중일 전쟁을 일으킨 후 침략 전쟁을 확대하던 1930년대 후반이다. 일제는 한국인의 정신을 말살하고 일본 국왕에 대한 숭배 사상을 주입하는 황국 신민화 정책을 실시하였다. 이때 내선일체를 강조하고 황국 신민 서사 암송, 신사 참배, 궁성 요배 등을 강요하였다.

(바로 알기) ㄱ. 일제는 1912년에 조선 태형령을 공포하고, 한국인에게만 태형을 적용하였다. ㄷ. 일제는 '문화 정치'를 표방하였던 시기에 헌병 경찰제를 보통 경찰제로 전환하였지만, 경찰 기관과 인원·비용 등을 증가시키는 기만적인 정책을 펼쳤다.

✦ **이건 꼭 알기!** 내선일체 강조 + 신사 참배 + 궁성 요배 + 황국 신민 서사 암송 → **황국 신민화 정책**

서술형 문제
019쪽

01 주제: 1910년대 일제의 무단 통치

(1) **답안 키워드** 조선 태형령, 헌병 경찰제, 무단 통치

(2) **예시 답안** 조선 태형령, 조선 태형령이 시행된 1910년대에 일제는 헌병 경찰제를 바탕으로 강압적인 무단 통치를 실시하였다.

채점 기준	
상	조선 태형령을 쓰고, 1910년대 무단 통치의 특징을 서술한 경우
하	조선 태형령만 쓴 경우

02 주제: 1920년대 일제의 이른바 '문화 정치'

예시 답안 3·1 운동, '문화 정치'의 기만성은 문관도 조선 총독에 임명될 수 있다고 하였으나 실제로 문관 출신은 단 한 명도 조선 총독으로 임명되지 않은 점, 헌병 경찰제를 폐지하고 보통 경찰제를 실시하였으나 경찰 기관의 수와 경찰 인원이 대폭 증가하여 한국인에 대한 감시와 탄압은 더욱 강화된 점 등에서 알 수 있다.

채점 기준	
상	3·1 운동을 쓰고, '문화 정치'의 실상을 두 가지 서술한 경우
중	3·1 운동을 쓰고, '문화 정치'의 실상을 한 가지만 서술한 경우
하	3·1 운동만 쓴 경우

03 주제: 일제의 황국 신민화 정책

예시 답안 황국 신민 서사, 일제는 한국인의 민족의식을 말살하여 한국인을 침략 전쟁에 효율적으로 동원하기 위해 황국 신민 서사를 암송하게 하는 등의 황국 신민화 정책을 강화하였다.

채점 기준	
상	황국 신민 서사를 쓰고, 황국 신민화 정책의 목적을 서술한 경우
하	황국 신민 서사만 쓴 경우

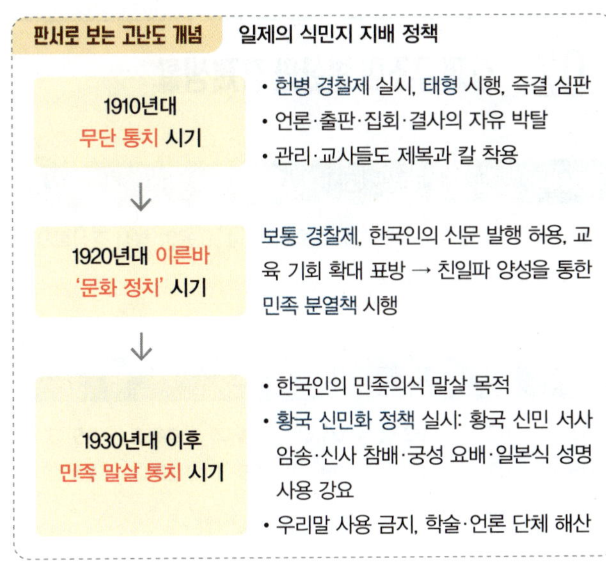

수능 첫걸음

실전 문항 ②

실전 문항 민족 말살 통치 시기의 사회 모습

일제가 중일 전쟁을 일으키고 침략 전쟁을 확대하였다는 점, 애국반을 활용하여 금속 공출을 하였다는 점 등을 통해 밑줄 친 '이 시기'가 1930년대 후반 일제의 민족 말살 통치가 본격화되었던 시기임을 알 수 있다. 이 시기 일제는 한국인의 민족의식을 말살하여 한국인을 전쟁에 동원하기 위해 황국 신민 서사 암송, 신사 참배, 창씨개명 등을 강요하였다.

바로 알기 ① 조선 시대 국방 관련 임시 기구로 설치된 비변사는 양 난 이후 최고 정치 기구로 발전하였다. ③ 평안도 지역의 차별과 세도 정치에 반발하여 1811년에 홍경래의 난이 일어났다. ④ 1907년 정미의병이 일어났을 당시 의병 연합 부대인 13도 창의군이 결성되었다. ⑤ 전태일 분신 사건은 1970년에 일어났다.

판서로 보는 고난도 개념	민족 말살 통치기의 사회 모습
식민지 정책	• 민족 말살 통치 • 전시 동원 체제
황국 신민화 정책	황국 신민 서사 암송, 신사 참배, 궁성 요배, 창씨개명 강요
국가 총동원 법 제정	징병제, 징용제, 공출제, 식량 배급제 등 인적·물적 수탈 강화
국민정신 총동원 운동	국민정신 총동원 조선 연맹 조직(1938), 연맹의 말단 조직으로 가정을 10호씩 묶은 애국반을 조직 → 일상 생활 속 황국 신민화 추구, 주민 감시, 물자 배급

STEP 3 1등급 정복하기

01 ③   **02** ③

01 1910년대 일제의 무단 통치

자료는 일상생활에서 있을 수 있는 사소한 행동을 문제 삼아 태형이 집행되었다는 기사 내용이다. 1910년대 일제는 헌병 경찰 제도를 바탕으로 강압적인 무단 통치를 실시하였다. 이 시기 헌병 경찰은 범죄 즉결례에 따라 즉결 심판을 할 수 있었다.

바로 알기 ① 일제는 민족 말살 통치 시기에 국민정신 총동원 운동을 전개하여 애국반 등을 운영하였다. ② 일제는 1941년에 소학교의 명칭을 '황국 신민 학교'라는 뜻의 국민학교로 바꾸었다. ④ '문화 정치' 시기에 일제는 조선일보, 동아일보 등 신문의 발행을 허가하였지만, 신문에 대한 검열을 강화하여 기사를 삭제하기도 하였다. ⑤ 치안 유지법은 1925년에 제정되었다.

02 국가 총동원 체제

중일 전쟁을 일으킨 일제는 전쟁에 필요한 물자와 노동력을 효과적으로 운용하기 위해 국가 총동원법을 제정하고 국가 총동원 체제를 형성하였다. 이때 애국반이 조직되고 공출 제도와 미곡 공출제, 식량 배급제 등이 실시되었다.

바로 알기 ①, ②, ⑤는 국권 피탈(1910) 이전 시기에 있었던 사실이다. ④ 이른바 '문화 정치'는 1920년대에 실시되었다.

02 / 경제 구조의 변화와 경제생활

01 토지 조사 사업

제시된 가상 대화의 소재는 1910년대에 시행한 일제의 토지 조사 사업이다. 토지 조사 사업은 신고주의 원칙에 따라 진행되었다. 토지 소유자들이 땅의 소재지, 면적 등을 기재한 신고서를 일정한 기간 내에 직접 제출하면 토지 조사국에서 토지를 조사, 측량하여 토지와 그 소유권자를 확정하는 방식이었다. 이 사업으로 미신고 토지와 소유권이 불분명한 마을이나 문중의 공동 공유지 등이 국유지로 편입되었다. 한편, 지주의 소유권만 인정하고 관습적으로 인정해 오던 소작농의 경작권은 인정하지 않아 소작농의 처지는 열악해졌다.

바로 알기 ① 양전 사업은 조선 시대에 전세를 제대로 걷기 위해 토지와 소유자를 조사한 사업이다. ② 헌병 경찰제는 헌병이 경찰 업무뿐만 아니라 일반 행정까지 담당하는 제도로, 헌병 경찰은 즉결 처분권을 가지고 있었다. ③ 회사령은 회사 설립 시 조선 총독의 허가를 받아야 한다는 법령이다. ④ 일제는 본국의 부족한 쌀을 한국에서 확보하기 위해 산미 증식 계획을 추진하였다.

◆ 이건 꼭 암기! 임시 토지 조사국 + 토지 조사령 + 식민 통치 재정 확보 → 토지 조사 사업

02 토지 조사령의 실시

자료는 토지 조사 사업의 방법이 담긴 토지 조사령이다. 토지 조사 사업의 결과로 조선 총독부의 지세 수입이 증가하였고, 일본인의 토지 소유가 크게 증가하였다. 한편, 토지 조사 사업으로 지주의 소유권만을 인정하여 토지에 대한 지주의 권한은 강화되었지만, 소작농은 지주에게 일정한 소작료만 내면 땅을 경작할 수 있었던 관습적인 권리를 부정당하였다.

바로 알기 ② 농민의 수리 조합비 부담이 증가한 것은 산미 증식 계획의 결과에 해당한다.

◆ 이건 꼭 암기! 1912년에 제정 + 토지 조사 사업 실시 + 신고주의 원칙 → 토지 조사령

02-1

일제는 국권 피탈(1910)과 3·1 운동(1919) 사이인 1912년에 토지 조사령을 제정하였다. 일제는 1910년에 임시 토지 조사국을 설치하고 1912년에 토지 조사령을 공포하여 본격적으로 토지 조사 사업을 실시하였는데, 이 사업은 1918년까지 이어졌다. 토지 조사 사업을 통해 조선 총독부는 식민 지배에 필요한 재정을 확보하고 미신고 토지나 국·공유지를 차지하였다.

바로 알기 강화도 조약 체결은 1876년, 갑신정변은 1884년, 대한 제국 수립은 1897년, 국권 피탈은 1910년, 3·1 운동은 1919년, 만주 사변은 1931년의 일이다.

03 회사령의 제정

조선 총독은 회사의 설립을 허가할 뿐만 아니라 회사를 해산시킬 수도 있었어.

┤ 자료 분석 ├
제1조 회사의 설립은 조선 총독의 허가를 받아야 한다.
제5조 회사가 본령을 위반하거나 공공질서 및 선량한 풍속에 반하는 행위를 한 때에 조선 총독은 사업의 정지·금지, 지점의 폐쇄 또는 회사의 해산을 명할 수 있다.

자료는 1910년에 제정된 회사령의 일부이다. 일제는 1910년에 회사를 설립할 때 조선 총독의 허가를 받도록 하는 회사령을 공포하여 회사 설립을 통제하였다. 이는 한국인의 기업 설립을 억제하여 한국인의 자본 축적을 막고, 일본 기업의 무분별한 진출도 막기 위한 것이었다.

바로 알기 ㄱ. 1883년에 체결된 조일 통상 장정에는 방곡령에 대한 규정이 포함되어 있다. ㄹ. 일본은 1905년에 화폐 정리 사업을 추진하여 백동화와 엽전 등을 일본 제일 은행에서 발행하는 새 화폐로 바꾸게 하였다.

◆ 이건 꼭 암기! 1910년 제정 + 회사 설립 시 조선 총독의 허가 필요 + 한국인의 자본 축적 차단 목적 → 회사령

04 산미 증식 계획의 추진

자료는 산미 증식 계획의 추진으로 생활이 어려워진 농민의 모습이 담겨 있는 신문 기사이다. 산미 증식 계획으로 쌀 생산량은 어느 정도 늘어났지만 지속적으로 많은 양의 쌀이 일본으로 빠져나가면서 한국인의 쌀 소비량은 오히려 줄어들었다. 이에 일제는 만주에서 조·수수 등 잡곡을 들여와 부족한 식량을 보충하려 하였다.

바로 알기 ①, ③, ④, ⑤는 일제가 1910년에 한국의 국권을 강탈하기 이전에 있었던 사실이다.

◆ 이건 꼭 암기! 쌀 생산량 확대 + 수리 조합 설치 + 증산량보다 많은 양의 쌀 일본으로 이출 → 산미 증식 계획

04-1

일본은 제1차 세계 대전을 계기로 공업화를 이루면서 도시 인구가 증가하여 쌀의 수요가 급증하였다. 이에 산미 증식 계획을 실시하여 일본의 식량 부족 문제를 해결하려 하였다.

바로 알기 ①은 1910년, ②는 조선 후기, ③은 1907년, ④는 1883년의 일이다.

05 산미 증식 계획의 결과

자료는 1920년대 쌀 생산량과 일본으로의 이출량을 나타낸 그래프이다. 그래프를 통해 쌀 생산량은 감소하기도 하지만, 쌀 이출량은 꾸준히 증가함을 확인할 수 있다. 1920년대 일제는 한국에서 산미 증식 계획을 실시하여 본국의 식량 부족 문제를 해결하려 하였다. 이에 따라 쌀 생산량은 꾸준히 늘어났지만 증산량보다 훨씬 많은 양의 쌀이 일본으로 빠져나가면서 국내 한국인의 1인당 쌀 소비량은 점차 줄어들었다. 한국의 부족한 곡물은 만주에서 수입한 잡곡으로 충당하였다.

(바로 알기) ① 19세기 말에 식량 사정이 나빠지자 조선의 지방관들은 1883년에 체결된 조일 통상 장정에 규정된 대로 방곡령을 내려 곡물의 수출을 금지하고자 하였다. ② 회사령으로 인해 한국인의 기업 설립이 억제되었다. ④ 삼정이정청은 19세기 말에 임술 농민 봉기가 일어나자 삼정의 문란을 해결하기 위해 설치한 임시 기구이다. ⑤ 흥선 대원군 집권기에 경복궁 중건에 필요한 재원을 마련하기 위해 당백전이 발행되었다. 당백전은 명목 가치가 상평통보 1문전의 100배였으나 실질 가치가 그에 못미쳐 물가가 크게 오르는 결과를 가져왔다.

◆ **이건 꼭 맘기!** 한국인의 1인당 쌀 소비량 감소 + 농민의 높은 소작료 부담 + 화전민·도시 빈민으로 전락 + 만주·연해주·일본 등으로 이주 → **산미 증식 계획의 결과**

06 1920년대 일제의 경제 침탈

자료는 1919년 3·1 운동 이후 조선 총독으로 부임한 사이토 마코토가 발표한 「조선 민족 운동에 대한 대책」이다. 1919년에 3·1 운동을 겪은 일제는 헌병 경찰을 동원한 강압적인 무단 통치의 한계를 깨닫고 식민 통치 방식을 이른바 '문화 정치'로 바꾸었다. 따라서 자료의 시정 방침을 발표한 시기가 1920년대 '문화 정치' 시기임을 알 수 있다. ④ 일제는 1923년에 일본 상품에 대한 관세를 폐지하였다. 이에 값싼 일본산 제품이 국내로 들어오면서 한국인 기업이 큰 타격을 입었다.

(바로 알기) ① 토지 조사 사업은 1910년부터 1918년까지 실시되었다. ② 화폐 정리 사업은 1905년에 메가타가 추진하였다. ③ 헌병 경찰제는 1910년대에 실시되었다. ⑤ 동양 척식 주식회사는 1908년 경성에 설립되었다. 동양 척식 주식회사는 토지 조사 사업으로 조선 총독부가 확보한 토지를 헐값에 넘겨받아 일본 이주민에게 무상 지급하거나 헐값에 팔았다.

◆ **이건 꼭 맘기!** 산미 증식 계획 + 회사령 폐지 + 일본 상품에 관세 폐지 + 신은행령 → **1920년대 일제의 경제 침탈**

07 회사령 폐지

1920년대에 한국인이 세운 공장 수는 일본인이 운영하는 공장 수와 비슷하였으나, 한국인 기업은 대부분 유통이나 제조업 분야의 소규모 회사였기 때문에 생산액은 일본인 공장보다 훨씬 낮았다. 당시 한국인의 기업 설립이 많아지고, 일본 기업의 한국 진출이 활발하게 이루어진 것은 1920년에 회사령이 폐지되고 회사 설립이 신고제로 바뀌었기 때문이다.

(바로 알기) ① 회사령은 1910년에 제정되었다. ② 청일 전쟁은 1894~1895년 동안 일어났다. ③ 토지 조사령은 1912년에 발표되었다. ④ 당시 산미 증식 계획이 추진되었으나 공장의 증가와는 관계가 없다.

◆ **이건 꼭 맘기!** 회사 설립을 허가제에서 신고제로 전환 + 한국인 기업 증가 + 일본 대기업 한국 진출 → **회사령 폐지**

08 1920년대 한국과 일본 사이의 관세 폐지

자료는 1920년대 한국 내 일본인 회사의 자본금이 크게 증가하였음을 보여 주는 그래프이다. 일제는 1923년에 한국과 일본 사이의 관세를 폐지하여 일본 상품이 한국에서 더 싼 값에 팔릴 수 있도록 하였다. 그 결과 한국이 일본 상품의 소비 시장으로 전락하였고, 한국인 기업은 타격을 입었다.

(바로 알기) ①, ②, ③은 일제가 1910년에 한국의 국권을 강탈하기 이전에 있었던 사실이다. ⑤ 회사령은 1920년에 폐지되었다.

◆ **이건 꼭 맘기!** 한국이 일본 상품의 소비 시장으로 전락 + 한국인 기업에 타격 → **일본 상품의 관세 폐지(1923)**

09 남면북양 정책의 실시

(가)는 남면북양 정책이다. 일제는 대공황 이후 서구 열강의 보호 무역으로 어려움을 겪던 일본 방직 자본가에게 값싼 원료를 공급하기 위해 남면북양 정책을 실시하였다. 이에 따라 남부 지방에서는 면화를 재배하고 북부 지방에서 양을 기르도록 강요하였다.

(바로 알기) ② 조선 후기 김윤식, 김홍집, 어윤중 등의 온건 개화파는 청의 양무운동을 본받아 유교 질서를 지키면서 서양의 과학 기술을 수용하자는 동도서기론을 주장하였다. ③ 대한 제국 시기에 식산흥업이 강조되면서 여러 근대식 회사가 설립되었다. ④ 1896년에 창립된 독립 협회는 자주독립 및 민권 사상을 확산하는 데 힘썼다. ⑤ 개항 이후 시전 상인들은 황국 중앙 총상회를 조직하여 외국 상인의 불법적인 상업 활동을 막고자 상권 수호 운동에 나섰다.

◆ **이건 꼭 맘기!** 남부 지방 면화 재배 + 북부 지방 양 사육 + 일본 방직 자본가에게 값싼 원료를 공급 → **남면북양 정책**

09-1 남면북양 정책은 대공황 이후 1930년대에 추진되었다.

(바로 알기) 강화도 조약 체결은 1876년, 갑신정변은 1884년, 대한 제국 수립은 1897년, 국권 피탈은 1910년, 만주 사변 발발은 1931년, 8·15 광복은 1945년의 일이다.

10 일제의 공출 시행

중일 전쟁 이후 일제는 1938년에 국가 총동원법을 제정하고 이를 한국에도 적용하였다. 이로써 본격적인 인력과 물자의 수탈을 강화하였다. 일제는 공출 제도를 실시하여 놋그릇, 놋대야, 수저, 농기구 등 무기를 만들 수 있는 금속 제품이라면 가리지 않고 빼앗았다. 또한 군량 마련을 위해 산미 증식 계획을 재개하였고(1938), 농가마다 목표량을 정해 미곡 공출제와 식량 배급제를 실시하였다.

(바로 알기) ①은 1910년대, ②는 1925년의 일이다. ④ 농촌 진흥 운동은 1932년부터 실시되었다. ⑤ 산미 증식 계획은 1934년에 중단되었다가 1938년에 다시 실시되었다.

◆ 이건 꼭 암기! 1938년 국가 총동원법 제정 + 금속 공출 + 미곡 공출제 + 식량 배급제 → 일제의 공출

11 일제의 전시 물자 수탈

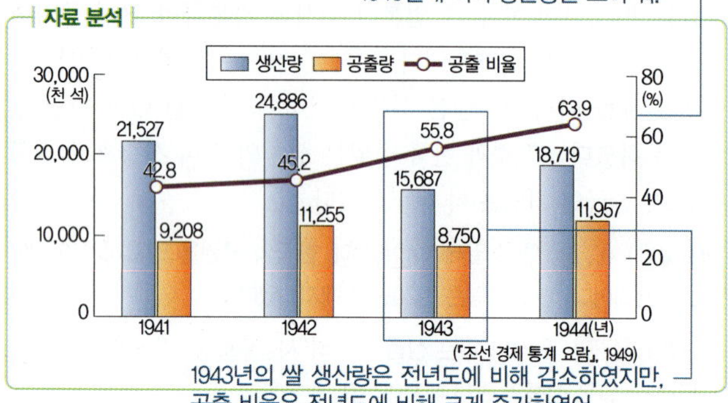

1938년에 일제는 국가 총동원법을 제정하여 한국에서 인적·물적 자원의 수탈을 본격화하였다. 전쟁에 필요한 지하자원을 약탈하고 새로운 세금을 만들었으며, 위문 금품을 모금하거나 국방헌금을 강요하였다. 또한 농가마다 목표량을 정하여 강제로 쌀을 내놓도록 하는 미곡 공출제를 실시하였다.

(바로 알기) ①은 1880~1890년대, ②는 1920년대, ④는 1910년대, ⑤는 1880년대의 상황이다.

◆ 이건 꼭 암기! 농가마다 공출량 할당 + 강제로 쌀 공출 → 미곡 공출제

12 금속류 공출의 실시

일제는 침략 전쟁을 확대하면서 군수 물자를 확보하기 위해 한반도에서 식량과 금속류 등을 공출해 갔다. 당시 일제는 석탄, 철광석 등 지하자원뿐만 아니라 농기구, 놋그릇, 가마솥, 교회의 종과 사찰의 불상 등 금속 제품까지 강제로 공출하였다.

(바로 알기) ① 삼림령은 1910년대에 제정되었다. ② 1910년대 일제는 조선 식산 은행을 설립하여 금융과 산업 지배를 강화하였다. ③ 조선은 1883년 조일 통상 장정을 체결하면서 개항장에서 관세를 부과하고 곡물의 수출을 금지할 수 있게 하였다. ⑤ 일제는 1908년 동양 척식 주식회사를 세워 국유화한 황실 소유의 토지를 일본인들에게 싼값에 판매하였다.

◆ 이건 꼭 암기! 일제의 침략 전쟁 확대 + 식량·금속류 공출 → 일제의 전시 물자 수탈 강화

13 국외 이주 동포

1937년에 중앙아시아로 강제 이주 등을 통해 (가) 지역이 연해주임을 알 수 있다. 소련은 17만 명 이상의 연해주 지역 한국인들을 중앙아시아로 강제 이주시켰는데, 이 과정에서 수많은 한국인이 희생되었다.

◆ 이건 꼭 암기! 한인촌 + 중앙아시아로 강제 이주 → 연해주 이주민의 삶

01 주제: 토지 조사 사업의 실시

(1) 답안 키워드 토지 조사령, 토지 조사 사업

(2) 예시 답안 토지 조사령, 일제는 토지 조사령을 공포하고 토지 조사 사업을 본격적으로 실시하였다. 토지 조사 사업은 지세 수입을 늘려 식민지 지배에 필요한 재정을 확보하고, 일본인의 한국 토지 소유를 쉽게 하려는 목적이 있었다.

채점 기준	
상	토지 조사령을 쓰고, 토지 조사 사업의 목적을 서술한 경우
하	토지 조사령만 쓴 경우

02 주제: 회사령의 실시

예시 답안 회사령, 일제는 1910년에 회사 설립 시 조선 총독의 허가를 받도록 한 회사령을 공포하여 회사 설립을 통제하였다. 이는 한국인의 기업 설립을 억제하고 일본 기업의 무분별한 진출을 막기 위한 것이었다.

채점 기준	
상	회사령을 쓰고, 일제가 회사령을 공포한 목적을 서술한 경우
하	회사령만 쓴 경우

03 주제: 식민지 공업화 정책

(1) 예시 답안 일제가 조선(식민지) 공업화 정책을 실시하여 그래프와 같이 한반도의 북부 지방에는 중화학 공업 시설이 편중되고, 남부 지방에는 경공업 시설이 편중되었다. 이는 공업 구조의 지역 불균형을 초래하였다.

채점 기준	
상	조선(식민지) 공업화 정책 실시와 지역 간 공업 격차의 심화에 대해 서술한 경우
하	조선(식민지) 공업화 정책이 실시되었다고만 서술한 경우

01 ①　　02 ②

01 토지 조사 사업의 실시

(가) 정책은 토지 조사 사업이다. 일제가 1912년에 토지 조사령을 공포하면서 본격화하였다. 한편, 1910년에 일제는 조선 총독이 기업 설립을 허가하도록 하는 회사령을 공포하였다.

(바로 알기) ②는 1934년, ③은 1920년, ④, ⑤는 한국이 국권을 빼앗기기 이전의 일이다.

│ 자료 분석 │

중일 전쟁을 일으킨 일제는 1938년에 국가 총동원법을 제정하고 한국에서 본격적으로 군수 물자를 수탈하였다. 당시 농가마다 목표량을 정하여 강제로 쌀을 내놓도록 하는 미곡 공출제를 실시하였다.

(바로 알기) ① 방납의 폐단을 해결하기 위해 대동법이 시행되었다. ③ 군수 공장 등에 청장년을 동원하기 위해 국민 징용령이 제정되었다. ④ 대한 제국 시기 토지 소유권을 증명하는 문서인 지계가 발급되었다. ⑤ 농촌 사회를 안정시켜 소작 쟁의를 억제하기 위해 농촌 진흥 운동이 추진되었다.

판서로 보는 고난도 개념 전시 동원 체제의 물자 수탈

전쟁 물자 확보	• 지하자원 약탈, 각종 금속 제품 공출 • 각종 세금 신설, 위문 금품 모금, 국방헌금 강요
군량미 확보	산미 증식 계획 재개(1938), 미곡 공출제·식량 배급제 실시

수능 첫걸음   031쪽

(실전 문항) ③

(실전 문항) 무단 통치 시기의 정책

일제가 헌병 경찰제를 시행한 시기는 1910년대 무단 통치 시기이다. 이 시기 일제는 식민 통치에 필요한 재정을 확보하기 위해 1910년부터 1918년에 걸쳐 토지 조사 사업을 실시하였다. 일제의 토지 조사 사업이 실시되면서 지주의 소유권만 인정되고 소작농의 경작권은 인정받지 못하였다.

(바로 알기) ① 1980년대 전두환과 신군부 세력은 사회 정화를 명목으로 삼청 교육대를 운영하였다. ② 고려 후기 전민변정도감을 설치하여 권세가들이 부당하게 빼앗은 토지를 본래 소유주에게 돌려주고 불법적으로 노비가 된 자를 양인으로 해방시켰다. ④는 세도 정치 시기의 사실이다. ⑤ 대한 제국은 광무개혁을 추진하면서 지계를 발급하였다.

---

03   3·1 운동과 대한민국 임시 정부

STEP 1   **핵심 개념 확인하기**   036쪽

1 임병찬   **2** (1)-ⓒ (2)-㉠   **3** (1) 북간도 (2) 연해주 (3) 상하이
4 (1) ○ (2) ○ (3) ×   **5** (1) ㄱ (2) ㄴ (3) ㄷ

STEP 2   **내신 만점 공략하기**   036~039쪽

01 ①	**02** ①	**02-1** ④	**03** ①	**04** ④	**05** ④	**06** ①
06-1 ㄱ, ㄴ		**07** ①	**08** ⑤	**09** ②	**10** ⑤	
10-1 ⑤	**11** ①	**12** ⑤	**13** ④	**14** ⑤		

01   독립 의군부의 활동

(가) 단체는 독립 의군부이다. 1910년대 국내에서 임병찬 등은 각지의 유생을 모아 독립 의군부를 조직하였다. 독립 의군부는 일본 총리와 조선 총독에게 국권 반환 요구서를 보내려고 계획하던 중에 조직이 발각되어 해체되었다.

(바로 알기) ② 1904년에 일제가 토지를 약탈하기 위해 대한 제국에 황무지 개간권을 요구하자 보안회가 반대 운동을 전개하여 이를 철회시켰다. ③ 1911년 연해주 지역의 블라디보스토크에 한인 자치 단체인 권업회가 조직되었는데, 권업회는 권업신문을 발간하였다. ④ 1898년 독립 협회는 관민 공동회를 열고 여기에서 제기된 국정 개혁안인 헌의 6조를 황제에게 올렸다. ⑤ 신흥 강습소는 이회영, 이상룡 등의 신민회 회원들이 1911년에 설립하였다.

◆ 미건 꼭 맘기! 임병찬 등이 조직 + 복벽주의 → **독립 의군부**

02   대한 광복회의 활동

│ 자료 분석 │

1. 부호의 의연금과 일본인이 불법 징수한 세금을 압수하여 무장을 준비함   └ 부호 중 친일파 등에게 의연금을 징수하였어.
2. 남북 만주에 사관 학교를 세우고 인재를 키워 사관으로 채용함   └ 대한 광복회가 무장 투쟁을 준비하였음을 알 수 있어.

자료는 대한 광복회의 강령이다. 박상진 등은 공화정 형태의 근대 국가 수립을 목표로 대구에서 대한 광복회를 조직하였다. 대한 광복회는 군대식 조직을 갖추고 군자금을 모아 만주에 무관 학교를 설립하려 하였으며, 친일파를 처단하였다.

(바로 알기) ② 개항 이후 식량 사정이 악화되자 지방관들은 조일 통상 장정의 규정을 바탕으로 방곡령을 내려 곡물의 수출을 금지하고자 하였다. ③ 임병찬 등이 국내에서 유생들을 모아 조직한 독립 의군부는 복벽주의 이념에 따라 고종의 복위를 목표로 전국적인 의병을 일으키려 하였다. ④ 개항 이후 국내 자본가들은 대한 천일 은행 등을 세워 한국 상인과 기업을 지원하고자 하였다. ⑤ 신민회는 대성 학교와 오산 학교를 설립·운영하였다.

◆ 미건 꼭 맘기! 박상진 + 독립 전쟁 + 공화제 정부 → **대한 광복회**

02-1 자료의 강령을 내세운 단체는 대한 광복회이다. 박상진이 총사령으로 활동한 대한 광복회는 만주에 무관 학교를 설립하고 독립군을 양성하여 국권을 회복하고자 하였다.

(바로 알기) ① 신민회는 1907년에 결성된 애국 계몽 운동 단체로, 1911년에 일제가 조작한 105인 사건으로 와해되었다. ② 의열단은 김원봉을 중심으로 1919년에 만주 지린성에서 결성된 단체이다. ③ 신한청년당은 1918년에 중국 상하이 지역에서 결성되었다. ⑤ 삼권 분립 원칙에 따라 임시 의정원(입법), 국무원(행정), 법원(사법)을 갖춘 대한민국 임시 정부는 1919년 상하이에 수립되었다.

03 북간도 지역의 독립운동

(가) 지역은 북간도이다. 북간도로 이주한 동포들은 용정촌, 명동촌 등 한인 집단촌을 형성하고 간민회 등의 자치 단체를 만들었다. 이상설, 김약연 등은 각각 서전서숙과 명동 학교 등을 세워 민족 교육에 힘썼다.

(바로 알기) ② 대한민국 임시 정부는 미국에 구미 위원부를 설치하여 이승만을 중심으로 한국의 독립 문제를 국제 여론화하는 데 힘썼다. ③ 강화도 조약의 체결로 부산, 원산, 인천이 개항되었다. ④ 안중근은 만주 하얼빈에서 이토 히로부미를 처단하였다. ⑤ 일본 도쿄에서 한국인 유학생을 중심으로 2·8 독립 선언이 발표되었다.

✦ **미건 꼭 맘기!** 용정촌·명동촌 + 서전서숙·명동 학교 → **북간도 지역의 독립운동**

04 서간도(남만주) 지역의 독립운동

밑줄 친 '이 지역'은 서간도(남만주)이다. 서간도(남만주)의 삼원보 지역에서 신민회의 이회영, 이상룡 등이 자치 기관인 경학사를 조직하고, 신흥 무관 학교 출신들이 독립운동을 위해 서로 군정서를 조직하였다.

(바로 알기) ㄱ, ㄷ은 연해주 지역의 블라디보스토크에서 있었던 일이다.

✦ **미건 꼭 맘기!** 신민회(이회영, 이상룡) + 경학사 + 신흥 강습소 + 서로 군정서 → **서간도(남만주) 지역의 독립운동**

05 미주 지역의 독립운동

(가) 단체는 대한인 국민회이다. 1908년에 장인환과 전명운이 미국인 스티븐스를 저격한 사건을 계기로 미주 지역 한인들의 민족 운동에 대한 관심이 고조되어 여러 한인 단체들을 통합하려는 움직임이 일어났다. 그 결과 1910년에 대한인 국민회가 결성되었다.

(바로 알기) ① 권업회는 연해주에서 조직된 자치 단체이다. ② 부민단은 서간도 지역에서 경학사를 계승하여 조직되었다. ③ 황국 협회는 1898년 대한 제국의 황실과 보수 관료들이 독립 협회를 견제하려고 보부상들을 내세워 만든 단체로, 독립 협회가 해산되자 더불어 해산되었다. ⑤ 대조선 국민군단은 하와이에서 조직된 군사 교육 단체이다.

✦ **미건 꼭 맘기!** 대한인 국민회 + 대조선 국민 군단(하와이) → **미주 지역의 독립운동**

06 연해주 지역의 독립운동

연해주의 블라디보스토크에는 신한촌을 중심으로 독립운동 기지가 건설되었다. 이곳에서 독립운동가들은 1911년에 권업회를 조직하고 권업신문을 발간하여 민족의식을 고취하였다. 1914년에는 이상설과 이동휘를 정부통령으로 하는 대한 광복군 정부가 조직되었다. 지도에서 연해주 지역은 (가)이다.

(바로 알기) 지도의 (나)는 북간도, (다)는 서간도(남만주), (라)는 베이징, (마)는 상하이 지역이다.

✦ **미건 꼭 맘기!** 블라디보스토크 + 권업회 + 대한 광복군 정부 → **연해주 지역의 독립운동**

06-1 ㄱ. (나) 지역은 북간도이다. ㄴ. 상하이에서 김규식, 여운형, 신규식 등은 신한청년당을 결성하였다.

(바로 알기) ㄷ. 대한인 국민회는 미주 지역에서 활동하였다. ㄹ. (다) 서간도 지역의 삼원보에 신한민촌이 건설되었다.

07 1910년대의 세계정세

(가)는 레닌, (나)는 윌슨이다. 1917년 러시아에서 혁명에 성공한 레닌은 반제국주의를 내세우며 식민지와 반식민지의 민족 해방 운동을 지원하겠다고 선언하였다. 또한 제1차 세계 대전이 끝나갈 무렵 미국의 대통령 윌슨이 민족 자결주의 원칙을 제시하였다. 이 두 사건은 식민 지배를 받던 약소민족에게 희망을 주었다.

(바로 알기) 스티븐스는 제1차 한일 협약을 통해 대한 제국의 외교 고문으로 임명되었다. 이후 미국 샌프란시스코에서 1908년 정명운, 장인환이 일본의 한국 침략이 정당하다고 주장한 스티븐스를 저격하였다. 스탈린은 1937년에 한국인들이 일제에 협력할 수 있다는 구실을 들어 연해주의 한국인을 중앙아시아로 이주시킨 인물이다. 애치슨은 미국 국무 장관으로 1950년 1월에 애치슨 선언을 발표하였다.

✦ **미건 꼭 맘기!** 러시아 혁명(레닌) + 민족 자결주의(윌슨) → **1910년대의 세계정세**

08 2·8 독립 선언의 발표

자료는 2·8 독립 선언의 내용 중 일부이다. 1910년대 후반 국내외 민족 운동가들은 국제 사회의 변화를 기회로 삼아 독립운동을 활발히 전개하였다. 일본 도쿄에서는 한국인 유학생들이 2·8 독립 선언을 발표하여 일본과 국제 사회에 한국의 독립을 선언하였다.

(바로 알기) ① 대한 제국은 1899년 대한국 국제를 반포하여 대한 제국이 세계 만국이 공인한 자주독립 국가이며 전제 군주정임을 명시하였다. ② 1898년부터 독립 협회는 종로에서 상인, 학생 등이 참여한 만민 공동회를 열어 러시아의 간섭과 이권 요구를 규탄하는 자주 국권 운동을 전개하였다. ③ 신민회는 만주에 독립군 기지를 건설하고 신흥 강습소를 세워 독립군을 기르는 데 힘을 기울였다. ④ 안중근은 「동양 평화론」을 저술하여 일본의 침략 행위를 비판하였다.

✦ **미건 꼭 맘기!** 일본 도쿄의 한국인 유학생 + 조선 청년 독립단 조직 → **2·8 독립 선언 발표(1919)**

09 3·1 운동 직전의 상황

지도는 3·1 운동이 전개된 주요 시위 지역과 시위 건수를 나타낸 것이다. 3·1 운동 전인 1918년 중국 상하이에서 신한청년당이 조직되어 한국의 독립을 청원하고자 김규식을 파리 강화 회의에 파견하였다. 또한 일본 도쿄의 한국인 유학생들은 2·8 독립 선언을 발표하였고, 국내에서는 거족적 민족 운동의 움직임이 일어났다. 그러던 중 고종이 갑자기 서거하자 국민이 크게 분노하는 가운데 3·1 운동이 일어났다(1919).

(바로 알기) ① 중국의 5·4 운동은 3·1 운동의 영향을 받아 일어났다. ③ 독립운동의 새로운 방향을 모색하기 위한 국민 대표 회의는 1923년에 개최되었다. ④ 3·1 운동을 계기로 일제는 통치 방식을 바꾸었으며, 제3대 조선 총독 사이토가 새로 부임하였다. ⑤ 1925년에 박은식이 대한민국 임시 정부의 대통령으로 추대되었다.

✦ **이건 꼭 알기!** 신한청년당 활동(상하이) + 2·8 독립 선언(도쿄) → 3·1 운동 이전의 상황

10 대한민국 임시 정부의 수립

(가) 정부는 대한민국 임시 정부이다. 1919년 상하이에서 수립된 대한민국 임시 정부는 임시 의정원(입법), 국무원(행정), 법원(사법)으로 구성되었고, 초대 대통령과 국무총리에 각각 이승만과 이동휘가 추대되었다.

(바로 알기) ①, ②, ④는 조선 정부가 한 일이다. ③ 신민회는 일제가 조작한 105인 사건으로 와해되었다.

✦ **이건 꼭 알기!** 임시 의정원(입법) + 국무원(행정) + 법원(사법) → 대한민국 임시 정부의 수립

10-1 1919년에 전개된 3·1 운동을 계기로 대한민국 임시 정부가 수립되었다.

(바로 알기) 강화도 조약 체결은 1876년, 갑신정변은 1884년, 대한 제국 수립은 1897년, 국권 피탈은 1910년, 만주 사변은 1931년에 있었던 사실이다.

11 대한민국 임시 정부의 활동

(가)는 교통국이다. 대한민국 임시 정부는 독립운동 자금을 모으고 국내외의 항일 세력과 연락하고자 연통제와 교통국을 운영하였다. 교통국은 대한민국 임시 정부의 통신 기관으로 정보 수집과 분석, 독립운동 자금 모집 등을 담당하였다. 특히 이륭 양행에 근거를 둔 안동(단둥) 교통국의 활약이 두드러졌다.

(바로 알기) ② 제1차 갑오개혁 때 왕실 사무를 담당하는 궁내부가 설치되었다. ③ 연통제는 국내의 도·군·면에 설치된 비밀 행정 조직이다. ④ 대한 제국은 황제가 국방과 군사에 관한 명령을 직접 장악할 수 있도록 원수부를 설치하였다. ⑤ 정미의병 당시 의병 투쟁이 전국적으로 확산되자 의병 지도자들은 이인영을 총대장으로 하여 13도 창의군을 편성하였다.

✦ **이건 꼭 알기!** 대한민국 임시 정부 + 비밀 통신 기관 + 독립운동 자금 모집 → 교통국

12 대한민국 임시 정부의 독립 공채 발행

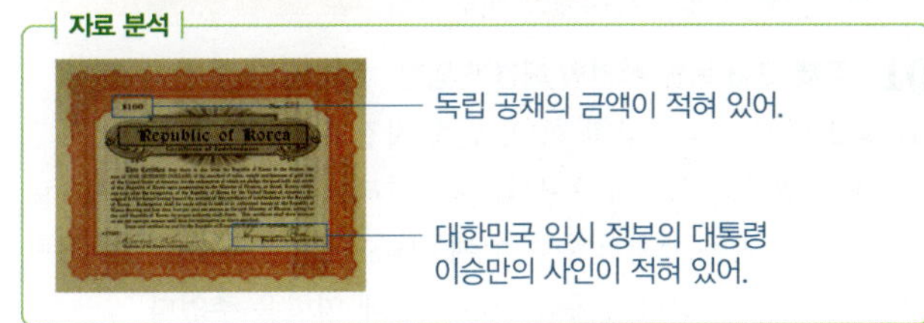

밑줄 친 '이 정부'는 대한민국 임시 정부이다. 대한민국 임시 정부는 독립운동 자금을 모금하면서, 광복 후 상환할 것을 약속하고 그 증서로 독립 공채를 발행하였다. 또한 대한민국 임시 정부는 독립신문을 발간하여 독립운동과 국내외 소식을 동포들에게 전하였으며, 한일 관계 사료집을 편찬하여 한국인의 독립 의식을 높이고 이를 국제 연맹에 제출하여 한국 독립의 당위성을 알리려 하였다.

(바로 알기) ㄱ. 독립 협회는 모금 활동을 통해 독립문을 건립하였다. ㄴ. 1907년 나철과 오기호는 자신회를 조직해 이완용 등 을사늑약을 체결하는 데 협조한 을사5적의 처단을 시도하였다.

✦ **이건 꼭 알기!** 독립 공채 발행 + 독립신문 발간 + 한일 관계 사료집 편찬 → 대한민국 임시 정부의 활동

13 국민 대표 회의의 개최

(가)는 1923년 1월에 개최된 국민 대표 회의, (나)는 1919년 3월에 시작된 3·1 운동, (다)는 1919년 9월의 대한민국 임시 정부 헌법 공포이다. 3·1 운동을 계기로 대한민국 임시 정부가 수립되었으나, 대한민국 임시 정부의 활동이 뚜렷한 성과를 거두지 못하자 독립운동의 노선을 둘러싸고 논쟁이 벌어졌다. 이에 여러 민족 운동가는 독립운동의 새로운 방향을 모색하려고 국민 대표 회의를 개최하였다.

✦ **이건 꼭 알기!** 3·1 운동 → 대한민국 임시 정부 수립 → 국민 대표 회의 개최

14 국민 대표 회의와 대한민국 임시 정부의 변화

밑줄 친 '이 회의'는 국민 대표 회의이다. 국민 대표 회의가 결렬되고 많은 민족 운동가가 임시 정부에서 이탈하면서 임시 정부는 조직을 유지하기 어려울 정도로 세력이 약화하였다. 그러자 1925년 임시 의정원은 이승만 대통령을 탄핵하고 박은식을 대통령으로 추대하였다. 그리고 헌법을 개정하여 대통령제를 국무령제로 변경하는 등 임시 정부의 위기를 수습하려는 여러 노력을 기울였다.

(바로 알기) ① 대한 광복회는 박상진 등이 항일 운동을 위해 1915년에 조직하였다. ② 신민회는 1911년 만주에 신흥 강습소를 설립하였다. ③ 1905년에 조직된 헌정 연구회는 입헌 군주제를 지향하는 연구 활동을 하였으며, 을사늑약에 저항하다가 해산되었다. ④ 대한민국 임시 정부는 1919년 미국에 구미 위원부를 설치하였다.

✦ **이건 꼭 알기!** 독립운동의 새로운 방향 모색 + 창조파, 개조파, 고수파의 대립 → 국민 대표 회의

서술형 문제

01 주제: 2·8 독립 선언의 배경과 영향

(1) **답안 키워드** 파리 강화 회의, 민족 자결주의, 3·1 운동

(2) **예시 답안** 미국의 대통령 윌슨이 파리 강화 회의의 원칙으로 민족 자결주의를 제시하였다. 이에 자극을 받아 일어난 2·8 독립 선언은 국내에서 3·1 운동이 일어나는 데 영향을 주었다.

채점 기준	
상	2·8 독립 선언의 발표 배경과 국내에 준 영향을 모두 서술한 경우
하	2·8 독립 선언의 발표 배경과 국내에 준 영향 중 한 가지만 서술한 경우

02 주제: 대한민국 임시 정부의 수립

예시 답안 대한민국 임시 정부, 대한민국 임시 정부는 서구 열강의 조계 지역이 많아 외교 활동에 유리하고 일제의 탄압을 피할 수 있는 상하이에 수립되었다.

채점 기준	
상	대한민국 임시 정부를 쓰고, 대한민국 임시 정부가 상하이에 수립되었음을 그 지역적 이점을 들어 서술한 경우
하	대한민국 임시 정부만 쓴 경우

03 주제: 국민 대표 회의의 결렬

예시 답안 국민 대표 회의, 국민 대표 회의에서 (가) 개조파는 대한민국 임시 정부를 유지하면서 개편하자고 주장하였다. (나) 창조파는 대한민국 임시 정부를 해체하고 새로운 정부를 수립하자고 주장하였다.

채점 기준	
상	국민 대표 회의를 쓰고, 개조파와 창조파의 주장을 비교하여 서술한 경우
중	국민 대표 회의를 쓰고, 개조파와 창조파 중 하나의 주장만 서술한 경우
하	국민 대표 회의만 쓴 경우

STEP 3 1등급 정복하기 040쪽

01 ③   **02** ③

01 1910년대 국내 비밀 결사의 활동

자료의 (가)는 독립 의군부, (나)는 대한 광복회이다. 독립 의군부, 대한 광복회는 1910년대에 활동한 국내 비밀 결사이다. 임병찬이 1912년에 조직한 독립 의군부는 복벽주의를 지향하고, 전국적인 의병 봉기를 계획하였다. 일제에 국권 반환 요구서를 보내려고 준비하던 중 발각되어 해체되었다. 대한 광복회는 박상진 등이 1915년에 조직한 단체로 공화정 형태의 근대 국가 건설을 추구하였다.

바로 알기 ③ 105인 사건은 1911년에 발생하였으며, 이로 인해 애국 계몽 운동 단체인 신민회가 와해되었다.

02 대한민국 임시 정부의 활동

자료 분석

(가)는 대한민국 임시 정부이다. 대한민국 임시 정부는 독립운동 자금을 마련하기 위해 독립 공채를 발행하였으며, 외교 활동을 위해 구미 위원부를 설치하였다. 또한 국내외 항일 세력과 긴밀하게 연락하며 활동하기 위해 연통제와 교통국을 운영하였다. 임시 사료 편찬회를 두고 한일 관계 사료집을 간행하여 한국인의 독립 의식을 높이고 국제 사회에 한국 독립의 당위성을 알리려 하였다.

바로 알기 ③ 애국 계몽 운동 단체인 신민회는 1911년 만주에 신흥 강습소를 설립하였다.

판서로 보는 고난도 개념 대한민국 임시 정부의 활동	
국내 연락망 구축	연통제·교통국 운영
독립운동 자금 모금	독립 공채 발행, 의연금 모금
군사 활동	군무부 설치, 직할 부대 편성
외교 활동	구미 위원부 설치

수능 첫걸음 041쪽

실전 문항 ①

실전 문항 연해주 지역에서의 독립운동

신한촌, 대한 광복군 정부, 중앙아시아 강제 이주 등의 내용을 통해 (가) 지역이 연해주 지역임을 알 수 있다. 연해주 블라디보스토크의 신한촌을 기반으로 자치 단체인 권업회가 조직되었다. 이후 권업회의 이상설과 이동녕 등은 대한 광복군 정부를 수립하였다.

바로 알기 ② 1923년 진주에서 조선 형평사가 결성되었다. ③ 신민회는 1911년 남만주 삼원보에 신흥 강습소를 설립하였다. ④ 1920년에 김좌진이 이끄는 북로 군정서군 등 독립군 연합 부대는 백두산 부근의 청산리 일대에서 일본군에 크게 승리하였다. ⑤ 1932년 중국 상하이에서 한인 애국단원 윤봉길의 훙커우 공원 의거가 일어났다.

04 / 민족 운동의 전개와 분화

1 봉오동 **2** (1) 훈춘 사건 (2) 간도 **3** (1) × (2) × (3) ○ **4** (1) ㄱ (2) ㄴ
5 정우회

01 ⑤ **02** ② **03** ③ **04** ② **05** ② **06** ⑤
06-1 ㄷ, ㄹ **07** ① **08** ② **09** ⑤ **10** ④ **11** ③
11-1 ⑤ **12** ⑤ **13** ① **14** ② **15** ⑤

01 홍범도의 활동

자료에 해당하는 인물은 홍범도이다. 홍범도가 이끄는 대한 독립군, 최진동이 이끄는 군무 도독부군, 안무가 이끄는 국민회군 등은 연합 부대를 결성하고 일본군을 봉오동으로 유인하여 큰 승리를 거두었다(봉오동 전투).

(바로 알기) ① 대성 학교는 신민회가 설립하였다. ② 안중근은 하얼빈에서 이토 히로부미를 처단하였다. ③ 이상설, 이준, 이위종이 헤이그에 특사로 파견되었다. ④ 독립 의군부는 1910년대에 임병찬 등이 고종의 밀명을 받아 조직하였다.

◆ **이건 꼭 맘기!** 대한 독립군(홍범도) + 군무 도독부군(최진동) + 국민회군(안무) → **봉오동 전투**

02 청산리 대첩

밑줄 친 '큰 승리'는 청산리 대첩이다. 북로 군정서와 대한 독립군 등의 독립군 부대는 청산리 부근으로 집결하여 일본군과 일전을 계획하고, 전투에 유리한 백운평, 완루구, 어랑촌, 고동하 등지에서 일본군에 맞섰다. 그 결과 많은 일본군을 사살하였는데, 이를 청산리 대첩이라고 한다. 지도에서 청산리 일대는 (나) 북간도에 포함된다.

(바로 알기) (가)는 연해주 지역, (다)는 서간도(남만주) 지역, (라)는 베이징, (마)는 상하이를 포함하는 지역이다.

◆ **이건 꼭 맘기!** 훈춘 사건 + 북로 군정서(김좌진) + 대한 독립군(홍범도) → **청산리 대첩**

03 자유시 참변

자료의 사건은 자유시 참변(1921)이다. 자유시 참변은 1921년에 러시아 적군이 지휘권 양도를 거부하는 한인 부대를 공격하여 많은 독립군이 희생된 사건이다. 청산리 대첩(1920) 이후 자유시로 이동한 만주 지역의 독립군 부대들은 자유시 참변(1921)으로 세력이 약화되었다.

◆ **이건 꼭 맘기!** 1921년 + 한인 부대의 지휘권 양도 거부 + 러시아 적군의 공격 → **자유시 참변**

04 만주 지역에서의 무장 독립 투쟁

(가)는 청산리 대첩(1920. 10.), (나)는 미쓰야 협정(1925)에 대한 설명이다. 일본군은 청산리 대첩을 전후한 시기에 독립군의 근거지를 없앤다는 구실로 무고한 간도의 한인들을 잔인하게 학살하는 간도 참변(1920~1921)을 일으켰다.

(바로 알기) ① 의열단은 1919년 만주 지린성에서 김원봉의 주도로 결성되었다. ③ 1911년에 일제는 105인 사건을 조작하여 신민회를 와해시켰다. ④ 1915년에 박상진 등이 대한 광복회를 조직하였다. ⑤ 정미의병 시기에 조직된 13도 창의군은 1908년에 서울 진공 작전을 전개하였다.

◆ **이건 꼭 맘기!** 봉오동 전투 → 청산리 대첩 → 간도 참변 → 자유시 참변 → 3부 성립 → 미쓰야 협정 → **3부 통합 운동**

05 3부 통합 운동

(가)는 국민부, (나)는 혁신 의회이다. 1920년대 말 만주에서 3부 통합 운동이 전개되었다. 그러나 통합 방법을 둘러싼 의견 차이로 완전한 통합에 이르지 못한 채 3부는 남만주의 국민부와 북만주의 혁신 의회로 재편되었다.

(바로 알기) 신민회는 국권 피탈 이전에 조직되었으며, 일제가 조작한 105인 사건으로 와해되었다. 대한 국민 의회는 연해주 블라디보스토크 지역의 독립운동가들이 3·1 운동 후에 수립한 임시 정부이다.

◆ **이건 꼭 맘기!** 민족 유일당 운동 + 국민부와 혁신 의회 성립 → **3부의 통합**

06 의열단의 조직

자료에서 언급된 '이 단체'는 의열단이다. 의열단은 조선 총독, 친일파 등을 암살하고, 조선 총독부, 동양 척식 주식회사 등의 식민 기관을 파괴하려 하였다. 이러한 의열단은 1919년 만주에서 김원봉, 윤세주 등의 주도로 조직되었다.

(바로 알기) ① 신민회는 무장 투쟁을 위해 신흥 강습소를 설립하였다. ② 독립 의군부는 복벽주의를 지향하였다. ③ 대한민국 임시 정부는 입법 기관으로 임시 의정원을, 행정 기관으로 국무원을 두었다. ④ 신한청년당은 김규식을 파리 강화 회의에 파견하였다.

◆ **이건 꼭 맘기!** 1919년 조직 + 「조선 혁명 선언」 + 김원봉 주도 → **의열단**

06-1

1921년에 의열단원 김익상은 조선 총독부에 폭탄을 투척하였다. 또한 1926년에 의열단원 나석주는 동양 척식 주식회사에 폭탄을 투척하였다.

(바로 알기) ㄱ은 갑신정변(1884) 때 한 일이다. ㄴ. 1920년에 일어난 청산리 대첩에서 김좌진의 북로 군정서 등이 활약하였다.

07 의열단과 「조선 혁명 선언」

자료는 의열단 조직을 주도한 김원봉의 요청으로 신채호가 작성한 「조선 혁명 선언」이다. 이 선언은 의열단의 활동 지침이었다. 「조선 혁명 선언」에는 폭력 투쟁으로 민중의 직접 혁명을 달성하려는 의열단의 정신이 나타나 있다.

(바로 알기) ② 민족 대표 33인은 기미 독립 선언서를 작성하였고, 1919년 3월 1일 탑골 공원에서 학생과 시민들이 기미 독립 선언서를 낭독하였다. ③ 2·8 독립 선언은 1919년 일본 도쿄에서 한국인 유학생들이 발표하였다. ④ 독립 의군부는 일본 총리와 조선 총독에게 국권 반환 요구서를 보내려고 계획하던 중에 조직이 발각되어 해체되었다. ⑤ 이승만이 미국 대통령 윌슨에게 위임 통치 청원서를 제출한 사실이 문제가 되어 대한민국 임시 정부의 개편을 요구하는 분위기가 형성되었다. 그리하여 1923년에 국민 대표 회의가 개최되었다.

✦ **이건 꼭 암기!** 신채호 + 「조선 혁명 선언」 → **의열단의 활동 지침**

08 실력 양성 운동의 전개

3·1 운동 이후 일부 지식인들은 독립을 위해 실력을 기르자는 실력 양성 운동을 벌였다. 이들은 민족 기업 설립, 물산 장려 운동 등의 경제적 실력 양성 운동과 민립 대학 설립 운동, 문자 보급 운동 및 브나로드 운동 등의 교육·문화 운동을 전개하였다.

(바로 알기) ② 국채 보상 운동은 국권 피탈 이전에 일어난 애국 계몽 운동이다. 대한 제국의 국채 1,300만 원을 갚아 일본의 경제적 예속에서 벗어나자는 취지로 1907년 대구에서 국채 보상 운동이 시작되어 전국으로 확산되었다.

✦ **이건 꼭 암기!** 물산 장려 운동 + 민립 대학 설립 운동 + 문자 보급 운동 + 브나로드 운동 → **실력 양성 운동**

09 물산 장려 운동의 추진

1920년대 초 경성 방직 주식회사의 국산품 애용 광고와 구호를 통해 밑줄 친 '이 운동'이 물산 장려 운동임을 알 수 있다. 물산 장려 운동은 '내 살림 내 것으로', '조선 사람 조선 것'이라는 구호를 내걸고, 민족 산업의 보호와 육성을 위한 토산품 애용, 절약 생활 등을 강조하였다. 하지만 토산품의 수요가 증가하면서 가격이 폭등하는 경우가 많아졌다. 이에 사회주의자들은 물산 장려 운동이 자본가 계급의 이기적인 계급 운동이라고 비판하였다.

(바로 알기) ① 국채 보상 운동은 대구에서 시작되어 전국으로 확산되었다. 물산 장려 운동은 평양에서 시작되었다. ② 통감부는 1906년에 설치되었고, 1910년에 조선 총독부가 설치되면서 폐지되었다. ③ 신미양요 이후 흥선 대원군은 통상 수교 거부 의지를 널리 알리기 위해 전국 각지에 척화비를 세웠다. ④ 황성신문과 대한매일신보 등은 국채 보상 운동을 지원하였다. 언론의 지원을 받으면서 서울에서 국채 보상 기성회가 조직되는 등 국채 보상 운동은 전국적으로 확산되었다. 그 결과 대한매일신보의 양기탁이 횡령 혐의로 구속되기도 하였다.

✦ **이건 꼭 암기!** '내 살림 내 것으로' + '조선 사람 조선 것' + 토산품 애용 → **물산 장려 운동**

10 물산 장려 운동의 전개

자료는 물산 장려 운동을 장려하는 글이다. 1920년에 회사령이 폐지되자 일본의 기업이 한국에 본격적으로 진출하였고, 1920년대 초에 한국과 일본 사이의 관세가 철폐된다는 소식이 전해지면서 한국인 자본가들의 위기의식이 높아졌다. 이러한 상황에서 조만식 등 민족주의 계열 인사들은 민족 기업과 자본을 보호하고 육성하여 경제적 자립을 실현하고자 하였다. 이들은 1920년에 평양에서 조선 물산 장려회 발기인 대회를 열고 물산 장려 운동을 전개하였다.

(바로 알기) ① 1910년에 일제는 회사령을 제정하여 회사를 설립할 때 조선 총독의 허가를 받도록 하였다. ② 조청 상민 수륙 무역 장정 체결 이후 외국 상인들이 내륙에 진출하자, 시전 상인들은 상권을 수호하기 위해 1898년에 황국 중앙 총상회를 조직하였다. ③ 조선일보는 문자 보급 운동을, 동아일보는 브나로드 운동을 주도하였다. ⑤ 1905년에 재정 고문인 일본인 메가타가 한국의 금융을 장악하기 위해 화폐 정리 사업을 주도하였다.

✦ **이건 꼭 암기!** 회사령 폐지(1920) + 한국과 일본 사이의 관세 철폐 → **물산 장려 운동**

11 민립 대학 설립 운동의 전개

독립을 위해 힘(실력)을 기르자는 실력 양성 운동의 한 방법이야.

| 자료 분석 |

우리의 운명을 어떻게 개척할까? 정치냐, 외교냐, 산업이냐? 물론 이와 같은 일이 모두 필요하도다. 그러나 그 기초가 되고 요건이 되며, 가장 급한 일이 되고, 가장 먼저 해결해야 할 필요가 있으며, 가장 힘 있고, 가장 필요한 수단은 교육이 아니면 아니 된다. …… 민중의 보편적인 지식은 보통 교육으로써 가능하지만 심오한 지식과 학문은 고등 교육이 아니면 불가하여, …… 대학의 설립이 아니고는 다른 방도가 없다.

— 가장 힘 있고, 가장 필요한 수단은 교육이 아니면 아니

— 고등 교육이 아니면 → 대학 교육을 뜻해.

— 한국인의 힘으로 대학을 설립하고자 하였어.

자료는 동아일보에 게재된 조선 민립 대학 기성회 발기 취지서의 일부이다. 민립 대학 설립 운동은 한국인의 고등 교육을 위한 대학 설립 운동으로, 1923년에 조직된 조선 민립 대학 기성회를 중심으로 1920년대 초에 추진되었다. 조선 민립 대학 기성회는 대학 설립에 필요한 경비 1천만 원을 마련하기 위해 국내외에서 모금 운동을 전개하였다.

(바로 알기) ①, ② 평양에서 시작되어 전국으로 확산된 물산 장려 운동은 민족 산업의 보호와 육성을 위한 토산품 애용, 절약 생활 등을 강조하였다. ④ 1895년 고종의 교육 입국 조서 반포 이후 정부는 학부 관제, 한성 사범 학교 관제, 소학교 관제, 외국어 학교 관제 등을 발표하였으며, 이에 따라 소학교, 한성 중학교, 한성 사범 학교 및 외국어 학교 등이 설립되었다. ⑤ 1890년대 초에 동학의 교세가 확장되면서 교조의 억울함을 풀고 포교의 자유를 요구하는 교조 신원 운동이 일어났다.

✦ **이건 꼭 암기!** 대학 설립 목표 + 모금 활동 → **민립 대학 설립 운동**

11-1 민립 대학 설립 운동은 이상재 등이 조직한 조선 민립 대학 기성회가 중심이 되어 전개하였다.

(바로 알기) ①은 1911년, ②는 1905년, ③은 1907년, ④는 1920년에 결성되었다.

12 민립 대학 설립 운동의 추진

자료는 경성 제국 대학 개학식 연설의 일부이다. 일제는 민립 대학 설립 운동을 무마하기 위해 경성 제국 대학을 설립하였다(1924). 하지만 경성 제국 대학은 한국에 거주하는 일본인의 고등 교육을 위한 대학이었고, 한국인을 위한 대학은 아니었다. 오히려 일제의 식민 지배를 정당화하는 역할을 하였다.

(바로 알기) ① 황국 협회는 1898년에 대한 제국 황제의 측근 관료들이 독립 협회를 견제하기 위해 보부상들을 내세워 조직한 단체이다. ② 독립 협회는 1898년 관민 공동회를 개최하여 헌의 6조를 결의하였고, 중추원을 의회식으로 개편하려 하였다. ③ 상권 수호 운동은 개항 이후에 전개되었다. 당시 조청 상민 수륙 무역 장정과 조일 통상 장정 등의 체결로 외국 상인들이 조선 내륙에 진출하자, 상권을 침탈당한 조선 상인들이 상권 수호 운동을 벌였다. ④ 국채 보상 운동은 일제가 제공한 차관을 국민의 힘으로 갚아 경제 주권을 수호하자는 구국 운동으로, 1907년에 전개되었다.

✦ **이건 꼭 맘기!** 민립 대학 설립 운동 + 일본의 대응 → **경성 제국 대학 설립(1924)**

13 브나로드 운동

(가)는 동아일보이다. 동아일보는 1930년대 전반에 '배우자, 가르치자, 다 함께 브나로드'라는 구호 아래 브나로드 운동을 전개하였다. 방학을 맞은 학생들이 이 운동에 적극적으로 참여하여 농민과 노동자에게 한글을 가르치는 야학 운동을 펼치고, 한글 보급을 위한 강습회도 개최하였다.

(바로 알기) ② 1898년에 창간된 제국신문은 하층민과 부녀자를 독자층으로 하여 순한글로 발간하였고 법률 지식을 알리며 풍속을 개량하려 하였다. ③ 조선일보는 1929년부터 '아는 것이 힘, 배워야 산다.'라는 표어를 내걸고 방학에 귀향하는 학생들과 함께 문자 보급 운동을 전개하였다. ④ 황성신문은 국민 지식의 계발과 외세 침입에 대한 항쟁 활동을 전개하고, 「시일야방성대곡」을 발표하였다. ⑤ 대한매일신보는 1904년에 창간되었으며, 영국인 베델이 발행인으로 참여하였다.

✦ **이건 꼭 맘기!** 동아일보 + '배우자, 가르치자, 다 함께 브나로드' 구호 → **브나로드 운동**

14 신간회의 창립

밑줄 친 '이 단체'는 신간회이다. 사회주의 단체였던 정우회가 비타협적 민족주의 세력과 민족 협동 전선을 구축할 수 있다고 선언하였고(1926), 여기에 비타협적 민족주의 세력이 호응하면서 민족 협동 전선 단체로 신간회가 창립되었다(1927).

(바로 알기) 국권 피탈은 1910년, 3·1 운동은 1919년, 정우회 선언은 1926년, 만주 사변은 1931년, 국가 총동원법 제정은 1938년, 8·15 광복은 1945년의 일이다.

✦ **이건 꼭 맘기!** 민족 유일당 운동 + 정우회 선언 → **신간회 창립**

15 신간회의 활동

> **자료 분석**
> 1. 우리는 정치적, 경제적 각성을 촉진함
> 2. 우리는 단결을 공고히 함 ┐ 민족주의 진영과 사회주의 진영의
>   └ 연합 분위기가 반영되어 있어.
> 3. 우리는 기회주의를 일체 부인함
>   └ 타협적 민족주의를 가리켜.

자료는 신간회의 강령이다. 1927년에 결성된 신간회는 일제 강점기 최대 규모의 합법적 사회 운동 단체로, 1929년에 광주 학생 항일 운동이 일어나자 진상 조사단을 파견하였고, 민중 대회를 열어 이를 전국적인 항일 운동으로 확산시키려고 하였다. 하지만 사전에 일본 경찰에게 발각되어 민중 대회는 열리지 못하였다.

(바로 알기) ① 1898년에 한성의 부인들이 여성 교육의 필요성과 직업을 가질 권리, 정치 참여 권리 등을 주장하는 「여권통문」을 발표하였다. ② 박상진 등의 주도로 1915년에 대한 광복회가 조직되었다. ③ 신간회는 이광수를 중심으로 벌어진 자치 운동을 비판하였다. ④ 김좌진이 이끈 북로 군정서, 홍범도가 이끈 대한 독립군을 비롯한 여러 독립군 부대는 일본군과 청산리 일대에서 10여 차례 전투를 벌여 큰 승리를 거두었다.

✦ **이건 꼭 맘기!** 비타협적 민족주의 세력과 사회주의 세력이 연합 + 광주 학생 항일 운동에 진상 조사단 파견 → **신간회**

서술형 문제 051쪽

01 주제: 미쓰야 협정의 영향

(1) (답안 키워드) 미쓰야 협정, 만주

(2) (예시 답안) 미쓰야 협정, 만주의 군벌과 일제가 미쓰야 협정을 체결하면서 만주의 중국 관리들이 만주 지역에서 활동하던 독립군을 탄압하여 독립군의 활동이 크게 위축되었다.

채점 기준	
상	미쓰야 협정을 쓰고, 협정을 맺은 주체와 독립군 활동의 위축을 모두 서술한 경우
하	미쓰야 협정만 쓴 경우

02 주제: 물산 장려 운동에 대한 반응

(예시 답안) 물산 장려 운동, 민중은 토산물을 애용하자는 물산 장려 운동을 지지하여 토산물에 대한 수요가 높아졌다. 그러나 수요 증가로 상품 가격이 크게 오르자 사회주의 세력은 물산 장려 운동을 자본가와 상인의 이익만을 추구하는 이기적인 운동이라고 비난하였다.

채점 기준	
상	물산 장려 운동을 쓰고, 민중과 사회주의 세력의 반응을 모두 서술한 경우
중	물산 장려 운동에 대한 민중과 사회주의 세력의 반응 중 한 가지만 서술한 경우
하	물산 장려 운동만 쓴 경우

03 주제: 정우회 선언의 영향

예시 답안 정우회 선언, 정우회 선언의 영향을 받아 사회주의 세력과 비타협적 민족주의 세력이 연대하여 민족 협동 전선 단체로 신간회를 결성하였다.

채점 기준	
상	정우회 선언을 쓰고, 정우회 선언이 끼친 영향을 모두 서술한 경우
하	정우회 선언의 명칭, 정우회 선언이 끼친 영향 중 한 가지만 서술한 경우

STEP 3 · 1등급 **정복하기** · 052쪽

01 ⑤   **02** ⑤

01 의열단의 활동

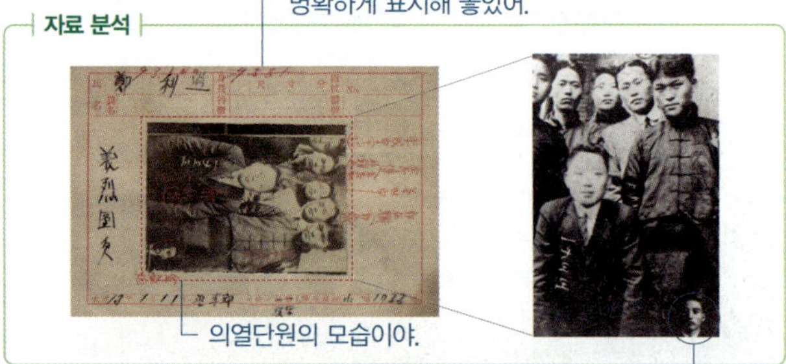

자료는 일제 감시 대상 인물 카드로, (가) 단체는 의열단이다. 의열단은 김원봉을 중심으로 1919년에 만주 지린성에서 결성되었다. 1920년대에는 김익상, 김상옥, 나석주 등의 의열단원들이 일제 식민 통치 기구 파괴 및 일제 요인 암살 의거를 펼쳤다. 이러한 의열단은 신채호의 「조선 혁명 선언」을 활동 지침으로 삼았다.

바로 알기 ① 독립 협회는 만민 공동회를 개최하였다. ② 임병찬 등이 조직한 독립 의군부는 고종의 복위를 목표로 활동하였다. ③ 대한민국 임시 정부는 연통제와 교통국을 운영하였다. ④ 신민회는 민족 교육을 실시하기 위해 오산 학교와 대성 학교를 설립하였다.

02 신간회의 활동

밑줄 친 '이 단체'는 신간회이다. 신간회는 정우회 선언을 계기로 창립되었으며, 창립 당시 '기회주의 일체 부인' 등을 내용으로 하는 3대 강령을 제시하였다. 신간회는 1929년에 광주 학생 항일 운동이 일어나자 진상 조사단을 파견하였고, 민중 대회를 열어 이를 전국적인 항일 운동으로 확산시키려고 하였다. 그러나 민중 대회 사건 이후 일제의 탄압을 받았고, 새로 구성된 집행부가 점차 일제에 대해 온건하게 대하고 타협적 합법 운동을 강조하자 사회주의자들은 이를 비판하였다. 코민테른도 그즈음 민족주의 계열과의 협동 전선 해체를 지시하였다. 이에 따라 사회주의 세력이 이탈하면서 1931년에 신간회는 해소되었다.

이끈 북로 군정서, 홍범도가 이끈 대한 독립군을 비롯한 여러 독립군 부대는 일본군과 청산리 일대에서 10여 차례 전투를 벌여 큰 승리를 거두었다. 이를 청산리 대첩(1920)이라고 한다.

판서로 보는 고난도 개념 **신간회**

결성(1927)	비타협적 민족주의 세력과 사회주의 세력의 연합
의의	• 민족 협동 전선 단체 • 일제 강점기 국내 최대 규모의 합법적 사회 운동 단체
3대 강령	• 정치적·경제적 각성 촉진 • 단결의 공고화 • 기회주의 일체 부인
활동	민중 계몽 운동 전개, 노동·농민 운동 관여, 청년·여성·형평 운동 등과 조직적인 연계, 광주 학생 항일 운동에 진상 조사단 파견 → 민중 대회 계획
해소(1931)	일제의 교묘한 탄압, 새 집행부의 우경화(타협적 노선 등장), 코민테른의 노선 변화(민족주의 세력과 결별) → 전체 대회에서 해소 결정

수능 첫걸음 · 053쪽

실전 문항 ①

실전 문항 **의열단의 활동**

김상옥이 종로 경찰서에서 폭탄을 투척하였다는 내용을 통해 밑줄 친 '이 단체'가 의열단임을 알 수 있다. 의열단은 1919년 만주 지린성에서 김원봉의 주도로 결성되었다. 의열단은 신채호가 쓴 「조선 혁명 선언」에 따라 민중의 직접 혁명을 추구하며 의열 활동을 전개하였다.

바로 알기 ② 1890년대 초에 동학의 교세가 확장되면서 교조 신원 운동이 일어났다. ③ 1979년 10월에 부산과 마산에서는 유신 철폐와 독재 반대를 요구하는 부마 민주 항쟁이 전개되었다. ④ 애국 계몽 운동 단체인 신민회는 민족의 실력을 양성하기 위해 대성 학교와 오산 학교를 설립하고, 자기 회사와 태극 서관을 운영하였다. ⑤ 1919년에 신한청년당은 독립 청원서를 작성하고, 김규식을 파리 강화 회의에 대표로 파견하였다. 대한민국 임시 정부는 김규식을 전권 대사로 임명하여 파리 강화 회의에 독립 청원서를 제출하게 하였다.

판서로 보는 고난도 개념 **의열단**

결성	• 김원봉 등의 주도로 만주 지린성에서 결성 • 신채호의 「조선 혁명 선언」이 의열단의 활동 지침이 됨
활동	• 김익상의 조선 총독부 투탄(1921) • 김상옥의 종로 경찰서 투탄(1923) • 김지섭의 일본 궁성 투탄(1924) • 나석주의 동양 척식 주식회사 투탄(1926)

05 / 사회·문화의 변화와 대중 운동

01 일제 강점기 도시의 생활 모습

왼쪽 사진은 경성의 혼마치 일대의 모습이고, 오른쪽 사진은 도시 변두리 토막집에 거주하는 토막민의 모습을 나타낸 것이다. 일제 강점기에는 근대 문물이 유입되면서 구두, 양복 등 서양식 복장이 점차 보편화되었다. 근대 교육을 받은 신여성이 등장하였으며, 도시 상류층을 중심으로 커피와 빵 등 서양 식품이 소비되었다. 그러나 이와 같은 근대 문물의 혜택은 일본인과 일부 부유한 한국인만이 누릴 수 있었고, 농민의 경우 일제의 농업 정책으로 경작지를 잃으면서 화전민이 되거나 도시 빈민으로 전락하였다.

（바로 알기） ⑤ 일제 강점기에 문화 주택이 등장하였으나 농민들과 도시의 서민들은 여전히 초가집에서 생활하였다.

✦ **미견 꼭 맘기!** 경성의 혼마치 + 토막민 + 서양식 복장 보편화 + 서양 식품 소비 + 문화 주택 보급 → **일제 강점기 도시의 생활 모습**

01-1

일제 강점기 식민지 도시화로 도시가 성장하면서 경성의 경우 남촌을 중심으로 상가와 같이 화려한 시가지가 형성되었다. 반면에 도시 변두리에는 일자리를 찾아 농촌에서 도시로 온 농민들이 빈민촌을 형성하였고, 이들은 초라한 움막을 짓고 생활하여 토막민이라고 불렸다. 이처럼 일제 강점기에 이루어진 도시화는 양면성을 가지고 있었다.

（바로 알기） ① 일제는 1934년 조선 농지령을 제정하여 가난의 책임을 게으름이나 낭비와 같은 개인의 탓으로 돌려 농민의 불만을 잠재우려 하였다. ② 일제 강점기에 X 자형 간선 철도망이 구축되었는데, 철도 노선의 확대로 지역 간의 이동이 편리해졌고, 철도 교통의 중심지에는 새로운 도시가 성장하였다. 그러나 철도는 일제가 대륙 침략 전쟁을 확대하는 군사적 수단이자 한국의 각종 물자를 수탈하는 데 활용되었다. ④ 일제는 1930년대 초 농촌 문제를 해결하기 위해 농촌 진흥 운동을 추진하였으나, 소작료 인하, 자영농 육성 등의 근본적인 문제를 외면하였기에 농촌 문제를 해결하지 못하였다. ⑤ 일제 강점기 주생활에서는 문화 주택이 보급되고 개량 한옥이 많이 지어졌으나, 농촌은 여전히 초가나 기와로 된 전통 한옥이 대부분이었다.

02 일제 강점기 도시의 거주지 분리

자료는 일제 강점기 일본인과 한국인의 거주지가 분리되어 있었음을 보여 준다. 일제 강점기 경성은 청계천을 기준으로 일본인이 주로 거주하는 남촌과 한국인이 주로 거주하는 북촌으로 생활 공간이 나뉘었다. 각종 근대 시설은 남촌을 중심으로 도입되었고, 북촌에는 거의 설치되지 않았다.

（바로 알기） ① 1930년대 초 대공황의 영향으로 농촌 경제가 더욱 어려워지면서 사회 불안과 대립이 심해졌다. ② 일제 강점기에 일제의 식민지 경제 정책으로 한국 농촌이 일본 자본주의에 강하게 예속되었다. ③ 일제 강점기에 철도의 운행으로 사람들은 운행 시간이 규칙적이고 정확한 철도를 이용하면서 근대적 시간관념에 익숙해졌다. ④ 일제 강점기에 철도는 일제가 한반도의 각종 자원을 수탈해 가는 수단이었다.

✦ **미견 꼭 맘기!** 남촌(일본인 거주지) + 북촌(한국인 거주지) → **일제 강점기 도시의 거주지 분리**

03 일제 강점기 소작 쟁의(농민 운동)

(가)는 1920년대, (나)는 1930년대이다. 농민들은 토지 조사 사업과 산미 증식 계획으로 생활이 어려워지자 소작인 조합, 농민 조합 등을 만들어 지주의 횡포와 일제의 농촌 정책에 맞서 소작 쟁의를 전개하였다. 1930년대에 들어서면서 농민 운동은 사회주의자들과 연결된 비합법적인 농민 조합을 중심으로 전개되어 정치적 성격을 띠게 되었고, 계급 해방을 요구하기도 하였다.

（바로 알기） ⑤ 일제가 1934년에 제정한 조선 농지령으로는 농촌의 문제를 해결하기 어려웠다. 1930년대 들어서면서 대공황의 영향으로 농민들의 생활이 더욱 어려워지자 소작 쟁의가 격화되었으나, 일제의 탄압으로 1930년대 후반에는 소작 쟁의가 점차 감소하였다.

✦ **미견 꼭 맘기!** 1920년대 일제의 농촌 정책에 맞서 전개(생존권 투쟁) + 1930년대 사회주의자들과 연결·정치적 성격 → **일제 강점기 소작 쟁의**

04 일제 강점기 노동 쟁의(노동 운동)

자료는 1929년에 일어난 원산 총파업에 대한 것이다. 원산 총파업은 노동자들이 단결하여 벌인 항일 투쟁이자 일제 강점기 최대 규모의 노동 운동이었다. 1920년대에는 회사령 폐지로 공장과 기업의 설립이 늘어나 노동자의 수도 점차 증가하였다. 그러나 한국인 노동자들은 일본인에 비해 낮은 임금을 받고 열악한 노동 환경에 처해 있었다. 이에 따라 노동 조건 개선과 임금 인상을 요구하는 노동 쟁의가 전개되었다. 사회주의자들이 노동 운동에 적극 개입하면서 1930년대의 노동 쟁의는 생존권 투쟁에서 일제의 식민 통치에 반대하는 정치적 성격을 띠게 되었다.

（바로 알기） ① 형평 운동은 백정에 대한 평등한 대우를 요구하였던 운동이다. ② 조선 공산당과 천도교 세력, 학생 단체가 6·10 만세 운동을 계획하였다. ③ 회사령은 1920년에 폐지되었다. ⑤는 농민 운동에 대한 탐구 주제이다.

✦ **미견 꼭 맘기!** 1920년대 생존권 투쟁 + 1930년대 사회주의자들의 개입·정치적 성격 → **일제 강점기 노동 쟁의**

04-1 자료에 나타난 사건은 원산 총파업(1929)으로, 암태도 소작 쟁의(1923)와 만주 사변(1931) 사이에 일어났다.

05 6·10 만세 운동

밑줄 친 '만세 시위'는 6·10 만세 운동(1926)이다. 6·10 만세 운동은 사회주의 계열 단체와 천도교 세력, 학생 단체 등이 함께 준비하였고, 이는 민족 유일당을 결성할 수 있는 토대가 되었다.

(바로 알기) ① 헌병 경찰제는 1910년대 일제의 식민 통치 방식이다. ③ 6·10 만세 운동 이후 민족 유일당 운동이 추진되었으며, 1927년에 신간회가 결성되었다. ④ 3·1 운동은 대한민국 임시 정부 수립에 영향을 주었다. ⑤ 3·1 운동은 태화관과 탑골 공원에서 독립 선언서를 낭독하면서 시작되었다.

◆ **이건 꼭 암기!** 순종의 장례일 + 사회주의 계열 단체와 천도교 세력, 학생 단체 등이 연합 + 민족 유일당 결성의 배경 → **6·10 만세 운동**

06 광주 학생 항일 운동

제시된 대화에서 1929년에 일어난 점과 3·1 운동 이후에 최대 규모로 일어난 민족 운동인 점을 통해 밑줄 친 '민족 운동'이 광주 학생 항일 운동임을 알 수 있다. 광주 학생 항일 운동은 광주에서 나주로 가는 통학 기차에서 한국 학생과 일본 학생이 충돌한 사건을 계기로 시작되었다. 이 운동은 1929년 11월 3일에 시작하여 이듬해 봄까지 이어졌다.

(바로 알기) ①은 3·1 운동, ②는 민립 대학 설립 운동, ③은 3·1 운동 등, ④는 6·10 만세 운동에 대한 설명이다.

◆ **이건 꼭 암기!** 한국 학생과 일본 학생의 충돌 + 1929년 + 3·1 운동 이후 최대 규모로 일어난 민족 운동 → **광주 학생 항일 운동**

07 소년 운동

| 자료 분석 |

— 소년 운동은 어린이를 온전한 인격체로 대우하자고 주장하며 추진되었어.

첫째, 어린이를 재래의 윤리적 압박으로부터 해방하여 그들에 대한 인격적 대우를 허락하게 하라.

둘째, 어린이를 재래의 경제적 압박으로부터 해방하여 만 14세 이하의 그들에 대한 무상, 유상 노동을 폐지하게 하라.

– 동아일보, 1923. 5. 1.

자료는 소년 운동과 관련이 있다. 일제 강점기에 대부분의 아이들이 교육의 기회를 가지지 못하였고, 공장이나 농촌에서 적은 임금을 받으며 오랜 시간 노동에 시달렸다. 이러한 가운데 1921년에 방정환을 중심으로 천도교 소년회가 만들어지면서 소년 운동이 본격적으로 전개되었다.

(바로 알기) ㄴ. 사찰령은 일제가 불교를 통제할 목적으로 1911년에 제정한 법이다. 일제는 이 법령을 통해 사찰 재산의 처분, 주지 임명까지 조선 총독의 허가를 받도록 하였다. ㄹ. 국채 보상 운동은 대구에서 시작하였으며 대한매일신보를 비롯한 언론을 통해 전국으로 확산되었다.

◆ **이건 꼭 암기!** 방정환 중심 + 천도교 소년회 → **소년 운동**

08 근우회의 창립

자료는 근우회의 행동 강령(1929)이다. 1927년에 신간회가 결성되자, 민족주의 계열과 사회주의 계열의 여성 인사들이 참여하여 신간회의 자매단체로서 근우회를 창립하였다.

(바로 알기) ①은 6·10 만세 운동과 관련이 있다. ③ 1920년 회사령 폐지 이후 한일 간의 관세가 철폐된다는 소식이 전해지는 상황에서 물산 장려 운동이 전개되었다. ④ 신민회는 오산 학교와 대성 학교를 설립하여 민족 교육을 실시하였다. ⑤ 1923년에 창립된 조선 형평사는 형평 운동을 전개하였다.

◆ **이건 꼭 암기!** 여성에 대한 차별 철폐 + 1927년 창립 + 신간회의 자매단체 → **근우회**

08-1 근우회는 국내외에 지회를 설치하고 기관지인 『근우』를 발간하였다.

(바로 알기) ① 대한민국 임시 정부는 독립운동에 필요한 자금을 마련하기 위해 독립 공채를 발행하였다. ② 천도교 소년회는 다른 단체들과 함께 5월 1일을 어린이날로 정하였다. ④는 신간회, ⑤는 조선 민립 대학 기성회에 대한 설명이다.

09 조선어 학회의 활동

(가)는 조선어 학회이다. 조선어 학회는 한글 맞춤법 통일안과 표준어를 제정하였고, 『우리말(조선말) 큰사전』의 편찬을 시도하였으나 일제가 조선어 학회 사건(1942)을 일으키면서 활동이 중단되었다. 조선어 학회는 광복 이후 한글 학회로 개칭하고 『우리말(조선말) 큰사전』을 편찬하였다(1957).

(바로 알기) ① 신민회는 태극 서관과 자기 회사를 운영하는 등 민족 산업 육성을 위해 노력하였다. ② 조선 형평사는 백정에 대한 사회적 차별 철폐를 주장하며 형평 운동을 전개하였다. ③ 진단 학회는 실증 사학의 입장에서 한국사를 연구하고 『진단 학보』를 발간하였다. ⑤ 국문 연구소는 대한 제국 정부가 한글의 체계적인 연구를 목적으로 1907년 학부에 설치하였던 한글 연구 기관이다.

◆ **이건 꼭 암기!** 한글 맞춤법 통일안과 표준어 제정 + 『우리말(조선말) 큰사전』 편찬 시도 + 조선어 학회 사건(1942) → **조선어 학회**

10 박은식의 활동

제시된 대화에서 민족주의 사학자, 『한국독립운동지혈사』 등을 통해 (가)는 박은식임을 알 수 있다. 민족주의 사학자 박은식은 민족정신으로 국혼을 강조하고 『한국통사』를 지어 일본의 침략 과정을 폭로하였으며, 『한국독립운동지혈사』에서 한국 독립운동의 역사를 정리하였다.

(바로 알기) ② 이병도, 손진태 등은 문헌을 고증하여 한국사를 객관적으로 서술하려는 실증 사학을 정립하였고, 1934년에 진단 학회를 조직하였다. ③, ④는 신채호, ⑤는 백남운의 활동에 해당한다.

◆ **이건 꼭 암기!** 민족주의 사학자 + 국혼 강조 + 『한국통사』, 『한국독립운동지혈사』 저술 → **박은식**

10-1 박은식과 신채호 등이 발전시킨 민족주의 사학은 1930년대에 이르러 정인보, 안재홍, 문일평 등으로 계승되었다. 이들은 우리 민족의 전통 사상과 문화를 연구 대상으로 삼은 조선학 운동을 전개하였다. 조선학 운동은 한국의 언어, 역사, 문화 등을 연구 대상으로 하여 민족 문화를 수호하고자 한 운동이다.

(바로 알기) ㄱ. 사회 경제 사학자 백남운은 한국의 역사가 세계사의 보편적인 발전 법칙에 따라 발전해 왔다고 주장하여 식민 사관의 정체성론을 반박하였다. ㄴ. 민족주의 사학자 신채호는 「조선상고사」, 「조선사연구초」 등을 저술하였고, 우리 민족의 고유한 정신을 강조하였다.

11 일제 강점기 종교계의 활동

일제 강점기 3·1 운동에서 중요한 역할을 하였던 종교계는 일제의 회유와 탄압 속에서도 민족 운동과 사회사업, 교단 혁신 운동 등을 전개하였다. ② 천도교는 청년·여성·소년 운동에 앞장섰으며, 「개벽」, 「신여성」 등의 잡지를 발간하여 민족의식 고취와 평등 의식 확산에 힘썼다.

(바로 알기) ① 천주교 신자가 중심이 되어 조직한 의민단은 만주에서 항일 무장 투쟁을 전개하였다. ③ 박중빈이 창시한 원불교는 개간과 저축을 강조하여 민족의 자립정신을 키우고자 하였으며, 남녀평등과 허례허식 폐지를 주장하였다. ④ 나철과 오기호는 을사5적을 직접 처단하기 위해 자신회를 조직하였다. 이후 1909년에 단군 신앙을 기반으로 대종교를 창시하였다. 대종교 신자들은 국권 피탈 이후 만주에서 중광단을 결성하여 항일 무장 투쟁을 벌였다. ⑤ 불교에서는 한용운 등을 중심으로 민족 불교 수호 운동을 벌여 일제가 우리나라 불교를 일본 불교에 예속시키려는 시도에 맞섰다.

✦ 미견 꼭 맘기! 대종교(나철, 단군 신앙, 중광단 결성) + 천도교(소년 운동 추진 + 「개벽」, 「신여성」 발간) + 천주교(의민단 조직) + 개신교(신사 참배 거부 운동) + 불교(한용운) + 원불교(박중빈, 저축 강조, 허례허식 폐지 주장) → **일제 강점기 종교계의 활동**

12 1920년대 문화계 동향

제시된 영화는 1926년에 나운규가 발표한 영화 「아리랑」이다. 영화 「아리랑」은 우리 민족의 슬픔과 정서를 상징적으로 반영하여 크게 흥행하였고, 1927년에 일본에서도 상영되었다. 1920년대에는 3·1 운동을 계기로 이른바 '문화 정치'가 실시되면서 조선일보와 동아일보 등 한글 신문이 발간되었다. 또한 민중 계몽을 주장하는 신극 운동이 전개되었는데, 1923년에 조직된 토월회가 선구적인 역할을 하였다. 문학에서는 3·1 운동 이후 많은 문학 동인과 문예지가 등장하여 다채로운 문학 활동이 전개되었으며, 1920년대 중반 사회주의의 영향 아래 계급 의식을 앞세우는 프로 문학이 등장하였다.

(바로 알기) ㄱ은 1936년에 일어난 사실이다. ㄴ. 일제는 1940년에 동아일보와 조선일보 등 한글 신문을 폐간하였다.

✦ 미견 꼭 맘기! 나운규의 영화 「아리랑」 발표(1926) + 토월회 결성(1923) + 사회주의의 영향으로 프로 문학 등장 → **1920년대 문화계 동향**

01 주제: 조선 형평사의 창립 배경과 활동

(1) **답안 키워드** 조선 형평사, 백정, 형평 운동

(2) **예시 답안** 조선 형평사, 갑오개혁으로 법제상의 신분 차별이 폐지되었지만 백정에 대한 사회적 차별이 지속되었다. 이에 백정들은 경남 진주에서 조선 형평사를 창립하고, 백정에 대한 평등한 대우를 요구하는 형평 운동을 전개하였다.

채점 기준	
상	조선 형평사를 쓰고, 조선 형평사의 창립 배경과 활동을 서술한 경우
중	조선 형평사를 쓰고, 조선 형평사의 창립 배경과 활동 중 한 가지만 쓴 경우
하	조선 형평사만 쓴 경우

02 주제: 소년 운동과 천도교 소년회

예시 답안 어린이날을 정하고, 어린이 잡지인 「어린이」를 발행하였다.

채점 기준	
상	어린이날 제정과 잡지 「어린이」 발행을 서술한 경우
하	위 내용 중 한 가지만 서술한 경우

03 주제: 사회 경제 사학의 정체성론 비판

예시 답안 백남운, 사회 경제 사학자 백남운은 한국사가 세계사의 보편적인 발전 법칙에 따라 발전하였다고 주장하며 식민 사관의 정체성론을 반박하였다.

채점 기준	
상	백남운을 쓰고, 사회 경제 사학의 입장에서 정체성론에 대한 반박 내용을 서술한 경우
중	백남운을 쓰고, 정체성론을 반박하였다고만 서술한 경우
하	백남운만 쓴 경우

01 ④   **02** ②

01 학생 운동의 전개

(가)는 6·10 만세 운동(1926), (나)는 광주 학생 항일 운동(1929) 당시의 격문이다. 3·1 운동 이후 학생들은 학교별로 독서회 등 비밀 결사를 만들었고, 일제의 식민지 교육 정책에 반대하는 활동을 벌였다. 이를 통해 쌓인 역량은 6·10 만세 운동과 광주 학생 항일 운동으로 이어졌다. ④ 1929년에 광주 학생 항일 운동이 일어나자 신간회는 진상 조사단을 파견하였고 민중 대회를 열어 전국적인 항일 운동으로 확산시키려고 하였다.

 ①, ⑤는 원산 총파업, ②, ③은 물산 장려 운동에 대한 설명이다.

판서로 보는 고난도 개념 학생 운동

6·10 만세 운동 (1926)	순종이 서거하자 조선 공산당, 천도교 세력, 학생 단체가 만세 시위 계획 → 계획이 사전에 발각되어 학생들의 주도로 전개, 민족 유일당 운동에 대한 공감대 형성(신간회 결성에 영향)
광주 학생 항일 운동 (1929)	한일 학생 충돌 → 일본 경찰의 편파적 대처 → 광주 지역 학생들이 대규모 시위 전개(독서회 등 각종 비밀 결사 조직, 동맹 휴학), 신간회의 진상 조사단 파견 → 국내외로 확산 (3·1 운동 이후 최대 규모의 항일 운동)

02 백남운과 신채호의 활동

(가)는 백남운의 『조선사회경제사』, (나)는 신채호의 『조선상고사』이다. ② 사회 경제 사학자 백남운은 유물 사관을 수용하여 한국사가 세계사의 보편적인 법칙에 따라 발전하였다고 주장하였다.

바로 알기 ①은 정인보, 안재홍, 문일평 등, ③은 이병도, 손진태 등, ④는 박은식에 대한 설명이다. ⑤ 조선사 편수회는 일제가 한국사를 왜곡하기 위해 만든 기구로, 식민 사관을 토대로 『조선사』를 편찬하였다.

수능 첫걸음 063쪽

실전 문항 ③

실전 문항 조선 형평사의 창립 배경

자료 분석

자료에서 직업이 '도한(백정)'이라는 것이 적혀 있으면 학교에서 쫓아낸다는 내용을 통해 백정에 대한 사회적 차별이 벌어지고 있음을 알 수 있다. 갑오개혁으로 법제상의 신분 차별이 폐지되었지만 백정에 대한 사회적 차별은 없어지지 않았다. 이에 백정들은 1923년 경상남도 진주에서 조선 형평사를 창립하고, 백정에 대한 평등한 대우를 요구하는 형평 운동을 전개하였다.

바로 알기 ① 교정도감은 최충헌이 설치한 최씨 무신 정권 시기의 최고 권력 기구이다. ② 국채 보상 운동은 일본에 진 나라 빚을 갚아 경제적 주권을 지키자는 운동으로 1907년에 대구에서 시작되었고, 서울에서 국채 보상 기성회가 조직되었다. ④ 신민회는 오산 학교와 대성 학교를 설립하여 민족 교육을 실시하였다. ⑤ 방정환 등이 주축이 된 천도교 소년회는 소년 운동을 전개하였다.

---

06 / 독립 국가 건설 노력

STEP 1 핵심 개념 확인하기 068쪽

1 (1)−ⓒ (2)−㉠   **2** (1) ㄴ (2) ㄷ (3) ㄱ   **3** (1) 한국광복군
(2) 조선 의용대   **4** (1) × (2) ○   **5** 삼균주의   **6** 카이로 회담

STEP 2 내신 만점 공략하기 068~071쪽

01 ⑤	02 ③	02-1 ④	03 ②	04 ⑤	04-1 ①	05 ⑤
06 ③	07 ③	08 ⑤	09 ③	09-1 ③	10 ②	11 ②
12 ④	12-1 ①					

01 한국 독립군의 활동

한국 독립군은 중국군과 함께 대전자령 전투에서 일본군에 승리하였어.

자료 분석

대전자령의 양쪽은 우뚝 서 있어 그 절벽은 기어 올라갈 수 없는 험악한 골짜기였다. …… 지청천 장군은 우리 군 500명만 선발대로 하고 중국군 2,000명과 혼성하여 교전을 맡기로 하였다. …… 중간과 아래에 우리 군 백여 명과 중국군을 배치하여 일본군의 후방이 이 고개의 중간을 넘었을 때 일시에 공격하기로 하였다.

지청천은 한국 독립군의 총사령관이었어.

자료에서 대전자령, 지청천 장군, 중국군과 혼성하여 교전을 맡기로 함 등을 통해 밑줄 친 '우리 군'이 한국 독립군임을 알 수 있다. 1930년대 초 북만주 일대에서는 지청천이 이끄는 한국 독립군이 중국 호로군과 연합하여 쌍성보 전투, 사도하자 전투, 대전자령 전투 등에서 일본군에 승리하였다.

바로 알기 ① 서일 등 대종교 간부들은 1911년에 만주에서 중광단을 조직하였고, 3·1 운동 이후 이를 북로 군정서로 개편하여 항일 무장 투쟁을 전개하였다. ② 신민회는 만주 삼원보에 무장 독립운동 기지를 건설하고 군사 훈련 학교로 신흥 강습소를 설립하였다. 신흥 강습소는 이후 신흥 무관 학교로 개편되었다. ③ 봉오동 전투는 1920년 6월에 홍범도가 이끄는 대한 독립군을 비롯한 독립군 연합 부대가 일본군에 맞서 벌인 전투이다. ④ 한국 광복군은 미국 전략 정보국(OSS)과 협력하여 특수 훈련을 받고 국내 정진군을 편성하는 등 국내 진공 작전을 계획하였다.

◆ 미견 꼭 암기! 북만주 일대 + 총사령관 지청천 + 중국 호로군과 연합 + 쌍성보·사도하자·대전자령 전투 → 한국 독립군

02 양세봉과 조선 혁명군의 활동

한국사 인물 카드의 인물은 양세봉에 해당하고, (가)는 조선 혁명군이다. 남만주 일대에서는 양세봉이 이끄는 조선 혁명군이 중국 의용군과 연합하여 영릉가 전투, 흥경성 전투에서 일본군을 격퇴하였다. 조선 혁명군은 총사령관 양세봉이 전사한 이후 세력이 약해졌으나 1930년대 후반까지 항일 투쟁을 전개하였다.

(바로 알기) ① 봉오동 전투와 청산리 대첩에서 패한 일본군은 간도 참변을 일으켰고, 이에 만주의 독립군 부대는 일제의 공세를 피해 자유시로 이동하였다. ② 김좌진이 이끄는 북로 군정서군, 홍범도가 이끄는 대한 독립군 등은 청산리에서 일본군을 격파하였다. ④ 한국광복군은 영국군의 요청에 따라 미얀마·인도 전선에 투입되어 일본군 포로 심문과 선전 활동 등을 담당하였다. ⑤는 한국 독립군에 대한 설명이다.

✦ **이건 꼭 암기!** 남만주 일대 + 총사령관 양세봉 + 중국 의용군과 연합 + 영릉가·흥경성 전투 → **조선 혁명군**

02-1 일제가 1931년에 만주 사변을 일으킨 뒤 만주국을 세우면서 중국인의 반일 감정이 높아졌다. 이러한 가운데 한국 독립군과 조선 혁명군은 각각 중국인 부대와 연합하여 항일 무장 투쟁을 벌였다.

(바로 알기) ① 자유시 참변은 1921년에 러시아 적군이 지휘권 양도를 거부하는 한인 부대를 공격하여 많은 독립군이 희생된 사건이다. ② 일제는 1937년에 중국 본토를 침략하여 중일 전쟁을 일으켰다. ③ 1923년에 개최된 국민 대표 회의는 대한민국 임시 정부의 개편을 주장하는 개조파와 새로운 정부 수립을 주장하는 창조파의 대립으로 결렬되었고, 대한민국 임시 정부는 침체 상태에 빠지게 되었다. ⑤ 영국은 1885년에 러시아의 남하를 견제한다는 구실로 거문도를 불법으로 점령하는 거문도 사건을 일으켰다.

03 조국 광복회의 결성
밑줄 친 '이 단체'는 조국 광복회이다. 동북 항일 연군 내의 한 부대로 편성된 한인 유격대는 사회주의 세력과 민족주의 세력까지 포함하여 1936년에 조국 광복회를 결성하였고, 국내 민족 운동가들과 함께 함경남도 일대를 습격하여 경찰 주재소와 면사무소 등 일제의 통치 기구를 파괴하기도 하였다(보천보 전투, 1937).

(바로 알기) ① 대한 독립군은 1919년에 만주에서 조직된 독립운동 단체이다. 홍범도를 사령관으로 한 대한 독립군은 봉오동 전투, 청산리 대첩 등에서 활약하였다. ③ 조선 의용대는 조선 민족 전선 연맹의 군사 조직으로 1938년에 창설되었다. ④ 대한인 국민회는 1910년에 미주 지역 한인들이 통합하여 조직한 단체로, 독립운동 자금을 모아 만주와 연해주의 독립운동을 지원하였다. ⑤ 대한 광복군 정부는 1914년에 이상설, 이동휘 등이 권업회를 토대로 결성한 독립운동 단체이다.

✦ **이건 꼭 암기!** 동북 항일 연군 내의 한인 유격대 + 사회주의 세력과 민족주의 세력 포함 + 1936년 결성 + 보천보 전투 → **조국 광복회**

04 한인 애국단과 이봉창 의거
한인 애국단원 이봉창은 1932년 1월에 일본 도쿄에서 일본 국왕이 타고 가는 마차를 향해 수류탄을 던졌다. 이봉창의 의거는 일왕을 처단하지는 못하였지만 일제에 충격을 주었다.

(바로 알기) ①은 김구, ②는 김좌진 등, ③은 지청천, ④는 이재명에 대한 설명이다.

✦ **이건 꼭 암기!** 한인 애국단 + 일본 도쿄에서 일본 국왕이 탄 마차에 폭탄 투척 → **이봉창 의거**

04-1 이봉창은 한인 애국단의 소속 단원이었다. 국민 대표 회의가 성과 없이 결렬된 후 대한민국 임시 정부는 활동이 크게 위축되었다. 또한 1931년에 만주에서 만보산 사건이 일어나자 한국인에 대한 중국인들의 감정이 악화되면서 중국 내에서의 독립운동이 어려워졌다. 그러던 중 김구는 침체된 임시 정부에 활기를 불어넣을 목적으로 1931년에 한인 애국단을 조직하였다.

(바로 알기) ㄷ은 이봉창 의거 이후에 일어난 상하이 사변에 대한 설명이다. 중국 신문이 이봉창의 의거 실패를 아쉬워하는 논조로 기사를 보도하고, 상하이에 거주하는 일본인이 중국인의 습격을 받자, 일제는 이를 빌미로 상하이를 침략하였다(상하이 사변). ㄹ. 1932년 4월에 일어난 윤봉길 의거를 계기로 중국 국민당 정부는 대한민국 임시 정부를 적극 지원하게 되었다.

05 민족 혁명당(조선 민족 혁명당)
자료는 민족 혁명당의 당의(강령)이다. 중국 관내에서 독립운동 세력을 통합하여 일제에 대항할 필요성이 높아지면서 의열단을 중심으로 조선 혁명당, 한국 독립당 등이 참여하여 1935년에 민족 혁명당을 만들었다. 민족 혁명당은 민족주의 계열과 사회주의 계열이 만든 중국 관내 최대 규모의 통일 전선 정당이었다.

(바로 알기) ①은 신간회, ②는 국민부 및 조선 혁명당, ③은 조선 건국 동맹, ④는 대한민국 임시 정부에 대한 설명이다.

✦ **이건 꼭 암기!** 1935년 + 의열단을 중심으로 조선 혁명당, 한국 독립당 등이 참여 + 민족주의 계열과 사회주의 계열이 만든 중국 관내 최대 규모의 통일 전선 정당 → **민족 혁명당**

06 윤봉길 의거
자료에서 설명하는 의거는 윤봉길 의거이다. 한인 애국단원 윤봉길은 1932년 4월에 상하이 홍커우 공원에서 열린 일본 국왕의 생일 및 상하이 사변 승리를 축하하는 기념식장에 폭탄을 던져 일본군 장교와 여러 고위 관리를 처단하였다. 이를 계기로 중국 국민당 정부는 대한민국 임시 정부를 본격적으로 지원하였다.

(바로 알기) ①은 안중근, ②는 장인환과 전명운, ④는 한국 독립군, ⑤는 의열단원 나석주의 활동과 관련된 내용이다.

✦ **이건 꼭 암기!** 한인 애국단 + 상하이 홍커우 공원에서 폭탄 투척 + 중국 국민당 정부의 지원을 받는 계기가 됨 → **윤봉길 의거**

07 조선 의용대의 활동
지도는 조선 의용대의 활동을 보여 준다. 1938년에 창설된 조선 의용대는 중국 관내 최초의 한국인 무장 부대로, 김원봉이 총대장을 맡았다. 조선 의용대는 중국의 대일 전선에 배치되어 정보 수집, 투항 권고, 포로 심문, 후방 교란 등 중국군을 지원하는 활동을 하였다. 중국 국민당의 소극적인 항일 투쟁에 반대한 조선 의용대의 일부는 적극적인 항일 투쟁을 위해 화북 지방으로 이동하였다. 화북 지방으로 이동하지 않은 조선 의용대의 일부는 1942년 한국광복군에 합류하였다.

(바로 알기) ① 조선 의용대는 김원봉이 총대장을 맡았다. ③은 한국광복군, ④는 조선 혁명군, ⑤는 재미 한족 연합 위원회에 대한 설명이다.

✦ **이건 꼭 맘기!** 1938년 창설 + 중국 관내 최초의 한인 무장 부대 + 총대장 김원봉 + 일부 병력이 한국광복군에 합류 → **조선 의용대**

08 조선 의용대 화북 지대의 활동

자료에서 한인 무장 부대(조선 의용대)의 일부가 화북으로 이동하여 타이항산에서 결성한 점, 호가장 전투와 반소탕전 등에 참전한 점 등을 통해 (가)는 조선 의용대 화북 지대임을 알 수 있다. 조선 의용대 화북 지대는 사회주의 계열 독립운동 단체인 조선 독립 동맹 산하의 조선 의용군으로 개편되었다(1942).

(바로 알기) ①은 조선 혁명군, ②는 조국 광복회, ③은 한인 국방 경위대. ④는 3부(참의부, 정의부, 신민부)에 대한 설명이다.

✦ **이건 꼭 맘기!** 조선 의용대 일부가 화북으로 이동 + 1941년 타이항산에서 결성 + 호가장 전투, 반소탕전 등 참전 → **조선 의용대 화북 지대**

09 충칭 시기 대한민국 임시 정부의 활동

지도의 (가) 지역은 충칭이다. 1940년 9월, 충칭에 자리 잡은 대한민국 임시 정부는 주석 중심의 단일 지도 체제를 마련하고 김구를 주석으로 선출하였다. 또한 지청천을 사령관으로 하여 한국광복군을 창설하였다. 이후 1941년에 조소앙의 삼균주의에 기초한 대한민국 건국 강령을 발표하였으며, 아시아·태평양 전쟁이 일어나자 일제에 대일 선전 포고를 하고 연합군의 일원으로서 대일 항전을 전개하였다.

(바로 알기) ⑤는 대한민국 임시 정부가 상하이에 자리 잡았을 때에 전개한 활동이다.

✦ **이건 꼭 맘기!** 주석 중심의 단일 지도 체제 마련 + 한국광복군 창설 + 대한민국 건국 강령 발표 + 아시아·태평양 전쟁 직후 대일 선전 포고 → **충칭 시기 대한민국 임시 정부의 활동**

09-1 대한민국 임시 정부는 1932년 윤봉길의 의거 이후 일제의 탄압이 심해지자, 상하이를 떠나 항저우로 이전하였고, 중일 전쟁 이후 창사, 광저우 등 중국 각지로 근거지를 옮겼다.

(바로 알기) ① 1926년에 6·10 만세 운동이 일어났다. ② 1923년에 국민 대표 회의가 개최되었으나, 창조파와 개조파의 대립으로 결렬되었다. ④ 1921년에 자유시 참변이 일어나 독립군이 희생당하였다. ⑤ 1925년에 일제가 만주 군벌과 미쓰야 협정을 체결하였다.

10 한국광복군의 활동

자료는 한국광복군의 일원으로 미국 전략 정보국(OSS)과 특수 훈련을 받은 김준엽의 회고록 일부이다. 한국광복군은 미국 전략 정보국(OSS)과 협력하여 특수 훈련을 받고 국내 정진군을 편성하는 등 국내 진공 작전을 계획하였으나, 일제가 연합군에 항복하면서 계획은 실행되지 못하였다.

(바로 알기) ① 자유시 참변 후 만주로 돌아온 독립군이 전열을 재정비하면서 참의부, 정의부, 신민부의 3부가 성립하였다. ③ 1935년에 의열단을 중심으로 조선 혁명당, 한국 독립당 등이 참여하여 민족 혁명당을 결성하였다. ④ 1930년대 초 한국 독립군과 조선 혁명군은 각각 중국인 부대와 연합하여 항일 무장 투쟁을 전개하였다. ⑤ 조선 의용대는 중국 국민당 정부의 대일 전선에 배치되어 정보 수집, 포로 심문 등 후방 공작 활동을 하며 중국군을 지원하였다.

✦ **이건 꼭 맘기!** 미국 전략 정보국(OSS)과 협력 + 국내 정진군 편성 + 국내 진공 작전 계획 → **한국광복군**

11 대한민국 건국 강령

자료는 1941년 11월에 대한민국 임시 정부에서 발표한 대한민국 건국 강령이다. 대한민국 임시 정부가 발표한 건국 강령은 조소앙의 삼균주의에 기초하였으며, 보통 선거의 실시, 민주 공화정의 수립 등의 내용을 담았다.

(바로 알기) ㄴ. 조선 건국 동맹의 건국 강령은 1944년에 작성되었다. ㄹ. 「조선 혁명 선언」에는 폭력 투쟁을 통한 민중의 직접 혁명을 추구하는 의열단의 기본 정신이 나타나 있다.

✦ **이건 꼭 맘기!** 대한민국 임시 정부가 발표(1941) + 조소앙의 삼균주의에 기초 + 민주 공화정 수립 추구 → **대한민국 건국 강령**

12 국제 사회의 한국 독립 약속

적절한 시기에 한국이 자유롭고 독립적으로 될 것을 결의한다는 내용을 통해 (가)는 카이로 회담에서 발표한 카이로 선언, 카이로 선언은 이행될 것이라는 내용을 통해 (나)는 포츠담 회담에서 발표한 포츠담 선언의 내용임을 알 수 있다. 1943년 11월에 열린 카이로 회담에서는 한국의 독립 문제를 최초로 논의하였으며, 1945년 7월에 열린 포츠담 회담에서는 카이로 선언에서 결정한 한국의 독립을 재확인하였다. 그러나 포츠담 선언 이후에도 일본은 항복을 거부하고 전쟁을 계속하였다. 이에 미국은 1945년 8월에 히로시마와 나가사키에 원자 폭탄을 투하하였고, 소련도 일본에 선전 포고를 하고 만주와 한반도로 진격하였다. 결국 일본은 1945년 8월 15일에 무조건 항복을 선언하였고, 우리 민족은 광복을 맞이하였다.

(바로 알기) 1945년 2월에 열린 얄타 회담에서는 미국·영국·프랑스·소련 4개국이 독일을 분할 점령한다는 원칙을 세웠고, 소련의 대일전 참전을 비밀리에 결정하였다.

✦ **이건 꼭 맘기!** 카이로 회담(한국의 독립 최초 논의) + 얄타 회담(소련의 대일전 참전 결의) + 포츠담 회담(카이로 선언에서 결정한 한국의 독립 재확인) → **국제 사회의 한국 독립 약속**

12-1 카이로 선언이 발표된 카이로 회담에서 연합국들은 최초로 한국의 독립 문제를 논의하였다.

(바로 알기) ②, ③, ④는 파리 강화 회의, ⑤는 얄타 회담에 대한 설명이다.

01 주제: 1930년대 한중 연합 작전의 전개

(1) **답안 키워드** 한국 독립군, 쌍성보 전투, 조선 혁명군

(2) **예시 답안** 북만주 일대에서는 한국 독립군이 중국 호로군과 연합하여 쌍성보 전투, 사도하자 전투, 대전자령 전투 등에서 일본군에 승리하였고, 남만주 일대에서는 조선 혁명군이 중국 의용군과 연합하여 영릉가 전투, 흥경성 전투 등에서 일본군을 격퇴하였다.

채점 기준	
상	한국 독립군과 조선 혁명군이 연합한 중국군, 활약한 전투를 서술한 경우
하	한국 독립군과 조선 혁명군만 쓴 경우

02 주제: 한인 애국단의 결성 배경

예시 답안 한인 애국단, 1920년대 중반 이후 대한민국 임시 정부의 활동이 크게 위축되었다. 이에 김구가 한인 애국단을 조직하여 침체된 임시 정부에 활기를 불어넣고자 하였다.

채점 기준	
상	한인 애국단을 쓰고, 한인 애국단의 결성 배경을 서술한 경우
하	한인 애국단만 쓴 경우

03 주제: 한국광복군의 활동

예시 답안 한국광복군, 대한민국 임시 정부의 대일 선전 포고 후 연합군과 합동 작전을 전개하였다. 미얀마·인도 전선에 공작대를 파견하여 일본군 포로 심문, 문서 번역, 선전 활동 등을 담당하였으며, 미군과 협력하여 국내 진공 작전을 계획하였다.

채점 기준	
상	한국광복군을 쓰고, 한국광복군의 활동을 두 가지 서술한 경우
중	한국광복군을 쓰고, 한국광복군의 활동을 한 가지만 서술한 경우
하	한국광복군만 쓴 경우

STEP 3   1등급 정복하기   072~073쪽

01 ②   **02** ⑤   **03** ②   **04** ③

01 1930년대 만주 지역에서의 무장 독립 투쟁

(가)는 한국 독립군, (나)는 조선 혁명군, (다)는 동북 항일 연군이다. ② 한국 독립군의 일부는 중국 관내로 이동하여 대한민국 임시 정부에 합류하였고, 한국광복군을 만드는 데 참여하였다.

바로 알기 ①은 조선 혁명군, ③, ⑤는 한국 독립군, ④는 동북 항일 연군에 대한 설명이다.

---

02 한인 애국단의 활동

┤ 자료 분석 ├

대한민국 임시 정부를 가리켜.

독립운동가 장건상의 증언

1932년에 이봉창 의사의 의거와 윤봉길 의사의 의거, 특히 윤 의사의 의거가 있기 전에는 …… 장제스가 임정을 아무것도 아닌 것으로 알고 동전 한 푼 안 도왔습니다. 윤 의사 의거를 보고서야 장제스가 전적으로 돕기 시작했던 것입니다.

└ 윤봉길 의거 이후 장제스가 이끄는 중국 국민당 정부는 대한민국 임시 정부를 본격적으로 지원하였어.

자료 속 이봉창 의사와 윤봉길 의사가 소속되어 의거를 일으킨 단체는 한인 애국단이다. 한인 애국단은 침체된 대한민국 임시 정부에 활기를 불어넣고자 1931년에 김구가 조직한 단체이다.

바로 알기 ①은 조선 의용대, ②는 독립 의군부, ③은 의열단, ④는 신간회에 대한 설명이다.

판서로 보는 고난도 개념   의열 단체의 활동

구분	의열단	한인 애국단
결성	• 1919년 만주 지린성에서 결성 • 김원봉 등이 주도	• 1931년 상하이에서 결성 • 김구 등이 주도
특징	신채호의 「조선 혁명 선언」을 활동 지침으로 삼음	대한민국 임시 정부의 침체를 극복하려는 목적으로 조직됨
활동	박재혁(부산 경찰서에 폭탄 투척), 김익상(조선 총독부에 폭탄 투척), 김상옥(종로 경찰서에 폭탄 투척), 김지섭(일본 궁성에 폭탄 투척), 나석주(동양 척식 주식회사에 폭탄 투척)	이봉창(도쿄에서 일왕이 탄 마차에 폭탄 투척), 윤봉길(상하이 훙커우 공원 일본군 전승 기념식장에 폭탄 투척)
변화	개별적 투쟁의 한계 인식 → 황푸 군관 학교에 입교	윤봉길 의거 이후 중국 국민당 정부의 임시 정부 지원

03 한국광복군 창설 당시의 대한민국 임시 정부

(가)는 한국광복군이다. 대한민국 임시 정부는 윤봉길 의거 이후 중국 각지로 근거지를 옮겼고, 이 과정에서 임시 정부를 이끌어 갈 한국 독립당을 결성하였다(1940. 5.). 이후 1940년 9월, 충칭에 자리 잡은 임시 정부는 군사 조직으로 한국광복군을 창설하였다.

바로 알기 ①은 1923년의 일로, 한국광복군 창설 이전의 사실이다. ③은 1944~1948년, ④는 1941년, ⑤는 1945년의 일로, 한국광복군이 창설된 이후에 볼 수 있는 모습이다.

판서로 보는 고난도 개념   충칭 시기 대한민국 임시 정부의 활동

1940년	한국광복군 창설, 주석 중심의 단일 지도 체제 마련
1941년	대한민국 건국 강령 발표(조소앙의 삼균주의), 대일 선전 포고 후 한국광복군이 연합군과 합동 작전 전개
1942년	김원봉이 이끄는 조선 의용대가 한국광복군에 합류
1943년	영국군의 요청으로 한국광복군을 미얀마·인도 전선에 파견
1944년	주석·부주석제 마련(주석: 김구, 부주석: 김규식), 중국으로부터 한국광복군의 지휘권 확보, 대한민국 임시 헌장 개정·발표
1945년	미국과 협력하여 국내 진공 작전(독수리 작전) 계획

> 대한민국 임시 정부의 건국 강령에 해당해. 민주 공화정 수립, 대기업 국유화 등의 내용을 담고 있어.

자료 분석

(가) 2. 삼균 제도를 골자로 한 헌법을 실시하여 정치·경제·교육의 민주적 시설로 실제상 균형을 도모하며, 전국의 토지와 대생산 기관의 국유가 완성되고 전국의 학령 아동 전체가 고급 교육의 무상 교육을 완성한다. → 삼균주의에 기초하였지.

6. 대생산 기구의 공구와 수단을 국유로 하고 …… 대규모의 농상 기업과 도시 공업 구역의 공용적 주요 건물과 산업은 국유로 하고 소규모 혹 중등 기업은 사영으로 한다.

(나) 본 동맹은 일본 제국주의의 조선 통치를 전복하고, 독립 자유의 조선 민주 공화국 건립을 목적으로 하여 아래의 제 임무를 규정한다.

1. 전 국민의 보통 선거에 의한 민주 정권을 수립한다.

6. 조선 내 일본 제국주의자의 모든 재산과 토지를 몰수하고, 대규모 기업을 국영화하며, 농민에게 토지를 나누어 준다. → 조선 독립 동맹의 건국 강령이야. 보통 선거에 의한 민주 공화국 수립, 토지 분배 등을 제시하였어.

(가)는 대한민국 임시 정부가 작성한 대한민국 건국 강령(1941), (나)는 조선 독립 동맹의 건국 강령(1942)이다. 대한민국 임시 정부와 조선 독립 동맹은 민주주의에 입각한 정치 형태를 추구하는 건국 강령을 발표하였다.

바로 알기 ③ 대한민국 임시 정부와 조선 독립 동맹의 건국 강령은 모두 1945년 일제의 패망 전에 발표되었다.

수능 첫걸음

074쪽

실전 문항 ③

실전 문항 한국광복군의 활동

> 1940년 충칭에 정착한 대한민국 임시 정부는 일제와의 전쟁에 대비해 정규군인 한국광복군을 창설하였어.

자료 분석

(가) 을/를 창설할 때에 "우리의 분산된 역량을 독립군에 집중하여 전면적인 조국 광복 전쟁을 전개한다."는 등의 활동 목표를 세우고, 아울러 그 목표를 달성하기 위하여 노력하였지만, 뜻대로 일이 진행되지 않았다. …… 그러다가 (가) 은/는 미국 전략 정보국(OSS)과 합작하여 국내 진공 계획을 수립하게 된 것이기 때문에, 이는 우리 독립운동사에 있어서 획기적인 전환이라 할 수 있을 것이다. 이 역사적인 계획 실천의 첫 역군이 되고자 우리는 이곳에 온 것이다. → 한국광복군은 미국과 협력해 국내 진공 작전을 준비하였어.

자료에서 미국 전략 정보국(OSS)과 합작하여 국내 진공 계획을 수립하였다는 내용을 통해 (가)는 한국광복군임을 알 수 있다. 아시아·태평양 전쟁 발발 직후 한국광복군은 영국의 요청에 따라 미얀마·인도 전선에 투입되어 포로 심문, 정보 수집 등을 하였다.

바로 알기 ①은 한국 독립군, ②는 13도 창의군, ④는 북로 군정서군 등, ⑤는 조선 의용군에 대한 설명이다.

대단원 실력 굳히기

076~079쪽

01 ⑤	**02** ①	**03** ⑤	**04** ②	**05** ⑤	**06** ②	**07** ④
08 ③	**09** ②	**10** ⑤	**11** ②	**12** ①	**13** ③	**14** ③
15 ④	**16** ⑤	**17** ②	**18** ③	**19** ⑤		

01 1910년대 일제의 식민 통치

제시된 법령은 회사령으로 1910년에 제정되어 1920년에 폐지되었다. 1910년대에 일제는 헌병 경찰 제도를 바탕으로 강압적인 무단 통치를 실시하였다. 이 시기에 일제는 전국 각지에 경찰 관서와 헌병 기관을 설치하고 헌병이 경찰 업무를 담당하게 하였다. 또한 1912년에 조선 태형령을 공포하여 한국인에게만 신체에 고통을 가하는 태형을 적용하였다.

바로 알기 ㄱ. 일제는 1944년에 징병제를 실시하였다. ㄴ. 일제는 1925년에 치안 유지법을 제정하여 항일 민족 운동에 대한 감시와 탄압을 강화하였다.

02 민족 말살 통치 시기 일제의 식민 통치

밑줄 친 '이 시기'는 민족 말살 통치 시기이다. 이 시기에 일제는 내선일체와 일선동조론을 강조하면서 한국인을 일본인으로 동화시키려는 황국 신민화 정책을 강화하여 황국 신민 서사라는 충성 맹세문을 억지로 외우게 하였고, 한국인의 성과 이름을 일본식으로 바꿀 것을 강요하였다. 또한 민족 말살 통치 시기에 침략 전쟁을 확대한 일제는 애국반을 이용해 조선 총독부의 정책을 홍보하고 주민을 통제하였으며, 농가마다 목표량을 정하여 강제로 쌀을 내놓도록 하는 미곡 공출제와 식량 배급제를 시행하였다. 한편, 일제는 수많은 여성을 전쟁 지역으로 끌고 가 일본군 '위안부'의 끔찍한 삶을 강요하였다.

바로 알기 ① 일제는 1928년에 신은행령을 발표하여 일반 은행 간의 합병을 추진함으로써 금융 분야에서도 일본 자본의 지배를 강화하였다.

03 토지 조사 사업

제시된 그래프는 토지 조사 사업의 시행으로 조선 총독부의 조세와 지세 총액이 급격히 증가한 것을 보여 준다. 일제는 1910년에 임시 토지 조사국을 설치하고 1912년에 정해진 기한 내에 소유지를 신고하게 하는 토지 조사령을 공포하여 본격적으로 토지 조사 사업을 실시하였다.

바로 알기 ①은 산미 증식 계획, ②는 병참 기지화 정책, ③은 회사령, ④는 1923년의 일본 상품에 대한 관세 폐지와 관련이 있다.

04 국가 총동원법 제정 이후의 사회 모습

자료 분석

제1조 국가 총동원이란 전시에 국방 목적을 달성하기 위해 국가의 전력을 가장 유효하게 발휘하도록 인적 및 물적 자원을 통제 운용하는 것이다. → 일제가 우리 민족의 인적·물적 자원 수탈을 위해 이 법령을 제정하였음을 알 수 있어.

일제는 1938년에 국가 총동원법을 제정하여 인적·물적 자원의
수탈을 본격화하였다. 이후 학도 지원병제(1943), 징병제(1944)
등을 실시하여 수많은 학생과 청년을 전쟁터로 끌고 갔고, 공출
제도를 실시하여 놋그릇, 놋대야 등 금속 제품을 빼앗았다. 또한
아침마다 일왕이 사는 궁을 향해 절하는 궁성 요배를 강요하였으
며, 1941년에는 소학교의 명칭을 '황국 신민 학교'라는 뜻의 국민
학교로 바꾸고 황국 신민의 가치관을 주입하는 수신(도덕) 교과
를 강화하였다.

(바로 알기) ② 원산 총파업은 1929년에 일어난 대표적인 노동 쟁의이다.

05 국내 항일 비밀 결사의 활동

자료의 (가)는 독립 의군부, (나)는 대한 광복회이다. 독립 의군부
와 대한 광복회는 1910년대에 활동한 국내 비밀 결사이다. 임병
찬이 1912년에 조직한 독립 의군부는 복벽주의를 지향하고, 전국
적인 의병 봉기를 계획하였다. 그러나 독립 의군부는 일본 총리
와 조선 총독에게 국권 반환 요구서를 보내려고 준비하던 중 발
각되어 해체되었다. 대한 광복회는 박상진 등이 공화정 수립을
목표로 1915년에 조직한 단체로 군대식 조직을 갖추고 군자금을
모아 만주에 무관 학교를 세우려 하였으며, 친일파 처단과 독립
전쟁 계획을 추진하였다.

(바로 알기) ①은 신민회, ②는 대한 광복회, ③은 대한민국 임시 정부, ④는
독립 의군부에 대한 설명이다.

06 국외 독립운동 기지 건설

(가)는 서간도, (나)는 북간도, (다)는 연해주이다. ② 신민회는 서간
도(남만주) 삼원보에 신흥 강습소를 세워 독립군을 양성하였다.

(바로 알기) ① 서전서숙과 명동 학교는 북간도에 세워졌다. ③ 연해주에서
조직된 권업회는 권업신문을 발간하여 민족의식을 고취하였다. ④ 일본 도
쿄에서 유학생들을 중심으로 2·8 독립 선언서가 발표되었다. ⑤ 하와이에서
박용만이 대조선 국민군단을 결성하여 군사 훈련을 실시하였다.

07 3·1 운동

기획안에서 일제 강점기에 최대 규모로 일어난 항일 운동, 태화
관 등을 통해 3·1 운동과 관련이 있음을 알 수 있다. 3·1 운동은
민족 대표들의 독립 선언식과 탑골 공원에서 학생과 시민들의 독
립 선언서 낭독으로 시작되었다. 이후 전국의 주요 도시로 만세
시위가 확산되었고, 농촌은 물론 국외까지 확산되었다. 이 과정
에서 수많은 학교에서 동맹 휴학이 잇따랐고, 시위 양상도 점차
조직적이고 무력적으로 변해 농민들이 면사무소, 군청, 경찰 관
서를 공격하였다. 시위가 격렬해지자 일제는 무력으로 만세 시위
를 진압하고, 시위 세력을 체포하였다. 또한 일본군은 무자비한
학살을 자행하였는데, 제암리 사건이 대표적이다.

(바로 알기) ④ 신간회는 1929년에 광주 학생 항일 운동이 일어나자 진상
조사단을 파견하였다.

08 대한민국 임시 정부

자료에서 이륭 양행, 교통국 등을 통해 (가)는 대한민국 임시 정부
임을 알 수 있다. 외교 활동에 유리한 상하이에 자리 잡은 대한민
국 임시 정부는 삼권 분립에 기초한 우리나라 최초의 민주 공화
제 정부였다. 임시 정부는 프랑스와 미국에 각각 파리 위원부와
구미 위원부를 두고 파리 강화 회의, 워싱턴 회의 등에 대표를 파
견하여 국제 여론에 한국의 독립을 호소하였다. 또한 한일 관계
사료집을 편찬하여 한국인의 독립 의식을 높이고 이를 국제 연맹
에 제출하여 한국 독립의 당위성을 알리려 하였다.

(바로 알기) ③ 대한민국 임시 정부는 3·1 운동을 계기로 수립되었다. 3·1 운
동 이후 독립운동을 이끌어 갈 통일된 지도부에 대한 필요성도 제기되어 중
국 상하이에 대한민국 임시 정부가 수립되었다.

09 국민 대표 회의

개조파 안창호가 임시 정부의 개조를 주장하고 창조파 신채호가
임시 정부의 해체를 주장하고 있는 것으로 보아, 1923년에 개최
된 국민 대표 회의와 관련된 내용임을 알 수 있다. 여러 민족 운
동가들은 독립운동의 새로운 방향을 모색하려고 국민 대표 회의
를 개최하였지만, 창조파와 개조파의 대립으로 결렬되었다.

(바로 알기) ㄴ, ㄹ. 국민 대표 회의 결렬 이후 임시 정부의 세력이 약화한 상
황에서 임시 의정원은 1925년에 이승만 대통령을 탄핵하고 박은식을 대통
령으로 추대하였으며, 헌법을 개정하여 대통령제를 국무령제로 변경하는
등 임시 정부의 위기를 수습하려 노력하였다.

10 의열단

(가)는 의열단으로, 제시된 사진은 일제 감시 대상 카드에 기록된
의열단원들의 모습이다. 의열단은 김원봉을 중심으로 1919년에
만주 지린성에서 결성된 단체로, 의열단원들은 신채호의 「조선
혁명 선언」을 활동 지침으로 삼아 조선 총독, 친일파 등 암살 및
조선 총독부, 동양 척식 주식회사 등 식민 지배 기관 파괴 활동을
전개하였다.

(바로 알기) ①은 북로 군정서, ②는 대한민국 임시 정부에 대한 설명이다.
③ 안중근은 1909년에 하얼빈역에서 을사늑약 체결에 핵심적인 역할을 담
당하였던 이토 히로부미를 처단하였다. ④ 강우규는 1919년에 남대문역에서
새로 부임하는 사이토 총독에게 폭탄을 투척하였다.

11 물산 장려 운동

제시된 대화 속에서 1920년에 평양에서 시작한 점, 토산품 애용
등을 강조한 점, 사회주의자들의 비판을 받은 점 등을 통해 밑줄
친 '이 운동'이 물산 장려 운동임을 알 수 있다. 물산 장려 운동은
'내 살림 내 것으로'라는 구호를 내걸고, 민족 산업의 보호와 육성
을 위한 토산품 애용, 절약 생활 등을 강조하였다.

(바로 알기) ①, ⑤는 민립 대학 설립 운동, ③은 소년 운동, ④는 문맹 퇴치
운동에 대한 설명이다.

12 신간회의 결성

정우회는 1926년에 조직되었던 사회주의 단체야.

자료 분석

> 우리 정우회는 무의미한 분열을 멈추고 사상 단체들을 통일할 것을 주장합니다. 민족주의적 세력에 대해서는 그 부르주아 민주주의적 성질을 명백하게 인식하는 동시에 우리와 과정적 동맹을 맺을 수 있음을 충분히 인정하여, 그것이 타락한 형태로 나타나지 않는 것을 전제로 해서 적극적으로 제휴해야 합니다. 대중의 개량적인 이익을 위해서도 이전의 소극적인 태도를 버리고 분연히 싸워야 할 것입니다.

정우회는 비타협적 민족주의 세력과의 연대를 주장하였어.

자료는 정우회 선언의 내용이다. 1920년대 민족 유일당 운동이 전개되는 가운데, 1926년에 사회주의자들이 정우회 선언을 발표하여 비타협적 민족주의 세력과의 협력을 주장하였다. 정우회 선언을 계기로 1927년에 비타협적 민족주의자들과 사회주의자들이 연대하여 신간회를 창립하였다. 신간회는 서울에 본부를 두고 전국 각지와 만주, 일본에 지회를 두었으며, 각 지회를 중심으로 순회강연을 하며 조선인 본위의 교육 실시, 식민지 교육 반대, 타협적 정치 운동 반대 등을 주장하였다. 또한 노동 운동·농민 운동·여성 운동 등 사회 운동을 적극적으로 지원하였다.

바로 알기 ②는 1930년대 노동 운동, ③은 청산리 대첩 이후 발생한 독립군의 시련, ④는 일제의 인적·물적 수탈 강화와 관련이 있다. ⑤ 신간회는 신 집행부의 우경화, 코민테른의 노선 변경 등으로 1931년에 해소되었다.

13 광주 학생 항일 운동의 전개

자료는 광주 학생 항일 운동 당시의 격문이다. 광주 학생 항일 운동은 1929년에 나주역에서 일어난 일본 학생과 한국 학생 간의 충돌이 원인이 되어 일어났다. 한편, 신간회는 광주 학생 항일 운동의 진상을 규명하기 위해 진상 조사단을 파견하고 사건의 진상 보고를 위한 민중 대회를 열어 이를 전국적인 항일 운동으로 확산하고자 하였다. 그러나 이 계획이 사전에 일본 경찰에 발각되어 신간회 간부들이 체포되면서 민중 대회는 열리지 못하였다.

14 광주 학생 항일 운동의 의의

광주 학생 항일 운동은 3·1 운동 이후 학생들의 주도로 이루어진 최대 규모의 항일 민족 운동이었다.

바로 알기 ①, ②는 3·1 운동, ④는 국채 보상 운동, ⑤는 6·10 만세 운동에 대한 설명이다.

15 조선 형평사와 형평 운동

자료는 조선 형평사 설립 취지문이다. 백정들은 1923년에 진주에서 조선 형평사를 창립하고 백정에 대한 사회적 차별 철폐를 요구하는 형평 운동을 전개하였다.

바로 알기 ①은 조선어 학회, ②는 신민회, ③은 신간회에 대한 설명이다. ⑤ 1898년에 한성의 부인들이 여학교 설립을 주장한 「여권통문」을 발표하였다.

16 민족주의 사학자 박은식과 신채호

(가)는 박은식의 『한국통사』, (나)는 신채호의 『조선상고사』 내용 일부로 모두 민족주의 사학과 관련이 있다. 박은식과 신채호는 식민 사관의 타율성론을 비판하며 한국사의 독자성 및 민족정신을 강조하는 민족주의 사학을 발전시켰다.

바로 알기 ①, ②는 사회 경제 사학자 백남운, ③은 정인보, 안재홍, 문일평 등, ④는 실증 사학자 이병도, 손진태 등에 대한 설명이다.

17 대종교

밑줄 친 '이 종교'는 대종교이다. 대종교는 나철 등이 창시한 종교로 단군 숭배 사상을 내세워 민족의식을 높였으며, 만주에서 중광단을 결성하여 항일 무장 투쟁을 벌였다.

바로 알기 ① 일제 강점기에 불교는 한용운 등을 중심으로 민족 불교 수호 운동을 벌여 일제의 통제에 맞섰다. ② 일제 강점기에 개신교는 교육 운동을 활발히 펼쳤으며, 1930년대 후반부터 신사 참배 거부 운동을 벌여 일제로부터 탄압을 받았다. ④ 일제 강점기에 천도교는 3·1 운동에 적극 참여하였으며, 『개벽』, 『신여성』 등의 잡지를 발행하였다. ⑤ 일제 강점기에 천주교는 고아원, 양로원을 설립하는 등 사회사업을 추진하였으며, 『경향』 등의 잡지를 발행하였다.

18 1930년대 만주 지역 독립군의 활동

(가)는 조선 혁명군, (나)는 한국 독립군이다. 1930년대 남만주 일대에서는 양세봉이 이끄는 조선 혁명군이 중국 의용군과 연합하여 영릉가 전투, 흥경성 전투 등에서 일본군을 격퇴하였다. 북만주 일대에서는 지청천이 이끄는 한국 독립군이 중국 호로군과 연합하여 쌍성보 전투, 사도하자 전투, 대전자령 전투 등에서 승리하였다. 지청천을 비롯한 한국 독립군의 일부는 중국 관내로 이동하여 대한민국 임시 정부에 합류하였고, 한국광복군을 만드는 데 참여하였다.

바로 알기 ③은 의열단에 대한 설명이다. 1920년대 후반 의열단은 개인 폭력 투쟁의 한계를 인식하고 조직적인 항일 무장 투쟁으로 노선을 바꾸었다. 이에 김원봉 등은 황푸 군관 학교에 입학하여 군사 교육을 받고, 1930년대에는 조선 혁명 군사 정치 간부 학교를 설립하였다.

19 한국광복군의 활동

밑줄 친 '계획'은 한국광복군이 미국과 협력하여 준비하였던 국내 진공 작전으로, 자료는 일제가 연합군에 항복하면서 국내 진공 작전이 무산된 상황을 보여 준다. 한국광복군은 영국군의 요청에 따라 미얀마·인도 전선에 파견되었다.

바로 알기 ① 조선 독립 동맹은 조선 의용대 화북 지대를 조선 의용군으로 개편하여 군사 조직으로 삼았다. ② 조선 혁명군은 중국 의용군과 연합하여 영릉가 전투, 흥경성 전투 등에서 일본군을 격퇴하였다. ③ 조국 광복회는 보천보 등지에서 경찰 주재소와 면사무소 등 일제의 통치 기구를 파괴하는 활동을 하였다. ④ 조선 의용대는 중국 관내에서 조직된 최초의 한인 무장 부대였다.

01 / 냉전 체제와 대한민국 정부 수립

STEP 1 핵심 개념 확인하기
088쪽

1 조선 건국 준비 위원회 **2** (1)-ⓒ (2)-㉠ **3** (1) ◯ (2) × (3) ×
(4) ◯ **4** (다)-(라)-(가)-(나)-(마) **5** (1) 남북 협상 (2) 민주 공화국
(3) 대한민국 정부

STEP 2 내신 만점 공략하기
088~091쪽

01 ⑤ **02** ⑤ **03** ③ **03-1** ③ **04** ④ **05** ③ **06** ②
06-1 ⑤ **07** ④ **08** ④ **09** ③ **10** ④ **10-1** ② **11** ③
12 ③ **13** ②

01 트루먼 독트린의 배경

제시된 선언은 냉전 체제의 본격적인 시작을 알린 트루먼 독트린
이다. 제2차 세계 대전이 끝나고 유럽 열강을 대신하여, 미국과
소련을 중심으로 국제 질서가 재편되면서 자본주의 진영과 공산
주의 진영이 이념과 체제의 우위를 경쟁하는 냉전 체제가 형성되
었다. 이러한 상황에서 소련의 지원으로 동유럽 여러 나라에 공
산주의 정권이 들어서고 그리스가 공산화의 국면에 처하자, 미국
은 1947년에 트루먼 독트린을 발표하여 유럽에서 공산주의의 팽
창을 막으려고 하였다.

(바로 알기) ①은 1950년, ②는 1951년의 일이다. ③ 미국은 1964년에 베트
남 전쟁에 전면적으로 개입하였다. ④ 제2차 국공 내전(1946~1949)에서 중
국 공산당이 승리한 것은 1949년의 사실이다.

◆ **이건 꼭 암기!** 제2차 세계 대전 이후 + 트루먼 독트린 + 미국 중심의
자본주의 진영 + 소련 중심의 공산주의 진영 → **냉전 체제의 형성**

02 조선 건국 준비 위원회

자료는 조선 건국 준비 위원회의 강령이다. 여운형은 광복 직후
안재홍 등과 함께 조선 건국 동맹을 중심으로 좌우익 세력이 함
께 참여한 조선 건국 준비 위원회를 조직하였다. 조선 건국 준비
위원회는 전국 각지에 지부를 두고 치안대를 설치하여 광복 직후
국내의 실질적인 치안과 행정을 담당하였다.

(바로 알기) ㄱ은 좌우 합작 위원회, ㄴ은 김구, 김규식 등에 대한 설명이다.

◆ **이건 꼭 암기!** 여운형, 안재홍 등이 조직 + 조선 건국 동맹 중심 + 전국
에 지부 조직, 치안대 설치 + 조선 인민 공화국 수립 선포 → **조선 건국 준비
위원회**

03 모스크바 3국 외상 회의의 개최

밑줄 친 '회의'는 모스크바 3국 외상 회의이다. 미국, 영국, 소련
의 외무 장관은 1945년 12월에 모스크바 3국 외상 회의를 개최하
였다. 회의 결과 한반도에 민주주의 임시 정부 수립, 미소 공동
위원회 설치, 최고 5년간 신탁 통치 실시를 결정하였다.

(바로 알기) ㄱ은 얄타 회담, ㄹ은 포츠담 회담에 대한 설명이다.

◆ **이건 꼭 암기!** 미국, 영국, 소련 + 민주주의 임시 정부 수립 + 미소 공
동 위원회 설치 + 최고 5년간 신탁 통치 실시 → **모스크바 3국 외상 회의**

03-1 모스크바 3국 외상 회의 결정 사항이 국내에 알려지면
서 좌익과 우익의 대립이 심화되었다. 우익은 신탁 통치 반대 운
동을 벌였고, 좌익도 처음에는 신탁 통치에 반대하였으나 이후
회의 결정에 대한 총체적 지지로 입장을 바꾸었다.

(바로 알기) ①은 1919년, ②는 1945년 8월, ④, ⑤는 광복 직후의 사실로,
모스크바 3국 외상 회의 개최(1945. 12.) 이전의 일이다.

04 한국 민주당의 활동

(가)는 송진우와 김성수를 중심으로 결성된 한국 민주당이다. 광
복 이후 송진우, 김성수 등 지주·자본가를 중심으로 한 우익 세
력이 한국 민주당을 결성하였다. 한국 민주당은 조선 건국 준비
위원회가 수립한 조선 인민 공화국을 비판하고 대한민국 임시 정
부 지지를 선언하였으며, 미군정청과 긴밀한 관계를 유지하였다.

(바로 알기) ①은 박헌영 등이 재건한 정당으로, 이후 남조선 노동당으로 개
편되었다. ②, ③은 광복 이전에 결성되었다. ⑤는 미국에서 활동하다 돌아
온 이승만이 지지자들을 모아 조직한 정치 단체이다.

◆ **이건 꼭 암기!** 송진우, 김성수 등이 결성 + 대한민국 임시 정부 지지 선
언 + 미군정청과 긴밀한 관계 유지 → **한국 민주당**

05 이승만의 정읍 발언

┌ 자료 분석 ┐ ─ 제1차 미소 공동 위원회를 가리켜.

무기 휴회된 미소 공동 위원회가 재개될 기색도 보이지 않으며
통일 정부를 고대하나 여의치 않으니 우리는 남방만이라도 임시
정부 혹은 위원회 같은 것을 조직하여 38 이북에서 소련이 철퇴
하도록 세계 공론에 호소해야 할 것이니 여러분도 결심해야 할
것이다.
─ 이승만은 통일 정부 수립이 어렵다면 남한만이라도
정부를 수립해야 한다는 '정읍 발언'을 발표하였어.

자료는 이승만의 정읍 발언이다. 제1차 미소 공동 위원회가 결렬
되자 이승만은 1946년 6월 정읍에서 통일 정부 수립이 어렵다면
남방만이라도 단독 정부를 수립할 것을 주장하였다(정읍 발언).

◆ **이건 꼭 암기!** 제1차 미소 공동 위원회 결렬 이후 + 1946년 6월 + 남한
만의 단독 정부 수립 주장 → **이승만의 정읍 발언**

06 좌우 합작 운동의 전개

자료는 좌우 합작 위원회에서 발표한 좌우 합작 7원칙이다. 김규식과 여운형 등 중도 세력은 한반도 통일 정부 수립을 위해 좌우 합작 운동을 전개하였다. 미군정의 지원 아래 조직된 좌우 합작 위원회는 좌익과 우익의 합작 조건을 절충하여 좌우 합작 7원칙을 발표하였다. 그러나 좌우 합작 7원칙은 신탁 통치, 토지 개혁, 친일파 처벌 문제 등에 대한 의견 차이로 좌우익 모두에게 반발을 샀다.

(바로 알기) ①, ④는 대한민국 정부 수립 이후의 사실이다. ③ 미국과 소련은 모스크바 3국 외상 회의에서 결정된 민주주의 임시 정부 수립 방안을 논의하고자 미소 공동 위원회를 개최하였다. 미소 공동 위원회는 총 두 차례 개최되었으나 미국과 소련의 이견을 좁히지 못하고 결렬되었다. ⑤ 유엔 소총회에서 남한만의 단독 선거가 결정되자 이에 반대하는 움직임이 곳곳에서 일어났는데, 제주 4·3 사건이 대표적이다.

✦ **이건 꼭 암기!** 김규식과 여운형 등이 주도 + 미군정의 지원 + 좌우 합작 위원회 조직 + 좌우 합작 7원칙 발표 → **좌우 합작 운동**

06-1 여운형, 김규식 등은 중도 세력을 중심으로 정국을 개편하려는 미군정의 지원을 받아 좌우 합작 위원회를 결성하였다. 그러나 김구, 이승만, 조선 공산당 등 당시 좌우를 대표하는 세력이 참여하지 않아 좌우 합작 위원회는 큰 영향력을 발휘하기가 힘들었다.

(바로 알기) ① 대한민국 임시 정부는 1941년에 대한민국 건국 강령을 발표하였다. ②는 조선 건국 준비 위원회, ③은 이승만 등 우익 세력, ④는 김구, 김규식 등에 대한 설명이다.

07 남한만의 단독 선거 결정 이후의 사실

┌─ 자료 분석 ├─ ┄┄┄┄┄┄┄┄┄┄┄ 남한을 가리켜.
• 유엔 한국 임시 위원단이 한국 전역의 선거 감시를 진행할 것
• 그것이 불가능하다면 위원단이 접근할 수 있는 한국 내 지역의 선거 감시 진행이 필요하다고 간주함
유엔은 소총회를 열어 선거 감시가 가능한 지역에서만 선거를 치르기로 결정하였어. ┄ 「<u>소총회 결의</u>」 제583호의 A

자료는 유엔 소총회에서 선거가 가능한 지역(남한)에서 총선거를 실시하기로 결정한 내용이다. 남한만의 단독 선거 결정은 1948년 2월의 일이다. 유엔의 총선거 실시가 결정되면서 남북 분단의 가능성이 높아지자, 김구와 김규식 등은 남북한 정치 지도자들 간의 협상을 북측에 제안하고, 1948년 4월 평양에서 열린 남북 연석회의(남북 협상)에 참석하였다. 제주도에서는 좌익 세력이 단독 선거 반대, 통일 정부 수립을 내세우며 무장봉기를 일으켰다.

(바로 알기) ㄱ. 1946년 6월에 이승만이 정읍 발언을 발표하였다. ㄷ. 제2차 미소 공동 위원회는 1947년 10월에 결렬되었다.

✦ **이건 꼭 암기!** 제1차 미소 공동 위원회 개최 및 결렬 → 이승만의 정읍 발언 → 좌우 합작 위원회 조직(좌우 합작 7원칙 발표) → 제2차 미소 공동 위원회 개최 및 결렬 → 유엔의 총선거 실시 결정 → **남북 협상 추진**

08 김구의 활동

자료는 김구가 발표한 '삼천만 동포에게 읍고함'이다. 김구는 남한만의 총선거 실시가 결정되자 김규식 등과 함께 통일 정부 수립을 위한 남북 협상을 추진하여 평양에서 열린 남북 연석회의에 참석하였다. 이 회의에서 외국 군대 철수, 남한 단독 선거 반대 등이 합의되었다. 그러나 남북에서 각각 단독 정부를 수립하는 절차가 진행되면서 남북 협상은 실패로 끝이 났다.

(바로 알기) ① 김구는 신탁 통치에 반대하였다. ②는 김규식, 여운형 등 중도 세력에 대한 설명이다. 김구는 좌우 합작 위원회에 참여하지 않았다. ③은 송진우, 김성수 등, ⑤는 여운형, 안재홍 등에 대한 설명이다.

✦ **이건 꼭 암기!** 신탁 통치 반대 운동 전개 + '삼천만 동포에게 읍고함' 발표 + 김규식과 남북 협상 추진 → **김구**

09 제주 4·3 사건

자료에서 이 사건으로 제주도에서 5·10 총선거가 제대로 시행되지 못하였다는 내용을 통해 밑줄 친 '이 사건'이 제주 4·3 사건임을 알 수 있다. 1948년 4월 3일 제주도의 좌익 세력과 일부 주민들이 단독 선거 저지, 통일 정부 수립을 내세우며 무장봉기를 일으켰다. 이를 군과 경찰, 우익 청년단이 함께 진압하는 과정에서 수많은 민간인이 희생되었다. 이 사건으로 인해 제주도에서 치러진 총선거는 2개 선거구가 무효 처리되었다. 한편, 2000년에 '제주 4·3 사건 진상 규명 및 희생자 명예 회복에 관한 특별법'이 제정되어 정부 차원의 진상 조사가 진행되었고, 그 결과 2003년에 정부는 국가 권력에 의한 대규모 희생이 이루어진 점을 인정하고 제주도민에게 공식 사과하였다.

(바로 알기) ③ 제주 4·3 사건은 여수·순천 10·19 사건 이전에 일어났다.

✦ **이건 꼭 암기!** 제주도 + 군과 경찰의 대규모 진압 작전 전개 + 민간인 희생 + 5·10 총선거 과정에서 제주도 2개 선거구 무효 처리 → **제주 4·3 사건**

10 5·10 총선거의 실시

1948년 5월 10일에 실시된 총선거는 '5·10 총선거'이다. 1948년 5월 10일, 유엔 한국 임시 위원단의 감시 아래 국회 의원을 뽑기 위한 총선거가 남한에서 실시되었다. 5·10 총선거는 만 21세 이상 국민이 보통·평등·직접·비밀 선거의 원칙에 따라 참여한 우리 역사 최초의 민주 선거였다. 단독 선거를 환영하였던 우익 세력은 적극적으로 선거에 참여하였고, 일부 중도 세력도 '선 참여, 후 개혁'을 내세우며 선거에 동참하였으나, 김구, 김규식 등 남북 협상파와 일부 좌익 세력은 선거에 참여하지 않았다. 한편, 5·10 총선거의 결과로 제주도 두 곳을 제외한 선거구에서 198명의 제헌 국회 의원이 선출되었다.

(바로 알기) ④ 유엔 소총회의 결의에 따라 5·10 총선거가 실시되었다.

✦ **이건 꼭 암기!** 1948년 5월 10일 + 만 21세 이상 + 우리나라 최초의 민주주의 선거(보통·평등·직접·비밀 선거의 원칙) + 제헌 국회 의원 선출 + 남북 협상파와 일부 좌익 세력 불참 → **5·10 총선거**

10-1 5·10 총선거의 실시 결과 제헌 국회가 구성되었다. 제헌 국회는 국호를 '대한민국'으로 정하고, 제헌 헌법을 제정하여 공포하였다(1948. 7. 17.). 제헌 헌법에 따라 국회는 대통령에 이승만, 부통령에 이시영을 선출하였다. 이후 이승만 대통령은 내각을 조직하고 미군정의 종식과 함께 대한민국 정부 수립을 국내외에 선포하였다(1948. 8. 15.). 대한민국 정부 수립 이후 제헌 국회는 일제의 식민 지배에 협력한 친일파를 청산하고자 반민족 행위 처벌법을 제정하고, 반민족 행위 특별 조사 위원회(반민 특위)를 구성하였다. 또한 농지 개혁을 추진하기 위해 농지 개혁법을 제정하였다.

(바로 알기) ② 좌우 합작 위원회가 좌우 합작 7원칙을 발표하였다.

11 제헌 헌법의 특징
대한민국이 민주 공화국임을 밝히고, 대한민국의 주권이 국민에게 있음을 명시한 것을 통해 제시된 헌법이 제헌 헌법임을 알 수 있다. 1948년 7월 17일에 선포된 제헌 헌법은 삼권 분립과 대통령 중심제를 채택하였다.

(바로 알기) ① 제헌 헌법에서 대통령의 임기는 4년이고, 1회에 한하여 중임할 수 있도록 하였다. ② 제헌 헌법은 남한 단독 정부 수립 과정에서 제정한 헌법이다. ④ 제헌 헌법을 제정한 제헌 국회의 임기는 2년이었다. ⑤ 제헌 헌법은 대통령을 국회에서 무기명 투표로 선출하도록 하였다.

◆ **이건 꼭 암기!** 국민 주권의 민주 공화국 명시 + 삼권 분립과 대통령 중심제 채택 + 국회가 대통령을 선출하게 함 → **제헌 헌법**

12 반민족 행위 처벌법과 친일파 청산
제시된 법령은 반민족 행위 처벌법이다. 제헌 국회는 1948년에 일제 강점기의 반민족 행위자 처벌 및 재산 몰수 등의 조항이 담긴 반민족 행위 처벌법을 제정하고 반민족 행위 특별 조사 위원회(반민 특위)를 설치하였다. 반민 특위는 국민의 성원 속에 1949년 1월부터 활동을 실시하였다. 그러나 이승만 정부는 반공을 명분으로 반민 특위 활동에 비협조적이었다. 이후 반민 특위 소속 국회 의원 중 일부를 공산당과 내통했다는 혐의로 구속하였고(국회 프락치 사건), 경찰이 반민 특위 사무실을 습격하기도 하였다. 또한 반민족 행위 처벌법이 개정되어 친일파 처벌 기한이 줄어들었고, 반민족 행위의 범위도 크게 축소되어 반민 특위의 활동은 유명무실하게 되었다. 결국 반민 특위는 그 역할을 다하지 못한 채 해체되었다.

(바로 알기) ㄱ은 농지 개혁법에 대한 내용이다. 농지 개혁법은 농사짓는 사람이 땅을 소유하여야 한다는 경자 유전의 원칙을 실현하고자 제헌 국회에서 제정하였다. ㄹ. 국회 프락치 사건, 일부 경찰의 반민 특위 사무실 습격 사건 등이 일어나면서 반민 특위 활동은 사실상 중단되었다.

◆ **이건 꼭 암기!** 반민족 행위 처벌법 제정 + 반민 특위 설치 + 이승만 정부의 비협조적인 태도 + 국회 프락치 사건, 반민 특위 습격 사건 → **친일파 청산을 위한 노력과 좌절**

13 농지 개혁의 내용
자료 속 사진은 지가 증권으로, 농지 개혁 당시 정부가 농지 매입 대가로 토지의 소유주에게 지급한 문서이다. 1949년에 제정된 농지 개혁법은 일부 개정을 거쳐 1950년 3월에 국회를 통과하였다. 이승만 정부는 개정된 법을 토대로 유상 매수·유상 분배 방식의 농지 개혁을 실시하였다. 농지 개혁은 한 가구당 3정보(약 3만m²)까지만 소유할 수 있게 하였고, 그 이상의 농지는 정부가 지가 증권을 발급하여 사들이는 형식으로 진행되었다. 정부는 매입한 농지를 직접 농사짓는 농민들에게 분배하였고, 농지를 받은 농민들은 5년 동안 연평균 수확량의 30%씩을 매년 상환해야 하였다. 6·25 전쟁 등으로 농지 개혁이 한동안 중단되면서 지주들이 미리 토지를 팔아 농지 개혁 대상의 토지가 감소하였지만, 농지 개혁에 따라 지주·소작제가 거의 사라졌으며 농민 대부분은 자기 토지를 소유하게 되었다.

(바로 알기) ② 광무개혁 때 토지 소유권을 인정하는 지계가 발급되었다.

◆ **이건 꼭 암기!** 농지 개혁법 제정 + 유상 매수·유상 분배 + 한 가구당 3정보 소유 상한 + 지가 증권 발행 + 지주·소작제의 소멸 → **농지 개혁**

서술형 문제
091쪽

01 주제: 모스크바 3국 외상 회의 결정 사항에 대한 국내 반응

(1) **답안 키워드** 모스크바 3국 외상 회의, 신탁 통치

(2) **예시 답안** 모스크바 3국 외상 회의, 우익 세력은 모스크바 3국 외상 회의의 결정 사항인 신탁 통치에 대한 반대 운동을 전개하였다. 좌익 세력은 처음에 신탁 통치에 반대하였으나 이후 모스크바 3국 외상 회의 결정의 본질이 민주주의 임시 정부 수립에 있다고 보고, 회의의 결정 사항을 총체적으로 지지하였다.

	채점 기준
상	모스크바 3국 외상 회의를 쓰고, 우익 세력과 좌익 세력의 반응을 각각 서술한 경우
중	모스크바 3국 외상 회의를 쓰고, 우익 세력과 좌익 세력의 반응 중 한 가지만 서술한 경우
하	모스크바 3국 외상 회의만 쓴 경우

02 주제: 5·10 총선거의 의의

예시 답안 5·10 총선거, 5·10 총선거는 만 21세 이상 모든 국민이 보통·평등·직접·비밀 선거의 원칙에 따라 참여한 우리나라 최초의 민주주의 선거이다.

	채점 기준
상	5·10 총선거를 쓰고, 우리나라 선거사에서 5·10 총선거가 갖는 의의를 서술한 경우
하	5·10 총선거만 쓴 경우

03 주제: 친일파 청산 실패 이유

예시 답안 이승만 정부가 반민 특위 활동에 비협조적이었다. 반민 특위 소속 국회 의원 일부가 공산당과 접촉하였다는 구실로 체포되었으며, 일부 친일파 경찰이 반민 특위 사무실을 습격하면서 반민 특위의 활동이 사실상 중단되었다.

채점 기준	
상	친일파 청산 노력이 실패한 이유를 세 가지 서술한 경우
중	친일파 청산 노력이 실패한 이유를 두 가지 서술한 경우
하	친일파 청산 노력이 실패한 이유를 한 가지만 서술한 경우

STEP 3 **1등급 정복하기** 092쪽

01 ⑤　　**02** ②

01 통일 정부 수립을 위한 노력

제1차 미소 공동 위원회가 결렬되자 이승만이 정읍 발언을 발표하였고, 이러한 상황에서 좌우 합작 운동이 전개되었다. 이후 1947년에 열린 제2차 미소 공동 위원회 역시 미국과 소련의 이견으로 결렬되자 미국은 한반도 문제를 유엔 총회에 상정하였다.

바로 알기 ㄱ, ㄴ은 이승만의 정읍 발언(1946. 6.) 이전의 상황이다.

판서로 보는 고난도 개념 통일 정부 수립을 위한 노력

광복과 분단	• 우리 민족의 끈질긴 독립운동, 일본의 항복 → 광복 • 38도선을 기준으로 미국과 소련의 분할 점령 → 분단
모스크바 3국 외상 회의 개최	한반도에 임시 민주 정부 수립, 미소 공동 위원회 개최, 최고 5년간 신탁 통치 실시 결정 → 좌우 대립 심화
제1차 미소 공동 위원회 개최	민주주의 임시 정부 수립 협의에 참여할 단체의 범위를 두고 미국과 소련의 대립으로 결렬
정읍 발언	이승만이 남한만의 단독 정부 수립 주장
좌우 합작 운동 전개	여운형·김규식을 중심으로 좌우 합작 위원회 조직 → 좌우 합작 7원칙 발표
유엔의 총선거 실시 결정	유엔 총회에서 총선거를 통한 통일 정부 수립 결의 → 유엔 소총회에서 남한만의 단독 선거 실시 결정
남북 협상 추진	김구·김규식의 평양 방문 → 평양에서 남북 지도자 회의 개최, 남북 협상 공동 성명 채택

02 제헌 국회의 활동

제시된 그래프는 5·10 총선거 결과로 구성된 제헌 국회의 정당별 분포를 보여 준다. 제헌 국회는 국호를 '대한민국'으로 정하고 제헌 헌법을 공포하였다. 이후 제헌 헌법에 따라 대통령에 이승만, 부통령에 이시영을 선출하였고, 국민의 요구에 따라 농지 개혁법 및 반민족 행위 처벌법을 제정하였다.

바로 알기 ㄴ. 제헌 국회는 대통령을 중심으로 국정이 운영되는 정부 형태인 대통령 중심제를 채택하였다. ㄹ. 제헌 국회 의원의 임기는 2년이었다.

실전 문항 ①

실전 문항 5·10 총선거

유엔 한국 임시 위원단이 참여한 가운데 시행된 점, 우리나라 역사상 최초의 보통 선거인 점 등을 통해 (가) 선거는 5·10 총선거임을 알 수 있다. 5·10 총선거로 임기 2년의 제헌 국회 의원 198명이 선출되었다.

바로 알기 ② 좌우 합작 위원회는 좌우 합작 운동을 전개하였다. ③ 을미사변 발생 이후 고종은 러시아 공사관으로 거처를 옮겼다(아관 파천, 1896). ④ 무단 통치 시기에 일제는 조선 태형령을 시행하였다. ⑤는 모스크바 3국 외상 회의에 대한 설명이다.

---

02 6·25 전쟁과 남북 분단의 고착화

STEP 1 **핵심 개념 확인하기** 098쪽

1 (다)-(라)-(가)-(나)　　**2** 한미 상호 방위 조약　　**3** (가) 발췌 개헌, (나) 사사오입 개헌　　**4** (1) 조봉암 (2) 경향신문 (3) 애치슨　　**5** (1) ✕ (2) ○ (3) ○　　**6** 천리마운동

STEP 2 **내신 만점 공략하기** 098~101쪽

01 ②　**02** ⑤　**03** ③　**04** ③　**04-1** ④　**05** ⑤　**06** ①
07 ④　**08** ④　**09** ①　**09-1** ②　**10** ⑤　**11** ②　**12** ④
13 ②　**14** ③

01 6·25 전쟁의 배경

자료 분석

이 방위선은 알류샨 열도에서 일본을 거쳐 오키나와, 필리핀 군도로 이어진다. …… 기타 태평양 지역은 …… 군사적 공격으로부터 안전을 보장할 수 없다는 점을 명백히 밝힌다.
└ 애치슨은 태평양 방위선을 '알류샨 열도 – 일본과 오키나와 – 필리핀 군도'로 이어지는 선으로 발표하였어.

자료는 1950년 1월에 발표된 애치슨 선언의 내용이다. 미국의 애치슨 선언 발표로 한국과 타이완은 미국의 태평양 방위선에서 제외되었으며, 이는 6·25 전쟁의 발발에 영향을 주었다.

바로 알기 ① 6·25 전쟁이 일어나자 1950년 7월에 유엔군이 남한에 파견되었다. ③ 1945년 9월에 미국이 군정청을 설치하여 남한 지역을 직접 통치하였다. ④는 1946년 6월의 일이다. ⑤ 1948년 4월에 김구와 김규식이 남북한 정치 지도자들 간 협상을 북측에 제안하였다.

◆ 이건 꼭 암기! 애치슨 선언 발표 + 소련이 북한의 남침 계획 동의 + 소련과 중국의 북한 지원 약속 → 6·25 전쟁의 배경

02 6·25 전쟁의 전개 과정

(가)는 6·25 전쟁 중인 1950년 9월 초 북한군이 최대로 남침한 상황이고, (나)는 1951년 1월경 중국군이 최대로 남진한 상황에 해당한다. 6·25 전쟁 중 낙동강 전선에서 북한군과 전투를 벌이던 국군과 유엔군은 1950년 9월 중순부터 전개한 인천 상륙 작전으로 전세를 역전하여 서울을 다시 되찾고 여세를 몰아 압록강 유역까지 진출하였다. 그러나 이후 중국군의 참전으로 다시 서울을 빼앗기고, 한강 이남으로 물러났다(1·4 후퇴). 이후 국군과 유엔군은 서울을 되찾았지만, 전쟁은 38도선 부근에서 교착 상태에 빠졌다.

바로 알기 ①, ④는 (나) 이후, ②, ③은 (가) 이전의 상황이다.

◆ 이건 꼭 암기! 북한의 남침(6·25 전쟁 발발) → 낙동강 방어선 구축 → 인천 상륙 작전 → 국군과 유엔군이 압록강까지 진출 → 중국군의 참전 → 1·4 후퇴 → 전선 교착 → 정전 회담 시작 → 이승만 정부의 반공 포로 석방 → 정전 협정 체결

03 6·25 전쟁의 정전 협정 체결

밑줄 친 '협정'은 6·25 전쟁 때 체결한 정전 협정이다. 포로 송환 문제 등으로 2년여간 정전 회담이 지속되었고, 1953년 7월 27일에 정전 협정이 체결되었다. 정전 협정으로 군사 분계선이 정해졌으며, 비무장 지대(DMZ)가 설치되었다.

바로 알기 ㄱ. 소련의 제안으로 정전 회담이 시작되었다. ㄹ. 애치슨 선언 발표는 6·25 전쟁 직전의 상황이다.

◆ 이건 꼭 암기! 군사 분계선 확정 + 비무장 지대(DMZ) 설치 + 포로 송환 문제 협의 + 1953년 7월 체결 → 6·25 전쟁의 정전 협정

04 6·25 전쟁의 영향

제시된 그래프는 6·25 전쟁의 인명 피해를 나타낸 것이다. 6·25 전쟁으로 수백만 명의 군인과 민간인이 죽거나 다쳤으며, 많은 이산가족과 전쟁고아가 생겼다. 한편, 6·25 전쟁이 끝난 후 한국과 미국은 한미 상호 방위 조약을 체결하였으며, 중국은 참전 후 북한에 대한 영향력을 넓혔다.

바로 알기 ㄱ은 6·25 전쟁 직전 남한의 상황이다. 미국은 일부 군사 고문단을 남기고 남한에서 미군 대부분을 철수하였다. ㄹ은 6·25 전쟁 직전 북한의 상황이다.

◆ 이건 꼭 암기! 군인 및 민간인 사상자 등 인명 피해 발생 + 한미 상호 방위 조약 체결 + 중국의 북한에 대한 영향력 강화 → 6·25 전쟁의 영향

04-1 ① 인천 상륙 작전, ② 반공 포로 석방, ③ 정전 협상, ⑤ 흥남 철수는 6·25 전쟁 중에 볼 수 있는 모습이다.

바로 알기 ④ 한미 상호 방위 조약 체결(1953. 10.)은 정전 협정 체결 이후에 일어난 일이다.

05 이승만 정부의 반공 독재 체제 강화

6·25 전쟁 이후 이승만 정부는 반공을 앞세워 독재 권력을 강화하였다. 진보당 사건을 일으켜 진보당을 해체하고 조봉암을 제거한 이후 국가 보안법을 개정하여 사회 통제를 강화하였다. 또한 정부에 대해 비판적인 경향신문을 폐간하는 등 언론을 억압하였으며, 동 단위로 국민반을 조직하여 주민을 효율적으로 동원·감시하려 하였다. 국민반은 정부 정책 선전, 선거 등에 동원되는 등 독재 체제 강화에 이용되었다.

바로 알기 ⑤ 6·25 전쟁 과정에서 많은 사람이 고향을 떠나면서 전통적인 가족 질서와 공동체 의식이 약화하였다.

◆ 이건 꼭 암기! 진보당 사건 조작 + 국가 보안법 개정 + 경향신문 폐간 + 동 단위의 국민반 조직(주민 감시·통제) → 이승만 정부의 반공 독재 체제 강화

06 발췌 개헌

밑줄 친 '개헌안'은 발췌 개헌안이다. 6·25 전쟁 직전에 실시된 제2대 국회 의원 선거에서 이승만 정부에 비판적인 후보가 대거 당선되어 국회에서 대통령을 뽑는 간선제로는 이승만이 국회에서 대통령에 재선될 가능성이 낮아졌다. 이에 이승만 정부는 대통령 직선제 개헌안을 국회에 제출하고, 공포 분위기를 조성한 뒤 기립 투표로 직선제 개헌안(발췌 개헌안)을 통과시켰다.

바로 알기 ②, ④는 제헌 헌법에 대한 설명이다. ③, ⑤는 사사오입 개헌에 대한 설명이다.

◆ 이건 꼭 암기! 1952년 + 대통령 직선제 개헌안 + 토론 없이 기립 투표로 통과 → 발췌 개헌

07 사사오입 개헌

자료는 사사오입 개헌안이다. 발췌 개헌을 통해 연임에 성공한 이승만은 장기 집권을 위해 대통령의 3선을 금지하는 내용의 헌법을 고치려 하였다. 1954년에 실시된 제3대 국회 의원 선거에서 다수당이 된 자유당은 개헌 당시의 대통령에 한해서 연임 횟수 제한을 없앤다는 내용의 개헌안을 제출하였다가 1표 차로 부결되자, 이후 사사오입 논리를 내세워 개헌안을 통과시켰다.

바로 알기 ① 대통령 직선제 개헌은 1952년 발췌 개헌을 통해 이미 이루어졌다. ②는 제헌 헌법에 대한 설명이다. 사사오입 개헌안은 제3대 국회에서 통과되었다. ③ 사사오입 개헌은 이승만의 당선을 위해 추진되었다. ⑤는 국회 프락치 사건(1949) 등에 대한 설명이다.

◆ 이건 꼭 암기! 1954년 + 개헌 당시의 대통령에 한해 연임 횟수 제한 철폐 + 1표 차로 부결 + 사사오입(반올림) 논리로 통과 → 사사오입 개헌

08 이승만 정부의 독재 체제 강화

(가)는 1951년의 자유당 창당, (나)는 1956년의 제3대 대통령 선거 결과와 관련된 내용이다. 1950년 제2대 국회 의원 선거 결과 재선이 어렵다고 판단한 이승만 정부는 1951년 자유당 창당, 1952년 발췌 개헌 후 제2대 대통령 당선, 1954년 사사오입 개헌으로 장기 집권의 기반을 마련하는 등 독재 체제를 강화하였다.

(바로 알기) ㄱ은 1958년, ㄷ은 1950년의 일이다.

✦ **이건 꼭 알기!** 자유당 창당(1951) → 발췌 개헌(1952. 7.) → 제2대 대통령 선거(1952. 8.) → 사사오입 개헌(1954) → 제3대 대통령 선거(1956)

09 조봉암

밑줄 친 '그'는 조봉암이다. 조봉암은 1948년 제헌 국회 의원에 당선되었고, 대한민국 정부 수립 이후에는 초대 농림부 장관이 되어 농지 개혁을 추진하였다. 1956년 5월, 제3대 대통령 선거에 출마하여 낙선하였지만 유효 표의 약 30%를 얻었다. 1956년 11월에 진보당을 창당하고 위원장에 선임되었으나 이승만 정부의 견제와 탄압을 받았다. 조봉암은 1958년 1월, 간첩죄 및 국가 보안법 위반 혐의로 진보당원 16명과 함께 검거되었고(진보당 사건), 대법원에서 사형이 확정되어 1959년 7월에 사형을 당하였다. 한편, 2011년 대법원은 진보당 사건에 대한 재심에서 간첩죄 및 국가 보안법 위반 등의 공소 사실에 대해 재판관 전원 일치로 무죄를 선고하였다.

(바로 알기) ②는 송진우, 김성수 등, ③은 김상덕, ④는 여운형, 김규식 등이 조직한 좌우 합작 위원회, ⑤는 여운형, 안재홍 등에 대한 설명이다.

✦ **이건 꼭 알기!** 진보당 창당 + 진보당 사건으로 사형당함 → 조봉암

09-1 두 차례의 개헌을 통해 정권을 연장한 이승만 정부는 무소속 조봉암이 예상보다 많은 표를 얻자, 진보당 사건 조작을 통해 독재 체제를 강화하였다.

(바로 알기) ① 이승만 정부는 정권 연장을 위해 발췌 개헌(1952)과 사사오입 개헌(1954)을 단행하였다. ③ 이승만 정부는 반민족 행위자 처벌을 위한 반민족 행위 특별 조사 위원회의 활동에 비협조적인 태도를 보였다. ④ 1948년에 제헌 헌법에 따라 이승만이 대통령에 선출되었고, 남한 단독 정부인 대한민국 정부의 수립이 선포되었다. ⑤ 이승만 정부는 6·25 전쟁(1950~1953) 이후 전후 복구 사업을 추진하였다.

10 김일성의 독재 체제 강화

자료의 탐구 활동 내용은 북한의 김일성이 반대파를 숙청한 사건들이다. 김일성은 6·25 전쟁과 전후 복구 과정에서 정치적 경쟁자들을 숙청하고, 1인 독재 체제를 강화하였다. 김일성은 6·25 전쟁 중에 연안파의 김무정과 소련파의 허가이를 숙청하고, 전쟁 이후 패전의 책임을 물어 박헌영 등 국내파를 제거하였다.

✦ **이건 꼭 알기!** 연안파 숙청 + 소련파 숙청 + 국내파(박헌영과 남로당 계열) 숙청 → 김일성의 독재 체제 강화

11 북한의 천리마운동

밑줄 친 '이 운동'은 천리마운동이다. 천리마운동은 대중의 노동력 동원을 바탕으로 사회주의 경제를 건설하기 위해 1956년부터 실시되었다. 노동력을 최대한 동원해 생산력을 높이고자 하여 초반에는 경제 발전에 이바지하기도 하였으나 기술 혁신과 물질적 보상 등이 뒤따르지 않아 한계에 이르렀다.

(바로 알기) ①은 문맹 퇴치 운동, ③은 물산 장려 운동에 대한 설명으로 일제 강점기에 추진되었다. ④ 북조선 임시 인민 위원회는 1946년 2월에 출범하여 1947년 2월까지 존재하였다. ⑤는 북한의 토지 개혁에 대한 설명이다.

✦ **이건 꼭 알기!** 대중의 노동력을 동원한 사회주의 경제 건설 운동 + 기술 혁신과 자본 부족으로 한계를 드러냄 → 북한의 천리마운동

12 전후 복구 노력

6·25 전쟁 후 이승만 정부는 전후 복구 사업을 추진하였다. 귀속 재산을 민간에 매각하고 원조로 들어온 물자를 기업에 배정함으로써 민간 자본에 의한 경제 발전을 추구하였다.

(바로 알기) ㄱ. 농지 개혁법은 1949년에 제정되었다. ㄷ은 북한의 전후 복구 경제 정책, 장면의 경제 정책 등과 관련이 있다.

✦ **이건 꼭 알기!** 귀속 재산 매각 + 원조 물자의 기업 분배 → 이승만 정부의 전후 복구 노력

13 미국의 경제 원조

6·25 전쟁 이후 미국은 한국 경제를 재건하고 공산주의의 확산을 막으려고 원조를 제공하였다. 미국이 제공한 밀, 사탕수수, 면화 등의 잉여 농산물을 바탕으로 삼백 산업이 발달하였고, 그 결과 식량 문제가 다소 해결되었다.

(바로 알기) ㄴ. 미국의 농산물이 대량으로 들어오면서 국내 농산물 가격이 폭락하여 농가 소득이 크게 줄었다. ㄹ. 미국의 원조로 값싼 면화가 들어오면서 국내산 면화 사용이 크게 줄어들었다.

✦ **이건 꼭 알기!** 밀, 사탕수수, 면화 등 잉여 농산물 제공 + 삼백 산업 발달 + 식량 문제 해결 + 국내 농산물 가격 폭락에 영향 → 미국의 경제 원조

14 전후 생활 모습의 변화

6·25 전쟁 이후 부산, 서울 등 도시로 몰려든 피란민들은 날품을 팔아 생계를 이어 갔으나, 어려운 여건에서도 많은 사람은 자녀 교육에 힘썼다. 또한 전쟁을 거치며 반공 이념이 강화되었고, 전쟁으로 많은 남성이 죽거나 다치자, 가정과 사회에서 여성의 역할이 커졌다. 한편, 6·25 전쟁을 거치며 서구식 대중문화가 유입되어 전통적인 가치관과 충돌하기도 하였다.

(바로 알기) ③ 6·25 전쟁 이후 어려운 여건에서도 많은 사람이 자녀 교육에 힘썼고, 정부도 초등학교 의무 교육제를 시행하고 중등학교를 늘려 교육 기회를 확대하였다. 이에 힘입어 문맹률이 크게 낮아졌다.

✦ **이건 꼭 알기!** 인구의 도시 집중 + 교육 기회 확대 + 반공 이념 강화 + 여성의 역할 확대 + 서구식 대중문화 유입 → 전후 생활 모습의 변화

서술형 문제 101쪽

01 주제: 발췌 개헌안

(1) **답안 키워드** 발췌 개헌안, 대통령 간선제, 대통령 직선제
(2) **예시 답안** 발췌 개헌안, 기존의 제헌 헌법은 대통령 간선제를 규정하였다. 발췌 개헌안은 대통령 간선제를 대통령 직선제로 변경하였다.

채점 기준	
상	발췌 개헌안을 쓰고, 대통령 간선제에서 직선제로의 변경을 서술한 경우
중	발췌 개헌안을 쓰고, 대통령 직선제로의 변경만을 서술한 경우
하	발췌 개헌안만 쓴 경우

02 주제: 한미 상호 방위 조약 체결의 영향

예시 답안 한미 상호 방위 조약, 한미 상호 방위 조약으로 주한 미군이 남한에 계속 주둔하였고, 동북아시아에서 미국의 영향력이 커졌다.

채점 기준	
상	한미 상호 방위 조약을 쓰고, 한미 상호 방위 조약 체결의 영향을 서술한 경우
하	한미 상호 방위 조약만 쓴 경우

03 주제: 천리마운동의 목적과 한계

예시 답안 천리마운동, 천리마운동은 노동력을 최대한 동원하여 생산력을 높이기 위해 추진되었다. 그러나 대중의 노동력에 의존하고, 기술 혁신과 물질적인 뒷받침이 없어 점차 한계를 드러냈다.

채점 기준	
상	천리마운동을 쓰고, 천리마운동의 목적과 한계를 서술한 경우
중	천리마운동을 쓰고, 천리마운동의 목적과 한계 중 한 가지만 서술한 경우
하	천리마운동만 쓴 경우

STEP 3 1등급 정복하기 102쪽

01 ①   **02** ②

01 6·25 전쟁의 전개 과정

(가) 전쟁은 6·25 전쟁(1950. 6.~1953. 7.)이다. 6·25 전쟁 때 전선이 교착 상태에 빠지자 소련의 제의로 1951년 7월부터 당사국들 사이에 정전이 모색되었다. 그러나 정전 협상은 군사 분계선 설정 등에서 이견을 좁히지 못한 채 계속되었고, 정전을 반대하는 이승만 정부는 일방적으로 반공 포로를 석방하였다. 한편, 이승만 정부는 전쟁 중인 1952년 임시 수도 부산 일대에 계엄령을 선포하고, 발췌 개헌안을 강제로 통과시켰다.

바로 알기 ㄷ. 미국의 국무 장관 애치슨은 1950년 1월에 태평양 방위선에서 한반도를 제외한다는 애치슨 선언을 발표하였고, 애치슨 선언의 영향으로 1950년 6월에 6·25 전쟁이 발발하였다. ㄹ. 한미 상호 방위 조약 체결은 1953년 10월의 일로, 정전 협정 체결 이후의 사실이다.

02 이승만의 장기 독재 체제

자료 분석

대통령 직선제로 변경하였어.

(가)	제31조	입법권은 국회가 행한다. 국회는 민의원과 참의원으로 구성한다.— 국회 양원제를 규정하였어.
	제53조	대통령과 부통령은 국민의 보통, 평등, 직접, 비밀 투표에 의하여 각각 선거한다.—
(나)	제55조 1항	대통령과 부통령의 임기는 4년으로 한다. 단, 재선에 의하여 1차 중임할 수 있다. 대통령이 궐위된 때에는 부통령이 대통령이 되고 잔임 기간 중 재임한다.
	부칙	이 헌법 공포 당시의 대통령에 대하여는 제55조 1항 단서의 제한을 적용하지 아니한다.—

이승만 대통령의 연임 횟수 제한을 없앤다는 내용이야.

(가)는 발췌 개헌(1952), (나)는 사사오입 개헌(1954)이다. 제2대 국회 의원 선거에서 이승만 정부에 비판적인 후보들이 대거 당선되자, 이승만과 자유당은 대통령 간선제로는 더 이상 대통령에 당선될 수 없다고 판단하였다. 그리하여 6·25 전쟁 중인 1952년 부산 일대에 계엄령을 선포한 가운데 대통령 직선제 개헌안(발췌 개헌)을 통과시켰다. 이후 자유당은 이승만의 장기 집권을 위해 1954년 개헌 당시의 대통령(이승만)에 한해서 연임 횟수 제한을 없앤다는 내용의 개헌안을 제출하였다. 그러나 개헌안이 1표 차로 부결되자, 이후 사사오입(반올림)의 논리를 내세워 개헌안을 통과시켰다(사사오입 개헌).

바로 알기 ②는 사사오입 개헌에 대한 설명이다.

수능 첫걸음 103쪽

실전 문항 ②

실전 문항 6·25 전쟁의 전개 과정

(가)는 6·25 전쟁이 일어난 이후 국군과 유엔군이 낙동강 방어선을 구축한 시기와 중국군의 참전에 따른 1·4 후퇴 사이에 해당한다. 국군과 유엔군은 1950년 9월 중순부터 전개한 인천 상륙 작전에 성공하여 전세를 역전하였고, 이후 서울을 다시 되찾았다.

바로 알기 ① 여수·순천 10·19 사건은 1948년 10월 19일에 시작되어 9일 만에 정부의 무력 진압으로 끝났다. ③ 5·10 총선거와 제헌 국회 구성은 1948년의 일이다. ④ 강화도 조약은 1876년에 체결되었다. ⑤ 반민족 행위 특별 조사 위원회는 1948년에 조직되었다.

| STEP 1 | 핵심 개념 확인하기 | 108쪽 |

1 (1) ○ (2) ×   **2** (가) 박정희, (나) '혁명 공약'   **3** (1)-㉠ (2)-㉢
(3)-㉡   **4** (다)-(가)-(나)-(라)   **5** (1) 국가 보위 비상 대책 위원회
(2) 6·29 민주화 선언

| STEP 2 | 내신 만점 공략하기 | 108~111쪽 |

01 ⑤   **02** ②   **02-1** ①   **03** ①   **04** ③   **05** ④   **06** ③
07 ⑤   **08** ④   **08-1** ④   **09** ②   **10** ④   **11** ①   **12** ①
13 ③   **14** ⑤

01 대학교수들의 시국 선언 발표

자료는 4·19 혁명 당시 대학교수들이 발표한 시국 선언문이다. 4·19 혁명은 이승만 정부와 자유당이 저지른 3·15 부정 선거가 원인이 되어 일어난 민주주의 혁명이다. 대학교수들의 시국 선언문에도 이승만 정권 퇴진, 3·15 부정 선거 무효 및 선거 재실시 등을 주장하는 내용이 담겨 있다.

(바로 알기) ① 발췌 개헌은 1952년에 통과된 대통령 직선제 개헌이다. ②, ③은 6월 민주 항쟁의 배경에 해당한다. ④는 12·12 사태에 대한 설명이며, 5·18 민주화 운동의 배경에 해당한다.

◆ 이건 꼭 암기! 3·15 부정 선거 + 대학교수들의 시국 선언 → **4·19 혁명**

02 4·19 혁명의 전개

이승만 독재 정권을 무너뜨린 민주주의 혁명이라는 점에서 (가) 민주화 운동은 4·19 혁명임을 알 수 있다. 3·15 부정 선거를 규탄하는 시위에서 사망한 김주열의 시신이 마산 앞바다에서 발견되면서 시위가 확산되었다. 이러한 가운데 고려대 학생들이 정치 폭력배의 습격을 받는 사건이 일어나자 분노한 시민들이 4월 19일에 대규모 시위를 벌였다. 이 과정에서 경찰의 무차별 총격이 일어나 많은 사상자가 생겨났다. 이승만 정부는 시위 확산을 막고자 전국 대도시에 비상계엄을 선포하였다. 그러나 국민들의 저항은 더욱 거세졌고 결국 이승만 정부가 무너졌다.

(바로 알기) ②는 3선 개헌 반대 운동에 대한 설명이다.

◆ 이건 꼭 암기! 민주주의 혁명 + 이승만 독재 정권 붕괴 → **4·19 혁명**

02-1

4·19 혁명 이후 수립된 허정 과도 정부는 내각 책임제와 양원제 국회를 골자로 하는 개헌을 단행하였다.

(바로 알기) ②는 단원제 국회와 대통령 중심제를 골자로 한 5차 개헌, ③은 10월 유신, ④는 사사오입 개헌, ⑤는 발췌 개헌에 대한 설명이다.

03 장면 정부

자유 선거 통일 달성, (3·15) 부정 선거 원흉자 처벌 등의 내용을 통해 자료의 시정 방침은 장면 정부에서 세운 것임을 알 수 있다. 장면 정부는 지방 자치제를 실시하고, 도로 및 교량 건설 등 국토 건설 사업을 추진하였다. 이 시기 각계각층의 민주화 요구가 활발하게 일어났으나 정부는 이러한 요구를 제대로 수용하지 못하였고, 민주당의 분열로 정치적 갈등이 심하였다. 그러한 가운데 장면 정부는 박정희를 중심으로 한 군인 세력이 일으킨 5·16 군사 정변에 의해 무너졌다.

(바로 알기) ① 한일 협정은 1965년에 박정희 정부가 일본과 체결한 것이다.

◆ 이건 꼭 암기! 국무총리 장면 + 내각 책임제 → **장면 정부**

04 '혁명 공약' 발표

┤ 자료 분석 ├   ← 반공을 정변의 명분으로 삼았어.
1. 반공을 국시의 제일의(義)로 삼고, 반공 태세를 재정비한다.
6. 이와 같은 우리들의 과업이 성취되면 참신하고 양심적인 정치인에게 정권을 이양하고, 우리는 본연의 임무로 복귀할 준비를 갖춘다.
   ← 6조에서 박정희는 민정 이양을 약속하였으나, 군 전역 후 자신이 스스로 민간인이 되어 대통령 선거에 출마하고 당선되었어.

자료는 박정희를 중심으로 군인 세력이 발표한 '혁명 공약'이다. '혁명 공약'을 발표한 이들은 전국에 비상계엄을 선포하였고, 국가 재건 최고 회의를 설치하여 군정을 실시하였다. 또한 중앙정보부를 설치하여 정보를 수집하고 비판 세력을 사찰하는 등 권력 기반을 강화하였다. 이후 군사 정부는 대통령 중심제와 단원제 국회 구성을 골자로 하는 헌법을 개정하였고, 새 헌법에 따라 실시된 대통령 선거에서 민주 공화당의 후보로 출범한 박정희가 대통령에 당선되었다(1963).

(바로 알기) ③은 전두환 정부에 대한 설명이다. 전두환 정부는 사회 정화를 명분으로 많은 사람을 삼청 교육대에 끌고 가 가혹한 훈련을 시켰다.

◆ 이건 꼭 암기! 5·16 군사 정변 + 반공 강조 + 민정 이양 → **혁명 공약**

05 한일 협정의 체결

자료는 1965년에 박정희 정부가 일본과 체결한 한일 협정이다. 미국은 동아시아 지역에서 한·미·일 집단 안보 체제를 구축하려고 한일 국교 정상화를 요구하였다. 이러한 가운데 박정희 정부는 군사 정변의 정당성을 확보하고자 경제 발전을 추진하였고, 경제 개발 자금을 마련하기 위해 일본과의 국교 정상화에 적극적으로 나섰다. 이에 따라 한일 협정이 체결되었다.

(바로 알기) ① 냉전이 전개되는 상황에서 미국은 북한, 소련, 중국 등 공산주의 세력에 맞서 한국, 미국, 일본의 3각 안보 체제를 강화하기 위해 한일 국교 정상화를 요구하였다. ②는 정전 협정의 결과이다. ③, ⑤는 박정희 정부의 독재 체제를 뒷받침한 유신 헌법과 관련이 있다. 이 헌법에 명시된 긴급 조치권은 국민의 기본권을 제한할 수 있었다.

◆ 이건 꼭 암기! 박정희 정부 + 한일 국교 정상화 → **한일 협정**

06 3선 개헌의 결과

자료는 3선 개헌과 관련이 있다. 경제 발전의 성과를 바탕으로 대통령 재선에 성공한 박정희는 대통령의 3회 연임을 허용하는 개헌을 추진하였다. 이에 반발하여 3선 개헌 반대 운동이 전개되었으나, 여당 의원들이 따로 모여 3선 개헌안을 편법으로 통과시켰다(1969). 이에 따라 1971년 실시된 대통령 선거에서 박정희가 야당 후보인 김대중을 근소한 표차로 이기고 당선되었다.

(바로 알기) ① 4·19 혁명 이후 장면이 국무총리로 취임하면서 장면 내각이 수립되었다. ②는 1956년에 치러진 제3대 대통령 선거 때의 일이다. ④ 최규하 대통령이 물러난 후 신군부는 새로운 헌법을 마련하여 대통령의 임기를 7년 단임으로 하고, 선거인단의 간접 선거로 대통령을 선출하도록 하였다. 이 선거에 따라 전두환이 제12대 대통령에 당선되었다. ⑤ 통일 주체 국민 회의는 1972년에 제정된 유신 헌법에 의해 성립한 대의제 기구이다.

✦ **이건 꼭 알기!** 박정희 정부 + 대통령 3선 허용 → **3선 개헌**

07 닉슨 독트린 발표

> 냉전 시기 자본주의 진영과 공산주의 진영이 대립하면서 일어난 전쟁이야.

┤ **자료 분석** ├

우리의 역할에 관한 한, 우리는 아시아 국가들이 우리에게 깊이 의존하게 해 베트남 전쟁과 같은 분쟁으로 우리를 끌어들이는 그러한 종류의 정책은 반드시 버려야 합니다. …… 둘째로 내부 안보의 문제, 군사 방위 문제의 경우, 핵무기와 관련된 강대국의 위협을 제외하고는 미국은 앞으로 아시아 국가들 스스로가 처리하고 또한 그 문제에 책임감을 갖도록 장려하고 기대할 것입니다. — 닉슨 독트린

> 아시아 지역에 대한 군사적 개입을 완화할 것을 발표하였어. 이는 냉전의 완화로 이어졌지.

자료는 1969년에 발표된 닉슨 독트린이다. 닉슨 독트린 발표 이후 냉전 체제가 완화되자 반공을 내세우며 정권을 유지한 박정희 정부가 정치적 위기에 직면하였다. 이러한 상황을 배경으로 박정희 정부는 안보 위기와 사회 질서 안정을 명분으로 비상계엄을 선포하고, 유신 헌법을 확정하여 공포하였다.

(바로 알기) ① 한일 협정은 1965년에 체결되었다. ② 1950년 6월 25일, 북한의 남침으로 6·25 전쟁이 발발하였다. ③ 닉슨 독트린은 미국의 아시아 지역 개입을 줄이려는 것으로, 한국의 베트남 파병과 거리가 멀다. ④ 5·16 군사 정변은 1961년에 일어났다.

✦ **이건 꼭 알기!** 냉전 완화 + 아시아 지역 군사 개입 완화 → **닉슨 독트린**

08 유신 헌법의 내용

자료에서 국회 해산, 유신적인 일대 개혁 등을 통해 밑줄 친 '개혁'이 10월 유신임을 알 수 있다. 10월 유신으로 제정된 유신 헌법에 따라 대통령이 국민의 자유와 권리를 잠정적으로 정지하는 긴급 조치를 발동할 수 있게 되었다.

(바로 알기) ①은 발췌 개헌, ②는 3선 개헌, ③은 4·19 혁명 이후 허정 과도 정부의 개헌, ⑤는 사사오입 개헌에 대한 설명이다.

✦ **이건 꼭 알기!** 비상계엄 + 국회 해산 + 유신 헌법 → **10월 유신**

08-1

10월 유신은 닉슨 독트린 발표 이후 냉전 체제가 완화되고, 박정희의 장기 집권과 경기 침체에 대한 국민의 불만이 높아진 상황을 배경으로 단행되었다.

(바로 알기) ①은 한일 협정의 결과이다. ② 베트남 파병의 대가로 한국은 경제 발전을 위한 차관 제공 등을 보장받았다. ③은 발췌 개헌의 배경에 해당한다. ⑤ 3선 개헌의 결과 박정희가 제7대 대통령 선거에 당선되었다.

09 3·1 민주 구국 선언 발표

자료는 유신 체제 시기인 1976년에 발표된 3·1 민주 구국 선언이다. 이 선언은 김대중과 함석헌 등 재야인사들이 명동 성당에서 긴급 조치 철회와 정권 퇴진 등을 요구한 것이다.

(바로 알기) ①은 5·18 민주화 운동, ③은 4·19 혁명, ④는 3선 개헌 반대 운동, ⑤는 6·3 시위와 관련이 있다.

✦ **이건 꼭 알기!** 김대중, 함석헌 등 재야인사 + 긴급 조치 철회·박정희 정부 퇴진 요구 + 유신 반대 운동 → **3·1 민주 구국 선언**

10 유신 반대 운동의 확산

(가)에는 유신 반대 운동의 사례가 들어가야 한다. 김대중 납치 사건에 반발하여 일어난 헌법 개정 청원 100만인 서명 운동이 큰 호응을 얻었다. 1979년에는 부산과 마산 일대에서 유신에 반대하는 부마 민주 항쟁이 전개되었다.

(바로 알기) ㄱ은 한일 회담에 반발하여 일어난 것이다. ㄷ은 장면 정부 시기의 일이다.

✦ **이건 꼭 알기!** 헌법 개정 청원 100만인 서명 운동 + 3·1 민주 구국 선언 + 부마 민주 항쟁 → **유신 반대 운동**

11 5·18 민주화 운동의 배경

자료는 5·18 민주화 운동 당시 발표된 궐기문이다. 12·12 사태 이후 신군부가 정치 개입을 본격화하자 학생과 민주 인사들이 계엄령 철폐, 유신 폐지 등을 요구하며 시위를 벌였다. 그러자 신군부는 5월 18일 0시를 기해 비상계엄을 전국으로 확대하고, 모든 정치 활동을 금지하였다. 이에 반발하여 광주에서 5·18 민주화 운동이 일어났다.

(바로 알기) ② 닉슨 독트린 이후 냉전 체제가 완화되었는데, 이는 반공에 기반을 둔 박정희 정부에 불리하게 작용하였다. 박정희 정부는 장기 집권에 대한 반발을 누르고 국민의 안보 불안을 해소하기 위해 대북 정책을 바꾸고 10월 유신을 단행하였다. ③은 유신 반대 세력을 탄압한 사례인 2차 인혁당 사건 조작에 대한 설명이다. ④는 유신 반대 운동 중 하나인 부마 민주 항쟁에 대한 설명이다. 부마 민주 항쟁에 대한 대응 방안을 두고 정권 내부에서 갈등이 벌어졌고, 결국 10·26 사태가 발생하면서 유신 체제가 붕괴되었다. ⑤는 4·13 호헌 조치에 대한 설명이다. 이는 시민들이 직선제 개헌과 독재 타도를 요구한 6월 민주 항쟁의 원인이 되었다.

✦ **이건 꼭 알기!** 전라남도 광주 + 비상계엄 확대 반대 + 신군부 퇴진 요구 + 시민군 조직 → **5·18 민주화 운동**

12 10·26 사태 이후 국내의 정치 상황

(가)는 1979년에 일어난 10·26 사태, (나)는 1981년 전두환이 선거 인단의 간접 선거로 대통령이 되는 모습을 보여 준다. 10·26 사태 이후 최규하가 대통령에 선출되었으나 곧이어 12·12 사태가 일어나 신군부가 정권을 장악하였다. 이에 반발하여 5·18 민주화 운동이 일어났으나 정부의 유혈 진압으로 끝이 났다. 이후 국가 보위 비상 대책 위원회를 설치한 신군부는 헌법 개정을 단행한 후 전두환을 제12대 대통령으로 선출하였다.

(바로 알기) ① YH 무역 사건을 비판한 김영삼이 의원직에서 제명된 것은 (가) 이전의 일이다.

13 전두환 정부의 정책

(가) 정부는 전두환 정부이다. 전두환 정부는 보도 지침을 내려 언론을 통제하고 민주화 운동을 주도한 사람들을 국가 보안법 위반으로 구속하는 등 강압 정치를 펼쳤다. 한편, 전두환 정부는 중고생의 두발 및 교복 자율화, 프로 스포츠 육성 등의 유화 정책을 펼치기도 하였다.

(바로 알기) ③ 국가 재건 최고 회의는 5·16 군사 정변 이후 설치되었다.

◆ **이건 꼭 알기!** 강압 정치(보도 지침, 민주화 탄압) + 유화 정책(중고생의 두발 및 교복 자율화, 야간 통행금지 해제 등) → **전두환 정부**

14 6월 민주 항쟁의 전개

자료는 6월 민주 항쟁의 상황을 보여 주고 있다. 직선제 개헌 요구가 거세지던 중 6월 9일, 이한열이 시위를 벌이다 경찰이 쏜 최루탄에 맞아 쓰러졌다. 이러한 상황에도 민주 정의당이 노태우를 간선제 후보로 지명하자, 수십만 명의 시민들은 '독재 타도', '호헌 철폐' 등을 외치며 시위하였다.

(바로 알기) ㄱ, ㄴ은 박정희 정부 시기의 상황이다.

◆ **이건 꼭 알기!** 박종철 고문치사 사건 + 직선제 개헌 요구 + 이한열의 최루탄 피격 사건 + 호헌 철폐, 독재 타도 구호 → **6월 민주 항쟁**

서술형 문제
111쪽

01 주제: 유신 헌법의 내용

(1) (답안 키워드) 유신 헌법, 국회 해산권, 긴급 조치권
(2) (예시 답안) 유신 헌법에는 국회 의원 3분의 1 추천권, 국회 해산권, 법관의 인사권, 긴급 조치권 등이 명시되었다.

채점 기준	
상	유신 헌법에 따라 대통령에게 주어진 권한을 세 가지 서술한 경우
중	유신 헌법에 따라 대통령에게 주어진 권한을 두 가지 서술한 경우
하	유신 헌법에 따라 대통령에게 주어진 권한을 한 가지만 서술한 경우

02 주제: 4·19 혁명의 의의

(예시 답안) 4·19 혁명은 시민의 힘으로 독재 정권을 무너뜨린 민주주의 혁명으로, 이후 민주주의 발전의 중요한 토대가 되었다.

채점 기준	
상	4·19 혁명의 의의를 서술한 경우
하	4·19 혁명만 쓴 경우

03 주제: 6월 민주 항쟁의 의의

(예시 답안) 6월 민주 항쟁은 대통령 직선제로의 개헌을 이끌어냈으며, 오랫동안의 군부 독재를 끝내고 평화적 정권 교체의 길을 열었다는 점에서 의의를 지닌다.

채점 기준	
상	6월 민주 항쟁의 의의를 서술한 경우
하	6월 민주 항쟁만 쓴 경우

STEP 3　1등급 정복하기
112쪽

01 ③　　02 ②

01 유신 체제의 전개

자료는 유신 체제 기간에 시행된 긴급 조치 9호이다. 1972년에 박정희 정부가 일으킨 10월 유신 당시 유신 헌법이 국민 투표로 확정되었다. 유신 헌법에 따라 대통령이 긴급 조치를 발동할 수 있게 되었는데, 긴급 조치는 국민의 기본권을 잠정적으로 제한할 수 있으며 유신 반대 세력을 탄압하는 데 이용되었다. 이러한 유신 체제에 반대하여 저항의 움직임이 일어났다. 1976년에는 김대중, 함석헌 등 재야인사들이 명동 성당에서 열린 3·1절 기념 미사에서 긴급 조치 철회와 정권 퇴진 등을 요구하는 3·1 민주 구국 선언을 발표하였다.

(바로 알기) ① 진보당 사건은 이승만 정부가 제3대 대선에서 선전한 조봉암을 견제하고자 일으킨 사건이다. 이 사건으로 진보당이 해산되고 조봉암이 사형당하였다. ② 농지 개혁법은 제헌 국회가 1949년에 제정한 법이다. ④는 5·18 민주화 운동 당시의 상황이다. ⑤는 1965년에 전개된 6·3 시위에서 볼 수 있는 모습이다.

판서로 보는 고난도 개념　유신 체제 전개

유신 반대 세력 탄압	긴급 조치를 발동하여 유신 체제에 대한 반대 시위 탄압, 김대중 납치 사건 발생, 2차 인혁당 사건 조작
유신 체제에 대한 저항	헌법 개정 청원 100만인 서명 운동(1973), 천주교 신부들의 천주교 정의 구현 전국 사제단 조직, 기자들의 언론 자주 수호 운동, 3·1 민주 구국 선언 발표(1976), 부마 민주 항쟁(1979) 등

02 4·13 호헌 조치 발표

자료는 1987년 전두환 정부가 발표한 4·13 호헌 조치이다. 이 조치는 전두환 정부가 직선제 개헌 요구를 무시하고 간선제를 고수하겠다고 발표한 것이다. 이에 저항하여 야당, 종교계, 재야 단체 등은 민주 헌법 쟁취 국민운동 본부를 결성하여 직선제 개헌과 전두환 정권 퇴진 운동을 전개하였다. 그러던 중 6월 9일, 대학생 이한열이 시위를 벌이다가 경찰이 쏜 최루탄에 맞아 쓰러졌다. 이러한 상황에도 전두환 정부가 노태우를 간선제 후보로 지명하는 등 국민의 요구를 계속해서 무시하였다. 결국 6월 10일, 수십만 명의 시민들이 호헌 철폐, 독재 타도를 외치며 시위하였다.

(바로 알기) ①은 3선 개헌 반대 운동, ③은 유신 반대 운동, ④는 4·19 혁명 이후 수립된 허정 과도 정부가 단행한 개헌, ⑤는 1980년에 전개된 5·18 민주화 운동에 대한 설명이다.

수능 첫걸음 113쪽

(실전 문항) ③

(실전 문항) 4·19 혁명의 전개

| 자료 분석 |

이승만 정부와 자유당이 벌인 3·15 부정 선거의 내용이야.

3·15 부정 선거로 인하여 삼천만 동포의 울분은 절정에 달하고, 청년들이 불법과 불의에 저항하다가 총탄에 쓰러졌다. …… 자유당과 정부는 대통령의 4선을 위하여 후보 등록의 폭력적 방해, 유권자 협박, 3인조 공개 투표, 야당 참관인에 대한 방해, 부정 개표 등의 불법을 자행하였다. 이로 인해 민주 선거 제도는 완전히 파괴되고 말았다. …… 대통령은 3·15 선거의 불법과 무효를 인정하고, 또 12년 동안의 실정에 대해 책임을 지고 물러나야 할 것이다.

실제로 4·19 혁명의 결과, 이승만 독재 정권이 붕괴되었지.

청년들이 부정 선거에 저항하였다는 점, 자유당과 정부가 대통령 4선을 위해 부정 선거를 자행하였다는 점, 대통령의 퇴진 등을 요구하였다는 점 등을 통해 자료는 4·19 혁명과 관련된 것임을 알 수 있다. 1960년에 치러진 정부통령 선거에서 자유당과 이승만 정부가 투표함 바꿔치기, 3인조 공개 투표, 4할 사전 투표 등 부정을 저지르자, 이에 반발하여 4·19 혁명이 발생하였다. 4·19 혁명의 결과 이승만 정부가 무너졌다.

(바로 알기) ① 임오군란은 개화 정책에 대한 불만과 구식 군대에 대한 차별에 반발하여 1882년에 일어났다. ② 6·10 만세 운동은 순종의 인산일을 기해 일어난 독립 만세 운동이다. ④ 제주 4·3 사건은 남한만의 단독 정부 수립에 반발하여 1948년에 일어났다. ⑤ 1945년 12월에 개최된 모스크바 3국 외상 회의에 따라 한반도 민주주의 임시 정부 수립, 미소 공동 위원회 개최, 최고 5년간 신탁 통치 실시 등이 결정되었다. 이는 국내 좌우익 세력의 대립을 심화시켰다.

04 산업화의 성과와 사회·환경 문제
~05 문화 변동과 일상생활

STEP 1 핵심 개념 확인하기 118쪽

1 (나) – (다) – (가) **2** (1) 1970년대 (2) 3저 호황 **3** (1) 제1차 석유 파동 (2) 정경 유착 **4** 함평 고구마 피해 보상 운동 **5** (1) ㄱ (2) ㄷ (3) ㄴ

STEP 2 내신 만점 공략하기 118~120쪽

01 ② **02** ⑤ **03** ④ **03-1** ⑤ **04** ① **05** ① **06** ③ **07** ③ **08** ②

01 1960년대 우리나라의 경제 성장

자료는 1960년대 우리나라의 경제 성장과 관련이 있다. 이 시기에 제1, 2차 경제 개발 5개년 계획이 추진되면서 수출 중심의 경제 정책이 펼쳐졌다. 이에 따라 경공업이 집중 육성되고, 경부 고속 국도 등 사회 간접 자본이 확충되었다. 그 결과 연평균 8%가 넘는 성장률 달성, 수출 규모 20배가량 증가의 성과를 낳았다.

(바로 알기) ㄴ. 제1차 석유 파동은 1973년에 일어났다. ㄹ은 1950년대 미국의 원조 경제에 대한 설명이다.

◆ 미건 꼭 맘기! 경공업 육성 + 경부 고속 국도 건설 + 수출 중심의 경제 정책 → 제1, 2차 경제 개발 5개년 계획

02 박정희 정부 시기의 경제 개발 자금 확보

박정희 정부는 경제 개발 자금 확보를 위해 1965년 한일 협정을 체결하였으며, 베트남 파병의 대가로 미국으로부터 차관을 획득하였다. 또한 서독에 광부와 간호사를 파견하였는데, 이들이 벌어들인 외화는 한국의 국제 수지를 개선하는 등 경제 성장에 큰 보탬이 되었다.

(바로 알기) ①은 1907년, ②는 일제 강점기, ③, ④는 이승만 정부 시기에 있었던 일이다.

◆ 미건 꼭 맘기! 한일 협정 + 브라운 각서 + 광부와 간호사의 독일 파견 → 박정희 정부의 경제 개발 자금 확보를 위한 노력

03 1970년대 한국의 경제 성장

1970년대에 한국은 중화학 공업을 집중 육성하는 제3차 경제 개발 5개년 계획을 추진하였다. 그 결과 중화학 공업 생산액이 크게 늘었고, 이를 토대로 한국 경제는 수출 100억 달러를 달성하였다.

(바로 알기) ①은 1950년의 일이다. ②, ③은 일제 강점기의 경제 상황, ⑤는 1950년대 미국의 원조 경제와 관련이 있다.

◆ 미건 꼭 맘기! 중화학 공업 집중 육성 + 수출 100억 달러 달성 → 1970년대 한국의 경제 성장

03-1 우리나라가 처음으로 수출 100억 달러를 달성한 것은 제4차 경제 개발 5개년 계획 시기인 1977년에 해당한다.

(바로 알기) 4·19 혁명은 1960년, 제1차 경제 개발 5개년 계획 시작은 1962년, 한일 협정 체결은 1965년, 3선 개헌 단행은 1969년, 유신 헌법 제정은 1972년, 10·26 사태는 1979년의 일이다.

04 제1차 석유 파동의 극복

┌ 자료 분석 ──── 제1차 석유 파동의 상황을 가리켜.

국제 원유 가격 상승으로 석유 소비국은 국제 수지 적자를 본 반면에, 산유국은 막대한 자금을 축적할 수 있었다. 이를 바탕으로 중동 산유국에서 건설 붐이 일어나자 국내 기업이 중동 지역에 진출하여 건설 사업에 참여하였다. 이 과정에서 벌어들인 외화 수입은 총 205억 달러에 달했는데, 이는 당시 총 수출액의 약 40%에 해당하였다. 중동 진출 초기 우리나라는 다른 나라 건설업체의 하청을 맡았으나 어깨너머로 부지런히 기술을 익혔지.

1970년대 중동 국가들은 막대한 석유 판매 대금을 바탕으로 건설 사업을 적극적으로 일으키기 시작하였다. 이 당시 우리나라 기업들도 중동 지역에 진출하였다. 중동에 파견된 기업과 노동자들의 노력은 한국에 막대한 외화를 가져왔고, 이는 제1차 석유 파동을 극복하는 원동력이 되었다.

(바로 알기) ②, ③, ⑤ 1980년대 중후반에 한국 경제는 3저 호황을 맞이하여 수출액이 300억 달러를 돌파하였다. 또한 3저 호황은 우리나라의 무역 수지가 흑자를 기록하는 데 기여하였다. ④ 우리나라는 경제 개발을 시작할 때 자본, 자원이 부족하여 외채에 의존하며 경제 정책을 추진하였다. 그 결과 한국 경제의 대외 의존도가 심화되었다.

◆ **이건 꼭 암기!** 석유 가격 폭등 + 1973년 발생 + 중동 건설 사업 진출로 극복 → **제1차 석유 파동**

05 1980년대 중후반 한국의 경제 상황

(가)에는 한국 경제가 3저 호황을 누린 1980년대 중후반의 경제 상황에 관한 내용이 들어가야 한다. 1980년대 중후반부터 저유가, 저달러, 저금리의 3저 호황이 본격화되었다. 3저 호황으로 국제 유가와 수입 원자재 가격이 큰 폭으로 떨어져 외화를 절약할 수 있었고 국제 금리도 낮아져 외채 이자 부담이 줄어들었다. 이러한 상황에 힘입어 수출 부진이 해소되고 자동차, 반도체 산업 등 기술 집약적 산업이 성장하였다. 그 결과 연평균 10%가 넘는 경제 성장률을 기록하였고, 수출액이 300억 달러를 돌파하는 등 한국 경제가 크게 성장하였다.

(바로 알기) ② 병참 기지화 정책은 일제가 한국을 대륙 침략에 필요한 물자와 인력을 공급하는 병참 기지로 만들려 한 것이다. ③은 제1, 2차 경제 개발 5개년 계획에 대한 설명이다. ④는 1950년대 미국의 원조 경제가 한국 경제에 끼친 영향에 해당한다. ⑤ 포항 제철소는 제3차 경제 개발 5개년 계획 시기인 1973년에 설립되었다.

◆ **이건 꼭 암기!** 3저 호황 + 수출 부진 해소 + 기술 집약적 산업의 성장 → **1980년대 중후반 한국의 경제 상황**

06 새마을 운동의 결과

(가)에는 새마을 운동에 대한 평가가 들어가야 한다. 새마을 운동은 박정희 정부가 도시와 농촌의 격차를 극복하기 위해 1970년부터 추진한 운동이다. 새마을 운동은 주택 개량, 하천 정비, 도로와 전기 시설 확충 등 농촌의 환경을 개선하려 추진되었으며, 농촌 근대화에 있어 일정한 성과를 거두기도 하였다. 그러나 새마을 운동은 점차 도시로 확대되면서 국민 의식 개혁으로 이어졌다는 점에서 유신 체제에 이용되었다는 비판을 받기도 하였다.

(바로 알기) ㄱ. 새마을 운동의 노력에도 산업화에 따른 도시화 현상에 의해 농촌의 인구는 계속해서 줄어들었다. ㄹ. 1970년대 중반 이후 환경 문제의 심각성이 대두되면서 환경 보전법이 제정되었다. 환경 보전법 제정 등의 환경 개선 노력은 새마을 운동의 결과와 거리가 멀다.

◆ **이건 꼭 암기!** 박정희 정부 + 농촌의 근대화 목표 → **새마을 운동**

07 전태일의 노동 운동

자료는 전태일이 1969년에 박정희 대통령에게 보낸 글이다. 이 글에 따르면 노동자들이 근로 기준법의 혜택을 받지 못한 채 장시간의 노동에 시달리고 있음을 알 수 있다. 박정희 정부는 수출품의 가격 경쟁력을 유지하고자 저임금 정책을 추진하였으며, 당시 근로 기준법이 있었지만 전혀 지켜지지 않았다. 전태일은 이를 개선하고자 각계에 노동 현실을 알리려 노력하였으나 근로 조건은 개선될 기미가 없었다. 결국 전태일은 분신하였고, 이를 계기로 노동 문제에 대한 사회적 관심이 높아졌다.

(바로 알기) ①은 1976년에 일어난 농민 운동이다. ②는 1979년의 일이다. ④는 1980년대의 세계 경제 상황에 해당한다. ⑤는 1980년대에 전두환 정부가 벌인 언론 탄압 정책이다.

◆ **이건 꼭 암기!** 근로 기준법 준수 요구 + 노동 운동 → **전태일 분신 사건**

08 박정희 정부의 문화 통제

자료에서 경범죄 처벌법 개정, 미니스커트 단속 등의 내용을 통해 밑줄 친 '정부'는 박정희 정부임을 알 수 있다. 박정희 정부는 퇴폐풍조를 단속한다는 명분으로 경범죄 처벌법을 개정하고 장발, 미니스커트 등을 단속하였다. 또한 문화, 예술에 대한 검열과 통제를 강화하였다. 수많은 금서와 금지곡을 지정하였으며, 방송에서는 반공 의식을 고취하거나 정부 정책을 홍보하는 프로그램을 방영하도록 하였다. 한편, 이 시기에는 미국과 유럽의 반전·저항 문화가 유입되어 장발, 청바지, 통기타로 대표되는 청년 문화가 널리 퍼지기도 하였다.

(바로 알기) ㄴ. 컬러텔레비전이 보급되기 시작한 것은 1980년대에 해당한다. ㄹ. 전두환 정부는 프로 야구를 시작으로 상업적 프로 스포츠를 육성하였다. 이는 독재와 민주화 탄압에 대한 시민의 불만을 누르기 위한 유화 정책에 해당한다.

◆ **이건 꼭 암기!** 금서 및 금지곡 지정 + 미니스커트·장발 단속 → **박정희 정부 시기의 문화 통제**

01 주제: 1980년대 한국 경제의 변화

(1) 답안 키워드 저유가, 저금리, 저달러, 3저 호황

(2) 예시 답안 1980년대 중후반에 우리나라는 저유가, 저금리, 저달러의 3저 호황을 맞이하여 수출 부진을 해소하였다.

채점 기준	
상	3저 호황이 수출 부진 해소에 기여하였음을 서술한 경우
하	3저 호황만 쓴 경우

02 주제: 경제 성장 과정에서 나타난 문제점

예시 답안 경제 성장 과정에서 한국 경제는 외국에 대한 경제 의존도가 높아졌다. 또한 재벌이 성장하면서 정경 유착으로 인한 부패가 심하였고, 저임금 정책으로 노동자의 경제적 어려움이 커졌다.

채점 기준	
상	경제 성장 과정에서 나타난 문제점을 세 가지 서술한 경우
중	경제 성장 과정에서 나타난 문제점을 두 가지 서술한 경우
하	경제 성장 과정에서 나타난 문제점을 한 가지만 서술한 경우

03 주제: 교육 문제 해결을 위한 정부의 정책

예시 답안 정부는 입시 경쟁, 사교육비 증가 등 교육 문제를 해결하고자 중학교 무시험 진학 제도를 실시하고, 고교 평준화 제도를 도입하였다.

채점 기준	
상	교육 문제 해결을 위한 정부의 노력을 두 가지 서술한 경우
하	교육 문제 해결을 위한 정부의 노력을 한 가지만 서술한 경우

STEP 3 1등급 정복하기 121쪽

01 ① **02** ⑤

01 한국의 경제 성장 과정

(가) 시기에 제1, 2차 경제 개발 5개년 계획이 추진되어 노동 집약적 경공업과 기간 산업이 집중 육성되었다. (나) 시기에 제3, 4차 경제 개발 5개년 계획이 추진되어 중화학 공업이 집중 육성되었고, 이에 따라 수출액 100억 달러를 달성하는 등 고도성장을 이루었다. 그러나 1978년에 발생한 제2차 석유 파동 이후 한국은 경제 침체를 겪기도 하였다. (다) 시기인 1980년대 후반에는 한국 경제가 3저 호황을 누렸다.

바로 알기 ㄷ은 1977년, ㄹ은 1950년대의 한국 경제 상황이다.

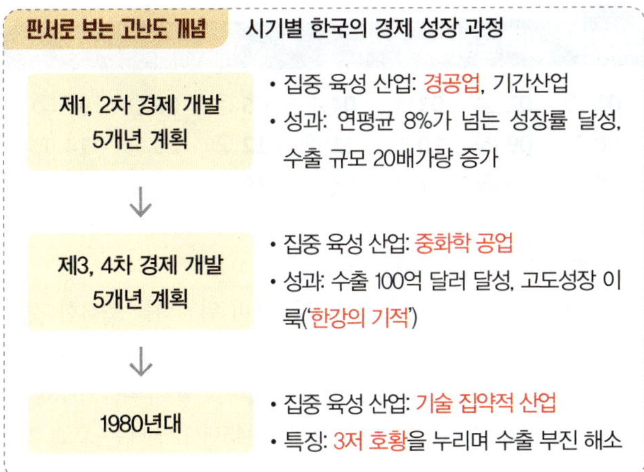

02 언론 수호 운동

자료는 동아일보 기자들이 1974년에 발표한 자유 언론 실천 선언이다. 10월 유신 이후 정부에 비판적인 언론인을 구속하거나 해지하고 기자의 자격을 심사하여 정부에 비판적인 기자의 활동을 제한하는 일이 빈번하였다. 이러한 언론 통제에 맞서 동아일보 기자들이 자유 언론 실천 선언을 발표하였다.

바로 알기 ①, ③ 6월 민주 항쟁 이후 언론의 자유가 확대되었다. 그 사례로 전국 언론 노동조합 연맹이 결성되었다. ②는 이승만 정부의 독재 체제 강화와 관련이 있다. ④는 전두환 정부의 언론 통제에 해당한다.

수능 첫걸음 122쪽

실전 문항 ③

실전 문항 박정희 정부의 경제 정책

수출 100억 달러 달성, 농촌 소득 증대를 내세운 새마을 운동, 전태일의 분신 등의 내용을 통해 (가) 정부는 박정희 정부임을 알 수 있다. 박정희 정부는 수출 주도형 공업화 정책을 내세우며 경제 개발 5개년 계획을 꾸준히 추진하였다. ③ 박정희 정부는 베트남 파병에 따라 브라운 각서를 전달받음으로써 미국으로부터 경제 발전을 위한 기술 원조 및 차관 제공 등을 보장받았다.

바로 알기 ① 1907년에 시작된 국채 보상 운동은 일본에 진 빚 1,300만 원을 갚기 위해 김광제, 서상돈 등이 주도한 경제 구국 운동이다. ② 1920년대에 일제는 급속한 근대화에 따른 내부 식량 부족 문제를 해결하기 위해 조선의 쌀을 자국으로 들이는 산미 증식 계획을 실시하였다. ④ 제1차 한일 협약에 따라 한국에 파견된 일본인 재정 고문 메가타는 전환국을 폐지하고 화폐 정리 사업을 실시하였다. 이 사업에 따라 일본 제일 은행권이 대한 제국의 공식 화폐가 되었다. ⑤ 한국 경제가 저유가, 저금리, 저달러의 3저 호황을 누린 것은 1980년대 중후반에 해당한다.

01 통일 정부 수립을 위한 노력

(가) 여운형과 안재홍 등이 조선 건국 준비 위원회를 조직한 것은 광복 직후, (나) 여운형과 김규식 등의 중도 세력이 좌우 합작 위원회를 조직한 것은 1946년 10월의 일이다. (가) 이후인 1945년 9월에 미군이 군정청을 설치하였으며, 1945년 12월에는 모스크바 3국 외상 회의가 열렸다. 이 회의의 결정 사항에 따라 한반도 민주주의 임시 정부 수립을 위해 제1차 미소 공동 위원회가 개최되었다. 그러나 이 위원회는 임시 정부 참여 단체 범위를 놓고 미국과 소련이 대립하여 결렬되었다. 그후 1946년 6월에 이승만이 남한만의 단독 정부 수립을 주장(정읍 발언)하는 한편, 여운형과 김규식 등 중도 세력이 좌우 합작 운동을 전개하였다.

(바로 알기) ⑤ 유엔 소총회에서 남한만의 단독 선거 실시를 결의한 시기는 1948년 2월이다.

02 남북 협상 공동 성명의 발표

통일적 민주 정부 수립을 주장하고 남조선 단독 선거의 결과를 결코 인정하지 않는다는 내용 등을 통해 자료의 성명은 남북 협상 때 발표된 성명임을 알 수 있다. 제2차 미소 공동 위원회가 결렬되자 미국은 한반도 문제를 유엔에 상정하였고, 유엔 소총회에서 남한만의 단독 선거가 결정되었다. 이에 김규식과 김구는 1948년 4월에 남북 협상을 추진하였고, 그 결과 남북 협상 공동 성명이 발표되었다. 그러나 이 협상은 큰 성과를 거두지 못한 채 남한만의 단독 선거인 5·10 총선거가 그대로 진행되었다.

(바로 알기) 8·15 광복은 1945년 8월, 모스크바 3국 외상 회의는 1945년 12월, 제1차 미소 공동 위원회 개최는 1946년 3월, 제2차 미소 공동 위원회 결렬은 1947년 10월, 5·10 총선거는 1948년 5월, 6·25 전쟁 발발은 1950년 6월에 일어난 사실이다.

03 제헌 국회

자료는 제헌 헌법의 일부이다. 제헌 헌법은 대한민국이 3·1 운동으로 건립된 대한민국을 재건한 민주 공화국임을 분명히 하였다. 제헌 헌법을 제정한 국회는 제헌 국회이다. 우리나라 최초의 보통 선거인 5·10 총선거에서 뽑힌 국회 의원으로 구성된 제헌 국회는 국호를 '대한민국'으로 정하였다.

(바로 알기) ② 좌우 합작 위원회가 좌우 합작 7원칙을 발표하였다. ③은 제3대 국회, ④는 허정 과도 정부가 단행한 개헌에 대한 설명이다. ⑤는 제2대 국회 의원 선거 이후 이승만 정부가 부산에 계엄령을 내리고 일부 국회 의원을 구속한 상황을 보여 준다.

04 농지 개혁의 실시

자료는 제헌 국회에서 제정한 농지 개혁법이다. 이 법률에 따라 1950년에 이승만 정부가 농지 개혁을 추진하였다. 농지 개혁은 유상 매수·유상 분배 방식으로 이루어졌다. 이 개혁에 의해 한 가구당 3정보까지만 농지를 소유할 수 있었고, 그 이상의 농지는 정부가 지가 증권을 발행하여 매입하였다.

(바로 알기) ㄱ. 북한의 토지 개혁은 남한의 농지 개혁보다 더 이른 시기인 1946년에 단행되었다. 북한의 토지 개혁은 남한 농민들의 토지 개혁 요구를 높이는 데 영향을 주었다. ㄴ. 무상 몰수·무상 분배의 방식은 북한의 토지 개혁 방식에 해당한다.

05 6·25 전쟁의 전개 과정

(가)는 1950년 1월에 발표된 애치슨 선언, (나)는 1953년 7월에 발표된 정전 협정문이다. (가), (나)가 발표된 시기 사이인 1950년 9월에 국군과 유엔군은 인천 상륙 작전에 성공하여 서울을 되찾고, 수도 탈환식을 개최하였다.

(바로 알기) ②는 1956년 이후, ③은 1949년, ④는 1958년, ⑤는 1946년에 볼 수 있는 모습이다.

06 발췌 개헌과 사사오입 개헌

대통령 직선제 개헌안을 통과하였다는 점에서 (가) 개헌은 발췌 개헌(1952), 초대 대통령에 한해 중임 제한을 없애자는 내용을 통해 (나) 개헌은 사사오입 개헌(1954)임을 알 수 있다. 자유당은 이승만의 장기 집권을 위해 초대 대통령에 한해 중임 제한을 없애자는 내용의 개헌안을 사사오입(반올림)의 논리로 통과시켰다.

(바로 알기) ①은 제헌 국회에 대한 설명이다. ② 발췌 개헌은 6·25 전쟁 중인 1952년에 단행되었다. ④ 사사오입 개헌은 한미 상호 방위 조약 체결 이후인 1954년에 통과되었다. ⑤ 발췌 개헌과 사사오입 개헌은 이승만의 독재 체제 강화를 위한 것이었다.

07 전후 남북의 독재 체제 강화

6·25 전쟁 이후 남한과 북한의 적대감이 커지는 상황을 이용하여 각 정부는 독재 체제를 강화하였다. 이승만 정부가 간첩 색출을 명분으로 국가 보안법을 개정한 사건이 대표적이다.

(바로 알기) ① 농지 개혁은 반공 독재 강화와 거리가 멀다. ③은 반민 특위 활동의 위축과 관련이 있다. ④는 제주 4·3 사건 진압 거부, 통일 정부 수립 등을 주장하며 일어난 사건이다. ⑤ 조선 건국 준비 위원회가 미군의 진주에 대비하여 조선 인민 공화국 수립을 선포하였다.

08 1950년대 원조 경제

1950년대 남한에서는 제분업, 제당업, 면방직 공업 등 이른바 삼백 산업이 발달하였다. 이러한 원조 경제는 인플레이션 현상을 어느 정도 수습하였으나, 대규모 농산물 유입으로 국내 농산물 가격이 크게 폭락하였고, 정경 유착이 발생하기도 하였다.

(바로 알기) ③ 농지 개혁의 결과 지주·소작제가 거의 사라졌다.

09 6·25 전쟁 이후 생활 모습의 변화

(가)에 들어갈 주제로 '6·25 전쟁 이후 생활 모습의 변화'가 가장 적절하다. 6·25 전쟁 과정에서 도시로 몰려든 피란민들은 무허가 판잣집을 짓고 살아가기도 하였다. 그러나 어려운 여건에서도 교육열이 높았고, 정부에서도 초등학교 의무 교육제를 실시하였다. 한편, 전쟁으로 많은 남성이 죽거나 다치면서 가정과 사회에서 여성의 역할이 확대되었고, 미군을 통해 서구식 대중문화가 유입되어 전통적인 가치관과 충돌하기도 하였다.

(바로 알기) ①은 이승만 정부와 박정희 정부의 독재 체제와 관련이 있다. ② 경제 성장의 결과 부의 양극화, 정경 유착, 지역 및 도시와 농촌 간의 경제적 격차, 경제의 대외 의존도 심화 등 다양한 문제가 나타났다. ③ 6·25 전쟁의 결과 많은 인명 피해가 발생하였고 한국의 주요 산업 기반이 파괴되었다. ④는 이승만 정부의 귀속 재산 매각 등과 관련이 있다.

10 3·15 부정 선거

| 자료 분석 |

3. 선거로 인한 모든 불미스러운 것을 없애게 하기 위하여 이미 이기붕 의장에게 공직에서 완전히 물러나도록 하였다.

4. 내가 이미 합의를 준 것이지만 만일 국민이 원한다면 내각 책임제 개헌을 하겠다. └ 3·15 부정 선거는 이기붕을 부통령에 당선시키기 위한 것이었지.

이기붕에게 공직에서 완전히 물러나도록 한 점 등을 통해 자료는 이승만 대통령이 발표한 성명임을 알 수 있다. 자료의 밑줄 친 '선거'는 3·15 부정 선거이다. 이 부정 선거를 규탄하여 4·19 혁명이 일어났다. 4·19 혁명의 결과 이승만 대통령이 하야 성명을 발표하고 미국으로 망명하면서 독재 정권이 붕괴되었다. 4·19 혁명은 대한민국 민주주의 발전의 중요한 밑거름이 되었다.

(바로 알기) ①은 4·19 혁명 이후 개헌에 따라 실시된 총선거의 결과에 대한 설명이다. ②는 5·10 총선거에 대한 설명이다. ③ 10월 유신으로 제정된 유신 헌법에 따라 대통령을 통일 주체 국민 회의에서 뽑도록 하는 간선제가 실시되었다. ④는 1956년 제3대 대통령 선거의 상황과 관련이 있다.

11 장면 정부의 활동

(가) 정부는 장면 정부이다. 장면 정부 시기에는 그동안 억눌렸던 각계각층의 민주화 요구가 활발하게 일어났으며, 남북 협상에 따른 통일을 주장하는 등 민간 차원의 다양한 통일 방안이 제시되기도 하였다. 한편, 장면 정부는 정치·사회의 민주화와 경제 발전 등을 국정 과제로 제시하였다. 이에 따라 지방 자치제를 실시하고 경제적 자립을 이루고자 경제 개발 5개년 계획안을 마련하기도 하였다.

(바로 알기) ① 제헌 국회가 제정한 농지 개혁법에 따라 이승만 정부는 1950년에 농지 개혁을 실시하였다. ③ 박정희 정부가 베트남 파병을 통해 경제 발전에 도움이 되는 해외 차관을 미국으로부터 도입할 수 있었다. ④는 박정희 정부를 중심으로 한 군인 세력, ⑤는 1980년대 전두환 정부의 언론 통제에 대한 설명이다.

12 5차 개헌과 7차 개헌

민주 공화당 후보로 올라온 박정희가 대통령에 당선되었다는 사실을 통해 (가)는 5차 개헌, 통일 주체 국민 회의에서 대통령을 선출하였다는 사실을 통해 (나)는 7차 개헌임을 알 수 있다. 5차 개헌은 대통령 중심제와 단원제 국회를 규정하였다.

(바로 알기) ① 허정 과도 정부가 내각 책임제와 양원제 국회를 골자로 하는 개헌을 단행하였다. ③ 박정희 대통령의 3회 연임을 위해 3선 개헌이 추진되었다. ④는 신군부가 개헌을 단행한 결과이며, 이 헌법의 절차에 따라 전두환이 제12대 대통령에 당선되었다. ⑤ 대통령 간선제 개헌은 10월 유신에 따른 7차 개헌에만 해당한다.

13 전두환 정부의 강압 정치와 유화 정책

(가)에는 전두환 정부의 강압 정치와 유화 정책을 보여 주는 사례가 들어가야 한다. 전두환 정부는 보도 지침을 내려 언론을 통제하였으며 사회 정화를 명분으로 많은 사람을 삼청 교육대로 끌고 가 군대식 훈련과 노동을 강요하였다. 또한 학생 운동과 노동 운동 등의 민주화 요구를 철저히 탄압하고 민주화 운동을 주도한 사람들을 국가 보안법 위반으로 구속하는 등 강압 정치를 펼쳤다. 한편, 전두환 정부는 야간 통행금지 해제, 중고생의 두발 및 교복 자율화 등의 유화 정책을 실시하기도 하였다.

(바로 알기) ④ 라이따이한 문제는 박정희 정부 시기에 이루어진 베트남 파병으로 발생한 문제점이다.

14 6월 민주 항쟁의 전개

| 자료 분석 | 박종철 고문치사 사건을 가리켜.

4·13 호헌 조치는 무효임을 전 국민의 이름으로 선언한다. 오늘 우리는 전 세계 이목이 주시하는 가운데 40년 독재 정치를 청산하고 희망찬 민주 국가를 건설하기 위한 거보를 전 국민과 함께 내딛는다. 국가의 미래요 소망인 꽃다운 젊은이를 야만적인 고문으로 죽여 놓고 그것도 모자라 뻔뻔스럽게 국민을 속이려 했던 현 정권에게 국민의 분노가 무엇인지를 분명히 보여 주고, 국민적 여망인 개헌을 일방적으로 파기한 4·13 폭거를 철회시키기 위한 민주 장정을 시작한다.

└ 6월 민주 항쟁 당시 시민들은 대통령 직선제 개헌을 요구하였어.

4·13 호헌 조치의 철폐, 국가의 미래요 소망인 꽃다운 젊은이를 야만적인 고문으로 죽여 놓았다는 내용 등을 통해 제시된 자료는 6·10 국민 대회 선언문이고, 밑줄 친 '우리'는 6월 민주 항쟁에 참여한 시민들임을 알 수 있다. 전두환이 일체의 개헌 논의를 금지하는 4·13 호헌 조치를 발표하고 박종철 고문치사 사건의 진상이 밝혀지는 가운데 직선제 개헌과 전두환 정권 퇴진 운동이 전개되었다. 이 과정에서 이한열이 최루탄에 피격되었음에도 전두환 정권이 국민의 요구를 지속적으로 무시하자, 분노한 시민들이 모여 호헌 철폐와 독재 타도를 외쳤다.

(바로 알기) ①은 유신 반대 운동, ③은 6·3 시위, ④는 4·19 혁명, ⑤는 5·18 민주화 운동에 대한 설명이다.

15 제1, 2차 경제 개발 5개년 계획의 내용

제1, 2차 경제 개발 5개년 계획은 박정희 정부 때 장면 정부가 마련한 경제 개발 계획을 보완하여 추진한 수출 주도형 경제 정책이다. 이에 따라 정부는 노동 집약적 경공업을 집중 육성하고, 경부 고속 국도 등 사회 간접 자본 확충 등을 위해 노력하였다.

(바로 알기) ②는 제3차 경제 개발 5개년 계획 당시 설립된 포항 제철소의 모습이다. ③은 1970년대 중동 건설 사업에 파견된 노동자의 모습이다. ④는 1977년 수출 100억 달러 달성을 기념하여 세운 아치의 모습이다. ⑤ 반도체, 자동차 등 기술 집약적 산업은 1980년대에 발달하였다.

16 제3, 4차 경제 개발 5개년 계획 추진의 결과

경공업 중심의 한계 극복, 중화학 공업 집중 육성 등의 내용을 통해 밑줄 친 '경제 성장 정책'은 제3, 4차 경제 개발 5개년 계획에 해당함을 알 수 있다. 이 계획에 따라 중화학 공업이 크게 성장하여 1970년대 말 중화학 공업의 비중이 경공업을 앞서게 되었다. 이러한 변화는 급속한 경제 성장으로 이어졌는데, 1972년에 16억 달러 정도였던 수출액이 1977년에 100억 달러를 넘어섰다.

(바로 알기) ① 기간산업이 집중적으로 육성된 시기는 제1, 2차 경제 개발 5개년 계획 시기이다. ② 한국 경제가 3저 호황을 누린 것은 1980년대 중후반에 해당한다. ④ 우루과이 라운드는 1986년에 시작되었다. ⑤ 반도체, 자동차 등 기술 집약적 산업은 1980년대에 발달하였다.

17 한국의 무역 의존도 심화

— 우리나라가 중화학 공업 중심의 경제 개발을 본격화하면서 대외 무역 의존도가 증가하였음을 알 수 있어.

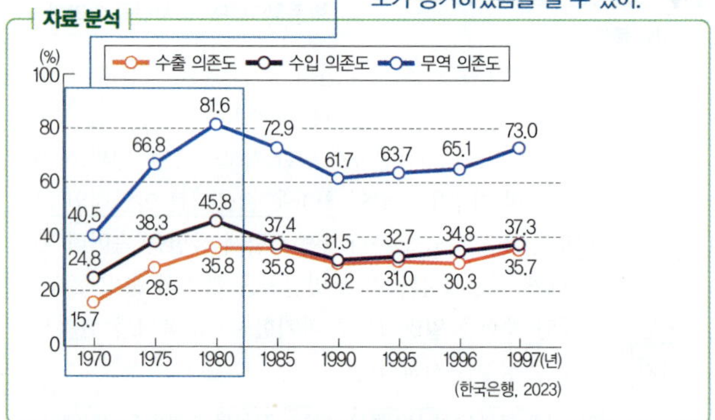

그래프는 한국의 무역 의존도 변화를 보여 준다. 원자재, 시설, 자본, 기술 등이 부족한 상황에서 한국은 수출 규모 확대를 통한 성장 위주의 정책을 실시하였다. 이 과정에서 내수보다 무역의 비중이 커졌으며, 한국의 무역 의존도가 매우 높아졌다.

(바로 알기) ② 경제 성장 과정에서 부의 재분배가 원활히 이루어지지 않았으며, 이로 인해 부의 양극화 문제가 심화되었다. ③ 경제 성장 과정에서 재벌이 크게 성장하였다. 재벌은 정부의 산업 육성이나 수출 정책에 적극 협조하면서 경제 성장에 기여하였다. 하지만 이 과정에서 정경 유착의 부패 구조가 커지기도 하였다. ④ 경제 성장 과정에서 산업화에 집중된 도시와 개발에 소외된 농촌 간의 소득 격차가 더욱 커졌다. ⑤ 박정희 정부의 경제 개발 5개년 계획 과정에서 지역별 산업 단지 조성 격차가 크게 벌어졌다.

18 노동 운동

저임금 정책이 추진되면서 노동자들은 저임금, 장시간 노동에 시달렸다. 평화 시장의 노동자였던 전태일은 이러한 노동 문제에 관심을 갖고 각계각층에 노동 환경의 개선을 요구하였다. 그러나 이러한 요구가 반영되지 않자 전태일은 "근로 기준법을 준수하라."라고 외치며 분신하였다. 이 사건은 노동 문제에 대한 사회적 관심이 커지는 계기가 되었다.

(바로 알기) ①은 도시화 과정에서 발생한 도시 빈민의 생존권 위협 사례이다. ②는 1980년대에 전개된 농민 운동에 해당한다. ③ 새마을 운동은 정부 주도의 농촌 생활 개선 운동이다. ⑤는 입시 경쟁과 사교육비 증가 등 교육열에 따른 부작용을 해결하기 위한 정부의 정책에 대한 설명이다.

19 박정희 정부의 문화, 예술 통제

밑줄 친 '정부'는 박정희 정부이다. 박정희 정부 시기에는 국민 교육 헌장을 제정하는 등 국가주의 교육이 강조되었으며, 언론 통제에 반발하여 동아일보 기자들이 자유 언론 실천 선언을 발표하기도 하였다. 또한 미니스커트가 퇴폐풍조로 여겨지며 단속되었고, 통기타와 청바지로 대표되는 청년 문화가 유행하기도 하였다.

(바로 알기) ① 프로 야구와 같은 프로 스포츠 경기 대회는 전두환 정부 시기에 육성된 것이다.

오늘날의 대한민국

01 / 6월 민주 항쟁 이후 민주화 과정

| STEP 1 | 핵심 개념 확인하기 | 132쪽 |

1 (1) 여소 야대 (2) 김대중 **2** (1)-ⓒ (2)-㉠ (3)-ⓛ **3** (1) × (2) ○
4 지방 자치제 **5** (1) ㄷ (2) ㄴ (3) ㄱ

| STEP 2 | 내신 만점 공략하기 | 132~135쪽 |

01 ① **02** ⑤ **03** ② **04** ② **04-1** ㄴ, ㄹ **05** ③
06 ① **07** ③ **08** ④ **09** ⑤ **10** ① **11** ⑤ **12** ①
13 ④

01 제13대 대통령 선거
밑줄 친 '선거'는 제13대 대통령 선거이다. 6·29 민주화 선언 이후 단행된 직선제 개헌에 따라 제13대 대통령 선거가 실시되었다. 선거 과정에서 야당의 두 후보가 단일화에 실패하면서 여당 후보인 노태우가 36%의 낮은 득표율에도 불구하고 제13대 대통령에 당선되었다. 이로써 노태우 정부가 수립되었지만 이듬해 실시된 국회 의원 선거에서는 야당이 다수 의석을 차지하였다.

(바로 알기) ② 노태우 대통령이 당선되면서 전두환 정부 시기 여당이었던 민주 정의당이 다시 여당으로 집권하였다. 따라서 제13대 대통령 선거의 결과로 여야 정권 교체가 이루어지지 않았다. ③ 제2대 국회 의원 선거에서 이승만 후보에 비판적인 인사들이 다수 당선되자, 이승만 정부는 대통령 직선제를 내세운 발췌 개헌을 단행하였다. ④ 노태우는 군인 출신 대통령이다. ⑤는 5·10 총선거에 대한 설명이다.

◆ **이건 꼭 암기!** 야당의 분열 + 노태우 당선 → **제13대 대통령 선거**

02 노태우 정부의 정책
자료에서 북방 외교의 일환으로 한국이 소련에 이어 중국과도 수교하였다는 내용을 소개하였다는 점에서 (가) 정부는 노태우 정부임을 알 수 있다. 노태우 정부는 냉전 체제가 해체되는 국제 정세 속에서 북방 외교를 추진하여 소련, 중국 및 동유럽의 공산주의 국가와 외교 관계를 맺어 교류를 확대하고 북한과의 관계 개선에 나섰다. 또한 지방 자치제를 부분적으로 실시하여 민주화의 진전을 이루었다.

(바로 알기) ①은 박정희 정부, ②, ③은 김영삼 정부, ④는 김대중 정부에 대한 설명이다.

◆ **이건 꼭 암기!** 북방 외교 추진 + 지방 자치제 부분적 실시 → **노태우 정부**

03 3당 합당의 결과 ┌ 노태우의 민주 정의당, 김영삼의 통일 민주당, 김종필의 신민주 공화당이 3당 합당에 참여하였어.

| 자료 분석 |

민주 정의당과 통일 민주당, 그리고 신민주 공화당은 여야의 다른 위치에서 그동안 이 나라를 위해 나름대로 최선의 노력을 기울여 왔습니다. 그러나 오늘 우리의 현실은 보다 굳건한 정치 주도 세력과 국민적 역량의 결집을 요구하고 있습니다.

민주 정의당, 통일 민주당, 신민주 공화당이 결집을 요구하고 있다는 사실을 통해 제시된 담화문은 3당 합당과 관련된 것임을 알 수 있다. 노태우 정부 시기 야당이 여당보다 많은 비율을 차지하는 여소 야대 정국이 이어지자, 정부는 국정 운영의 동력을 얻기 위해 3당 합당을 추진하였다. 그 결과 민주 자유당이라는 거대 여당이 탄생하였다.

(바로 알기) ①은 박정희 정부, ③은 이승만 정부와 자유당, ④는 전두환 정부, ⑤는 허정을 중심으로 한 과도 정부 때 있었던 일이다.

◆ **이건 꼭 암기!** 여소 야대 국면 극복 + 민주 정의당·통일 민주당·신민주 공화당이 민주 자유당으로 합당 → **3당 합당**

04 김영삼 정부의 '역사 바로 세우기'
일제의 잔재인 조선 총독부 건물을 철거하였다는 사실을 통해 밑줄 친 '이 사업'은 김영삼 정부에서 추진한 과거사 정리 사업인 '역사 바로 세우기'임을 알 수 있다. 김영삼 정부는 '역사 바로 세우기'를 진행하여 일제의 잔재를 청산하고자 조선 총독부 건물을 철거하였고, 국민학교의 명칭을 초등학교로 바꾸었다. 또한 군부 독재의 잔재를 청산하기 위해 전두환과 노태우 등 12·12 사태와 5·18 민주화 운동 진압 관련자를 처벌하였다.

(바로 알기) ① 한일 협정은 박정희 정부 때인 1965년에 맺어졌다. ③ 6·29 민주화 선언에 따라 대통령 직선제 개헌이 이루어졌다. ④ 인혁당 사건 등 의문사의 진상을 조사한 것은 김대중 정부 시기의 일이다. ⑤는 노무현 정부 시기의 일이다.

◆ **이건 꼭 암기!** 군부 독재 잔재 청산 + 일제 강점기의 잔재 청산 → **김영삼 정부의 '역사 바로 세우기'**

04-1 '역사 바로 세우기'를 추진한 김영삼 정부는 금융 거래를 실명으로만 하도록 하는 금융 실명제를 긴급 명령으로 시행하였다. 이를 통해 부정한 방법의 자금 거래를 방지할 수 있었다. 또한 지방 자치법을 개정하여 지방 자치제를 전면 실시하였으며, 이를 통해 지방 분권에 입각한 민주주의 실현이 가능해졌다.

(바로 알기) ㄱ. 북방 외교는 노태우 정부에서 추진한 외교 정책이다. 냉전의 해체 분위기 속에서 노태우 정부는 소련, 중국, 동유럽의 공산주의 국가와 외교 관계를 맺어 교류를 확대하려고 노력하였다. ㄷ. 노무현 정부가 행정 수도 건설 및 공공 기관의 지방 이전을 추진하였다.

05 김대중 정부의 정책

자료의 대화는 김대중 정부와 관련이 있다. 김대중 정부는 정부 수립 이후 최초로 선거에 의한 평화적 여야 정권 교체를 이루며 출범하였다. 김대중 정부는 성차별 극복, 국민 인권 보호를 위해 여성부와 국가 인권 위원회를 신설하였다. 또한 제주 4·3 사건 및 의문사 진상 규명, 민주화 운동 관련자 명예 회복 등 과거사 정리를 추진하였고, 인사 청문회법을 제정하여 고위 공직자의 도덕성 등을 공개적으로 검증하였다.

(바로 알기) ①은 1980년대 중후반, ②, ④, ⑤는 박정희 정부 시기의 일이다.

✦ 이건 꼭 맘기! 여성부와 국가 인권 위원회 신설 + 의문사 진상 규명 노력 + 남북 정상 회담 개최 → **김대중 정부**

06 김대중 대통령의 업적

노벨 평화상을 수상하였다는 내용을 통해 밑줄 친 '대통령'은 김대중 대통령임을 알 수 있다. 김대중 정부는 2001년에 여성부를 신설하여 여성 인권 신장을 위해 노력하였다.

(바로 알기) ②는 전두환 정부, ③은 노무현 정부, ④는 노태우 정부, ⑤는 5·16 군사 정변을 일으킨 군인 세력에 대한 설명이다.

✦ 이건 꼭 맘기! 인권 신장 노력 + 노벨 평화상 수상 → **김대중 대통령**

07 노무현 정부와 이명박 정부

(가)는 노무현 정부로, 수도권 소재 주요 공공 기관의 지방 이전을 추진하고 세종시를 건설하였다. (나) 정부는 이명박 정부로, 실용 주의를 내세워 자유 무역 협정(FTA) 체결을 확대하고 4대강 정비 사업을 실시하였다. 이명박 정부는 2010년에 서울 G20 정상 회의를 성공적으로 개최하였다.

(바로 알기) ① 2012년 대통령 선거에서 여당 후보 박근혜가 당선되면서 대한민국 최초의 여성 대통령이 나왔다. ② 김영삼 정부는 국제 경제 여건 악화와 외환 관리 실패로 인한 외환 위기를 맞이하여 임기 말에 국제 통화 기금(IMF)의 구제 금융을 받았다. ④ 노무현 정부 시기인 2007년에 제2차 남북 정상 회담이 개최되었다. ⑤ 박근혜 정부 시기 민간인에 의한 국정 농단으로 인해 정부 수립 이후 최초로 대통령이 파면되었다.

✦ 이건 꼭 맘기! 세종시 건설 + 권위주의 청산 노력 → **노무현 정부**
4대강 정비 사업 실시 + 서울 G20 정상 회의 개최 → **이명박 정부**

08 지방 자치제의 정착

(가) 제도는 지방 자치제이다. 지방 자치제는 지역의 주민이 선출한 기관을 통해 해당 지방을 자치적으로 통치하도록 하는 제도이며, 풀뿌리 민주주의 실현에 기여하는 제도이다. 이승만 정부 시기에 시행된 지방 자치제는 5·16 군사 정변으로 사실상 중단되었으나, 김영삼 정부 때 전면 실시되었다.

(바로 알기) ㄱ. 지방 자치제는 1949년 지방 자치법 제정으로 시작되었다. ㄷ. 유신 헌법은 지방 의회 구성을 통일까지 유예하도록 규정하였다.

✦ 이건 꼭 맘기! 풀뿌리 민주주의 + 지역 정치 활성화 → **지방 자치제**

09 경제 정의 실천 시민 연합

(가) 단체는 경제 정의 실천 시민 연합(경실련)이다. 경제 정의 실천 시민 연합(경실련)은 경제 성장 과정에서 생겨나는 정경 유착, 불공정한 노사 관계, 부와 소득의 불공정 분배 등의 문제를 타파하기 위해 설립되었다.

(바로 알기) ① 노사정 위원회는 외환 위기 극복을 위해 설립된 기구이다. ② 총선 시민 연대는 낙선 운동을 전개한 시민 단체이다. ③은 시민 단체가 아닌 국제기구에 해당한다. ④는 유신 헌법에 따라 설치된 기구이다.

✦ 이건 꼭 맘기! 시민 단체 + 정경 유착 타파 + 불공정 경제 활동 감시 → **경제 정의 실천 시민 연합**

10 여성의 사회적 지위 향상을 위한 노력

민주화 이후 여성 운동은 가부장제의 철폐와 성차별의 타파, 여성의 주체 확보 등을 중심 과제로 삼았다. 이러한 움직임 가운데 2008년에는 호주제가 폐지되어 여성의 지위가 향상되었을 뿐 아니라 다양한 형태의 가족에 대한 사회적 배려가 이루어졌다.

(바로 알기) ② 국가 보안법은 이승만 정부 시기 간첩 색출을 명분으로 개정된 적이 있다. ③ 환경 보전법은 산업화 이후 환경 문제를 해결하기 위해 제정된 법이다. ④ 학생 인권 조례는 학생들의 개성과 인권을 존중하자는 분위기 가운데 일부 지역에서 제정된 것이다. ⑤ 고교 평준화 제도는 입시 경쟁과 사교육비 증가 등의 문제를 해결하고자 실시되었다.

✦ 이건 꼭 맘기! 여성부 신설 + 호주제 폐지 → **여성의 지위 향상을 위한 사회적 노력**

11 촛불 집회

밑줄 친 ㉠은 2000년대 이후 등장한 새로운 시위 형태 중 하나인 촛불 집회와 관련이 있다. 2002년 미군 장갑차 사고로 숨진 여중생을 추모하기 위한 집회, 2008년 미국산 쇠고기 수입 반대 집회, 2014년 세월호 참사 진상 규명을 위한 집회, 2016년 국정 농단의 진상 규명과 박근혜 대통령 퇴진 요구 운동 등이 밑줄 친 ㉠의 사례에 해당한다.

(바로 알기) ㄱ은 6·3 시위, ㄴ은 6월 민주 항쟁에 대한 설명이다.

✦ 이건 꼭 맘기! 2000년대 이후 등장 + 촛불을 들고 시위하는 평화적 시위 형태 → **촛불 집회**

12 6월 민주 항쟁 이후 민주주의의 진전

제시된 그래프에 따르면 1987년 6월 민주 항쟁 이후 대한민국의 선거 민주주의 지수가 크게 향상하였음을 알 수 있다. 6월 민주 항쟁 이후 민주주의가 진전하면서 지방 자치제가 전면 실시되고 시민 단체가 성장하였다. 또한 사회 관계망 서비스(SNS)의 대중화를 통한 새로운 형식의 정치 참여가 등장하기도 하였다.

(바로 알기) ① 선거 공영제의 실시로 민주주의가 진전되었다.

✦ 이건 꼭 맘기! 지방 자치제 실시 + 선거 공영제 실시 + 시민 단체의 성장 → **6월 민주 항쟁 이후 민주주의의 진전**

13 민주화 이후 시민 단체의 성장

그래프에 따르면 6월 민주 항쟁 이후 시민 단체의 수가 크게 증가하고 있음을 알 수 있다. 6월 민주 항쟁 이후 민주화가 진전되면서 시민들이 자발적으로 모여 활동하는 단체인 시민 단체가 크게 성장하였다. 시민 단체는 정치·경제·사회 등 여러 영역에서 활동하며 사회 문제를 제기하였다. 이를 토대로 오늘날 시민운동이 다양한 영역으로 확대되며 성장하였다.

(바로 알기) ① 기업 활동의 규제 완화는 자유로운 경제 활동을 보장하기 위한 정책이다. ② 김대중 정부 시기 최초로 선거에 의한 평화적 여야 정권 교체를 이루었다. ③의 사례로 남북 정상 회담 개최 등이 있다. ⑤는 시민운동의 한 형태인 노동 운동에 대한 설명이다.

✦ **미권 꼭 맘기!** 비정부 기구 + 민주화 이후 크게 성장 + 정치·경제·사회 등 여러 영역에서 활동 → **시민 단체**

서술형 문제

135쪽

01 주제: 민주화 이후 노동 운동의 진전

(1) **답안 키워드** '노동자 대투쟁', 노동조합

(2) **예시 답안** 6월 민주 항쟁 이후 울산 지역을 중심으로 노동자 처우와 노동 환경의 개선을 요구한 '노동자 대투쟁'이 전개되었다. 이 과정에서 전국적으로 노동조합이 만들어졌고 임금과 근로 조건이 점차 개선되었다.

채점 기준	
상	6월 민주 항쟁 이후 발생한 노동 운동의 사례를 서술한 경우
하	6월 민주 항쟁 이후 노동 운동이 활성화되었다고만 서술한 경우

02 주제: 3당 합당

예시 답안 3당 합당, 제13대 국회 의원 선거에서 야당이 국회 의석의 과반수를 차지하는 여소 야대 국면이 형성되었다. 이에 노태우 정부는 국정 주도권을 장악하기 위해 3당 합당을 추진하였다.

채점 기준	
상	3당 합당을 쓰고, 3당 합당의 배경을 서술한 경우
하	3당 합당만 쓴 경우

03 주제: 김영삼 정부의 '역사 바로 세우기'

예시 답안 김영삼 정부, 김영삼 정부는 일제 강점기의 잔재를 청산하고자 조선 총독부 건물을 철거하였으며, 전두환과 노태우 등 12·12 사태 및 5·18 민주화 운동 진압 관련자를 처벌하였다.

채점 기준	
상	김영삼 정부를 쓰고 '역사 바로 세우기'의 내용을 서술한 경우
하	김영삼 정부만 쓴 경우

STEP 3 1등급 정복하기

136쪽

01 ④ **02** ⑤

01 김영삼 정부의 정책

밑줄 친 '정부'는 김영삼 정부이다. 김영삼 정부는 금융 실명제를 시행하여 금융 거래를 실명으로만 거래하도록 하여 경제 거래의 투명성을 제고하고자 하였다. 또한 지역 주민이 지방 자치 단체장을 직접 선출하는 지방 자치제를 전면 실시하였다.

(바로 알기) ①은 김대중 정부, ②, ③은 노태우 정부, ⑤는 노무현 정부 시기의 일이다.

02 평화적 여야 정권 교체로 출범한 정부

민주적 정권 교체를 실현하였다는 내용을 통해 (가) 취임사는 김대중 대통령, 현직 대통령의 탄핵과 구속 앞에서도 국민들이 대한민국의 앞길을 열어 주었다는 내용을 통해 (나) 취임사는 문재인 대통령이 발표한 것임을 알 수 있다. 김대중 정부와 문재인 정부 모두 평화적으로 여야 정권 교체를 이루면서 출범하였다는 공통점이 있다.

(바로 알기) ①은 박정희 정부, ②는 노무현 정부, ③은 이명박 정부, ④는 김대중 정부에 대한 설명이다.

판서로 보는 고난도 개념 김대중 정부와 문재인 정부

김대중 정부 (1998~2003)	• 출범: 최초로 평화적 정권 교체 실현 • 정책: 제차 남북 정상 회담 성사, 여성부와 국가 인권 위원회 신설
문재인 정부 (2017~2022)	• 출범: 박근혜 대통령 탄핵 이후 진행된 대통령 선거를 통해 출범 • 정책: 남북 화해를 위한 노력 전개, 코로나 바이러스 감염증 팬데믹 극복 노력

수능 첫걸음

137쪽

실전 문항 ⑤

실전 문항 김영삼 정부 시기의 사실

금융 거래가 실명으로 이루어진다는 내용을 통해 밑줄 친 '대통령'은 김영삼 대통령임을 알 수 있다. 김영삼 정부는 금융 실명제를 실시하였고, 공직자 윤리법을 개정하여 고위 공직자의 재산 등록을 의무화하였다.

(바로 알기) ①은 개항기, ②는 1979년, ③은 1960년, ④는 일제 강점기에 있었던 사실이다.

STEP 1 핵심 개념 확인하기 140쪽

1 (1) ㄱ (2) ㄴ **2** 금 모으기 운동 **3** (1) 국제 통화 기금
(2) 신자유주의 (3) 자유 무역 협정 **4** (1) ○ (2) × **5** (1)-ⓛ (2)-㉠

STEP 2 내신 만점 공략하기 140~143쪽

01 ③	02 ④	03 ③	04 ①	05 ②	05-1 ② 06 ⑤
07 ②	07-1 ㄱ, ㄴ	08 ①	09 ③	10 ①	11 ④
12 ⑤	13 ④	14 ⑤			

01 세계 무역 기구(WTO)

(가)에 들어갈 기구는 세계 무역 기구(WTO)이다. 1995년에 출범한 세계 무역 기구(WTO)는 회원국 간의 통상 분쟁을 해결하며, 국가 간 교역을 촉진하기 위해 설립되었다.

(바로 알기) ① 국제 통화 기금(IMF)은 가맹국들의 고용 증대, 소득 증가, 생산 자원 개발에 기여하는 것을 궁극적인 목표로 하는 기구이다. ② 자유 무역 협정(FTA)은 국가 간 무역 장벽을 제거하거나 완화하는 협정이다. ④ 경제 협력 개발 기구(OECD)는 경제 성장, 개발 도상국 원조, 무역 확대 등을 위한 국제기구이다. ⑤ 관세 및 무역에 관한 일반 협정(GATT)은 제2차 세계 대전 이후 국제 무역 규제의 틀을 제공한 협정이다.

◆ **이건 꼭 맘기!** 1995년 출범 + 세계화 촉진 → **세계 무역 기구**

02 1990년대의 경제 상황

(가)는 1993년의 우루과이 라운드 타결, (나)는 1997년 말에 발생한 외환 위기에 대한 것이다. 두 사건 시기 사이인 1996년에 김영삼 정부는 경제 협력 개발 기구(OECD)에 가입하였다.

(바로 알기) ①은 1978년, ②는 1962년, ③은 2004년, ⑤는 1970년의 일이다.

◆ **이건 꼭 맘기!** 우루과이 라운드 타결 → 경제 협력 개발 기구 가입 → **외환 위기**

03 세계화의 영향

세계화가 진전되면서 무역 장벽이 낮아져 국제 교역량이 증가하였고 세계 자본 시장이 통합되었다. 이러한 가운데 우리나라는 반도체 산업 등의 수출이 급증하였고, 우리나라의 여러 기업이 세계 여러 나라로 활발하게 진출하였다. 2000년대 이후 우리나라는 자유 무역 협정(FTA) 체결을 확대하였다.

(바로 알기) ③ 1993년 우루과이 라운드 타결로 한국의 농축산물 수입이 자유화되자 국내 농가 경제가 크게 악화되었다.

◆ **이건 꼭 맘기!** 세계 자본 시장 통합 + 국제 교역량 증가 → **세계화**

04 외환 위기의 발생

시장 개방 과정에서 한국 기업들이 단기 외채를 무분별하게 활용하여 사업을 확장하였다. 이러한 부실한 기업 운영은 기업의 연쇄 부도와 이로 인해 발생한 외환 위기로 이어졌다.

(바로 알기) ② 미국은 브라운 각서를 한국 정부에 전달하여 베트남 파병의 대가로 경제 발전을 위한 차관 제공을 보장하였다. ③ 두 차례 석유 파동은 1970년대에 발생하였다. ④ 신은행령은 일제 강점기인 1928년에 제정된 것이다. ⑤는 1980년대 중후반 한국의 경제 상황을 가리킨다.

◆ **이건 꼭 맘기!** 동남아시아의 외환 위기 → 외환 보유고 고갈 → 기업들의 연쇄 부도 → **외환 위기 발생**

05 금 모으기 운동

제2의 국채 보상 운동, 1998년에 전개되었다는 내용을 통해 (가) 운동은 금 모으기 운동임을 알 수 있다. 금 모으기 운동은 외환 위기 당시 국민들이 자발적으로 금을 모은 운동이다.

(바로 알기) ① 보안회는 일본의 황무지 개간권 요구를 저지하였다. ③은 광무개혁, ④는 물산 장려 운동, ⑤는 소작 쟁의에 대한 설명이다.

◆ **이건 꼭 맘기!** 외환 위기 + 국민의 극복 노력 → **금 모으기 운동**

05-1

1997년에 외환 보유고가 바닥나면서 외환 위기가 발생하자, 이를 극복하려고 국민들은 금 모으기 운동에 참여하였다. 이를 통해 전국 각지에서 모인 수백 톤의 금은 부족한 외환을 보충하는 데 큰 도움이 되었다.

(바로 알기) ① 1929년에 일어난 대공황은 파시즘이 형성되고, 일제가 대륙 침략을 본격화하는 계기가 되었다. ③ 일제 강점기에 실시된 산미 증식 계획의 결과 한국에서 일본으로 이출되는 쌀이 크게 늘어났다. ④ 세계 금융 위기는 2008년에 발생하였다. ⑤는 1950년대 후반의 국내 경제 상황이다.

06 정부의 구제 금융 요청

정부는 보유하였던 외환을 풀어 기업의 연쇄 부도를 극복하려 했지만 역부족이었어.

> **자료 분석**
>
> 최근 한국 경제는 대기업 연쇄 부도에 따른 대외 신인도 하락으로 국제 금융 시장에서 단기 자금 만기 연장의 어려움 등 외화 차입의 곤란으로 일시적인 유동성 부족 사태에 직면하게 되었습니다. …… 정부는 금융 시장의 안정이 확고히 정착되게 하기 위해 ______(가)______ 하기로 하였습니다.

자료는 국제 통화 기금 지원 요청 발표문이다. 1997년 동남아시아에 외환 위기가 발생하여 기업들이 연쇄적으로 부도를 맞이하고, 외환 보유고가 고갈되기 시작하였다. 이에 정부는 1997년 12월 국제 통화 기금과 구제 금융 협약을 체결하여 자금 지원을 받았다.

(바로 알기) ①, ③은 박정희 정부 시기의 일이다. ②, ④는 외환 위기 이전 김영삼 정부가 추진한 경제 정책에 대한 설명이다.

◆ **이건 꼭 맘기!** 외환 보유고 고갈 + 재정 축소·공기업 민영화·노동 시장 유연화 등 약속 → **국제 통화 기금의 구제 금융**

07 외환 위기를 극복하기 위한 정부의 노력

1997년에 발생하였고 외환 보유고가 고갈되었다는 점을 통해 자료는 외환 위기와 관련된 것임을 알 수 있다. 외환 위기를 극복하기 위해 김대중 정부는 강도 높은 구조 조정을 시행하였고, 부실 기업과 은행을 통폐합하거나 외국에 매각하였다. 또한 국민 기초 생활 보장법을 제정하여 생계가 어려운 국민을 지원하였으며, 노사정 위원회를 설립하여 정리 해고제와 근로자 파견제를 도입하는 등 노동 시장의 유연성을 강화하였다.

(바로 알기) ②는 1970년대 중화학 공업 육성 정책에 대한 설명이다.

✦ **이건 꼭 암기!** 강도 높은 구조 조정 + 정리 해고제와 근로자 파견제 도입 → **정부의 외환 위기 극복 노력**

07-1 외환 위기 극복을 위해 노동 시장 유연화를 추구하면서 실업자와 비정규직 노동자가 크게 증가하였다. 또한 많은 자영업자가 도산하면서 중산층의 비중도 낮아졌다.

(바로 알기) ㄷ은 1970년대, ㄹ은 1987년의 일이다.

08 자유 무역 협정(FTA)

(가) 협정은 자유 무역 협정(FTA)이다. 우리나라는 노무현 정부 시기인 2004년에 칠레와 처음으로 자유 무역 협정(FTA)을 체결하였다. 자유 무역 협정은 국가 간의 자유로운 무역 활동을 위해 무역 장벽을 완화하거나 제거하는 협정이다. 이는 상품, 노동, 자본 등의 국제적 이동을 원활하게 하여 자유 무역을 촉진하고, 안정적인 해외 시장 확보에 기여할 수 있다.

(바로 알기) ① 자유 무역 협정(FTA)으로 외국에서 값싼 농산물이 수입되면서 국내 농업의 경제 상황이 어려워졌다.

✦ **이건 꼭 암기!** 무역 장벽 완화 및 제거 + 세계화 → **자유 무역 협정**

09 2000년대 이후 한국 경제

2000년대 이후 한국은 반도체, 자동차, 철강, 석유 화학 등 세계적으로 경쟁력을 가진 산업이 약진하였으며, 정보 기술(IT)에 기반한 첨단 산업이 크게 발달하였다. 그 결과 한국 경제는 1인당 국민 소득이 처음으로 3만 달러를 넘어서는 등 크게 성장하였다.

(바로 알기) ㄱ은 1980년대 중후반의 한국 경제 상황이다. ㄹ은 1970년대에 추진된 제3, 4차 경제 개발 5개년 계획에 대한 설명이다.

✦ **이건 꼭 암기!** 자유 무역 체결 확대 + 반도체·자동차·철강·석유 화학·정보 기술(IT)에 기반한 첨단 산업 등 발달 → **2000년대 이후 한국 경제**

10 2000년대 이후 한국 경제의 과제

세계화가 가속화하면서 자유 무역의 규모가 증가함에 따라 한국 경제의 대외 의존도는 더욱 높아졌다. 또한 급속한 경제 성장으로 대기업과 중소기업 간 격차, 도시와 농촌 간의 격차, 공업 간의 불균형 등이 심화되었다.

(바로 알기) ① 두 차례의 석유 파동은 1970년대에 일어난 일이다.

✦ **이건 꼭 암기!** 경제 대외 의존도 증가 + 대기업과 중소기업 간 격차 심화 + 도시와 농촌 간 불균형 심화 + 사회 양극화 → **한국 경제의 과제**

11 사회 양극화 현상

그래프를 통해 2010년대 소득 상하위 10%의 1인당 연평균 통합 소득의 격차가 크게 벌어졌음을 알 수 있다. 외환 위기 이후 정규직과 비정규직, 대기업과 중소기업 간의 임금 차이가 더욱 커지면서 사회 양극화가 심화되었다.

(바로 알기) ① 삼백 산업의 발달로 우리나라는 전후 경제 위기를 어느 정도 수습할 수 있었다. ② 환경 보전법은 환경 문제를 해결하기 위한 법이다. ③ 제3차 경제 개발 5개년 계획은 중화학 공업 집중 육성을 특징으로 한다. ⑤ 1970년에 시작된 새마을 운동은 농어촌 근대화에 기여하였다.

✦ **이건 꼭 암기!** 소득 격차 증가 + 경제적 불평등 → **사회 양극화**

12 저출산 현상

외환 위기 이후 가족에 대한 가치관의 변화, 청년 실업률 증가, 자녀 교육비 부담 증가 등으로 인해 결혼 및 출산 기피 현상이 나타났다. 비혼 인구의 비율은 계속 증가하고 있으며, 결혼을 한 가정에서도 출산을 거부하거나 미루는 경우가 많아졌다. 이를 바탕으로 우리나라의 출산율은 세계 최하위 수준에 머무르고 있다.

(바로 알기) ⑤ 자녀 교육비 지출 증가가 저출산 현상의 원인에 해당한다.

✦ **이건 꼭 암기!** 결혼 및 출산 기피 현상 + 출산율 저하 → **저출산 현상**

13 저출산·고령화 현상 극복을 위한 노력

저출산·고령화 현상이 심화되면서 인구 구성비에서 청년의 비율이 크게 줄었는데, 이는 노동력 부족 문제로 이어졌다. 정부는 이러한 문제를 해결하기 위해 출산, 양육 지원 정책을 강화하고 사회 보장 제도 정비, 복지 제도 확충 등에 노력하고 있다.

(바로 알기) ㄱ. 저출산·고령화 현상은 인구 소멸로 이어질 수 있는 사회적 문제이다. ㄷ은 1972년에 정부가 사채를 동결시키고 이자율을 낮춤으로써 기업들에게 경제적 특혜를 제공한 조치이다.

✦ **이건 꼭 암기!** 출산·양육 지원 정책 강화 + 사회 보장 제도 정비 → **저출산·고령화 현상 극복을 위한 노력**

14 1990년대 이후 대한민국

1990년대 이후 '한류'와 '케이팝(K-Pop)'이 세계적 인기를 끌었다. 또한 2002년 한일 월드컵 대회, 2018년 평창 동계 올림픽 대회 등 국제 스포츠 경기 대회를 개최하였다. 한편, 우리나라는 소득 격차 증가 문제 등 여러 사회 문제에 직면하기도 하였다.

(바로 알기) ⑤는 박정희 정부 시기의 모습이다.

✦ **이건 꼭 암기!** '한류'·'케이팝(K-Pop)' 인기 + 국제 스포츠 경기 대회 개최 + 유엔 평화 유지 활동·한국 국제 협력단의 해외 봉사 파견 등 국제 사회에 공헌 → **1990년대 이후 세계 속 한국의 위상 강화**

01 주제: 외환 위기 당시 정부의 구제 금융 요청

(1) **답안 키워드** 김영삼 정부, 신자유주의

(2) **예시 답안** 김영삼 정부, 김영삼 정부는 상품과 자본 시장 개방을 확대하고 금융·기업 규제를 완화하는 신자유주의 정책을 폈다.

채점 기준	
상	김영삼 정부를 쓰고, 김영삼 정부가 신자유주의 정책을 실시하였다고 서술한 경우
하	김영삼 정부만 쓴 경우

02 주제: 노사정 위원회의 활동

예시 답안 노사정 위원회, 노사정 위원회는 정리 해고제와 근로자 파견제 등을 도입하여 노동 시장의 유연화를 추구하였다.

채점 기준	
상	노사정 위원회를 쓰고 노사정 위원회의 활동을 서술한 경우
하	노사정 위원회만 쓴 경우

03 주제: 다문화 사회로의 진입

예시 답안 외국인 노동자들은 의사소통 문제와 문화적 차이, 사회적 차별과 편견 등으로 어려움을 겪고 있다. 이를 극복하기 위해 정부는 문화 다양성을 중시하는 다문화 교육을 실시하고, 다문화 사회 지원을 위한 법률 등을 제정하였다.

채점 기준	
상	다문화 사회 속 문제점을 서술하고, 이를 극복하기 위한 정부 차원의 노력을 서술한 경우
하	다문화 사회에서 외국인 노동자가 겪는 어려움과 이를 극복하기 위한 정부 차원의 노력 중 한 가지만 서술한 경우

STEP 3   1등급 **정복하기**   144쪽

01 ④   **02** ⑤

01 외환 위기 당시 사회 모습

밑줄 친 '이 시기'는 우리나라가 국제 통화 기금의 관리 감독을 받았던 외환 위기의 상황을 말하며, 1997년 12월부터 2001년 8월까지에 해당한다. 이 시기에 출범한 김대중 정부는 외환 위기로 경제 상황이 악화된 저소득층 국민에게 최소한의 기초 생활을 보장하고자 1999년 국민 기초 생활 보장법을 제정하였다.

바로 알기 ①은 1973년, ②는 1979년, ③은 1993년, ⑤는 1977~1981년의 일이다.

발생	동남아시아의 외환 위기 → 외국 투자자들의 대출 회수 → 외환 보유고 고갈, 기업의 연쇄 부도 → 정부가 국제 통화 기금에 구제 금융 요청
극복 노력	• 정부: 강도 높은 구조 조정 실시, 정리 해고제와 근로자 파견제 도입, 국민 기초 생활 보장법 제정을 통한 생계 지원 • 국민: 금 모으기 운동 전개

02 한국과 칠레의 자유 무역 협정(FTA) 체결

칠레로 수출되는 2,450개 품목에 대한 관세가 완전히 철폐되었다는 내용을 통해 자료는 한국과 칠레가 자유 무역 협정을 체결한 상황을 다루고 있음을 알 수 있다. 2000년대에 들어 자유 무역이 전 세계에 확산되었는데 한국은 2004년 칠레를 시작으로 미국, 유럽 연합(EU), 중국 등과 자유 무역 협정을 맺어 무역 시장을 확대하였다.

바로 알기 김영삼 대통령 취임은 1993년, 경제 협력 개발 기구 가입은 1996년, 외환 위기 발생은 1997년, 제1차 남북 정상 회담 개최는 2000년, 한일 월드컵 대회 개최는 2002년, 서울 G20 정상 회의 개최는 2010년에 있었던 일이다.

수능 첫걸음   145쪽

실전 문항 ④

실전 문항 김영삼 정부의 경제 정책

국제 통화 기금에 긴급 구제 금융을 요청하였다는 사실을 통해 밑줄 친 '정부'는 김영삼 정부임을 알 수 있다. 김영삼 정부는 공기업 민영화, 금융업 규제 완화 등 신자유주의 경제 정책을 추진하였다. 이에 따라 금융 기업들은 해외에서 낮은 이자로 외화를 들여와 국내 기업에 빌려주고 이윤을 남겼다. 하지만 이러한 정책은 1997년 무리하게 자금을 빌려 방만하게 운영되던 기업이 연쇄적으로 부도를 맞게 되는 배경이 되었고, 이는 외환 위기로 이어졌다.

바로 알기 ① 제헌 국회가 1949년 농지 개혁법을 제정하였다. 이 법에 따라 이듬해 농지 개혁이 실시되었다. ② 산미 증식 계획은 일제가 산업화에 따른 자국의 곡물 부족 문제를 해결하고자 실시한 것이다. 이 정책에 따라 국내 농민들은 높은 소작료뿐 아니라 종자 개량비, 비료 대금, 수리 조합비 등을 떠맡게 되면서 어려움을 겪었다. ③ 화폐 정리 사업은 1905년에 일본인 재정 고문 메가타가 추진한 것이다. 이 사업에 따라 대한 제국의 재정이 일본에 예속되기 시작하였다. ⑤ 1962~1966년에 박정희 정부가 집권의 정당성을 마련하고 수출 주도형 경제 성장을 추진하기 위해 제1차 경제 개발 5개년 계획을 추진하였다.

| STEP 1 | 핵심 개념 확인하기 | 150쪽 |

1 (1)-ⓒ (2)-ⓖ (3)-ⓔ   **2** 합작 회사 경영법(합영법)   **3** (1) ㄱ
(2) ㄴ (3) ㄷ   **4** (1) ○ (2) ×   **5** (1) 동북공정 (2) 야스쿠니 신사

| STEP 2 | 내신 만점 공략하기 | 150~152쪽 |

01 ③   **02** ①   **03** ②   **04** ④   **05** (가) 박정희, (나) 7·4
남북 공동 성명   **06** ②   **07** ③   **07-1** ③ **08** ④   **09** ②

01 북한 사회주의 헌법의 특징

1972년에 제정되었고 주체사상을 북한의 공식적인 통치 이념으로 규정하였다는 자료의 내용을 통해 (가) 헌법이 북한의 사회주의 헌법임을 알 수 있다. 김일성은 1972년에 사회주의 헌법을 제정하여 주체사상을 명문화하고 국가 주석제를 신설하였다. 이후 국가 주석에 취임한 김일성에게 북한의 정치권력이 집중되었다.

(바로 알기) ①은 김정은과 관련이 있다. 북한이 핵무기 개발을 강행하여 국제적으로 고립되자, 김정은은 미국 트럼프 정부와 두 차례 북미 정상 회담을 추진하는 등 변화를 모색하기도 하였다. ② 전두환 정부는 4·13 호헌 조치를 발표하여 대통령 직선제를 도입하려는 개헌 논의 일체를 금지하려 하였다. ④ 대통령 직선제는 발췌 개헌(1952)과 6·29 민주화 선언에 따라 이루어진 개헌(1987) 이후에 시행되었다. ⑤ 북한이 시장 경제 요소를 제한적으로 도입한 것은 2000년대의 일이다. 사회주의 국가들의 몰락과 잇단 자연재해로 2000년대 이후 경제난이 지속되자 이를 극복하려고 도입하였다.

◆ **이건 꼭 알기!** 1972년 제정 + 주체사상 명문화(국가 통치 이념으로 규정) + 국가 주석제 신설(김일성의 주석 취임) → **북한의 사회주의 헌법**

02 김정일의 활동

김일성의 권력을 승계하여 북한의 2대 최고 지도자가 된 (가) 인물은 김정일이다. 김정일은 2009년에 헌법을 개정하여 선군 정치를 강조하였다. 선군 정치는 군대를 내세워 정치·경제·문화·사회 전반의 모든 문제를 해결하겠다는 이념으로, 이후 북한은 핵무기와 미사일 등을 개발하며 군사력 강화에 집중하였다.

(바로 알기) ②, ③, ④는 김일성과 관련이 있다. 1950년대 후반에 중국과 소련이 사회주의의 방향성을 놓고 대립하자 김일성은 '주체'를 명분으로 유일 지배 체제를 구축하려 하였고, 1972년에 사회주의 헌법을 제정하여 주체사상을 명문화하는 한편, 국가 주석제를 신설하여 주석에 취임하였다. ⑤ 박정희는 5·16 군사 정변을 일으킨 이후 국가 재건 최고 회의를 설치하였다.

◆ **이건 꼭 알기!** 1998년 개헌(국가 주석제 폐지) + 2009년 개헌(선군 정치 강조, 국방 위원장을 최고 지도자로 명시) → **김정일**

03 북한의 경제 개방 정책

북한은 1960년대부터 경제 발전에 힘썼으나 중국과 소련의 원조 축소, 군사비 증가, 소비재 부족, 대외 교역의 한계 등으로 경제 위기를 맞았다. 이에 북한은 1980년대에 부분적인 개방 정책을 추진하였다. 1984년에는 합작 회사 경영법(합영법)을 제정하여 외국 자본과의 합작 및 투자를 추진하였고, 1991년에는 나진·선봉 경제 무역 지대를 설치하여 무역 지대 안에서 자유 무역 시장의 개장과 자영업 활동 등을 허용하였다.

(바로 알기) ㄴ. 6·25 전쟁을 거치면서 권력 기반을 강화한 김일성은 1956년부터 대중의 노동력을 최대한 동원하여 생산력을 높이려는 천리마운동을 전개하였다. 그러나 기술 혁신이나 물질적 보상이 뒷받침되지 않은 탓에 한계에 직면하였다. ㄹ. 김일성을 위원장으로 하여 1946년 2월에 구성된 북조선 임시 인민 위원회는 같은 해 3월에 무상 몰수·무상 분배 방식의 토지 개혁을 단행하였다.

◆ **이건 꼭 알기!** 합작 회사 경영법(합영법) 제정(1984) + 나진·선봉 경제 무역 지대 설치(1991) → **북한의 부분적 개방 정책**

04 2000년대 이후 북한의 경제 정책

북한은 1961년부터 경제 개발 계획을 추진하였으나, 여러 한계에 직면하며 경제 위기를 맞았다. 1980년대부터 부분적인 개방 정책을 펼쳐 위기를 타개하려 하였지만, 1990년대에 사회주의 국가들의 몰락과 잇단 자연재해로 경제난이 지속되었다. 북한은 2000년대에 사회주의 경제 체제를 일부 수정하고 시장 경제 요소를 제한적으로 도입하여 변화를 모색하였다. 이에 따라 2002년에는 7·1 경제 관리 개선 조치를 단행하여 기업과 공장의 경영 자율성 확대, 수익 분배의 차등화, 배급제 폐지 등을 시도하였다.

(바로 알기) ① 경제 개발을 위한 북한의 7개년 계획은 1961년부터 추진되었다. ② '고난의 행군'은 김정일 체제에서 강조하였던 구호로, 1990년대 북한의 경제난과 빈곤 문제를 극복하고 김정일에 대한 충성을 독려하고자 제시되었다. ③ 사회주의 헌법은 김일성이 독재 체제를 강화하고자 1972년에 제정한 것으로, 2000년대의 경제난 극복 노력과는 관련이 없다. ⑤ 북한은 1985년에 핵 확산 금지 조약(NPT)에 가입하였다가 1993년에 탈퇴하였다.

◆ **이건 꼭 알기!** 시장 경제 요소의 제한적 도입 + 7·1 경제 관리 개선 조치 추진 → **2000년대 이후 북한의 경제 정책**

05 박정희 정부의 통일 정책

(가) 박정희 정부는 1960년대에 강력한 반공 정책 아래 '선 건설, 후 통일'을 내세우며 경제 발전에 집중하였다. 그러나 1969년 닉슨 독트린 이후 냉전이 완화된 것을 계기로 (나) 7·4 남북 공동 성명을 발표하였다. 7·4 남북 공동 성명은 1972년에 서울과 평양에서 동시에 공포되었고, 이를 통해 남북은 자주·평화·민족 대단결의 통일 원칙에 합의하였다.

◆ **이건 꼭 알기!** 강력한 반공 정책과 '선 건설·후 통일' 표방(1960년대) + 7·4 남북 공동 성명 발표(1972) → **박정희 정부의 통일 정책**

06 노태우 정부 시기의 남북 관계

서로의 체제에 대한 인정, 상호 불가침 등의 내용을 통해 자료가 남북 기본 합의서임을 알 수 있다. 노태우 정부 시기인 1991년 9월, 남북은 유엔에 동시 가입하였고, 이를 계기로 같은 해 12월에 남북 기본 합의서를 채택하였다. 이는 남북 정부가 체결한 최초의 공식 합의 문서였다.

(바로 알기) ① 남북 정상 회담은 김대중, 노무현, 문재인 정부 시기에 개최되었다. ③은 이명박 정부 시기, ④는 김대중 정부 시기, ⑤는 전두환 정부 시기에 있었던 일이다.

◆ **이건 꼭 알기!** 남북한 유엔 동시 가입(1991. 9.) + 남북 기본 합의서 채택(1991. 12.) → **노태우 정부 시기의 남북 관계**

07 김대중 정부의 통일 정책

김대중 정부가 추진한 대북 화해 협력 정책의 이름이야.

┤ **자료 분석** ├

나는 남북 관계를 평화와 협력의 방향으로 돌리기 위해 햇볕 정책을 일관되게 주장했습니다. 그것은 첫째, 북에 의한 적화 통일을 용납하지 않는다. 둘째, 남에 의한 북한의 흡수 통일도 결코 기도하지 않는다. 셋째, 남북은 오로지 평화적으로 공존하고 평화적으로 교류·협력하자는 것이었습니다.

북한을 상대로 햇볕 정책을 추진한다는 자료의 내용을 통해 밑줄 친 '나'가 김대중임을 알 수 있다. 김대중 정부는 적극적인 대북 화해 협력 정책인 햇볕 정책을 추진하였다. 그 결과, 1998년는 금강산 관광이 개시되었고 2000년에는 최초의 남북 정상 회담이 개최되어 그 결과로 6·15 남북 공동 선언이 발표되었다. 이후 이산가족 상봉, 경의선 철도 복구 등이 이루어지고 남북 간 경제 협력과 사회·문화 교류가 활발히 전개되었다.

(바로 알기) ①은 이승만 정부의 대북 정책이다. ② 10·4 남북 공동 선언은 노무현 정부가 2007년에 제2차 남북 정상 회담을 개최한 이후 발표한 문서이다. ④, ⑤는 문재인 정부와 관련이 있는 내용이다.

◆ **이건 꼭 알기!** 햇볕 정책 + 금강산 관광 시작 + 제1차 남북 정상 회담(6·15 남북 공동 선언 발표) → **김대중 정부의 통일 정책**

07-1 김대중 정부 시기에 개최된 제1차 남북 정상 회담의 결과로 6·15 남북 공동 선언이 발표되었다.

(바로 알기) ①, ⑤는 노태우 정부, ②는 박정희 정부, ④는 노무현 정부와 관련이 있다.

08 동아시아의 영토 분쟁

(가)는 쿠릴 열도(북방 4도)로, 일본이 관할하였다가 제2차 세계 대전 이후 러시아가 점유하고 있어 오늘날 러시아와 일본이 영유권 분쟁을 벌이고 있다. (나)는 센카쿠 열도(댜오위다오)로, 청일 전쟁 중에 일본이 차지하였고 제2차 세계 대전 이후에 미국이 점령하였다가 일본에 반환하였다. 현재 일본이 실효 지배 중이나, 중국이 영유권을 주장하고 있다.

(바로 알기) ①은 (나) 센카쿠 열도에 대한 설명이다. ② 미국은 아시아·태평양 전쟁 이후 오키나와와 센카쿠 열도를 점령하였지만, 이후 일본에 반환하였다. ③ 평화선 선언은 한국의 독도 주권과 관련이 있다. ⑤ 현재 (가) 쿠릴 열도는 러시아가, (나) 센카쿠 열도는 일본이 실효 지배 중이다.

◆ **이건 꼭 알기!** 러시아와 일본 간의 쿠릴 열도 남부의 4개 섬(북방 4도) 갈등 + 중국과 일본 간의 센카쿠 열도(중국명 댜오위다오) 갈등 → **동아시아의 영토 분쟁**

09 동아시아 역사 갈등

발해를 당의 지방 정권으로 묘사하는 중국 역사 교과서는 2002년부터 5년 프로젝트로 진행된 중국의 동북공정과 관련이 있다. 이를 비롯한 잘못된 역사 인식은 동아시아 역사 갈등의 원인이 되어 왔다. 중국은 동북공정을 통해 고구려와 발해의 산성까지 만리장성에 포함하며 한국의 역사를 훼손하였고, 일본에서 발족한 '새로운 역사 교과서를 만드는 모임'은 식민 지배를 미화하고 전쟁 범죄를 은폐하는 교과서를 만들어 주변 국가들과 갈등을 빚기도 하였다.

(바로 알기) ㄴ은 일본이 자국 과거사의 잘못을 인정한 사례로, 동아시아 역사 갈등 해결과 관련이 있다. ㄹ은 독도의 주권이 한국에 있음을 밝힐 때 유효한 근거가 될 수 있는 문서이다.

◆ **이건 꼭 알기!** 중국의 동북공정(한국 고대사 훼손) + 일본의 역사 왜곡(식민 지배와 침략 전쟁 미화) → **동아시아 역사 갈등**

서술형 문제

152쪽

01 주제: 독도가 우리 영토라는 근거

(1) **답안 키워드** 독도, 연합국 최고 사령관 각서, 평화선 선언

(2) **예시 답안** 독도, 1946년에 발표된 연합국 최고 사령관 각서 제677호는 울릉도와 독도를 한국 영토에 포함하였다. 또한 이승만 정부는 1952년에 이른바 '평화선 선언(인접 해양에 대한 주권에 관한 선언)'을 발표하여 독도가 우리 영토임을 명확히 하였다.

채점 기준	
상	독도를 쓰고, 독도가 우리 영토인 근거를 두 가지 서술한 경우
중	독도를 쓰고, 독도가 우리 영토인 근거를 한 가지만 서술한 경우
하	독도만 쓴 경우

02 주제: 7·4 남북 공동 성명

예시 답안 7·4 남북 공동 성명, 7·4 남북 공동 성명에서 남북한은 자주·평화·민족 대단결의 통일 원칙에 합의하였다.

채점 기준	
상	7·4 남북 공동 성명을 쓰고, 주요 내용을 서술한 경우
하	7·4 남북 공동 성명만 쓴 경우

03 주제: 제1차 남북 정상 회담과 남북 교류

예시 답안 6·15 남북 공동 선언, 6·15 남북 공동 선언은 분단 이후 최초로 이루어진 남북 정상 회담(2000)의 결과로 발표되었다. 이 선언에 따라 이산가족 상봉이 이루어졌고 경의선 철도의 복구 작업 등이 추진되었다.

	채점 기준
상	6·15 남북 공동 선언을 쓰고, 선언의 의의와 남북 교류 사례를 모두 서술한 경우
중	6·15 남북 공동 선언을 쓰고, 선언의 의의와 남북 교류 사례 중 한 가지만 서술한 경우
하	6·15 남북 공동 선언만 쓴 경우

STEP 3 1등급 정복하기
153쪽

01 ③　　**02** ③

01 7·1 경제 관리 개선 조치

북한은 2002년에 시장 경제 요소를 제한적으로 도입하는 7·1 경제 관리 개선 조치를 발표하여 기업과 공장 경영의 자율성 확대, 수익 분배의 차등화, 배급제 폐지 등을 시행하였다.

바로 알기 ① 북한은 6·25 전쟁 이후 중국과 소련의 원조를 받아 전후 복구 사업을 추진하였다. ② 김일성은 6·25 전쟁을 거치면서 반대파를 숙청하고 1인 독재 체제를 강화하였다. ④ 북한은 1950년대에 개인 소유의 토지나 상공업을 협동조합에 편입하여 사회주의 경제 체제를 확립해 나갔다. ⑤를 북한이 1984년에 제정한 합영법에 대한 설명이다.

02 노무현 정부~문재인 정부 시기의 남북 관계

자료 분석

개성 공단은 노무현 정부 시기인 2004년에 완공되어 본격 가동되었어.

(가) 오늘 정상 회담은 시간이 아쉬울 만큼, 평화와 공동 번영, 화해 협력 문제에 이르기까지 유익하고 진지한 대화가 이루어졌습니다. …… 지금 개성 공단에서는 만 9천여 명의 남북 근로자들이 함께 땀 흘리고 있습니다. …… 그러나 우리는 여기에서 머물 수는 없습니다. 한 걸음 더 나아가야 합니다.

(나) 존경하는 국민 여러분! 저는 어제 오후 판문점 북측 지역 통일각에서 김정은 국무위원장과 두 번째 남북 정상 회담을 가졌습니다. 지난 4월 27일 판문점 평화의 집에서 첫 회담을 한 후 꼭 한 달 만입니다. 지난 회담에서 우리 두 정상은 필요하다면 언제 어디서든 격식 없이 만나 서로 머리를 맞대고 민족의 중대사를 논의하자고 약속한 바 있습니다.

김정은이 북측 정상으로 참여한 남북 정상 회담은 2018년의 회담이야.

(가) 개성 공단이 운영되던 시기에 추진된 남북 정상 회담은 노무현 정부 시기인 2007년에 개최되었다. (나) 북측 정상으로 김정은 국무 위원장이 참여한 남북 정상 회담은 문재인 정부 시기인 2018년에 열렸다. (가), (나) 사이 시기인 이명박 정부 때 북한 측 공격에 의한 연평도 포격 사건(2010)이 발생하였다.

바로 알기 ① 금강산 관광은 김대중 정부 시기인 1998년에 시작되었다. ② 박정희 정부 시기인 1972년에 7·4 남북 공동 성명이 발표되었고, 이에 따라 남북 조절 위원회가 설치되어 통일을 위한 실무자 회담이 진행되었다. ④ 김대중 정부 때인 2000년에 제1차 남북 정상 회담이 개최되었고, 그 결과 6·15 남북 공동 선언이 발표되었다. ⑤ 김영삼 정부 시기인 1993년에 북한은 핵 확산 금지 조약(NPT)을 탈퇴하였다.

판서로 보는 고난도 개념 남북 정상 회담

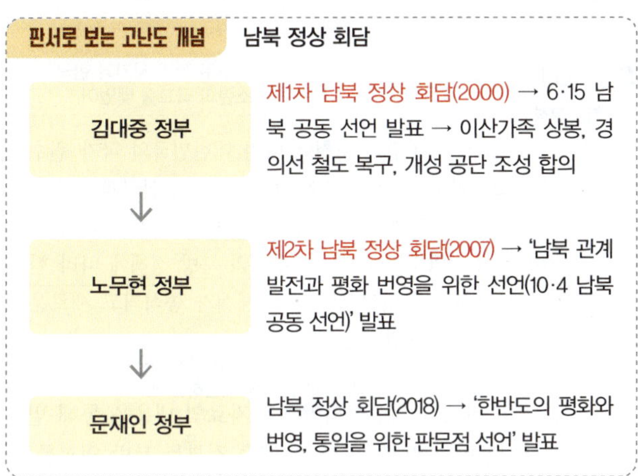

수능 첫걸음
154쪽

실전 문항 ⑤

실전 문항 7·4 남북 공동 성명의 발표

자료 분석

7·4 남북 공동 성명은 1972년 오전 10시에 서울과 평양에서 동시 발표되었어.

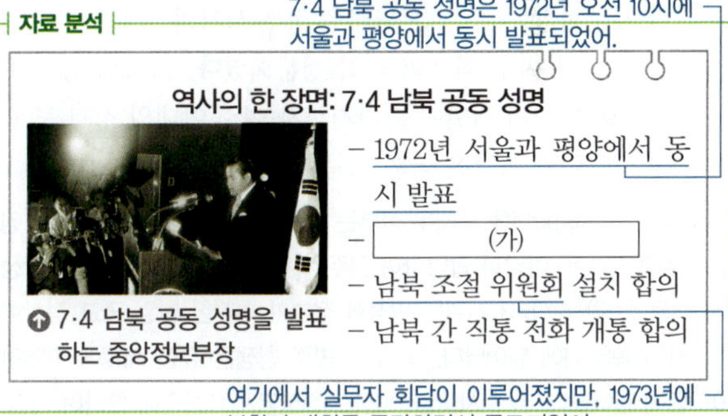

여기에서 실무자 회담이 이루어졌지만, 1973년에 북한이 대화를 중단하면서 종료되었어.

1969년 닉슨 독트린 이후 냉전이 완화되자 1971년 박정희 정부는 북측에 이산가족 상봉을 위한 남부 적십자 회담을 제안하였고, 이를 계기로 1972년 7·4 남북 공동 성명이 서울과 평양에서 동시에 발표되었다. 이를 통해 남북은 자주·평화·민족 대단결의 통일 원칙에 합의하였으며, 이는 이후 남북 대화 및 교류 협력의 기본 원칙이 되었다.

바로 알기 ① 2000년에 6·15 남북 공동 선언을 통해 개성 공단 건설이 합의되었다. ②는 노태우 정부 시기인 1991년에 있었던 일이다. ③ 1945년 12월에 개최된 모스크바 3국 외상 회의에서 미소 공동 위원회 설치를 합의하였다. ④ 노무현 정부 시기인 2007년에 제2차 남북 정상 회담이 열렸다.

01 ④	02 ⑤	03 ⑤	04 ③	05 ③	06 ③	07 ⑤
08 ②	09 ④	10 ③	11 ④	12 ④	13 ②	14 ③
15 ④	16 ①	17 ③	18 ②	19 ④	20 ⑤	21 ①
22 ⑤	23 ⑤					

01 노태우 정부의 활동

노태우 정부 시기에 한국은 소련과 국교를 맺었어.

자료 분석

나는 고르바초프 대통령의 초청에 따라 대한민국의 국가 원수로는 처음으로 곧 모스크바를 방문하게 됩니다. 한국과 소련은 86년간 단절되었던 관계를 정상화했습니다. 우리 두 나라 관계의 급진전은 소련의 개방과 개혁, 우리의 북방 정책에 따라 한반도와 동북아시아에 있어서도 냉전 체제가 종식되고 새로운 시대가 열리고 있음을 말하는 것입니다.

노태우 정부는 북방 외교를 추진하여 소련, 중국, 동유럽의 사회주의 국가 등과 외교 관계를 체결하였어.

한국과 소련의 관계가 정상화되었다는 자료의 내용을 통해 밑줄 친 '나'가 노태우임을 알 수 있다. 노태우 정부는 북방 외교를 추진하여 공산주의 국가들과의 교류를 확대하였고, 1988년에는 서울 올림픽 대회를 개최하였다.

바로 알기 ①, ②, ⑤는 박정희 정부 때 있었던 일이다. ③ 4·19 혁명으로 이승만 정권이 무너진 이후 개헌이 이루어져 1960년에 윤보선을 대통령으로, 장면을 국무총리로 한 우리나라 유일의 내각 책임제 정부가 수립되었다.

02 노태우 정부 시기의 정치 국면

국회에서 전두환 정부의 비리와 5·18 민주화 운동의 진상 규명을 위한 청문회가 열린 것은 노태우 정부 시기의 일로, 이는 대한민국 정부 수립 이후 최초의 국회 청문회였다. 1988년 총선에서 야당이 국회 의석의 과반수를 차지하자 여소 야대의 정치 구도가 형성되었고, 이에 야당은 국회 청문회를 주도할 수 있었다.

바로 알기 ① 1990년에 노태우 정부는 여소 야대 정국을 타개하고자 김영삼과 김종필의 두 야당과 합당하여 민주 자유당이라는 거대 여당을 탄생시켰다(3당 합당). ② 6·3 시위는 박정희 정부가 추진한 한일 국교 정상화에 반대하여 1964년에 일어났다. ③ 부마 민주 항쟁은 유신 체제에 항거하여 1979년에 일어났다. ④ 사사오입 개헌은 개헌 당시 대통령에 한하여 연임 횟수 제한을 철폐한다는 내용을 골자로 하였으며, 이승만 정부가 1954년에 강행하였다.

03 지방 자치제의 실시

지방 자치제를 부분적으로 실시한 (가) 정부는 노태우 정부이다. (가) 정부의 뒤를 이어 지방 자치 단체장과 지방 의회 선거를 함께 치르며 지방 자치제를 전면 실시한 (나) 정부는 김영삼 정부이다. 두 정부 모두 6월 민주 항쟁 이후 이루어진 1987년 개헌 헌법에 의거하여 대통령 직선제를 통해 수립되었다.

바로 알기 ①, ②는 박정희 정부, ③, ④는 김대중 정부와 관련이 있다.

04 '역사 바로 세우기'와 김영삼 정부

문민정부라는 표현, 전직 대통령인 전두환과 노태우가 법정에서 반란·내란죄 등을 선고받았다는 내용을 통해 밑줄 친 ㉠이 김영삼 정부의 '역사 바로 세우기'와 관련이 있음을 알 수 있다. 김영삼 정부는 '역사 바로 세우기'를 추진하여 5·18 민주화 운동 등에 관한 특별법을 제정하고 전두환과 노태우 등 12·12 사태 및 5·18 민주화 운동 진압 관련자를 처벌하였다.

바로 알기 ① 국가 보안법은 이승만 정부가 개정하였다. ② 1948년에 성립된 제헌 국회는 친일파를 청산하고자 반민족 행위 처벌법을 제정하고 반민족 행위 특별 조사 위원회(반민 특위)를 구성하였다. 그러나 이승만 정부의 비협조, 국회 프락치 사건, 일부 경찰의 반민 특위 사무실 습격 등으로 인해 해체되었다. ④는 노무현 정부, ⑤는 김대중 정부 시기의 사실이다.

05 김대중 정부의 활동

대한민국 정부 수립 이후 최초로 선거를 통한 평화적 여야 정권 교체를 이루었다는 점, 1998년부터 2003년까지 존속하였다는 점 등을 통해 자료에 해당하는 정부가 김대중 정부임을 알 수 있다. 김대중 정부는 국가 인권 위원회와 여성부를 설치하였다.

바로 알기 ① 이승만 정부는 1959년에 정부에 비판적이었던 경향신문을 폐간하였다. ②는 이명박 정부 시기에 있었던 일이다. ④ 전두환 정부 시기에 4·13 호헌 조치 및 이한열 사망 사건을 배경으로 6월 민주 항쟁이 일어난 결과, 여당 대표였던 노태우가 6·29 민주화 선언을 발표하였다. ⑤ 5·16 군사 정변을 일으킨 박정희 중심의 군인 세력이 국가 재건 최고 회의를 설치하고 군정을 실시하였다.

06 민주주의의 진전

(나) 김영삼 정부 때 실시된 금융 실명제는 부정한 자금을 주고받거나 탈세를 도모하는 부정부패를 차단함으로써 경제 정의 실현에 도움이 되었다. (다) 김대중 정부는 인사 청문회법을 제정하여 고위 공직자의 도덕성 등을 공개적으로 검증하고자 하였다. (가) 법제상 호주제가 폐지된 것은 노무현 정부 임기 후반의 일이나, 개정 법안에 효력이 생긴 것은 2008년부터이다.

07 노무현 정부 시기의 사실

자료에 나타난 행정 수도 건설, 정경 유착 단절 등의 내용을 통해 (가) 정부가 노무현 정부임을 알 수 있다. 노무현 정부는 과거사 정리 사업을 추진하여 2005년에 진실·화해를 위한 과거사 정리 위원회를 출범시켰다. 이를 통해 일제 강점기부터 대한민국 권위주의 통치 시기까지 자행된 반민주적·반인권적 사건들의 진상을 밝히고자 하였다.

바로 알기 ① 5·16 군사 정변으로 정권을 장악한 군사 정부는 중앙정보부를 설치하고, 이를 통해 정보를 수집하거나 비판 세력을 시찰하며 권력 기반을 강화하였다. ②는 김대중 정부, ③은 김영삼 정부, ④는 문재인 정부 시기에 있었던 일이다.

08 6월 민주 항쟁 이후의 노동 운동

6월 민주 항쟁과 함께 사회 전반에 걸쳐 민주화 요구가 높아지자 노동 운동도 활성화되었다. 6월 민주 항쟁 직후 7월부터 약 세 달간 노동 환경과 노동자의 처우 개선을 요구하는 '노동자 대투쟁'이 이어졌다. 이 과정에서 전국적으로 노동조합이 만들어졌고 1995년에는 전국 민주 노동조합 총연맹(민주노총)이 결성되었다.

(바로 알기) ㄴ. 1970년에 서울 평화 시장의 노동자였던 전태일은 근로 기준법을 준수하라고 요구하며 분신하였다. ㄹ. 1979년에 YH 무역의 여성 노동자들은 임금 체불과 직장 폐쇄 등에 항의하며 야당 당사에서 농성을 벌였다.

09 6월 민주 항쟁 이후의 사회 운동

6월 민주 항쟁 이후 여성 억압적인 가부장제와 성차별을 타파하고자 전개된 여성 운동은 김대중 정부 시기의 여성부 신설, 노무현 정부 임기 말의 호주제 폐지로 이어졌다. 이 시기에는 농민 운동도 활발히 전개되어 1991년에는 전국 농민회 총연맹이 조직되었다. 환경 운동도 활성화되었는데, 1990년대 이후에는 낙동강 페놀 유출 사건을 계기로 다양한 환경 운동 단체가 결성되어 환경 문제에 목소리를 높였다.

(바로 알기) ④ 함평 고구마 피해 보상 운동은 박정희 정부 시기에 있었던 일로, 1976년부터 1978년까지 전개되었다.

10 2000년대 이후의 촛불 집회

2000년대 이후 시민들은 촛불 집회라는 평화적인 방식의 시위를 통해 사회 전반에 의견을 표출해 왔다. 촛불 집회를 통해 2002년에는 미군 장갑차에 치여 숨진 여중생을 추모하였고, 2008년에는 미국산 쇠고기 수입에 반대하였다.

(바로 알기) ㄱ은 1960년에 전개된 4·19 혁명, ㄹ은 1987년에 전개된 6월 민주 항쟁 때 있었던 일이다.

11 경제 협력 개발 기구(OECD) 가입과 김영삼 정부

한국이 경제 협력 개발 기구(OECD)에 가입한 것은 김영삼 정부 시기인 1996년으로, 이는 세계 무역 기구(WTO)가 출범한 1995년과 외환 위기가 발생한 1997년 사이의 일이다.

(바로 알기) 제1차 경제 개발 5개년 계획은 박정희 정부 시기인 1962년에 시작되었다. 8·3 조치가 시행된 것은 1972년, 수출액 100억 달러 달성은 1977년의 일이다. 한국과 칠레 사이에 체결된 자유 무역 협정(FTA)은 2004년에 발효되었다.

12 외환 위기의 발생 배경

위기를 극복하고자 금을 모으는 사람들, 한국에 긴급 자금을 지원한 국제 통화 기금(IMF) 등의 내용을 통해 밑줄 친 ㉠의 배경이 1997년의 외환 위기임을 알 수 있다. 대기업이 무분별하게 사업을 확장하고 국내 부실기업이 증가하는 가운데, 동남아시아에서 터진 외환 위기는 한국에도 외환 위기를 초래하였다.

(바로 알기) ① 회사령은 일제 강점기인 1910년에 제정되었다. ② 제1차 석유 파동은 1973년에 일어났다. ③ 미국의 원조 물자가 감소함에 따라 한국 경제가 타격을 입은 것은 이승만 정부 시기의 일이다. ⑤ 저유가, 저금리, 저달러의 3저 호황으로 한국 경제가 발전한 것은 1980년대 중반의 일이다.

13 외환 위기를 극복하려는 정부의 노력

김영삼 정부 임기 말에 외환 위기가 터지자, 1997년에 한국은 국제 통화 기금(IMF)에 구제 금융을 요청하여 긴급 자금을 지원받았다. IMF 자금을 지원받던 시기에 김대중 정부는 정리 해고제와 파견 근로제를 도입하고 공기업의 민영화를 추진하는 등 강도 높은 구조 조정을 단행하여 외환 위기에서 벗어나고자 하였다.

(바로 알기) ①, ③, ④는 박정희 정부, ⑤는 이승만 정부 시기의 일이다.

14 이명박 정부 시기의 상황

서울 G20 정상 회의가 개최되었다는 내용을 통해 자료의 연설문을 발표한 정부가 이명박 정부임을 알 수 있다. 이명박 정부 시기인 2008년에는 미국산 쇠고기 수입에 반대하는 촛불 집회가 열렸다.

(바로 알기) ①은 박정희 정부, ②는 이승만 정부 시기에 볼 수 있는 모습이다. ④ 통일 주체 국민 회의에서 선출된 대통령에는 박정희, 최규하, 전두환이 있다. ⑤ 물산 장려 운동은 일제 강점기인 1920년대에 전개되었다.

15 한국의 고령화 현상

연령별 인구 구성비의 변화를 예측한 그래프에서 0~14세 인구의 비율은 점차 줄어들고 65세 이상 인구의 비율은 점차 늘어나고 있다. 이는 한국의 고령화 현상을 보여 준다. 고령화 현상의 원인에는 출산율의 저하, 의료 기술 발전에 따른 평균 수명의 증가 등이 있고, 고령화가 진전되면서 노인 빈곤, 유효 노동력 감소 등의 문제가 뒤따를 것으로 예상된다.

(바로 알기) ④ 오늘날의 다문화 사회에서 한국에 온 국제결혼 이주민들과 외국인 근로자들은 한국의 노동력 부족 문제를 해소하는 데 기여하고 있다. 정부는 이들에 대한 사회적 차별과 편견을 완화하고자 노력해야 한다.

16 1972년의 사회주의 헌법 제정

주체사상을 활동의 지침으로 삼고 주석을 국가의 수반으로 한다는 자료의 내용을 통해 제시된 법이 북한의 사회주의 헌법임을 알 수 있다. 1972년 7월에 남과 북은 7·4 남북 공동 성명을 발표하고 통일 원칙에 합의하였다. 그러나 같은 해 10월에 남한에서 박정희 정부가 유신 헌법을 제정하였고, 12월에 북한에서 김일성이 사회주의 헌법을 공포하였다. 그 결과 남한과 북한에서 각각 독재 체제가 강화되었다.

(바로 알기) ㄷ. 북조선 인민 위원회는 북조선 임시 인민 위원회를 전신으로 하여 1947년에 조직되었다. ㄹ. 김일성이 사망하고 그의 아들인 김정일이 권력을 승계한 것은 1994년의 일이다.

17 북한의 경제 위기와 극복 노력

북한은 1960년대 이후 중국과 소련의 원조 축소, 군사비 증가, 산업 불균형에 따른 소비재 부족, 대외 교역의 한계 등으로 경제 위기를 맞았다. 이에 1984년에 합작 회사 경영법(합영법)을 제정하고 1991년에 나진·선봉 경제 무역 지대를 설치하는 등 부분적으로 개방 정책을 추진하여 위기를 타개하고자 하였다. 그러나 1990년대 이후 사회주의 국가들의 몰락과 잇따른 자연재해로 경제난이 지속되자, 북한은 2000년대 이후 7·1 경제 관리 개선 조치를 시행하여 시장 경제 요소를 도입하는 등 변화를 추구하였다.

(바로 알기) ① 소련이 해체된 것은 1991년의 일이다. ②는 ⓒ과 관련이 있는 내용이다. ④ 천리마운동은 1950년대에 추진되었다. ⑤는 ⓛ과 관련이 있는 내용이다.

18 김정은의 활동

김정일의 아들로, 3대 권력 세습 체제를 확립하였다는 자료의 내용을 통해 (가) 인물이 김정은임을 알 수 있다. 김정은은 미국의 트럼프 정부와 두 차례의 북미 정상 회담을 치렀다.

(바로 알기) ① 삼청 교육대를 운영한 것은 전두환 정부 시기의 일이다. ③은 김일성, ④는 박정희에 대한 설명이다. ⑤ 북한은 김일성 집권기인 1993년에 핵 확산 금지 조약(NPT)에서 탈퇴하였다.

19 노태우 정부의 통일 정책

남북 기본 합의서가 타결되었다는 자료의 내용을 통해 제시된 담화문을 발표한 정부가 노태우 정부임을 알 수 있다. 남북 기본 합의서는 노태우 정부 시기인 1991년에 채택되었으며, 같은 해에 남북한은 유엔에 동시 가입하였다.

(바로 알기) ① 햇볕 정책은 김대중 정부가 처음 시행하였다. ②는 박정희 정부 시기의 일이다. ④ 남북 이산가족 교환 방문은 전두환 정부 시절인 1985년에 처음 실현되었다. 1984년 남한에 수해가 발생하여 북한이 남한에 구호물자를 제공한 이후 남북 적십자 회담이 성사되었고, 1985년에는 예술 공연단 교환 방문과 이산가족 상봉이 최초로 이루어졌다. ⑤는 노무현 정부 때의 일로, 2000년에 건설이 합의된 개성 공단은 2003년 6월 착공되었다.

20 금강산 관광이 전개된 시기의 상황

금강산 관광은 김대중 정부 시기인 1998년에 시작되어 이명박 정부 시기인 2008년에 한국인 관광객 피살 사건을 계기로 중단되었다. 금강산 관광이 이루어진 밑줄 친 '이 시기'에는 최초의 남북 정상 회담이 개최되었고(2000), 제2차 남북 정상 회담의 결과로 10·4 남북 공동 선언이 발표되었다(2007).

(바로 알기) ㄱ. 개성 공단 사업은 2000년에 6·15 남북 공동 선언이 발표된 이후 남북 경제 협력 사업의 하나로 추진되었다. 개성 공단은 노무현 정부 시기인 2004년에 완공되어 같은 해 12월부터 본격 가동되었으나, 박근혜 정부 시기인 2016년에 폐쇄되었다. ㄴ. 북한 측에 의한 연평도 포격 사건은 이명박 정부 시기인 2010년에 일어났다.

21 남북 정상 회담과 공동 선언문

(나) 2. 남과 북은 한반도에서 첨예한 군사적 긴장 상태를 완화하고 전쟁 위험을 실질적으로 해소하기 위하여 공동으로 노력해 나갈 것이다.

　3. 남과 북은 한반도의 항구적이며 공고한 평화 체제 구축을 위하여 적극 협력해 나갈 것이다. 한반도에서 비정상적인 현재의 정전 상태를 종식시키고 확고한 평화 체제를 수립하는 것은 더 이상 미룰 수 없는 역사적 과제이다.

(가)는 김대중 정부 시기인 2000년에 제1차 남북 정상 회담을 치르고 그 결과로 발표된 6·15 남북 공동 선언, (나)는 문재인 정부 시기인 2018년의 남북 정상 회담 이후 발표된 '한반도의 평화와 번영, 통일을 위한 판문점 선언'이다. 2000년과 2018년 사이 시기인 이명박 정부와 박근혜 정부 때는 남북 관계가 경색되었는데, 2010년에는 북한이 연평도 포격 사건을 일으키기도 하였다.

(바로 알기) ②는 1992년, ③은 1968년, ④는 1972년, ⑤는 1985년에 있었던 일이다.

22 독도가 우리 영토라는 근거

밑줄 친 '이곳'은 독도이다. 1905년에 일제는 시마네현 고시를 통해 독도를 자국 영토에 불법 편입하였고 오늘날까지 영유권을 주장하고 있다. 그러나 1946년에 발표된 연합군 최고 사령관 각서(SCAPIN) 제677호는 울릉도·제주도·독도를 한국 영토에 포함하였고, 제1033호는 일본의 선박과 승무원이 독도의 12해리 이내에 접근하지 못하도록 명시하여 독도가 한국의 관할임을 확실히 하였다. 또한 이승만 정부는 '인접 해양에 대한 주권에 관한 선언(평화선 선언)'을 통해 독도가 우리 영토임을 재확인하였다.

(바로 알기) ㄱ은 센카쿠 열도(댜오위다오), ㄴ은 쿠릴 열도(북방 4도)와 관련된 내용이다.

23 동아시아의 역사 왜곡 문제

1993년 일본의 관방 장관 고노 요헤이가 사실을 시인하였다는 내용을 통해 ⓛ이 일본군 '위안부' 문제임을 알 수 있다. 동북 3성의 역사, 지리 등을 연구하는 중국의 프로젝트로, 한국의 역사를 훼손하고 있다는 내용을 통해 ⓒ이 동북공정임을 알 수 있다. 일본 정부는 아직까지 일본군 '위안부' 문제에 대한 공식적인 인정과 사죄를 외면하고 있다. 이에 문제 해결을 촉구하는 수요시위가 지금까지도 이어지고 있으며, 2000년에는 시민 단체가 연대하여 '2000년 일본군 성 여성 국제 전범 법정을 열고 히로히토 천황에 책임을 묻기도 하였다. 동북공정 이후 오늘날까지도 중국은 고조선, 부여, 고구려, 발해 등 한국 고대사를 중국사에 편입하려 시도하고 있다.

(바로 알기) ⑤ '새로운 역사 교과서를 만드는 모임'의 교과서 편찬은 일본의 역사 왜곡과 관련된 내용이다.

논술형 문제 풀이

주제 01 산미 증식 계획이 우리나라에 미친 영향

논술 Solution

(가)의 일제는 쌀 부족 문제를 해결하고자 산미 증식 계획을 추진하였다.

↓

(나)의 첫 번째 자료에서 조선인들은 생활난으로 생산한 쌀의 대부분을 외국에 수이출한다. 두 번째 자료에서는 수확물의 가치에 비해 과도한 수리 조합비가 생활고를 유발한다.

● **POINT** ●

일제가 산미 증식 계획을 실시한 이유를 파악하고, 이를 경제 수탈의 관점에서 비판적으로 논술한다.

1 예시 답안 제1차 세계 대전 이후 공업화를 이룬 일본은 인구와 쌀 수요의 급증으로 식량 부족 문제를 겪었다. 일제는 본국의 부족한 식량을 한국에서 확보하고자 산미 증식 계획을 실시하였다.

2 예시 답안 수탈적 성격의 산미 증식 계획은 우리나라의 경제에 도움이 되지 않았다. 해마다 증산량보다 많은 쌀이 일본으로 이출되어 국내 식량 사정이 악화되자, 사람들은 만주에서 들여온 잡곡으로 식량 부족 문제를 해결하기도 하였다. 또한 농민들은 높은 소작료와 함께 종자 개량비, 수리 조합비 등을 떠맡아 생활고에 시달렸다. 경작할 땅을 잃은 농민은 화전민, 도시 빈민이 되거나 만주, 연해주 등 국외로 떠나야 하였다.

주제 02 3·1 운동의 의의

논술 Solution

(가)는 3·1 운동의 유형별 사건 수와 투옥자의 직업 분포를 나타낸다.

↓

(나)에서 인도의 네루는 3·1 운동에 참여한 조선 청년들이 용감하게 일제에 맞서 독립을 위해 투쟁하였다고 평가한다. 중국의 천두슈는 무력 없이 투쟁한 3·1 운동을 높이 평가한다.

● **POINT** ●

3·1 운동의 성격을 파악하고, 3·1 운동에 대한 인도의 네루와 중국의 천두슈의 평가를 바탕으로 3·1 운동의 역사적 의의를 논술한다.

1 예시 답안 (가)를 통해 여러 계층이 다양한 방식으로 3·1 운동에 참여하였음을 알 수 있다. 학생들은 동맹 휴학, 상인과 노동자들은 철시·파업, 농민들은 씨 뿌리기 거부 등의 방법으로 동참하였다. 초기에 평화적으로 전개되던 시위는 일제의 무자비한 탄압에 맞서 점차 조직적이고 무력적으로 변하였다. 농촌에서의 무력적 저항 운동으로 많은 농민들이 투옥되기도 하였다.

2 예시 답안 3·1 운동은 일제 강점기 최대 규모의 민족 운동으로, 신분·직업·종교 구별 없이 다양한 계층이 참여하여 일제 탄압에 맞서 조국의 독립을 위해 싸웠다. 3·1 운동을 통해 우리 민족의 단결된 독립 의지가 세계에 알려졌고, 청년·여성·농민·노동자 계층이 민족 운동의 새로운 주체로 대두하였다. 또한 3·1 운동은 중국의 5·4 운동을 비롯하여 인도·베트남·필리핀 등 아시아 지역의 반제국주의 독립운동에도 영향을 주었다.

주제 03 자치 운동, 어떻게 바라볼 것인가?

논술 Solution

(가)에서 이광수는 일제가 허용하는 범위 안에서 참정권, 자치권 등을 얻어 조선 민족이 정치적 생활을 해야 한다고 주장한다.

↓

(나)에서 신채호는 혁명을 통해서만 독립을 쟁취할 수 있다고 주장한다.

● **POINT** ●

1920년대 일제의 통치 방식 변화와 관련지어 자치 운동의 필요성을 주장해 보고, 신채호의 입장에서 앞선 주장의 한계를 논술한다.

1 예시 답안 오늘날 일제는 이른바 '문화 정치'를 내세워 한국인의 문화 활동과 정치적 자유를 일부 허용해 주고 있다. 이에 민족주의 계열의 지식인들은 독립의 토대를 마련하고자 경제·교육 분야에서 실력 양성 운동을 펼쳤지만, 별다른 성과를 거두지 못하였다. 짐작건대 우리나라의 자력 독립은 불가능해 보인다. 차라리 일제의 식민 지배를 인정하고 조선 총독부에 협력하면서 자치 정부나 자치 의회를 구성하여 정치적 실력을 양성할 필요가 있다.

2 예시 답안 우리나라의 독립은 오직 민중이 주체가 되어 폭력을 통한 직접 혁명으로 일제를 내쫓을 때 가능하다. 그러나 자치 운동 세력은 일제와 타협하여 일제에 주권을 넘겨주고 한국인이 정치적 권리를 얻으면 된다고 주장한다. 이는 '문화 정치'의 기만성을 간과하여 일제의 민족 분열 정책에 이용당하고 있는 것이다. 이들의 주장은 결국 민족주의 세력의 내부 분열만을 초래할 것이다.

논술 Solution

(가)~(다)는 광복 이전 여러 단체가 발표한 건국 강령이다.

↓

(가)~(다)는 모두 민주주의를 지향하고 있다.

• POINT •

국내외 독립운동 단체인 (가)~(다)의 강령 특징을 파악하고, 세 강령이 공통적으로 지향한 정치 체제를 서술한다.

예시 답안　(가) 대한민국 임시 정부의 건국 강령은 민주 공화정 수립, 무상 교육과 보통 선거 실시, 토지와 주요 산업의 국유화 등의 내용을 담았다. (나) 조선 독립 동맹의 건국 강령은 보통 선거에 의한 민주 공화국 수립, 일본 제국주의자들의 재산 몰수, 토지 재분배, 의무 교육 실시 등을 포함하였다. (다) 조선 건국 동맹의 건국 강령은 반독립 세력과 일제 타도, 민주주의 원칙에 따른 국가 건설, 노농 대중 해방을 명시하였다. 세 단체의 건국 강령은 공통적으로 민주주의 원칙에 따른 국가 수립을 지향하였다.

주제 05　친일파 청산, 왜 제대로 이루어지지 않았을까?

논술 Solution

(가)의 첫 번째 자료에서 포고령은 미국의 남한 지역 통치 권한과 기존 행정 관료의 직무 유지를 명시한다. 두 번째 자료에서 이승만은 치안 문제에서 반민법을 임시 정지해야 한다고 주장한다.

↓

(나)의 특별법은 친일 반민족 행위 진상 규명의 목적을 밝히고 있다.

• POINT •

우리나라에서 친일파 청산이 제대로 이루어지지 않은 이유를 파악하고, 오늘날까지 친일파 청산 과업을 이어나가야 하는 이유를 논술한다.

1　예시 답안　미군정기와 이승만 정부 시기를 거치며 친일파 청산의 기회를 상실하였기 때문이다. 광복 이후 남한 지역을 직접 통치하였던 미군정청은 질서 유지를 명분으로 일제 식민 통치 기구의 관료와 행정 체제를 유지하였다. 이후 제헌 국회에서 반민족 행위 처벌법이 제정되고 반민족 행위 특별 조사 위원회(반민특위)가 구성되었지만, 이승만 정부는 반공과 치안을 이유로 반민 특위 활동을 반대하였다. 결국 반민 특위 활동은 중단되었고 친일파 청산도 무기한 지연되었다.

2　예시 답안　광복 이후 친일파 청산은 거듭 좌절되었으나 우리는 반성 없는 과거가 미래에 되풀이 될 수 있음을 명심하여 친일파 청산을 완수하여야 한다. 친일파는 국가가 주권을 빼앗긴 상황에서 자신의 이익만을 위해 일제에 협력한 사람이다. 사회 전체가 이를 기억하고 성찰하지 않으면, 유사한 위기가 닥쳤을 때 새로운 부역자를 만들어 낼 것이다. 잊힌 과거의 진상을 규명하고 잘못에 책임을 묻는 것은 역사의 진실을 바로 세우는 일이다. 친일파 청산은 우리 사회를 더욱 정의롭게 만들 것이다.

주제 06　6·25 전쟁과 민간인 학살

논술 Solution

(가)의 증언에서 경찰은 거짓말로 보도 연맹 가입자를 한 데 모은 후 이들을 총살하였다.

↓

(나)에서 서울을 점령한 북한군은 지주와 우익 인사 등을 인민재판으로 즉결 처형하였다.

↓

(다)의 증언에서 좌우 갈등은 평범한 마을 사람들을 보복 학살과 동족상잔의 비극으로 내몰고 있다.

• POINT •

6·25 전쟁 중 발생한 민간인 학살의 양상을 파악하고, 1950년대 초반의 국제 정세를 고려하여 학살의 배경을 논술한다.

1　예시 답안　6·25 전쟁 중에 국민 보도 연맹 사건, 인민재판 등의 민간인 학살이 군경 등 국가 권력에 의해 자행되었다. (가)의 국민 보도 연맹은 광복 이후 대한민국 정부가 좌익 전력이 있는 사람들을 통제하려고 만든 단체였는데, 전쟁이 발발하자 대한민국 군경은 북한군에 협력할 가능성이 있다며 이곳에 소속된 사람들을 학살하였다. (나)의 인민재판은 법적 절차 없이 진행되는 공개 처형으로, 북한군은 서울을 점령한 이후 지주나 우익 인사 등을 반동분자로 몰고 인민재판으로 학살하였다.

2　예시 답안　6·25 전쟁은 미국과 소련이 만든 냉전 체제의 산물이었다. 미국 중심의 자본주의 진영과 소련 중심의 공산주의 진영이 체제의 우위를 경쟁하던 1950년대 초반, 6·25 전쟁은 한반도 내부 좌우 대립의 연장선에서 벌어졌다. 냉전 시기에 이념은 절대적인 가치이자 학살의 명분이 되었다. 다수의 평범한 사람들이 '반동분자'나 '빨갱이'로 몰려 억울한 죽음을 당하였고, 좌우 이념 갈등으로 보복 학살이 반복되면서 한반도는 동족상잔의 비극으로 뒤덮였다.

논술 Solution

(가)의 광주 시민군 궐기문은 광주에 투입된 공수 부대의 무차별 발포와 살상 행위에 맞서 광주 시민이 총을 들게 되었다고 호소한다.

↓

(나)에서 계엄사령관은 타 지역 불순 인물과 고정 간첩이 광주에 들어가 계획적으로 지역감정을 자극하고 난동 행위를 선도하였다고 주장한다.

● POINT ●

광주 시민군 궐기문을 통해 광주 시민들의 무장 이유를 파악하고, 이를 토대로 계엄사령관의 주장을 반박하여 논술한다.

1　예시 답안　1980년 5월 18일에 신군부는 전라남도 광주에 공수 부대를 투입하여 비상계엄 확대와 휴교령에 반대하는 전남대 학생들의 시위를 무자비하게 진압하였다. 21일에는 계엄군의 무차별 발포로 수많은 사상자가 발생하였다. 이 과정에서 광주의 시민들은 자신과 주변 사람들의 생명을 지키고 민주주의를 수호하고자 시민군을 조직하였다.

2　예시 답안　5·18 민주화 운동은 부당한 국가 폭력에 맞선 광주 시민들의 자발적인 항쟁이었다. 결코 타 지역의 불순 인물이나 고정 간첩에 의해 촉발된 것이 아니었다. 고립된 광주에서 시민들은 치안을 유지하고 서로를 돌보며 민주적인 공동체를 형성하였다. (나)와 같은 주장은 5·18 민주화 운동의 의의를 삭제하고 아래로부터 민주주의를 쟁취하여 온 한국 민주화의 역사를 부정하는 것이다.

논술 Solution

(가)의 첫 번째 자료에서 박정희는 민생고 해결과 국가의 자주 경제 재건을 혁명 공약으로 밝힌다. 두 번째 자료에서 1977년 무렵 한국 경제는 수출액 100억 달러 달성을 목전에 둘 만큼 크게 성장하였다.

↓

(나)의 첫 번째 자료에서 전태일은 노동 조건 개선을 박정희 대통령에게 탄원하였다. 두 번째 자료에서 공장 폐수로 바다가 오염되자 중금속에 중독된 물고기와 이를 먹은 사람의 몸에 이상이 나타났다.

● POINT ●

박정희 정부 시기의 경제 성장의 성과를 서술하고, 이 시기 경제 정책과 경제 성장의 문제점을 논술한다.

1　예시 답안　박정희 정부는 경제 개발을 최우선 과제로 삼고 정부 주도의 경제 성장 정책을 추진하였다. 1960년대에는 노동 집약적 경공업을 키워 수출 규모를 확대하였고, 1970년대에는 중화학 공업을 육성하여 '한강의 기적'이라고 불릴 만큼 빠른 경제 성장을 이루었다. 그 결과 6·25 전쟁 이후 민생고에 시달리던 한국은 1977년에 수출액 100억 달러를 넘어서게 되었다.

2　예시 답안　성장 중심·수출 주도 경제 정책을 표방한 박정희 정부는 수출품의 가격 경쟁력을 확보하고자 저임금 정책을 펼쳤다. 노동자들은 근로 기준법의 보호를 받지 못한 채 낮은 임금을 받으며 열악한 노동 환경에 장시간 노출되었다. 경제 개발과 함께 환경 문제도 대두하였다. 중금속에 오염된 폐수 배출, 산업 폐기물 처리 미흡 등으로 물고기가 집단 폐사하거나 사람들이 공해병 등 질병에 시달리게 되었다.

논술 Solution

(가)는 조선 총독부 건물이 민족사의 숨결을 짓밟고 경복궁을 훼손한 일제의 건물이므로 민족사 복원의 측면에서 철거되어야 한다고 본다.

↓

(나)는 근현대의 역사가 담긴 건축물이 정치·사회·문화사적으로 복합적인 의미를 지니기 때문에 조선 총독부 건물의 철거를 최선의 선택이라고 생각하지 않는다.

● POINT ●

조선 총독부 건물 철거에 대한 찬성과 반대 주장의 주요 내용과 근거를 파악하고, 근거를 들어 자신의 주장을 논술한다.

1　예시 답안　(가)는 일제가 경복궁을 헐고 조선 총독부를 세워 우리의 문화유산을 훼손하고 역사의 맥을 끊으려 하였기 때문에 조선 총독부 건물을 철거해야 한다고 주장한다. (가)에서 조선 총독부 건물의 철거는 민족사 복원 작업의 하나이다. 반면, (나)는 근현대 건축물의 정치·사회·문화사적인 의미를 고려하면 조선 총독부 건물은 보존될 가치가 있다고 본다. (나)에서 조선 총독부 건물의 철거는 민족의 분노를 해소하는 최선의 선택이 아니다.

2　예시 답안　[(가)를 지지하는 경우] 조선 총독부 건물을 철거하는 것은 과거의 억압과 불의를 청산하고 민족 정체성과 자긍심을 회복하는 일이다. 조선 총독부 건물은 일제 강점기의 상징이자 우리의 문화유산과 정체성을 짓밟은 건축물이기 때문이다. 또한 경복궁이 본 모습 그대로 복원되려면 경복궁 자리에 세워졌던 조선 총독부 건물은 철거되어야 한다.

[(나)를 지지하는 경우] 조선 총독부 건물을 철거하지 않는 것도 역사를 기억하는 하나의 방식이 될 수 있다. 조선 총독부 건물은 일제 침략의 역사와 식민 지배의 폭력성을 증명하는 증거물이기 때문이다. 또한 조선 총독부는 설움과 아픔의 공간이지만 독립운동가들이 의열 활동을 펼친 투쟁의 장소이기도 하다. 다크 투어리즘이 주목받는 오늘날, 조선 총독부 건물은 건물의 용도 변경이나 건물 이전 등을 통해 의미 있는 역사 교육의 장소로 거듭날 수 있을 것이다.

주제 10 **햇볕 정책이 한반도에 끼친 영향**

논술 Solution

(가)에서 김대중 대통령은 햇볕 정책이 남북 간 전쟁 재발을 방지하고 평화 공존과 교류를 통해 평화 통일을 준비하는 데 필요한 정책이라고 설명한다.

↓

(나)에서는 햇볕 정책이 북한의 공격적 태도를 누그러뜨리지 못하였으며 결과적으로 한국 정부의 원조가 북한의 군비 확장을 도왔을 뿐이라고 비판한다.

● POINT ●
햇볕 정책에 대한 지지와 비판의 주요 내용과 근거를 파악하고, 이를 참고하여 햇볕 정책에 대한 자신의 생각을 논술한다.

1 예시 답안 (가)에서 햇볕 정책은 남북이 화해·협력하고 공동 번영의 길로 나아가는 데 필요한 정책이다. 전쟁 재발을 방지하고 남북 간 평화로운 공존을 모색하는 데 햇볕 정책이 도움이 된다는 것이다. 반면, (나)에서는 햇볕 정책이 북한의 군비 확장을 부추긴 그릇된 정책이라고 비판한다. 북한의 공격적인 태도를 완화하는 것에 실패하였을 뿐만 아니라 햇볕 정책에 따른 원조가 북한의 대량 살상 무기 개발과 재래식 무기 확충에 기여하였다고 보는 것이다.

2 예시 답안 햇볕 정책은 북한과의 군사적 긴장을 완화함으로써 한반도의 평화를 도모한 정책이었다. 무력 대응이나 무장을 통해 이룬 평화는 잠깐의 안전을 보장할 수 있지만, 장기적으로는 남북 간 갈등과 긴장을 심화시킨다. 반면, 햇볕 정책은 대화와 협력을 통해 지속 가능한 북한과의 관계를 제시하였다. 경제 협력을 추진하여 남북한의 상호 발전을 꾀하였고, 북한에 대한 인도적 지원을 통해 상호 신뢰를 쌓아 나갔다. 비록 햇볕 정책이 북한의 무기 개발을 중단시키는 데 실패하였으나, 햇볕 정책이 북한의 군비 확장을 부추겼다고 보는 것은 지나치게 인과 관계를 단순화한 해석이다.

완자 중간·기말고사 풀이

완자 중간고사
12~17쪽

01 ③	02 ⑤	03 ③	04 ②	05 ①	06 ④	07 ④
08 ②	09 ①	10 ⑤	11 ④	12 ①	13 ④	14 ③
15 ③	16 ④	17 ②	18 ②	19 ⑤	20 ③	21 ⑤
22 ④	23 ②	24 회사령		25 남면북양 정책		

26 대한 광복회   27 안창호   28 (가) 김익상, (나) 나석주
29 ㄷ, ㄹ   30 백정   31 한국광복군   32~33 해설 참조

01 1910년대 일제의 무단 통치
태형을 당하거나 범죄에 대해 즉결 처분을 받는 자료의 내용을 통해 자료의 상황이 1910년대 무단 통치 시기의 모습임을 알 수 있다. 이 시기 일제는 헌병 경찰 제도를 바탕으로 강압적인 무단 통치를 실시하여 한국인의 저항을 무력화하고자 하였다.

(바로 알기) ①, ⑤는 1930년대 후반 이후, ②는 1920년대에 일어난 사실이다. ④ 중국 공산당의 동북 인민 혁명군이 동북 항일 연군으로 개편된 것은 1936년의 일이다.

02 '문화 정치'의 기만성
이른바 '문화 정치'는 우리 민족의 불만을 달래려는 기만적인 술책이었다. 헌병 경찰제가 보통 경찰제로 바뀌었지만 경찰 제도는 확대되었으며, 문관도 총독에 임명될 수 있도록 하였지만 식민 통치가 끝날 때까지 문관 총독은 임명되지 않았다.

(바로 알기) ①은 1905년 을사늑약 체결 이후, ②는 1907년 정미 7조약 체결 이후, ③은 1890년대, ④는 1910년대 무단 통치 시기의 내용이다.

03 민족 말살 통치의 내용
애국반, 궁성 요배, '내선일체' 등의 내용을 통해 자료가 1930년대 민족 말살 통치 시기의 모습임을 알 수 있다. 이 시기에 일제는 한국인의 정신을 말살하고자 내선일체를 강조하는 한편, 한국인을 일본인으로 만들려는 황국 신민화 정책을 강화하였다.

(바로 알기) ①은 대한 제국과 관련이 있다. ② 동학 농민 운동은 1894년에 일어났다. ④ 일제의 토지 조사 사업은 1910년대의 일이다. ⑤ 통상 수교 거부 정책은 1860년대~1870년대 흥선 대원군의 활동과 관련이 있다.

04 국가 총동원 체제
대륙 침략, 국가 총동원 체제 등의 내용으로 밑줄 친 '이 시기'가 1930년대 이후임을 알 수 있다. 일제는 1938년에 국가 총동원법을 제정하고 국민 징용령이나 징병제 등을 통해 한국 청년들을 광산·비행장·군수 공장의 노동 현장이나 전쟁터에 동원하였다.

(바로 알기) ㄴ은 1910년대 무단 통치 시기의 일이다. ㄹ의 치안 유지법은 1920년대 이른바 '문화 정치' 시기에 시행되었다.

05 국가 총동원법 제정의 배경

일제는 1937년 중국 본토를 침략하여 중일 전쟁을 일으킨 이후 1938년에 국가 총동원법을 제정하고 이를 한국에도 적용하여 본격적으로 한국의 인적·물적 자원을 수탈하였다.

(바로 알기) ②는 1914년의 일이다. ③ 러일 전쟁은 1904~1905년에 벌어졌다. ④는 1940년, ⑤는 1922년의 일이다.

06 토지 조사 사업의 실시

(가)는 토지 조사 사업이다. 일제는 1910년에 임시 토지 조사국을 설치하고 1912년에 토지 조사령을 공포하여 1918년까지 토지 조사 사업을 실시하였다. 그 결과 조선 총독부는 소유지와 지세 수입을 늘려 식민 지배에 필요한 재정을 확보할 수 있었다.

(바로 알기) ①은 1907년, ②는 1932년, ③은 1904년 제1차 한일 협약 체결 이후의 일이다. ⑤는 대한 제국의 양전 사업과 관련이 있다.

07 일제의 병참 기지화 정책

(가)는 병참 기지화이다. 1937년에 중일 전쟁을 일으킨 일제는 1930년대 후반부터 본격적으로 한국을 대륙 침략에 필요한 병참 기지로 만들고자 하였다. 병참 기지화 정책의 결과, 한반도 북부에는 일본 대기업들에 의해 발전소가 세워져 군수 산업과 관련된 화학·기계·금속 등 중화학 공업이 발전하였고, 서울과 경기도 지역에서는 소비재 공업이 성장하였다.

(바로 알기) ① 대공황 직후 일제는 자국의 면방직에 원료를 공급하고자 남면북양 정책을 실시하여 한반도 남부에서는 면화를 재배하게 하고 북부에서는 양을 기르게 하였다. ②는 대한 제국의 정책이다. ③은 일제로부터 해방을 꿈꾸던 우리 민족의 지향이다. ⑤는 흥선 대원군의 정책과 관련이 있다.

08 산미 증식 계획의 실시

계획보다 적은 수확, 지주의 수리 조합비 전가 등의 내용을 통해 자료가 일제의 산미 증식 계획과 관련이 있음을 알 수 있다. 일제는 1920년부터 자국의 부족한 쌀을 한국에서 확보하고자 산미 증식 계획을 추진하였다. 쌀 생산량이 늘지 않아도 일본으로 이출되는 쌀의 양은 증가하였고, 농민들은 소작료뿐 아니라 종자 개량비나 수리 조합비 등을 떠맡게 되어 생활이 더욱 어려워졌다.

(바로 알기) ①에서 조일 통상 장정에 따른 방곡령 선포는 19세기 후반, ③의 화폐 정리 사업은 1905년, ④에서 러시아가 용암포를 점령한 것은 1902년, ⑤의 조청 상민 수륙 무역 장정이 체결된 것은 1882년의 일이다.

09 대한인 국민회와 대조선 국민군단의 활동

(가)는 장인환과 전명운이 미국인 스티븐스를 저격한 의거를 계기로 1910년에 미주 지역에서 결성된 대한인 국민회이다. (나)는 하와이의 한인 사회를 이끌던 박용만이 조직한 대조선 국민군단이다. 대한인 국민회는 신한민보를 발행하여 항일 의식을 고취하는 한편, 독립운동 자금을 모아 만주와 연해주의 독립운동을 지원하였다.

(바로 알기) ② 신흥 강습소는 신민회의 이회영 등이 독립군을 양성하고자 서간도 삼원보에 세운 학교이다. ③ 서로 군정서는 한족회의 독립군 부대이다. ④ 서전서숙은 북간도 지역의 한인촌에서 이상설 등이 세운 학교이다. ⑤ 독립 공채를 발행한 곳은 대한민국 임시 정부이다.

10 독립 의군부의 활동

임병찬 등이 고종의 밀명을 받아 결성, 복벽주의 표방 등의 내용을 통해 (가) 단체가 독립 의군부임을 알 수 있다. 독립 의군부는 고종의 황제 복위를 목표로 전국적인 의병 봉기를 준비하였으나 사전에 조직이 발각되어 해체되었다.

(바로 알기) ① 권업신문은 신한촌에서 1911년에 조직된 권업회가 민족의식을 고취하고자 발간한 신문이다. ② 명동 학교는 김약연 등이 북간도에 세운 민족 교육 기관으로, 이상설을 중심으로 설립된 서전서숙을 계승하였다. ③은 조선 정부, ④는 13도 연합 부대에 대한 설명이다.

11 3·1 운동의 영향

한국의 독립 선언, 고종의 장례일 무렵에 시작, 평화적 만세 시위 등 자료의 내용을 통해 밑줄 친 '이 운동'이 3·1 운동임을 알 수 있다. 일제의 무단 통치와 수탈에 고통받던 사람들이 시위에 가담하면서 3·1 운동은 일제 강점기 최대 규모의 항일 운동으로 발전하였다. 3·1 운동은 우리 민족의 단합된 독립 의지를 세계에 알리는 계기가 되었고, 중국의 5·4 운동 등 아시아 여러 지역에서 일어난 반제국주의 운동에도 영향을 주었다.

(바로 알기) ①은 1905년의 일이다. ②는 동학 농민 운동과 관련이 있다. ③은 1차 갑오개혁이 추진된 1894년, ④는 신미양요 이후인 1871년의 일이다.

12 대한민국 임시 정부의 활동

1919년 9월 상하이에서 삼권 분립의 원칙에 따라 성립되었고 이승만과 이동휘가 각각 대통령과 국무총리에 추대된 '이 정부'는 대한민국 임시 정부이다. 대한민국 임시 정부는 연통제와 교통국을 통해 독립운동 자금을 전달하거나 국내외 항일 세력과의 연락을 도모하였다. 또한 한일 관계 사료집을 편찬하여 독립 의식을 높이고 국제 연맹에 이를 제출하여 한국 독립의 당위성을 세계에 알리려 하였다.

(바로 알기) ㄷ은 신민회, ㄹ은 대한 자강회와 관련된 내용이다.

13 국민 대표 회의의 개최

개조파와 창조파의 의견 대립 등의 내용을 통해 밑줄 친 '이 회의'가 국민 대표 회의임을 알 수 있다. 국민 대표 회의는 독립운동의 노선과 임시 정부의 개편을 논의하고자 1923년에 개최되었다. 이는 도쿄에서 2·8 독립 선언이 발표된 1919년과 이봉창이 일본 국왕의 마차에 수류탄을 던진 1932년 사이에 있었던 일이다.

(바로 알기) 강화도 조약은 1876년, 대한 제국의 수립은 1897년, 국권 피탈은 1910년, 8·15 광복은 1945년에 있었던 일이다.

14 **청산리 대첩**

홍범도의 대한 독립군, 최진동의 군무 도독부군, 안무의 국민 회군이 결성한 연합 부대가 봉오동에서 일본군에 대승한 것은 1920년 6월의 일이다(봉오동 전투). 미쓰야 협정은 일제가 만주 지역의 항일 독립군을 탄압하고자 만주 군벌과 1925년에 맺은 약속이다. 봉오동 전투와 미쓰야 협정 사이 시기인 1920년 10월에 김좌진의 북로 군정서군과 홍범도의 대한 독립군 등은 청산리 부근에서 일본군에 맞서 10여 차례 승전을 거두며 독립 전쟁사에서 가장 큰 승리를 기록하였다(청산리 대첩).

(바로 알기) ①은 조선 중종 시기, ②는 1908년, ④는 러일 전쟁의 막바지인 1905년, ⑤는 1866년 병인양요가 벌어지는 중에 있었던 일이다.

15 **민립 대학 설립 운동**

한국인의 힘으로 고등 교육 기관을 설립하고자 시작되었다는 자료의 내용을 통해 밑줄 친 '이 운동'이 민립 대학 설립 운동임을 알 수 있다. 민립 대학 설립 운동은 민족주의 계열에서 1920년대 초에 전개한 교육 분야의 실력 양성 운동으로, 1923년에는 조선 민립 대학 기성회가 조직되었고, 대학 설립에 필요한 1천만 원을 모으고자 전국적인 모금 운동이 벌어지기도 하였다.

(바로 알기) ①은 1907년의 국채 보상 운동, ②는 1880년대에 추진된 조선 정부의 개화 정책, ④는 1930년대에 전개된 문맹 퇴치 운동, ⑤는 1880년대의 위정척사 운동과 관련이 있다.

16 **정우회 선언의 배경**

1920년대에 이광수, 최린 등을 중심으로 일제에 타협적인 자치 운동이 벌어지자, 비타협적 민족주의 세력은 일부 사회주의 세력과의 연대를 도모하였고, 사회주의 계열의 정우회도 비타협적 민족주의 세력과의 연대를 주장하며 1926년에 정우회 선언을 발표하였다. 국내 민족주의 진영과 사회주의 진영의 연합 분위기는 1924년에 중국에서 벌어진 제1차 국공 합작의 영향을 받았다. 중국의 국민당과 공산당은 군벌과 제국주의에 맞서 연대하였는데, 이는 한국의 민족 유일당 운동에 영향을 미쳤다.

(바로 알기) ①은 1943년, ②는 광복 직전인 1945년 7월의 일이다. 카이로 회담과 포츠담 선언에서는 한국의 독립 문제가 논의되었다. ③은 러일 전쟁 이후인 1905년, ⑤는 1944년에 있었던 일이다.

17 **일제 강점기의 사회·문화**

일제 강점기에는 일본인과 한국인의 거주지가 분리되었는데, 주로 일본인은 남촌에, 한국인은 북촌에 살았다. 남촌은 지금의 충무로를 중심으로 관공서, 은행, 백화점 등을 갖추며 경성의 중심지로 성장하였다. 한편, 도시 빈민층인 토막민은 변두리에 초라한 움막(토막집)을 짓고 살았다. 이들은 지게를 지고 다니며 품팔이를 하거나 폐품 등을 주워 모으는 등 힘든 삶을 이어 갔다.

(바로 알기) ①은 조선 후기, ③은 대한 제국 시기의 모습이다. ④ 광혜원은 1885년에 설립되었다. ⑤는 조선 초기의 모습이다.

18 **소년 운동과 방정환**

자료에서 '어린이'라는 용어가 사용되고 어린이에 대한 인격적 대우와 어린이 노동의 폐지 등이 언급되는 것을 통해 자료의 내용이 1920년대 소년 운동과 관련이 있음을 알 수 있다. 소년 운동은 1921년에 방정환을 중심으로 천도교 소년회가 만들어지면서 본격적으로 전개되었다.

(바로 알기) ①은 일제 강점기 농민 운동, ③은 독립 협회의 활동, ④는 한용운을 중심으로 한 일제 강점기 불교계의 운동, ⑤는 1920년대 민족주의 계열이 주도한 실력 양성 운동 중 물산 장려 운동과 관련이 있다.

19 **6·10 만세 운동의 의의**

순종의 장례 행렬, 만세 시위 등의 내용을 통해 밑줄 친 '이 운동'이 6·10 만세 운동임을 알 수 있다. 1926년에 순종이 서거하자 민족주의 계열의 천도교와 사회주의 계열의 조선 공산당은 학생 단체들과 함께 만세 시위를 계획하였다. 사전 발각으로 주도 세력의 다수가 체포되었으나 학생들은 장례 행렬이 지나가는 곳곳에서 만세 시위를 벌였다. 6·10 만세 운동은 민족 협동 전선을 구축할 수 있다는 공감대를 형성하게 하였다.

(바로 알기) ① 보안회는 1904년에 대중 집회를 열어 일본의 황무지 개간권 요구를 철회시킨 애국 계몽 운동 단체이다. ② 교정청은 조선 정부가 1894년에 설치한 기구이다. ③ 1923년에 경상남도 진주에 설립된 조선 형평사는 백정에 대한 사회적 차별에 저항하고 평등한 대우를 요구하는 형평 운동을 전개하였다. ④는 1919년에 일어난 3·1 운동에 대한 설명이다.

20 **신채호의 민족주의 사학**

『조선사연구초』, 『조선상고사』, 우리 역사를 지키기 위한 노력, 우리 민족의 고유 문화와 자주적 역사관 강조 등을 통해 (가) 인물이 신채호임을 알 수 있다. 신채호는 의열단을 조직한 김원봉의 요청에 응하여 1923년에 「조선 혁명 선언」을 지었다. 이를 통해 민중의 직접적이고 폭력적인 투쟁만이 일제를 몰아낼 수 있다고 주장하였다.

(바로 알기) ①은 2차 수신사로 1880년 일본에 다녀 온 김홍집에 관한 설명이다. ② 한성순보는 우리나라 최초의 신문으로, 1883년에 설치된 박문국에서 발행되었다. ④ 「시일야방성대곡」은 1905년 장지연이 을사늑약 체결을 규탄하며 황성신문에 실은 논설이다. ⑤ 「한국독립운동지혈사」는 한국 독립 운동의 역사를 정리한 서적으로, 민족주의 사학자 박은식이 저술하였다.

21 **한인 애국단의 활동**

김구가 대한민국 임시 정부의 침체를 극복하고자 1931년 상하이에서 조직하였다는 자료의 내용과 일본 천황이 탄 마차에 폭탄을 던진 이봉창의 의거가 언급된 것을 통해 (가) 단체가 한인 애국단임을 알 수 있다. 한인 애국단원 윤봉길은 1932년 4월 상하이 훙커우 공원에서 열린 일본 국왕의 생일 및 일제의 상하이 사변 승리 축사 기념식장에 폭탄을 던져 일본군 장교와 여러 고위 관리를 처단하였다.

22 조선 의용대의 활동

조선 민족 혁명당을 계승한 조선 민족 전선 연맹이 중국 국민당 정부의 지원을 받아 창설하였다는 자료의 내용을 통해 (가) 부대가 조선 의용대임을 알 수 있다. 조선 의용대는 적극적인 투쟁을 도모하고자 중국 공산당 세력이 대일 항전을 펼치고 있던 화북으로 이동하여 조선 의용대 화북 지대로 조직을 개편하였다. 이때 화북으로 이동하지 않은 조선 의용대 병력은 김원봉의 지휘 아래 한국광복군에 합류하였다.

23 조선 건국 동맹의 결성

(가)는 조소앙의 삼균주의에 기초하여 1941년에 작성된 대한민국 임시 정부의 건국 강령이다. (나)는 전후 처리 문제를 논의하고자 1945년 7월에 연합국들이 독일 포츠담에서 회담한 후 발표한 포츠담 선언이다. (가), (나) 사이 시기인 1944년에 여운형은 일제 타도를 위한 대동단결, 민주주의 원칙에 의한 국가 건설 등을 목표로 비밀리에 조선 건국 동맹을 결성하였다.

24 회사령

기업을 설립할 때 조선 총독의 허가를 받도록 한 회사령은 일제의 무단 통치 시기인 1910년에 제정되었다. 회사령으로 인해 한국인의 기업 설립이 제한되었다.

25 남면북양 정책

1929년 대공황 이후 일제는 자국의 방직업자들에게 원료를 제공하고자 한국에서 남면북양 정책을 실시하여 한반도 남부에서는 면화를 재배하게 하고 한반도 북부에서는 양을 기르게 하였다.

26 대한 광복회

박상진 등은 공화정 형태의 근대 국가 수립을 목표로 1915년에 대구에서 비밀 결사 단체인 대한 광복회를 조직하였다.

27 개조파 안창호

대한민국 임시 정부의 활동 방향과 조직 개편을 논의하고자 1923년에 국민 대표 회의가 열렸다. 이때 개조파의 대표적인 인물이던 안창호는 독립운동의 노선으로 실력 양성론을 내세웠다.

28 의열단원 김익상과 나석주의 활동

의열단원인 김익상은 조선 총독부에, 나석주는 동양 척식 주식회사에 폭탄을 투척하여 식민 기관을 파괴하고자 하였다.

29 일제 강점기 실력 양성 운동

3·1 운동 이후 민족주의 계열의 지식인들은 경제와 교육 분야를 중심으로 실력 양성 운동을 펼쳤다. 민족 산업 보호와 육성을 강조한 물산 장려 운동, 한국인의 힘으로 고등 교육 기관을 설립하자는 민립 대학 설립 운동이 대표적이다.

30 일제 강점기 형평 운동

갑오개혁 이후 법제상의 신분은 철폐되었으나 백정에 대한 사회적 차별은 여전히 남아 있었다. 이에 백정들은 1923년에 진주에서 조선 형평사를 창립하고 백정에 대한 평등한 대우를 요구하며 형평 운동을 전개하였다. 형평 운동의 결과로 호적이나 학적부의 차별적 신분 표시가 사라지는 등 백정에 대한 제도적인 차별이 줄어들었다.

31 한국광복군

충칭으로 거처를 옮긴 대한민국 임시 정부는 중국 국민당 정부의 지원을 받아 1940년에 한국광복군을 창설하였다. 한국광복군은 1941년에 일제가 아시아·태평양 전쟁을 일으키자 연합군의 일원으로 참전하였으며, 1945년에는 국내 진공 작전을 계획하였지만 일제의 항복으로 실행하지 못하였다.

32 치안 유지법 제정의 영향

(1) 답 치안 유지법

(2) 예시 답안 '문화 정치' 시기 제정된 치안 유지법에 따라 일제는 항일 민족 운동에 대한 감시와 탄압을 더욱 강화하고 많은 한국인을 구속하였다.

채점 기준	
상	치안 유지법을 쓰고, 치안 유지법이 일제 강점기 한국에 끼친 영향을 서술한 경우
하	치안 유지법만 쓴 경우

33 광주 학생 항일 운동의 의의

(1) 답 광주 학생 항일 운동

(2) 예시 답안 광주 학생 항일 운동은 전국에서 수백 개의 학교, 수만 명의 학생이 참여한 3·1 운동 이후 최대 규모의 민족 운동이었으며, 이후에 전개된 학생 운동에 큰 영향을 끼쳤다.

채점 기준	
상	광주 학생 항일 운동을 쓰고, 광주 학생 항일 운동의 역사적 의의를 서술한 경우
중	광주 학생 항일 운동을 쓰고, 제시된 역사적 의의 중 일부만 서술한 경우
하	광주 학생 항일 운동만 쓴 경우

01 ⑤	02 ④	03 ③	04 ②	05 ②	06 ③	07 ④
08 ①	09 ⑤	10 ③	11 ⑤	12 ②	13 ③	14 ①
15 ④	16 ②	17 ①	18 ③	19 ②	20 ④	21 ⑤

22 ② **23** ③ **24** 냉전 체제 **25** 조선 건국 준비 위원회
26 (가) 이승만, (나) 김구　**27** 애치슨 선언　**28** ㄴ, ㄹ
29 전태일　　**30** 금 모으기 운동　　**31** 동북공정
32~33 해설 참조

01 미군정의 정책

북위 38도 이남의 조선 영토와 인민에 대해 통치권을 행사한다는 자료의 포고령은 미군정과 관련이 있다. 미군정은 대한민국 임시 정부와 조선 인민 공화국 등 어떠한 국가나 정부 조직도 인정하지 않았고, 일제 강점기의 행정 체제를 그대로 유지하였다.

(바로 알기) ㄱ은 포츠담 선언, ㄴ은 광복 직후 여운형 등이 결성한 조선 건국 준비 위원회에 대한 설명이다.

02 모스크바 3국 외상 회의의 결정

조선 독립의 적당한 시기를 5년 이내로 규정한 밑줄 친 '이번 회담'은 모스크바 3국 외상 회의이다. 1945년 12월에 미국, 영국, 소련은 모스크바에서 외무 장관 회의를 개최하였고, 이 회의의 결정에 따라 한반도에 민주주의 임시 정부를 수립하기 위한 미소 공동 위원회가 개최되었다.

(바로 알기) ① 광복 직전에 미국은 38도선 기준의 분할 점령을 소련에 제안하였고, 소련은 이를 수락하였다. ②는 1945년 2월의 얄타 회담, ③은 1945년 7월의 포츠담 선언, ⑤는 제1차 미소 공동 위원회와 관련이 있다.

03 통일 정부 수립을 위한 노력

미소 공동 위원회가 결렬되자 이승만은 정읍 발언으로 남한만의 단독 정부 수립을 주장하였고, 김규식과 여운형은 통일 정부를 수립하고자 좌우 합작 운동을 전개하였다. 유엔 총회의 결정에 따라 남북한 총선거가 실시될 뻔했으나 무산되자 유엔 소총회는 남한만의 총선거 실시를 결정하였다. 이에 김구와 김규식은 분단 가능성을 우려하며 남북 협상을 추진하고 단독 정부 수립 반대에 합의하였으나 받아들여지지 않았다.

(바로 알기) ③ 김구는 좌우 합작 운동에 참여하지 않았다.

04 5·10 총선거의 실시

미군정이 1948년 5월 10일에 남한에서 실시한 밑줄 친 '총선거'는 5·10 총선거로, 이를 통해 제헌 국회 의원이 선출되었다.

(바로 알기) ①은 좌우 합작 운동에 관한 설명이다. ③ 김구 등 남북 협상에 참가한 세력은 불참하였다. ④ 유엔 한국 임시 위원단은 무산된 남북한 총선거와 관련이 있다. ⑤ 제주 4·3 사건으로 선거구 2개가 무효 처리되었다.

05 반민족 행위 처벌법

자료에서는 일본 정부와 통하여 한일 합병에 협력하고 한국 주권을 침해한 자를 처벌 대상으로 삼고 있다. 이를 통해 자료가 반민족 행위 처벌법임을 알 수 있다. 반민족 행위 처벌법은 친일파 청산을 목적으로 제헌 국회에서 1948년에 제정하였다.

(바로 알기) ①은 1949년의 농지 개혁법과 관련이 있다. ③, ④, ⑤는 특정 법령의 제정과는 무관하다.

06 6·25 전쟁의 전개

1983년이 전쟁 발발 33주년이라는 내용을 통해 밑줄 친 '이 전쟁'이 1950년 6월부터 1953년 7월까지 전개된 6·25 전쟁임을 알 수 있다. 북한이 전쟁 시작 이후 약 1달 만에 낙동강까지 진출하자, 국군과 유엔군은 1950년 9월 무렵 낙동강에 최후 방어선을 구축하였다. 이후 인천 상륙 작전으로 전세를 역전하였지만, 중국군의 공세로 1951년 1월 4일에 다시 서울을 함락당하였다(1·4 후퇴). 한편, 전쟁이 벌어지자 부산으로 수도를 옮긴 이승만 정부는 1952년에 발췌 개헌으로 장기 집권을 도모하였다.

(바로 알기) ③ 여수·순천 10·19 사건은 1948년 10월에 일어났다.

07 발췌 개헌과 사사오입 개헌

발췌 개헌(1952)은 대통령과 부통령의 직선제 선출을 명시하였고 공포 분위기 속에서 토론 없이 기립 투표로 통과되었다. 사사오입 개헌(1954)은 개헌 당시 대통령의 연임 제한 철폐를 명시하였다.

(바로 알기) ㄱ은 자유당의 주도로 1959년에 이루어졌다. ㄷ은 발췌 개헌과 관련이 있다.

08 이승만 정부의 독재 체제 강화

이승만 정부는 6·25 전쟁 이후 반공을 앞세워 독재를 강화하였다. 1956년에는 제3대 대통령 선거에서 조봉암이 많은 득표를 받자 조봉암에게 간첩과 접선하여 정치 자금을 받았다는 누명을 씌우고 진보당을 해산한 이후 조봉암을 사형에 처하였다.

(바로 알기) ②는 농지 개혁법이 발효된 1950년, ③은 휴전 협정 직전인 1953년 6월, ⑤는 1949년의 일로, 이승만 정부의 독재 체제 강화와는 큰 관련이 없다. ④는 1956년에 북한에서 일어난 사건으로, 그 결과 김일성 중심의 독재 체제가 강화되었다.

09 4·19 혁명의 전개

3·15 부정 선거 무효를 주장하는 시위는 실종된 김주열 학생이 마산 앞바다에서 시신으로 발견되자 더욱 격렬해졌다. 4월 18일에는 시위를 마친 고려 대학교 학생들이 정치 폭력배의 습격을 받는 일이 벌어졌고, 이에 4월 19일에 전국에서 대규모 시위가 이어졌다. 대학교수들은 4월 25일에 시국 선언을 발표하여 대통령을 비롯한 책임자 사퇴와 학생들의 석방을 요구하였다.

(바로 알기) ㄱ은 박정희 정부 때인 1964년, ㄴ은 전두환 정부 때인 1987년에 있었던 일이다.

10 브라운 각서와 베트남 파병

국군 장비 제공, 경제 발전 차관 제공, 파병 경비 부담 등이 명시된 자료는 브라운 각서이다. 박정희 정부는 1964년부터 베트남 전쟁에 국군을 파병하였고, 미국은 1966년에 브라운 각서를 한국 정부에 보내어 파병의 대가를 약속하였다. 이는 한일 협정이 체결된 1965년과 3선 개헌이 단행된 1969년 사이의 일이다.

(바로 알기) 4·19 혁명은 1960년, 5·16 군사 정변은 1961년, 유신 헌법 제정은 1972년, 부마 민주 항쟁은 1979년에 일어났다.

11 3·1 민주 구국 선언

(가)는 1972년에 유신 헌법에 따라 박정희가 대통령에 당선된 상황, (나)는 10·26 사태 이후 당시 국무총리였던 최규하가 통일 주체 국민 회의에서 대통령이 된 모습이다. (가), (나) 시기 사이인 1976년에는 김대중 등 재야인사들이 3·1 민주 구국 선언을 발표하여 긴급 조치의 철회와 박정희 정권의 퇴진을 요구하였다.

(바로 알기) ①은 1979년, ②, ④는 1969년, ③은 박정희의 군사 정부 시절에 있었던 일이다.

12 6월 민주 항쟁의 전개

자료의 6·29 민주화 선언을 이끌어낸 민주화 운동은 6월 민주 항쟁이다. 6월 민주 항쟁에서 수십만 명의 시민은 전국 주요 도시에서 대통령 직선제 개헌, 호헌 철폐, 독재 타도를 외쳤다.

(바로 알기) ①은 1960년의 4·19 혁명, ③은 1980년의 5·18 민주화 운동, ④는 1973년에 장준하가 주도한 유신 반대 운동, ⑤는 1948년의 제주 4·3 사건과 관련이 있다.

13 제3, 4차 경제 개발 계획

포항 종합 제철의 준공, 중화학 공업의 집중 육성 등 자료의 내용으로 밑줄 친 '경제 정책'이 제3, 4차 경제 개발 계획에 해당함을 알 수 있다. 제3, 4차 경제 개발 계획이 추진되던 시기에는 철강, 화학, 비철 금속, 기계, 조선, 전자 등이 육성되었고, 이를 통한 경제 성장으로 1977년에는 수출액 100억 달러를 돌파하였다.

(바로 알기) ㄱ은 제1, 2차 경제 개발 계획, ㄹ은 1990년대 김영삼 정부의 경제 정책과 관련이 있다.

14 3저 호황

자료에 나타난 달러 약세(저달러), 원유 가격 하락(저유가), 국제 금리 하락(저금리) 현상이 나타난 시기는 1980년대 중반이다. 이 시기에 한국은 3저 호황으로 수출 부진을 해소하고, 연평균 10% 이상의 경제 성장률을 기록하며 경제 호황기를 맞았다.

(바로 알기) ② 8·3 조치는 기업들의 부채 부담을 덜어 주고자 1972년부터 시행되었다. ③은 1960년대에 대한 설명이다. ④ 미국의 원조 방식은 1960년대 후반에 유상 차관으로 바뀌었다. ⑤는 1970년대에 대한 설명이다.

15 새마을 운동의 전개

'근면·자조·협동' 구호는 새마을 운동과 관련이 있다. 경제 성장으로 도농 격차가 심해지자 정부는 농촌 환경을 개선하고자 1970년부터 새마을 운동을 추진하였다. 도시와 직장에서는 의식 개혁 운동으로 전개되었다. 새마을 운동은 농가 소득 증대에 기여하였으나, 유신 체제 유지에 이용되었다는 비판을 받았다.

(바로 알기) ④ 외국 농산물 수입 개방은 1993년에 우루과이 라운드가 타결되면서 이루어졌다.

16 노태우 정부 시기의 사실

직선제 개헌 이후 당선, 신군부 출신, 지방 자치제의 부분적 실시 등을 통해 (가) 정부가 노태우 정부임을 알 수 있다. 노태우 정부 시기인 1991년에 남북한은 유엔에 동시 가입하였다.

(바로 알기) ①은 박정희 정부, ③은 김대중 정부, ④는 노무현 정부, ⑤는 문재인 정부 시기의 사실이다.

17 3당 합당

밑줄 친 '새로운 역사의 장'은 3당 합당과 관련이 있다. 1988년의 총선으로 야당이 국회 의석의 과반수를 차지하자(여소 야대), 1990년에 노태우 정부는 정국 운영을 주도하고자 김영삼, 김종필이 이끄는 두 야당과 합당하여 민주 자유당을 창당하였다.

(바로 알기) ②는 김영삼 정부, ③은 김대중 정부 시기의 일이다. ④는 노태우 정부가 북방 외교를 추진한 결과이다. ⑤는 이명박 정부 시기의 일이다.

18 김대중 정부의 정책

(가)는 정부 수립 50년 만에 처음으로 민주적 정권 교체를 이룬 김대중 정부가 1998년에 출범하는 상황이다. (나)는 국제 통화 기금의 지원금을 조기에 상환한 2001년의 모습이다. (가), (나) 사이 시기인 1999년에 국민 기초 생활 보장법이 제정되었다.

(바로 알기) ①, ②는 김영삼 정부 시기의 일이다. ④ 한국은 2004년에 발효한 칠레와의 자유 무역 협정(FTA)을 시작으로 이후 미국, 유럽 연합 등과 자유 무역 협정을 체결하였다. ⑤는 이명박 정부 시기의 일이다.

19 김영삼 정부의 활동

WTO 체제가 출범한 것은 1995년으로 김영삼 정부 시기의 일이다. 김영삼 정부는 금융 실명제, 지방 자치제 등을 실시하였고, '역사 바로 세우기'의 일환으로 조선 총독부 건물을 철거하였으며, 경제 협력 개발 기구인 OECD에 가입하였다.

(바로 알기) ② 인사 청문회법은 김대중 정부 시기에 제정되었다.

20 2000년대 이후 사회 모습과 해결 과제

2000년대 이후 세계화 추세에 따른 외국 농수산물 수입 증가로 국내 농업·어업 시장은 어려움을 겪고 있다. 또한 빠른 경제 성장이 야기한 사회 계층 간 격차가 해결 과제로 부상하였다.

바로 알기 ㄱ. 세계화로 한국 경제의 대외 무역 의존도가 증가하였다. ㄷ은 2000년대 이후 우리나라의 경제 상황과 관련이 없다.

21 북한의 부분적 개방 정책

북한은 경제난을 타개하고자 1980년대부터 사회주의 경제 체제를 일부 수정하고 부분적으로 개방 정책을 추진하였다. 이에 따라 1984년에는 합영법을 제정하여 외국 자본과의 투자 및 합작을 적극 추진하였다.

바로 알기 ① 김일성 체제에서 실시되었다. ② 천리마운동은 1956년부터 전개되었다. ③ 북한에서 7개년 계획은 1961년부터 추진되었다. ④ 합영법은 사회주의 경제 체제를 일부 수정하고자 제정되었다.

22 박정희 정부 시기의 남북 협력

자료는 자주·평화·민족 대단결의 통일 원칙을 명시한 7·4 남북 공동 성명의 내용이다. 박정희 정부 시기인 1972년, 서울과 평양에서 남북이 동시에 7·4 남북 공동 성명을 발표한 이후 남북 조절 위원회가 설치되어 실무자 회담이 진행되었다.

바로 알기 ①은 김대중 정부, ③은 전두환 정부, ④는 노무현 정부, ⑤는 문재인 정부 시기의 일이다.

23 6·15 남북 공동 선언의 배경

자료는 이산가족 방문과 비전향 장기수 문제 해결을 명시한 6·15 남북 공동 선언이다. 김대중 정부는 대북 화해 협력 정책인 햇볕 정책을 추진하여 2000년에 최초의 남북 정상 회담을 성사시켰다. 그 결과로 6·15 남북 공동 선언이 발표되었다.

바로 알기 ① 1954년의 제네바 회담에서는 한국의 평화적인 통일 방안이 논의되었다. ②의 결과로 한국은 공산주의 국가들과 외교 관계를 맺었다. ④의 결과로 1985년에 이산가족 상봉이 최초로 성사되었다. ⑤의 결과로 남북한은 대화를 시도하여 1972년에 7·4 공동 성명을 발표하였다.

24 냉전 체제

제2차 세계 대전 이후 미국과 소련을 중심으로 국제 질서가 재편되면서 미국 중심의 자본주의 진영과 소련 중심의 공산주의 진영이 체제의 우위를 경쟁한 냉전 체제가 형성되었다.

25 조선 건국 준비 위원회

국내에서 활동하던 여운형 등은 광복 직후 조선 건국 준비 위원회를 조직하여 치안 유지와 건국 사업을 주도하였고, 미군의 남한 주둔 소식을 듣자 조선 인민 공화국 수립을 선포하였다.

26 이승만과 김구의 활동

제1차 미소 공동 위원회가 결렬되자 1946년에 이승만은 남한만의 단독 정부 수립을 주장하는 정읍 발언을 발표하였다. 이후 유엔 소총회의 결정에 따라 남한만의 총선거 실시가 결정되자 김구는 김규식 등과 함께 남북 협상을 추진하였다.

27 애치슨 선언

1950년 1월에 미국 국무 장관 애치슨은 한국과 타이완을 미국의 태평양 방위선에서 제외한다는 이른바 애치슨 선언을 발표하였다.

28 유신 반대 운동

1976년에 김대중 등 재야인사들은 명동 성당에 모여 긴급 조치 철회와 박정희 유신 정권의 퇴진을 요구하는 3·1 민주 구국 선언을 발표하였다. 1979년에는 부산과 마산(창원) 일대에서 유신에 반대하는 대규모 시위가 일어났다(부마 민주 항쟁). ㄱ, ㄷ은 유신 체제 이전에 있었던 일로, 6·3 시위는 굴욕적인 한일 협정에 반대하며 1964년에 일어났고, 3선 개헌은 1969년에 단행되었다.

29 전태일

서울 평화 시장의 피복 공장 노동자였던 전태일은 평화 시장의 열악한 노동 실태를 조사하여 각계에 알렸다. 그러나 근로 조건이 개선될 기미가 보이지 않자, "근로 기준법을 준수하라.", "우리는 기계가 아니다."라는 말과 함께 분신하였다.

30 금 모으기 운동

외환 위기가 발생하자 1997년에 국민들은 자발적으로 금 모으기 운동에 동참하였고, 총 225톤 이상의 금을 모아 정부의 부족한 외환 보유고에 힘을 보탰다.

31 동북공정

중국은 동북 지역 3성(랴오닝성, 지린성, 헤이룽장성)의 역사를 연구하는 동북공정을 진행하여, 고조선·고구려·발해 등 한국의 고대사를 중국사에 편입하려고 시도하는 등 역사 왜곡을 벌였다.

32 4·13 호헌 조치와 6월 민주 항쟁

(1) 답 4·13 호헌 조치

(2) 예시 답안 4·13 호헌 조치에 반대하여 일어난 6월 민주 항쟁의 결과, 대통령 직선제를 골자로 하는 개헌이 단행되었다.

채점 기준	
상	4·13 호헌 조치를 쓰고, 6월 민주 항쟁의 결과를 서술한 경우
하	4·13 호헌 조치만 쓴 경우

33 남북 기본 합의서

(1) 답 남북 기본 합의서

(2) 예시 답안 남북한은 남북 합의서를 채택하여 서로의 체제를 인정하고 상호 불가침에 합의하였다.

채점 기준	
상	남북 기본 합의서를 쓰고, 이를 통해 남북이 합의한 내용을 두 가지 서술한 경우
하	남북 기본 합의서만 쓴 경우